Gertrud die Große

Gesandter der göttlichen Liebe

LEGATUS DIVINAE PIETATIS

Nach der Ausgabe
der Benediktiner von Solesmes
übersetzt von Johannes Weißbrodt

Vorwort von Schwester Assumpta Schenkl OCist., Helfta

Lebensabriss und Kommentar
von P. Anselm Manser OSB, Beuron

CHRISTIANA

Gertrud die Große, Gesandter der göttlichen Liebe. Nach der lateinischen Ausgabe der belgischen Benediktinerabtei Solesmes Sanctae Gertrudis Magnae Legatus divinae pietatis. Poitiers et Paris, H. Oudin, 1875. Ins Deutsche übertragen von Johannes Weißbrodt.

Herausgeber und Bildteil: Arnold Guillet

Fotonachweis:

Erste Umschlagseite: Gertrud die Große von Helfta,
Aquarell von Inge Brück, Künstler für Christus, D-51570 Windeck.

Die Abbildungen stammen aus dem
CHRISTIANA-Bildarchiv IMAGO SANCTORUM.

Kürzungen und Abkürzungen:

Welche Kürzungen früher vorgenommen wurden, erfahren
Sie im Kommentar von P. Anselm Manser OSB, Seite 492.
Interne Abkürzungen in diesem Buch: III,12 = 3. Buch, Kapitel 12

4. Auflage 2021

in der Fe-Medienverlags GmbH
Hauptstraße 22, 88353 Kißlegg
www.fe-medien.de

Satz und Layout: CHRISTIANA-VERLAG
Druck: Grafostil, Slowenien – Printed in EU

Bibliografische Information der Deutschen Nationalbibliothek

Die Deutsche Nationalbibliothek verzeichnet diese Publikation
in der Deutschen Nationalbibliografie; detaillierte bibliografische
Daten sind im Internet über http://dnb.d-nb.de abrufbar.

ISBN 978-3-7171-1093-4

Inhaltsverzeichnis

Der Kartäuser Lanspergius (1490-1539) hatte dem Werk von Gertrud von Helfta folgendes Motto vorangestellt:
«Wenn Du Gelehrsamkeit suchst, so findest Du sie in diesem Buch, und zwar, was Dich sicher wundern wird, an einer Jungfrau, denn sie war nicht nur gelehrt, sondern, was noch löblicher ist, noch mehr erleuchtet als gelehrt.»

«Jesus antwortete ihm: Wenn jemand mich liebt, wird er an meinem Wort festhalten; mein Vater wird ihn lieben und wir werden zu ihm kommen und Wohnung bei ihm nehmen.»

Joh 14,23

«Du brauchst Gott weder hier noch dort zu suchen;
Er ist nicht ferner als vor der Tür des Herzens.
Da steht Gott und harrt und wartet,
wen er bereit finde, der ihm auftue und einlasse.
Du brauchst Gott nicht von weither herbeizurufen;
Er kann es weniger erwarten als Du,
dass Du ihm auftust. Es ist *ein* Zeitpunkt:
Das Auftun und das Eingehen.»

Meister Eckehart (1260-1328)

Heilige und unheilige Orte haben ihre Ausstrahlung. Anna Katharina Emmerich spürte es, wenn sie an Orte kam, wo einmal schreckliche Verbrechen geschahen oder heidnische Kultstätten standen. C.S. Lewis schreibt in seinem Buch «Brief an einen Freund»: «Es ist gut, heilige Orte zu haben, denn ohne solche Brennpunkte oder Mahner verkümmert der Glaube, dass alles heilig und gottesträchtig ist.»

VIA·VERITAS·VITA

Vorwort

Von Schwester M. Assumpta Schenkl OCist.,
Kloster St. Marien zu Helfta

Trümmer, Ruinen, Schutt, Morast – dies war der Anblick, der sich dem Besucher bot, der 1990 nach dem ehemaligen Kloster Helfta forschte; ein trostloses Bild. Seit der Mitte des 16. Jahrhunderts war das einst so berühmte Kloster – «Krone der deutschen Frauenklöster» nannte man es – kein Kloster mehr, sondern ein landwirtschaftlicher Betrieb, dessen Gebäude man im letzten Jahrhundert mehr und mehr dem Verfall überließ. Nichts, gar nichts mehr war zu sehen oder zu spüren von dem lieblichen Garten der «Wunderblume von Helfta», wie man die hl. Gertrud, die im 13. Jahrhundert hier gelebt hatte, liebevoll bezeichnete. Schutt und Asche!

Und doch fanden sich Menschen, die, trotz des spöttischen Lachens der Skeptiker, sich mit aller Kraft und Begeisterung dafür einsetzten, dass gerade dieses Kloster wieder ins Leben gerufen werden sollte – und dies, so unmöglich es schien, auch tatsächlich erreichten. Warum? Warum wollten sie es um jeden Preis? Und warum gelang es? Ich glaube, auf beide «Warum» gibt es nur eine Antwort: weil, allem Anschein zum Trotz, etwas vom Duft der Wunderblume von Helfta in diesen zerbröckelnden Mauern hängen geblieben war, weil ihr Geist hier noch immer lebendig war; und, letzten Endes, weil Gott wollte, dass durch die Wiedererrichtung dieses Klosters das geistliche Erbe dieser von Ihm so sehr geliebten Tochter, Freundin und Braut für die Menschen wieder sichtbar, spürbar, ja fast greifbar werden konnte.

Ja, aber – so werden manche fragen –: Hat denn der Geist, haben die Gedanken einer im 13. Jahrhundert lebenden Nonne, die, eingeschlossen in ihr Kloster, ein ganz verborgenes Leben führte, uns heute noch etwas zu sagen? Uns Menschen des 21. Jahrhunderts, die wir in einer völlig veränderten Welt leben? Warum jetzt ihr Werk gleichsam wieder ausgraben und neu veröffentlichen? Ich glaube, die Antwort ist ganz einfach: Es gibt im menschlichen Leben viele Dinge, die sich immer wieder ändern. Aber es gibt auch das Zeitlose, das unverändert Gültige. Und ich denke: Die Botschaft der hl. Gertrud, der Kern ihrer Aussage, gehört zu diesem zeitlos Gültigen. Mag ihre Sprache uns an manchen Stellen zunächst etwas fremd erscheinen – das, *was* sie uns zu sagen hat, gilt heute genau so wie vor 700 Jahren, wie es auch vor ihrer Lebenszeit schon gegolten hat. Und was ist dies?

Zuallererst wohl die Erfahrung, die sie bei ihrer ersten Vision und dann immer und immer wieder machen durfte: Gott liebt uns, ER geht uns nach, ER sucht uns, ja, ER hat Sehnsucht nach uns, Sehnsucht danach, uns zu «berühren», uns «zu tränken mit dem Strom seiner Wonnen», wie ER es Gertrud ausdrücklich sagt. Und ER sagt dies ja nicht nur ihr, ER meint damit uns alle. Und wonach hat das Menschenherz, heute wie damals, mehr Verlangen als danach: geliebt, ersehnt, angenommen, umfangen und geborgen zu sein? Gertrud zeigt uns den Weg, wo solche Geborgenheit zu finden ist. Und sie zeigt uns auch den Weg, wie wir zu ihr gelangen können: Indem wir CHRISTUS immer mehr zur Mitte unseres Lebens machen, uns an IHM festmachen, an IHM orientieren. Und wiederum an ihr können wir erkennen, wie dadurch unser Herz zur Ruhe kommt, Frieden und Freude findet.

Die Früchte, die uns aus einer solch innigen und tiefen Beziehung erwachsen, können wir wiederum an Gertrud ablesen. Ich möchte auf die drei, die mir als die wichtigsten erscheinen, kurz eingehen:

Da ist vor allem ihr unbedingtes Vertrauen auf Gottes vorausschauende und vorsorgende Güte und seine unbedingte Vergebungsbereitschaft. Wie weit sind wir heute von einer solchen Haltung entfernt! Wir leben nicht nur im Zeitalter der Medien und der Informationen, sondern auch der Versicherungen. Nach allen Seiten hin wollen wir uns absichern, leben aber dennoch ständig in Unsicherheit, Angst und Misstrauen gegen Gott und die Welt. Wie viel hat uns Gertrud in ihrer unbedingt vertrauenden Sorglosigkeit gerade in dieser Hinsicht zu sagen!

Aus ihrer Erfahrung der Liebe und Fürsorge Gottes entspringt bei Gertrud eine große Dankbarkeit. Auch sie hat uns Einiges zu sagen. Wie sehr neigen wir alle dazu, die ungezählten Wohltaten

Gottes, von denen wir täglich leben, als ganz selbstverständlich anzunehmen, ohne dass uns je der Gedanke käme, auch einmal zu danken, Gott für seine unerschöpfliche Güte zu loben. Auch da kann uns die Lektüre dieses Buches nachdenklich machen.

Ein Letztes möchte ich noch nennen aus der Vielzahl dessen, was man noch anführen könnte. Was mich immer wieder berührt und auch in Erstaunen setzt, ist die große Weltoffenheit dieser in Klausur lebenden Nonne. Sie ist offen für jeden Menschen, der bei ihr Rat, Trost und Hilfe sucht. Gerne opfert sie dafür auch die kostbare Gebetszeit und das stille Verweilen bei dem geliebten Herrn. Und gerade diese Offenheit für die Menschen, diese Bereitschaft, für sie da zu sein, gleichsam Gott mit ihnen zu teilen, scheint mir der beste Beweis für die Echtheit ihrer Gottesliebe. Das 1. und das 2. Gebot durchdringen sich in ihr gegenseitig, so wie der Herr es wünscht.

Selbst wenn wir nur diese wenigen Punkte in Betracht ziehen, scheint durch sie allein schon diese sehr sorgfältig gestaltete Neuauflage ihres Werkes voll gerechtfertigt und wir wünschen ihm viele aufmerksame und für Gottes Botschaft an unsere Zeit empfängliche Leser!

Schwester M. Assumpta Schenkl OCist.

Bronze-Tafel beim Eingang zur Krypta der Klosterkirche in Helfta: Die drei hl. Frauen.

Mechtild von Hackeborn (1241-1299)
Mechtild von Magdeburg (1208-1294)
Gertrud die Große (1256-1302)

ERSTES BUCH

Gertrud die Große

Holzschnitt eines Nürnberger Meisters (1517), Kollektion Huetter

I. 1. Von der Empfehlung der Person

«O Tiefe des Reichtums, der Weisheit und der Wissenschaft Gottes, wie unbegreiflich sind seine Gerichte und wie unerforschlich seine Wege!»[1] Auf so wunderbare und geheime und vielfältige Weisen beruft er diejenigen, die er vorausbestimmt hat, und rechtfertigt die Berufenen ohne ihr Verdienst, begnadigt sie vielmehr so gerecht, als wenn er sie vollständig gerecht erfunden hätte und sie würdig erachtete, die Genossen aller seiner Reichtümer und Wonnen zu sein.

Diese Wahrheit leuchtet deutlich hervor in dieser seiner Auserkorenen. Sie hat er als eine hell strahlende Lilie im Garten der Kirche unter den Blumenbeeten, das heißt in der Genossenschaft der Gerechten, sich auserwählt und deshalb, als sie erst fünf Jahre zählte[2], den Stürmen der Welt entrissen und ins Brautgemach des heiligen Ordenslebens verpflanzt. Ihre Schönheit erhöhte er sodann durch eine solche Fülle frisch blühender Blumen jeglicher Art, dass sie aller Augen ein Gegenstand des Wohlgefallens wurde und die Herzen vieler gewann. War sie auch den Jahren und dem Körper nach erst ein Mägdlein, so erschien ihre Sinnesart doch schon ernst, liebenswürdig, gefügig und ansprechend und in allem so gelehrig, dass alle, die sie hörten, darüber staunten. Denn als sie zur Schule geschickt wurde, ragte sie durch schnelle Auffassung und Verständnisfähigkeit vor allen Alters- wie Ordensgenossinnen weit hervor. So verbrachte sie die Jahre der Kindheit und Jugend mit reinem Herzen und lernbegieriger Freude an den freien Künsten.

Als es aber dem, der sie vom Mutterschoß an ausgesondert[3] und fast von der Mutterbrust an die geistige Tafel des Ordenslebens geführt hat, gefiel, sie durch seine Gnade von den äußeren Dingen nach innen und von körperlichen zu geistigen Übungen zu berufen, da hat er dies durch eine augenfällige Offenbarung bewirkt, wie aus dem Folgenden erhellen wird[4]. Damals erkannte sie nämlich, dass sie durch zu gierige Ergötzung an menschlicher Weisheit sich des süßesten Geschmackes der wahren Weisheit beraubt habe. Da begann alles Äußere ihr plötzlich verächtlich zu werden und mit Recht. Denn der Herr hatte sie an die Stätte der

Freude und des Frohlockens, auf den heiligen Berg Sion[5], das ist zu seiner Beschauung, geführt, wo sie den alten Menschen samt seinen Werken aus- und den neuen Menschen anzog, der nach Gott geschaffen ist in der Gerechtigkeit und Heiligkeit der Wahrheit[6]. Deshalb wurde sie jetzt eine Jüngerin der Theologie, indem sie alle Bücher der Heiligen Schrift, die sie haben oder erwerben konnte, ohne Ermüden studierte, so dass ihr zu jeder Zeit ein göttliches und erbauliches Wort zu Gebot stand.

Daher vermochte sie alle, die zu ihr kamen, vollkommen entsprechend zu befriedigen und jedem Irrtum mit passenden Zeugnissen der Heiligen Schrift entgegenzutreten. Während dieser Zeit wurde sie daher auch wegen der wunderbaren Süßigkeit und beseligenden Ergötzung nicht satt, beständig der göttlichen Beschauung oder der Erforschung der Heiligen Schrift obzuliegen, die ihr Honigseim im Mund[7], Orgelklang im Ohr und geistiger Jubel im Herzen war.

Sie war eine überaus starke Säule des Ordenslebens und die standhafte Vorkämpferin der Gerechtigkeit und Wahrheit, so dass man mit Recht auf sie anwenden konnte, was im Buch Sirach von dem Hohenpriester Simon gesagt wird[8]: «Während ihres Lebens stützte sie das Haus», nämlich der Ordensregel, «und in ihren Tagen festigte sie den Tempel», nämlich der geistlichen Frömmigkeit, weil sowohl durch ihre Unterweisung als auch durch ihr Beispiel viele zum Streben nach größerer Frömmigkeit angefeuert wurden.

«In ihren Tagen», konnte man sagen, «strömten die Brunnen der Wasser», weil in der Tat niemand in unserer Zeit die Ströme heiliger Unterweisung so reichlich ergoss wie sie. Auch besaß sie eine süße und durchdringende Sprache, eine so gewandte Zunge, eine so überzeugende, wirksame und anziehende Redegabe, dass die meisten, welche ihre Worte hörten, durch wunderbare Rührung des Herzens und Umwandlung des Willens dem Geist Gottes, der in ihr redete, ein untrügliches Zeugnis gaben. Wohnte ja jenes lebendige und wirksame Wort in ihr, das durchdringender ist als jedes zweischneidige Schwert, das bis zur Teilung von Seele und Geist hindurchgeht[9]. Die einen zerknirschte sie durch ihre Worte zum Heil, die andern erleuchtete sie in der Erkenntnis

Gottes und der eigenen Fehler; einigen reichte sie die Hilfe milden Trostes und die Herzen anderer entflammte sie noch mächtiger in der Liebe Gottes. Selbst viele Auswärtige, die nur einmal eine Ansprache von ihr hörten, gestanden, dass sie hierdurch großen Trost empfangen hätten.

Weil aber das Unsichtbare und Geistige für das Verständnis der Menschen nur durch Gleichnisse von körperlichen und sichtbaren Dingen ausgedrückt werden kann, so muss man es sich unter der Hülle menschlicher und sinnfälliger Bilder vorstellen. Dies bezeugt Meister Hugo in der Rede über den inneren Menschen mit folgenden Worten: «Die Heilige Schrift schildert, um sich der tiefer stehenden Erkenntnis anzubequemen und der menschlichen Schwachheit zu Hilfe zu kommen, das Unsichtbare in Bildern sichtbarer Dinge und prägt unsern Seelen das Andenken daran durch die anziehende Schönheit verschiedener Gestalten ein. So spricht sie bald von einem Land, das von Milch und Honig fließt, bald von Blumen, bald von Wohlgerüchen, bald bezeichnet sie durch menschliche Lieder, durch den Gesang der Vögel die Harmonie der himmlischen Wonnen. Lest nur die Geheime Offenbarung des hl. Johannes und ihr findet Jerusalem geschildert als mit Gold und Silber und Perlen und jeglicher Art Edelsteine geziert.

Und doch wissen wir, dass sich nichts hiervon dort findet, obgleich es daselbst keinerlei Mangel geben kann. Denn dort ist nichts hiervon der äußeren Erscheinung nach, während es dennoch vollkommen daselbst ist dem Urbild nach.»

I. 2. Von den Zeugnissen der Gnade

Alles, was des Himmels Umkreis[10], das Erdenrund und des Abgrunds Tiefe[11] umschließt, bringe Gott dem Herrn, dem Spender der wahren Güter, Danksagung dar und singe jenen ewigen, unermesslichen und unveränderlichen Lobgesang, der von der unerschaffenen Liebe ausgeht und in ihr selber vollkommen wird, für seine überfließende Erbarmung, in welcher er, seine Ströme auf das Tal des menschlichen Elendes hinkehrend, unter andern auch diese angesehen, zu der ihn sein eigenes Geschenk angelockt hat. Wie nämlich die Schrift sagt, steht jedes Wort auf die Aussage zweier oder dreier Zeugen fest[12], hier aber sind noch mehr Zeugen vorhanden, dass der Herr sie besonders erwählt hat, um durch sie die Geheimnisse seiner Liebe kundzutun.

Der erste und vorzüglichste Zeuge ist er selbst, der oftmals das von ihr Vorhergesagte bestätigte, das geheim Erkannte offenbarte und viele die Wirkung ihrer Gebete erfahren ließ. Einige Beispiele führe ich an.

Zur Zeit, als der Herr Rudolf, der römische König, gestorben war und sie mit den Übrigen für die Wahl eines Nachfolgers betete, an demselben Tag und, wie man glaubt, zur selben Stunde, da in einer andern Gegend die Wahl stattfand, hat sie die geschehene Wahl der Mutter des Klosters enthüllt und hinzugefügt, dass der erwählte König von seinem Nachfolger würde ermordet werden. Und so geschah es[13].

Ebenso hat sie, als unserem Kloster durch die Drohung eines Bösewichts ein scheinbar unvermeidliches Übel bevorstand, nach vorausgegangenem Gebet der Äbtissin gesagt, die ganze Gefahr sei verschwunden. Hierüber kam der Verwalter des Hofes und bestätigte es. Die Äbtissin samt den Übrigen, die um Gertruds Mitteilung wussten, frohlockten im Herrn und sagten ihm Dank.

Ferner wurde eine Person, welche durch langwierige Versuchungen ermüdet war, im Traum ermahnt, sich ihrem Gebet zu empfehlen. Sobald sie dies andächtig getan hatte, wurde sie befreit. Eine andere Person stand im Begriff zu kommunizieren, wurde aber, weil sie einige Tage vorher einer Gelegenheit nicht ausgewichen war, bei der Messe von vielen Gedanken derart belästigt, dass sie fast zur Einwilligung in eine sündhafte Lust hinneigte. Weil sie jedoch mit solchen Gedanken keineswegs hinzuzutreten wagte, ergriff sie endlich, wohl infolge göttlicher Erleuchtung, ein unansehnliches Stückchen Tuch, das sie diese Gotterkorene von ihrer Fußbekleidung hatte abreißen und wegwerfen sehen, legte es mit Vertrauen auf ihr Herz und beschwor den Herrn bei jener Liebe, in welcher er das Herz Gertruds von jeder menschlichen Zuneigung losgeschält habe, er möge sie von der Versuchung befreien.

Wunderbar ist, was nun geschah! Kaum hatte sie nämlich jenes Stückchen Tuch an ihr Herz gepresst, als sie auch von jener

Versuchung vollständig und für immer frei wurde. Sagt ja der Herr selbst im Evangelium: «Wer an mich glaubt, der wird die Werke, die ich tue, auch selber tun und wird noch größere als diese vollbringen.»[14] Also konnte der Herr, der einst das blutflüssige Weib[15] durch die Berührung des Saumes seines Kleides heilte, ebensogut durch die Verdienste dieser seiner Auserkorenen eine Seele, der zulieb er sich würdigte zu sterben, von der Gefahr der Versuchung befreien.

I. 3. Vom zweiten Zeugen

Der zweite beständige Zeuge ist der Bericht, den verschiedene wie mit einem Mund ablegten. Was sie nämlich, mochten sie nun für die Besserung ihrer Fehler oder um das Wachstum ihrer Fortschritte beten, durch göttliche Offenbarung über sie erfuhren, das war stets derart, dass sie als eine besondere Erwählte erschien.

So kam einst eine in göttlichen Offenbarungen sehr erfahrene Person, angezogen durch den Wohlgeruch des guten Rufes, aus der Ferne in das Kloster. Weil sie aber dort niemanden kannte, bat sie den Herrn inbrünstig, dass er ihr eine Person zugeselle, von der sie mit seiner Gnade Gewinn für ihre Seele erhalten könne. Der Herr gab ihr folgenden Bescheid: «Die erste, welche sich zu dir setzen wird, wisse, dass diese von allen die Getreueste und die wahrhaft Auserkorene ist.»

Als sich hierauf durch wunderbare Fügung Gertrud zuerst zu ihr setzte, aber weil sie aus Demut verborgen bleiben wollte, sich ihr gleichsam fremd zeigte, so hielt jene sich für getäuscht und stellte dies dem Herrn mit Verzagtheit und unter Seufzen vor. Da wurde sie nun vergewissert, in Wahrheit sei Gertrud diejenige, die der Herr als seine Getreueste bezeugt habe. Hierauf kam sie auch in eine Unterredung mit Frau M.[16] seligen Angedenkens, welche Vorsängerin war und deren Worte ihr sehr gefielen, weil sie vom Honig des Heiligen Geistes gewürzt waren. Als sie nun den Herrn fragte, wie es möglich wäre, dass nicht diese, die sie vor allen selig pries, sie zuerst empfangen hätte, antwortete der Herr: «Großes wirke ich in dieser, aber noch Größeres wirke ich in jener und das Größte werde ich noch in ihr wirken.»

Eine andere Person, die für sie betete und die so unvergleichlich zarte Liebe des Herrn gegen sie erwog, sagte in großer Verwunderung zum Herrn: «O Gott der Liebe, was findest du denn an ihr, dass du sie in dir selber so hoch schätzest und so überaus huldvoll dein Herz auf sie gerichtet hast?»

Der Herr antwortete: «Meine unverdiente Liebe unterhält und vollendet in ihrer Seele durch ein besonderes Geschenk fünf Tugenden, an denen ich eine vorzügliche Freude habe. Sie besitzt nämlich in sich die wahre Reinheit durch die fortgesetzte Einströmung meiner Gnade. Sie besitzt die Demut wegen der Vielheit und Größe meiner Geschenke; denn je Größeres ich in ihr wirke, desto mehr versenkt sie sich in die Erkenntnis ihrer Schwäche. Sie besitzt die wahre Herzensgüte, in der sie das Heil aller zu meiner Ehre begehrt. Sie besitzt die wahre Treue, da sie alle ihre Güter zu meiner Verherrlichung, zum allgemeinen Heil der Menschheit insgesamt mitteilt. Sie besitzt endlich die wahre Liebe, weil sie mich glühend von ganzem Herzen, aus ganzer Seele und mit allen Kräften und den Nächsten wie sich selbst um meinetwillen liebt.»

Nach diesen Worten zeigte der Herr ein hell glänzendes Geschmeide vor seiner Brust, in der Form eines Kleeblattes, und sprach: «Dies werde ich beständig aus Liebe zu meiner Braut tragen und durch die drei Blätter werden drei Stücke dem ganzen himmlischen Hof klar einleuchten: Das erste Blatt verkündet, dass sie mir die Nächste ist; denn es lebt heutzutage kein Mensch auf Erden, der sowohl durch Reinheit der Absicht als auch durch Güte des Willens mir näher stünde als sie. Aus dem zweiten Blatt leuchtet hervor, dass ich jetzt zu keiner andern Seele auf Erden mit solcher Freude mich hingeneigt habe wie zu ihr. Das dritte verkündet, dass es heutzutage keinen Menschen auf Erden gibt, der alle erteilten Gaben treuer und aufrichtiger auf meine Ehre und Verherrlichung bezieht als sie.»

Eine andere, deren Fürsprache sie sich andächtig empfohlen hatte, empfing im Gebet für sie diese Antwort: «Ich gehöre ihr ganz an. Die Liebe der Gottheit hat sie mir unzertrennlich vereinigt.» Darauf sagte jene: «Was, o liebreichster Gott, tust du jetzt mit ihr?» Er antwortete: «Die Schläge ihres Herzens werden beständig in die Schläge meiner Liebe verschlungen und hieran finde ich unaussprechliches Wohlgefallen. Die volle Kraft meiner Schläge jedoch bewahre ich in mir selber bis zu ihrem Todestag; dann nämlich wird sie in ihnen drei wunderbare Wirkungen erfahren: In dem ersten wird sie empfinden, mit wie großer Herrlichkeit Gott der Vater sie zu sich ruft, im zweiten, mit welcher Freude ich sie aufnehmen werde, im dritten, mit welcher Liebe der Heilige Geist sie zur Vereinigung erhebt.»

Ein andermal wurde jemand, der für sie betete, die Antwort gegeben: «Sie ist meine Taube ohne Galle.[17] Denn jegliche Sünde wirft sie mit Abscheu wie Galle aus dem Herzen heraus. Sie ist eine Lilie, die ich in den Händen trage, weil es mir die höchste Wonne gewährt, mit einer keuschen und reinen Seele mich zu erfreuen. Sie ist meine lieblich duftende Rose, das heißt: Sie ist geduldig und dankt mir in Widerwärtigkeiten. Sie ist eine frühlingsfrische Blume, an der ich meine Augenweide habe, denn sie bewahrt in sich das Streben und Verlangen nach Tugenden und nach der gesamten Vollkommenheit. Sie ist ein lieblich klingender Ton in meinem Diadem, an welchem alle ihre Leiden wie goldene Glöckchen für die Bewohner des Himmels herabhängen.»

Und als sie einst vor der Fastenzeit dem Konvent die vorgeschriebene Lesung hielt und mit besonderem Nachdruck dies las, dass der Herr aus ganzem Herzen, aus ganzer Seele und mit allen Kräften zu lieben sei, da sagte eine, von ihren Worten ergriffen, zum Herrn: «O Herr, wie sehr wirst du von jener geliebt, welche dich mit so liebeglühenden Worten lieben lehrt!»

Der Herr erwiderte ihr: «Von ihrer Kindheit an habe ich sie in meinen Armen getragen und unbefleckt bewahrt bis zu jener Stunde, da sie sich mit vollem und ganzem Willen mir vereinigt hat; und von da an habe ich mich hinwiederum mit der ganzen Kraft meiner Gottheit ihr geschenkt. Deshalb zerschmelzt auch die glühende Liebe ihres Herzens gegen mich beständig mein innerstes ihr hingegebenes Wesen, so dass die Süßigkeit meines göttlichen Herzens von der Glut ihres Herzens aufgelöst wird und fortwährend in ihre Seele träufelt.» Er fügte noch hinzu: «So große Freude finde ich an dieser Seele, dass ich oftmals, wenn ich von andern Menschen beleidigt werde, mich zur Ruhe über sie hinlehne und ihr dann Herzensbedrängnis oder Körperbeschwerden zusende, die sie in Vereinigung mit meinem Leiden so dankbar annimmt und so demütig und geduldig erträgt, dass ich alsbald versöhnt Unzählige verschone.»

Jemand, der auf ihr Verlangen um Besserung ihrer Fehler betete, empfing die Antwort: «Was an dieser meiner Erwählten Fehler zu sein scheinen, sind vielmehr große Fortschritte ihrer Seele. Denn die menschliche Armseligkeit würde kaum ausreichen, um die Wirkungen meiner Gnade in ihr vor dem Wind des eitlen Ruhms sicher zu stellen, wenn sie nicht unter dem Schein von Fehlern verborgen würden. Auch habe ich ihr für die einzelnen Fehler ein solches Geschenk gegeben, dass in meinen Augen ihre Unvollkommenheiten vollkommen getilgt werden. Habe ich dieselben aber im Verlauf der Zeit vollständig in Tugenden umgewandelt, dann wird ihre Seele wie ein helles Licht glänzen.»

I. 4. Vom dritten Zeugen

Der dritte, noch vollgültigere Zeuge ist ihr Lebenswandel, worin sie sowohl durch Worte wie durch Taten offenbarte, dass sie in allem nicht ihren, sondern Gottes Ruhm suchte und für ihn nicht nur die eigene Ehre, sondern auch das Leben und sogar die eigene Seele gewissermaßen gering achtete, da ja auch der Herr im Evangelium des Johannes sagt: «Wer die Ehre dessen sucht, der ihn gesandt hat, der ist wahrhaft und Ungerechtigkeit ist nicht in ihm.»[18] Auf sie kann der Spruch der Weisheit angewandt werden: «Der Gerechte vertraut wie ein Löwe.»[19] Denn aus Liebe zur Ehre Gottes eiferte sie in allem für die Gerechtigkeit und Wahrheit mit solchem geistigen Starkmut, dass sie jegliche ihr hieraus entstehende Widerwärtigkeit verachtete, wenn sie nur die Ehre des Herrn gewann.

Oftmals mühte sie sich auch damit ab, alles zu sammeln und niederzuschreiben, wovon sie für irgend jemanden einen Nutzen hoffte. Und zwar tat sie dies rein zu Gottes Ehre und begehrte niemals Dank dafür. Besonders eifrig aber sorgte sie, wenn irgendwo die Heilige Schrift fehlte, für Abhilfe, um alle für Christus zu gewinnen. Ruhe und Schlaf unterbrechen, das Essen verschieben und, was zur Erquickung des eigenen Körpers diente, unterlassen, das war für sie mehr Freude als Abtötung; sehr oft unterbrach sie sogar die Süßigkeit der Beschauung, um Versuchten zu Hilfe zu eilen oder Betrübte zu trösten oder jemanden in der Liebe zu stärken. Denn wie das Eisen, ins Feuer geworfen, selbst ganz Feuer wird, so schien auch sie, von der göttlichen Liebe entflammt, ganz Liebe geworden zu sein, brennend nach dem Heil aller.

Mit dem Herrn der Majestät hatte sie so erhabene und häufige Unterredungen, wie nur irgendein Mensch zu unserer Zeit. Und doch wurde sie hierdurch immer noch mehr in Demut versenkt. Deshalb pflegte sie zu sagen, alles, was sie aus der überströmenden Güte des Herrn umsonst empfange, das scheine ihr, solange sie es zurückbehalte und allein genieße, wegen ihrer Niedrigkeit gleichsam im Kehricht verborgen zu liegen. Hatte sie aber jemandem Anteil gegeben, so schien es ihr, als habe sie den Edelstein mit Gold eingefasst. Denn sie hielt jeden Menschen für würdiger als sich und glaubte, jeder könne schon durch einen einzigen Gedanken wegen seiner Unschuld und seines würdigen Wandels Gott größere Ehre erweisen, als sie mit aller Abarbeitung des Körpers wegen ihres unwürdigen Wandels und ihrer Nachlässigkeiten vermöchte.

I. 5. Von den Kennzeichen und dem Schmuck des geistigen Himmels

Der hl. Bernhard sagt in der Erklärung des Hohenliedes: Die heilige Seele ist nicht bloß himmlisch wegen des Ursprungs, sondern kann auch wegen der Ähnlichkeit selbst ein Himmel genannt werden, weil ihr Wandel im Himmel ist. Deshalb sagt die Schrift: «Die Seele des Gerechten ist der Wohnsitz der Weisheit.»[20] Und: «Der Himmel ist mein Sitz.»[21] Wer aber weiß, dass Gott ein Geist ist, der wird ihm auch einen geistigen Wohnsitz zuschreiben. In dieser Anschauung bestärkt mich zumeist jene Verheißung: «Zu ihm (das heißt zu dem heiligen Menschen) werden wir kommen und Wohnung bei ihm nehmen.»[22] Auch glaube ich, dass der Prophet keinen andern Himmel gemeint hat mit den Worten: «Du aber, o Lobpreis Israels, wohnst in dem Heiligen.»[23]

Und der Apostel sagt, Christus wohne durch den Glauben in unsern Herzen[24]. Ich aber seufze von fern zu jenen Seligen auf, von denen es heißt: «Ich werde in ihnen wohnen und in ihnen wandeln.»[25]

O wie groß muss die Ausdehnung der Seele sein, wie groß auch ihr Vorzug an Verdiensten, wenn sie würdig erfunden wird, die göttliche Macht in sich aufzunehmen, und fähig, sie zu fassen, die auch Räume und Gänge genug besitzt für das Werk der Majestät!

Sie ist emporgewachsen zu einem heiligen Tempel im Herrn, gewachsen nach dem Maß der Liebe, welche die Größe der Seele ist. Die heilige Seele ist sonach ein Himmel, der seine Sonne hat, und diese ist die Erkenntnis, seinen Mond, der ist der Glaube, und seine Sterne, die Tugenden; oder auch: Die Sonne ist die Gerechtigkeit oder der Eifer der glühenden Liebe und der Mond die Enthaltsamkeit. Kein Wunder, wenn der Herr Jesus einen solchen Himmel gern bewohnt! Denn von diesem hat er nicht, wie von den Übrigen, nur gesprochen und sie wurden, sondern er hat ihn erkämpft und erkauft durch seinen Tod. Darum sprach er, als er nach der Arbeit sein Verlangen erfüllt sah: «Hier ist meine Ruhe auf ewig, hier will ich wohnen.»[26] Also der hl. Bernhard.

Zu diesen glücklichen Seelen, die der Herr zur Innewohnung dem sichtbaren Himmel vorzog, gehörte Gertrud; ich will daher auseinander setzen, soweit ich es im Lauf vieler Jahre durch einen Zug geistlicher Vertraulichkeit von ihr habe erfahren können, welche Strahlen besonderer Tugend sie gleichsam als Lichtglanz von Sonne, Mond und Sternen aus sich entsandte.

I. 6. Von der standhaften Gerechtigkeit

Die Gerechtigkeit oder der Eifer der glühenden Liebe, den der hl. Bernhard oben unter der Sonne versteht, erglänzte in dieser Heiligen in so erhabener Weise, dass, wenn es für sie schicklich gewesen wäre, sie zur Verteidigung der Gerechtigkeit sich mitten in die Schlachtreihen von Tausenden Bewaffneter würde gestürzt haben. So teuer war ihr kein Freund, dass sie ihm selbst gegen den eigenen Todfeind auch nur mit einem Wort dem Pfad der Gerechtigkeit entgegen würde beigesprungen sein. Denn eher hätte sie auf einen gerechten Grund hin in eine Schädigung der eigenen Mutter eingewilligt, als einer Ungerechtigkeit gegen einen wenn auch noch so lästigen Feind zugestimmt.

So oft sie bei vorkommender Gelegenheit zum Zweck der Ermahnung jemandem etwas vorstellte, überwand sie die ihr sonst in hohem Maß eigene Scheu und mit Ablegung jeder menschlichen und ungeordneten Furcht stützte sie sich vertrauensvoll auf den *einen*, durch dessen Glauben sie bewaffnet war und dessen Dienst sie die ganze Welt zu unterwerfen begehrte. Sodann den Griffel der Zunge in das Blut des Herzens tauchend, bildete sie die Worte so liebevoll und weise, dass kaum jemand, wenn auch von hartem und verkehrtem Sinn, wofern ihm noch ein Funke von Liebe innewohnte, nicht erweicht oder wenigstens zum Verlangen nach Besserung bewegt wurde.

Merkte sie nun, dass jemand zerknirscht worden war, so neigte sie sich mit innigem Mitleid zu ihm. Jedoch zeigte sie das nicht so sehr im Gespräch als vielmehr durch andächtige Gebete für ihn vor Gott. Denn sie hütete sich sorgfältig, das Herz eines Menschen in Freundschaft so an sich zu fesseln, dass er dadurch von Gott sich irgendwie entfernte. Menschliche Freundschaft, die nicht ihr Fundament in Gott hatte, mied sie wie etwas Todbringendes. Deshalb konnte sie auch nicht ohne Herzensqual ein zärtliches Wort von solchen anhören, welche sich weichlich gegen sie betrugen. Ebenso vermochte sie es nicht, einen noch so notwendigen Dienst von ihnen anzunehmen, vielmehr wollte sie lieber auf jede menschliche Hilfe verzichten, als zulassen, dass irgendein Herz in ungeordneter Weise mit ihr sich beschäftigte.

I. 7. Von ihrem Seeleneifer

Hatte sie am Nächsten einen Fehler bemerkt, den sie nicht zu bessern vermochte, so konnte sie keinen Trost finden, bis sie sowohl durch Gebete vom Herrn als auch durch Ermahnungen ihrerseits oder durch andere wenigstens eine kleine Besserung erzielt hatte. Wenn aber zuweilen jemand sagte: «Mache dir keine Sorge um den, der nicht sich selber bessern will, er hat ja nur den selbstgewollten Schaden zu erleiden», so widersprach sie mit so großem Schmerz, als fühlte sie ein Schwert ihr Innerstes durchbohren. «Lieber will ich sterben», rief sie aus, «als so über eines Menschen Unglück mich trösten lassen. Denn dieser müsste ja dann erst die Erfahrung machen, wenn er nach dem Tod ewig verdammt würde.» Alles, was sie darum in heiligen Büchern Heilsames, aber für weniger Einsichtsvolle schwer Verständliches fand, schrieb sie mit Umänderung des lateinischen Ausdrucks verständlich nieder.

So verbrachte sie oft ihre ganze Zeit vom Morgen bis zum Abend, gemäß den Worten Bedas: «Welche Gnade kann erhabener und welcher Verkehr für Gott ruhmvoller sein, als wenn jemand jeden Tag eifrig bemüht ist, andere zur Gnade ihres Schöpfers zurückzuführen und durch vielfachen Seelengewinn die Freude des himmlischen Vaterlandes beständig zu vermehren!»[27]

Und der hl. Bernhard sagt: «Die wahre und lautere Beschauung erfüllt die Seele, die sie mit göttlichem Feuer entzündet hat, zuweilen mit großem Verlangen, für Gott solche, die ihn in ähnlicher Weise lieben, zu gewinnen, dass dieselbe die Ruhe der Beschauung aus Liebe zur Verkündigung des göttlichen Wortes bereitwilligst unterbricht und, nachdem sie ihr Verlangen erfüllt hat, um so brennender zur Beschauung zurückkehrt, je fruchtbarer die Unterbrechung gewesen ist.»[28] Denn wenn nach dem Zeugnis des hl. Gregorius kein Opfer Gott so wohlgefällig ist wie der Seeleneifer[29], was Wunder, wenn der Herr Jesus so freudig und gnädig diesen lebendigen Altar bewohnt, auf welchem der Wohlgeruch des angenehmsten Opfers ununterbrochen ihm entgegensteigt!

Einst stand der Herr Jesus, der Schönste unter den Menschenkindern[30], vor ihr; auf seinen königlichen, zarten Schultern ruhte ein sehr großes Haus, das in kurzem einzustürzen drohte und über ihn geneigt erschien. Der Herr sprach zu ihr: «Sieh, mit welcher Mühe und Anstrengung ich mein geliebtes Haus, das ist die Religion[31], stütze! Denn sie neigt fast in der ganzen Welt zum Fall, weil so wenige zu ihrer Beschützung treu arbeiten oder etwas leiden wollen; deshalb, meine Geliebte, schau auf mich und habe mit meiner Ermattung Mitleid.»

«Alle», fügte der Herr hinzu, «die durch Wort oder Werk die Religion zu fördern suchen, stützen wie tragende Säulen mit mir dieses Haus und erleichtern mich von meiner Last.» Durch diese Worte im innersten Herzen bewegt, mühte sie sich zuweilen sogar über ihre Kräfte in der strengsten Beobachtung ihrer Ordensregel ab, um andern ein gutes Beispiel zu geben. Nachdem sie aber eine Zeitlang in dieser Übung treu gewesen, ermahnte der Herr sie durch mehrere seiner Vertrauten, von solcher Anstrengung nun zu ruhen und sich ganz allein mit ihm, ihrem Bräutigam, innerlich zu beschäftigen. Dankbar begab sie sich nun mit frischer geistiger Fröhlichkeit in die Ruhe der Beschauung, in seliger Herzensfreude einzig auf den Vertrautesten ihres Innern hingekehrt, von dem sie durch die wirksame Eingießung seiner Gnade fühlte, dass auch er sich ganz ihr zugewendet habe.

Hier möge der Brief eine Stelle finden, den eine gottgeweihte Person aus göttlicher Offenbarung an sie schrieb: «O fromme Braut Christi, geh ein in die Freude deines Herrn[32]. Denn sein göttliches Herz ist dir zugekehrt wegen der Treue, mit der du für die Verteidigung der Wahrheit dich so sehr gemüht hast. Sein Wunsch ist es darum, dass du fürder rastest unter dem Schatten seiner beruhigenden Tröstung. Denn gleichwie ein gut gewurzelter Baum, der an Wasserbächen gepflanzt ist, reiche Früchte trägt[33], also bringst auch du deinem Geliebten die süßesten Früchte hervor durch Gedanken, Worte und Werke, die unter dem Einfluss der Gnade Gottes in dir hervorsprießen.

Niemals kannst du unter der sengenden Glut einer Verfolgung verdorren, denn unaufhörlich tränkt dich der Strom der überwallenden göttlichen Gnade. Überdies ersetzt der Herr Jesus selbst für dich bei Gott dem Vater jeglichen Fehler, über den du in dir oder in andern trauerst, und beschließt, für das Einzelne dir also zu lohnen, als wenn du die volle Wirkung erreicht hättest. Hierdurch wird die ganze himmlische Heerschar wunderbar erquickt und bringt für dich Gott Dank und Lobpreis dar.»

I. 8. Von ihrer mitleidigen Liebe

Außer dem Eifer für die Gerechtigkeit wohnte ihr auch eine sehr große mitleidige Liebe inne. Sah sie nämlich jemanden aus vernünftiger Ursache betrübt, oder hörte sie selbst in der Ferne, dass er niedergebeugt sei, so gab sie sich alle Mühe, ihn entweder durch Zuspruch oder durch einen Brief zu ermuntern.

Und gleichwie der Kranke in heftigem Fieberbrand von Tag zu Tag auf Besserung oder Erleichterung hofft, ebenso flehte sie von Stunde zu Stunde zum Herrn, er möge die Leidbeschwerten trösten. Dieses Gefühl des Mitleids übertrug sie sogar auf alle Geschöpfe, wie Vögel oder Tiere der Erde, sobald sie dieselben von einer Beschwerde wie Hunger, Durst oder Kälte bedrückt sah. Auch mit ihnen, als den Handgebilden ihres Herrn, fühlte sie Erbarmen und opferte jenes Leiden der unvernünftigen Kreatur dem Herrn auf, und zwar in Vereinigung mit der Würde, in welcher jegliche Kreatur in ihm vollendet und in ihrer Arbeit aufs Höchste ist geadelt worden. Zugleich begehrte sie, der Herr möchte sich seines Geschöpfes erbarmen und seine Qual mildern.

I. 9. Von ihrer wunderbaren Enthaltsamkeit

Der hl. Bernhard vergleicht in der oben erwähnten Stelle die Enthaltsamkeit mit dem Mond. Glänzend strahlte auch diese Tugend an ihr; sie gestand, in ihrem ganzen Leben das Angesicht eines Mannes niemals so lange betrachtet zu haben, dass sie von seiner Gestalt etwas wüsste.

Und alle, die sie kannten, mussten gestehen, dass, wie heilig der Mann auch war oder vertraut oder wie lange sie auch mit ihm reden musste, sie dennoch jedesmal von ihm schied, ohne ein einziges Mal die Augen zu ihm abgelenkt zu haben.

Ihre vertrauten Schwestern sagten zuweilen scherzend: man dürfe sie wegen der Reinheit des Herzens zu den Reliquien auf den Altar stellen. Denn mehr als alle Menschen, die ich kenne, war sie gewohnt, in der Heiligen Schrift und darum in Gott ihre Freude zu finden, was das vorzüglichste Bewahrungsmittel der Keuschheit ist.

So sagt der hl. Gregor: «Hat man einmal den Geist verkostet, so schmeckt das Fleisch nicht mehr.»[34]

Ebenso *Hieronymus*[35]: «Liebe die Wissenschaft und du wirst die Laster des Fleisches nicht lieben.» Wenn sie aber in der Heiligen Schrift auf etwas stieß, das eine fleischliche Erinnerung erwecken konnte, so übersprang sie es in jungfräulicher Scham, wobei sie ein jungfräuliches Erröten nicht zu verbergen vermochte. Wurde sie jedoch zuweilen von unverständigen Leuten über derartige Dinge um Rat gefragt, so wich sie mit ängstlicher Scheu aus, gleich als wenn ihr Fleisch mit einem Eisen wäre verwundet worden. Wo es übrigens wegen des Seelenheils notwendig war, über solche Dinge zu reden, da sprach sie ohne Zögern, wie es nützlich erschien, als ob ihr Zartgefühl nicht verletzt würde.

Ein älterer Mann von sehr rechtschaffenem Wandel, mit dem sie einmal über ihre Geheimnisse gesprochen hatte, bezeugte nachher, er habe niemals einen Menschen so frei von jeder sinnlichen Erregung gefunden wie sie.

Wer dies eine Geschenk Gottes in ihr richtig schätzt, wird nicht darüber staunen, dass Gott ihr vor andern seine Geheimnisse offenbart hat, zumal er selbst im Evangelium versichert: «Selig, die reinen Herzens sind, denn sie werden Gott schauen.»[36] Dazu bemerkt der hl. *Augustinus*[37]: «Nicht mit den Augen des Körpers, sondern mit denen des Herzens wird Gott geschaut. Und gleich wie das Licht nur von reinen Augen kann gesehen werden, so auch Gott nur durch die Reinheit des Herzens, das kein Bewusstsein der Sünde drückt, sondern das ein heiliger Tempel Gottes ist.»

I. 10. Von ihrer Gabe des Vertrauens

Wunderbar erglänzte ferner in ihr die Gabe des Vertrauens. Denn zu allen Stunden war ihr Gewissen so ruhig, dass Trübsale, Verluste, Hindernisse, ja selbst ihre eigenen Fehler es nicht verdunkeln konnten; vielmehr bewahrte sie immerdar ein hingebendes Vertrauen auf Gottes Barmherzigkeit.

Auch ertrug sie es nicht schwer, wenn der Herr ihr zuweilen die gewohnte Gnade entzog. Denn gleichwie man einen Boten, der eine lang ersehnte Nachricht bringen soll, voll Hoffnung erwartet, so hoffte sie zuversichtlich, dass die göttliche Tröstung ihr in reichlicherem Maß zuteil werde, weil sie durch die vorausgehende Trübsal dazu vorbereitet sei.

Niemals erschien sie so niedergebeugt, noch wegen ihrer Fehler so verzagt, dass sie nicht, durch die Gegenwart der göttlichen Gnade aufgerichtet, für alle Geschenke Gottes sogleich tauglich wurde. Auch wenn sie sich selber dunkel wie eine ausgelöschte Kohle[38] vorkam, so atmete sie dennoch durch die Einwirkung der Gnade Gottes sogleich auf, sobald sie sich durch die Hinkehr zu Gott aufzurichten strebte, und empfing alsdann gleichsam bei der Rückkehr in sich das Bild Gottes. Wie ein Mensch, der aus der Finsternis ins Sonnenlicht tritt, plötzlich erleuchtet wird, so fühlte sie, dass sie, durch den Glanz der göttlichen Gegenwart erhellt, all den Schmuck und die Schönheit empfangen habe, welche der Königin geziemt, um im goldverbrämten Kleid[39] vor dem unsterblichen König der Zeiten[40] zu stehen. Sobald sie sich jedoch von Sündenflecken, wovon das gegenwärtige Leben ja niemals frei bleibt, getrübt fühlte, flüchtete sie zu den Füßen des Herrn Jesus, um abgewaschen zu werden. Wenn sie aber die göttliche Gnade reichlicher auf sich einströmen fühlte, dann folgte sie bereitwillig dem göttlichen Willen in allem und machte sich wie zu einem Werkzeug tauglich zu jedem Werk der Liebe, das an ihr und mit ihr ausgeübt werden sollte.

Durch dieses Vertrauen besaß sie auch eine so große Gnade zum Kommunizieren, dass sie allzeit, fest in der Hoffnung auf die Huld des Herrn, freudig hinzutrat. Ihre Bemühungen erachtete sie für gering und nichtsgeltend; darum unterließ sie die Kommunion niemals, auch wenn sie Gebete und ähnliche Übungen der Vorbereitung nicht hatte verrichten können. Denn sie war überzeugt, jede menschliche Anstrengung sei gegenüber der Erhabenheit dieses unverdienten Geschenkes wie ein kleiner Tropfen im Vergleich zum unermesslichen Weltmeer. Und obwohl ihr jede Art würdiger Vorbereitung gleichviel galt, ging doch ihr Streben vor allem dahin, im Vertrauen auf die unveränderliche Freigebigkeit des Herrn mit reinem Herzen und andächtiger Liebesglut das Sakrament zu empfangen. Auch alle geistlichen Gnadengüter, die sie erhielt, schrieb sie dem Vertrauen allein zu, weil sie erkannte, dass sie gerade diese vorzügliche Gabe ganz ohne Verdienst von dem Spender aller Gnaden empfangen habe.

Dieses Vertrauen wurde so stark, dass sie oftmals zu sterben verlangte, jedoch in Vereinigung mit dem göttlichen Willen; zu jeder Stunde war Leben wie Sterben ihr ganz gleich. Durch den Tod nämlich hoffte sie die Seligkeit zu erlangen, durch längeres Leben aber die göttliche Ehre zu vermehren. Als sie einstmals hoch oben auf einer Straße ausglitt, empfand sie eine wunderbare Freude und sagte im Geist zum Herrn: «O mein geliebter Herr, wie wohl mir, wenn dieser Fall mir plötzlich Gelegenheit gäbe, zu dir zu kommen!»

Da wir über diese Worte staunten und sie fragten, ob sie denn nicht fürchte, unversehen mit den Sakramenten der Kirche zu sterben, antwortete sie: «Von ganzem Herzen verlange ich, mit den Heil spendenden Sakramenten gestärkt zu werden; dennoch scheint mir der Wille und die Vorherbestimmung meines Herrn die beste und heilsamste Vorbereitung.

Auf welche Weise er also will, sei es durch plötzlichen oder vorhergesehenen Tod, sehr gern werde ich zu ihm auswandern. Denn ich bin gewiss, gleichviel durch welche Todesart ich abscheide, dass die göttliche Barmherzigkeit mir niemals fehlen wird, ohne die ich in keiner Weise selig werden kann, mag nun der Tod lange vorhergesehen oder plötzlich sein.»

In ähnlicher Weise bewahrte sie bei allen Ereignissen die innere Fröhlichkeit, weil sie immer einen festen, auf Gott gerichteten Sinn hatte und in allem wunderbar stark und standhaft war. Ein Zeugnis dessen gab ihr der Herr in folgender Weise. Als eines Tages eine Person den Herrn um etwas fragte, aber keine Antwort erhalten konnte und hierüber staunte, gab er ihr endlich den Bescheid: «Deshalb habe ich gezögert, weil du auf das, was meine unverdiente Güte sich herablässt in dir zu wirken, nicht vertraust, wie es jene meine Geliebte tut, die im festen Vertrauen tief gewurzelt ist und in allem zuversichtlich auf meine Güte hofft.»

I. 11. Von der Demut und mehreren anderen Tugenden

Unter den mannigfachen wie Sterne schimmernden Tugenden, womit sie der Herr sich zur Wohnung ausgeschmückt hatte, erstrahlte mit besonderem Glanz die Demut, die das Gefäß für alle Gnaden und die Schutzwache aller Tugenden ist. Sie erachtete sich nämlich aller Geschenke Gottes unwürdig und vermochte nicht zu erkennen, sie habe irgendeine Gabe zu *ihrem* Nutzen empfangen. Vielmehr erschien sie sich wie ein Kanal, durch den infolge einer verborgenen Vorherbestimmung Gottes Gnade auf seine Auserwählten sich ergösse, da sie alle Geschenke Gottes, die kleinsten wie die größten, ganz ohne Frucht empfange, mit der einzigen Ausnahme, dass sie bemüht sei, dieselben schriftlich oder mündlich zum Heil des Nächsten auszuteilen. Darum bot sie sich zu jeder Stunde für alle Gaben Gottes als Ausspenderin an. Sich selbst hielt sie für die Letzte aus denen, von welchen der Prophet sagt: «Alle Völker sind vor ihm gleichsam als wären sie nicht.»[41]

Und ferner: «Sie sind vor ihm wie einziger Staub.»[42] Denn wie ein Stäubchen bei hellem Sonnenlicht durch einen leichten Schatten unsichtbar wird, so suchte sie von den hochherrlichen Gnadengeschenken Gottes, gleichsam ausweichend, sich abzuwenden und schrieb dieselben einzig ihm zu, der jenen, so er beruft, mit seinem Anhauch zuvorkommt und jene die er rechtfertigt, mit seinem Gnadenbeistand begleitet. Für sich selbst aber beanspruchte sie nur das demütige Schuldbekenntnis, dass sie sich so unverdienten Gnaden gegenüber undankbar und unwürdig erweise.

Dabei vermochte sie zur Ehre Gottes jedoch nicht zu schweigen von seiner Liebe gegen sie, sondern bemühte sich, dieselbe zur Kenntnis anderer zu bringen, und zwar in der Absicht, in der sie sich in ihrem Herzen sagte: «Es geziemt sich nicht, dass aus der Güte Gottes gegen mich in andern keine größere Frucht erwachse, als sie aus mir, der niedrigsten Verunstalterin, ersprießen kann.» So geschah es einmal, dass sie auf einer Reise in übergroßer Selbstverdemütigung zum Herrn also sprach: «O mein Herr, unter den vorzüglichen Wundern, die du wirkst, halte ich das für ein ganz besonderes, dass die Erde mich unwürdige Sünderin trägt», wodurch der Herr, der Jeden, der sich demütigt, erhöht[43], huldreichst gerührt wurde und gnädig erwiderte: «Gern bietet die Erde sich dir zum Betreten dar, da sogar der ganze erhabene Himmel mit unaussprechlicher Sehnsucht nach jener überseligen Stunde verlangt, wo er dich würdig tragen soll.»

O wahrhaft wunderbare Süßigkeit der göttlichen Güte, welche eine Seele zu um so größerer Ehre erhebt, je tiefer dieselbe sich in Erkenntnis ihrer selbst erniedrigt!

Ruhmsucht verachtete sie in der Weise, dass sie, wenn sich ihr, z.B. während sie im Gebet oder mit einem andern guten Werk beschäftigt war, ein gefallsüchtiger Gedanke aufdrängte, freiwillig zustimmte in dem Sinn, dass sie dachte: Wenn doch auch jemand dies Gute sieht und zur Nachahmung bewogen wird, so hat dein Herr diese Frucht des Lobes von dir. Denn sie hatte bei derartigen Werken die Vorstellung, als sei sie in der Kirche Gottes, was in dem Haus eines Hausvaters eine Vogelscheuche ist, die zu nichts anderem dient, als um zur Zeit, wenn die Früchte ansetzen, über einen Baum gebunden zu werden, um die Vögel zu vertreiben und die Früchte zu erhalten.

Wie wunderbar sie sich im Herrn erquickte, erhellt deutlich daraus, dass die vergänglichen Freuden ihr einen unglaublichen Ekel erregten, gemäß den Worten des hl. Bernhard: «Wer Gott liebt, dem ist alles zuwider, solange er den entbehrt, nach dem allein er verlangt.» Deshalb sagte sie auch einstmals, müde von der Betrachtung der Nichtigkeit jeder menschlichen Ergötzung, zum Herrn: «Ich kann auf Erden nichts finden, was mich erfreut, außer dir allein, meinem süßesten Herrn.»

Im Wachen und Beten war sie überaus beständig; an keinem Tag vernachlässigte sie die gewohnte Gebetsstunde, es sei denn, dass sie wegen Krankheit das Bett hüten musste oder zur Ehre Gottes für das Heil des Nächsten arbeitete. Deshalb machte auch der Herr, der durch den fortwährenden Trost seiner beseligenden Gegenwart im Gebet sie erfreute, sie viel befähigter zu geistlichen Übungen, als irgendwelche Übungen des Körpers sie zu stärken vermocht hätten. Mit hoher Geistesfreude beobachtete sie die Ordensregeln, wie da sind: Besuch des Chores, Fasten und gemeinsame Beschäftigungen und unterließ solche niemals ohne große Beschwerde.

Bernhard sagt: «Wenn jemand einmal durch Verkosten der Liebe berauscht worden, dann ist er freudig bereit zu jeglicher Arbeit und zu jedem Leiden.» Auch erstrahlte in ihr eine solche Freiheit des Geistes, dass sie durchaus nichts, was dem Gewissen zuwider war, nur eine Weile ertragen konnte. Als ein frommer Mann den Herrn im Gebet fragte, was ihm an dieser seiner Erwählten am meisten gefalle, empfing er die Antwort: «Die Freiheit des Herzens.» Jener, hierüber staunend, weil er dies nicht genug schätzte, sagte: «Ich, o Herr, glaubte, das sei es, dass sie durch deine Gnade bereits zu einer größeren Erkenntnis und zu einer glühenden Liebe gelangt sei.» Ihm erwiderte der Herr: «Es ist, wie du glaubst, aber dies vermittelst der Gnade der Freiheit, die ein so großes Gut ist, dass man durch sie geradewegs die höchste Vollkommenheit erreicht. Denn zu jeder Stunde wird sie für meine Geschenke tauglich erfunden, weil sie ihrem Herzen niemals etwas anhaften lässt, was mich hindern kann.»

Aus dieser Freiheit kam es auch, dass sie niemals etwas behielt, dessen sie nicht bedurfte; erhaltene Geschenke gab sie sogleich an andere, am Liebsten an Bedürftige, ohne die freundlich Gesinnten den Feindseligen vorzuziehen.

Kam ihr etwas in den Sinn, was sie zu sagen oder zu tun hatte, so führte sie es sogleich aus, um nicht irgendwie im Gottesdienste oder in der Beschauung gehindert zu werden. Wie sehr dies dem Herrn gefiel, machte er durch eine Offenbarung bekannt. Als die hl. Mechtildis, welche Vorsängerin war, den Herrn auf erhabenem Thron sitzen sah, erblickte sie auch Gertrud neben ihm auf und ab wandeln und häufig nach dem Angesicht des Herrn schauen.

Da sie hierüber staunte, hörte sie vom Herrn die Worte: «So ist der Wandel dieser meiner Erwählten, wie du siehst, dass sie, zu jeder Zeit vor mir auf und ab wandelnd, gleichsam ohne Unterbrechung verlangt und begehrt, das Wohlgefallen meines Herzens zu erkennen. Hat sie aber in etwas meinen Willen erkannt, so eilt sie, sogleich ihn zu erfüllen, und wendet sich dann wiederum zur Erforschung des mir Wohlgefälligen, und so gereicht ihr ganzes

Leben mir zur Ehre und Verherrlichung.» Hierauf sagte jene: «Aber, o mein Herr, wenn ihr Wandel so beschaffen ist, wie kann sie dann zuweilen fremde Fehler und Übertretungen so streng beurteilen?»

Der Herr antwortete: «Weil sie an ihrem eigenen Herzen nicht den geringsten Makel haften lässt, kann sie auch die Fehler des Nächsten nicht gleichgültig ertragen.»

In betreff der Kleidung und der andern Bedürfnisse sah sie immer mehr auf Notwendigkeit und Nutzen als auf Neuheit und Bequemlichkeit, und alle ihre Sachen liebte sie insoweit, je nachdem dieselben sie mehr im Dienst Gottes förderten, wie z.B. das Buch, worin sie häufiger las, die Tafel, worauf sie öfter schrieb, oder auch die Bücher, deren sich andere lieber bedienten, durch die sie nach ihrer Aussage am meisten erbaut wurden; diese und ähnliche Dinge waren ihr teuer, weil sie dem Herrn gleichsam einen preiswürdigen Dienst zu leisten schienen.

Deshalb freute sie sich auch in wunderbarer Weise, wenn sie etwas zu ihrem Bedürfnis verwandte, gerade so, als wenn sie es zur Ehre Gottes auf dem Altare geopfert oder als Almosen ausgeteilt hätte. Denn mochte sie schlafen oder essen oder ihrem Körper eine sonstige Erholung gewähren, so freute sie sich, dies ganz dem Herrn zu erweisen, indem sie ihn in sich und hinwiederum sich in ihm sah gemäß der Vorschrift des Herrn, der da spricht: «Was ihr einem aus meinen Geringsten getan, das habt ihr mir getan.»[44]

Was sie auf sich verwendete, glaubte sie dem Geringsten der Gottangehörigen zugeeignet zu haben. Wie wohlgefällig die göttliche Huld dies aber annahm, das wurde ihr auf folgende Weise kundgetan. Als sie einst, von einem Leiden beschwert, ihren Kopf etwas erleichtern wollte und deshalb zur Ehre Gottes ein Kräuterwasser im Mund hielt, neigte der gütige Herr in seiner Huld sich gnädig zu ihr, als wäre er durch den Wohlgeruch dieser Gewürze erquickt worden, richtete nach einer Weile sich auf, indem er den lieblichsten Wohlgeruch ausatmete, und sagte mit freudestrahlendem Blick zu allen Heiligen:

«Sehet, was ich Neues von meiner Braut eben empfangen habe!» Aber noch unendlich mehr freute sie sich, wenn sie eine derartige Wohltat dem Nächsten erwiesen hatte, gerade so wie ein

Geizhals sich freuen würde, wenn er für einen Groschen hundert Mark empfinge.

All das Ihrige hatte sie mit Gott so gemeinsam, dass sie, wenn ihr zuweilen Mehreres angeboten wurde, wovon sie nehmen musste, z.B. Speisen oder Kleider oder dergleichen, die Augen schloss und die Hand ausstreckte in der Absicht, auf diese Weise gerade dasjenige zu bekommen, was Gott für sie bestimmt habe. Was ihr dann in die Hände kam, das nahm sie so dankbar an, als ob der Herr es mit eigenen Händen dargereicht hätte. Mochte es nun gerade das Beste oder das Schlechteste sein, es gefiel ihr am meisten. Mit gleicher Gesinnung verfuhr sie bei allem, was sie zu tun hatte. Inniges Mitleid empfand sie bei dem Gedanken an die Heiden und Juden, weil dieselben an ihrer Weise, so mit Gott zu wählen, nicht Anteil nehmen könnten.

Ihre Bescheidenheit erhellt am meisten aus Folgendem. Obgleich sie an Einsicht und namentlich an Kenntnis der Heiligen Schrift so reich war, dass sie oft in einer Stunde vielen, die ihren Rat nachsuchten, in den verschiedenartigsten Angelegenheiten mit einer Klugheit antwortete, welche die Hörer in Erstaunen setzte, so unterbreitete sie dennoch alles, was sie in eigener Sache tun sollte, mit demütiger Besonnenheit dem Urteil anderer, auch wenn diese tief unter ihr standen; und diesen folgte sie am liebsten. Ich will jetzt nicht im Einzelnen schildern, in wie hell strahlendem Licht auch die übrigen Tugenden in ihr erglänzten, nämlich der Gehorsam, die Abtötung, die freiwillige Armut, die Klugheit, die Starkmut, die Mäßigung, die Barmherzigkeit, die Eintracht, die Standhaftigkeit, die Dankbarkeit, die Mitfreude, die Verachtung der Welt und viele andere, da diese Tugend, die Bescheidenheit, welche die Mutter aller Tugenden heißt[45], ihre Seele ganz zu eigen besaß.

Über dies alles hatte die Königin der königlichen Tugenden, die Liebe gegen Gott und den Nächsten, sowohl in ihrem innersten Wesen wie in ihrem äußeren Verhalten den Thron ihrer Herrschaft befestigt[46], wie das aus diesem ganzen Buch deutlich erhellt. Das Gesagte genüge zum Beweis, dass Gertrud in Wahrheit ein Himmel gewesen ist, in welchem der König der Könige auf seinem von Sternen umgebenen Thron ruht.

I. 12. Von augenscheinlicheren Zeugnissen des geistigen Himmels

Weil es anderswo, wo die Erhabenheit der geistigen Himmel gepriesen wird, von den Aposteln heißt: «Dies sind die Himmel, in denen du, o Christus, wohnst, in deren Worten du donnerst, durch Zeichen blitzest und Gnaden tauest»[47], so will ich zu zeigen versuchen, wie diese drei Stücke auch bei ihr einigermaßen zutreffen. Zunächst wohnte ihren Worten eine so gewaltige und wirksame Kraft inne, dass selten jemand sie unbeachtet lassen konnte; vielmehr überredeten dieselben, wen und wozu sie wollte. Deshalb konnte man das Wort des Predigers auf sie anwenden: «Die Worte des Weisen sind wie Stacheln und wie tief eingetriebene Nägel.»[48] Weil jedoch die menschliche Schwäche zuweilen sich scheut, die Wahrheit zu hören, wenn sie mit der Kraft eines glühenden Geistes vorgetragen wird, so traf es sich, dass eine aus ihren Vertrauten, welche sie durch schärfere Worte erregt hatte, vom Gefühl der Liebe geleitet, im Gebet vom Herrn zu erlangen suchte, dass er die Glut des Eifers in ihr mäßige. Da wurde sie also vom Herrn belehrt: «Als ich auf Erden war, hatte ich die glühendsten Affekte der Tugenden, so dass mir an allen jede Ungerechtigkeit höchst zuwider war, und hierin ist diese mir ähnlich.» Jene erwiderte: «Dass deine Worte, o Herr, auf Erden den Verkehrten hart erschienen, war etwas anderes, weil die Worte dieser zuweilen auch solche aufregen, die für gute Menschen gelten.» Darauf sprach der Herr: «Die Juden galten in jenen Tagen für die heiligsten Menschen und doch haben vorzugsweise sie an mir Ärgernis genommen.»

Ebenso ergoss Gott durch ihre Worte auf seine Auserwählten den Tau seiner Gnade. Denn viele bezeugten, dass sie durch ein einziges Wort von ihr zuweilen tiefer zerknirscht wurden als durch eine lange Rede bewährter Prediger. Zeugnis hierfür gaben auch die aufrichtigen Tränen derjenigen, welche zuweilen zu ihr kamen und so widerspenstig erschienen, als könnten sie durchaus nicht besiegt werden; sobald sie aber nur ein Weilchen ihren Worten zugehört hatten, wurden sie zerknirscht und legten das Versprechen ab, in allem zu gehorchen, worin sie sollten.

Diese Gnade erfuhren sehr viele auch durch ihre Gebete, wenn sie sich darein empfohlen hatten. So augenfällig wurden sie nämlich von drückenden und langwierigen Beschwerden befreit, dass sie ihre vertrauten Freundinnen oft baten, Gott und ihr Dank zu sagen. Einige wurden im Traum ermahnt, ihre Bekümmernisse ihr zu offenbaren; sobald sie es taten, wurden sie erleichtert. Und dies scheint mir nicht geringer als der Glanz der Wunder zu sein; denn man muss die Erleichterung der Seele mit nicht weniger Dankbarkeit annehmen als jene des Leibes. Um aber noch deutlicher zu zeigen, dass der Herr der Kräfte[49] in ihr wohnte, so will ich einiges hinzufügen, wodurch jenes «Blitzen durch Zeichen» noch klarer erhellt.

I. 13. Von einigen Wundern

Einst herrschte noch im März eine so strenge Kälte, dass Menschen und Tieren Verderben drohte; zugleich hörte sie, wie einige darüber sprachen, dass in diesem Jahr keine Hoffnung auf irgendeine Frucht vorhanden wäre, weil der Stellung des Mondes zufolge die Kälte noch lange Zeit nicht gemildert würde. Deshalb betete sie eines Tages in der Messe, in der sie kommunizierte, hierfür und für mehrere andere Anliegen inbrünstig zum Herrn und empfing von ihm die Antwort: «Sei fest überzeugt, dass du in allen Angelegenheiten, wofür du gebetet hast, bist erhört worden.» Sie erwiderte: «O Herr, wenn ich dies so sicher wissen soll und dir Dank dafür gebührt, so gib mir das zum Zeugnis, dass die überaus strenge Kälte gemildert wird.»

Als sie nun nach beendigter Messe aus dem Chor ging, fand sie den ganzen Weg erweicht; Schnee und Eis tauten überall auf. Weil alle sahen, dass dies gegen die natürliche Beschaffenheit der Luft geschehe, und nicht wussten, dass Gottes Auserkorene es durch Gebet erlangt habe, so sagten sie, die milde Witterung würde leider nicht andauern. Dennoch folgte das heiterste, beständigste Frühlingswetter.

Ein andermal, als es zur Erntezeit mehr als zuträglich regnete, flehte sie eines Tages mit den Übrigen so inständig und wirksam zum Herrn, dass sie ihn versöhnte und die sichere Verheißung von ihm empfing, er wolle um ihretwillen die ungünstige Witterung mildern. Und an demselben Tag bestrahlte die Sonne, obgleich sehr viele Wolken erschienen, die Erde mit hellem Glanz.

Am Abend aber nach dem Essen, als die Genossenschaft zu einer Arbeit in den Hof ging und regendrohende Wolken in der Luft hingen, seufzte sie aus der Tiefe des Herzens und redete den Herrn, während ich es hörte, also an: «O Herr, Gott des Weltalls, ich begehre nicht, dass du meinem unwürdigsten Willen gleichsam gedrängt gehorchest.

Wenn aber deine unaufhaltsame (immerwährende) Güte gegen deine Gerechtigkeit um meinetwillen diesen Regen zurückhalten möchte, so bitte ich, er möge sich sofort ergießen, und dein Wille vollzogen werden.» Wunderbar! Noch hatte sie ihre Worte nicht vollendet, als Blitze, Donner und Regentropfen mit plötzlichem Ungestüm hervorbrachen. Hierüber starr vor Staunen, sagte sie zum Herrn: «Deine Güte, o liebreichster Gott, halte ein wenig ein, wenn es dir gefällt, bis wir die durch den Gehorsam uns aufgetragene Arbeit vollendet haben.»

Auf dies Gebet gebot der gütige Herr dem Regen Einhalt, bis die Genossenschaft die Arbeit vollbracht hatte. Als die Schwestern hierauf zurückgingen, aber noch in der Tür standen, brach ein so gewaltiges Unwetter mit Regengüssen, Blitzen und Donnern los, dass diejenigen, welche noch gerade draußen im Hof waren, ganz durchnässt hereinkamen. In vielen Dingen erlangte sie auch wunderbar und gleichsam ohne Gebet die göttliche Hilfe, wie Folgendes beweist. Wenn ihr zuweilen, während sie im Gras saß, das Strickeisen oder die Nähnadel oder eine andere Kleinigkeit, die man in dem dichten Gras gar nicht finden konnte, aus der Hand geglitten war, so sagte sie, während alle es hörten, zum Herrn: «Wie sehr ich auch suchen mag, o Herr, ich werde die Mühe doch nutzlos verwenden; gib du, dass ich es finde.»

Und so streckte sie, ohne die Augen dahin zu richten, die Hand aus, und sogleich zog sie, was sie suchte, aus dem Gras hervor, als wenn sie es auf dem ebensten Boden liegen sähe. So rief sie, was sie Großes oder Kleines zu tun hatte, immer sich den Geliebten ihrer Seele zur Unterstützung herbei und fand in ihm den treuesten und herablassendsten Helfer.

Als sie hernach wiederum wegen ungünstiger Witterung, Wind und Trockenheit den Herrn anrief, empfing sie folgende Antwort: «Die Ursache, die mich zuweilen geneigt macht, die Bitten meiner Auserwählten zu erhören, ist zwischen dir und mir nicht nötig; denn dein Wille ist durch meine Gnade dem meinigen so vollkommen geeinigt, dass du nichts wollen kannst, außer was ich will. Da ich nun beabsichtige, durch diese ungünstige Witterung einige widerstrebende Herzen zu zähmen, damit sie wenigstens hierfür betend ihre Zuflucht zu mir nehmen, so gebe ich deinem Gebet hierin keine Wirkung; ein geistiges Geschenk aber wirst du dafür empfangen.» Sie stimmte bereitwillig ein und freute sich von da an immer mehr, dass ihr Gebet um solche Dinge nicht anders als nach dem Wohlgefallen Gottes erhört werde. Da aber der hl. Gregorius bezeugt, es sei kein Zeichen der Heiligkeit, Wunder zu wirken, sondern den Nächsten zu lieben wie sich selbst, worüber vorhin genug gesagt wurde, so mögen auch diese Worte zum Beweis dafür genügen, dass der Herr sie wahrhaft zur Wohnung erwählt habe.

I. 14. Von besonderen Gnadenvorzügen, welche Gott ihr verliehen

Was nun folgt, habe ich mit nicht geringerer Schwierigkeit erforscht, als wenn es unter einem schweren Steine verschlossen gelegen hätte.

Sehr viele hatten die Gewohnheit, sie über gewisse Zweifel zu befragen und besonders, ob sie sich wegen dieser oder jener Dinge der heiligen Kommunion enthalten müssten.

Jedem, der entsprechend bereit war, gab sie den Rat, im Vertrauen auf die Gnade und Barmherzigkeit Gottes zum Sakrament des Herrn hinzuzutreten; und zuweilen drängte sie auch gleichsam mit Gewalt dazu. Einmal jedoch begann sie zu fürchten, wie es aufrichtigen Seelen zu geschehen pflegt, sie möchte bei derartigen Antworten sich mehr, als es sich zieme, herausnehmen; deshalb nahm sie zu der Huld der göttlichen Güte, an die sie gewöhnt war, ihre Zuflucht und setzte voll Vertrauen ihr den Skrupel, der sie beschäftigte, auseinander, und der Herr tröstete sie mit den Worten: «Fürchte nicht, sondern sei getrost, sei stark und bleibe ruhig. Denn ich, der Herr, dein Gott, der ich aus unverdienter Liebe dich erschuf und erwählte, um in dir zu wohnen und meine Freude an dir zu haben, gebe allen, welche durch dich demütig und vertrauensvoll mich fragen, einen zuverlässigen Aufschluss. Für dich aber nimm von mir zuversichtlich die Verheißung an: Niemals werde ich zulassen, dass jemand, den ich des Empfanges des Sakramentes meines Leibes und Blutes für unwürdig erachte, zu dir komme, um dich hierüber zu befragen. Deshalb verkünde denjenigen, welche ich mit Beängstigung und Skrupeln dir zuschicke, sie sollen vertrauensvoll zu mir hinzutreten. Denn deinetwegen werde ich keinem von ihnen mein väterliches Herz verschließen und ihm den Kuss des süßesten Friedens nicht versagen.»

Ein andermal betete sie andächtig für eine Person mit der Besorgnis, dieselbe möchte etwa hoffen, mehr durch sie empfangen zu können, als sie ihr zu erlangen vermöchte. Da antwortete der Herr in großer Huld: «Wie viel jemand durch dich empfangen zu können hofft, so viel wird er ohne Zweifel von mir erhalten. Was du überdies jemandem in meinem Namen verheißest, das werde ich ihm ganz sicher gewähren, wenn er auch zuweilen, durch menschliche Schwachheit gehindert, die Wirkung nicht fühlt; ich werde dennoch deinem Versprechen gemäß einen Fortschritt in seiner Seele bewirken.»

Indem sie einige Tage hierauf dieser göttlichen Verheißung gedachte, aber zugleich auch ihrer eigenen Unwürdigkeit, fragte sie den Herrn, wie es doch möglich sei, dass er durch sie, die Geringste, geruhe, so wunderbare Dinge zu wirken. Der Herr erwiderte: «Umschließt nicht der Glaube der Kirche im Allgemeinen, was ich einst dem Petrus allein verheißen habe mit den Worten: Was du lösen wirst auf Erden, wird auch im Himmel gelöset sein[50] usw.? Und fest glaubt sie, dass dies auch heute noch durch alle Diener der Kirche geschehe. Warum glaubst denn nicht auch du, dass ich das erfüllen kann und will, was ich aus Antrieb der Liebe mit meinem göttlichen Mund dir verspreche?»

Und ihre Zunge berührend, sagte er: «Sieh, ich habe meine Worte in deinen Mund gelegt[51] und was immer du auf Antrieb meines Geistes in meinem Namen jemandem verkünden wirst, das bestätige ich in meiner Wahrheit. Und wem immer du von meiner Güte etwas verheißest auf Erden, das wird genehmigt und gutgeheißen werden im Himmel.»

Da sagte sie zum Herrn: «Es würde mich aber nicht freuen, o Herr, wenn jemand dadurch einen Schaden erleiden sollte, dass mich der Geist zum Reden angetrieben und ich ihm gesagt hätte, irgendeine Schuld könne nicht ungestraft bleiben oder anderes der Art.» Der Herr erwiderte: «Wenn du im Eifer für die Gerechtigkeit und die Seelen also redest, dann wird meine Milde dem Menschen, zu dem du gesprochen, zuvorkommen und ihn zur Reue bewegen, damit er keine Strafe verdiene.» Abermals sagte sie hierauf zum Herrn: «Wenn du in Wahrheit, o Herr, durch meinen Mund redest, warum wirken denn in gewissen Leuten meine Worte so wenig, die ich doch mit so großem Verlangen nach deiner Verherrlichung vorbringe?» Der Herr antwortete: «Wundere dich nicht darüber, da ja sogar meine Worte ehedem, als ich in Menschengestalt mit der Glut meines göttlichen Geistes predigte, in einigen keine Frucht brachten. Denn durch meine Göttliche Vorsehung wird alles zur passenden Zeit geordnet.»

Als sie hiernach jemanden wegen eines Fehlers zurechtgewiesen hatte, nahm sie ihre Zuflucht zum Herrn und bat ihn andächtig, er möchte doch ihren Verstand mit dem Licht seiner göttlichen Erkenntnis erleuchten, damit sie bei jedem Bescheid, den sie gebe, nur seinem Wohlgefallen entspreche. Der Herr erwiderte ihr: «Fürchte nicht, Tochter, sondern habe Vertrauen. Denn mit dieser besonderen Gunst bevorzuge ich dich, dass du das Anliegen eines Jeden, der in irgendeiner Sache demütig und vertrauensvoll dich aufsucht, durch das Licht meiner göttlichen Wahrheit so entscheidest, wie ich es beurteile nach Lage der Sache und Person. Wessen Zustand bedenklich ist, dem wirst du in meinem Namen ernst antworten; und umgekehrt, wessen Sache minder bedenklich, dem werde ich dich sanfter erwidern lassen.»

Dies hörend, sprach sie im Geist der Demut zum Herrn: «O Herr des Himmels und der Erde, ziehe zurück und halte ein deine überströmende Erbarmung, da ich, Staub und Asche, eines so erhabenen Geschenkes gänzlich unwürdig bin.» Huldvoll aber erwiderte ihr der Herr: «Was ist es denn Großes, dass ich meine Feindschaften dir zur Entscheidung übertrage, die ich noch öfter die Geheimnisse meiner Freundschaft habe erfahren lassen? Wer immer, von Trauer oder Leid gedrückt, demütig und wahrhaft aufrichtig in deinen Worten Trost sucht, der wird in seinem Verlangen nicht getäuscht werden. Denn ich, der in dir wohnende Gott, wünsche, von dem Reichtum meiner Güte und Liebe gedrängt, vielen durch dich wohlzutun. Darum schöpft dein Herz die Freude, die es hierüber empfindet, ohne Zweifel aus der Fülle meines göttlichen Herzens.»

Während sie ein andermal für solche, die sich ihr empfohlen hatten, betete, empfing sie vom Herrn die Antwort: «Wie vormals derjenige, welcher den Flügel des Altars umfasste, sich freute, Frieden gefunden zu haben[52], so wird auch jetzt, seit ich in meiner Barmherzigkeit dich zu meiner Wohnung erwählt habe, jeder, der sich deinen Gebeten vertrauensvoll empfiehlt, durch meine Gnade selig werden.»

Dies wird auch durch das Zeugnis der Frau Mechtildis, der Vorsängerin lieben Angedenkens, bestätigt. Dieser wurde, als sie für sie betete, das Herz derselben gezeigt in Gestalt einer sehr festen Brücke, die auf der einen Seite durch Christi Menschheit und auf der andern durch seine Gottheit wie mit einer Mauer befestigt erschien und sie hörte den Herrn also sprechen: «Alle, die über diese Brücke zu mir zu kommen suchen, können niemals fallen oder abirren, das heißt: Wer ihre Worte aufnimmt und ihren Ermahnungen demütig gehorcht, der wird von dem rechten Wege in Ewigkeit nicht abweichen.»

I. 15. Wie der Herr sie zwang, dieses Büchlein zu schreiben

Als sie hiernach erkannt hatte, es sei Gottes Wille, dass dies durch Schrift zur Kenntnis anderer Menschen komme, erwog sie verwundert bei sich selbst, welcher Nutzen denn hieraus entstehen könne, da sie schon den festen Entschluss gefasst hatte, ihr Leben lang niemandem etwas zu offenbaren; und nach ihrem Tod könne es ja auch keine andere Wirkung haben, als dass einsichtige

Gläubige verwirrt würden, weil sie hieraus doch nichts zum Fortschritt schöpfen könnten.

Da antwortete ihr der Herr: «Welchen Nutzen, glaubst du wohl, bringt es, dass man geschrieben liest, die hl. Katharina sei, während sie im Kerker war, von mir besucht und es sei ihr von mir gesagt worden: Sei standhaft, Tochter, denn ich bin bei dir? Oder wenn man liest, ich hätte Johannes, meinen Lieblingsjünger, heimgesucht und gesprochen: Komm, mein Geliebter, zu mir – und noch so vieles andere von diesen und von andern, wenn nicht zu dem Zweck, damit die Frömmigkeit der Menschen vermehrt und meine Liebe gegen das Menschengeschlecht geoffenbart werde? Ebenso kann der Geist einiger hierdurch zum Verlangen nach dem entzündet werden, was du von mir empfangen hast, und indem sie dies betrachten, bemühen sie sich einigermaßen, ihr Leben zu bessern.»

Als sie ein andermal wiederum staunte, warum sie sich vom Herrn zur Veröffentlichung dieser Schrift im Geist so sehr angetrieben fühlte, da ihm selber doch bekannt sei, dass in Zukunft viele Kleingläubige hieraus nicht bloß keine Erbauung schöpfen, sondern das Buch verachten und sogar schmähen würden, belehrte der Herr sie durch folgende Worte: «Ich habe meine Gnade dergestalt in dich gelegt, dass ich eine reiche Frucht davon fordere. Deshalb wünschte ich, dass diejenigen, welche ähnliche Gaben besitzen, aus Nachlässigkeit sie aber gering schätzen, wenn sie dies von dir hören und dadurch das ihnen selbst verliehene Geschenk erkennen, an Dankbarkeit wachsen und so meine Gnade in ihnen vermehrt werde. Wenn aber einige Bösgesinnte diese Schrift schmähen wollen, so komme ihre Sünde über sie, während du schuldlos bleibst. Denn der Prophet spricht in meinem Namen: Ich werde ihnen einen Anstoß legen.»[53]

In diesem Sinn nahm auch sie dies Wort an, indem sie erkannte, dass der Herr sehr oft seine Auserwählten antreibe, etwas zu tun, woran andere sich zuweilen ärgern. Jedoch dürfen die Auserwählten es nicht unterlassen, um Ruhe vor denen zu haben, die alles verkehren; denn der beste Friede ist, das Böse durch das Gute zu besiegen, das heißt das, was jemand als Gott wohlgefällig erkennt, nicht zu unterlassen, die Verkehrten jedoch durch Dienste und andere Erweise des Wohlwollens zu versöhnen, weil man auf diese Art den Nächsten gewinnt.

Würde man aber auch hierin nichts erreichen, so verliert man doch nicht seinen Lohn. Hugo sagt: «Weil es immer etwas gibt für die Gläubigen, warum sie zweifeln, und für die Ungläubigen, warum sie glauben könnten, wenn sie wollten, darum wird mit Recht den Gläubigen wegen des Glaubens Lohn und den Ungläubigen wegen des Unglaubens die Strafe zuteil.»[54]

I. 16. Von einigen Zeugnissen, wodurch der Herr ihr vermittelst der Offenbarungen anderer Gewissheit gab

Weil sie sich bei dem Gedanken an ihre Niedrigkeit und Nichtigkeit gegenüber so großen Gaben Gottes für sehr unwürdig hielt, so ging sie zu Mechtildis seligen Andenkens, die in der Gnade der Offenbarungen damals am meisten genannt und geachtet wurde, und bat sie in Demut, sie möchte den Herrn in betreff der erwähnten Gnadengaben um Rat fragen. Sie wünschte aber nicht, als wenn sie zweifelte, über die empfangenen Geschenke Gewissheit zu erlangen, sondern vielmehr für die so unverdienten zu größerer Dankbarkeit angeregt und für die Zukunft gestärkt zu werden, wenn etwa später die Erwägung ihrer Unwürdigkeit sie zu Wankelmut versuchen sollte. Als nun Mechtildis zur Befragung des Herrn sich für sie ins Gebet begeben hatte, sah sie den Herrn Jesus strahlend in Schönheit vor den Tausenden der Engel, angetan mit grünfarbenen Gewändern, die nach innen wie von Gold erglänzten, und zugleich diese, für welche sie betete, wie sie von seiner Rechten umfangen wurde, so dass die linke Seite derselben, wo das Herz liegt, gleichsam angeheftet hing an der Öffnung seiner Liebeswunde.

Voll Bewunderung begehrte Mechtildis zu wissen, was dies Gesicht bedeutete, worauf der Herr ihr antwortete: «Die grüne Farbe meiner Kleider und die goldene Innenseite derselben bedeutet, dass die Wirksamkeit meiner Gottheit ganz aus der Liebe hervorblüht und grünt. Ganz blüht und grünt sie in dieser Seele. Darin aber, dass du ihr Herz an meine Seite angeschmiegt siehst, erkenne, dass ich mir ihr Herz so zubereitet habe, dass sie zu jeder Stunde die Einströmung meiner Gottheit unmittelbar aufzunehmen vermag.» Hierauf forschte jene also weiter: «Hast du nicht, o mein Herr, dieser deiner Erwählten derartige Geschenke gegeben, wodurch sie denen, welche zur Aufhellung irgendeiner Angelegenheit zu ihr kommen, sicheren Bescheid geben kann in der Wahrheit deiner Erkenntnis und alle, welche durch sie suchen, Hilfe zum wahren Heil finden, wie du es ihr durch jene Worte versprochen hast, die sie mir aus Demut geoffenbart hat?»

Hierauf antwortete der Herr: «Gewiss; was nur immer jemand durch sie hoffen kann zu empfangen, wird er ohne Zweifel erhalten. Ferner: Wen sie der heiligen Kommunion würdig erachtet, den wird meine Barmherzigkeit niemals für unwürdig halten. Drittens: Wenn sie jemanden zur Kommunion aufgefordert hat, so wird er um so liebevoller von mir angesehen werden. Viertens endlich: Sie wird die Fehler der Einzelnen, die zu ihr kommen, nach meinem göttlichen Urteil auffassen und richten. Weil jedoch drei sind, die Zeugnis geben im Himmel, nämlich der Vater, das Wort und der Heilige Geist[55], so soll sie auch für das, was sie reden will, auf drei Zeugnisse Acht haben.

Zuerst beobachte sie, wenn sie zu jemandem redet, ob sie fühlt, dass der Geist sie innerlich zum Reden antreibe. Zweitens, ob der, zu dem sie redet, über seinen Fehler trauert oder wenigstens trauern will. Drittens, ob der, zu dem sie redet, guten Willen habe. Sobald sie diese drei Stücke findet, soll sie ohne Bedenken antworten, was sie für gut hält; denn ich werde alles ganz sicher genehm halten, was sie jemand von meiner Güte versprochen hat.»

Er fügte noch hinzu: «So oft sie zu jemandem reden will, soll sie vorher zu mir emporatmend aufseufzen, um den Anhauch meines göttlichen Herzens in sich einzuziehen. Was sie sodann wird gesprochen haben, das soll für zweifellos gehalten werden. Denn weder sie selbst noch die Zuhörer werden darin getäuscht werden, dass durch ihre Worte das Geheimnis meines göttlichen Herzens kund werde.»

Auch dies noch sagte der Herr: «Sie soll das treue Zeugnis deiner Worte bewahren, damit sie, wenn sie nach längerer Zeit die empfangene Gnade ein wenig in sich abnehmen fühlt, wie es zuweilen infolge vielfältiger Beschäftigungen geschieht, dennoch keineswegs misstraue; denn ich werde die genannten Vorzüge unerschüttert alle Tage ihres Lebens in ihr bewahren.»

Abermals fragte sie, woher es komme, dass sie zu jeder Stunde das zu vollbringen eile, was ihr gerade in den Sinn komme, und dass es ihrem Gewissen immer gleich sei, ob sie bete oder schreibe oder lese oder den Nächsten unterrichte, zurechtweise oder tröste. Der Herr antwortete: «Ich habe mein Herz ebenso barmherzig wie unzertrennlich mit ihrer Seele vereinigt, so dass sie in allem und vor allem mit meinem Willen so vollkommen übereinstimmt wie die Glieder des Körpers mit dem menschlichen Willen. Und gleichwie dann, wenn der Mensch in seinem Herzen denkt: Tu dies, seine Hand sogleich zustimmt und sich zum Tun bewegt, oder wenn er denkt: Sieh dies, die Augen ohne Verzug sich öffnen – so ist auch jene durch meine Mitwirkung ohne Unterlass bei mir und vollbringt zu jeder Stunde, was ich beabsichtige. Dann also habe ich sie zu meiner Wohnung erwählt, dass ihr Wille, und damit sein Wirken, so eng mit meinem Herzen verbunden ist, als wäre sie meine Rechte, durch die ich wirke.

Ihre Erkenntnis dient mir gleichsam statt der Augen, da sie das erkennt, woran ich Freude habe; der Antrieb ihres Geistes ist mir wie eine Zunge, da sie, von diesem Geist getrieben redet, was ich will; ihrer Unterscheidungsgabe bediene ich mich gleichsam wie des Geruchsinnes, da die Ohren meiner Barmherzigkeit sich dazu neigen, wozu sie durch die Liebe des Mitleids sich hinkehrt; ihre Absicht dient mir wie Füße, da sie nur solches erstrebt, worauf mir ziemt einzugehen. Hierdurch kommt es, dass sie durch den Antrieb meines Geistes immer zur Eile gedrängt wird und nach Vollendung eines Geschäftes sogleich zu einem andern bereit ist. Ihr Gewissen aber ist vollkommen ruhig, wenn sie deshalb von den gewohnten Übungen etwas unterlassen hat, weil mein Wille ja in einem andern Stücke ist erfüllt worden.»

Auch eine andere Person, welche in geistlicher Erkenntnis bewährt war, betete und dankte Gott für die jener erwiesenen Gnaden, worauf sie eine so ähnliche Offenbarung empfing, dass sicher feststeht, dies sei aus Gott hervorgeströmt. Hat ja doch jede der beiden mit den Ohren der Erkenntnis den Anhauch seines

Flüsterns wie das Säuseln eines zarten Windes[56] vernommen, obgleich keine von der Offenbarung der andern mehr wusste, als die Einwohner Roms in diesem Augenblick von dem, was jene in Jerusalem tun, wissen können. Die zuletzt genannte Person hat jedoch noch hinzugefügt, es sei ihr auch verkündet worden, dass alle Gnadengeschenke Gottes, welche jene schon empfangen habe, viel geringer seien als diejenigen, welche der Herr ihr fürder noch eingießen werde.

«Sie wird», sagte sie, «zu einer so innigen Vereinigung mit Gott gelangen, dass ihre Augen nur mehr schauen, was Gott durch dieselben sehen, und ihr Mund nur mehr reden wird, was der Herr durch ihn verkünden will, und ebenso mit den übrigen Sinnen.» Wann sie aber dies Geschenk vom Herrn empfing, oder wie es in Erfüllung ging, ist ihm allein und derjenigen bekannt, die so glücklich war, es an sich zu erfahren. Jedoch blieb es denen nicht ganz verborgen, die schärfer blickend das Geschenk Gottes in ihr erkannten.

Ein andermal, als sie Mechtildis gebeten hatte, ihr die Tugenden der Sanftmut und der Geduld – denn dieser glaubte sie besonders zu bedürfen – vom Herrn zu erflehen, und Mechtildis den Herrn um die begehrte Gnade für sie ersuchte, empfing sie von ihm die Antwort: «Die Gemütsruhe (Sanftmut), die mir an ihr gefällt, hat den Namen vom Ruhen[57].

Seit ich aber beständig in ihr ruhe, ziemt es sich für sie, dass auch sie zu allen Stunden gleich wie eine Braut, die den Bräutigam gegenwärtig hat, verfahre. Muss diese nämlich ausgehen, so hält sie die Hand des Bräutigams fest und führt ihn mit hinaus: So drücke auch sie, wenn es ihr zweckdienlich erscheint, aus der Ruhe der inneren Beschauung zur Unterweisung des Nächsten hinauszugehen, ihrer Brust zuvor das heilbringende Zeichen des Kreuzes auf, spreche, wenn auch nur mit einem Worte, meinen Namen aus und rede dann zuversichtlich in meiner Gnade, was ihr in den Sinn kommt. Die Geduld aber ist Friede und Liebe zugleich; deshalb sei ihr Streben nach Geduld von der Art, dass sie durch Widerwärtigkeit den Frieden des Herzens nicht verliert und sich dessen beständig bewusst bleibt, warum sie leidet, das heißt aus Liebe, zum Zeichen wahrer Treue.»

Ein anderer, dem diese Jungfrau gänzlich unbekannt war, außer dass sie sich seinem Gebet empfohlen hatte, empfing während des Gebetes für sie folgende Antwort: «Ich habe sie so zur Wohnung erwählt, dass alles, was in ihr geliebt wird, mein Werk ist, und zwar in dem Maß, dass derjenige, der das Innere, das Geistige, nicht erfasst, wenigstens meine äußeren Gaben an ihr liebe, wie ihre vortrefflichen Anlagen, ihre Beredsamkeit und Ähnliches.

Deshalb habe ich sie von allen Verwandten weit entfernt[58], damit niemand wegen Verwandtschaft sie liebe, sondern jeder allein meinetwegen.»

Ein anderer, der ebenfalls für diese Jungfrau auf ihr Verlangen betete, fragte den Herrn, woher es komme, dass sie bei so langjährigem vertrautem Umgang mit Gott dennoch nachlässig zu leben glaube, obgleich sie einer schweren Sünde, wodurch sie den Zorn des Herrn hätte empfinden sollen, sich niemals schuldig erkannte. Ihm antwortete der Herr: «Der Grund, warum ich mich ihr niemals erzürnt zeige, ist, weil sie alle meine Werke für gerecht und der Wahrheit gemäß für die besten hält und durch keine meiner Handlungen sich verwirren lässt. Sind ihr nun auch gewisse Dinge zuweilen lästig, so mildert oder verdrängt sie doch jedes niederdrückende Gefühl durch den Gedanken, dieselben rührten aus einer Anordnung meiner Vorsehung her. Und deshalb zeige ich mich ihr immer versöhnt, gemäß dem Ausspruch Bernhards: Wem Gott gefällt, der kann Gott nicht missfallen.»[59]

Als sie erfuhr, dass der Herr in seiner Güte das geantwortet habe, brachte sie ihm den innigsten Dank also dar: «O wie kann das geschehen, dass deine Barmherzigkeit meine zahlreichen und so großen Übel zu übersehen geruht, weil deine höchst vollkommene Handlungsweise mir nicht missfallen kann, da dies doch keineswegs aus meiner Tugend stammt, sondern vielmehr aus deiner vollkommenen Seligkeit? Hierauf belehrte sie der Herr durch ein Gleichnis: «Wenn ein Leser die Schrift eines Buches so klein sieht, dass sie ihm schwer zu lesen scheint, so nimmt er eine Brille, durch welche die Schrift vergrößert wird; dies geschieht aber dann nicht von Seiten der Schrift, sondern durch die Beschaffenheit der Brille. So ersetze ich die Unvollkommenheiten, die ich an dir finde, durch den Reichtum meiner Güte.»

I. 17. Von ihrer noch vertrauteren Annäherung zu Gott

Als sie die Heimsuchung des Herrn eine Zeitlang nicht erfahren hatte, dadurch aber keine Beschwerde fühlte, fragte sie den Herrn einmal, woher dies komme, worauf derselbe ihr antwortete: «Allzu große Nähe hindert Freunde daran, sich gegenseitig vollkommen zu betrachten. So z.B. wird derjenige, der mit einem andern sich vereinigt, wie durch Umarmung oder Kuss, für diesen Augenblick an seinem Anblick gehindert.»

Durch diese Worte erkannte sie, dass die Entziehung der Gnade zuweilen das Verdienst des Menschen vermehrt, wenn er nämlich nach der Entziehung in nichts nachlässiger verfährt, wiewohl er dann mit größerer Mühe arbeitet.

Während sie hierauf bei sich nachdachte, warum der Herr sie mit seiner Gnade jetzt anders als früher heimsuchte, sprach er zu ihr: «In den ersten Jahren habe ich dich öfter durch Antworten unterrichtet, damit du imstande wärest, andern meinen Willen mitzuteilen. Jetzt aber lasse ich dich während des Gebetes nur im Geist meine Eingebungen empfinden, die in Worten nach deinem Sinn auszudrücken sehr schwer wären.

So nämlich sammle ich in meiner Schatzkammer den Reichtum meiner Gnade an, in der Absicht, damit jeder in dir finde, was er sucht, gleichwie in einer Braut, die Mitwisserin aller Geheimnisse ihres Bräutigams ist, obgleich es ihr nicht zusteht, die Geheimnisse des Bräutigams zu entdecken, welche sie durch die Gunst gegenseitiger Vertraulichkeit kennt.»

Deshalb vermochte sie, wenn sie für ein ihr dringend empfohlenes Anliegen betete, keineswegs den Willen zu haben, irgendeine Antwort vom Herrn zu erlangen, wie sie es früher getan; vielmehr genügte es ihr, wenn sie den Antrieb der Gnade, für etwas zu beten, fühlte, weil sie dann durch die Sicherheit der göttlichen Eingebung eine Gewissheit hatte wie vorher durch eine göttliche Antwort. Suchte ferner jemand Rat oder Trost bei ihr, so fühlte sie sogleich, dass ihr die Gnade, Bescheid zu geben, eingegossen werde, mit solcher Sicherheit, dass sie dafür gewagt hätte, den Tod zu erleiden, auch wenn sie über diese Angelegenheit vorher niemals etwas weder durch Schrift noch durch Worte noch auch in Gedanken erkannt hatte.

Wenn sie aber in einer Sache betete, worin der Herr ihr nichts offenbarte, so freute sie sich; dass die göttliche Weisheit so unerforschlich und dass sie so untrennbar mit der gütigen Liebe vereinigt sei, weshalb es am sichersten sei, ihr alles zu überlassen; und dies gefiel ihr dann mehr, als wenn sie die verborgensten Geheimnisse Gottes alle hätte durchforschen können.

Hl. Gertrud die Große von Helfta
Wallfahrtsbasilika in Altötting

Es segne mich die Allmacht des Vaters.
Es segne mich die Weisheit des Sohnes.
Es segne mich die allgütige Liebe des Heiligen Geistes.

Gebet der hl. Gertrud der Großen von Helfta

Statue der hl. Gertrud mit Blick auf das Kloster Helfta

Sancta Gertrudis

ZWEITES BUCH

Inhalt des zweiten Buches

(Nach Johannes Lansperger)

Dies zweite Buch hat die heilige Jungfrau Gertrud selbst geschrieben auf Antrieb Gottes, der ihren Geist in seiner Hand hatte. Es stellt in ihr jeder gottliebenden Seele eine Lehrerin und zugleich ein lebendiges Beispiel vor, wie sie innerlich dem Geist nach leben, ihre Fehler und Unvollkommenheit anerkennen und vor Gott betrauern, sich selbst gering schätzen und von Tag zu Tag zu einem vollkommeneren Leben fortschreiten soll. Andererseits lehrt es Gott und seine Wohltaten preisen, dafür danken und alles Gute auf den Ursprung, woher es geflossen, zurückführen. Auch lernt man hierin, was die Seele, von Gott angezogen, denken, was sie Gott und sich selbst zuschreiben und welche Unterscheidung sie zwischen dem göttlichen und ihrem Geist machen soll, um zu der Liebeseinigung mit Gott zu gelangen.

Vorbemerkung: Im neunten Jahr nach dem Empfang der Gnade[1] – es war an einem Gründonnerstag -, während sie mit den übrigen Schwestern im Chor wartete, bis der Leib des Herrn einer Kranken gebracht wurde, empfing sie einen sehr heftigen Antrieb des Heiligen Geistes. Sie ergriff das Täfelchen an ihrer Seite und fing an, was sie im Herzen bei dem verborgenen Verkehr mit dem Geliebten empfand, eigenhändig in überwallendem Dankgefühl und zur Verherrlichung Gottes mit folgenden Worten niederzuschreiben.

II. 1. Wie der Herr sie zuerst heimgesucht, der Aufgang aus der Höhe

Der Abgrund der unerschaffenen Weisheit rufe dem Abgrund[2] der staunenswürdigen Allmacht zum Lobpreis der so bewunderungswürdigen Güte, die im überwallenden Strom deiner Barmherzigkeit so tief herabgeflossen ist in das Tal meines Elends. Es war im sechsundzwanzigsten Jahr meines Lebens, am Montag vor dem Fest der Reinigung deiner allerreinsten Mutter, am 27. Januar, nach der Komplet beim Anfang der Dämmerung, als du, o Wahrheit, o Gott, heller denn jegliches Licht, aber tiefsinniger als jedes Geheimnis, weil du meine Finsternis zu verscheuchen beschlossen hattest, sanft und zart begannest, indem du einen Sturm beschwichtigtest, den du einen Monat vorher[3] in meinem Herzen erregt hattest. Durch diesen Sturm, glaube ich, suchtest du niederzustürzen den Turm meiner Eitelkeit und Neugier, in den mein Stolz ausgewachsen war, obgleich ich, ach, nutzlos Namen und Kleid des Ordensstandes trug, um vielleicht so den Weg zu finden, auf dem du mir dein Heil zeigen könntest[4].

Während ich also zu besagter Stunde inmitten unseres Schlafsaals stand und das Haupt, das ich zur ordensüblichen Ehrfurchtsbezeigung vor einer älteren mir begegnenden Schwester verneigt hatte, wieder erhob: Da sah ich einen Jüngling mir zur Seite stehen, liebenswürdig und zart, von ungefähr 16 Jahren. Mit holdseligem Antlitz und sanften Worten sprach er zu mir: «Schnell wird kommen dein Heil[5]. Warum verzehrst du dich in Trauer? Ist dir nicht ein Ratgeber zur Seite, da der Schmerz dich verändert hat?»[6]

Während er dies sagte, glaubte ich, obgleich ich wusste, dass ich körperlich am genannten Ort stand, dennoch in unserem Chor zu sein in der Ecke, wo ich mein lautes Gebet zu verrichten pflegte, und hörte dort folgende Worte: «Ich werde dich retten und befreien, fürchte nichts!»[7] Sodann sah ich eine sanfte rechte Hand meine Rechte halten, als wollte sie dieses Versprechen bekräftigen. Und er fügte hinzu: «Mit meinen Feinden hast du Erde geleckt[8] und Honig unter Dornen gekostet, kehre endlich zurück zu mir und ich will dich aufnehmen und mit dem Strom meiner göttlichen

Wonne berauschen.»[9] Bei diesen Worten sah ich umblickend zwischen mir und ihm, nämlich zu seiner Rechten und mir zur Linken, einen unabsehbar langen Zaun und obenüber war derselbe mit so dichten Dornen überzogen, dass nirgendwo sich mir ein Zugang öffnete, um zu dem Jüngling zurückzukehren. Während ich nun so zaudernd und wie verschmachtend dastand, da ergriff er mich; erhob mich und stellte mich neben sich.

Weil ich aber in jener seiner Rechten die erhabenen Denkmale der Wunden, wodurch die Handschriften[10] aller zunichte werden, erkannt habe, so lobe, preise, bete ich an und danke deiner weisen Barmherzigkeit und barmherzigen Weisheit. Also suchtest du, mein Schöpfer und Erlöser, meinen harten Nacken deinem sanften Joch zu unterwerfen und hast meiner Krankheit den entsprechendsten und mildesten Trank bereitet. Denn von da an begann ich, durch neue geistige Fröhlichkeit erheitert, in dem Wohlgeruch deiner Salben einherzuschreiten[11], so dass auch ich dein Joch süß und deine Bürde leicht[12] fand, während sie mir noch kurz vorher fast unerträglich erschienen war!

II. 2. Von der Erleuchtung des Herzens

Sei gegrüßt, o mein Heil und Licht meiner Seele![13] Dank sage dir, was des Himmels Umkreis[14] und der Erdenring und des Abgrundes Tiefe[15] umschließt, für jene seltene Gnade, durch die du meine Seele in die Erkenntnis und Betrachtung des Innersten meines Herzens eingeführt hast, wofür ich vormals so wenig Sorge trug wie, wenn man so sagen kann, für das Innere meiner Füße. Da aber gewahrte ich vieles in meinem Herzen, was dein allerreinstes Auge beleidigen musste, ja mein ganzes inneres Wesen sah ich so ungeordnet und ungeregelt, dass es für dich, der du in ihm wohnen wolltest, keine Stätte darbot.

Dennoch, o mein liebreichster Jesus, würdigtest du in jenen Tagen, in denen ich zu der lebenspendenden Nahrung deines Leibes und Blutes hinzutrat, mich häufiger deiner sichtbaren Gegenwart, wenngleich ich dich nicht deutlicher schaute als die Gegenstände in der Morgendämmerung. Durch diese huldvolle Herablassung hast du meine Seele angelockt, danach zu streben, dass sie dir inniger vereinigt würde, dich klarer erkenne und dich freier genösse.

Während ich nun beschloss, ernstlich zu ringen, um dies am Fest der Verkündigung Mariä, wo du die menschliche Natur im Schoß der Jungfrau dir vermählt hast, zu erreichen, da kamst du, der du sprichst: «Sieh, hier bin ich»[16], bevor du noch angerufen wirst – du kamst jenem Tag zuvor, indem du mich Unwürdigste mit den Segnungen deiner Süßigkeit überraschtest. Es war an der Vigilie des genannten Festes, als das Kapitel wegen des Sonntags nach den Metten stattfand.

Weil ich aber durch keine Worte zu schildern vermag, in welcher Weise du, o Aufgang aus der Höhe[17], mit der herzlichsten Liebe und Süßigkeit mich damals heimgesucht hast, so gib mir, o Spender der Gaben, dass ich dir dafür das Opfer des Jubels auf dem Altar meines Herzens darbringe! Lass es mich auch erlangen, dass ich und alle deine Auserwählten deine süße Vereinigung und deine einigende Süßigkeit häufig erfahren! Denn im Hinblick auf die Beschaffenheit meines Lebens bekenne ich in Wahrheit, dass es eine reine Gnade war, welche mir, der ganz Verdienstlosen, aus bloßer Huld gegeben wurde. Von da an beschenktest du mich mit einem viel helleren Licht deiner Erkenntnis, infolge deren ich fortan mehr durch deine Liebe angelockt wurde, als die mir gebührende Strafe deiner Gerechtigkeit mich hätte bessern können.

II. 3. Von der Lieblichkeit der Einwohnung des Herrn

Während du also an mir tatest und meine Seele also anlocktest, trat ich eines Tages – es war zwischen Ostern und Himmelfahrt des Herrn – vor der Prim in den Hof, setzte mich an den Weiher nieder und betrachtete die Lieblichkeit dieses Ortes, der mir überaus wohlgefiel. Denn durchsichtig hell floss das Wasser dahin, ringsum standen grünende Bäume, Vögel und besonders Tauben flogen in Freiheit hin und her und überaus erfreute mich die traute Ruhe des verborgenen Sitzes. Da, o mein Herr und Gott, du Strom unschätzbarer Wonnen[18], der du, wie ich hoffe, den Anfang dieser Betrachtung eingegeben und auch das Ende derselben auf dich hingezogen hast, da flößtest du mir in den Sinn: Wenn ich den Fluss deiner Gnaden mit beständiger Dankbarkeit in dich, seinen Urquell, zurückergösse; wenn ich durch gute Werke grünend und blühend in Weise der Bäume wüchse; wenn ich in freiem Flug gleich der Taube[19] dem Himmlischen zustrebte und hierdurch, mit den Sinnen des Körpers vom Lärm der Außenwelt hinweggezogen, die ganze Seele mit dir allein beschäftigte: Dann würde mein Herz dir eine liebliche Wohnstätte darbieten.

Während ich nun an jenem Tag meinen Geist in solche Gedanken versenkt hielt und am Abend vor dem Schlaf zum Gebet auf den Knien lag, da kamen mir plötzlich die Worte in den Sinn: «Wenn jemand mich liebt, der wird mein Wort halten und mein Vater wird ihn lieben und wir werden zu ihm kommen und Wohnung bei ihm nehmen»[20] – und mein erdhaft Herz fühlte, dass du offenbar angekommen warst. O könnte ich doch, o könnte ich tausendmal das ganze Meer, in Blut verwandelt, durch meinen Geist leiten, damit wenigstens so ausgewaschen würde die Grube meiner Niedrigkeit, die du, o Endziel von unerforschlicher Hoheit, zur Wohnung auserwählt hast! Oder möchte es mir vergönnt werden, auch nur auf eine Stunde mein Herz mit glühenden Kohlen also zu läutern, dass es, von seinen ausgebrannten Schlacken rein dir wenigstens keine allzu unwürdige Stätte darböte! Denn von jener Stunde an hast du, mein Gott, dich mir bald milder, bald strenger gezeigt, je nachdem mein Leben vollkommener oder lässiger wurde. Zwar konnte, um die Wahrheit zu gestehen, sogar die sorgfältigste Besserung, zu der ich auf einen Augenblick gelangte, wenn sie selbst meine ganze Lebenszeit angedauert hätte, auch nicht den am wenigsten milden Erweis deiner Gnade mir verdienen, wie ich ihn jemals nach so vielfältigen Vergehen und Fehlern empfangen habe. Deine allzu große Huld zeigt dich oftmals mehr betrübt als erzürnt durch meine Sünden. Hierdurch aber offenbarst du, wie mir deucht, eine größere Kraft der Geduld, als da du zur Zeit deines sterblichen Lebens deinen Verräter Judas liebreich duldetest.

Denn wie sehr ich auch mit meinem Geist in den vergänglichen Dingen umherirrte und Freude suchend mich zerstreute, so habe ich dennoch, wenn ich zu meinem Herzen zurückkehrte, dich immer sogleich gefunden, von jener Stunde an bis jetzt, da seit dem Empfang dieser Gnade schon das neunte Jahr hinfließt.

Ausgenommen hiervon waren einmal elf Tage vor dem Fest Johannes des Täufers, in denen ich deine Gegenwart nicht genoss, und zwar, wie ich glaube, infolge weltlicher Unterhaltung an einem Donnerstag; und dies währte bis zum Montag, der Vigilie Johannes des Täufers, unter der Messe Ne timeas, Zacharia – «Fürchte nicht, Zacharias» usw. Denn damals schaute deine Herablassung und Huld auf mich, die in schlimmer Torheit den Verlust eines solchen Schatzes nicht einmal merkte. Nicht erinnere ich mich, darüber getrauert oder auch nur ihn zurückgewünscht zu haben, weshalb ich jetzt staune über die Verblendung, die meinen Geist gefangen hielt. Vielleicht wolltest du mich an mir selbst erfahren lassen, was Bernhard sagt: «Wenn wir fliehen, so folgst du uns nach; wenden wir den Rücken, so kehrst du vor unser Angesicht zurück; ja du flehst und wirst verachtet; und dennoch kann keine Beschämung, keine Geringschätzung dich davon gänzlich abbringen, unermüdlich tätig zu sein, um uns zu dem hinzuziehen, was kein Auge gesehen, kein Ohr gehört hat und was in keines Menschen Herz gekommen ist.»

Und wie du zu Anfang ohne mein Verdienst, so hast du damals, da ich mehr als Missverdienst hatte – denn Zurückfallen ist schlimmer als Fallen –, dich herabgelassen, die Freude deiner Gegenwart mir wieder zu schenken, und zwar andauernd bis zu dieser Stunde. Hierfür sei dir Lob und jene Danksagung dargebracht, welche, von der unerschaffenen Liebe hervorquellend, in einer jeder Kreatur unerfasslichen Weise in dich selber zurückströmt!

Damit du aber dies Gut in mir bewahren mögest, opfere ich dir auf jenes erhabene, innige und wirksame Gebet, so du am Ölberg, von blutigem Angstschweiß übergossen, verrichtetest. Durch die Kraft dieses vollkommensten Gebetes bitte ich dich, du wollest mich gänzlich in der Vereinigung mit dir vollenden und im Innersten an dich ziehen, damit ich jedesmal, so oft ich zum Heil des Nächsten äußeren Geschäften mich widmen muss, nur zum Teil von ihnen in Anspruch genommen wurde und, nachdem ich sie auf die vollkommenste Weise zu deiner Ehre verrichtet habe, sogleich wieder ganz in mein Inneres zu dir zurückkehre, gleichwie der ungestüme Strom nach Entfernung des Hindernisses in die Tiefe stürzt. Mögest du auch meinen letzten Atemzug in deiner Umarmung mit so wirksamem Kuss empfangen, dass meine Seele ohne Verzug dort sich finde, wo du raumlos und unzerteilt, in Ewigkeit blühend, mit dem Vater und dem Heiligen Geist lebst und regierst, wahrer Gott von Ewigkeit zu Ewigkeit. Amen.

II. 4. Von den Wundmalen, die ihrem Herzen eingedrückt worden

Zur Zeit dieser Erstlingsgnade, im ersten, wie ich glaube, oder zweiten Jahr, in der Winterszeit, fand ich in einem Buch folgendes Gebet: «O Herr Jesus Christus, Sohn des lebendigen Gottes, gib mir, mit ganzem Herzen, mit vollkommenem Verlangen und dürstender Seele nach dir zu seufzen, nach dir, dem Süßesten und Lieblichsten, aufzuatmen und mit meinem ganzen inneren Wesen nach dir zu lechzen, der du die wahre Glückseligkeit bist.

Schreibe, o barmherziger Herr, mit deinem kostbaren Blut deine Wunden in mein Herz, damit ich in ihnen deinen Schmerz wie deine Liebe lese, das Andenken an deine Wunden im Innersten meines Herzens beständig bleibe, das Mitleiden mit deinem Leiden in mir geweckt und deine Liebesglut in mir entzündet werde. Gib mir auch, dass alles Geschaffene mir gering und du allein in meinem Herzen mir süß werdest!»

Dankend nahm ich dies Gebet auf und wiederholte es öfter. Und du, der du das Verlangen der Demütigen niemals verschmähest, warst bei diesem Gebet, um es wirksam zu machen. Denn kurze Zeit nachher saß ich nach der Vesper im Speisesaal an der Seite einer Person, der ich mein Geheimnis in diesen Dingen einigermaßen enthüllt hatte. Dies schalte ich hier zum Heil des Lesers ein, weil ich nämlich bei Gelegenheit einer derartigen Mitteilung sehr oft fühlte, dass die Andachtsglut sich mir vermehrte. Doch bin ich des nicht ganz gewiss, ob dein Geist, o Herr und Gott, dies wirkte oder ein menschliches Gefühl, obgleich ich von jemandem, der in diesen Dingen erfahren war, gehört habe, es sei immer nützlicher, solche Geheimnisse demjenigen zu offenbaren, der nicht bloß durch Liebe und Treue uns nahe, sondern auch im Rang über uns steht. Entsprang aber jener Eifer aus menschlichem Gefühl, so ziemt es sich um so mehr, dass ich mich in den Abgrund der Dankbarkeit versenke, je herablassender du, mein Gott, das Gold deines unschätzbaren Wertes mit dem Staub meiner Niedrigkeit zu vereinigen geruhtest.

In der genannten Stunde also hatte ich die Empfindung, als seien jene Güter, um die ich in dem vorerwähnten Gebet lange gefleht hatte, mir Unwürdigster von Gott erteilt worden. Denn ich erkannte durch den Geist, dass innerlich in meinem Herzen wie an körperlichen Stellen jene anbetungswürdigen Male deiner allerheiligsten Wunden waren eingedrückt worden, durch welche du die Wunden meiner Seele geheilt und mir den süßen Trank deiner Liebe dargereicht hast.

Aber meine Unwürdigkeit fand den Abgrund deiner Liebe noch nicht erschöpft; vielmehr empfing ich aus ihr auch noch ein anderes Geschenk. So oft ich nämlich an den einzelnen Tagen mir vornahm, mit den fünf Versen des Psalms «Preise, meine Seele, den Herrn ...»[21] die fünf eingedrückten Liebeszeichen zu begrüßen, blieb ich niemals ohne eine besondere Wohltat. Denn beim ersten Vers: «Preise, meine Seele ...», vermochte ich zu den Wunden deiner gebenedeiten Füße allen Rost der Sünde und jede weltliche Freude niederzulegen; beim zweiten Vers: «Preise und vergiss nicht ...», in dem Liebesbad, woraus Blut und Wasser für mich quoll, jeden Makel fleischlicher Ergötzung abzuwaschen; beim dritten Vers: «Der sich erbarmt ...», zu geistiger Ruhe bei der linken Wunde zur Rast zu eilen und in ihr wie eine Taube im Felsen zu nisten[22]; beim vierten Vers: «Der vom Untergang erlöst», zur Rechten hinzutretend, alles, was mir an der Vollkommenheit der Tugenden fehlt, dort in Fülle für mich hinterlegt zu finden und vertrauensvoll mir anzueignen. Möge ich, hierdurch würdig geziert, den fünften Vers sprechen: «Der mit Gütern erfüllt ...», und so durch deine heiß ersehnte Gegenwart erfreut zu werden verdienen.

Ich gestehe, dass mir hiermit zugleich jenes Gut erteilt wurde, welches in dem Gebet erfleht wird, in den Wunden nämlich deinen Schmerz wie deine Liebe zu lesen. Aber ach! Nur kurze Zeit währte dies; jedoch nicht du hast es mir entzogen, sondern ich habe es durch Undankbarkeit und Nachlässigkeit verloren. Trotzdem hat deine Barmherzigkeit und Liebe das erstere und größere Gnadengeschenk, nämlich die Eindrückung der Wundmale, mir ohne mein Verdienst bis auf die Gegenwart bewahrt. Hierfür sei dir Lob und Preis in Ewigkeit!

II. 5. Von der Liebeswunde

Sieben Jahre später, vor dem Advent, hatte ich auf deinen Antrieb, du Urheber alles Guten, jemanden verpflichtet, täglich vor einem Kruzifix für mich im Gebet folgende Worte einzuschalten: «Durch dein verwundetes Herz, o liebreichster Herr, durchbohre ihr Herz so sehr mit den Geschossen deiner Liebe, dass es nichts Irdisches umfassen kann, sondern allein von der Kraft deiner Gottheit umfasst werde.» Durch dieses Gebet, wie ich vertraue, aufgefordert, hast du an dem Sonntag[23], wo in der Messe gesungen wird: Gaudete in Domino[24] – «Freuet euch im Herrn», mir gerade beim Hintritt zum Sakrament das Verlangen eingegossen, welches mich zwang, folgende Worte vorzubringen: «Obwohl nicht würdig, auch nur das geringste deiner Geschenke zu empfangen, flehe ich dennoch durch die Verdienste und das Verlangen aller Gegenwärtigen deine Erbarmung an, du mögest mein Herz mit dem Pfeil deiner Liebe durchbohren.» Sogleich empfand ich, dass die Kraft dieses Wortes deinem göttlichen Herzen nahe ging, sowohl durch die Eingießung der inneren Gnade als durch den Erweis eines offenbaren Zeichens an dem Bild deiner Kreuzigung.

Als ich nämlich nach dem Empfang des lebenspendenden Sakramentes zur Gebetsstätte zurückgekehrt war, kam es mir vor, als wenn aus der Wunde der rechten Seite des am Thronsessel gemalten Kruzifixes gleichsam ein Sonnenstrahl scharf wie ein Pfeil hervorginge, der, anfangs dem Schein nach ausgedehnt, sich zusammenzog, dann wieder ausdehnte und so eine Weile lang meine Seele freundlich anlockte.

Aber auch so war mein Verlangen noch nicht befriedigt, bis zu dem Mittwoch, wo nach der Messe von den Gläubigen das Andenken an deine anbetungswürdige Menschwerdung und

Verkündigung begangen wird, worauf auch ich meine Aufmerksamkeit richtete. Und sieh! Du warst plötzlich zugegen, indem du meinem Herzen eine Wunde eindrücktest mit diesen Worten: «Hier fließe zusammen die Aufwallung aller deiner Gefühle. All deine Erquickung, Hoffnung, Freude, Schmerz, Furcht und die übrigen Affekte sollen gefestigt werden in meiner Liebe.»

Sogleich kam mir in den Sinn, was ich einmal gehört hatte, dass es für Wunden angewendet werden müsse, nämlich Bad, Salbe und Binde. Aber wie ich dies ausführen könnte, darüber hast du damals mich nicht vollkommen belehrt; vielmehr hast du später durch eine andere Person es mir deutlicher eröffnet, die, wie ich hoffe, ihre geistigen Ohren viel beharrlicher und zarter an die Einsprechungen deiner Liebe gewöhnt hatte als leider ich.

Diese nämlich gab den Rat, ich sollte in beständiger Andacht die Liebe deines am Kreuz hängenden Herzens verehren. Dann würde ich aus der Flut der glühenden Liebe das Wasser der Andacht schöpfen zur Abwaschung jeglicher Beleidigung, aus der Flut der süßen Liebe die Salbe der Dankbarkeit gewinnen gegen jegliche Widerwärtigkeit und die Kraft der starken Liebe würde mir zur Binde der Rechtfertigung, um alle meine Gedanken, Worte und Werke auf dich hinzukehren und so dir unzertrennlich anzuhangen.

Was ich hierin schlecht gemacht habe, das ersetze die Kraft der Liebe, deren Fülle in dem wohnt, der zu deiner Rechten sitzend Bein von meinem Bein und Fleisch von meinem Fleisch[25] geworden ist! Denn durch ihn opfere ich dir die Klage über alle meine Armseligkeiten auf, die mich drücken gegenüber dem Edelmut deiner göttlichen Güte, deren Gabe ich so nachlässig benutzt habe. Hättest du mir Unwürdiger einen Faden von Werg zum Andenken an dich gegeben, ich würde ihn mit größerer Sorgfalt und Ehrfurcht behandelt haben.

O mein Gott, dem mein Verborgenes bekannt ist[26], du weißt, dass dies die Ursache ist, die mich gegen meinen Willen zwingt, dies niederzuschreiben, weil die Gewissheit, hierin keinen Fortschritt gemacht zu haben, mich nicht glauben lässt, diese Geschenke seien nur mir gegeben. Verleihe darum, o Spender der Gaben, der du mir so unverdiente Geschenke erteilt hast, dem, der dies liest, dass wenigstens das Herz deines Freundes deshalb mit dir Mitleid habe, weil dein Eifer für die Seelen einen königlichen Edelstein so viele Stunden in der schlammigen Grube meines Herzens gehalten hat. Preisend und anbetend erhebe er deine Barmherzigkeit, mit Herz und Mund sprechend: «Dich, Gott, den ungezeugten Vater, aus dem alles ist, lobe ich; dir sei Ehre, Preis und Herrlichkeit!»

Hier setzte sie aus mit Schreiben bis zum Oktober.

II. 6. Von einer erhabeneren Heimsuchung am Fest der Geburt

O unerreichbare Höhe[27] der bewundernswürdigen Allmacht! O abgründige Tiefe der unerforschlichen Weisheit! O unermessliche Weite der begehrenswerten Liebe! Wie mächtig schwollen die Ströme deiner honigsüßen Gottheit, die über mich, das Würmchen von äußerster Niedrigkeit, das im Sand der Nachlässigkeiten und Gebrechen hinkriecht, so reichlich sich ergossen, dass ich selbst in der Fremde meiner Pilgerschaft nach meiner geringen Fassungskraft das Vorspiel jener beseligendsten Wonnen wiederzugeben vermag, durch die ein jeder, der Gott anhängt, mit ihm ein Geist wird![28]

Es war in jener hochheiligen Nacht, in der vom süß schmelzenden Tau der Gottheit die Himmel durch das ganze Weltall hin honigträufend geworden, als ich, indem meine Seele, dem Fell (Gideons)[29] auf der Tenne gleich, vom Tau der Liebe befeuchtet war, durch Betrachtung und andächtige Übungen es wagte hinzuzutreten und Dienst zu erweisen bei jener himmlisch erhabenen Geburt, durch welche die Jungfrau den wahren Gott und wahren Menschen als Kind gebar, wie das Gestirn den Strahl hervorbringt. Und sieh da! Meine Seele erkannte, dass ein zartes, gleichsam zur Stunde geborenes Kindlein wie einen Augenblick lang ihr gezeigt und dargereicht und wie in einem Teil des Herzens aufgenommen wurde. In diesem Kindlein barg sich das Geschenk der höchsten Vollkommenheit und die wahrhaft beste aller Gaben.

Kaum fühlte meine Seele es in sich, da schien sie plötzlich ganz umgewandelt zu sein in dieselbe Farbe mit ihm, wenn man Farbe nennen kann, was durch kein sichtbares Bild sich bezeichnen lässt. Hierdurch empfing sie ein unaussprechliches Verständnis jener süß strömenden Worte: «Gott wird alles in allem sein»[30], da sie nämlich fühlte, wie sie den Geliebten, der ihr eingesenkt worden, umschließe und der huldvollsten Gegenwart des holdseligsten Bräutigams sich erfreute. Darum trank sie mit unersättlicher Begierde aus dem von Gott ihr dargereichten Honigbecher folgende Worte: «Wie ich das Gleichbild des Wesens[31] Gottes des Vaters in der Gottheit bin, so wirst du ein Bild meines Wesens seitens der Menschheit sein, indem du in deine Seele die Ergüsse meiner Gottheit aufnimmst wie die Luft die Strahlen des Sonnenlichts, damit du, von diesem einigenden Strahl innerlich durchdrungen, zur vertrauteren Vereinigung mit mir befähigt werdest.»

O hochedler Balsam der Gottheit, allseits Bäche der Liebe ausströmend, grünend und blühend in Ewigkeit, aber am Ende der Zeiten überallhin ausgegossen! O wahrhaft unüberwindliche Stärke der Rechten des Allerhöchsten[32], dass ein so irdenes und durch eigene Schuld zur Unehre weggeworfenes Gefäß eine so kostbare Flüssigkeit bleibend in sich enthielt! O wahrhaft zuverlässigstes Zeugnis für die Fülle der göttlichen Liebe, dass sie von mir, die ich auf Abwegen der Sünden so weit verirrt war, nicht zurückwich, sondern die Süßigkeit jener beseligenden Vereinigung nach dem Maß meiner geringen Fassungskraft mir einflößte!

II. 7. Von einer vortrefflicheren Vereinigung ihrer Seele mit Gott

Es kam das Fest der hochheiligen Reinigung, an dem ich nach einer schweren Krankheit noch zu Bett lag und früh bei Tagesanbruch trauernd in mir klagte, dass ich deshalb der göttlichen Heimsuchung, durch die ich öfter an solchen Tagen war getröstet worden, entbehren musste.

Da empfing ich von der Vermittlerin des Mittlers zwischen Gott und den Menschen[33] folgenden Trost: «Gleichwie du dich nicht erinnerst, einen heftigeren Schmerz in körperlicher Krankheit erduldet zu haben, ebenso wisse, dass du auch niemals ein edleres Geschenk von meinem Sohn empfangen hast, als dasjenige, das dir jetzt wird zuteil werden. Zu seinem würdigen Empfang hat die vorausgehende Krankheit des Körpers deinen Geist gekräftigt.» Als ich hierdurch erleichtert – es war gerade die Stunde zur Prozession gekommen – nach dem Genuss der lebenspendenden Nahrung auf Gott und mich achtete, erkannte ich, dass, gleichwie das am Feuer erweichte Wachs dem Siegel zum Eindrücken nahe gebracht wird, also meine Seele der Brust des Herrn nahe war; und plötzlich schien es, als würde sie um ihn gelegt und zum Teil von jenem Schatzmeister eingezogen, in welchem leibhaftig wohnt die Fülle der Gottheit[34] mit dem Gepräge der strahlenden und allzeit ruhenden Dreifaltigkeit.

O mein Gott, du verzehrende Kohle[35], bergend und entlockend und eindrückend lebendige Glut! Während du so unauslöschlich bliebst und auf dem feuchten und schlüpfrigen Grund meiner Seele deine Feuerkraft wuchs, da trocknetest du in ihr zuerst die Feuchtigkeit weltlicher Ergötzung auf und hast nachher auch die Starrheit ihres Eigensinnes erweicht, worin sie eine Zeitlang so sehr verhärtet gewesen.

O wahrhaft verzehrendes Feuer[36], das seine Kraft also an den Fehlern ausübt, dass es die Stelle einer sanften Salbung in der Seele vertritt! In dir und durchaus in keinem andern empfangen wir die Kraft, wodurch wir nach dem Bild und der Ähnlichkeit[37] unseres Ursprunges erneuert werden.

O brennender Ofen, der das Erz[38] in geläutertes, auserwähltes Gold umwandelt, wenn endlich die von den Täuschungen ermüdete Seele mit voller Sehnsucht nur nach den Gütern deiner Wahrheit begehrt!

II. 8. Wie ihre Seele noch inniglicher in Gott hineingezogen wurde

Hiernach am Sonntag Esto mihi[39] hast du in der Messe mein Gemüt aufgeweckt und mein Verlangen zu jenen edleren Gütern, die du mir erteilen wolltest, besonders durch zwei Worte erweitert, beim Vers des ersten Responsoriums: «Loben und preisen will ich dich ...», und beim Vers des neunten Responsoriums: «Denn dir und deinem Samen will ich dieses Land geben.»[40] Hiermit hast du, mit deiner ehrwürdigen Hand deine beseligendste Brust berührend, mir gezeigt, welches Land deine allumfassendste Freigebigkeit versprach.

O seliges und mit Überfluss an Seligkeit beseligendes Land, o Flur der Wonnen, wovon das kleinste Körnlein dem Verlangen aller Auserwählten vollauf zu genügen vermag!

Während ich aber hieran dachte, wenn auch nicht, wie es sich geziemte, so doch wie ich konnte: Sieh, da erschien die Güte und Menschenfreundlichkeit Gottes[41], unseres Erlösers, nicht wegen der Werke der Gerechtigkeit, wodurch ich Unwürdige dies hätte verdienen können, sondern nach ihrer unaussprechlichen Erbarmung, indem sie durch Wiedergeburt und Annahme an Kindes Statt mich befähigte, zu jener verehrungs- und anbetungswürdigen, himmlisch hehren und unschätzbaren Vereinigung mit dir zu gelangen.

Aber durch welches Verdienst meinerseits oder nach welchem Urteil deinerseits hat die Liebe, die der Würde vergisst, aber reich ist an Erbarmen, dich, o mein süßester Gott, bewogen, dass du so Ungleichartiges vereinigtest? Oder vielmehr die dir eingeborne und gleichwesentliche Güte, innerlich durchdrungen von der Süßigkeit der Liebe, womit du nicht bloß liebst, sondern auch ganz Liebe bist, und deren naturgemäße Wirkung du auf das Heil des ganzen Menschengeschlechtes hingekehrt hast, sie hat dich überredet, das am tiefsten stehende Menschenkind zur Gemeinschaft der königlichen, ja göttlichen Hoheit zu berufen, damit hierdurch jeder in der Kirche stehende Mensch ein um so größeres Vertrauen gewinne. Dies hoffe und wünsche ich von jedem Christen wegen der Ehrfurcht, die meinem Herrn gebührt, dass niemand gefunden werde, der die Geschenke Gottes schlechter verwendet und dem Nächsten mehr Ärgernis gegeben hat als ich.

Weil aber das Unsichtbare an Gott durch die erschaffenen Dinge[42] zum Verständnis nach außen ausgedrückt werden kann, wie ich oben erwähnte, so erschien der Herr in jenem Teil seiner gebenedeiten Brust, in welchem er am Fest der Reinigung meine Seele wie am Feuer erweichtes Wachs aufgenommen hatte, gleichsam rinnend von mächtig hervorbrechenden Schweißtropfen, als wäre jenes Wachs in solcher Zerschmelzung flüssig geworden. Diese Tropfen jedoch nahm jene göttliche Schatzkammer mit wunderbarer Kraft in sich auf.

O ewiger Sonnenstillstand, o sichere Wohnung, o Stätte, die alle Wonnen umschließt, o Paradies beständiger Freuden, wo ein Strom unschätzbarer Genüsse dahinrinnt, ein blütenduftiger Frühling durch jegliche Lieblichkeit anlockt, eine süß tönende Melodie geistiger Musik sanft und schmelzend ergreift, eine Wohlduft atmende Luft durch lebenspendenden Würzgeruch erquickt!

O selig, dreimal selig, und wenn es erlaubt ist zu sagen, o hundertmal heilig derjenige, der unter Führung der Gnade mit unschuldigen Händen und reinem Herzen[43] und geläuterten Lippen[44] dorthin nahe zu treten verdient!

O was sieht, hört, riecht, kostet, empfindet er! Doch was versucht meine Zunge hiervon zu stammeln? Denn wurde ich auch durch die Gunst der göttlichen Güte zugelassen, so vermochte ich, weil ich von den eigenen Fehlern oder Nachlässigkeiten wie mit einem dichten Fell überzogen bin, dennoch nichts der Wahrheit Ähnliches zu erfassen. Würde selbst alle Kraft der Engel und der Menschen zu einer Wissenschaft vereinigt, auch sie vermöchte nicht einmal ein einziges Wort zu bilden, das an jene alles überragende Hoheit und Erhabenheit hinanreichte.

II. 9. Von der unauflöslichen Vereinigung ihrer Seele mit Gott

Nicht lange hiernach – es war in der Fastenzeit -, als ich abermals wegen schwerer Krankheit das Bett hüten musste und allein dalag, da war der Herr mir zugegen, das prophetische Wort bewährend: «Ich bin bei ihm in der Trübsal.»[45] Denn er ließ aus der linken Seite wie aus dem Innersten seines gebenedeiten Herzens einen Strom von kristallheller Reinheit und zugleich von großer Stärke hervorfließen, welcher fortströmend seine verehrungswürdige Brust in Weise einer Halskette bedeckte und durchsichtig erschien in goldener und roter Farbe, die abwechselnd unter sich gemischt waren. Hierbei sprach der Herr: «Die Krankheit heiligt deine Seele darin: So oft du um meinetwillen in Gedanken, Worten oder Handlungen andern Hilfe bringst, wirst du niemals weiter von mir hinwegschreiten, als dir in diesem Strom gezeigt wurde. Und so wie jene goldene und rosenrote Farbe durch die kristallhelle Reinheit erglänzt, so werden die Tätigkeit meiner goldenen Gottheit und die vollkommene Geduld meiner rosenfarbenen Menschheit durch jede deiner Absichten wohlgefällig hervorleuchten.»

O Würde jenes geringsten Stäubchens, das der vorzüglichste Juwel des himmlischen Adels aus dem Straßenstaub aufliest, um es sich anzusetzen! O Erhabenheit jenes winzigen Blümchens, das der Sonnenstrahl selbst aus sumpfigem Ort an sich zieht, damit es gleichsam mitleuchte!

O Seligkeit jener glücklichen und gebenedeiten Seele, die der Herr der Majestät so hoch schätzt, dass er sie, obgleich er allmächtig im Schaffen ist, dennoch als Seele erschuf, als Seele sage ich, die, wenn sie auch mit seinem Bild und Gleichnis geschmückt ist, dennoch so weit von ihm absteht wie das Geschöpf von dem Schöpfer! Und darum tausendmal selig jene Seele, der es gegeben wird, in solchem Stand zu verharren, zu dem ich leider, wie ich fürchte, niemals auch nur einen Augenblick gelangt bin; aber ich wünsche sehnlichst, die göttliche Güte möge mir irgendein Gnadengeschenk, welches es auch immer sein mag, durch die Verdienste derjenigen gewähren, welche sie so lange Zeit, wie ich hoffe, in diesem Stand erhalten hat.

O Geschenk über alle Geschenke, mit den Gewürzen der Gottheit so reichlich gesättigt und mit dem lautern Wein der Liebe getränkt zu werden! Dass du, o Herr und Gott, dies Geschenk deinen Auserwählten in deiner Allmacht geben könntest, darauf vertraue ich mit höchster Zuversicht. Dass du es auch mir in deiner liebreichen Güte geben wollest, daran zweifle ich nicht. Wie du es mir aber bei meiner Unwürdigkeit zu geben weißt, hierin vermag ich deine unerforschliche Weisheit keineswegs zu ergründen. Darum lobe und preise ich jetzt deine weise und gütige Allmacht; ich verehre und bete an deine allmächtige und gütige Weisheit; ich huldige und danke deiner allmächtigen und weisen Güte, o Gott! Denn alles, was mir von deiner Freigebigkeit jemals konnte gespendet werden, immer hab ich es unendlich weit über Verdienst empfangen.

II. 10. Von der göttlichen Einströmung

Weil ich aus Scheu die Abfassung dieser Schrift schon bis zum Fest Kreuzerhöhung verschoben hatte, so führte der Herr, während ich unter der Messe mich mit andern Übungen zu beschäftigen willens war, meinen Geist durch folgende Worte zurück: «Sei versichert, du wirst niemals aus dem Kerker des Fleisches herausgehen, bis du den Heller, den du noch zurückhältst, bezahlt hast.»[46] Als ich nun bei mir dachte, ich hätte die genannten Geschenke Gottes, wenn auch nicht schriftlich, so doch durch Worte zum Heil des Nächsten aufbewahrt, hielt der Herr mir jenes Wort entgegen, das ich in derselben Nacht bei den Metten hatte vorlesen hören: «Hätte der Herr seine Lehre nur für Anwesende verkündet, so gäb es nur Predigt. Nun gibt es aber zum Heil vieler auch eine Schrift.» Der Herr fügte noch hinzu: «Ich will ohne Widerspruch ein zuverlässiges Zeugnis meiner göttlichen Liebe in deinen Schriften haben für diese letzten Zeiten, in denen ich vielen wohlzutun beschlossen habe.»

Hierdurch belastet, begann ich mir vorzustellen, wie schwer, ja unmöglich es für mich wäre, Sinn und Worte zu finden, um das oft Erwähnte ohne Anstoß zum Verständnis der Menschen vorzubringen. Der Herr aber, der für solche Zaghaftigkeit guten Rat weiß, schien einen gewaltigen Platzregen über meine Seele zu ergießen, unter dessen ungestümem Sturz ich geringes Menschenkind, eine so junge und schwache Pflanze, niedergebeugt lag und nichts zu meinem Nutzen einsaugen konnte, mit Ausnahme einiger schwer wiegender Worte, zu denen die Erkenntnis meiner Sinne ganz und gar nicht hinanreichte.

Hierüber fühlte ich mich noch mehr beschwert; da aber hat deine gütige Liebe, o mein Gott, durch folgende Worte meine Seele erquickt: «Weil dir jene Überströmung nutzlos erscheint, sieh, deshalb werde ich dir jetzt die Worte sanft und mild und nach und nach, dem Maß deiner Fassungskraft entsprechend, eingießen.» Dies Versprechen, o Herr und Gott, hast du also erfüllt: Du hast einmal vier Tage lang in der Früh zur geeignetsten Stunde einen Teil der genannten Rede so hell und lieblich mir eingeflößt, dass ich ihn ohne Anstrengung wie aus dem Gedächtnis niederschreiben konnte. Hierbei beobachtetest du die Maßhaltung, dass, wenn ich einen entsprechenden Teil niedergeschrieben hatte, ich trotz aller Mühe kein Wort von dem zu finden vermochte, was mir am folgenden Tag reichlich und ohne Schwierigkeiten zu Gebote stand. Dadurch hast du meine ungestüme Natur gezügelt und mich belehrt: Niemand dürfe der Tätigkeit so sehr anhangen, dass er nicht auch Eifer für die Betrachtung anwende. Deine weise Liebe gebe, dass ich beides dir wohlgefällig vollbringe.

II. 11. Von einer Versuchung

In welch mannigfaltiger Weise du mich deine heilbringende Gegenwart hast empfinden lassen, ganz besonders in den drei ersten Jahren, namentlich aber, so oft ich zur Anteilnahme an deinem gebenedeiten Fleisch und Blut zugelassen wurde: Hierin vermag ich auf tausend auch nicht eines zu antworten[47]. Deshalb überlasse ich es jener ewigen, unermesslichen und unveränderlichen Danksagung, durch welche dir, o strahlende und allzeit ruhende Dreifaltigkeit, aus dir selbst und durch dich selbst und in dir selbst jede Schuld ganz ersetzt wird, und vereinige mich mit ihr wie ein kleines Stäubchen durch denjenigen, der in meiner Natur vor dir steht, und opfere dir die Danksagungen auf, wie du sie möglich gemacht hast durch denselben im Heiligen Geist für alle deine Wohltaten und besonders dafür, dass du durch ein so anschauliches Gleichnis meine Torheit darüber unterrichtet hast, wie die Reinheit deiner Geschenke durch mich verunstaltet würde.

Während ich einmal in der Messe kommunizieren wollte und dich in wunderbarer Herablassung gegenwärtig fühlte, begehrtest du wie ein Dürstender von mir die Erquickung eines Trankes. Da ich mich über seinen Mangel beklagte und schließlich erkannte, dass ich auch nicht ein Tröpfchen meinen Augen zu entlocken vermochte, schien es mir, als würde mir von deinen Händen ein goldener Kelch dargereicht. Sobald ich ihn angenommen hatte, brach plötzlich aus meinem in süßer Flut gleichsam flüssig gewordenen Herzen ein ungestümer Strom glühender Tränen.

Unterdessen stand zu meiner Linken ein verächtliches Wesen, welches heimlich etwas Vergiftetes und Bitteres in meine Hand legte. Zugleich trieb es mich heimlich, aber mächtig an, dasselbe in den reinen Kelch zu mischen. Und es folgte eine so heftige Begierde nach eitlem Ruhm, dass es leicht einzusehen war, mit welchem Trug der alte[48] Feind aus Neid gegen deine Geschenke uns nachstellt.

Aber Dank sei deiner Treue, o Gott, Dank deinem Schutz, o wahrhaft eine Gottheit, eine und dreifaltige Wahrheit, dreifaltige und eine Gottheit, die uns nicht über unsere Kräfte versucht werden lässt[49]. Denn du gestattest zwar zuweilen zu unserer Übung in der Vollkommenheit dem Feind die Macht zu versuchen. Doch siehst du uns auf deinen Schutz vertrauensvoll uns stützen, so machst du den wider uns entbrannten Kampf zu dem deinigen, und zwar so sehr, dass du in überschwänglicher Freigebigkeit dir den Kampf vorbehältst, uns aber den Sieg verleihst, wenn anders wir mit aufrichtigem Willen dir anhangen. Und dies ist eines deiner vorzüglichen Geschenke, das deine Gnade uns zur Vermehrung des Verdienstes bewahrt, dass du den freien Willen, wie du ihn dem Feind keineswegs überlassen, so auch uns in keiner Weise entziehen willst.

II. 12. Von der Ertragung der menschlichen Gebrechlichkeit

In gleicher Weise danke ich dir auch für ein anderes Bild, wodurch du mir kundgetan, mit welch liebreicher Geduld du unsere Fehler erträgst, damit du uns also besserst und selig machen könnest. Denn als ich eines Abends zum Zorn fortgerissen wurde und am folgenden Tag in der Früh die Zeit zum Gebet gekommen war, da hast du dich mir in einer so fremden Gestalt vorgestellt, dass ich dich dem Aussehen nach für einen aller Mittel und aller Kräfte gänzlich Beraubten hielt.

Da begann ich unter den Vorwürfen meines Gewissens nachzudenken, wie unschicklich es wäre, dich, den Urheber der vollkommensten Reinheit und Ruhe, durch die Stacheln einer sündhaften Aufregung zu beunruhigen, und ich überlegte, ob ich nicht für die Stunde, in welcher ich im Widerstand gegen den Feind nachlässig sein würde, lieber deine Abwesenheit als deine Gegenwart wünschen sollte. Hierauf empfing ich deine Antwort: «Wie kann ein Kranker getröstet werden, den fremde Hand nur mit Mühe zu dem ihm lieben Sonnenlicht führen konnte, wenn plötzlich ein Sturm hervorbricht, wie anders als durch die Hoffnung auf Wiederkehr des heitern Himmels? So harre auch ich, nachdem ich einmal, von der Liebe zu dir besiegt, unter allen Stürmen hereinwogender Fehler bei dir zu wohnen erwählt habe, auf den heitern Himmel deiner Besserung und den Hafen der Demut.»

Weil die Zunge nicht zu schildern vermag, was du in jener dreitägigen Gegenwart mir am reichlichsten gewährt hast, so möge, ich bitte, das Gefühl des Herzens genügen und mich aus der Tiefe der Demut, zu welcher deine herablassende Liebe mich damals am meisten angelockt hat, die Dankbarkeit auf deine zarte Liebe richten lehren.

II. 13. Von der Bewachung der Neigungen

Auch noch auf eine andere Weise, o gütigster Gott, hast du meine Trägheit aufgeweckt. Und obgleich du durch eine Mittelsperson begannst, so hast du dies dennoch durch dich selbst weniger barmherzig als herablassend vollendet. Als diese mir gemäß dem Evangelium vorstellte, wie du, auf Erden geboren, zuerst von den Hirten gefunden[50] worden, fügte sie hinzu, dieses Wort sei mir von dir übersandt, damit ich, wenn ich dich wahrhaft finden wollte, gleich wie die Hirten über die Herden, so über meine Sinne sorgfältig wachen müsste[51].

Dies nahm ich jedoch weniger dankbar an, weil ich wusste, dass du meine Seele anders ergriffen habest, als dass ich dir wie ein gedungener Hirt seinem Herrn dienen sollte.

Nachdem ich hieran vom Morgen bis zum Abend nach der Komplet mit niedergeschlagenem Sinn gedacht hatte, da hast du meine Traurigkeit durch folgendes Gleichnis gelindert: Wenn die Braut den Falken des Bräutigams zuweilen Speise besorgt, so wird sie hierdurch seiner Umarmung durchaus nicht beraubt; also würde auch ich, wenn ich um deinetwillen die Bewachung meiner Neigungen und Sinne eifrig übte, der Süßigkeit deiner

Gnade nicht entbehren. Und hierbei gabst du mir unter dem Bild einer grünen Rute den Geist der Furcht, damit ich, ohne deine traute Gegenwart zu verlieren, auf all die unwegsamen Gebiete, in welchen die menschlichen Leidenschaften umherzuirren pflegen, eingehen könnte. Du fügtest noch hinzu: So oft etwas in meine Seele einschleiche, was irgendeine meiner Neigungen anzuziehen suche, sei es nach der Rechten, wie Freude und Hoffnung, oder nach der Linken, wie Furcht, Schmerz oder Zorn, sollte ich es sogleich mit der Rute deiner Furcht abwehren.

II. 14. Vom Mitleiden der Seele

Am Sonntag vor der Fastenzeit, Esto mihi[52], gabst du mir zu verstehen, dass du, von verschiedenen Menschen gemartert und verfolgt, durch die Worte des Eingangs der Messe von mir die Wohnung meines Herzens begehrtest, um in ihr auszuruhen.

Hierauf schienst du mir während jener drei Tage, so oft ich zu meinem Herzen zurückkehrte, gleich einem Sterbenden darin zu liegen. Auch habe ich während jener drei ganzen Tage nichts gefunden, wodurch ich dir eine angenehmere Erquickung hätte bereiten können, als durch Gebete, Stillschweigen und sonstige Abtötungen für die Bekehrung der weltlich gesinnten Menschen[53].

II. 15. Von der Vergeltung der Gnade

Ebenso hast du mir wiederholt geoffenbart, wie die im Körper der menschlichen Gebrechlichkeit weilende Seele verdunkelt wird gleich einem Menschen, der, mitten in einer engen Wohnung stehend, von allen Seiten sowohl um sich als über und unter sich den Dunst in sich aufnimmt, den jene Wohnung aushaucht, vergleichbar einem kochenden, dampfenden Topf.

Hingegen empfängt die Seele, wenn der Körper von einem Leiden bedrängt wird, von Seiten des leidenden Gliedes gleichsam einen von sonnenhellem Licht umflossenen Hauch. Und je schwerer das Leiden ist, eine um so hellere Verklärung verleiht es der Seele. Ganz besonders aber erhöht den Glanz derselben die

Abtötung oder Übung des Herzens in der Demut, der Geduld und ähnlichem, am allermeisten die Werke der Liebe.

Dank dir, o Liebhaber der Menschen, der du mich öfter in dieser Weise zur Geduld angelockt hast! Aber ach! Und tausendmal ach! Dass ich zu wenig und nur selten dir zugestimmt habe. Du kennst, o Herr, meinen Schmerz, meine Beschämung und Niedergeschlagenheit und mein Verlangen, es möchte mein Fehler anderswoher dir vollständig ersetzt werden.

Ein andermal, als du mir, während ich in der Messe kommunizieren wollte, deine Gegenwart reichlicher gewährt hattest und ich mich zu erforschen bemühte, welchen Gegendienst ich dir für das Heil einer so großen Herablassung erweisen könnte, da stelltest du, weisester Lehrer, mir jenes apostolische Wort vor: «Ich wünschte selbst im Bann zu sein für meine Brüder.»[54] Und du sagtest, das sei etwas Großes, wenn die Seele, die Süßigkeit des Genusses im Herzen um deinetwillen verlassend, über die Regelung der körperlichen Sinne wache und den Werken der Liebe zum Heil des Nächsten obliege.

II. 16. Von huldvollen Erweisen am Fest der Geburt des Herrn und an Mariä Lichtmess

Am Tag deiner hochheiligen Geburt empfing ich dich als zartes Kindlein aus der Krippe in Windeln eingewickelt in mein Herz eingedrückt, um aus allen Bitterkeiten deiner kindlichen Nöte mir ein Myrrhenbüschlein zu sammeln und an meine Brust zu legen[55]. Ein größeres Geschenk glaubte ich niemals empfangen zu können, aber du hast dieser Gabe eine noch edlere folgen lassen.

Denn im nächsten Jahr am selben Tag unter der Messe Dominus dixit – «Der Herr sprach ...»[56] empfing ich dich unter der Gestalt des zartesten und lieblichsten Kindleins vom Schoß der jungfräulichen Mutter und trug dich ein Weilchen an der Brust. Hierbei schien mir jenes Mitleid mitzuwirken, das ich vor dem genannten Fest einem Bedrängten durch besondere Gebete erwiesen hatte. Leider habe ich, während ich jenes Geschenk besaß, die Andacht zu wenig geübt. Ich hoffe jedoch, deine Gerechtigkeit habe unter Mitwirkung der Barmherzigkeit dies also geordnet, damit meine

Unwürdigkeit deutlicher kund würde und ich meine Nachlässigkeit fürchtete. Als ich aber meine Kräfte ein wenig sammelte, um mit liebevoller Freundlichkeit dich zu pflegen, fühlte ich, dass ich wenig Fortschritte machte, bis ich für die Sünder, die Seelen im Fegfeuer oder andere Bedrängte zu beten begann, wovon ich die Wirkung sogleich empfand.

Als ich eines Abends mir vornahm, in jedem Gebet für die Verstorbenen statt wie bisher die Kollekte für die Eltern: «O Gott, der du uns Vater und Mutter ...», künftig das Gebet für deine besonderen Freunde: «Allmächtiger, ewiger Gott, der niemals ohne Hoffnung ...»[57], zu setzen – da schienst du mir hieran noch größeres Wohlgefallen zu haben.

Auch kam es mir vor, als werdest du lieblich ergötzt, wenn ich mit angestrengter Kraft beim Absingen der einzelnen Noten meine Aufmerksamkeit ebenso auf dich richtete, wie jener sorgfältig ins Buch schaut, der etwas singt, was er noch nicht durch Gewohnheit genau kennt. Wieviel ich jedoch bei diesen und andern deine Verherrlichung betreffenden Übungen vernachlässigt habe, ich bekenne es dir, gütigster Vater, in der Bitterkeit des Leidens deines unschuldigsten Sohnes Jesus Christus, an dem du dein größtes Wohlgefallen zu haben bezeugt hast in den Worten: «Dieser ist mein geliebter Sohn, an dem ich mein Wohlgefallen habe.»[58] Und durch denselben leiste ich dir Genugtuung, damit durch ihn alle meine Nachlässigkeiten ersetzt werden.

Am Tag der heiligsten Reinigung, als jene Prozession gehalten wurde, in welcher du, unser Heil und unsere Erlösung, mit den Opfergaben dich wolltest in den Tempel tragen lassen, bei der Antiphon: «Als sie das Kind ...», da begehrte deine jungfräuliche Mutter dich, das geliebte Kindlein ihres Schoßes, mit ernstem Antlitz von mir zurück, als wenn ich dich, der du die Ehre und Freude ihrer unbefleckten Jungfrauschaft bist, weniger zu ihrem Wohlgefallen gepflegt hätte.

Ich aber, eingedenk, dass sie den Sündern zur Versöhnung und den Verzweifelnden zur Hoffnung gegeben sei, brach in die Worte aus: «O Mutter der Liebe, ist dir nicht dazu die ‹Quelle der Barmherzigkeit› als Sohn gegeben worden, damit du allen, die Gnade bedürfen, dieselbe erlangest und deine reiche Liebe die

Menge unserer Sünden und Fehler bedecke?»[59] Hierauf zeigte mir jene Gütige mit heiterem und huldvollem Angesicht, dass sie, wenn sie mir auch wegen meiner Fehler streng erscheine, dennoch von herzlichstem Erbarmen erfüllt und von der Süßigkeit der göttlichen Liebe in tiefster Seele durchdrungen sei. Dies offenbarte sich auch sogleich, da auf meine so geringen Worte hin die angenommene Strenge verschwand und die ihr eigene süße Heiterkeit erglänzte. Deshalb sei die große Liebe dieser deiner Mutter bei dir für alle meine Vergehen eine gnädige Vermittlerin. Mit einem noch huldvolleren Geschenk hast du im folgenden Jahr an demselben hochheiligen Fest deiner Geburt mich geschmückt, als hätte der Eifer meiner Andacht im vorhergehenden Jahr dies von dir verdient, während ich doch nicht eines nachfolgenden neuen Geschenkes, sondern gerechter Strafe für das verlorene frühere würdig war. Als nämlich im Evangelium gelesen wurde: «Sie gebar ihren erstgebornen Sohn[60] ...», reichte deine unbefleckte Mutter mir mit den makellosen Händen dich, das jungfräuliche, liebenswürdige, zarte Kindlein, indem sie dich gleichsam mit aller Kraft in meine Arme drückte.

Und ich nahm dich holdselig Kindlein auf, während du mit zarten Armen meinen Hals umschlangst. Aus dem Anhauch deines honigfließenden Geistes, der aus deinem gebenedeiten Mund atmete, empfing ich eine so lebenspendende Erquickung, dass fürder mit Recht meine Seele dich preise, mein Herr und Gott, und alles, was in mir ist, deinen heiligen Namen[61].

Als hierauf deine allerseligste Mutter in die Windeln der Kindheit dich einwickeln wollte, da begehrte auch ich mit dir eingewickelt zu werden, damit auch nicht einmal das dünne Band der Windeln mir den entzöge, dessen «Umarmungen und Küsse süßer denn Honigbecher sind»[62].

Darauf schienst du mir mit der weißesten Leinwand der Unschuld umwickelt und mit dem goldenen Band der Liebe umschlungen zu werden. Wenn ich begehrte, mit dir eingeschlossen zu werden, so musste ich mich dafür auch einer allseitigen Reinheit des Herzens und der Werke der Liebe befleißigen.

Dank dir, o Schöpfer der Gestirne, der du die Himmelslichter und die mannigfaltigen Frühlingsblumen bekleidest, dass du, obgleich du unserer Güter nicht bedarfst, dennoch zu meiner Unterweisung hierauf am Tag der heiligen Reinigung von mir verlangt hast, ich möchte dich Kindlein bekleiden, bevor du in den Tempel eingeführt würdest. Und zwar sollte ich dies aus dem verborgenen Gnadenschatz in folgender Weise ausführen: Ich sollte mich bestreben, die makellose Unschuld deiner allerreinsten Menschheit zu preisen mit so vollkommener und treuer Hingebung, dass ich, wenn ich all den Schmuck, der deiner holdseligsten Unschuld gebührt, in einer Person besitzen könnte, ihn bereitwilligst dir abträte. Durch eine solche Absicht meinerseits schienst du mit einem weißen Gewand in Gestalt eines Kindleins bekleidet zu werden. Als ich mit ähnlicher Andachtsübung mir den Abgrund deiner Demut vorstellte, schienst du mir mit einem grünen Unterkleid angetan zu werden zum Zeichen, dass deine blühende Gnade allzeit grünt und im Tal der Demut niemals verwelken wird.

Während ich mir darauf in der angegebenen Weise die Glut deiner Liebe vergegenwärtigte, wurdest du mit einem purpurnen Oberkleid geschmückt zum Beweis, dass das wahrhaft königliche Gewand die Liebe ist, ohne die niemand ins Himmelreich eingeht.

Als ich sodann an deiner glorreichen Mutter die nämlichen Tugenden pries, schien auch sie in ähnlicher Weise bekleidet zu werden. Weil nun diese gebenedeite Jungfrau, die blühende Rose ohne Dorn und die hellschimmernde Lilie ohne Makel, reich, ja überreich ist an Tugendblumen jeglicher Art, so dass unsere Armut durch sie bereichert wird, so möge sie, wir bitten dich, eine beständige Vermittlerin für uns sein!

II. 17. Von der göttlichen Mäßigung

Als ich eines Tages nach der vor Tisch üblichen Händewaschung inmitten des Konventes stand und in meinen Gedanken bei dem hellen Glanz der Sonne verweilte, die gerade in ihrer ganzen Kraft strahlte[63], sagte ich in meinem Geist: Wenn der Herr, der diese Sonne erschuf und «dessen Schönheit Sonne und Mond bewundern»[64], der sogar ein verzehrendes Feuer ist[65], so wahrhaftig bei mir wäre, wie er sich mir oft gegenwärtig zeigt: Wie wäre es dann möglich, dass ich so kalten Herzens, so gefühllos, ja so verkehrt mit den Menschen umginge? Und sieh da! Plötzlich fügtest du, dessen Wort mir damals um so süßer war, je mehr mein schwankendes Herz es bedurfte, meinen Worten den Ausspruch hinzu: «Worin würde denn meine Allmacht erhoben, wenn ich in ihr mich nicht, wo ich auch immer bin, in mir selber halten könnte, so dass ich nicht *mehr* empfunden werde oder erscheine, als es sich nach Ort und Zeit und Person geziemt?

Denn vom Beginn der Erschaffung des Himmels und der Erde an und im ganzen Werk der Erlösung habe ich mehr die Weisheit der Güte als die Macht der Majestät angewandt. Die Güte dieser Weisheit erstrahlt darin am hellsten, dass ich die Unvollkommenen ertrage, bis ich sie durch freien Willen auf den Weg der Vollkommenheit führe.»

II. 18. Von der väterlichen Unterweisung

An einem Festtag sah ich mehrere zur heiligen Kommunion gehen, die sich meinem Gebet empfohlen hatten, während ich durch körperliche Krankheit gehindert oder vielmehr, wie ich fürchte, wegen meiner Unwürdigkeit von Gott zurückgehalten wurde. Indem ich nun an verschiedene mir erwiesene Wohltaten Gottes dachte, begann ich mich vor dem Wind des eitlen Ruhmes zu fürchten, der die Ströme der göttlichen Gnade austrocknen könnte, und begehrte eine Erkenntnis zu empfangen, wodurch ich durch die Zukunft sicher gestellt würde.

Darauf wurde ich von deiner väterlichen Güte also unterrichtet: Ich sollte deine Liebe zu mir auffassen als die eines Familienvaters, der sich über die Schönheit der meisten Kinder freut, denen auch die Dienerschar und die Nachbarn Beifall spenden, der aber unter ihnen auch ein kleines Kind hat, das die Schönheit der Übrigen noch nicht erreicht hat, weshalb er in väterlichem Mitleid es häufiger auf seinen Schoß nimmt und durch Worte und kleine Geschenke vor den Übrigen auszeichnet.

Und du fügtest hinzu: Wenn ich also in richtiger Schätzung mich für unvollkommener als die Übrigen hielte, so würde der

Strom deiner honigsüßen Gottheit niemals aufhören, sich in meine Seele zu ergießen.

II. 19. Vom Lobpreis der göttlichen Huld

O liebreicher Gott! Ich danke deiner gütigen Barmherzigkeit und deiner barmherzigen Güte für das offenbare Zeugnis deiner herablassendsten Huld, wodurch du meine schwankende und zagende Seele gestärkt hast, als ich in einer mir nur allzusehr angewöhnten Weise mit ungestümem Verlangen aus dem Kerker des elenden Fleisches befreit zu werden begehrte. Denn du, o Zier und Krone der himmlischen Glorie, schienst von dem königlichen Thron deiner Majestät in süßer und sanfter Weise dich herabzuneigen. Durch diese Herablassung aber ergossen sich Ströme von beseligender Flut durch die ganze Weite des Himmels, zu denen die einzelnen Heiligen sich dankend hinkehrten, und durch deren Genuss erlabt sie in das wohltönende Lied des Lobes Gottes ausbrachen.

Hierbei empfing ich auch folgende Worte: «Erwäge, wie angenehm dieser Lobpreis in das Ohr meiner Majestät dringt und hindurchdringt in das flüssig gewordene innerste Wesen meines liebevollsten Herzens, damit du fürderhin nicht mehr so ungestüm verlangst, aufgelöst zu werden in solcher Absicht, um nämlich nicht mehr als diejenige im Fleische zu sein, der ich jetzt das Geschenk der unverdienten Huld spende; denn je unwürdiger die ist, zu der ich mich herabneige, mit desto größerer Ehrfurcht werde ich mit Recht von allen Geschöpfen erhoben.»

Nachdem mir dieser Trost in jener Stunde gewährt worden, als ich mich deinem lebenspendenden Sakrament nahte und darauf, wie es recht war, meine Aufmerksamkeit gerichtet hatte, da fügtest du der genannten Offenbarung noch den Aufschluss hinzu: Jeder solle in der Weise und in der Arbeit zu der allerheiligsten Vereinigung mit deinem Leib und Blut hinzutreten, dass er um deiner Liebe und Verherrlichung willen es sogar für gering halte, einen großen Schaden (wenn dies möglich wäre) im Empfang des Sakramentes zu erleiden, damit deine göttliche Liebe allein um so mehr daraus hervorleuchte, die es nicht verschmäht, sich einem so Unwürdigen mitzuteilen. Als ich hierauf die Entschuldigung vorbrachte, dass jeder, der sich mit Rücksicht auf seine Unwürdigkeit der Kommunion enthält, es deshalb tue, um dem erhabenen Sakrament nicht vermessentlich eine Unbill zuzufügen, da empfing ich deine gebenedeite Antwort, die also lautete: «Wer mit solcher Absicht naht, der kann niemals unehrerbietig hinzutreten.»

II. 20. Von besonderen Gnadengaben

Allen mir verliehenen Gaben hast du, o gütiger Gott, in deiner unbezwinglichen Freigebigkeit noch das hinzugefügt: Wenn jemand nach meinem Tod erkennen würde, dass du während meines Lebens mit meiner Niedrigkeit so herablassend und vertraulich umgegangen bist, und deshalb meinem, wenn auch unwürdigen Gebet sich demütig empfehlen wollte, so werdest du ihn so huldvoll erhören, wie du überhaupt jemanden durch das Gebet eines andern erhören wollest, wenn er nämlich zum Ersatz für das Vernachlässigte in demütiger Ergebenheit dir Dank sage besonders für fünf Wohltaten:

Zunächst für die Liebe, mit der deine unverdiente Erbarmung von Ewigkeit her mich auserwählt hat. Dies ist in Wahrheit von allen unverdienten Geschenken das am meisten unverdiente, da du ja sehr wohl meinen ganzen verkehrten Lebenswandel, meine Bosheit und Leichtfertigkeit und das Laster meiner Undankbarkeit vorausgesehen hast, so dass es gerecht gewesen wäre, wenn du mir die Würde der menschlichen Natur überhaupt auch als einer Heidin versagt hättest, während trotzdem deine Liebe, die unsere Übel weit überragt, mich sogar vor andern Christen zum heiligen Ordensstand berufen hat.

Zweitens dafür, dass du mich so gnadenreich an dich gezogen hast. Und dies, bekenne ich, ist das Werk jener Sanftmut und Liebe, welche dir von Natur aus innewohnt, da du mein ungezähmtes Herz, dem mit vollem Recht eiserne Fesseln gebühren, mit so süßen Liebeserweisungen in dich hineingezogen hast, als hättest du in mir eine Genossin deiner Sanftmut gefunden und als wäre dir deshalb die Vereinigung mit mir über alles erfreulich.

Drittens dafür, dass du mich dir so innig vereinigt hast. Auch dies schreibe ich, wie ich es mit Recht muss, dem Übermaß deiner rückhaltlosen Freigebigkeit zu. Gleichsam als wäre die Zahl der Gerechten nicht ausreichend, um die Fülle deiner Liebe aufzunehmen, hast du mich, die Letzte an Verdienst, herbeirufen wollen, nicht um mich als die Tauglichere leichter zu rechtfertigen, sondern damit in der weniger Geeigneten das Wunder deiner Erbarmung um so klarer hervorleuchte.

Viertens dafür, dass du mich gewürdigt hast, an mir deine Freude zu finden. Dies rührt von deiner übergroßen Liebe her, in der du es nicht verschmäht hast, sogar durch Worte zu bezeugen, es sei deine Wonne, dass deine allmächtige Weisheit in so unglaublicher Weise sich mit dem zu verbinden vermöge, was ihr ganz unähnlich und auch ganz ungeeignet ist.

Fünftens dafür, dass du mich zur seligen Vollendung führen willst. Diese Wohltat hoffe ich, obgleich gänzlich unwürdig, von der süßesten Huld deiner freigebigsten Liebe demütig und fest gemäß der treuen Verheißung deiner Wahrheit und in der sichersten Liebe umfasse ich sie mit Dankbarkeit, ohne jegliches Verdienst von meiner Seite, sondern nur durch deine unverdiente Güte, o mein höchstes, o mein einziges, ganzes und wahrhaft ewiges Gut!

Weil diese einzelnen Geschenke eine so bewunderungswürdige Herablassung beweisen und meiner Niedrigkeit so durchaus ungeziemend sind, dass die dir von mir dargebrachte Danksagung ganz und gar nicht genügen kann, so bist du auch hierin meinem Unvermögen zu Hilfe gekommen, indem du durch gütige Verheißungen andere zum Danksagen bewogen hast, damit durch deren Verdienste mein Mangel kann ersetzt werden. Hierfür sei deiner Huld würdig Lob und Dank gebracht von allen die im Himmel, auf Erden und unter der Erde sind![66]

Über all dies hat deine unschätzbare Liebe, o mein Gott, sich auch noch herabgelassen, die erwähnten Geschenke durch folgenden Vertrag gnädiglich zu bestätigen. Als ich nämlich eines Tages dieselben bei mir überdachte, ließ ich durch eine Vergleichung deiner Liebe mit meiner Sündhaftigkeit mich zu der Kühnheit verleiten, den Einwand zu erheben, du habest mir dieselben nicht nach Weise der Vertragschließenden Hand in Hand bestätigt. Da hat deine nachgiebigste Huld dieser Einrede genügen wollen, indem du sprachst: «Wende dies nicht ein, tritt heran und empfange die Bestätigung meines Vertrages.»

Und sogleich erblickte meine Niedrigkeit dich, wie du mir gleichsam mit beiden Händen jene Schatzkammer der göttlichen Treue und unfehlbaren Wahrheit, nämlich dein göttliches Herz, weit auftatest und mich, die nach verkehrter Art der Juden Zeichen begehrte[67], meine rechte Hand ausstrecken hießest. Indem du sodann dein geöffnetes Herz mit meiner darin eingeschlossenen Hand zurückzogst, sprachst du: «Sieh, ich verspreche dir, die Geschenke, die ich dir erteilt habe, unversehrt zu bewahren. Wenn ich dir jedoch in zeitweiliger Unterbrechung die Wirkung derselben entziehe, so will ich dies nachher mit dreifachem Gewinn bezahlen, von Seiten der Allmacht, der Weisheit und der Güte der wunderbaren Dreieinigkeit, in deren Mitte ich lebe und regiere, wahrer Gott von Ewigkeit zu Ewigkeit.»

Hierbei fügte deine überschwängliche Liebe noch die Worte hinzu: «So oft du deine Unwürdigkeit überdenkend anerkennst, dass du meine Geschenke nicht verdienst und dabei auf meine Güte dein Vertrauen setzest: Ebenso oft entrichtest du mir den schuldigen Zins von meinen Gütern.»

O wie weise versteht dein Vaterherz für die entarteten Kinder zu sorgen, da du, nach Verschwendung des Vermögens der Unschuld und infolgedessen auch der dir wohlgefälligen Andacht, die Erkenntnis meiner großen Unwürdigkeit anzunehmen geruhest. Diese zu deiner Ehre und zu meinem Heil in allen mir innerlich wie äußerlich verliehenen Gnadengeschenke zu erkennen und überdies wegen deiner Erbarmung vollkommen auf dich zu vertrauen, dies gib, o Spender der Gaben, aus dem jedes Gute hervorgeht und ohne den nichts für tüchtig oder gut kann erachtet werden!

II. 21. Von der Wirkung der Anschauung Gottes

Indem ich an die unverdienten Wohltaten deiner Güte denke, halte ich es für unrecht, jenes Geschenk zu übergehen, das ich in einer Fastenzeit durch die wunderbare Herablassung deiner Liebe empfangen habe. Am zweiten Fastensonntag, da man vor der Messe zur Prozession das Responsorium sang: «Ich habe den Herrn von Angesicht zu Angesicht gesehen», wurde meine Seele von einem wunderbaren, unbeschreiblichen Glanz durch das Licht göttlicher Offenbarung erhellt und es erschien mir wie an mein Angesicht ein anderes Angesicht angeschmiegt gemäß dem Wort des hl. Bernhard: «Nicht gestaltet, sondern gestaltend, nicht die Augen des Körpers streifend, sondern das Angesicht der Seele erfreuend, lieb durch die Liebe, nicht durch das Aussehen.»[68] Dir allein ist es bekannt, wie infolge dieser honigströmenden Vision deine sonnenhellen Augen meinen Augen gerade entgegenzustehen schienen und wie du, meine holdselige Süßigkeit, nicht bloß meine Seele, sondern auch mein Herz samt allen Gliedern ergriffen hattest! Dafür will ich dir, so lange ich lebe, ergebenen Dienst erweisen.

Aber obgleich die Rose zur Frühlingszeit, wenn sie grünend und blühend Wohlgeruch ausströmt, ganz anders gefällt als im Winter, wo sie längst verwelkt ist und man nur sagt, dass sie lieblich geduftet habe, so erweckt doch auch die Erinnerung an den früheren Genuss noch auf ein Weilchen Freude.

Deshalb wünsche auch ich, durch welches Gleichnis ich es vermag, zum Preis deiner Liebe mitzuteilen, was meine Niedrigkeit in jener deiner beseligenden Anschauung empfand, damit, wenn einer der Leser vielleicht Ähnliches oder Größeres empfangen hat, er durch die Erinnerung zur Danksagung angeregt werde. Und auch ich selbst will öfter die Finsternis meiner Nachlässigkeiten mittels Danksagung durch diesen sonnenhell schimmernden Spiegel einigermaßen verscheuchen.

Als du nämlich, wie gesagt, dein heiß ersehntes Antlitz, das die Fülle der ganzen Seligkeit gewährt, an mich Unwürdige angeschmiegt hattest, da fühlte ich, wie ein unaussprechlich beseligendes Licht aus deinen vergöttlichenden Augen durch meine Augen einging. Mein ganzes inneres Wesen durchdringend, schien es eine wunderbare Wirkung in allen Gliedern hervorzubringen, indem es mein Fleisch und Gebein bis ins Mark auflöste, so dass ich die Empfindung hatte, mein ganzes Wesen sei nichts anderes als jener göttliche Lichtstrahl, der, in unbeschreiblich wonniger Weise in sich selber spielend, meiner Seele eine unvergleichliche Heiterkeit und Fröhlichkeit bereitete.

O was soll ich fürder sagen von jener süßesten Vision? Wie mir scheint, würde die Beredsamkeit aller Zungen alle Tage meines Lebens diese erhabene Weise, dich zu schauen, selbst in der himmlischen Glorie, mir niemals beigebracht haben, wenn nicht deine Huld, o mein Gott, einziges Heil meiner Seele, durch Erfahrung mich dazu geführt hätte.

Noch das möchte ich sagen: Wenn es in den göttlichen Dingen ist wie bei den menschlichen, dann überschreitet die Kraft deines Auges, wie ich dafür halte, jene Vision insoweit, dass sie, wenn deine göttliche Macht den Menschen nicht zusammenhielte, die Seele dessen nicht länger im Körper verweilen ließe, dem dies auch nur auf einen Augenblick zu verkosten gestattet wird.

II. 22. Danksagung für empfangene Gnaden, die sie zu bestimmten Zeiten andächtig zu verrichten pflegte

Dich preise meine Seele, Herr Gott, mein Schöpfer! Dich preise meine Seele[69], Herr Gott, und aus dem Innersten meines Wesens sollen dich bekennen deine Erbarmungen, mit denen deine überströmende Liebe mich so unverdientermaßen umschlungen hat. Ich danke, soviel ich kann, deiner unermesslichen Barmherzigkeit und preise deine Langmut und Geduld, in der du mich geschont hast, da ich die ganze Jugendzeit von der ersten Kindheit an bis beinahe zu meinem fünfundzwanzigsten Jahr so verblendet in Torheit verbrachte und in Gedanken, Worten und Werken ohne Gewissensbisse alles getan haben würde, wozu ich Gelegenheit hatte, wenn du es nicht entweder durch den von Natur aus mir innewohnenden Abscheu vor dem Bösen und die Liebe zum Guten oder durch äußeren Verweis von Seiten des Nächsten verhütet hättest, gleich als hätte ich wie eine Heidin unter Heiden gelebt und niemals erkannt, dass du, mein Gott, das Gute belohnst und das Böse bestrafst, während du doch von meinem fünften Jahr an mich auserwählt hast, unter deinen vertrautesten Freunden in der heiligen Klosterzelle dir zubereitet zu werden.

Obgleich deine Seligkeit, o mein Gott, weder zu- noch abnehmen kann, da du unserer Güter nicht bedarfst, so hat dennoch mein schuldbares und nachlässiges Leben deine Verherrlichung beeinträchtigt, die ich und jegliche Kreatur in jedem Augenblick erstreben sollte. Was hierüber mein Herz empfindet oder, durch deine huldvollste Herablassung von Grund aus bewegt, empfinden könnte, das weißt du allein.

In demselben Gefühl opfere ich dir, o liebreichster Vater, zur Sühnung das ganze Leiden deines geliebtesten Sohnes auf, das er von der Stunde an, wo er in der Krippe auf Heu gebettet wimmerte, und nachher erduldete durch die Bedürfnisse der Kindheit, durch die Gebrechen im Knaben-, durch die Widerwärtigkeiten im Jünglings- und durch die Schmerzen im Mannesalter bis zu jenem Augenblick, da er, sein Haupt am Kreuz neigend, mit lautem Schrei den Geist aufgab[70]. Ebenso opfere ich dir, o liebreichster Vater, zum Ersatz für alle meine Nachlässigkeiten den ganzen hochheiligen Lebenswandel auf, der in Gedanken, Worten und Werken der vollkommenste war von der Stunde an, da er vom höchsten Thron zu uns herniederstieg, bis zu dem Augenblick, wo er deinem «väterlichen Anblick die Herrlichkeit des siegreichen Fleisches vorgestellt hat»[71].

Ebenso preise ich und bete an mit deiner alles überragenden Barmherzigkeit zugleich jene süßeste Güte, in der du, Vater der Erbarmungen[72], über mich Sünderin Gedanken des Friedens gedacht und nicht der Züchtigung[73] und in der du mich durch die Menge und Größe deiner Wohltaten also erhöht hast, als wenn ich vor den übrigen Sterblichen ein engelgleiches Leben auf Erden geführt hätte. Und dies hast du in der Adventszeit vor jenem Epiphaniefest begonnen, an welchem ich das fünfundzwanzigste Jahr vollendete, und zwar mit einer gewissen Verwirrung, wodurch mein Herz dergestalt bewegt wurde, dass alle jugendliche Ausgelassenheit mir zuwider wurde[74]. Solcherweise wurde mein Herz dir einigermaßen zubereitet.

Nach begonnenem sechsundzwanzigsten Jahr sodann, am Montag vor dem Fest der Reinigung, in der Dämmerung jenes Tages nach der Komplet, hast du, wahres Licht[75], das in die Finsternis leuchtet[76], mit der Nacht der erwähnten Verwirrung auch den Tag der jugendlichen Torheit beschlossen, der durch die Finsternis geistiger Unwissenheit verdunkelt war. Zugleich begannst du von da an in wunderbarer und geheimnisvoller Weise an mir zu handeln, damit du fürderhin wie im eigenen Haus der Freund mit dem Freund, ja vielmehr der Bräutigam mit der Braut, so in meinem Herzen mit meiner Seele beständig deine Freude haben könntest.

Zu diesem beseligenden Zweck hast du zu verschiedenen Stunden und in mannigfacher Weise mich heimgesucht, so dass ich seither niemals auch nur einen Augenblick dich meinem Herzen entfremdet gefühlt habe, dich vielmehr immer bei mir gegenwärtig wusste, so oft ich mich zu meinem Innern hinkehrte, ausgenommen einmal elf Tage.

Da ich nun mit Worten nicht auszudrücken vermag, durch wie große, zahlreiche und aller Annahme würdige Güter du deine heilbringende Gegenwart mir noch teurer gemacht hast, so gib du, o Spender der Gaben, dass ich fürder ein würdiges Opfer des Lobes im Geist der Demut dir darbringe, besonders dafür, dass du eine so liebliche Wohnung in meinem Herzen dir bereitet hast, was ich weder vom Tempel Salomons noch vom Gastmahl des Ahasverus gelesen oder gehört habe. Denn dies schien mir viel geringer zu sein als jene Wonne, welche du selbst durch deine Gnade in meinem Innern dir bereitet hast und wodurch du es gestattest, dass ich Unwürdigste ebenso mit dir verkehre wie eine Königin mit dem König.

Unter diesen Gaben schätze ich jene beiden besonders hoch, dass du meinem Herzen die erhabenen Denkzeichen deiner heilsamsten Wunden eingedrückt und dazu die Wunde der Liebe so augenscheinlich und wirksam ebenfalls meinem Herzen eingeprägt hast. Denn wenn du mir auch niemals einen größeren inneren noch äußeren Trost gegeben hättest, so hast du mir doch in diesen beiden eine solche Seligkeit mitgeteilt, dass ich, wenn ich auch tausend Jahre leben sollte, hieraus zu jeder Stunde Trost, Unterweisung und Stoff zur Danksagung mehr als genug schöpfen könnte.

Auch hast du mir unter diesen Geschenken deine unschätzbare vertraute Freundschaft gewährt, indem du in verschiedener Weise jene hocherhabene Arche der Gottheit, nämlich dein göttliches Herz, als Gegenstand aller meiner Freuden mir mitgeteilt hast, bald es umsonst gebend, bald zum stärkeren Beweis der gegenseitigen

Vertraulichkeit es für das meinige umtauschend. Hiermit hast du mir auch das Geheimnis deiner verborgenen Gerichte und zugleich deiner Wonnen geoffenbart.

Zuweilen hast du mich auf so sanfte, freundliche Weise zur heilsamen Erkenntnis meiner Fehler geführt und jede Beschämung so freundschaftlich mir erspart, als würdest du – es ist unrecht, es zu sagen – die Hälfte deines Reiches dann verloren haben, wenn du auch nur im Geringsten meine mädchenhafte Schüchternheit erschüttert hättest. So hast du mir auch in kluger, verborgener Weise einige genannt, deren Fehler dir missfielen. Und doch habe ich, indem ich bei diesen Fehlern auf mich sah, mich schuldiger gefunden als irgendeinen von jenen, die du mir vorstelltest.

Überdies hast du meine Seele durch so teure Verheißungen angelockt, wie du mir nämlich in und nach dem Tod wohltun wollest, dass, wenn ich auch kein anderes Geschenk von dir besäße, mein Herz doch mit Recht für dies allein in lebendiger Hoffnung beständig nach dir lechzen würde.

Aber auch nicht einmal so ist das Meer deiner unbegrenzten Liebe erschöpft worden. Vielmehr hast du mir häufig, wenn ich für die Sünder oder die Seelen im Fegfeuer oder in andern Angelegenheiten betete, durch so unglaubliche Wohltaten Erhörung gewährt, dass ich niemals einen Freund gefunden habe, dem ich ohne Bedenken die Größe derselben so hätte auseinander setzen dürfen, wie ich sie erkannt habe.

Zu dieser Fülle von Wohltaten hast du noch die hinzugefügt, dass du mir deine süßeste Mutter, die allerseligste Jungfrau Maria, zur Sachwalterin gegeben und ihrer Liebe mich öfter so freundschaftlich empfohlen hast, wie nur jemals ein treuer Bräutigam die geliebte Braut seiner eigenen Mutter anempfehlen konnte.

Nicht minder hast du mir zum besonderen Dienst oftmals die erhabensten Fürsten deines Hofes bestellt, um mich zu dir entsprechenden Diensten in den geistlichen Übungen zu erheben. Weil ich Unwürdigste aber in meiner Undankbarkeit, wenn du mir zuweilen zu meiner größeren Vervollkommnung den Wonnegeschmack zum Teil entzogst, deine Geschenke gleichsam als wertlos sogleich vergaß, so hast du, wenn ich durch deine Gnade nach einiger Zeit wieder zur Einsicht kam und das verlorene Geschenk von dir zurückverlangte, im selben Augenblick es mir so unversehrt zurückgestellt, als hätte ich es mit der größten Sorgfalt in deinen Schoß zur Aufbewahrung hinterlegt gehabt.

Zu alledem hast du sehr oft, aber ganz besonders am Fest deiner hochheiligen Geburt, am Sonntag Esto mihi und noch an einem andern Sonntag nach Pfingsten mich zu einer solchen Vereinigung mit dir geführt, ja fortgerissen, dass ich über das Wunder staune, wie ich nach jenen Stunden noch länger als Mensch unter Menschen leben konnte und, was an mir noch mehr Verwunderung, ja Grauen erregend ist, wie ich meine Fehler hiernach leider nicht gebessert habe.

Dennoch ist bei alledem die Quelle deiner Barmherzigkeit nicht vertrocknet, o Jesus, du Liebevollster aller Liebenden, der du allein selbst Unwürdige wahrhaft und uneigennützig liebst.

Denn als mir, der Niedrigsten, Unwürdigsten und Undankbarsten, so erhabene Gaben, die Himmel und Erde mit Recht ohne Unterlass in höchster Freude preisen würden, im Verlauf der Zeit unschmackhaft zu werden begannen, da hast du, o Spender, Wiederhersteller und Bewahrer alles Guten, mich Erkaltete wieder zur Dankbarkeit aufgeweckt. Und zwar dadurch, dass du einigen Personen, die ich als dir besonders ergeben und vertraut kenne, in betreff deiner mir verliehenen Geschenke solches mitgeteilt hast, was sie, wie ich ganz sicher weiß, nicht von Menschen haben konnten.

Denn obgleich ich es niemandem geoffenbart hatte, hörte ich aus ihrem Mund dennoch Worte, die ich nur in der Heimlichkeit meines Herzens vernommen habe.

Mit diesen Worten und dem Übrigen, was hierbei meinem Gedächtnis sich aufdrängt, erstatte ich dir zurück, was dein ist, und als Echo es wiedergebend singe ich auf jenem süß tönenden Instrument, deinem göttlichen Herzen, durch die Kraft des Geistes des Trösters dir, anbetungswürdiger Herr Gott Vater, Lob und Dank von Seiten aller, die im Himmel, auf Erden und unter der Erde sind[77], und von Seiten alles dessen, was ist, war und sein wird. Aber gegenüber solcher im lautersten Goldglanze strahlenden Fülle göttlicher Wohltaten entsetzt mich der schwarze Undank meines Lebens. Denn du hast mir nur deiner würdige

Geschenke verliehen gemäß der dir eingeborenen königlichen, ja göttlichen Freigebigkeit; ich aber habe gemäß meiner angeborenen Ungeschicktheit dieselben nicht anders aufgenommen, als die niedrigste Verunstalterin erwarten lässt.

Und dies hat deine natürliche königliche Sanftmut so vor dir verborgen, dass du mir deshalb niemals weniger wohlzutun schienst. Während du also, dessen süße Ruhe im himmlisch hehren Palast der väterlichen Liebe ist, eine Ruhestätte zur Herberge in der Hütte meiner Armut erwähltest, war ich entartetste und unhöflichste Wirtin mit gar geringer Sorge auf dein Wohlgefallen bedacht; schon aus natürlichem, menschlichem Gefühl müsste ich bessere Pflege einem Aussätzigen angedeihen lassen, der nach vielen mir zugefügten Beleidigungen und mir verursachtem Kummer aus Not in meine Herberge eingekehrt wäre. Für jene Wohltat sodann, die du, Bekleider der Gestirne, mir erwiesen durch die lieblichste Ausschmückung meines Innersten, durch die Eindrückung deiner allerheiligsten Wunden, durch die Offenbarung deiner Geheimnisse, worin du mich süßere Wonnen des Geistes verkosten ließest, als ich jemals in körperlichen Genüssen hätte finden können, wenn ich auch vom Aufgang bis zum Untergang um die Welt gereist wäre, hierfür habe ich Undankbarste durch Geringschätzung derselben dir Schmach zugefügt und äußere Ergötzung deinem himmlischen Manna vorgezogen.

Auch hiergegen, dass du zu meinen unwürdigen Gebeten dich huldvoll herabgeneigt hast, habe ich leider zu oft mein Herz gegen deinen Willen verhärtet, so dass ich zuweilen – was ich mit Tränen sagen sollte – mich stellte, als verstände ich denselben nicht, bloß um nicht durch den Stachel des Gewissens gezwungen zu werden, ihn zu erfüllen.

Und dafür, dass du mir die Fürsprache deiner glorreichen Mutter und deiner seligsten Geister zu gewähren geruhtest, habe ich ihnen oft ein Hindernis gelegt, indem ich den Trost äußerer Freunde suchte, während ich auf dich allein hätte schauen sollen. Und statt daraus, dass deine Güte ihre Geschenke inmitten meiner Nachlässigkeiten mir unversehrt bewahrt hat, Antrieb zu größerer Dankbarkeit und Verhütung der Nachlässigkeiten zu schöpfen, nehme ich im Gegenteil in gewalttätiger, ja teuflischer Weise

Gutes mit Bösem vergeltend, hieraus nur um so mehr Anlass, ohne Vorsicht zu leben. Meine größte Schuld ist aber, dass ich nach einer so erhabenen und dir allein bekannten Vereinigung mit dir nicht gefürchtet habe, meine Seele wiederum durch jene Fehler zu beflecken, die du mir nur deshalb hattest anhaften lassen, damit ich durch deine Hilfe sie bekämpfte und besiegte und hierdurch eine größere Herrlichkeit bei dir im Himmel ewiglich besitzen könnte.

Ja, als du meinen Freundinnen, um die Dankbarkeit in mir zu wecken, meine Geheimnisse entdecktest, habe ich mit Umgehung deiner Absicht hierüber zuweilen mehr in menschlicher Weise mich gefreut und den schuldigen Dank vernachlässigt.

Deshalb, o gütigster Schöpfer meines Herzens, möge hierüber und über anderes, was mir bei dieser Gelegenheit in den Sinn kommen kann, das Seufzen meines Herzens[78] zu dir aufsteigen! Nimm an die Klage, die ich dir aufopfere, über meine allzu zahlreichen Versündigungen gegen deine so göttlich erhabene Güte, zugleich mit jenem edlen Mitleid und jener Ehrfurcht, deren Aufopferung du uns möglich gemacht hast durch deinen liebreichsten Sohn im Heiligen Geist, von Seiten aller, die im Himmel, auf Erden und unter der Erde sind[79]. Denn da ich durchaus unvermögend bin, würdige Früchte der Sühnung darzubringen, so flehe ich zu deiner Huld, du mögest denjenigen, deren Herzen du dir in ergebener Treue verbunden weißt, es eingeben, meine über das Maß große und ungewöhnliche Mangelhaftigkeit durch Seufzer, Gebete und gute Werke ersetzen zu wollen, damit dir, o Herr und Gott, gebührende Ehre zuteil werde.

O Erforscher meines Herzens[80], du weißt genau, dass mich zu dieser Schrift nichts anderes gezwungen hat, als die lautere Liebe zu deiner Verherrlichung, damit nach meinem Tod viele dieselbe lesen und Mitleid haben mit deiner huldreichsten Güte, die um des Heiles eines Menschen willen so tief sich herablassen und die Geringschätzung und Entwertung so erhabener, so großer und zahlreicher Geschenke in mir zulassen musste! Doch ich danke, soviel ich nur vermag, deiner milden Barmherzigkeit, o Herr und Gott, mein Schöpfer und Erneuerer, für die Versicherung aus dem überströmenden Abgrund deiner Liebe, dass sogar jeder Sünder,

der sich entschließt, zu deiner Verherrlichung an mich denken zu wollen, sei es durch Gebet für die Sünder oder durch Danksagung für die Auserwählten oder auch durch ein anderes, möglichst vollkommen verrichtetes gutes Werk, in keinem Fall das gegenwärtige Leben beschließen wird, ohne dass du ihn durch die besondere Gnade belohnst, dass sein Lebenswandel dir gefällt und du auch in seinem Herzen eine innige Freude genießest.

Hierfür sei dir dargebracht jener ewige Lobpreis, der, von der unerschaffenen Liebe hervorquellend, allzeit auf dich selber zurückströmt.

II. 23. Anempfehlung dieser Schrift

Sieh, o liebevollster Herr, das Talent deines herablassendsten Umganges, das du mir, einem unwürdigen Geschöpf von äußerster Niedrigkeit, anvertraut hast[81]: Um deiner Liebe willen mache ich es in der bisherigen wie in der nachfolgenden Schrift kund, damit deine Ehre davon Gewinn habe.

O möchtest du wahrhaft gelobt und dir gedankt werden, dass deine unbegrenzte Liebe sich meiner Unwürdigkeit nicht entzogen hat. Und auch dafür wünsche ich dich gepriesen zu sehen, dass einige, die dies lesen, an der Süßigkeit deiner Liebe sich erfreuen und, hierdurch angezogen, in ihrem Innern noch Größeres erfahren. Wie Schüler durch das Alphabet allmählich zur Lehre von den Gesetzen des Denkens gelangen, so mögen jene hierdurch wie durch gemalte Bilder zum innerlichen Verkosten jenes verborgenen Mannas geführt werden, das durch keinerlei Beimischung von körperlichen Bildern mitgeteilt werden kann, sondern nur wer hiervon genießt, der hungert noch.

Mit diesem Manna mögest du, o Gott, allmächtiger Spender aller Güter, aufs Reichlichste uns weiden auf der ganzen Reise in diesem Elend, bis wir, im enthüllten Antlitz die Herrlichkeit des Herrn schauend, in dasselbe Bild umgestaltet werden von Klarheit zu Klarheit[82] durch die Kraft deines allersüßesten Geistes.

Inzwischen gewähre gemäß deiner treuen Verheißung und nach meinem demütigen Verlangen allen, welche diese Schrift aus Demut lesen, Mitfreude an deiner Herablassung, Mitleid mit meiner

Unwürdigkeit und Zerknirschung zu ihrem eigenen Fortschritt, damit aus den goldenen Rauchfässern[83] ihrer liebeglühenden Herzen ein so lieblicher Wohlgeruch zu dir aufsteige, dass dadurch alle Mängel meiner Undankbarkeit und Nachlässigkeit reichlich ersetzt werden. Amen.

Gertrud von Helfta wird meist als Äbtissin mit einem Herzen dargestellt.

Hl. Gertrud die Große von Helfta
Alter Stich von Fr. Andreas OSB, Beuron

Gertrud die Große von Helfta
Rechte Flankenfigur auf dem Mittelaltar des südlichen Querschiffes in der Bendiktiner-Abteikirche Zwiefalten

DRITTES BUCH

Einleitung zum dritten Buch

Mit diesem Buch beginnt der zweite Teil des Werkes der heiligen Gertrud, welcher ihrer eigenen Angabe zufolge «im zwanzigsten Jahr nach dem Empfang der Gnade» (Vorwort zum ersten Buch), also wahrscheinlich im Jahr 1301 geschrieben wurde. Aus Demut und auf besonderen göttlichen Antrieb zeichnete sie diesen Teil nicht eigenhändig auf, sondern enthüllte die empfangenen Gnaden einer ihrer Mitschwestern, die auf Geheiß ihrer Vorgesetzten alles niederschrieb.

Die Heilige empfand aufrichtige Freude über die hieraus dem göttlichen Geber erwachsende Verherrlichung, die ihrer Demut nun wie ein aus dunklem Schmutz erhobener und in schimmerndes Gold gefasster Edelstein vorkam.

Über den Inhalt dieses Buches bemerkt Johannes Lansperger in seiner Ausgabe von 1536: «Es ist reich an Belehrung, ganz erfüllt von Tröstungen und enthält zahlreiche fromme Übungen, wodurch jeder seinem Zustand entsprechend unterrichtet wird, wie er Gott dienen und wohlgefallen, wie er Christi Verdienste und die Frucht seines Leidens zur Sühnung seiner Sünden und Fehler Gott dem Vater aufopfern und sich aneignen, wie er Gott von ganzem Herzen lieben, wie er die Sakramente höchst andächtig empfangen und zuletzt, wie er sich beständig bereit zeigen soll, dem göttlichen Willen sich gleichförmig zu machen.

Dies und vieles andere der Art, das in diesen Büchern mitgeteilt wird, bekundet den unschätzbaren Reichtum der göttlichen Liebe gegen ihre Auserwählten, wodurch dieselbe in diesen letzten Zeiten mit der menschlichen Schwäche so großes Mitleid trägt, dass sie nicht weniger verschwenderisch, wenn ich so sagen darf, als barmherzig sowohl ihre Gaben als auch ihre Heiligen und sogar sich selber ganz von freien Stücken uns darbietet, falls wir nur guten Willens und bereit zur Aufnahme erfunden werden. Fahre also fort, Leser; denn das Lesen wird dich nicht gereuen.»

III. 1. Von der besonderen Liebe der Mutter Gottes

Als sie durch eine geistige Mitteilung erkannte, dass ihr zur Vermehrung der Verdienste ein Leiden bevorstehe und sie deshalb in menschlicher Schwachheit zagte, wies der mitleidige Herr sie an, allzeit, so oft sie durch große Leiden bedrängt werde, bei seiner Mutter, der Mutter der Barmherzigkeit, eine sichere Zuflucht zu suchen.

Kurze Zeit hiernach wurde sie dadurch sehr beschwert, dass eine gottgeweihte Person sie zwang, ihr zu entdecken, welches besondere Geschenk der Herr am vorhergehenden Fest ihr erteilt habe. Dies zu tun, hielt sie aus bestimmten Gründen für sehr schwer und doch fürchtete sie auch, durch gänzliches Ablehnen dem göttlichen Willen zu widerstreben. Da eilte sie zur Trösterin der Betrübten, um von ihr unterrichtet zu werden, was hierin das Beste sei, und empfing die Antwort: «Spende aus, was du hast; denn mein Sohn ist überreich, dir zurückzuspenden, was du zu seiner Ehre ausgespendet hast.» Aber weil sie noch nicht zum Entschluss rückhaltloser Mitteilung kommen konnte, so warf sie sich auch zu den Füßen des Herrn nieder und flehte ihn an, er möge ihr eingeben, was ihm gefalle, und auch den Willen zu dessen Vollbringung verleihen. Er antwortete: «Gib mein Geld den Wechslern, damit ich bei meiner Ankunft es mit Zinsen zurückverlange.»[1] Also wurde sie belehrt, jene Gründe zur Zurückhaltung, die sie für göttliche Eingebung hielt, seien in Wahrheit aus dem eigenen menschlichen Sinn entsprungen. Denn nach dem Zeugnis Salomons «ist es ehrenvoll für Könige, dass man ihr Wort geheim halte; Gottes Ruhm aber verlangt, sein Wort zu offenbaren».[2]

III. 2. Von den Ringen der geistlichen Vermählung

Während sie einst in einem kleinen Gebet dem Herrn jegliche Beschwerde aufopferte, wodurch sie sowohl körperlich als geistig bedrängt wurde, und zugleich all jene Freuden, die sie entbehrte, da erschien der Herr, indem er jene beiden Opfergaben, die Freude nämlich und die Beschwerde, in Gestalt von Ringen, die mit Edelsteinen besetzt waren, als Schmuck an beiden Händen trug. Als sie das Gebet mehrmals wiederholt hatte, fühlte sie, dass der Herr Jesus mit dem Ring an der linken Hand, worin sie die körperliche Beschwerde erkannte, ihr linkes Auge bestrich.

Und von da an erregte dieses Auge ihr zeitlebens Schmerz. Hieraus erkannte sie, dass, gleichwie der Ring das Zeichen der Vermählung, so das Leiden das wahrhafteste Zeichen der göttlichen Auserwählung ist, weshalb jeder Leidbeschwerte vertrauensvoll sagen kann: «Mit seinem Ring hat mein Herr Jesus Christus sich mir verpfändet.»[3]

Wenn er nun überdies beim Leiden seinen Geist noch zur Danksagung und Lobpreisung Gottes zu erheben vermag, dann kann er frohlockend hinzufügen: «Und wie eine Braut hat er mich mit einem Kranz geschmückt.» Denn die Dankbarkeit im Leiden ist die schmuckvollste Krone der Herrlichkeit.

III. 3. Von der Würde des Leidens

An einem Tag um Pfingsten wurde sie von so unerträglichen Seitenschmerzen gequält, dass die Anwesenden ihren Tod würden erwartet haben, wenn sie nicht öfters von einem ähnlichen Leiden wieder genesen wäre. Da leistete der wahre Tröster ihr folgenden Dienst. Wenn sie durch Nachlässigkeit der Bedienung einen Mangel litt, so stand der Herr selbst ihr zur Seite und milderte durch seine erquickende Gegenwart ihren Schmerz.

War aber die Pflege sorgfältiger, so wuchs ihr Schmerz, indem der Herr sich zurückzog; so gab er zu verstehen, dass, je mehr jemand von menschlichem Trost verlassen, er um so mehr von der göttlichen Barmherzigkeit beglückt wird. Und als sie an jenem Tag, gegen Abend von übergroßer Qual bedrängt, den Herrn um Linderung bat, erhob er seine Arme und zeigte, dass er gleichsam als Schmuck auf seiner Brust jenen Schmerz trug, den sie den Tag über erduldet hatte. Weil sie nun diesen Schmuck als vollkommen erkannte, so hoffte sie, ihr Schmerz müsse jetzt aufhören. Aber der Herr fügte hinzu: «Was du fürderhin noch leiden wirst, das verleiht dem Schmuck Glanz.» Denn der Schmuck erschien, obgleich mit

Edelsteinen besetzt, doch wie verdunkeltes Gold. Die Krankheit aber, in die sie nun fiel, war die Pest, die ihr jedoch nicht so beschwerlich war; denn sie litt darin mehr von der Übermacht des Trostes, als von der Bitterkeit des Schmerzes.

III. 4. Von der Verachtung irdischen Genusses

Um das Fest des hl. Bartholomäus geriet sie durch übermäßige Traurigkeit und durch Ungeduld in große Verfinsterung und glaubte die Wonne der göttlichen Gegenwart großenteils verloren zu haben. Dies währte bis zum nächsten Samstag, wo die Finsternis ihrer Seele durch die Vermittlung der jungfräulichen Gottesmutter beim Singen der Antiphon «Maria, Stern des Meeres» zu weichen begann. Am nächsten Sonntag aber, als sie sich durch Gottes Güte noch reicher getröstet fühlte, dachte sie an die vorhergehende Ungeduld und ihre übrigen Fehler und fand ein so großes Missfallen an sich selbst, dass sie mit großer Geisteszagheit wie verzweifelt den Herrn anflehte: «O barmherzigster Herr, mache du meinen Übeln ein Ende! Befreie mich und stelle mich neben dich, dann mag eines jeden Hand wider mich sein!»[4]

Da zeigte der Herr ihr einen sehr kleinen und engen Garten, der in buntem Blumenschmuck prangte und mit Dornen umzäumt war und worin ein wenig Honig floss. Und er sprach zu ihr: «Möchtest du wohl den Genuss, den du aus diesen Blumen schöpfen könntest, mir vorziehen?» Sie erwiderte: «Durchaus nicht, mein Herr und Gott!»

Sodann zeigte er ihr einen schmutzigen Garten, mit ärmlichem Grün überzogen und mit wertlosen, mattfarbigen Blumen spärlich besetzt, und fragte wieder: «Würdest du etwa dies mir vorziehen?» Hiervon wandte sie sich mit Unwillen ab und sagte: «Das sei ferne von mir, dass ich dir, dem höchsten, ewigen Gut, etwas vorziehe, was nicht einmal ein geringes Gut, sondern geradezu ein Übel ist.»

Darauf sprach der Herr: «Warum hast du denn Misstrauen, als wenn du nicht in der Liebe wärest, in welcher derjenige gewiss ist, der an so vielen Gütern Überfluss hat? Und warum redest du so verzweifelt deiner Sünden wegen?

Nach dem Zeugnis der Schrift ‹bedeckt die Liebe die Menge der Sünden›[5]. Auch ziehst du ja nicht deinen Willen dem meinigen vor; denn nach dem deinigen könntest du bequem, ehrenvoll und ohne Widerwärtigkeit leben und die Gunst der Menschen und den Ruf der Heiligkeit haben. Dies nämlich habe ich dir unter dem Bild des blumenreichen Gartens gezeigt; der schmutzige grüne Ort aber ist die fleischliche Lust.»

Da rief sie aus: «O hätt ich, hätt ich tausendmal durch Geringschätzung des blumenreichen Gartens meinem Eigenwillen gänzlich entsagt, aber ich fürchte, dass ich ihn nur seiner Enge wegen gering geschätzt habe.» Der Herr sprach: «So beschränke ich allen Auserwählten die irdischen Genüsse durch den Widerspruch des Gewissens, damit sie dieselben um so leichter gering achten.»

Hierauf schmiegte sie sich, jeder himmlischen wie irdischen Ergötzung entsagend, so fest und innig dem Herrn an, dass die Kräfte aller Geschöpfe ihr nicht imstande zu sein schienen, sie auch nur ein Weilchen aus jener Vereinigung herauszureißen, in der sie aus der Seite des Herrn einen erquickenden Wohlduft verkostete, der die Lieblichkeit des Balsams weit überragte.

III. 5. Wie der Herr sich einer gebeugten Seele zuneigt

Am Fest des heiligen Apostels Matthäus, als sie bei der Aufhebung des Kelches diesen dem Herrn zur Danksagung aufopferte, begann sie zu erwägen, dass sie mit dieser Aufopferung wenig getan haben würde, wenn sie nicht sich selbst zu allen Leiden um Christi willen anböte.

Und sogleich warf sie sich im Ungestüm des Eifers auf den Fußboden, als wäre sie ein wertloser Leichnam, mit den Worten: «O Herr, ich biete mich an, alles zu ertragen, was zu deiner größeren Verherrlichung gereichen kann!» Hierauf neigte sich der Herr zu ihr auf den Fußboden, und sie gleichsam zu sich ziehend, sprach er: «Dies ist mein.» Durch die Kraft dieses Wortes beseelt, erhob sie sich zum Herrn und sagte: «Ja, mein Herr, ich bin das Werk deiner Hände.»[6]

III. 6. Vom Mitleid des Herrn

Am Fest der heiligen unschuldigen Kindlein wurde sie bei der Vorbereitung zur Kommunion durch ungestüme Gedanken gehindert und begehrte deshalb die göttliche Hilfe.

Da empfing sie von der huldreichsten Erbarmung Gottes den Bescheid: «Wenn jemand, von menschlicher Versuchung angefochten, in festem Vertrauen unter meinen Schutz flieht, so gehört er zu jenen, von denen ich sagen kann: ‹Eine ist meine Taube[7], wie auserwählt aus Tausenden[8], die mit einem ihrer Augen mein göttliches Herz verwundet.›

Denn in meinem Leib, der mit der Gottheit vereinigt ist, haben die Auserwählten allzeit einen Fürsprecher, der mich zwingt, mit ihnen in ihren verschiedenen Bedürfnissen Mitleid zu tragen.»

Hierauf sagte sie: «Auf welche Weise, mein Herr, kann dein unbefleckter Leib, in welchem du niemals einen Widerspruch empfandest, dich zum Mitleid mit unsern mannigfachen Bedrängnissen zwingen?»

Es antwortete der Herr: «Der Apostel sagt von mir: ‹Er musste in allem den Brüdern ähnlich werden, damit er barmherzig würde.›»[9]

Auch fügte der Herr noch hinzu: Das eine Auge meiner Auserwählten, womit sie mein Herz verwundet, ist ein zuversichtliches Vertrauen. Sie muss glauben, dass ich wahrhaft die Macht, die Weisheit und den Willen habe, ihr in allem treu zur Seite zu stehen. Dies Vertrauen tut meiner Liebe eine solche Gewalt an, dass ich mich ihr niemals entziehen kann.»

Hierauf sagte jene: «Wenn das Vertrauen, mein Herr, ein so sicheres Gut ist, dass niemand es, ohne dass du es ihm schenkst, besitzen kann, was vermag der denn zu verdienen, der es entbehrt?»

Der Herr antwortete: «Jeder kann doch seinen Kleinmut einigermaßen besiegen. Und wenn auch nicht von ganzem Herzen, so kann er doch mit dem Mund zu mir sprechen, was Ijob sagt: ‹Wenn ich auch in die Tiefe der Hölle versenkt werde, so wirst du mich doch von dort befreien; und ebenso: Auch wenn du mich tötest, so werde ich dennoch auf dich hoffen› – und Ähnliches.»[10]

III. 7. Fünf Teile der Messe

Eines Tages konnte sie wegen Krankheit der heiligen Messe nicht beiwohnen und sollte doch kommunizieren, weshalb sie mit betrübtem Herzen zum Herrn sagte: «Wem anders, o Liebreichster, als deiner göttlichen Anordnung kann ich es zuschreiben, dass ich an der Feier der heiligen Messe nicht teilnehmen kann, und wie vermag ich jetzt zum Empfang deines allerheiligsten Fleisches und Blutes vorbereitet zu werden, da meine beste Vorbereitung die Aufmerksamkeit auf die Messe zu sein pflegt?» Hierauf antwortete der Herr: «Weil du mir dies einwendest, so hab Acht auf mich, und ich werde dir ein süß tönendes Brautlied singen. Höre also von mir, dass du mit meinem Blut erkauft bist, und beherzige, dass die ganze Zeit von dreiunddreißig Jahren, in denen ich mich in dieser Verbannung für dich abgemüht habe, nichts anderes war als eine Gesandtschaft zum Zweck deiner Vermählung. Dies gelte dir als erster Teil der Messe.

«Höre weiter von mir, dass du mit meinem Geist bist beschenkt worden, und erkenne, dass ich, wie ich während jener Gesandtschaft dreiunddreißig Jahre dem Körper nach viel gelitten habe, so im Geist die angenehmste Hochzeit um der Vereinigung willen mit dir gefeiert habe. Und dies gelte dir als zweiter Teil der Messe.

Höre ferner von mir, dass du mit meiner Gottheit bist erfüllt worden, und erkenne an, dass meine Gottheit unter den Beschwerden des Körpers die höchsten geistigen Freuden zu gewähren vermag. Und dies gelte dir als dritter Teil der Messe.

Höre überdies von mir, dass du durch meine Liebe bist geheiligt worden, und erkenne an, dass du einzig aus mir hast, was dich gottgefällig machen kann. Und dies gelte dir als vierter Teil der Messe.

Höre zuletzt von mir, dass du durch die Verbindung mit mir bist geadelt worden, und erkenne an, dass ich, weil mir alle Gewalt gegeben ist im Himmel und auf Erden[11], dich nach meinem Wohlgefallen mit mir erhöhen kann; gleichwie es sich geziemt, diejenige, welche einem König ist verbunden worden, Königin zu nennen und demgemäß zu ehren. Daran also denke, und du wirst nicht mehr einwenden, dass du die Messe entbehrt habest.»

III. 8. Von der Austeilung der göttlichen Gnade

Als einst einer Person von Gott war verheißen worden, dass der Herr an einem gewissen Sonntag eine große Menge Seelen durch die Gebete der Genossenschaft von den Strafen des Fegfeuers befreien wolle, zu welchem Zweck der ganzen Genossenschaft ein Gebet war auferlegt worden, da verrichtete auch Gertrud gleich den Übrigen dieses Gebet mit aller ihr möglichen Andacht. Nachdem sie nun dem Herrn näher getreten war und ihn in seiner Herrlichkeit erblickte, aber nicht deutlich erkennen konnte, womit der Herr so beschäftigt zu sein schien, sagte sie zu ihm:

«O gütigster Gott, im verflossenen Jahr hast du mir Unwürdiger am Fest der heiligen Maria Magdalena mitgeteilt, dass du durch deine eigene Liebe gezwungen seiest, deine ganze Güte zu deinen Füßen niederzuneigen, weil sich nach dem Beispiel der seligen Büßerin an deren Fest so viele in Demut zu deinen Füßen niederwerfen. Wolle darum auch jetzt deine gegenwärtige Handlungsweise, die den Augen meines Geistes verborgen ist, mir gnädiglich erschließen.»

Der Herr antwortete: «Ich teile Geschenke aus.» Hieraus erkannte sie, dass der Herr die Gebete der Genossenschaft zur Befreiung der Seelen austeile; die Seelen selbst aber, obgleich sie zugegen waren, vermochte sie nicht zu sehen. Darauf fügte der Herr hinzu: «Willst nicht auch du den Gewinn deines Verdienstes mir zur Vermehrung meiner Schenkung darbringen?»

Durch diese Worte gerührt und nicht wissend, dass auf Anraten der erwähnten Person, der die Verheißung zuteil geworden, die ganze Genossenschaft gerade dasselbe tat, nahm sie es mit großer Dankbarkeit an, dass der Herr gleichsam etwas Besonderes von ihr verlange, und antwortete: «Gewiss, o Herr, nicht bloß meine Güter, die fast wertlos sind, opfere ich dir auf, sondern auch die der ganzen Genossenschaft vermöge der Gemeinsamkeit, die ich durch deine Gnade mit ihnen habe.»

Dies nahm der Herr wohlgefällig an und als wäre er mit seiner Beschäftigung zu Ende, breitete er gleichsam eine Wolke über sich und sie allein und sprach zu ihr: «Achte nur auf mich und genieße die Süßigkeit meiner Gnade.»

Hierauf sagte sie: «Warum, o mein Gott, verweigerst du mir das Geschenk, das du jener Person durch die Offenbarung in betreff der Seelen erteilt hast, da du dich doch herablässest, mir mehr von deinen Geheimnissen zu enthüllen?» Der Herr erwiderte: «Erinnere dich, wie du oftmals dadurch dich verdemütigst, dass du dich meines Gnadengeschenkes unwürdig erachtest. Du glaubst, es werde dir mehr als einer Tagelöhnerin gegeben, welche durch Lohn zum Dienst gedungen wird, wohingegen andere ohne ein derartiges Geschenk dennoch in allem mir Treue beweisen. Darum habe ich diesmal gewollt, dass du ohne Anteil an jener Offenbarung treu mit den andern für die armen Seelen arbeitetest.»

Hierdurch wie in Entzückung versetzt, erkannte sie, mit wie wunderbarer Huld die göttliche Liebe bald ihre Gnade in Fülle eingießt, bald auch Geringeres verweigert, beides der liebenden Seele zum Nutzen, und sagte zu ihm: «Weil, o gütigster Gott, die unaussprechliche Weisheit deiner Vorsehung verlangt, dass ich jenes Geschenk entbehre, so will ich es in Zukunft nie mehr begehren.» Und sie fügte noch hinzu: «Du erhörst mich jedoch, o Herr, für welche meiner Freunde ich immer bete?» Der Herr sagte: «Durch meine göttliche Kraft tue ich dies allzeit.»

Da sagte sie: «So bitte ich denn für die mir wiederholt empfohlene Person.» Und sogleich sah sie aus der Brust des Herrn ein Bächlein von kristallheller Reinheit hervorquellen und ins Innerste derjenigen einfließen, für welche sie betete.

Sodann fragte sie den Herrn: «Was nützt ihr dies, o Herr, da sie selber das Einströmen nicht empfindet?» Der Herr: «Wenn der Arzt einem Kranken einen heilsamen Trank reicht, so sehen die Umstehenden nicht sogleich die Wirkung; auch der Kranke selbst fühlt sich nicht sofort schon geheilt; und doch kennt der Arzt die Heilkraft des Trankes.»

Gertrud: «Warum, o Herr, nimmst du nicht jene unordentlichen Gewohnheiten und die übrigen Fehler von ihr, um derentwillen ich dich öfter gebeten habe?» Der Herr: «Von mir, dem Knaben Jesus, heißt es: ‹Er nahm zu an Alter und an Weisheit vor Gott und den Menschen›[12]. So soll auch jene Person, von Stunde zu Stunde fortschreitend, die Fehler in Tugenden verwandeln, damit sie nach diesem Leben alles verlange, was ich dem Menschen bereite, den ich über die Engel zu erhöhen[13] beschlossen habe.» Unterdessen war die Stunde der Kommunion gekommen.

Da bat sie den Herrn, er möge ebenso vielen Sündern, deren Rettung vorher bestimmt war – denn für die, welche der Verdammnis verfallen sollten, wagte sie nicht zu bitten –, seine Gnadenzeit schon früher gewähren, als er Seelen auf das Gebet der erwähnten Person an demselben Tag von den Strafen befreit und den himmlischen Chören zugesellt habe. Ihre Kleinmütigkeit rügend, sagte der Herr: «Verdient die Würde meines gegenwärtigen unbefleckten Leibes und kostbaren Blutes nicht auch, dass selbst diejenigen, die im Zustand der Ungnade sind, zum Stand eines besseren Lebens zurückgerufen werden?»

Indem sie die reiche Güte erwog, die aus diesen Worten sprach, sagte sie: «So flehe ich denn deine Majestät an in Vereinigung mit der Liebe und Sehnsucht deiner gesamten Schöpfung, sie möge nach der Zahl jener Seelen mir auch die Zahl noch lebender Sünder bewilligen, die jetzt im Zustand der Sünde sind, damit sie zu deiner Gnade gelangen, wer immer sie sein mögen und für welche du am meisten gebeten sein willst.» Das sicherte der Herr ihr zu.

Sodann sagte sie: «Ich möchte wissen, o Herr, was du an diesen Gebeten ersetzt haben möchtest?» Hierauf empfing sie keine Antwort, weshalb sie fortfuhr: «Ich glaube, o Herr, dass ich keine Antwort verdiene, weil du mich als so nachlässig erkennst, dass ich den Ersatz vielleicht nicht zu leisten vermöchte.»

Darauf antwortete der Herr mit heiterem Antlitz: «Das Vertrauen allein kann alles leicht erlangen, aber wenn du in frommem Sinn immer noch einiges hinzufügen willst, so bete dreihundertfünfundsechzigmal den Psalm, ‹Lobet den Herrn, alle Völker›[14] zum Ersatz der von ihnen vernachlässigten göttlichen Lobpreisungen.»

III. 9. Von drei Aufopferungen

Am Fest des hl. Matthias wollte sie, durch verschiedene Ursachen verhindert, die heilige Kommunion unterlassen. Da zeigte sich ihr der Herr mit so liebevoller Freundschaft, wie niemals ein Freund dem Freunde sie zarter erweisen kann. Hiermit jedoch keineswegs zufrieden, begehrte sie, sich selber ganz entfremdet, in den Geliebten, der ein verzehrendes Feuer[15] genannt wird, umgewandelt, durch die Glut seiner Liebe gleichsam geschmolzen und durch die innigste Vereinigung mit ihm verbunden zu werden.

Da sie dies Ziel diesmal aber durch keine Anstrengung erreichen konnte, so wandte sie sich hiervon zur Lobpreisung Gottes, indem sie zuerst die unermessliche Güte und Huld der heiligsten Dreifaltigkeit verherrlichte für jede Gnade, die damals aus ihrer unergründlichen Fülle zum Heil aller Beseligten hervorgeströmt ist, sodann für jede der allerwürdigsten Gottesmutter erteilte Gnade, weiterhin für jede der allerheiligsten Menschheit Jesu Christi eingegossene Gnade. Hierbei flehte sie zu allen insgesamt und zu den Einzelnen im Besonderen, sie möchten bei dem Opfer der strahlenden und allzeit ruhenden Dreifaltigkeit zum Ersatz ihrer Nachlässigkeiten jene sorgfältige Vorbereitung aufopfern, mit der sie am Tag ihrer Aufnahme vollendet vor dem Angesicht der Herrlichkeit des Herrn standen, um mit ewigen Gütern belohnt zu werden.

Dazu betete sie dreimal den Psalm «Lobet den Herrn, alle Völker», zuerst für alle Heiligen, sodann für die seligste Jungfrau und zuletzt für den Sohn Gottes.

Sodann begehrte sie mit heißer Sehnsucht, in betreff des heiligen Messopfers jene Aufopferungsweise zu finden, in der sie es Gott dem Vater zur ewigen Verherrlichung würdig darbringen könnte, und empfing vom Herrn die Antwort: «Wenn du dich heute anschickst, das Sakrament meines Leibes und Blutes zu empfangen, so könntest du ganz sicher jene dreifache Wohltat gewinnen, die du in dieser Messe begehrt hast, nämlich die Süßigkeit meiner Freundschaft zu genießen, durch die Glut meiner Gottheit geschmolzen zu werden und in mich überzufließen, wie Gold mit

Silber verschmolzen wird. Dann hättest du das kostbarste Metall, das du Gott dem Vater durchaus würdig darbringen könntest zu seinem ewigen Lobpreis, und alle Heiligen hätten hierin den vollkommensten Ersatz.» Da entbrannte sie von so heißem Verlangen, dass es ihr nicht schwer schien, auch mitten durch Schwerter zu dem heilbringenden Sakrament hinzufliegen.

Nachdem sie aber den Leib des Herrn genossen hatte und Gott andächtig Dank sagte, redete der Liebhaber der Menschen sie an: «Du hattest heute nach eigener Überlegung beschlossen, mit andern mir bei Spreu, Lehm und Ziegelstein zu dienen[16], ich aber habe dich unter jene erwählt, welche an den Freuden des königlichen Tisches gesättigt werden.»

Und da an demselben Tag eine andere Person ohne vernünftige Ursache von der heiligen Kommunion weggeblieben war, sagte sie zum Herrn: «Aber, o barmherzigster Gott, warum hast du jene so versucht werden lassen?», worauf der Herr erwiderte: «Was kann ich dafür, wenn sie die Hülle ihrer Unwürdigkeit so dicht vor ihre Augen gezogen hat, dass sie die Herablassung meiner väterlichen Liebe nicht sehen konnte?»

III. 10. Von einem Ablass und von dem Verlangen nach dem göttlichen Willen

Einst hörte sie einen Ablass von mehreren Jahren zum Zweck einer Beisteuer verkünden. Da sprach sie mit andächtigem Herzen zum Herrn: «Wenn ich, o Herr, großen Reichtum besäße, so würde ich bereitwilligst Gold- und Silberbarren darbringen, damit ich durch jenen Ablass von Sündenstrafen befreit würde zur Ehre und Verherrlichung deines Namens.»

Gnädig erwiderte der Herr: «Kraft meiner Gottheit sollst du volle Verzeihung aller deiner Sünden und Nachlässigkeiten haben!» Und sogleich erblickte sie ihre Seele, frei von jeglichem Makel, in schneeigem Glanz strahlend. Als sie einige Tage hiernach in sich selbst zurückkehrend ihre Seele noch in derselben Reinheit wie vorher schimmern sah, begann sie zu fürchten, sie möchte bei diesem Gesicht betreffs der Unschuld ihrer Seele sich getäuscht haben, indem sie bei sich dachte: Wäre die ihr gezeigte Reinheit wahr, dann müsste dieselbe doch einigermaßen verdunkelt erscheinen durch die fortgesetzten Nachlässigkeiten und kleineren Fehler, in die sie zufolge der menschlichen Schwachheit öfters gefallen wäre. Wegen dieser Verzagtheit tröstete der Herr sie mit den Worten: «Bewahre ich mir selber nicht eine größere Kraft, als ich meinen Geschöpfen gegeben habe? Denn der materiellen Sonne habe ich eine solche Kraft verliehen, dass ein gebleichtes Linnen, das Flecken bekommen hat, dieselben durch ihre Wärme und ihren Glanz sogleich verliert; um wie viel mehr vermag ich in der Seele, auf die ich, der Schöpfer der Sonne, den Blick meiner Barmherzigkeit richte, alles Unreine durch die Kraft meiner glühenden Liebe auszutilgen!»

Als sie ein andermal bei der Betrachtung ihrer Unwürdigkeit und Kleinmütigkeit sehr verzagte, wurde sie von der unverdienten Erbarmung des Herrn durch die Anteilnahme an dem allerheiligsten Umgang mit Jesus Christus so erhoben, dass es ihr selber schien, als schreite sie nach dem Maß ihres Verlangens vorwärts und stehe vor dem König der Könige in jener Weise, wie einst Esther vor dem König Ahasverus. Hierauf redete der Erlöser in huldvoller Herablassung sie an mit den Worten: «Was wünschest du, Königin?»[17] Sie antwortete: «Ich bitte, o Herr, und wünsche von ganzem Herzen, dass dein Wille zu deinem höchsten Wohlgefallen in mir vollzogen werde.»

Da nannte der Herr alle jene, welche sich ihrem Gebet empfohlen hatten, beim Namen, indem er sagte: «Was begehrst du jetzt für sie?» Sie antwortete: «Nichts anderes, o Herr, als dass dein gütigster Wille in allen Menschen vollkommen geschehe.» Abermals fragte der Herr: «Und was willst du, dass ich dir tun soll?» Sie erwiderte: «Vor allen Freuden begehre ich, dass sowohl in mir als in jeglicher deiner Kreaturen dein liebreichster und preiswürdigster Wille zur Vollendung komme und dass ich zur Erreichung dieses Zweckes bereit erfunden werde, jedes meiner Glieder jeder Art von Leiden auszusetzen.»

Auf diese Worte erwiderte die huldreichste Liebe Gottes: «Weil du mit so großer Hingebung die Erfüllung meines Willens zu fördern gesucht hast, sieh, darum belohne ich dein Bestreben mit diesem Geschenk: Ich gewähre dir, dass du meinen Augen so wohlgefällig erscheinst, als hättest du meinen Willen niemals übertreten.»

III. 11. Von der Verklärung, die durch die Gnade geschieht

Beim Absingen der Antiphon «Auf meinem Lager»[18], worin viermal der Ausdruck wiederkehrt: «den meine Seele liebt», erkannte sie vier Weisen, wie Gott von der gläubigen Seele gesucht werden kann. Bei den ersten Worten: «Auf meinem Lager im Dunkel der Nacht suchte ich», erkannte sie den ersten Weg, wie Gott auf dem Lager der Beschauung gesucht wird durch die Verkündigung seines Lobes; weshalb es weiter heißt: «Ich suchte ihn und fand ihn nicht»; denn die mit dem sterblichen Fleisch umkleidete Seele vermag sich niemals vollkommen der Lobpreisung Gottes hinzugeben.

Bei dem zweiten Vers: «So will ich aufstehen und die Stadt durchwandern, auf den Märkten und den Gassen will ich suchen, den meine Seele liebt», erkannte sie als Weg die Übung der Danksagung, in welcher die Seele die Märkte und Straßen, das heißt die verschiedenen Weisen durchgeht, auf die Gott seinem Geschöpf wohl tut. Aber auch hierbei vermag sie noch keineswegs die Lobpreisung Gottes würdig zu vollenden, weshalb es auch hier weiter heißt: «Ich suchte ihn und fand ihn nicht.»

Bei dem dritten Vers: «Es fanden mich die Wächter», erkannte sie als Weg die Gerechtigkeit und Barmherzigkeit Gottes, durch die aufgefordert die Seele zu sich selber zurückkehrt, gegenüber den Wohltaten Gottes ihre Unwürdigkeit betrachtet und durch Klage und Buße wegen ihrer Übeltaten die Barmherzigkeit des Herrn zu suchen beginnt mit den Worten: «Den meine Seele liebt, habt ihr ihn gesehen?» Wenn die gläubige Seele so mit demütigem Vertrauen sich zur göttlichen Liebe hinwendet, findet sie durch andächtiges Gebet, zuweilen durch Eingebung der göttlichen Gnade, den, welchen sie liebt.

Als die Antiphon zu Ende war, während welcher die göttliche Liebe ihr dies und anderes, was niederzuschreiben unmöglich ist, zu verkosten gegeben hatte, fühlte sie ihr Herz mit solcher

Macht erschüttert, dass sie die Kräfte aller Glieder verloren zu haben schien. Da sagte sie zum Herrn: «Nun, glaub ich, kann ich in Wahrheit sagen: ‹Siehe, mein Geliebter, nicht bloß mein Herz, sondern auch alle meine Glieder sind ergriffen worden um deinetwillen.›»[19] Hierauf erwiderte der Herr: «Was von mir aus- und in mich zurückgeströmt ist, fühle und weiß ich am besten. Da du aber noch mit dem sterblichen Fleisch umkleidet bist, vermagst du niemals zu verstehen, in welcher Weise die ganze Süßigkeit meiner Gottheit um deinetwillen ist ergriffen worden.

Dies jedoch wisse», fügte er hinzu, «dass du durch die Einwirkung dieser Gnade bei mir eine solche Verherrlichung empfangen hast, wie mein Leib sie hatte auf dem Berg Tabor vor meinen drei geliebten Jüngern, so dass auch ich von dir sagen kann: An dir habe ich mein Wohlgefallen[20]. Denn einer solchen Gnade ist es immer eigen, Leib und Seele auf wunderbare Weise im Voraus durch strahlende Glorie zu verklären.»

III. 12. Von der vollkommenen Sühnung

Einst fiel beim Zusammenfalten des Altartuches eine Hostie herab und man wusste nicht, ob sie konsekriert sei oder nicht. Als sie nun hierüber den Herrn befragte und durch seine Belehrung erkannte, dass sie nicht konsekriert gewesen, freute sie sich natürlich sehr, dass eine solche Nachlässigkeit nicht war begangen worden; aber weil sie nach Vermehrung der göttlichen Ehre dürstete, sagte sie zum Herrn: «Obgleich deine unermessene Güte es verhütet hat, dass eine solche Schmach dir zugefügt wurde, so werde ich dennoch nicht bekannt machen, dass diese Hostie nicht konsekriert war, damit du nicht etwa durch mich um irgendeine Sühnung betrogen werdest, weil du, o Herr des Weltalls, so oft von deinen, ich sage nicht bloß Feinden, wie Heiden und Juden, sondern leider auch Freunden, von den mit deinem kostbaren Blut erkauften Gläubigen und, unter Tränen sage ich es, zuweilen sogar von Priestern und Ordensleuten ähnliche Schmach erleidest.»

Sodann sagte sie noch: «O Herr und Gott, gib mir zu verstehen, welche Sühnung du am liebsten für jede Beleidigung annehmen würdest, denn ich sehne mich, zur Ehre und Verherrlichung deiner

Liebe alle meine Kraft aufzuwenden.» Hierauf erkannte sie, es sei dem Herrn wohlgefällig, wenn zur Ehre der Zahl seiner allerheiligsten Glieder zweihundertfünfundzwanzig Vaterunser gebetet, ebenso viele Liebeswerke dem Nächsten aus Ehrfurcht vor dem, der gesagt: «Was ihr einem aus meinen Geringsten getan, das habt ihr mir getan»[21], erwiesen würden, und zwar in Vereinigung mit jener Liebe, in der Gott für uns Mensch geworden ist, und wenn zugleich ebenso viele Akte der Enthaltsamkeit von leeren Ergötzungen zu seiner göttlichen Wonne aufgeopfert würden. O wie groß und unaussprechlich ist die Barmherzigkeit und Huld Gottes, unseres Liebhabers, der solches von uns annimmt und die Aufopferung sogar belohnt, während er die Unterlassung derselben mit Recht strafen könnte!

III. 13. Von zwei Weisen der Sühnung

Auch kleine Dinge umgibt der überall für das Heil seiner Auserwählten eifernde Gott zuweilen insoweit mit Beschwerden, dass ihnen hieraus Zuwachs an Verdiensten entsteht.

So erschwerte er ihr einmal die Ablegung der Beichte, so dass es ihr vorkam, als könne sie durch eigene Anstrengung sie keineswegs verrichten, weshalb sie dieselbe mit aller möglichen Andacht im Gebet dem Herrn empfahl. Sie empfing die Antwort: «Stellst du mir diese Beichte mit so völligem Vertrauen anheim, dass du selbst dich nicht mehr um ihre Vollendung abmühen willst?» Sie erwiderte: «Ja, ganz und gar vertraue ich auf deine Allmacht und Güte, o mein liebreichster Herr. Aber weil ich durch meine Sünden dir Unbilden angetan habe, so halte ich es doch für unschicklich, wenn ich mich nicht bemühe, sie in Bitterkeit meiner Seele zu überdenken[22] und dir so einige Sühnung zu leisten.»

Da der Herr dies wohlgefällig annahm und sie sich ganz der Erforschung ihrer Sünden zuwandte, erschien sie sich selbst an der Haut etwas aufgerissen, als wäre sie in dornigen Stoppeln gewälzt worden. Als sie nun dies ihr Elend dem Vater der Erbarmungen[23] als dem erprobtesten und treuen Arzt zur Heilung entdeckte, neigte er sich gnädig zu ihr und sprach: «Ich will dir mit meinem göttlichen Hauch das Bad der Beichte erwärmen. Wenn du darin zur Genüge gewaschen bist, wirst du mir als makellos vorgestellt werden.»

Als nun die Stunde der Beichte herannahte und sie von Widersprüchen noch mehr beschwert wurde, sagte sie zum Herrn: «Da das milde Herz deiner väterlichen Barmherzigkeit sehr wohl weiß, wie schwer mir diese Beichte wird, warum, o gütigster Gott, lässt du mich so übermäßig bedrückt werden?» Der Herr antwortete: «Die Badenden pflegen durch die Hände solcher, die sie reiben, unterstützt zu werden: Und so wirst du durch den Druck der Widersprüche weiter gefördert.» Während ihr hierauf zur Linken des Herrn ein Bad erschien, welches übergroße Wärme ausdampfte, zeigte der Herr ihr zu seiner Rechten zugleich einen Garten voll Blumen. Vornehmlich standen darin die schönsten dornenlosen Rosen, welche den erfrischendsten Wohlgeruch ausströmten und so die Nahenden wundersam anlockten. Der Herr lud sie ein, diesen liebreichen Garten zu betreten, falls sie ihn dem Bad vorzöge, das sie sich als so überheiß vorstellte. Sie aber sagte: «Keineswegs, o Herr, ich werde vielmehr das Bad, das du mir mit deinem göttlichen Hauch erwärmt hast, ohne Zögern betreten», worauf der Herr erwiderte: «Das sei dein beständig Heil!»

Sie verstand nun, dass der Garten die innere Süßigkeit der göttlichen Gnade bezeichne, welche bei dem linden Wehen der Liebe die gläubige Seele mit dem Tau der Liebestränen überströmt, sie weißer als Schnee macht und ihr die vollste Sicherheit sowohl über die Verzeihung der Sünden als auch über den Zuwachs an überfließenden Verdiensten gewährt.

Nun wusste sie, dass es dem Herrn am liebsten sei, wenn sie aus Liebe zu ihm statt des Angenehmeren das Schwierigere erwähle. Nach der Beichte an den Ort des Gebetes zurückgekehrt, fühlte sie, dass der Herr ihr sehr huldvoll gegenwärtig sei, obgleich sie infolge seiner Anordnung sich mit der größten Schwierigkeit im Bekenntnisse dessen abgemüht hatte, was einige ohne Scheu und sogar mit Selbstruhm vor vielen sagen. Hierbei ist zu wissen, dass die Seele vornehmlich auf zwei Weisen von Sünde gereinigt wird: zuerst durch die Bitterkeit der Buße, die durch das Bad bezeichnet wird, sodann durch die Milde der göttlichen Liebe, die durch den lieblichen Garten vorgestellt wird.

Nach der Beichte aber wurde sie in die Betrachtung der Wunde der linken Hand des Herrn hingestellt, damit sie gleichsam im Schweiß nach dem Bad ruhe, bis sie die vom Priester auferlegte Buße verrichtet habe. Weil jedoch die Buße derart war, dass sie auf einige Zeit verschoben werden musste, so drückte sie der Zweifel, ob es ihr vor Verrichtung derselben nicht gestattet würde, vertraulicher bei ihrem liebreichsten Herrn zu sein. Darum brachte sie in der Messe, als die hochheilige Hostie, die wahrhaftigste Sühnung für alle menschliche Schuld, vom Priester aufgeopfert wurde, dieselbe dem Herrn dar zur Danksagung für die Wohltat des Bades und zur Genugtuung für alle ihre Schulden. Mit deren Aufnahme wurde auch sie aufgenommen in den Schoß des gütigsten Vaters, um dort zu erfahren, dass sie heimgesucht habe der Aufgang aus der Höhe[24] in Erbarmung und Wahrheit.

III. 14. Vom Baum der Liebe

Am folgenden Tag während der Messe, als die heilige Hostie erhoben wurde, war sie wie betäubt und weniger andächtig. Durch den Schall des Glöckleins aber aufgeweckt, sah sie Jesus, den König und Herrn, mit beiden Händen einen Baum halten, der, wie neben der Erde abgeschnitten, voll der schönsten Frucht war und aus den Blättern Strahlen gleich Sternen von wunderbarem Glanz entsandte. Während er diesen Baum für den ganzen himmlischen Hof schüttelte, wurden sie von seiner Frucht wunderbar gelabt.

Ein wenig nachher aber ließ der Herr den Baum herab und setzte ihn gleichsam mitten in den Garten ihres Herzens, damit sie sich bemühe, seine Frucht zu mehren und unter ihm auszuruhen und von ihm erquickt zu werden. Um seine Frucht zu mehren, begann sie sogleich für eine Person zu beten, welche jüngst sie belästigt hatte, und nahm sich vor, den bittern Schmerz, den sie sehr tief empfunden, wiederum ertragen zu wollen, damit die Gnade Gottes ihrer Drängerin um so reichlicher zuteil würde. Hierbei sah sie plötzlich auf dem Gipfel des Baumes eine Blüte der liebreichsten Farbe, die zur Frucht reifen sollte, wenn sie den guten Entschluss zur Ausführung brächte. Denn jener Baum bezeichnete die Liebe, die nicht bloß reich ist an Früchten guter Werke, sondern auch an Blüten guter Entschlüsse, ja sogar an schimmernden Blättern wohlwollender Gefühle.

Deshalb freuen sich die Himmelsbürger gar sehr, wenn ein Mensch mit dem andern Mitleid hat und seine Not nach Kräften erleichtert. Zur nämlichen Zeit der Aufhebung der heiligen Hostie empfing sie auch einen wunderbaren Schmuck von goldener Pracht, von höherem Rosenrot als jener, den sie an dem gestrigen Tag erworben hatte.

III. 15. Von der Frucht der Betrübnis und von der geistlichen Kommunion

Während die Genossenschaft die Messe sang: «Sei gegrüßt, o heilige Mutter», zur Verehrung der Mutter Gottes am letzten Tag, bevor der öffentliche Gottesdienst unterblieb[25], sagte sie im Gebet zum Herrn: «Wie wirst du uns, o gütigster Gott, über die gegenwärtige Trübsal trösten?»

Der Herr: «Ich werde meine Freuden in euch vervielfältigen. Eure Seufzer und Bekümmernisse werden meine Freude sein; in euch aber wird meine Liebe wachsen und vermehrt werden wie eingeschlossenes Feuer. Überdies werden, wie das wachsende Wasser mit Ungestüm hervorbricht, meine Freuden in euch und eure Liebe in mich sich ergießen.» Gertrud: «Wie lange wird jene Strafe dauern?» Der Herr: «So lange sie dauert wird auch jenes dauern.» Gertrud: «Großen Fürsten würde es beschämend vorkommen, wenn jemand von der niedrigsten Herkunft zu ihren Geheimnissen zugelassen würde. So könnte es auch dir, dem König der Könige, ungeziemend erscheinen, wenn mir, dem Abschaum aller Kreaturen, die Geheimnisse deiner göttlichen Anordnung erschlossen würden, deshalb glaube ich, dass ich keine endgültige sichere Antwort empfange, obgleich das Ende aller Dinge dir schon vor ihrem Anfang bekannt ist.»

Der Herr: «Nicht also, sondern gemäß einem großen Ratschluss in betreff deines Heiles tue ich dies. Denn wenn ich dich zuweilen zu meinen Geheimnissen zulasse und durch die Beschauung erhebe, so schließe ich dich ein andermal zur Bewahrung der Demut davon aus, damit du durch die Gnadenerweisung findest, was du aus mir bist, und durch die Entbehrung erkennest, was du aus dir selber bist.»

Beim Offertorium sodann: «Gedenke, o Jungfrau und Mutter, dass du Gutes für uns redest», schaute sie auf die Mutter aller Gnaden hin, worauf der Herr sagte: «Ich bin durch mich selbst ganz mit euch ausgesöhnt.» Da sie aber an ihre Fehler und auch an die einiger anderer dachte und Bedenken hatte, wie der Herr behaupten könne, dass er ganz versöhnt sei, hörte sie ihn freundlich sagen: «Meine natürliche Güte bestimmt mich, auf den besseren Teil hinzuschauen, und indem ich ihn mit meiner ganzen Gottheit umfasse, nehme ich auch die minder Vollkommenen unter die Vollkommenen auf.»

Gertrud: «O freigebiger Herr! Wie konntest du mir, der so Unwürdigen und Unvorbereiteten, jetzt so große und trostreiche Geschenke deiner Gnade erteilen?» Der Herr: «Die Liebe zwang mich.» Gertrud: «Wo sind denn aber jene Flecken, die ich durch die Ungeduld, in welche ich kurz vorher fiel, mir zugezogen habe?» Der Herr: «Das Feuer meiner Gottheit hat sie verzehrt, weil ich in jeder Seele, zu der ich in meiner Huld mich hernieder neige, jeglichen Makel austilge.» Gertrud: «O gütigster Gott! Da deine Gnade meiner Unwürdigkeit so oft zuvorkommt, so möchte ich wissen, ob solches, wie die genannte Ungeduld und Ähnliches, nach dem Tod an meiner Seele muss geläutert werden.»

Da der Herr hierauf in seiner Güte keine Antwort gab, fuhr sie fort: «Wahrlich, o Herr, wenn die Schönheit deiner Gerechtigkeit es erheischte, so würde ich freiwillig und gern selbst in die Hölle hinabsteigen, um dir desto würdigere Sühnung zu leisten. Wenn es aber deine natürliche Güte und Barmherzigkeit mehr verherrlicht, dass durch deine Liebe alles verzehrt wird, so will ich mit aller Freiheit verlangen, dass deine Liebe weit über Verdienst alle Makel meiner Seele auslösche.» Dies nahm der Herr im Übermaß seiner Huld gnädig an.

Während am folgenden Tag in der Pfarrkirche die Messe für die Bürger gefeiert wurde, sagte sie zur Zeit der Kommunion zum Herrn: «Hast du nicht Mitleid, o gütigster Vater, dass wir jetzt wegen jener zeitlichen Güter, durch die wir in deinem Dienst erhalten werden sollten, des kostbaren Gutes deines Leibes und

Blutes beraubt sind?» Der Herr: «Wie könnte ich denn so sehr Mitleid haben, da ich meine Braut zu der blumenduftigen und lieblichen Stätte des Gastmahls führe und deshalb, wenn ich sie vor dem Eintritt in unordentlichen Kleidern sehe, sie an ödere Orte ziehe und sie sogar mit eigener Hand schmücke, um sie desto würdiger einzuführen?» Gertrud: «Wie können diejenigen, mein Herr, deine Gnade besitzen, die uns die erwähnte Bedrängnis angetan haben?» Der Herr: «Lass sie; denn hierüber möchte ich mit ihnen rechten.»

Als sie darauf zur Zeit der Aufopferung der Hostie dieselbe dem Herrn zur Verherrlichung und zum Heil der Genossenschaft darbrachte, nahm der Herr die Opfergabe in sich auf und sagte, indem er aus seinem Innersten lebenspendende Süßigkeit hervoratmete: «Durch diese göttliche Anhauchung werde ich sie erquicken und sättigen.» Gertrud: «Wie, mein Herr, erteilst du jetzt der ganzen Genossenschaft die Kommunion?»

Der Herr: «Nein, nur denjenigen, welche Verlangen danach tragen, und denen, die es haben möchten. Die Übrigen aber werden, weil sie zur Genossenschaft gehören, den Gewinn davon haben, dass ihnen ein kräftiges Verlangen noch wird erteilt werden: gleichwie derjenige, der nur geringe Lust zu einer Speise hat, durch den lieblichen Geruch angezogen wird und Lust bekommt.»

Am Tag der Himmelfahrt hörte sie bei Aufhebung der Hostie den Herrn sagen: «Ich komme, um mich Gott dem Vater für meine Glieder[26] zu opfern.»[27] Sie erwiderte: «Wirst du denn, o liebreichster Herr, gestatten, dass wir, deine Glieder, durch den Bann von dir abgeschnitten werden, den jene uns androhen, die uns unsere Güter zu entreißen versuchen?»

Der Herr: «Sowenig jemand das Innerste meines Wesens, wodurch ihr mit mir zusammenhängt, anzutasten vermag, so wenig kann er euch von mir trennen.» «Und», fügte er hinzu, «der um jener Sache willen euch auferlegte Bann wird euch nicht mehr schaden, als wenn man mit einem hölzernen Messer in etwas schneiden will, was sich gar nicht durchdringen lässt, wobei nur eine schwach eingedrückte Spur des Messers zurückbleibt!» Gertrud: «Mein Herr und Gott, du, die untrügliche Wahrheit, hattest mir Unwürdigsten mitgeteilt, deine Freuden in uns vermehren zu wollen sowie unsere Liebe in dir: Wie kommt es denn, dass jetzt einige einwenden, sie seien in deiner Liebe mehr erkaltet?» Der Herr: «Ich bin es, der ich in mir jegliches Gut umschließe und einem jeden zur bestimmten Zeit einen entsprechenden Teil schenke.»

III. 16. Von der Herablassung des Herrn und der Anteilnahme an der Gnade

An einem Sonntag, auf den das Fest des hl. Laurentius und zugleich der Jahrestag der Einweihung der Kapelle fiel[28], sah sie, während sie in der ersten Messe für einige ihr besonders Empfohlene betete, einen grünenden Weinstock vom himmlischen Thron bis auf die Erde hinabreichen, auf dessen Blattschößlingen man von tief unten bis hoch oben aufsteigen konnte. Durch diese Stiege wurde, wie sie erkannte, der Glaube bezeichnet, der die Auserwählten zum Himmlischen erhebt.

Als sie nun in der Höhe gleichsam zur linken Seite des Thrones mehrere aus der Gegenwart des himmlischen Vaters ehrfürchtig dastehen sah, und zugleich die Stunde gekommen war, wo die Genossenschaft, wenn das Interdikt sie nicht gehindert hätte, kommunizieren sollte: Da verlangte sie sehnsüchtig, es möchte sowohl ihr als den übrigen Anwesenden das lebenspendende Sakrament geistlicherweise durch die göttliche Güte gereicht werden, der ja keine menschliche Gewalt widerstehen kann.

Darauf sah sie den Herrn Jesus die Hostie, die er in der Hand hielt, gleichsam in das Herz Gottes des Vaters eintauchen und rosenrot wie mit Blut gefärbt hervorziehen. Sie dachte bei sich, was das doch bedeute, da die rote Farbe ja das Leiden bezeichne, Gott der Vater aber kein Zeichen des Leidens haben könne. Hiermit beschäftigt, verabsäumte sie es, die Wirkung jenes Verlangens zu empfinden. Nach einer Weile jedoch erkannte sie, dass der Herr in den Herzen und Seelen der Einzelnen, welche sie vorher in der Höhe gesehen hatte, sich eine liebliche Ruhestätte bereitet hatte; wie dies aber geschehen sei, erkannte sie nicht. Indem sie sich unterdessen einer Person erinnerte, die auch vor der Messe ihrem Gebet sich demütig empfohlen hatte, bat sie den Herrn, dieselbe an der erwähnten Gnade teilnehmen zu lassen, und es wurde ihr die Antwort: «Durch das Aufsteigen vermittelst des Glaubens vermag niemand hierher zu gelangen, wenn er nicht durch das Vertrauen unterstützt wird, dessen jene, für welche du betest, zu wenig besitzt.» Sie erwiderte: «Es scheint, mein Herr, dass bei ihr das Vertrauen durch die Demut gemindert wird, der du aber doch auch reichlichere Gnaden einzugießen pflegst.»

Hierauf sagte der Herr: «Ich will hinabsteigen und sowohl ihr als auch den Übrigen in der Tiefe meine Geschenke mitteilen.» Und sie sah den Herrn der Heerscharen herabsteigen und ein Weilchen danach am Altar der Kapelle mit bischöflichen Kleidern geschmückt erscheinen; in den Händen hielt er einen Speisekelch nach Art derjenigen, in welchen die konsekrierte Hostie aufbewahrt wird. Während jener Messe blieb er sodann gegen den Priester gekehrt sitzen bis zur Präfation. Zugleich war zu seinem Dienst eine solche Menge von Engeln zugegen, dass sie die ganze Kapelle zur rechten Seite des Herrn, das ist gegen Norden hin, anfüllten.

Diese bezeigten eine besondere Freude dabei, dass sie an jenen Orten umherwandelten, an denen von ihren Mitbürgerinnen, nämlich aus der Genossenschaft, andächtige Gebete waren dargebracht worden. Zur linken Seite des Herrn aber, das ist gegen Süden, stand nur ein Chor von Engeln, an die sich zunächst der Chor der Apostel anschloss, ebenso gesondert der Chor der Märtyrer, sodann der Chor der Bekenner und zuletzt der Jungfrauen.

Während sie dies beobachtete, sah sie, dass zwischen dem Herrn und den seligen Jungfrauen ein besonderer Glanz hellblendend wie Schnee erstrahlte und die Jungfrauen vor den übrigen Heiligen durch eine wunderbar beseligende Vertraulichkeit mit dem Herrn vereinigte. Auch fielen einige Strahlen des erhabenen Glanzes auf Personen der Genossenschaft, als wenn zwischen dem Herrn und ihnen keinerlei Hindernis bestünde, obgleich mehrere wirkliche Wände sie von der Kapelle, in welcher er sich sehen ließ, trennten. Während sie sich hieran himmlisch ergötzte, war sie auch für andere aus der Genossenschaft besorgt und sagte zum Herrn: «Da deine Güte, o Herr, mich jetzt mit der Gnade einer so unglaublichen Süßigkeit beschenkt hat, was gibst du denn jenen, die jetzt zufällig in äußeren Beschäftigungen sich abmühen?» Der Herr erwiderte: «Ich salbe sie mit Balsam, wenn sie auch gleichsam wie Schlafende sind.» Indem sie nun dessen Kraft sich vorstellte, staunte sie sehr, wie denn diejenigen, welche in geistlichen Dingen sich üben, und die dies nicht tun, ganz gleiche Frucht gewinnen könnten. Denn da der Balsam die Körper unverweslich macht, so ist es wenig Unterschied, ob die Salbung an Schlafenden oder an Wachenden geschieht. Da empfing sie zur Belehrung dies Gleichnis: Wenn der Mensch isst, so wird der ganze Körper gestärkt und dennoch verkostet den Wohlgeschmack nur der Mund; ebenso wird, wenn die Auserwählten eine besondere Gnade empfangen, durch die überfließende Liebe Gottes allen Gliedern und vorzugsweise denen, die zur selben Genossenschaft gehören, das Verdienst vermehrt, diejenigen ausgenommen, die sich selbst aus Neid oder bösem Willen darum betrügen.

Als unterdessen das Gloria angestimmt wurde, entsandte der Herr Jesus, der höchste Hohepriester, einen göttlichen Hauch gleich einer hochlohenden Flamme gen Himmel zur Ehre des Vaters; und bei den Worten: «und Friede den Menschen auf Erden, die eines guten Willens sind», ergoss er denselben Anhauch in Gestalt eines schneeweißen Glanzes auf die Anwesenden.

Beim Sursum corda! erhob sich der Sohn Gottes und zog wie durch eine mächtige Anziehungskraft die Wünsche aller Gegenwärtigen an sich, stand dann, gegen Osten gekehrt, von unzähligen dienenden Engeln umgeben mit ausgebreiteten Händen da und brachte durch die Worte der Präfation die Bitten der Gläubigen Gott dem Vater dar. Als aber das Agnus Dei begann, erhob der Herr sich vom Altar mit seiner ganzen Macht, wirkte beim zweiten Agnus Dei nach seiner unerforschlichen Weisheit auf das Innerste der einzelnen Anwesenden und stellte beim dritten Agnus Dei, zum Höchsten sich sammelnd, die Bitten und Wünsche aller in sich selbst Gott dem Vater aufopfernd dar. Darauf gab er aus der Süßigkeit allen gegenwärtigen Heiligen mit seinem gebenedeiten Mund den Friedenskuss. Nun gleichsam von der Liebe der Gottheit überströmend, gab der Herr sich selbst der Genossenschaft mit den Worten: «Ganz bin ich euer eigen. Genieße mich nun eine jede von euch nach ihrem Verlangen!»

III. 17. Von der Vorbereitung zum Empfange des Leibes Christi und einigen andern Übungen

Einst, da sie, im Begriff zu kommunizieren, mehrere sah, die aus verschiedenen Ursachen daran verhindert wurden, sprach sie aus innigster Herzensfreude zum Herrn: «Ich danke dir, o mein Gott, dass du mich zu einem solchen Stand geführt hast, wo weder meine Verwandten noch andere Ursachen mich am Genuss deines beseligendsten Gastmahls hindern können.» Hierauf erwiderte der Herr in der gewohnten Süßigkeit seiner Liebe also: «Gleichwie es nach deinem Geständnis nichts gibt, das dich von mir abhält, so wisse, dass es auch durchaus nichts weder im Himmel noch auf Erden gibt, was mich hindern kann, der erhabensten Freude meines göttlichen Herzens gemäß dir wohl zu tun.»

An einem andern Tag, da sie ebenfalls kommunizieren wollte und an die von Gott ihr erteilten Wohltaten dachte, kam ihr der Ausspruch aus dem Buch der Könige in den Sinn: «Wer bin ich, oder was ist das Haus meines Vaters?»[29]

Und sie betrachtete sich als ein schwaches Pflänzchen, welches durch die Nähe des unauslöschlichen Feuers des göttlichen Herzens Wohltaten empfange und gleichsam naturgemäß dadurch feurig werde, aber durch Nachlässigkeiten von Stunde zu Stunde mehr und mehr in Asche sich verwandle. Als sie dadurch zu Jesus, dem Sohn Gottes und gütigsten Vermittler, sich hinkehrte und ihn bat, er möge sie auf jegliche Weise versöhnt[30] Gott dem Vater vorstellen, da schien er durch den Liebeshauch seines verwundeten Herzens sie an sich zu ziehen, in dem daraus hervorfließenden Wasser zu waschen und in dem belebenden Blut seines Herzens zu tränken. Hierdurch erstarkte sie wieder und wuchs zu einem grünenden Baum heran, dessen Zweige in drei Teile nach Weise der Lilie sich schieden.

Diesen Baum nahm der Sohn Gottes und stellte ihn mit Danksagung und Lobpreis der Dreieinigkeit vor, die sich huldvoll dazu herabneigte; der Vater legte aus seiner göttlichen Allmacht auf die oberen Zweige all jene Frucht nieder, welche die Seele hätte hervorbringen können, wenn sie in geziemender Weise für die göttliche Allmacht tauglich gewesen wäre. In gleicher Weise legten der Sohn Gottes und der Heilige Geist auf die beiden übrigen Teile der Zweige die Früchte der Weisheit und der Güte.

Als sie hiernach den Leib Christi genossen hatte, fühlte sie sich durch die Seitenwunde Jesu Christi, in welcher der Baum ihrer Seele Wurzel geschlagen hatte, wie von der Wurzel aus auf wunderbare Art gleichsam durch die einzelnen Zweige und Früchte und Blätter hin von der Kraft der Menschheit und Gottheit so sehr durchdrungen, dass durch sie die Frucht ihres ganzen Lebens neuen Glanz ausstrahlte, gleichwie Gold durch Kristall durchscheint.

Hieraus schöpfte nicht bloß die seligste Dreieinigkeit eine besondere Freude, sondern auch alle Heiligen; sie erhoben sich und brachten, gleichsam die Knie beugend, einzeln ihre Verdienste in Gestalt von Kronen dar, welche sie an die Zweige des genannten Baumes hingen zur Ehre und Verherrlichung dessen, der durch jene Seele erstrahlend sie mit einer neuen Wonne beglückte. Sodann bat sie den Herrn, er möge allen im Himmel und auf Erden und im Fegfeuer, die, wenn sie nicht nachlässig gewesen wären, von der Frucht ihrer Werke einen Gewinn gehabt hätten, wenigstens jetzt einen Nutzen aus jenen Früchten gewähren, welche ihr durch die göttliche Güte erteilt worden. Da begannen die einzelnen Werke, welche durch die Frucht des Baumes gesinnbildet waren, den wirksamsten Saft auszuschwitzen, wovon ein Teil, zu den Himmlischen fließend, ihnen die Freude mehrte, ein anderer, ins Fegfeuer rinnend, dort die Peinen milderte, und der dritte, auf die Erde herabströmend, den Gerechten die Süßigkeit der Gnade und den Sündern die Bitterkeit der Buße steigerte.

Einst brachte sie bei der Wandlung die aufgehobene hochheilige Hostie Gott dem Vater zur Sühnung aller ihrer Sünden und Nachlässigkeiten dar. Da sah sie ihre Seele vor das Angesicht der göttlichen Majestät hingestellt in jenem Wohlgefallen, mit dem Christus Jesus, der Abglanz und das Gleichbild der väterlichen Glorie[31], das Lamm Gottes ohne Makel[32], zur selben Stunde Gott dem Vater für das Heil aller auf dem Altar sich aufopferte[33]. Denn durch die unschuldigste Menschheit Jesu Christi sah Gott der Vater auch sie von jeder Sünde rein; und durch seine hocherhabene Gottheit sah er sie mit jeglicher Art von Tugend geschmückt, durch welche die Gottheit in seiner allerheiligsten Menschheit blühte. Als sie aber dem Herrn für die wunderbare Herablassung der göttlichen Liebe Dank sagte, empfing sie diese Erkenntnis: So oft jemand andächtig der Messe beiwohnt und sein Augenmerk auf Gott richtet, der im Sakrament für das Heil der ganzen Welt sich aufopfert, wird er in Wahrheit von Gott dem Vater gnädig angesehen wegen des Wohlgefallens, das er an dem ihm dargebrachten hochheiligen Opfer hat, gleichwie derjenige, der aus der Finsternis ins Sonnenlicht tritt, plötzlich ganz erleuchtet wird.

Hierauf fragte sie den Herrn: «Wenn aber, mein Herr, jemand in eine Sünde fällt, verliert er dann sofort wieder jene Seligkeit, gleichwie jemand, der aus dem Sonnenlicht in die Finsternis zurückkehrt, die Helle des Lichtes einbüßt?» «Nein», antwortete der Herr; «denn wenn er sich auch das Licht der göttlichen Versöhnung einigermaßen verdunkelt, so bewahrt meine Liebe dennoch allzeit in ihm die Spur jener Seligkeit zum ewigen Leben; und er vermehrt sich dieselbe so oft, als er sich bemüht, andächtig der Messe beizuwohnen und die Sakramente zu empfangen.»

Während sie einst nach der heiligen Kommunion darüber nachdachte, mit welcher Sorgfalt man die Zunge bewachen müsse, weil vorzüglich sie unter allen Gliedern die Aufnahmestätte der kostbaren Geheimnisse Christi sei, wurde sie durch ein Gleichnis belehrt: «Wenn jemand seine Zunge nicht bewahrt vor eiteln, unwahren, schändlichen, verleumderischen, widersetzlichen und ähnlichen Reden und ohne Reue zur heiligen Kommunion hinzutritt, so empfängt er Christus in einer ähnlichen Weise, wie wenn jemand einen Gast bei dessen Eintritt mit Steinen, die auf der Türschwelle aufgehäuft liegen, überschüttet oder mit einer harten Stange auf das Haupt schlägt.» Wer dies liest, der soll in tiefem Mitleid erwägen, welch große Wildheit dazu gehört, denjenigen, der mit solcher Sanftmut und Güte zum menschlichen Heil kommt, so grausam zu verfolgen. Das gilt auch von allen andern Sünden.

Als sie eines Tages, da sie zur Kommunion gehen wollte, sich für zu wenig vorbereitet hielt, die Zeit aber drängte, redete sie ihre Seele also an: «Sieh, der Bräutigam ruft dich schon; wie wirst du ihm entgegengehen, da du nicht, wie es sich doch ziemte, durch

Verdienste geschmückt bist?» Indem sie sodann ihre Unwürdigkeit noch mehr erwog und all ihre Hoffnung auf die Güte Gottes setzte, sagte sie bei sich selbst: Was nützt es zu zögern? Denn selbst in tausend Jahren könnte ich mich trotz allen Eifers aus eigener Kraft nicht würdig vorbereiten. Ich will vielmehr meinem Herrn mit Demut und Vertrauen entgegengehen und wenn er mich von weitem sieht, so ist er in seiner Liebe mächtig genug, mir das entgegenzusenden, wodurch ich vorbereitet und ihm würdig vorgestellt werden kann.

Mit solcher Gesinnung vorwärts schreitend, hielt sie die Augen ihres Herzens auf ihre Hässlichkeit und ihren ungeordneten Anzug gerichtet.

Als sie nun ein wenig vorgeschritten war, erschien der Herr, indem er sie mitleidig, ja liebevoll anschaute, und sandte ihr zur würdigen Vorbereitung seine *Unschuld* entgegen, womit er sie als mit einem weißen, weichen Linnen bekleidete.

Ebenso seine *Demut*, in der er sich herablässt, sich mit so Unwürdigen zu vereinigen, damit sie dieselbe als violettes Gewand anziehe, seine *Hoffnung*, in der er auf Vereinigung mit der Seele harrt, um sie mit hellem Grün zu schmücken, seine *Liebe*, um sie mit goldfarbigem Mantel zu zieren, seine *Freude*, wodurch er sich in der Seele ergötzt, um dieselbe als eine mit Edelsteinen gezierte Krone ihr aufzusetzen, und endlich, um sie zu beschuhen, sein *Vertrauen*, worin er sich auf das niedere Gebilde der schwachen Menschheit stützt, da es seine Wonne ist, unter den Menschenkindern zu sein[34]. So gekleidet, sollte sie sich ihm würdig vorstellen.

Als sie nach der heiligen Kommunion sich in ihr Innerstes gesammelt hatte, stellte der Herr sich ihr in Gestalt eines Pelikans vor, wie er abgebildet zu werden pflegt: mit dem Schnabel sein Herz durchbohrend.

Da sie hierüber erstaunt fragte: «Was willst du, mein Herr, durch dies Gleichnis mich lehren?», erwiderte er: «Du sollst erwägen, von wie unbeschreiblichen Stacheln der Liebe gedrängt ich dies hoch erhabene Geschenk gewähre, so dass ich, wenn es nicht ungeziemend wäre, es zu sagen, nach diesem Geschenk lieber hätte tot bleiben mögen, als dasselbe der liebenden Seele vorenthalten.

Überdies sollst du bedenken, auf wie vortreffliche Weise deine Seele durch den Genuss dieses Geschenkes belebt wird zu dem ewig bleibenden Leben, gleichwie das Junge des Pelikans[35] aus dem Blut des väterlichen Herzens Leben empfängt.»

Eines Tages hörte sie eine Predigt über die göttliche Gerechtigkeit, wodurch sie erschrak und sich scheute, zu den göttlichen Sakramenten hinzuzutreten. Von der Güte Gottes jedoch wurde sie durch folgende Worte ermutigt: «Wenn du es unterlässt, mit den inneren Augen meine Güte zu betrachten, die ich dir so vielfältig schon erwiesen habe, so schaue wenigstens mit den körperlichen Augen auf. Sieh, in wie kleinem Kelch eingeschlossen ich dir entgegenkomme, und sei gewiss, dass ebenso die Strenge meiner Gerechtigkeit vollständig umschlossen ist von meiner Barmherzigkeit, die ich in der Darreichung dieses Sakramentes gegen das Menschengeschlecht erweise.»

Ein andermal lockte die göttliche Liebe durch einen ähnlichen Vergleich sie zum Genuss ihrer beseligenden Süßigkeit an mit den Worten: «Achte auf die kleine Gestalt jener Hostie, worin ich dir meine ganze Gottheit und Menschheit darbiete, und vergleiche sie mit der Größe eines menschlichen Leibes und hiernach beurteile die Herablassung meiner Liebe. Denn gleichwie ein menschlicher Leib der Größe nach die Brotsgestalt, unter der mein Leib ist, überragt: So zieht meine Barmherzigkeit und Liebe in diesem Sakrament mich dahin, dass ich die liebende Seele mich überragen lasse.»

An einem andern Tag, da ebenfalls die heilspendende Hostie gereicht wurde, erklärte der Herr ihr seine übergroße Herablassung durch die Worte: «Sieh, wie der Priester, der die Kommunion austeilt, jenen Schmuck, den er aus Ehrfurcht vor dem Sakrament trägt, um die Arme zurückhält und mit bloßen Händen meinen Leib anfasst. Hieraus erkenne: Obgleich ich das, was zu meiner Verherrlichung geübt wird, wie Gebete, Fasten, Nachtwachen und Ähnliches, huldvoll anschaue, so bin ich dennoch, wenn es auch weniger Einsichtigen nicht so scheint, mit größerer Huld bei meinen Auserwählten, wenn sie, von den Stacheln der menschlichen Gebrechlichkeit angetrieben, zu meiner Barmherzigkeit flüchten, gleichwie du dort die fleischerne Hand des Priesters dem

Sakrament näher siehst als den priesterlichen Schmuck.» Während mehrere aus der Genossenschaft einmal wegen Hindernissen der Kommunion sich enthielten und sie nach dem Empfang der hochheiligen Geheimnisse dem Herrn dankend sagte: «Zu deinem Gastmahl eingeladen, bin ich mit Danksagung gekommen», sprach er in Worten süßer als Honig und Honigseim[36]: «Wisse, dass ich aus ganzem Herzen nach dir verlange.»

Sie erwiderte: «Aber, o Herr, was kann deine Gottheit dadurch an Ruhm und Freude gewinnen, dass ich mit meinen unwürdigen Lippen dein makelloses Sakrament berühre?»

Der Herr entgegnete: «Die Liebe im eigenen Herzen macht die Worte des Freundes angenehm; ebenso kommt das von meiner Liebe, dass ich mich daran erfreue, was meinen Auserwählten zuweilen weniger zusagt.»

Einst sah sie eine der Schwestern allzu zaghaft zum Empfang des Sakramentes hinzutreten, weshalb sie sich gleichsam mit Unwillen von ihr abwandte. Dies verwies ihr der Herr, indem er sagte: «Bedenkst du nicht, dass mir nicht weniger Ehrfurcht als Liebe gebührt?

Weil nun aber die menschliche Gebrechlichkeit beides nicht in *einem* Affekt zu leisten vermag, so geziemt es sich, da ihr ja untereinander Glieder seid[37], dass eine jede, was sie weniger hat, durch die andere ergänze. Wer zum Beispiel, von der Liebe ergriffen, weniger Ehrfurcht gewinnt, freue sich, dass eine andere mehr von der Ehrfurcht bewegt wird; und umgekehrt wünsche diese, dass jene den Trost der göttlichen Salbung erlange.»

Als sie eine andere aus ähnlicher Ursache furchtsam sah und für sie betete, antwortete der Herr: «Möchten doch meine Auserwählten mich nicht für so hart halten, sondern vielmehr glauben, dass ich es sehr gut aufnehme, wenn sie mir auf ihre Kosten einen Dienst leisten.

Das tut zum Beispiel derjenige, der, wenn er auch keinen Geschmack an der Andacht hat, nichtsdestoweniger Gott in Gebeten, Kniebeugungen und ähnlichen Übungen dient und von der Huld Gottes hofft, dass sie es gnädig annehme.»

Während sie ebenfalls für eine Person betete, die sich beklagte, dass ihr die Gnade der Andacht an dem Tag, an welchem sie kommunizieren wolle, spärlicher eingegossen werde, als sogar an manchen gewöhnlichen Tagen, antwortete der Herr: «Dies geschieht nicht zufällig, sondern nach meiner Anordnung. Wenn ich an gewöhnlichen Tagen und auch zu ungewohnten Stunden die Gnade der Andacht eingieße, so suche ich hierdurch das Herz des Menschen zu mir zu erheben, das sonst vielleicht in seiner Erstarrung zurückbleiben würde. Wenn ich aber an Festtagen oder zur Stunde der Kommunion diese Gnade entziehe, so werden die Herzen der Auserwählten durch Wünsche und Verlangen oder durch Demut und Zerknirschung geübt und dies bringt für ihr Heil zuweilen mehr Gewinn als die Gnade der Andacht.»

Als sie wiederum für eine Person betete, welche den Empfang des Sakramentes des Leibes des Herrn wegen geringer Ursache unterlassen hatte, nämlich damit nicht einige, wenn sie sie sähen, Anstoß nehmen könnten, empfing sie die Antwort durch ein Gleichnis: «Wenn jemand einen offenbaren Flecken an seiner Hand wahrnimmt, so wäscht er sie sogleich; nach der Waschung aber ist er nicht bloß von jenem Flecken frei, sondern die ganzen Hände sind reiner geworden. So trifft es sich auch, dass jemand in einen leichten Fehler fällt, darüber aber Reue erweckt und so durch Demut überhaupt mir wohlgefälliger wird. Einige aber widerstreben mir bei dieser Wohltat, indem sie ihre innere Schönheit, die ich nach der Buße anerkenne, nicht beachten und nach der äußeren Reinheit streben, die von dem Urteil der Menschen abhängt. Um nämlich bei den Menschen nicht in den üblen Ruf zu kommen, als hätten sie sich zum Empfang des Sakramentes nicht sorgfältig genug vorbereitet, setzen sie meine Gnade hintan, die sie durch den Empfang des Sakramentes gewinnen könnten.»

An einem andern Kommuniontag wurde sie zur Kommunion in ihrem Innern von dem Herrn in der Weise eingeladen, als wenn sie Gott dem Vater im Reich seiner Herrlichkeit zur Seite sitzen und an seiner Tafel mit ihm speisen sollte. Weil sie sich hierzu aber sehr unvorbereitet und allzuwenig geschmückt sah, versuchte sie ängstlich, sich zu entziehen. Der Sohn Gottes jedoch kam ihr entgegen und schien sie zur Vorbereitung in ein Gemach zu führen. Zuerst wusch er ihr die Hände zur Vergebung der Sünden, indem er ihr die reinigende Kraft seines Lebens mitteilte. Sodann löste er seinen Schmuck, Halskette, Armbänder und Ringe, hing ihn ihr um und forderte sie auf, hiermit würdevoll einherzuschreiten und nicht wie eine Törin, die aus Ungeschicklichkeit und Mangel an Übung so nicht einherzugehen versteht und deshalb sich eher Verachtung zuzieht, als wegen ihrer Scheu Ehre erwirbt.

Hieraus erkannte sie, dass jene wie Törichte mit dem Schmuck des Herrn einhergehen, die im Hinblick auf ihre Unvollkommenheit den Sohn Gottes bitten, dass er ihre Mängel ergänze, aber nach dem Empfang dieser Wohltat dennoch so zaghaft bleiben wie zuvor, weil sie nicht das volle Vertrauen auf die überreiche Ergänzung seitens des Herrn haben. Während sie an einem andern Kommuniontag das Opfer des Leibes Christi zum Heil aller Seelen im Fegfeuer darbrachte, erkannte sie, dass ihnen hieraus die größte Erleichterung zuteil wurde. Voll Verwunderung sagte sie darum zum Herrn: «Da du, mein gütigster Herr, mich Unwürdige immer durch deine Gegenwart heimzusuchen, ja in mir zu wohnen geruhst, woher kommt es denn, dass du nicht immer solche Wirkung durch mich hervorbringst, wie ich sie jetzt nach dem Empfang deines allerheiligsten Leibes erfahre?»

Der Herr erwiderte: «Wenn ein König in seinem Palast wohnt, so wird der Zutritt zu ihm nicht allen leicht gestattet; wenn er aber zur Königin, die in der Stadt weilt, hinabgeht, so genießen alle Bürger und Einwohner durch die der Königin erteilte Gunst um so leichter die Freigebigkeit seiner königlichen Großmut und erfreuen sich seiner Hilfe. Ebenso gewähre auch ich, wenn ich durch das lebenspendende Sakrament des Altares zu einem Gläubigen, der ohne Todsünde ist, mich hinabneige, allen Himmelsbewohnern samt den Menschen auf Erden und den Seelen im Fegfeuer Zuwachs an unschätzbaren Gütern.»

Wiederum an einem Kommuniontag befiel sie das Verlangen, sich in den tiefsten Abgrund der Demut zu versenken aus Ehrfurcht vor jener Herablassung, in welcher der Herr sein kostbares Fleisch und Blut den Auserwählten mitteilt.

Hierbei erschien ihr jene Demütigung als die tiefste, in welcher der Sohn Gottes in die Vorhölle hinabstieg; und in Vereinigung mit ihm glaubte sie in die Tiefe des Fegfeuers hinabzugleiten. Dort sich niederbeugend, soviel sie konnte, erkannte sie den Herrn, der also zu ihr sprach: «Beim Empfang des Sakramentes will ich dich so in mich hineinziehen, dass du alle mit dir ziehst, zu denen der Wohlgeruch deiner Wünsche dringt. Und damit du erkennst, dass meine Erbarmungen über alle meine Werke gehen[38] und dass niemand den Abgrund meiner Liebe erschöpfen kann, sieh, so bin ich bereit, um den Preis dieses lebendig machenden Sakramentes dir viel mehr zu geben, als du zu erbitten wagst.»

III. 18. Vorstellung am Thron der Himmelskönigin

Einst hatte sie zur Gebetszeit sich Gott vorgestellt und erforschte, was ihm zu der Stunde am wohlgefälligsten sei. Der Herr antwortete: «Stelle dich vor meine Mutter, die mir zur Seite thront, und bemühe dich, sie zu preisen.» Hierauf grüßte sie andächtig die Königin des Himmels mit dem Vers: «O Paradies der Wonne ...» und erhob sie, dass sie die lieblichste Wohnstätte gewesen, welche Gottes unerforschliche Weisheit, der jegliche Kreatur bekannt ist, unter den Genüssen der väterlichen Seligkeit sich zur Einwohnung erwählt habe. Zugleich bat sie auch für sich um ein solches Herz, das durch den Reichtum an Tugenden Gott eine erfreuliche Wohnstätte darböte.

Da schien die seligste Jungfrau sich herabzuneigen, um in dem Herzen der Betenden die Rose der Liebe, die Lilie der Keuschheit, das Veilchen der Demut, die Sonnenwende des Gehorsams und mannigfaltige andere Tugendblumen einzupflanzen.

Fortfahrend mit dem Vers: «Freue dich, du Lehrerin der Sitte und Zucht» pries sie dieselbe wegen des Vorzuges, wodurch sie vor allen Menschen die Affekte, die Gewohnheiten, die Sinne und ihre sämtlichen Bestrebungen mit solcher Sorgfalt regiert habe, dass dem in ihr herbergenden Herrn der würdigste Dienst geleistet wurde und sie niemals weder in Gedanken noch durch Wort und Werk etwas Ungeziemendes tat; zugleich bat sie, dass sie dies auch ihr erlangen möchte. Hierauf schien die jungfräuliche Mutter ihre Gefühle in Gestalt zarter Mägdlein auszusenden, denen sie gleichsam Auftrag gab, einzeln sich den einzelnen Gefühlen der Beterin zuzugesellen und, was jene etwa unvollkommen ausführten, sorgfältig zu ergänzen. Nach einer kleinen Unterbrechung sagte Gertrud zum Herrn: «Weil du, mein Bruder, dazu Mensch geworden bist, um alle menschlichen Mängel zu ersetzen, so leiste auch jetzt deiner heiligsten Mutter für mich Ersatz, wenn ich bei ihrer Lobpreisung nicht würdig genug verfahren bin.» Auf diese Worte erhob sich der Sohn Gottes, trat ehrfurchtsvoll vor seine Mutter, bog das Knie vor ihr und grüßte sie liebreichst durch Neigen des Hauptes.

Als sie am folgenden Tag in ähnlicher Weise betete, erschien dieselbe jungfräuliche Mutter in Gegenwart der heiligsten Dreieinigkeit in Gestalt einer weißen Lilie mit drei Blättern, wovon eines aufgerichtet und die andern gesenkt waren. Hierdurch wurde zu verstehen gegeben, dass die selige Gottesgebärerin deshalb eine strahlende Lilie der Dreieinigkeit heißt, weil sie vollkommener als jegliche Kreatur die Vorzüge der erhabensten Dreieinigkeit in sich aufgenommen und niemals durch das geringste Stäubchen einer lässlichen Sünde befleckt hat. Das aufgerichtete Blatt nämlich bezeichnete die Allmacht des Vaters, die beiden gesenkten die Weisheit des Sohnes und die Güte des Heiligen Geistes, denen sie überaus ähnlich erfunden wird.

Auch erfuhr sie von der seligsten Jungfrau: Wenn jemand zu ihrer Begrüßung andächtig spreche: «O strahlende Lilie der Dreifaltigkeit, o hell glänzende Rose der himmlischen Anmut!», so wolle sie an ihm erweisen, was sie vermöchte durch die Allmacht des Vaters und wie erhabene Ratschläge zum Heil des Menschengeschlechtes sie wisse durch die Weisheit des Sohnes und wie überwallend ihre Liebe sei durch die Güte des Heiligen Geistes. Sie fügte noch hinzu: Dem, der mich also begrüßt, werde ich bei seinem Abscheiden in so großer Holdseligkeit erscheinen, dass ich ihm himmlischen Trost und himmlische Wonne gewähre.» Deshalb beschloss sie, die seligste Jungfrau oder auch ihr Bild mit diesen Worten zu begrüßen:

«Sei gegrüßt, du weiße Lilie der allzeit ruhenden Dreieinigkeit, du leuchtende Rose himmlischer Anmut, von welcher der König der Himmel geboren und genährt werden wollte; nähre unsere Seelen mit göttlichen Einströmungen.»

III. 19. Von der besonderen Hinneigung zu Gott bei der Begrüßung der seligsten Jungfrau

Sie hatte die Gewohnheit, alles, was sie anmutete, auf den Heiland zurückzubeziehen. So oft sie darum etwas lesen oder singen hörte zum Lob oder zur Begrüßung der seligsten Jungfrau oder der andern Heiligen, was dem Gefühl besonders wohl tat, achtete sie hierbei immer noch mehr auf den Herrn und König der Könige selbst, als auf die Heiligen, deren Fest oder Gedächtnis gefeiert wurde.

Als nun am Fest der Verkündigung die seligste Jungfrau in der Predigt wiederholt gepriesen, das heilsamste Werk der Menschwerdung des Herrn aber gar nicht erwähnt wurde, verstimmte sie dies. Nach der Predigt vor ihrem Altar vorübergehend, fühlte sie, dass sie bei jeder ihrer Begrüßungen und Lobpreisungen mit noch innigerer Liebe zu Jesus, der gebenedeiten Frucht ihres Leibes, sich hinneigte, und begann zu fürchten, sie möchte sich hierdurch ihre Ungnade zuziehen.

Aber der gütige Tröster sagte freundlich: «Fürchte nicht, meine Teuerste; denn solche Begrüßung oder Lobpreisung meiner geliebten Mutter, wobei du mehr auf mich achtest, gefällt ihr am besten. Aber auch so oft du meine Mutter grüßest ohne mich, werde ich dies annehmen und zugleich belohnen wie jene Vollkommenheit, in der jeder wahrhaft Gläubige mich, das Hundertfache von allem Hundertfachen, zu meiner größeren Verherrlichung bereitwillig verlässt.»

III. 20. Wie eine Krankheit die Nachlässigkeiten ersetzt

Einstmals durch Krankheit an der strengen Beobachtung der Ordensregel gehindert, weshalb sie bei Anhörung der Vesper sich gesetzt hatte, sagte sie aus Sehnsucht und zugleich aus Betrübnis des Herzens zum Herrn: «Wäre es nicht preiswürdiger für dich, o Herr, wenn ich jetzt bei der Genossenschaft im Chor betete und in den andern Übungen der Ordensregel mich mühte, als dass ich wegen dieser Schwäche so viel Zeit nachlässig verbringe?»

Der Herr erwiderte: «Glaubst du wohl, dass der Bräutigam sich weniger an der Braut erfreut, wenn er mit ihr im Haus weilt, als wenn sie geschmückt zum Schauspiel des Volkes einherschreitet?» Hieraus erkannte sie, dass die Seele dann gleichsam vor die Öffentlichkeit tritt, wenn sie in dem Streben nach guten Werken zur Ehre Gottes sich übt, dann aber bei dem Bräutigam daheim ist, wenn sie durch ein körperliches Leiden daran gehindert wird. Denn dann ist sie, der Ergötzungen der eigenen Sinne beraubt, dem göttlichen Willen allein überlassen. Deshalb erfreut sich der Herr auch um so mehr an dem Menschen, je weniger dieser in sich selber findet, deswillen er sich freuen oder rühmen könnte.

III. 21. Von einem dreifachen Segen

Als sie eines Tages so andächtig als möglich der Messe beiwohnte, schien beim Kyrie eleison ihr Schutzengel sie wie ein kleines Kind in seine Arme zu nehmen und Gott dem Vater vorzustellen mit den Worten: «Segne, o Herr, Gott Vater, dein Töchterlein!» Als Gott Vater hierauf eine Weile schwieg, wie wenn er es für ungeziemend erachtete, ein so kleines Wesen zu segnen, begann sie, zu sich selbst zurückgekehrt, mit Beschämung ihre Niedrigkeit und Unwürdigkeit zu überdenken.

Darauf erhob sich der Sohn Gottes und übergab ihr als Ersatz seinen ganzen hochheiligen Lebenswandel. Hierdurch schien sie, mit glänzenden und sehr schmuckvollen Kleidern geziert, zum vollen Alter Christi[39] gewachsen zu sein. Deshalb neigte sich auch Gott der Vater mit der wohlwollendsten Liebe zu ihr und gab ihr einen dreifachen Segen durch die Nachlassung aller Sünden, wodurch sie in Gedanken, Worten und Werken gegen seine Allmacht gefehlt hatte. Zur Danksagung hierfür brachte sie Gott dem Vater den ganzen hochheiligen Lebenswandel seines Eingeborenen dar. Darauf schienen die einzelnen Edelsteine an ihren Kleidern einander zu bewegen und die lieblichste Melodie zur Lobpreisung des ewigen Vaters ertönen zu lassen. Das bedeutet, wie angenehm es Gott dem Vater sei, wenn man ihm den höchst vollkommenen Wandel seines Sohnes aufopfert. Hiernach stellte der erwähnte Engel sie Gott dem Sohn vor mit den Worten: «Segne, o Sohn des Königs, die Schwester!» Darauf empfing sie ebenfalls einen dreifachen Segen zur Vergebung alles dessen, was sie gegen die Weisheit Gottes gesündigt hatte. Endlich stellte er sie dem Heiligen Geist vor mit den Worten: «Segne, o Liebhaber der Menschen, deine Verpfändete!»

Und auch von ihm wurde sie mit einem dreifachen Segen begnadigt zur Nachlassung aller Sünden, wodurch sie gegen die Güte Gottes gefehlt hatte. Wem dies gefällt, der kann auf diese neun Segnungen beim Kyrie eleison sein Augenmerk richten.

III. 22. Von der Wirkung der Absicht beim Psalmengebet

Während sie am Fest eines Heiligen die kirchlichen Tagzeiten zum Lob Gottes und des Heiligen andächtiger zu singen beabsichtigte, schienen alle ihre Worte nach Art einer scharfen Lanze von ihrem Herzen aus das Herz Jesu Christi innerlich zu durchbohren und zu einer unvergleichlichen Freude zu erregen. Strahlen wie die am hellsten schimmernden Sterne drangen von der oberen Seite der Lanze bis zu den einzelnen Heiligen vor und zierten sie mit einem neuen wunderbaren Glorienschmuck, vorzugsweise aber jenen Heiligen, dessen Fest gefeiert wurde. Von der unteren Seite der Lanze wurden in Form von mächtig hervorquellenden Tropfen allen Lebenden besondere Gnaden und den Seelen im Fegfeuer der Trost reichlicher Erquickung zuteil.

III. 23. Von dem Dienste des göttlichen Herzens

Als sie ein andermal sich anstrengte, die einzelnen Noten und Worte mit großer Andacht zu singen, hieran aber aus menschlicher Schwachheit öfter gehindert wurde, sprach sie trauernd bei sich selbst: «Welcher Gewinn wird aus einer Anstrengung ersprießen, der so große Unbeständigkeit anhaftet?»

Der Herr, der ihre Trauer nicht ertragen konnte, stellte ihr gleichsam mit seinen eigenen Händen sein göttliches Herz unter dem Bild einer brennenden Lampe vor mit den Worten: «Sieh, ich zeige den Augen deines Geistes mein süßestes Herz, das Werkzeug der anbetungswürdigen Dreieinigkeit, dem du alles, was du aus dir weniger vollkommen vermagst, zur Ergänzung vertrauensvoll empfehlen sollst: So wird dann alles vor meinen Augen höchst vollkommen erscheinen. Denn gleichwie ein treuer Knecht seinem Herrn zu allem bereit steht, so wird von nun an mein Herz dir immer zu Diensten sein, um deine Nachlässigkeiten zu ergänzen.»

Über diese unerhörte Herablassung des Herrn erschrak und staunte sie; für durchaus unpassend hielt sie es, dass das einzig hoch erhabene Herz ihres Herrn, die Schatzkammer der Gottheit, die jegliches Gute umschließt, ihr, der so Geringen, zur Ergänzung ihrer Nachlässigkeiten wie ein Diener bereit stehe. Der Herr aber kam ihrer Verzagtheit entgegen und ermutigte sie durch folgendes Gleichnis: «Gesetzt, du hättest eine sehr klangvolle und biegsame Stimme und zudem große Freude am Gesang, ständest aber neben jemandem, der mit seiner schweren und misstönenden Stimme trotz aller Anstrengung kaum etwas hervorbringen kann, würdest du dann nicht darüber unwillig, dass er dir nicht übertrüge, was er nur mit so großer Mühe leistet?

Ebenso harrt mein göttliches Herz, das die menschliche Schwachheit und Unbeständigkeit kennt, mit unbeschreiblichem Verlangen, bis du, wenn nicht mit Worten, dann wenigstens durch einen Wink, ihm die Vollendung dessen überträgst, was du aus dir weniger vollkommen vermagst. Mein Herz aber kann dies sehr leicht durch die Kraft der Allmacht und weiß es aufs Beste durch die unerforschliche Weisheit und begehrt es aufs Höchste durch die mir eingeborene huldreiche Güte.»

II. 24. Vom Reichtum der Seele aus dem Herzen Gottes

Während sie hiernach eines Tages dies erhabene Geschenk des Herrn in dankbarer Erinnerung überdachte, fragte sie ihn sehnsüchtig, bis wie lange er es ihr bewahren wolle, worauf der Herr antwortete: «So lange du es zu behalten begehrst, sollst du niemals klagen, dass ich es dir entzogen hätte.» Da sagte sie: «Aber, o Gott, du Schöpfer unbegreiflicher Wunder, wie kann das geschehen, dass ich dein göttliches Herz wie eine Lampe inmitten meines leider nur zu unwürdigen Herzens hängen sehe und dennoch, so oft ich durch deine Gnade dir nahen darf, mich freue, es auch in dir zu finden, wo es mir den Reichtum aller Wonnen spendet?» Der Herr erwiderte: «Wenn du etwas ergreifen willst, so streckst du deine Hand aus und hast du es ergriffen, so ziehst du sie wieder an dich: Ebenso strecke auch ich in Liebe zu dir, wenn du äußeren Dingen dich zuwendest, mein Herz aus, um dich an mich zu ziehen; sobald du dich dann aber in deinem Innern wieder sammelst, um auf mich zu achten, ziehe ich mein Herz ebenfalls mit dir in mich zurück und gewähre dir aus ihm die Erquickung jeglicher Tugend.»

Hierauf beherzigte sie die unverdiente Huld Gottes mit Bewunderung und Dankbarkeit, betrachtete aber zugleich auch die vielgestaltige Hässlichkeit ihrer Fehler und versenkte sich mit der größten Selbsterniedrigung in die Demut, sich jeglicher Gnade für unwürdig erachtend.

Da schien der Herr, der, obgleich in den Höhen[40] wohnend, sich dennoch freut, die Niedrigen mit seinen Gnaden zu überströmen, von seinem Herzen eine goldene Röhre hinabzusenken, welche in Weise einer Lampe über ihrer Seele aufgehängt erschien. Durch diese Röhre ergoss er in sie alle wunderbaren Güter. Verdemütigte sie sich zum Beispiel durch die Erinnerung an ihre Fehler, so überflutete er sie aus seinem seligsten Herzen mit dem blumenduftigen Frühling seiner göttlichen Tugenden, der ihre Mängel vor den Augen seiner göttlichen Liebe verschwinden ließ. Oder begehrte sie irgendeinen Schmuck oder was nur immer Wünschenswertes für das menschliche Herz kann erdacht werden, sogleich strömte alles in der sanftesten Weise durch die genannte Röhre in sie ein.

Als sie eine Zeitlang sich an solchen Freuden gelabt hatte und durch die Wirksamkeit der göttlichen Gnade mit allen Tugenden, nicht den ihrigen, sondern denen des Herrn, würdig geschmückt und vollkommen erschien: Da hörte sie – so wie man innerlich im Herzen hört – eine lieblich tönende Stimme gleich der eines Zitherspielers: «Komm, du Meine, zu mir! Geh ein, die du mein, in mich! Weile, o du Meine, bei mir!» Den Sinn dieses Liedes aber gab der Herr ihr wie Honig zu verkosten durch die Worte: «Komm, o du Meine, zu mir! Weil ich, dich liebend als meine Braut, nach deiner Nähe mich sehne, darum rufe ich dich. Weil ich meine Wonne in dir habe, so begehre ich, dass du eingehest in mich, wie der Bräutigam wünscht, dass die Freude seines Herzens in ihm vollkommen sei. Und weil ich, der Gott der Liebe, dich erwählt habe, so verlange ich, dass du bei mir bleibst in unzertrennlicher Vereinigung, wie der Mensch nicht seinen Geist verlieren will, ohne den er keine Stunde leben könnte.»

Währenddessen fühlte sie, dass sie durch die erwähnte Röhre in unbeschreiblich wunderbarer Weise in das Herz Jesu hineingezogen wurde. Und so fand sie sich glückselig in dem Innersten ihres Herrn. Was sie aber dort empfunden, was sie gesehen, was sie gehört, was sie verkostet, das ist ihr allein bekannt und jenem, der sich herabgelassen, sie zu einer so erhabenen Vereinigung mit sich zu erheben, Jesus, dem Bräutigam der liebenden Seele, der über alles ist Gott, hochgelobt in Ewigkeit[41].

III. 25. Von dem Begräbnis des Herrn in der Seele

Als am Karfreitag zum Schluss des Gottesdienstes Christi Begräbnis gefeiert wurde, bat sie den Herrn, er möge sich in ihrer Seele zur beständigen Innewohnung bestatten lassen. Dies winkte der Herr ihr freundlich zu mit den Worten: «Ich, der ich selbst der Fels genannt werde[42], will der Stein an der Tür aller deiner Sinne sein und als Wachen meine eigenen Neigungen hinstellen, welche dein Herz gegen alle widerstrebenden Neigungen schützen und in meiner Kraft zu meiner ewigen Verherrlichung in dir wirken sollen.»

Hiernach sah sie eines Tages jemanden etwas tun, was sie, wie sie fürchtete, zu hart beurteilte. Voll Zerknirschung sagte sie zum Herrn: «Du hattest, o Herr, die Stätte meines Herzens mit Wachen besetzt, aber ich fürchte, sie ist von ihnen jetzt verlassen, weil ich meinen Nächsten so hart beurteilt habe.» Der Herr antwortete: «Wie kannst du sagen, die Stätte sei jetzt von ihnen leer, da du gerade bei jener Handlung ihre Wirksamkeit empfunden hast? Denn wer mir anhangen will, dem darf, was mir missfällt, nicht wohlgefallen.»

III. 26. Von der Einschließung in den Leib des Herrn

Während der Vesper bei der Antiphon «Ich sah Wasser hervorgehen»[43] sprach der Herr zu ihr: «Schaue auf mein Herz, dies wird dein Tempel bleiben. Erwähle aber noch andere Teile meines Körpers zu Kammern, in denen du gewöhnlich lebst; denn mein Leib wird künftig dir als Kloster dienen.» Hierauf sagte sie: «O Herr! Ich weiß nichts mehr zu suchen noch auszuwählen, weil ich einen so ergötzlichen Reichtum in deinem süßesten Herzen, das du meinen Tempel zu nennen geruhest, gefunden habe, dass ich außerhalb desselben weder Ruhe noch Erquickung zulassen kann, die ja doch in einer Klausur notwendig erscheinen.» Darauf erwiderte der Herr: «Wenn du willst, so kannst du beides in meinem Herzen haben; denn du weißt ja von einigen, dass sie nicht aus dem Tempel wichen, sondern in demselben auch aßen und, wie Dominikus[44], sogar schliefen. Erwähle dir jedoch einige andere der Klausur entsprechende Stätten.» Hierauf wählte sie sich zum Gang oder zur Waschstätte die Füße des Herrn, seine Hände zum Arbeitszimmer, seinen Mund zum Sprech- oder Kapitelsaal, seine Augen zur Schule, um darin zu lesen, und seine Ohren zum Beichtstuhl. Zugleich belehrte der Herr sie, dass sie allzeit nach irgendeinem Fall hierzu emporsteigen sollte, und zwar auf fünf Stufen der Demut durch folgende fünf Worte: Ich Niedrige, ich Sünderin, ich Arme, ich Böse, ich Unwürdige, ich komme zu dir, dem überströmenden Abgrund der Liebe, um von jeglichem Makel rein gewaschen und von jeder Sünde geläutert zu werden. Amen.

III. 27. Wie man dem Herrn anhängen und ihn grüßen soll

Bei Erwägung der mannigfachen Fehler der Unbeständigkeit wandte sie sich einst an den Herrn mit den Worten: «Es ist mir gut, dir allein anzuhangen.»[45] Der Herr aber neigte sich zu ihr und sprach: «Und mir ist es immer angenehm, dir anzuhangen.»

Bei diesen Worten erhoben sich alle Heiligen und brachten ihre Verdienste vor den Thron aus Ehrfurcht gegen den Herrn, um jener Seele davon mitzuteilen, damit ihm eine um so würdigere Wohnung in ihr werde. Sie erkannte, wie gern der Herr sich zur Seele neigt und wie bereitwillig der Chor der Heiligen ihm dazu Dienste leistet, damit die Unwürdigkeit der Seele durch ihre Verdienste ergänzt werde.

Als sie hierauf in sehnsuchtsvoller Liebe sagte: «Ich niedriges Menschengebilde grüße dich, o minniglichster Herr!» empfing sie von der huldreichsten Güte Gottes folgende Antwort: «Und ich grüße dich wieder, meine Geliebte!» Hieraus erkannte sie: Wenn jemand zu Gott mit inniger Andacht sagt: mein Liebreichster und Ähnliches, empfängt er häufig eine solche Antwort von ihm, wodurch er im Himmel den Vorzug einer besonderen Gnade besitzen wird, so wie Johannes der Evangelist Ehre auf Erden dadurch genießt, dass er genannt wird «der Jünger, den Jesus lieb hatte»[46].

III. 28. Von andern Unterweisungen, welche sie im Geist empfing, und über einige Worte des göttlichen Offiziums

Während der Messe Veni et ostende – «Komm und zeige»[47] erschien der Herr, einen belebenden und göttlichen Hauch ausatmend und von dem erhabenen Thron seiner königlichen Herrlichkeit sich herablassend, als wolle er jedem Dürstenden wegen des Festes seiner honigfließenden Geburt den Strom seiner göttlichen Gnade reichlicher eingießen. Deshalb betete sie für die ihr Empfohlenen, der Herr möge sie einzeln mit einer größeren Gnade beschenken, und empfing folgende Antwort: «Ich habe jedem eine goldene Röhre geschenkt, kraft derer er aus dem Innersten meines göttlichen Herzens alles an sich ziehen kann, was er begehrt.»

Diese Röhre bedeutete den guten Willen, wodurch der Mensch jedes geistige Gut im Himmel und auf Erden sich anzueignen vermag. Begehrt er zum Beispiel, von Liebesglut entzündet, Gott so viel Lobpreis, Danksagung, Gehorsam und Treue zu erweisen, als irgendein Heiliger ihm jemals dargebracht, so nimmt die unermessliche Güte Gottes den Willen für die Tat an. Jene Röhre wird aber goldglänzend, wenn der Mensch hinwiederum Gott dankt, dass er ihm einen so edlen Willen geschenkt hat, wodurch er unendlich mehr gewinnen kann, als die ganze Welt mit allen Kräften vermag.

Hierauf sah sie, wie die Einzelnen aus der Genossenschaft den Herrn umstanden und durch die ihnen erteilten Röhren die göttliche Gnade nach Kräften in sich zogen. Einige schienen unmittelbar aus dem Innersten des göttlichen Herzens zu ziehen, während andern das Ihrige durch die Hände des Herrn zukam.

Und je entfernter von dem göttlichen Herzen, desto schwieriger erlangten sie das Begehrte; je näher sie aber aus demselben zu ziehen suchten, desto leichter, süßer und reichlicher schöpften sie. Unmittelbar und zunächst aus dem Herzen des Herrn schöpften diejenigen, welche dem göttlichen Willen sich ganz gleichgestalten und unterwerfen, indem sie über alles wünschen, dass der preiswürdigste Wille Gottes an ihnen sowohl in betreff der Seele wie des Leibes auf das Vollkommenste erfüllt werde. Jene aber, welche durch andere Glieder des Herrn Gnade einzuziehen suchten, waren diejenigen, welche alle Geschenke oder Tugenden nach eigenem Gutdünken zu erlangen streben. Je weniger sie sich der göttlichen Vorsehung überlassen, desto mehr müssen sie sich abmühen.

Nun opferte sie ihr Herz dem Herrn auf mit den Worten: «Sieh, o Herr, mein Herz! Ich opfere dir dasselbe, losgeschält von jeglicher Kreatur, mit aufrichtigem Willen auf und bitte, du mögest es abwaschen in dem wirksamen Wasser deiner allerheiligsten Seite, es würdig ausschmücken in dem kostbaren Blut deines süßesten Herzens und es dir entsprechend zubereiten in dem würzigen Duft deiner göttlichen Liebe.» Sogleich erschien der Sohn Gottes und opferte es Gott dem Vater auf, vereinigt mit seinem göttlichen Herzen in Weise eines Kelches, der aus zwei mittels Wachs zusammengefügten Teilen gebildet ist. Da sie dies sah, sagte sie in demütiger Andacht zum Herrn: «Verleihe, o liebreichster Gott, dass mein Herz immer bei dir sei, damit du es allzeit rein nach deinem Belieben zur Hand habest, um ein- und auszugießen, wann du willst und wem es dir gefällt.» Dies nahm der Sohn Gottes wohlgefällig an und sagte zum Vater: «Zu deiner ewigen Verherrlichung, o heiliger Vater, möge dieses Herz ausgießen, was mein Herz zur Austeilung während meines Wandels auf Erden enthielt.» Als sie hiernach öfter ihr Herz mittels obiger Worte dem Herrn darbrachte; schien es ihr zuweilen so angefüllt zu werden, dass eine Ergießung desselben durch Lobpreisung oder Danksagung die Freude der Himmelsbewohner vermehrte, zuweilen auch so, dass es den Erdbewohnern zum Nutzen gereichte. Denn von dieser Zeit an erkannte sie, es gefalle dem Herrn, wenn sie solches zu Nutz und Frommen vieler niederschreiben lasse.

Im Advent erkannte sie bei dem Ausspruch des Propheten Isaias: Elevare, elevare, consurge, Ierusalem – «Erhebe dich, erhebe dich, steh auf, Jerusalem»[48], den Gewinn, welcher der Streitenden Kirche aus dem Gebet der Auserwählten erwächst. Wenn nämlich eine liebende Seele sich ganz zu Gott dem Herrn hinkehrt mit dem aufrichtigen Willen, ihm jeglichen Schaden an seiner Ehre, wenn sie es vermöchte, zu vergüten, und so während des Gebetes, von den Flammen der Liebe brennend, ihm freundlich zuredet, dann versöhnt sie ihn so sehr, dass er zuweilen die ganze Welt verschont. Dies bedeutet der Ausspruch: «Du hast bis auf den Grund des Kelches getrunken.»[49] Denn auf diese Weise wird die Strenge der Gerechtigkeit umgewandelt in Milde. Was aber noch folgt: «Du hast bis auf die Hefe getrunken» besagt, dass den Verdammten, denen die Hefe der Gerechtigkeit gebührt, keine Erlösung zuteil werden kann.

Bei den Worten: «Heiligt euch, ihr Kinder Israels![50] ward ihr klar, dass derjenige, der für alle seine Begehungs- und Unterlassungssünden schnelle Buße tut und von ganzem Herzen dem Gehorsam gegen die Gebote Gottes sich zuneigt, ebenso wahrhaft vor Gott geheiligt erfunden wird, wie jener Aussätzige gereinigt wurde, zu dem der Herr sprach: «Ich will, sei rein.»[51] Bei dem Vers: «Singet dem Herrn ein neues Lied»[52] verstand sie, dass jeder dem Herrn ein neues Lied singt, der mit inniger Andacht singt, weil er eben durch die Gnade der Andacht, die er von Gott empfängt, bereits erneuert, Gott angenehm sein wird.

Durch die Worte: «Der Geist des Herrn ist über mir», und: «damit ich heile, die zerschlagenen Herzens sind»[53], erkannte sie Folgendes: Weil der Sohn Gottes vom Vater gesandt wurde, um diejenigen zu heilen, die zerschlagenen Herzens sind, so verwundet er seine Auserwählten durch irgendeine Bekümmernis, zuweilen auch durch eine kleine Beschwerde von außen her, damit er Gelegenheit habe, sie zu heilen.

Wenn er aber bei dieser Gelegenheit in die Seele einkehrt, so heilt er nicht jene Beschwernis, wovon das Herz gerade getroffen ist, denn diese ist weniger schädlich, sondern er heilt vielmehr alles, was er in der Seele Verderbliches findet.

Durch die Worte: «Im Glanz der Heiligen»[54] wurde ihr kund: Wenn jeder Heilige von Adam bis auf den letzten Menschen einzeln eine so helle, tiefe und ausgebreitete Erkenntnis empfinge, wie jemals irgendein Geschöpf sie fassen konnte, und wenn die Schar der Heiligen auch noch tausendmal größer wäre, so würde das Licht der Gottheit dennoch unerschöpft bleiben, und zwar unendlich mehr, als irgendein Verstand zu erkennen vermag. Deshalb heißt es auch nicht «in dem Strahl», sondern «in dem Strahlenvollglanz der Heiligen, aus dem Mutterschoß erzeugte ich dich vor dem Morgenstern».

Als man von einem Märtyrer sang: «Wer mir nachfolgen will», sah sie den Herrn über einen Weg gehen, der zwar durch Grün und Blumenschmuck angenehm, aber durch dichte Dornen doch auch eng und rauh war; das Bild des Kreuzes sah sie ihm vorangehen, es zerteilte die Dornen und erweiterte den Weg.

Der Herr kehrte sich den Seinigen mit freundlichem Antlitz zu und lud sie ein: «Wer mir nachfolgen will, der verleugne sich selbst, nehme sein Kreuz auf sich und folge mir nach.»[55] Hierbei erkannte sie, dass für jeden seine Versuchung sein Kreuz sei. Für einige bestand es darin, dass sie durch die Stacheln des Gehorsams zu Dingen angetrieben wurden, die ihnen widerwärtig waren; für andere darin, dass sie durch Krankheitsbeschwerden an dem verhindert wurden, was ihnen erwünscht war; und so hatte jeder sein besonderes Kreuz. Dieses Kreuz muss jeder so auf sich nehmen, dass er dabei den Entschluss fasst, das ihm Widerstrebende gern zu leiden und zugleich nach Kräften nichts von dem zu vernachlässigen, was er als ehrenvoller für Gott erkennt.

Beim Absingen des Psalmverses «Die Worte der Ungerechten»[56] erkannte sie Folgendes: Wenn jemand durch menschliche Gebrechlichkeit einen Fehler begangen hat und nach Gebühr zurechtgewiesen wird, dann aber noch mehr harte Worte, als er verdient, hören muss, so fordern diese die Barmherzigkeit Gottes heraus und gereichen dem Fehlenden selbst zum Verdienst.

Als das «Salve Regina» gesungen wurde und sie bei den Worten «deine barmherzigen Augen» die Gesundheit des Leibes zu erlangen begehrte, sagte der Herr mild lächelnd zu ihr: «Weißt du denn nicht, dass ich gerade dann mit meinem barmherzigsten Blick dich ansehe, wenn du am Leib gezüchtigt oder im Geist beängstigt wirst?» Ebenso erkannte sie, als am Geburtstag einiger Märtyrer gesungen wurde «Herrliches Blut» folgende Wahrheit: Wie die Vergießung des Blutes, die an sich verabscheuungswürdig ist, in der Heiligen Schrift deshalb, weil sie für Christus geschieht, gepriesen wird, so ist bei Ordensleuten jene Unterlassung, die aus Gehorsam oder brüderlicher Liebe hervorgeht, Gott so wohlgefällig, dass sie mit Recht herrlich heißen kann.

Ein andermal erfuhr sie, wie Gott nach seinem geheimen Ratschluss es öfter zulasse, dass, wenn ein Verkehrter durch List von den Auserwählten irgendein Geheimnis erforschen will, er zuweilen eine solche Antwort empfängt, dass er im Irrtum noch mehr bestärkt wird. Dies geschieht ihm zum Unheil, den Auserwählten aber zur Prüfung.

So lesen wir auch bei Ezechiel: «Einem jeden, welcher seine Frevel festgesetzt in seinem Herzen und den Anstoß zu seiner Schuld aufgestellt hat vor seinem Angesicht, so er kommt zu dem Propheten, mich zu befragen durch ihn – dem werde ich, der Herr, Antwort geben nach der Menge seiner Frevel, damit er gefangen werde in seinem Herzen.»[57] Bei den Worten in dem Lobgesang auf den hl. Johannes: «Dieser trinkt todbringend Gift» erkannte sie, dass, gleichwie die Kraft des Glaubens Johannes vor dem Gift unversehrt bewahrte, ebenso der Entschluß des Willens (der gegen die Sünde ankämpft) die Seele unbefleckt erhält, mag das, was dem Herzen wider Willen eingeflößt wird, auch noch so giftig sein.

Bei dem Vers: «Würdige dich, o Herr, an diesem Tag uns ohne Sünde zu bewahren»[58] erkannte sie: Wer sich Gott anempfiehlt, indem er ihn um Bewahrung vor der Sünde bittet, den wird, falls er auch nach dem verborgenen Ratschluss Gottes vor den Menschen in irgendeinem Stück schwer zu fehlen scheint, dennoch die Gnade Gottes wie ein Stab[59] stützen und er kann zu jeder Zeit viel leichter zurrückkehren.

Als das Responsorium «Es segnete Gott den Noe»[60] gesungen wurde, stellte sie sich gleichsam in der Person Noes vor den Herrn und begehrte seinen Segen. Nachdem sie diesen erlangt hatte, schien auch der Herr von ihr Segnung zu verlangen. Hieraus erkannte sie, dass der Mensch den Herrn dann segnet oder lobpreist, wenn er in Gedanken Reue erweckt, dass er seinen Schöpfer jemals beleidigt hat, und dessen Hilfe anfleht, um künftig die Sünden zu meiden. Auf diese Lobpreisung neigt der Herr der Himmel voll Huld sich tief herab und zeigt, dieselbe werde ihm so wohlgefällig sein, als wenn seine ganze Seligkeit hierdurch vervollkommnet würde.

Ebenso wurde ihr bei den Worten «Wo ist dein Bruder Abel?»[61] die Wahrheit klar, dass der Herr von jedem Religiosen (Ordensperson) für jegliche Handlung seines Nächsten gegen die Ordensregel Rechenschaft fordert, wenn er sie in irgendeiner Weise durch Vorsicht hätte verhüten können, sei es durch Abmachung oder durch Mitteilung an die Vorgesetzten; und dass jene Entschuldigung, die einige vorbringen: Ich habe keinen Auftrag, andere zurechtzuweisen, oder: Ich selbst bin schlechter als jener, ebensowenig bei Gott nützt, wie Kain die Antwort: «Bin ich denn etwa der Hüter meines Bruders?»[62] Denn jeder ist vor Gott verpflichtet, seinen Bruder vom Bösen zurückzuziehen und im Guten zu fördern. Und so oft er gegen sein Gewissen dies vernachlässigt, fehlt er gegen Gott. Hierbei nützt es ihm nichts, dass er vorgibt, keinen Auftrag zu haben, weil es ihm in Wahrheit also von Gott aufgetragen ist, wie sein Gewissen es ihm zeigt. Wenn er es dennoch unterlässt, so wird Gott dies von seiner Seele fordern und zuweilen noch mehr als von der Seele des Vorgesetzten, der nicht zugegen ist oder es nicht merkt. Darum droht auch die Heilige Schrift mit den Worten: «Wehe dem, der es tut, aber zweifach wehe dem, der einstimmt.»[63] Durch Einstimmung aber sündigt, wer verheimlicht, während er durch Offenbarung die Ehre Gottes fördern könnte.

Bei dem Responsorium «Der Herr hat mich bekleidet» erkannte sie, dass derjenige, der durch Wort oder Werk zur Ausbreitung der Religion[64] tätig ist und die Gerechtigkeit geziemend verteidigt, den Herrn gleichsam mit einem heilsamen und zugleich schmuckreichen Gewand bekleidet. Ihm wird der Herr im ewigen Leben mit königlicher Freigebigkeit vergelten, indem er ihn in Gewänder der Freude[65] kleidet und mit der Krone geistiger Herrlichkeit[66] schmückt. Im Besonderen noch erkannte sie, dass derjenige, welcher dabei Widerwärtigkeiten erduldet, Gott um so angenehmer ist, gleichwie der Arme das Kleid lieber hat, welches ihn nicht bloß warm hält, sondern zugleich ziert. Und wenn jener auch nichts zustande bringt, weil andere ihm Hindernisse legen, so wird sein Lohn vor Gott dennoch keineswegs vermindert.

Als das Responsorium «Der Engel des Herrn rief Abraham»[67] gesungen wurde, erkannte sie, wie die Scharen der Engel die Auserwählten umgeben, um sie zu beschützen. Aber der Herr hält in seiner väterlichen Vorsehung diesen Schutz zurück, um die Auserwählten in irgendeinem Stück zu prüfen. Je mehr sie dann ohne Hilfe der Engel durch ihre Tugend triumphieren, um so glorreicher werden sie belohnt.

Einst überdachte sie die Widerwärtigkeiten ihres vergangenen Lebens und fragte den Herrn, warum er sie von gewissen Leuten habe beängstigen lassen; der Herr antwortete: «Wenn die väterliche Hand das Kind züchtigen will, so vermag die Rute keinen Widerstand zu leisten. Deshalb wünschte ich, dass meine Auserwählten es niemals den Menschen anrechneten, durch welche sie geläutert werden, sondern auf meine väterliche Liebe sähen, da ich ja niemals auch nur dem leisesten Wind gestatten würde, wider sie zu wehen, wenn ich nicht ihr ewiges Heil im Auge hätte. Sie aber sollten mit jenen Mitleid haben, die sich zuweilen beflecken, während sie selber gereinigt werden.»

Gertrud die Große – Alter Stich

Die hl. Gertrud die Große (links) als Novizin und die hl. Mechtild von Hackeborn (rechts) als Novizenmeisterin

Darstellung eines portugiesischen Künstlers

Ein andermal sagte sie wegen der Schwierigkeit eines Werkes zu Gott dem Vater: «O Herr! Ich opfere dir dieses Werk auf durch deinen eingeborenen Sohn in der Kraft des Heiligen Geistes zur ewigen Verherrlichung.» Als Wirkung dieses Wortes erkannte sie, dass durch eine solche Absicht alles, was aufgeopfert wird, über menschliche Schätzung wunderbar geadelt wird. Gleichwie nämlich grün erscheint, was durch grünes Glas, und rot, was durch rotes gesehen wird: So ist alles, was durch seinen eingeborenen Sohn ihm dargebracht wird, Gott dem Vater überaus angenehm und wohlgefällig.

Einst fragte sie den Herrn, was es ihren Freunden für Nutzen brächte, dass sie so oft für sie bete, während sie doch keinen an ihnen sähe. Da wurde sie vom Herrn durch folgendes Gleichnis belehrt: «Wenn ein kleines Kind, von einem Kaiser mit unermesslichen Landgütern beschenkt, zurückgeführt wird, wer von den Zuschauern sieht dann sogleich an der Gestalt jenes Kindes irgendeine Frucht der Schenkung, während doch den Zeugen nicht verborgen ist, wie groß es durch die gewährten Reichtümer in Zukunft sein wird? Also wundere dich auch nicht, dass du mit körperlichen Augen die Frucht deiner Gebete nicht siehst, die ich in ewiger Weisheit zu größerem Nutzen verteile. Und je öfter für jemanden gebetet wird, desto mehr wird er beseligt; denn kein gläubiges Gebet wird ohne Frucht bleiben, wenn auch den Menschen die Weise seiner Erhörung verborgen ist.»

Da sie zu wissen begehrte, welche Frucht durch die Hinkehr der Gedanken auf Gott gewonnen würde, wurde sie also belehrt: Wenn der Mensch in der Betrachtung oder bei Erweckung der Absicht seine Gedanken auf Gott richtet, so stellt er vor dem Thron der Herrlichkeit Gott gleichsam einen Spiegel von wunderbarem Glanz auf, worin der Herr sein eigenes Bild gar angenehm beschaut, weil er es ist, der alles Gute einflößt und zum Ziel ordnet. Und je mehr der Mensch zuweilen sich hierin abmüht, um so ergötzlicher erscheint jener Spiegel vor dem Angesicht der heiligsten Dreifaltigkeit und aller Heiligen. Und dies wird ewig bleiben zur Verherrlichung Gottes und zum beständigen Frohlocken jener Seele. Als sie an einem Festtag durch ein Kopfleiden am Gesang verhindert wurde, fragte sie den Herrn, warum er ihr dies gerade an Festtagen öfter zustoßen lasse. Hierauf empfing sie die Antwort: «Damit du nicht etwa, durch die Freude des Gesanges erhoben, für die Gnade weniger tauglich erfunden werdest.» «Aber», sagte sie, «deine Gnade, o Herr, könnte dies bei mir verhüten.» Der Herr erwiderte: «Es gereicht dem Menschen zu größerem Fortschritt, wenn ihm durch ein niederbeugendes Leiden die Gelegenheit zu Fehlern entzogen wird; denn dadurch erwächst ihm ein doppeltes Verdienst, das der Geduld und das der Demut.»

Eines Tages sagte sie in übergroßer Liebe zum Herrn: «Hätte ich doch, o Herr, ein solches Feuer, dass meine Seele vollständig hinschmelzen und zerfließen würde, damit ich sie ganz um so reiner in dich ergießen könnte!» Der Herr antwortete ihr: «Dein Wille ist dir ein solches Feuer.» Aus diesen Worten erkannte sie, dass der Mensch durch seinen Willen die volle Verwirklichung aller jener Wünsche erlangt, die sich auf Gott beziehen.

Während sie sich öfter bemühte, die Ausrottung von Fehlern sowohl bei sich als in andern im Gebet vom Herrn zu erlangen, kam es ihr mitunter vor, dies könne sie nicht vollständiger erreichen, als wenn die Güte Gottes jene Art Zwang milderte, welche aus einer schlimmen Gewohnheit entsteht. Gott könne ihr ja eine solche Widerstandskraft gegen den Fehler verleihen, als wenn die Gewohnheit, die man eine zweite Natur nennt, keine Schwierigkeit verursachte. Dennoch erkannte sie auch hierin den wunderbaren Ratschluss der göttlichen Liebe. Dieselbe lässt nämlich den Menschen zur Vermehrung seiner ewigen Herrlichkeit durch mancherlei Fehler schwerer anfechten, damit er über den Triumph um so mehr frohlocken könne.

Als sie in einer Predigt wiederholt den Ausspruch hörte, dass kein Mensch ohne die Liebe zu Gott selig werde, wenn er nicht wenigstens so viel von ihr besitze, dass er aus Liebe zu Gott die Sünde bereue und sich von ihr enthalten wolle, dachte sie in ihrem Herzen, dass doch viele aus dieser Welt schieden, die mehr aus Furcht vor der Hölle als aus Liebe zu Gott ihre Sünden bereuten. Hierauf antwortete ihr der Herr: «Wenn ich diejenigen im Todeskampf sehe, die jemals mit Freude an mich gedacht oder in der Nähe des Todes ein verdienstliches Werk verrichtet haben, so erweise ich mich ihnen in meiner Huld und Güte so liebenswürdig, dass sie im innersten Herzen es bereuen, mich jemals beleidigt zu haben, weshalb sie dann auch durch solche Reue gerettet werden. Deshalb wünschte ich, von meinen Auserwählten für diese Herablassung dadurch verherrlicht zu werden, dass sie mir unter den allgemeinen Wohltaten auch für diese Dank sagten.»

Einst erkannte sie in der Betrachtung aufs Klarste ihre innere Verunstaltung und missfiel sich darin selber so sehr, dass sie mit Bangen bei sich erwog, ob sie Gott überhaupt jemals gefallen könnte, da er doch so viele Flecken an ihr sähe. Denn wo sie nur einen erkennte, dort würde das durchdringende Auge der Gottheit unzählige schauen. Hierüber wurde sie durch die Antwort getröstet: «Die Liebe bewirkt Wohlgefallen.» Sie erkannte daraus: Wenn in den irdischen Menschen die Liebe so viel vermag, dass zuweilen Missgestalten jenen, von denen sie geliebt werden, gefallen: Wie darf man dann gegen Gott Misstrauen haben, welcher die Liebe selbst ist, als wenn er nicht auch durch die Kraft der Liebe diejenigen, welche er liebt, sich wohlgefällig machen könnte?

Als sie sehnlichst begehrte, wie der Apostel sagt, aufgelöst zu werden und bei Christus zu sein[68], und deshalb aus der Tiefe[69] des Herzens viele Seufzer zu Gott emporsandte, wurde sie durch folgende Antwort getröstet: So oft sie von ganzem Herzen das Verlangen, aus dem Kerker dieses Todes[70] gelöst zu werden, hinüberschicke, dabei jedoch entschlossen sei, noch so lange im Körper zu bleiben, als es Gott gefalle, ebenso oft vereinige der Sohn Gottes das Verdienst seines allerheiligsten Wandels mit dem ihrigen, so dass sie hierdurch vor dem Angesicht Gottes des Vaters wunderbar vollendet erscheine. Eines Tages erwog sie den Reichtum der mannigfachen Gnaden, welche die überströmende Güte Gottes ihr eingegossen, und hielt sich für elend und jedes Gutes unwürdig, weil sie unzählige Geschenke Gottes nachlässig vergeudet und nicht die geringste Frucht davon gebracht habe, weder in sich selbst durch Genuss oder Danksagung noch in andern, die sie, wenn es ihnen bekannt gewesen wäre, hätte erbauen oder in göttlicher Erkenntnis fördern können.

Hierüber wurde sie durch folgende Erleuchtung getröstet: Zuweilen ergießt der Herr seine Gnadengaben auf die Auserwählten nicht in der Art, dass er von jeder einzelnen würdige Früchte verlangt, weil die menschliche Gebrechlichkeit dies oftmals verhindert. Seine überfließende Freigebigkeit vielmehr, die sich nicht mäßigen kann, obgleich sie weiß, dass der Mensch sich nicht in allem Einzelnen zu üben vermag, vermehrt beständig die Fülle der Gnaden, um dem Menschen hierdurch in Zukunft eine Fülle von Seligkeit zueignen zu können.

Als sie einst in ihrem Herzen sich beklagte, dass sie es nicht vermöchte, ein so großes Verlangen zu haben, wie es der Ehre Gottes entspräche, wurde sie von Gott belehrt, dass es ihm vollkommen genüge, wenn der Mensch nur wünsche, ein großes Verlangen zu haben, sofern er kein größeres haben könne; und dass sein Verlangen vor Gott ebenso groß sei, wie er es zu haben wünsche. Ja, wenn das Herz den Wunsch in sich trage, ein solches Verlangen zu besitzen, so habe Gott eine größere Freude daran, in einem solchen Herzen zu wohnen, als je ein Mensch sich freuen könne, unter Blumen zu weilen, die in Frühlingsanmut blühen.

Einstmals durch ein körperliches Leiden gehindert, hatte sie einige Tage weniger aufmerksam auf Gott geachtet, sobald sie aber zu sich selber zurückkehrte, fühlte sie ihr Gewissen sehr beschwert und bekannte diesen Fehler demütig vor dem Herrn.

Augenblicklich empfand sie, dass die göttliche Huld sich zu ihr hinneigte und sprach: «Meine Tochter, du bist immer bei mir, und alles, was ich habe, ist dein.»[71] Hierdurch wurde ihr Folgendes klar: Wenn der Mensch aus Gebrechlichkeit es zuweilen auch unterlässt, seine Absicht auf Gott zu richten, so unterlässt es die huldreiche Barmherzigkeit Gottes doch nicht, alle unsere Werke einer ewigen Belohnung würdig zu halten, sofern nur der Wille nicht von Gott abgekehrt wird und der Mensch oftmals über alles, was sein Gewissen quält, Reue erweckt.

Als sie vor einem Fest eine Krankheit kommen fühlte, begehrte sie vom Herrn, er möge sie bis nach dem Fest gesund erhalten oder die Krankheit wenigstens so mildern, dass sie an der Feier nicht gehindert würde. Jedoch überließ sie sich gänzlich dem göttlichen Willen. Darauf empfing sie vom Herrn folgende Antwort: «Dadurch, dass du dies von mir begehrst, dich aber meinem Willen überlässt, führst du mich zu einem mit Blumenbeeten übersäten Wonnegarten. Wisse jedoch: Wenn ich dich darin erhöre, dass du an meinem Dienst nicht gehindert werdest, so folge ich dir zu einem Beet, woran du dich mehr erfreust; wenn ich dich aber nicht erhöre und du in Geduld ausharrst, so folgst du mir zu einem Beet, an welchem ich mehr Freude habe. Denn größere Wonne finde ich in dir, wenn jenes Verlangen dich beseelt und du dabei leidest, als wenn du Andacht hast und dich dabei erfreust.»

Während sie einst nachsann, nach welchem Ratschluss wohl die einen sich so reicher geistlicher Tröstungen im Dienste Gottes erfreuen, während die andern so trocken bleiben, erhielt sie von Gott folgende Antwort: «Das Herz, von Gott erschaffen, um Wonnen zu umschließen, gleicht einem Gefäß mit Wasser. Wenn aber das Wasser durch kleine Öffnungen entrinnt, so wird das Gefäß zuletzt ganz leer und ausgetrocknet.

Ebenso kann das menschliche Herz, das die göttliche Wonne umschließt, so viel davon durch Sehen, Hören oder Befriedigung der andern Sinne nach außen entströmen lassen, dass es zuletzt für die Freude in Gott ausgetrocknet ist. Jeder kann dies an sich selbst erfahren.

Wenn er nämlich dem Verlangen, etwas zu sehen oder ein Wort zu sprechen, wobei nur ein geringer oder gar kein Nutzen ist, sogleich nachgibt, so hält er das für nichts, weil es eben wie Wasser niederrinnt; nimmt er sich aber vor, um Gottes willen sich zu beherrschen, so wächst jenes Wasser in seinem Herzen derart, dass es kaum höher zu steigen vermag. Hat darum der Mensch in solchen Dingen sich überwinden gelernt, so gewöhnt er sich daran, sich an Gott zu erfreuen, und mit je mehr Anstrengung, mit desto mehr Nutzen tut er es.»

Da sie einst wegen einer geringen Sache sich in sich selbst über die Maßen beschwert fühlte, opferte sie ihre Trostlosigkeit bei Aufhebung der Hostie Gott zur ewigen Verherrlichung auf.

Hierauf schien der Herr ihre Seele durch jene hochheilige Hostie zu sich emporzuziehen, sanft an seine Brust zu lehnen und sie freundlich anzureden mit diesen Worten: «Sieh, an dieser Ruhestätte wirst du aufatmen von jeglicher Mühsal; sobald du aber von ihr dich wegbeugst, wird Bitterkeit des Herzens als heilsames Gegengift dich wiederum erfassen.» Als sie einmal in äußerster Erschöpfung zum Herrn sagte: «Was, o Herr, soll mit mir geschehen oder was hast du vor, mit mir zu tun?», erwiderte er: «Ich werde dich trösten wie eine Mutter ihre Kinder. Hast du wohl je eine Mutter gesehen, die ihr Kind liebkoste?» Sie entsann sich dessen nicht.

Da stellte der Herr ihr vor, wie sie vor ungefähr einem halben Jahr eine solche Mutter wirklich gesehen habe, und erinnerte sie an dreierlei: Zuerst nämlich hatte jene Mutter von ihrem Kind einen Kuss begehrt, worauf das Kind, weil es noch gar klein war, wiederholt versuchte aufzustehen.

So müsse auch sie, bemerkt er, mit großer Anstrengung sich durch die Betrachtung erheben, um zum Genuss seiner süßesten Liebe zu gelangen. Sodann habe die Mutter den Willen des Kindes erprobt, indem sie sagte: Willst du dies oder willst du jenes? und habe doch keines von beiden getan.

So erprobt auch Gott den Menschen, indem er es zulässt, dass derselbe zuweilen Leiden befürchtet, die niemals bevorstehen; durch die vollkommene Ergebung aber genügt der Mensch Gott vollkommen und Gott macht ihn so einer ewigen Belohnung würdig. Drittens habe keiner der Anwesenden das Lallen des Kindes verstanden, mit alleiniger Ausnahme seiner Mutter:

Ebenso versteht Gott allein die Absicht des Menschen und beurteilt ihn danach; die Menschen sehen nur das Äußere.

Einstmals beugte das Andenken an frühere Sünden sie so sehr nieder, dass sie sich gänzlich verbergen wollte. Da neigte der Herr sich mit solcher Huld zu ihr, dass der ganze himmlische Hof gleichsam staunend ihn zurückzurufen suchte, worauf er antwortete: «Ich vermag es durchaus nicht über mich, ihr nicht zu folgen, die durch so wirksame Anziehungskräfte der Demut mein göttliches Herz in sich hineinzieht.»

Ein andermal fragte sie den Herrn, worauf sie in jener Stunde ihr Augenmerk richten sollte, um ihm zu gefallen. Er antwortete: «Ich wünsche, dass du die Geduld erlernst.» Sie war nämlich wegen einer Angelegenheit sehr betrübt. Sie erwiderte: «Aber wie oder durch welches Mittel kann ich sie denn erlernen?» Hierauf nahm der Herr sie an sich wie ein liebreicher Lehrer seinen zarten Schüler in seinen Schoß und unterrichtete sie mittels drei Fragen über drei Stücke, welche sie zur Geduld ermuntern sollten.

«Erstens: Durch welche Vertraulichkeit wird derjenige vom König ausgezeichnet, der sich ihm in allem am meisten ähnlich gestaltet? So sehr wächst meine Liebe gegen dich, wenn du um meinetwillen in ähnlicher Weise wie ich Schmach erduldest.

Zweitens: Welche Ehre genießt ein solcher Vertrauter des Königs von der ganzen Familie? Solche Herrlichkeit wird dir im Himmel für die Geduld bereitet.

Drittens: Welchen Trost gewährt dem Freund das herzliche Mitleid seines treuesten Freundes? Mit solchen beseligenden Liebeserweisen werde ich dich selbst im Himmel für jeden auch den flüchtigsten Gedanken trösten, der dich hier niederbeugt.»

III. 29. Von einer Prozession mit dem Bild des Kreuzes

Als eine Prozession um günstige Witterung gehalten und bei der Rückkehr der Genossenschaft in den Chor das Bild des Gekreuzigten vorangetragen wurde, hörte sie aus diesem Bild den Sohn Gottes also reden: «Siehe, o Gott Vater, ich komme mit meiner Heerschar, dich demütig anzuflehen in jener Gestalt, in der ich die ganze menschliche Natur mit dir versöhnt habe.»[72]

Bei diesen Worten empfand sie, dass der himmlische Vater so vollkommen besänftigt sei, als wenn die ganze Schuld des Menschengeschlechtes ihm hundertfach wäre bezahlt worden. Infolgedessen schien Gott der Vater auch das Bild des Gekreuzigten in die Wolken zu erhöhen mit den Worten: «Dies wird das Zeichen des Bundes sein zwischen mir und der Erde.»[73]

Ein andermal, da ebenfalls ungünstige Witterung das Volk sehr bedrängte und sie deshalb zugleich mit andern die Barmherzigkeit Gottes wiederholt anrief, aber keine Wirkung davon sah, sagte sie endlich zum Herrn: «Wie kannst du, o gütigster Liebhaber, die Wünsche so vieler so lange unerfüllt lassen, da sogar ich Unwürdige solches Vertrauen auf deine Güte setze, dass ich allein deine Barmherzigkeit zu noch Größerem bestimmen könnte?»

Der Herr erwiderte: «Ein Vater würde seinen Sohn sehr oft um ein Geldstück bitten lassen, wenn er ihm für jede Bitte hundert Mark zurücklegen könnte; darum wundere dich auch nicht, dass ich zögere, euch in dieser Angelegenheit zu erhören; denn so oft ihr mich anruft, wenn auch nur mit wenigen Worten oder in Gedanken, ebenso oft hinterlege ich euch weit über das Hundertfache Anrechte auf die ewigen Güter.»

III. 30. Von der öfteren Erweckung des Verlangens und von den Beängstigungen im Schlaf

Während in der Messe für die Verstorbenen der Psalm «Wie der Hirsch nach den Wasserquellen dürstet»[74] gesungen wurde und sie bei den Worten «so dürstet meine Seele» sich selber aus Erschlaffung aufweckte, sagte sie zum Herrn:

«Ach, Herr, wie matt ist doch mein Verlangen nach dir, meinem wahren Gut, und wie selten kann ich in Wahrheit zu dir sagen: Meine Seele dürstet nach dir!»

Hierauf erwiderte der Herr: «Nicht selten, sondern oftmals sage es zu mir. Denn meine Huld und Liebe, in der ich nach dem menschlichen Heil verlange, drängt mich, jegliches Gut, das ein Auserwählter begehrt, so anzusehen, als habe er mich selber begehrt; denn jedes Gut ist in mir verborgen und strömt aus mir hervor.

Begehrt zum Beispiel ein Mensch Gesundheit, Sicherheit, Erleichterung, Weisheit und ähnliches, so sehe ich dies oft so an, als habe er mich begehrt, damit ich sein Verdienst zum Zweck der Belohnung vermehren könne, ausgenommen jedoch, wenn er mit Überlegung von mir abwiche, zum Beispiel die Weisheit in der Absicht begehrte, um darauf stolz sein zu können, oder die Gesundheit, um Böses zu verüben. Deshalb pflege ich meine besonderen Freunde sehr oft durch körperliche Krankheit oder Trostlosigkeit des Geistes oder ähnliches zu beschweren, damit die eifernde Liebe meines Herzens, während sie die entgegengesetzten Güter verlangen, sie reichlicher belohnen kann.»

In ähnlicher Weise erkannte sie ein andermal durch göttliche Belehrung Folgendes: Weil der Herr, «dessen Freude es ist, unter den Menschenkindern zu sein»[75] zuweilen nichts im Menschen findet, das denselben zur Aufnahme seiner befähigte, so sendet er Trübsale oder körperliche wie geistige Beschwerden, damit er hierdurch Gelegenheit finde, bei ihm zu verweilen, da das Wort der Wahrheit sagt: «Nahe ist der Herr denen, die betrübten Herzens sind»[76], und: «Ich bin bei ihm in der Trübsal.»[77] Durch die Beherzigung dieser Erweise der göttlichen Huld wird die Dankbarkeit des menschlichen Nichts gedrängt, mit der ganzen Innigkeit des Herzens in jenen Ausruf des Apostels auszubrechen: «O Tiefe des Reichtums, der Weisheit und der Wissenschaft Gottes! Wie unbegreiflich sind seine Ratschlüsse und wie unerforschlich seine Wege»[78], die er für das Heil des menschlichen Geschlechtes ersonnen hat!

Einst wurde sie in der Nacht während des Schlafes so liebreich vom Herrn heimgesucht, dass sie durch seine Gegenwart sich wie von dem kostbarsten Mahl erquickt fühlte. Deshalb dankte sie beim Erwachen dem Herrn mit den Worten: «Wie, o Herr und Gott, habe ich Unwürdigste dies vor andern verdient, die zuweilen im Traum so schwer geängstigt werden, dass sie auch andern durch ihr Geschrei Furcht einjagen?»

Der Herr antwortete: «Wenn diejenigen, die meine väterliche Vorsehung durch Leiden heiligen will, im wachen Zustand auf Bequemlichkeiten für den Körper bedacht sind, wodurch sie sich der Gelegenheit zu Verdiensten berauben, so sende ich ihnen in meiner göttlichen Liebe Leiden während des Schlafes, damit sie wenigstens so einige Verdienste gewinnen.»

Hierauf sagte sie: «Aber, o Herr, wie kann ihnen denn das zum Verdienst gereichen, was sie ohne Absicht und gleichsam gegen ihren Willen erleiden?»

Der Herr antwortete: «Dies bewirkt meine Güte.» Als sie einst die kirchlichen Tagzeiten etwas unaufmerksam betete, erkannte sie, dass der alte Feind des menschlichen Geschlechtes ihr nahe sei und gleichsam hohnlachend folgende Psalmworte nachsprach: «Wunderbar sind deine Zeugni ...»[79], wobei er die einzelnen Worte in Eilfertigkeit verkürzte; und als sie den Vers vollendet hatte, sagte er: «Gut bezahlt dir dein Schöpfer, Erlöser und Liebhaber, dass er dir eine so geläufige Zunge gegeben hat. Denn so bündig trägst du, was du nur willst, in der Unterhaltung mit ihm vor, dass du bereits in diesem einen Psalm so viele Buchstaben, so viele Silben und so viele Worte ausgelassen hast.»

Hieraus erkannte sie, dass der schlaue Feind, der so genau gezählt hatte, nach dem Tod eine schwere Anklage wider diejenigen vorbringen kann, welche die Gewohnheit haben, die Tagzeiten eilfertig und unaufmerksam herzusagen. Ein andermal, während sie eilig spann und kleine Wollfäden wegwarf, ihre Beschäftigung aber unterdessen mit frommer Meinung dem Herrn empfahl, sah sie den Teufel jene weggeworfenen Fäden als Zeugnisse für ihre Schuld aufsammeln.

Da sie nun deswegen den Herrn anrief, vertrieb dieser den Teufel und schalt ihn, dass er sich angemaßt habe, sich in ein Werk zu mischen, das sie von Anfang an Gott geweiht hatte.

III. 31. Von dem Nutzen der Aufopferung des Herrn und der Heiligen für den Menschen

Als sie einst, im Begriff, den Leib des Herrn zu genießen, es schmerzlich empfand, zu wenig vorbereitet zu sein, bat sie die seligste Jungfrau und alle Heiligen, sie möchten für sie dem Herrn all jene Würdigkeit aufopfern, mit der jede aus ihnen zum Empfang jeglicher Gnade vorbereitet gewesen sei.

Zudem bat sie den Herrn Jesus Christus, auch er möge für sie jene Vollkommenheit aufopfern, mit der er zur Stunde der Himmelfahrt vor Gott dem Vater zum Empfang der Herrlichkeit bereit stand. Und als sie ein Weilchen hiernach zu erforschen suchte, was sie durch dieses Gebet gewonnen hätte, antwortete der Herr: «Das hast du gewonnen, dass du in Wahrheit allen Himmelsbewohnern jetzt in dem Schmuck erscheinst, den du begehrt hast, nämlich in dem meinigen.

Jeder Mensch auf Erden, der ein Gewand oder einen Schmuck hat, vermag mit demselben oder einem ähnlichen seinen Freund zu bekleiden, so dass dieser nicht minder geschmückt dasteht als er selbst, und ich, der allmächtige und allgütige Gott, sollte das nicht vermögen?»

Hiernach erinnerte sie sich, dass sie einigen versprochen hatte, an diesem Tag die Kommunion für sie aufzuopfern, und betete andächtig, der Herr möge auch ihnen jenes Geschenk erteilen. Darauf empfing sie folgende Antwort: «Ich gebe es ihnen, aber ich überlasse es ihrem freien Willen, wann sie sich damit schmücken wollen.»

Als sie nun fragte, in welcher Weise sie das tun sollten, fügte der Herr hinzu: «Zu welcher Stunde immer sie ein reines Herz und einen aufrichtigen Willen mir entgegenbringen und meine Gnade, wenn auch nur mit einem Wort oder Seufzer, anrufen, werden sie mir sogleich in dem Schmuck erscheinen, den du ihnen in deinen Gebeten erlangt hast.»

III. 32. Von der Wirkung des Leibes des Herrn

Als sie den Herrn auch darum bat, er möge zur Zeit ihres Abscheidens das lebenspendende Sakrament des Leibes Christi ihre letzte Speise sein lassen, empfing sie im Geist die Antwort, dass sie hiernach nicht in allweg Heilsames begehrt habe. Denn die Wirkung dieses Sakramentes kann durch kein körperliches Bedürfnis vermindert werden, um so weniger also durch jene Speise, die der Kranke in so peinlicher Not nur deshalb genießt, um sein Leben zur Ehre Gottes zu erhalten. Es werden durch den Genuss jenes Sakramentes, wodurch der Mensch mit Gott vollkommen geeinigt wird, alle seine Güter veredelt.

Um so mehr können dadurch auch zur Zeit des Abscheidens alle in reiner Absicht verrichteten Werke verdienstlich werden; so wachsen die Übung der Geduld, der Genuss von Speise und Trank und ähnliches durch die Vereinigung mit dem Leib Christi zur Fülle ewiger Verdienste an.

III. 33. Vom Nutzen der öfteren Kommunion

Ein andermal, da sie im Begriff stand zu kommunizieren, sagte sie zum Herrn: «O Herr, was willst du mir geben?» Der Herr antwortete: «Mich selbst ganz mit all meiner Gotteskraft, wie meine jungfräuliche Mutter mich empfing.»

Hierauf sagte sie: «Was werde ich denn vor jenen voraushaben, welche dich gestern zugleich mit mir empfangen haben und es heute unterlassen, da du dich immer ganz gibst?» Der Herr: «Wenn nach der Sitte der Alten derjenige, welcher zweimal die höchste

Würde erlangt hatte, den an Ehre überragte, der sie nur einmal empfing, um wieviel mehr wird dann im ewigen Leben derjenige in größerer Herrlichkeit strahlen, der mich auf Erden öfter empfangen hat!» Darum sagte sie seufzend: «Wie sehr werden dann an Herrlichkeit die Priester mich übertreffen, die aus Pflicht jeden Tag kommunizieren?»

Der Herr: «In großer Glorie werden allerdings diejenigen glänzen, welche würdig hinzutreten; aber ich empfinde es ganz anders, wenn jemand aus Zuneigung zu mir und zu meiner Wonne sich nähert, als wenn er der Ehre und Pflicht halber vor mir erscheint. Darum gibt es eine andere Belohnung für diejenigen, welche aus Sehnsucht und Liebe hinzutreten, eine andere hinwiederum für solche, welche mit Furcht und ehrerbietiger Scheu nahen, und eine andere für jene, die sich durch eifrige Übungen zum Genuss vorbereiten. Keine von diesen wird aber derjenige empfangen, der nur aus Gewohnheit zelebriert.»

III. 34. Wie der Herr für die Seele Sühnung geleistet hat

An einem Fest der seligsten Jungfrau hatte sie ganz besondere und wunderbare Gnaden empfangen. Wieder zu sich gekommen, machte sie bei dem Gedanken an ihre Undankbarkeit und Nachlässigkeit sich Vorwürfe darüber, dass sie, wie es ihr schien, der Mutter des Herrn und zugleich den übrigen Heiligen Gottes zu wenig Ehrfurcht erwiesen habe. Da tröstete der Herr sie in seiner gewohnten Güte, indem er zu seiner allerseligsten Mutter und den übrigen Heiligen sagte:

«Dünkt es euch, dass ich euch für sie genug getan, wenn ich mich selbst mit der süß strömenden Wonne meiner Gottheit in eurer Gegenwart ihr mitgeteilt habe?»

Sie antworteten: «Wahrlich! Weit über Gebühr ist uns Genüge geschehen.» Nun wandte der Herr sich freundlich zu Gertrud mit den Worten: «Genügt dir jene Genugtuung?», worauf sie erwiderte: «Vollkommen, mein Herr, würde sie mir genügen, wenn nicht eines wäre, dass ich nämlich, nachdem du meine früheren Nachlässigkeiten gesühnt hast, sogleich wieder neue hinzufüge, da mir meine Neigung zum Fallen sehr wohl bekannt ist.» Der Herr: «Ich werde mich dir in der Weise schenken, dass ich auch die zukünftigen Nachlässigkeiten für dich vollkommen ersetze; du aber bemühe dich nur, nach dem Empfang des Sakramentes dich vor Sündenmakeln rein zu halten.»

Gertrud: «Ach, Herr, ich fürchte, dass ich dies nicht, wie es sich geziemt, vollbringen werde; deshalb bitte ich, du gütigster der Lehrer, mögest mich unterweisen, wie ich, wenn ich mir Flecken zugezogen habe, sie abwaschen kann.» Der Herr: «Lass sie niemals eine Zeitlang in dir bestehen, sondern sobald du dich befleckt erkennst, sprich sogleich mit andächtigem Herzen den Vers: Erbarme dich meiner, o Gott![80] oder die Worte: O mein einzig Heil, Christus Jesus, gib, dass durch deinen heilbringenden Tod all meine Vergehen getilgt werden!»

Als sie hierauf den Leib des Herrn genossen hatte, sah sie ihre Seele wie einen Kristall in schneeigem Glanz leuchten und die aufgenommene Gottheit Christi wie Gold eingeschlossen und durch den Kristall hervorglänzen. Zugleich brachte dieselbe in ihr unschätzbare und beseligende Wirkungen hervor; die heilige Dreieinigkeit und der ganze himmlische Hof bezeugten, es sei eine Wonne, die Seele anzuschauen, in der solches vorging. Nun verstand sie den Sinn des Ausspruches, durch den würdigen Empfang des Leibes Christi könne jeder geistige Verlust ersetzt werden.

III. 35. Von der Wirkung des göttlichen Blickes

Als sie einst mit ganz besonderer Sorgfalt sich zur Kommunion vorbereitet hatte, in der Nacht auf den Sonntag aber eine solche Erschöpfung der Kräfte fühlte, dass sie glaubte, unmöglich kommunizieren zu können, befragte sie den Herrn, was sie tun sollte, worauf er ihr freundlich antwortete: «Diesmal beglückt es mich mehr, dass du aus Demut die Kommunion unterlässt, als dass du hinzutrittst.» Als sie hierauf elend zur Messe gekommen war und nach der geistlichen Kommunion schmachtete, traf es sich, dass der Priester aus dem Dorf zurückkehrte, wo er einem Kranken den Leib des Herrn gebracht hatte.

Kaum hatte sie das am Ton der Schelle erkannt, als sie, von heftigem Verlangen entzündet, zum Herrn sagte: «O wie gern möchte ich jetzt dich, du Leben meiner Seele, wenigstens geistigerweise empfangen, wenn ich nur die Zeit gehabt hätte, mich einigermaßen vorzubereiten!» Der Herr antwortete: «Der Blick meiner göttlichen Liebe wird dich aufs Schicklichste vorbereiten.» Hierauf schien der Herr seinen Blick gleich Sonnenstrahlen auf ihre Seele zu richten mit den Worten: «Ich will meine Augen über dir befestigen.»[81]

In diesen Worten erkannte sie eine dreifache Wirkung des göttlichen Blickes in der Seele und zugleich die dreifache Weise, in der die Seele sich zu seiner Aufnahme bereiten soll.

Der erste Blick der göttlichen Liebe nämlich macht gleich der Sonne die Seele glänzend weiß und reinigt sie von allen Flekken, so dass sie weißer wird denn Schnee. Diese Wirkung wird gewonnen durch die demütige Anerkennung der eigenen Fehler.

Der zweite Blick der göttlichen Liebe erweicht die Seele und befähigt sie zur Aufnahme geistiger Güter, gleichwie das Wachs von der Sonne geschmolzen und zur Einprägung jedes Siegels geeignet wird. Diese Wirkung erlangt die Seele durch innige Andacht.

Der dritte Blick der göttlichen Liebe befruchtet die Seele mit einem reichen Blütenschmuck von Tugenden, wie die Sonne auf der Erde verschiedene Arten von Früchten hervorbringt. Diese Wirkung wird erworben durch gläubiges Vertrauen, womit der

Mensch von Gottes überreicher Güte zuversichtlich hofft, dass alles, Glück wie Unglück, ihm zum Heil gereichen werde.

Während die Genossenschaft hierauf in zwei Messen kommunizierte, zeigte der Herr sich mit solcher Huld gegenwärtig, dass er den Einzelnen mit seiner eigenen ehrwürdigen Hand die heilbringende Hostie zu reichen schien, obgleich der Priester selbst alle Hostien mit dem Kreuz bezeichnete.

Der Herr Jesus aber gab von jeder Hostie der Empfängerin einen sehr wirksamen Segen. Hierüber staunend, sagte Gertrud: «O Herr! Empfangen diejenigen, welche dich jetzt im Sakrament genossen haben, eine größere Wirkung als ich, der du mit so vielen göttlichen Segnungen unverdient zuvorgekommen bist?»

Der Herr antwortete: «Hält man den wohl für reicher, der mit Edelsteinen und Geschmeiden geziert ist, oder jenen, der viel geläutertes Gold im Geheimen besitzt?» Durch diese Worte gab der Herr zu verstehen, derjenige zwar, der das Sakrament wirklich empfängt, gewinne gemäß dem Glauben der Kirche in Wahrheit eine reichliche Heilswirkung an Leib und Seele, aber dennoch empfange jener bei Gott eine noch reichlichere Frucht, der rein zu Gottes Ehre aus Gehorsam und Demut den sakramentalen Genuss des Leibes Christi unterlässt, jedoch, von Sehnsucht und Liebe zu Gott entflammt, geistlicherweise kommuniziert. Doch bleibt dies dem menschlichen Verstand ein Geheimnis.

III. 36. Wie der Sohn Gottes den Vater versöhnt

Einst wünschte sie zu erkennen, was wohl aus den verschiedenen Geschenken, die der Herr in seiner überreichen Huld ihr erteilt hatte, das heilsamste sei, um es den Menschen zu ihrem Nutzen zu offenbaren.

Da gab der Herr auf ihr Verlangen folgende Antwort: «Den größten Nutzen bringt es den Menschen, wenn sie sich allzeit erinnern, dass ich, der Jungfrau Sohn, für das Heil des menschlichen Geschlechtes vor Gott dem Vater stehe. So oft sie nun aus menschlicher Gebrechlichkeit im Herzen fehlen, opfere ich mein unbeflecktes Herz für sie Gott dem Vater zur Sühnung auf; fehlen sie mit dem Mund, meinen unschuldigsten Mund;

fehlen sie mit den Händen, so zeige ich meine durchbohrten Hände; und worin immer sie fehlen, sogleich versöhnt meine Unschuld Gott den Vater, dass sie durch Reue allzeit leicht Verzeihung erlangen. Deshalb wünschte ich, dass meine Auserwählten, so oft sie die begehrte Nachlassung der Sünden empfangen, mir dafür immer Dank sagten, dass ich ihnen eine so leichte Versöhnung bewirkt habe.»

III. 37. Von dem Anblick des Kruzifixes

An einem Freitag, da der Tag sich schon zum Abend neigte, wurde sie beim Anblick des Bildes des Gekreuzigten tief zerknirscht und sagte zum Herrn: «O du mein süßester Liebhaber, wie vieles und wie Schmerzliches hast du für mein Heil an dem heutigen Tag gelitten und ich Ungetreueste habe ihn, ohne dies zu beachten, mit anderem beschäftigt zugebracht!

Ich habe mir leider nicht andächtig ins Gedächtnis zurückgerufen, was du, o mein ewiges Heil, in den einzelnen Stunden für mich erduldet hast, und dass du, allbelebendes Leben, aus Liebe zu meiner Liebe gestorben bist.» Hierauf antwortete ihr der Herr vom Kreuz: «Was du vernachlässigt hast, das habe ich für dich ersetzt. Denn in den einzelnen Stunden habe ich in mein Herz gesammelt, woran du in deinem Herzen denken solltest, und hierdurch ist mein Herz so übervoll geworden, dass ich mit großem Verlangen diese Stunde herbeigesehnt habe, wo du deine Aufmerksamkeit auf mich richten würdest.

Und zugleich mit dieser will ich jetzt Gott dem Vater alles aufopfern, was ich den Tag über für dich ersetzt habe; denn ohne diese deine Aufmerksamkeit könnte es dir nicht so zum Heil gereichen.» Hieraus kann man die unendlich treue Liebe Jesu Christi gegen den Menschen erkennen, da er durch die bloße Aufmerksamkeit, in welcher der Mensch Vernachlässigungen schmerzlich empfindet, Gott dem Vater Sühnung leistet und jeden Fehler desselben in der erhabensten Weise ergänzt.

Ein andermal erkannte sie bei der Betrachtung des Bildes des Gekreuzigten diese Wahrheit: Wenn jemand dieses Bild mit inniger Andacht anblickt, so wird er vom Herrn hinwiederum mit so erbarmungsvoller Huld angesehen, dass seine Seele gleich einem leuchtenden Spiegel von der göttlichen Liebe ein Bild in sich aufnimmt und der ganze himmlische Hof seine Freude an ihm hat. Das wird ihm künftig in dem Maß zur ewigen Glorie gereichen, als er es auf Erden oftmals mit Liebe und gebührender Ehrfurcht getan hat.

Ein andermal empfing sie folgende Unterweisung: Wenn der Mensch sich zu einem Kruzifix hinwendet, so denke er in seinem Herzen, er höre den Herrn Jesus mit freundlicher Stimme also zu ihm reden: «Sieh, wie ich aus Liebe zu dir am Kreuz hing, nackt und verachtet, am ganzen Körper verwundet und an allen Gliedern ausgespannt!

Und noch ist mein Herz von solcher Liebesglut gegen dich entzündet, dass, wenn du anders nicht gerettet werden könntest, ich für dich allein alles ertragen möchte, was ich jemals nach deiner Schätzung für die ganze Welt könnte erduldet haben.»

Durch solche Betrachtung wecke der Mensch sein Herz zur Dankbarkeit auf, weil es wahrhaftig niemals ohne die Gnade Gottes geschieht, dass jemand den Gekreuzigten sieht, und niemals ohne Frucht, wenn er ihn andächtig anschaut. Darum kann auch der Christ nicht ohne Schuld den so kostbaren Preis seines Heiles gering schätzen.

Als sie ein andermal ihren Geist mit dem Leiden des Herrn beschäftigte, erkannte sie, dass Gebete oder Lesungen, die dasselbe zum Gegenstand haben, von unendlich größerer Kraft sind, als andere Übungen. Denn gleichwie es unmöglich ist, dass jemand Mehl trage, ohne Mehlstaub an sich zu ziehen, so kann niemand andächtig an das Leiden des Herrn denken, ohne irgendeine Frucht davon zu empfangen.

Ja liest jemand auch nur etwas darüber, so bereitet er wenigstens seine Seele zum Empfang irgendeiner Gnade vor und oftmaliges Gedenken daran bringt größeren Gewinn als viele andere fromme Absichten. Bestreben wir uns deshalb, öfter etwas aus dem Leiden des Herrn zu betrachten, damit dasselbe uns werde Honig im Mund, Musik im Ohr und Jubel im Herzen[82].

III. 38. Vom Myrrhenbüschlein

Als in einer Nacht das Kruzifix, das sie neben ihrem Bett hatte, sich, als wenn es fallen wollte, zu ihr hinneigte, richtete sie es auf, indem sie es also freundlich anredete: «O süßestes Jesulein, warum neigst du dich?» Er antwortete: «Die Liebe meines göttlichen Herzens zieht mich zu dir hin.» Da nahm sie das Bild, umfing es sanft, legte es an ihr Herz und sagte unter Liebkosungen und Küssen: «Mein Geliebter ist mir ein Myrrhenbüschlein.»[83]

Sogleich fügte der Herr, ihr die im Hohenlied auf jenen Vers folgenden Worte gleichsam vom Mund nehmend, hinzu: «An meiner Brust wird er weilen.» Hierdurch beschenkte er sie mit der Erkenntnis, dass jeder Mensch alle Widerwärtigkeiten und Beschwerden des Herzens wie des Leibes in das allerheiligste Leiden des Herrn sorgfältig einschließen soll, wie wenn jemand einen Dorn mitten in ein Büschlein steckt.

Wird z.B. der Mensch durch Leiden zur Ungeduld gereizt, so denke er an die wunderbare Geduld des Sohnes Gottes, der, wie ein Lamm für unser Heil zur Schlachtbank geführt, seinen Mund zu keinem, auch nur dem geringsten Wort der Ungeduld öffnete[84].

Trifft es sich aber, dass der Mensch die erlittenen Unbilden an jemandem durch Wort oder Tat rächen könnte, so rufe er sich ins Gedächtnis, mit welcher herzinnigen Liebe der Heiland nicht Böses mit Bösem vergalt, vielmehr diejenigen, von denen er bis zum Tod verfolgt wurde, gerade durch sein Leiden und Sterben erlöste. Und so bemühe er sich, nach dem Beispiel des Herrn allzeit das Böse mit Gutem zu vergelten.

Ebenso wenn jemand von Hass wider diejenigen, die ihn verletzt haben, entzündet wird, so erinnere er sich jener außerordentlichen Sanftmut, womit der liebevollste Sohn Gottes unter den unsäglichen Peinen und Martern seines Leidens und Sterbens für seine Kreuziger gebetet hat: «Vater, vergib ihnen ...»[85] Und in Vereinigung mit dieser Liebe bemühe auch er sich, für seine Feinde zu beten. Der Herr fügte noch hinzu: «Wer nur immer seine Widerwärtigkeiten und Beschwerden in das Büschlein meines Leidens einhüllt und mit dem Bestreben, mich nachzuahmen, auf mein Beispiel im Leiden allseitig sich stützt: Der ists, der wahrhaft an meiner Brust weilt, ihm werde ich in besonderer Huld alles, was ich durch die Geduld und meine übrigen Tugenden verdient habe, zur Vermehrung seiner Verdienste schenken.» Hierauf fragte sie: «Wie, mein Herr, nimmst du das auf, wenn jemand von besonderer Liebe gegen das Bild deines Kreuzes erfüllt ist?»

Der Herr antwortete: «Gnädig nehme ich es auf; wenn jedoch jemand für mein Bild zwar Verehrung hat, aber dem Beispiel meines Leidens nicht folgt, so betrachte ich dies so, wie ein Mägdlein es aufnehmen könnte, wenn seine Mutter es zwar reichlich schmückte, aber nach ihrem eigenen Gefallen und zur Erwerbung eigenen Ruhmes, nicht aus herzlicher Liebe, vielmehr der Tochter das noch streng versagte, was diese am meisten begehrte.

So kann auch mir die Liebe, Wertschätzung und Verehrung meines Kreuzbildes niemals vollkommen gefallen, wenn der Mensch nicht zugleich bemüht ist, das Beispiel meines Leidens nachzuahmen.»

III. 39. Von dem Bild des Gekreuzigten

Einstmals war sie sehr besorgt, ein Bild des heiligen Kreuzes zu erhalten, damit sie es aus Liebe zu ihrem Herrn häufiger verehren könnte. Sie wurde jedoch von ihrem Gewissen zurückgehalten, weil sie fürchtete, durch eine solche Beschäftigung an dem Genuss der inneren Güter Gottes gehindert zu werden.

Deshalb empfing sie vom Herrn den Bescheid: «Fürchte nicht; keineswegs kann dir dies in geistlichen Dingen ein Hindernis sein; denn ich allein bin ja die Ursache deiner Beschäftigung.

Denke dir, ein König habe eine Braut, mit der er nicht häufig verkehren kann, weshalb er seinen teuersten Verwandten an seiner Stelle ihr zurücklässt; was diesem nun die Braut an Liebe und Freundschaft erweist, das sieht der Bräutigam als ihm selbst getan an, weil er weiß, dass die Braut es im reinsten Eifer aus Liebe zu ihm tut.

Ebenso erfreue auch ich mich an der Verehrung meines Kreuzes, insofern die lautere Liebe zu mir die Ursache davon ist. Anders wäre es, wenn der Mensch sich nur an dem Besitz des Kreuzbildes ergötzte und sich nicht bemühte, durch dasselbe jene Liebe und Treue zu verehren, womit ich um seinetwillen mich herabließ, die Bitterkeit des Leidens zu übernehmen, oder wenn er in anderer Weise mehr die Eigenliebe zu befriedigen als das verehrungswürdige Beispiel meines Leidens nachzuahmen suchte.»

III. 40. Wie die göttliche Süßigkeit die Seele anzieht

Als sie in einer Nacht das Leiden des Herrn mit besonderer Andacht betrachtete und, gleichsam außer sich, in einem Meer heiliger Begierden schwamm, fühlte sie ihr Herz von der übergroßen Sehnsuchtsglut heftig entzündet und sagte zum Herrn: «O, wenn die Menschen wüssten, was ich jetzt empfinde, sie würden sagen, ich sei verpflichtet, mich von solcher Glut zu enthalten, um die Gesundheit des Körpers wiederzugewinnen, während doch du, der Kenner meiner Geheimnisse[86], weißt, dass ich mit aller Anstrengung meiner Kräfte und Sinne mich jetzt von der durchdringenden Erregung deiner Süßigkeit nicht hätte enthalten können.»

Hierauf erwiderte der Herr: «Nur ein Sinnloser weiß nicht, dass die unaussprechlich wirksame Süßigkeit meiner Gottheit jede menschliche Ergötzung unvergleichlich weit überragt. Denn diese ist im Vergleich mit der göttlichen nur wie ein geringer Tautropfen gegenüber dem unermesslichen Weltmeer. Wenn nun die Menschen häufig schon der menschlichen Freuden sich nicht enthalten können, obwohl sie wissen, dass sie dadurch Leib und Seele der Gefahr des ewigen Verderbens aussetzen: Um wieviel weniger kann die Seele, die von der Süßigkeit meiner Gottheit durchdrungen wird, sich meiner Liebe erwehren, aus der, wie sie weiß, ewige Seligkeit für sie entspringt!»

«Aber», erwiderte sie, «vielleicht möchte man sagen: Weil ich die Gelübde abgelegt habe, so sei ich verpflichtet, die Glut der Andacht wenigstens so viel zu mäßigen, dass ich der Strenge der Ordensregel zu genügen vermöchte.» Hierauf belehrte der Herr sie durch ein Gleichnis: «Wenn einige Kammerherren, um dem König Ehrfurcht zu bezeigen, dazu bestellt würden, an dessen Tisch eifrig aufzuwarten, der König aber, von Alter entkräftet oder geschwächt, einen davon herbeiriefe, weil er seine Freude daran hätte, auf dessen Armen ein Weilchen zu ruhen: So wäre es gewiss sehr unschicklich, wenn dieser plötzlich aufstände und ihn fallen ließe, und zwar aus dem Grund, weil er ja dazu angestellt worden sei, am Tisch zu dienen.

In noch höherem Grade ist es unpassend, dass derjenige, den ich in meiner unverdienten Liebe zum Genuss der Beschauung anziehe, sich derselben entziehe, um die Regel in ihrer ganzen Strenge zu befolgen, da ich, der Schöpfer und Wiederhersteller des Weltalls, mich unendlich mehr an einer einzigen liebenden Seele erfreue, als an aller Arbeit und körperlichen Übung ohne Liebe und reine Absicht.

Wird aber jemand nicht ganz gewiss von meinem Geist zur Ruhe der Beschauung hingezogen und vernachlässigt er dennoch die Regel, weil er die Beschauung verlangt, so setzt er sich uneingeladen mit dem König zu Tisch, während er ihm doch vor dem Tisch stehend dienen soll. Ein solcher wird wegen seiner Unehrerbietigkeit verachtet; ebenso verhält es sich mit jenem, der, die Regel vernachlässigend, durch seine Anstrengung den Genuss der göttlichen Beschauung zu erlangen strebt, die niemand ohne mein besonderes Gnadengeschenk gewinnen kann; auch er wird hiervon mehr Schaden als Nutzen haben; in dem einen kommt er nicht vorwärts, in dem andern aber, wozu er verpflichtet ist, wird er lau.

Wer nun gar wegen körperlicher Bequemlichkeiten, die er selbst als nicht nötig erkennt, die Ordensregel vernachlässigt und äußerliche Vergnügungen sucht, der handelt wie jener, der, zum Dienst an der Tafel des Königs bestellt, fortgeht in den Stall und durch Reinigen seines Pferdes sich beschmutzt.»

III. 41. Wie der Herr die Ehrfurchtsbezeigung aufnimmt, die man einem Kruzifix erweist

Während sie an einem Freitag die ganze Nacht in Betrachtungen und von Liebesglut entzündet schlaflos zubrachte, dachte sie daran, mit welcher Zärtlichkeit sie die eisernen Nägel aus einem Kruzifix, das sie immer bei sich hatte, herausgezogen und statt ihrer Gewürznäglein hineingetan habe, und sagte: «O Herr! Wie nimmst du es auf, dass ich aus Mitleid die eisernen Nägel aus den süß strömenden Wunden deiner Hände und Füße herausgenommen und durch wohlduftende Gewürznäglein ersetzt habe?»

Der Herr antwortete: «Um deiner Zärtlichkeit willen habe ich allen deinen Sündenwunden den edelsten Balsam meiner Gottheit eingegossen. Deshalb freuen sich alle Heiligen, dass deine Wunden alle wohlgefällig geworden sind durch die Eingießung der kostbaren Salbe.»

Hierauf sagte sie: «Wirst du, mein Herr, auch alle, die dasselbe tun, ebenso behandeln?», worauf der Herr erwiderte: «Nur jene, welche mit ähnlich zarter Liebe es tun; die aber, durch dein Beispiel aufgemuntert, dasselbe wenigstens mit möglichster Andacht tun, auch sie werde ich an zweiter Stelle entsprechend belohnen.»

Hierauf nahm sie das Kruzifix, bedeckte es mit zärtlichen Küssen, umfing und liebkoste es mannigfach und legte es nach einer Weile, da sie das Herz von dem Wachen ermatten fühlte, nieder mit den Worten: «Schlaf wohl, ich wünsche dir gute Nacht und lass auch mich schlafen zur Wiedererlangung der Kräfte, die ich in der Betrachtung mit dir fast gänzlich aufgerieben habe.» Nach diesen Worten wandte sie sich von dem Bild weg und wollte schlafen.

Während sie jedoch so ruhte, streckte der Herr seine Rechte vom Kreuz nach ihr aus und sagte leise flüsternd zu ihr: «Höre mich, denn ich will dir nun ein Lied der Liebe singen.» Und mit süß tönender Stimme beginnend nach der Melodie des Hymnus: «O König Christ, du Schöpfer aller»[87], sang er folgende Strophe[88]:

«Mein Lieben, treu zu jeder Stund,
Macht dir das Herz von Sehnsucht wund;
Dein zart und innig Lieben beut
Das Höchste, was mein Herz erfreut.»

Nach Beendigung desselben sagte er: «Füge du, meine Geliebte, statt des Kyrie eleison, das den einzelnen Versen des Hymnus O, König Christ sonst angeschlossen wird, jede beliebige Bitte hinzu und sie wird dir gewährt werden.» Als sie hierauf für einige Anliegen betete, wurde sie sehr huldvoll vom Herrn erhört.

Danach sang der Herr die Strophe wiederum, forderte sie am Schluss abermals zum Beten auf, wiederholte ganz dasselbe noch mehrere Male und ließ sie in keiner Weise körperlichen Schlaf genießen, bis alle ihre Kräfte fast erschöpft waren und sie der Erquickung bedurfte. Sodann schlief sie endlich vor Tagesanbruch ein wenig ein: Und sieh! Der Herr Jesus, der niemals sich entzieht, sondern denen, die ihn lieben, allzeit zur Hand ist, erschien ihr im Schlaf und erquickte sie. Beim Erwachen fühlte sie, dass sie ihre Kräfte wiedergewonnen hatte, und sagte dem Herrn innigen Dank.

III. 42. Von den sieben Tagzeiten der seligsten Jungfrau

Einst hatte sie wieder eine Nacht durchwacht und war durch eifrige Betrachtung des Leidens des Herrn sehr ermüdet. Da sie aber die Metten noch nicht gebetet hatte und sich doch zu sehr erschöpft fühlte, sagte sie zum Herrn: «Du weißt, mein Herr, dass meine menschliche Schwachheit jetzt der Ruhe keineswegs entbehren kann; lehre mich darum, welche Ehre oder welchen Dienst ich deiner allerseligsten Mutter erweisen soll, da ich ihre pflichtschuldigen Tagzeiten nicht zu beten vermag.»

Der Herr antwortete: «Lobe mich durch mein süß tönendes Herz in der Unschuld jener unversehrtesten Jungfrauschaft, in der sie als Jungfrau mich empfing, als Jungfrau gebar und nach der Geburt eine unverletzte Jungfrau geblieben ist und meine Unschuld nachahmte, in der ich um die Stunde der Matutin für die Erlösung des Menschengeschlechtes gefangen genommen, gebunden, mit Backenstreichen, Schlägen misshandelt und mit den verschiedenartigsten Schmähungen und Beschimpfungen elendiglich und ohne Erbarmen überschüttet wurde.» Da sie dies tat, schien der Herr sein göttliches Herz in Weise eines goldenen Bechers seiner jungfräulichen Mutter zum Trinken darzureichen. Und diese, von jener Honigsüßigkeit trinkend, wurde lieblich gesättigt, ja bis ins Mark durchdrungen. Hierauf sagte Gertrud, auch die Jungfrau preisend, also: «Ich lobe und grüße dich, Mutter der Seligkeit, würdigstes Heiligtum des Heiligen Geistes, und bitte durch das süßeste Herz Jesu Christi, der da ist Gottes des Vaters und dein geliebtester Sohn, du mögest in allen Nöten und in der Stunde des Todes uns zu Hilfe kommen. Amen.»

Hierbei erkannte sie, dass, so oft jemand in der angegebenen Weise den Herrn lobe und ebenso die seligste Jungfrau preisend, jenen Vers: «Ich lobe und grüße dich, Mutter» hinzufüge, er das süßeste Herz Jesu Christi, ihres geliebtesten Sohnes, derselben jungfräulichen Mutter zum Trinken darreiche und dass die königliche Jungfrau jedem dies nach der Freigebigkeit ihrer mütterlichen Liebe huldreich lohnen werde.

Der Herr fügte noch Folgendes hinzu: «Bei der *Prim* lobe mich durch mein süßestes Herz in jener sanftesten Demut, durch welche die unversehrte Jungfrau mehr und mehr befähigt wurde, mich zu empfangen und wodurch sie meine Demut nachgeahmt hat, in der ich, der Richter der Lebendigen und der Toten, mich herabließ, in der ersten Stunde des Tages zur Erlösung des Menschengeschlechtes demütig vor einem Heiden zu stehen, um gerichtet zu werden.»

«Bei der *Terz* lobe mich in jenem überaus glühenden Verlangen, mit welchem sie mich, den Sohn Gottes, aus dem Schoß des höchsten Vaters in ihren jungfräulichen Schoß herabzog und mich in jener heißesten Sehnsucht nachahmte, mit der ich nach dem menschlichen Heil verlangte, als ich, mit harten Geißeln zerschlagen, mit Dornen gekrönt, zur dritten Stunde das schmachvollste Kreuz auf meinen müden und blutenden Schultern mit der größten Sanftmut und Geduld trug.»

«Bei der *Sext* lobe mich in jener zuversichtlichsten Hoffnung, mit welcher die himmlische Jungfrau durch guten Willen und heilige Absicht allzeit nach meinem Lob schmachtete und mich darin nachahmte, wie ich, am hohen Kreuzesbaum aufgehängt, unter den bittersten Todesschmerzen mit allen Kräften nach der Erlösung des Menschengeschlechtes dürstete, weshalb ich auch ausrief: ‹Mich dürstet.›

So sehr nämlich dürstete ich nach dem Heil der menschlichen Seele, dass ich, wenn es nötig gewesen wäre, noch härtere und bitterere Strafen für die Rettung des Menschen freiwillig würde erduldet haben.» «Bei der *Non* lobe mich in jener wechselseitigen glühendsten Liebe, nämlich des göttlichen Herzens und der unversehrten Jungfrau, welche die erhabenste Gottheit mit der Menschheit im jungfräulichen Schoß auf die zarteste Weise verband und unzertrennlich vereinigte und mich nachahmte, das Leben der Lebendigen[89], der ich um die neunte Stunde am Kreuz aus übergroßer Liebe zur Erlösung des Menschen dem bittersten Tod unterlag.»

«Bei der *Vesper* lobe mich in jenem standhaftesten Glauben, in welchem die seligste Jungfrau zur Zeit meines Todes allein im wahren Glauben unbeweglich stand und mich in jener Treue nachahmte, in der ich, bereits gestorben und vom Kreuz abgenommen, dem Menschen noch folgte bis in den Schoß der Unterwelt, von wo ich ihn mit der allmächtigen Hand meiner Barmherzigkeit entrissen und zu den Freuden des Paradieses hinübergeführt habe.»

«Bei der *Komplet* lobe mich in jener preiswürdigsten Beharrlichkeit, womit meine süßeste Mutter in jeglicher Tugend bis zum Ende ausharrte und mich nachahmte, der ich mit so großer Sorgfalt das Werk der Menschenerlösung vollbrachte, dass ich selbst, nachdem ich durch den bittersten Tod die wahre Freiheit dem Menschen wiedererworben hatte, meinen unverweslichen Leib nach menschlicher Weise dem Grab übergeben ließ, um zu zeigen, es gebe nichts noch so Erniedrigendes, dessen ich mich zur Rettung des Menschen weigerte.»

III. 43. Wie wir dem Herrn Freundschaft erweisen sollen

Weil sie in dem Umgang mit den Menschen oftmals Überdruss empfand, wie denen, die Gott lieben, alles außer Gott ein untröstlicher Schmerz zu sein scheint, so erhob sie sich oftmals plötzlich und suchte in der Glut des Geistes die Stätte des Gebetes mit den Worten: «Sieh, mein Herr, nun will ich allein deinen Umgang und deine Ansprache genießen. Darum sage ich jedem Geschöpf Lebewohl und wende mich zu dir, dem einzigen und ganzen Gut und der Freude meines Herzens und meiner Seele.» Darauf küsste sie die fünf rosigen Wundmale des Herrn, indem sie fünfmal die Worte las: «Sei gegrüßt, o Jesus; mit der Wonne deiner Gottheit aus der Sehnsucht der gesamten Schöpfung dich grüßend, umfasse ich dich und küsse dich so auf die Wunde der Liebe.» Und hiermit verschwand bei den Wunden des Herrn all ihr Überdruss und sie wurde durch die Freude der Andacht erquickt. Da sie dies öfter tat, fragte sie eines Tages den Herrn, wie er es aufnehme, wenn sie zuweilen auch nur wenig Zeit darauf verwende.

Der Herr antwortete: «So wie es ein Freund dem Freund anrechnet, wenn dieser ihn einen Tag beherbergt und ihm in Wort und Tat alle erdenkliche Freundlichkeit erweist. Ein so liebevoll aufgenommener Gast wird in seinem Herzen öfter erwägen, wie er seinem Freund, falls derselbe bei ihm einkehren sollte, würdig vergelten könne: So denke auch ich ohne Unterlass in meinem göttlichen Herzen mit Freude daran und ordne es schon sorgfältig voraus, wie ich dir die einzelnen Begrüßungen, womit du mich auf Erden erfreuest, im ewigen Leben mit hundert-, ja tausendfacher Liebe belohnen werde.»

III. 44. Von der Wirkung der Zerknirschung

Einst war die Genossenschaft in großer Furcht vor Feinden, von denen es hieß, dass sie stark bewaffnet schon auf das Kloster heranzögen[90]. In dieser Not wurde das Psalterium mit eingeschaltetem Vers «O überselig Licht!» und mit der Antiphon «Komm, Heiliger Geist!» gebetet. Während nun auch Gertrud mit den Übrigen andächtig dem Gebet oblag, erkannte sie im Geist, dass der Herr durch dieses Gebet die Herzen einiger Schwestern im Heiligen Geist zerknirschte, so dass sie ihre eigenen Nachlässigkeiten erkannten und bereuten und den Entschluss fassten, dieselben künftig nach Möglichkeit zu vermeiden.

Aus dem Herzen dieser Zerknirschten sah sie einen Dampf aufsteigen, der, das Kloster und seine Umgebung einhüllend, alle Feinde vertrieb; und je mehr ein Herz zerknirscht und zum Guten geneigt war, desto mächtiger stieg der Dampf von ihm auf und jagte die feindliche Macht um so weiter hinweg. Zugleich erkannte sie, dass der Herr durch solche Bedrängnis von Seiten der Feinde am meisten beabsichtigte, die Herzen seiner geliebten Genossenschaft an sich zu ziehen, damit sie, von Trübsalen erschüttert und von allen Nachlässigkeiten gereinigt, zu seinem väterlichen Schutz ihre Zuflucht nehmen und die Hilfe des göttlichen Trostes um so wirksamer erfahren möchten.

Hierauf sagte sie zum Herrn: «Warum, o liebreichster Herr, ist das, was du in deiner unverdienten Huld mir so häufig mitzuteilen geruhst, von den Offenbarungen anderer so sehr verschieden, dass es deshalb von einigen besonders unterschieden wird, während ich es lieber verborgen als geoffenbart wüsste?»

Der Herr erwiderte: «Wenn ein Lehrer von Menschen verschiedener Sprache gefragt würde, aber allen nur in einer Sprache seine Antwort gäbe, so würde das nichts nützen; wenn er aber jedem in seiner Sprache Bescheid erteilt, also dem Lateiner lateinisch, dem Griechen griechisch, so wird seine Weisheit um so mehr offenbar. Und je mehr ich meine Gaben für die Einzelnen unterscheide, desto deutlicher erhellt die Tiefe meiner unerforschlichen Weisheit, in der ich, der Erkenntnis eines jeden entsprechend, jedem offenbare, was ich will, je nach der Fassungskraft, die ich ihm ja verliehen habe. So belehre ich die Einfältigeren mehr durch körperliche Gleichnisse, während ich den Fähigeren verborgenere Erkenntnisse in dunkleren Umrissen vorführe.»

III. 45. Kurzes dem Herrn wohlgefälliges Gebet

Als sie und die Genossenschaft ein andermal in derselben Not den Psalm «Preise, meine Seele, den Herrn!»[91] mit besonderen Gebeten bei den einzelnen Versen verrichteten, erschien ihr der Herr und reichte ihr bei jedem Vers, wenn sie Verzeihung über das Land herabflehten, die süßeste Wunde seiner allerheiligsten Seite zum Kuss.

Da sie dieselbe nun wiederholt küsste, zeigte der Herr, dass er dies wohlgefällig von ihr annehme. Darauf sagte sie zum Herrn: «Mein liebreichster Herr! Ich bitte dich, lehre mich irgendein kleines Gebet, das deine Güte mit ähnlicher Herablassung annimmt, von wem immer es mit Andacht vorgebracht wird.»

Sie erkannte nun durch göttliche Erleuchtung Folgendes: Wer mit andächtiger Gesinnung fünfmal diese Worte spricht: «Jesus, Erlöser der Welt, erhöre uns, da dir nichts unmöglich ist, außer der Elenden dich nicht zu erbarmen» und: «Der du durch dein Kreuz die Welt erlöst hast, Christus, erhöre uns!» und: «Sei gegrüßt, o Jesus, honigfließender Bräutigam, mit der Wonne deiner Gottheit aus dem Herzen der ganzen Schöpfung dich grüßend, umfasse ich dich und küsse dich auf die Wunde der Liebe!» und: «Meine Stärke und meine Zier bist du, o Herr, und bist mir geworden zum Heil»[92] und wer zur Ehre der fünf Wunden des Herrn, indem er dieselben rosigen Wundmale andächtig küsst, irgend beliebige Bitten oder Gebete hinzufügt und dies durch das süßeste Herz Jesu Christi, das Werkzeug der heiligsten Dreifaltigkeit, anempfiehlt, von dem nimmt der Herr dies an statt jedes mit noch so großer Anstrengung verrichteten Gebetes.

Als man ein andermal denselben Psalm wiederholte, schien der Herr Jesus aus den Wundmalen des Kruzifixes, das in gewohnter Weise vor der Genossenschaft erhoben wurde, hoch lohende Flammen zu Gott dem Vater emporzusenden, indem er die Glut des Verlangens und der Liebe offenbarte, wovon sein Herz für das Heil der Genossenschaft entzündet war.

III. 46. Von der Ergötzung der Sinne des Herrn an der Seele

Eines Tages, da Gertrud kommunizieren wollte, fühlte sie wegen Krankheit eine große Erschöpfung der Kräfte und konnte deshalb weniger Andacht haben. Da sagte sie zum Herrn: «O Süßigkeit meiner Seele! Weil ich mich leider zum Empfang deines allerheiligsten Fleisches und Blutes allzu unwürdig fühle, so würde ich diesmal die heilige Kommunion unterlassen, wenn ich außer dir in irgendeinem Geschöpf Erleichterung finden könnte. Ich vermag jedoch vom Aufgang bis zum Untergang und vom Süd bis zum Nord durchaus nichts zu erkennen, an dem ich den Trost einer Erquickung haben könnte, außer in dir: Darum komme ich brennend und schmachtend und eilend im Durst der Sehnsucht zu dir, der lebendigen Quelle.»[93]

Dies nahm der Herr in seiner Güte gnädig auf und antwortete ihr also: «Auch der Blick meiner Gottheit erfreut sich unbeschreiblich daran, dich anzuschauen, die ich mir durch mannigfache und zahlreiche Gnadengaben in allem so wohlgefällig erschaffen habe. Mein göttliches Gehör wird wie von süß wirkender Musik ergriffen, so oft du für die Sünder oder für die Seelen im Fegfeuer betest oder einige zurechtweisest und belehrst oder in sonstiger Weise ein Wort zu meiner Verherrlichung sprichst. Denn wenn dies auch in keinem Menschen einen Nutzen schüfe, so tönt es dennoch durch deinen guten Willen und deine auf mich gerichtete Absicht lieblich in meinen Ohren und erregt bis ins Mark das Innerste meines göttlichen Herzens. Deine Hoffnung, in der du beständig nach mir seufzest, erquickt meinen Geruch durch den lieblichsten Duft. Ebenso sind alle deine Seufzer und Wünsche meinem Geschmack süßer denn jegliche Würze.»[94]

Da sie zu begehren begann, der Herr möge ihr doch bald ihre frühere Gesundheit wiedergeben, damit sie der Ordensregel um so eifriger nachkommen könnte, erwiderte der Herr freundlich: «Aber warum will meine Braut mir denn lästig fallen, wenn dies meinem Willen entgegen ist?» Aus diesen Worten des Herrn erkannte sie, dass wer gesund zu werden begehrt, um Gott zu dienen, zwar wohl tut; dass es aber weit vollkommener ist, wenn der Mensch sich ganz dem göttlichen Willen überlässt in dem festen Glauben, dass alles, was Gott in betreff seiner anordne, sei es Günstiges oder Widerwärtiges, ihm durchaus heilsam sei.

III. 47. Von den Schlägen des Herzens Jesu

Als sie die Übrigen zur Predigt eilen sah, beklagte sie sich beim Herrn: «Du weißt, o Liebreichster, dass ich jetzt von ganzem Herzen wünschte, die Predigt zu hören, wenn ich nicht durch die Krankheit zurückgehalten würde.» Der Herr antwortete: «Willst du nicht, Teuerste, dass ich dir predige?» «Sehr gern», erwiderte sie. Da lehnte der Herr sie über sein Herz und sie fühlte in demselben zwei wunderbare, sehr sanfte Schläge. Und der Herr sprach zu ihr: «Jeder dieser beiden Schläge bewirkt in dreifacher Weise das Heil des Menschen; der erste nämlich das der Sünder, der zweite das der Gerechten. Durch den ersten Schlag rede ich zunächst ohne Unterlass Gott den Vater an, indem ich ihn den Sündern gnädig stimme und zur Barmherzigkeit neige; zweitens rede ich alle meine Heiligen an, indem ich den Sünder in brüderlicher Treue vor ihnen entschuldige und sie zum Gebet für ihn antreibe; drittens rede ich den Sünder selbst an, indem ich ihn erbarmungsvoll zur Buße rufe und mit Sehnsucht seine Bekehrung erwarte.

Durch den zweiten Schlag rede ich zuerst Gott den Vater an, dass er mir Glück wünsche zu der Verwendung meines kostbaren Blutes für die Erlösung der Gerechten, in deren Herzen ich jetzt so mannigfache Wonne genieße; zweitens rede ich die ganze himmlische Heerschar[95] an, um mitzuloben den Wandel der Gerechten, damit sie hinwieder mir Dank sagen für alle ihnen erwiesenen und noch zu erweisenden Wohltaten; drittens rede ich die Gerechten selbst an, indem ich sie in verschiedener Weise anlocke und ermahne, von Tag zu Tag und von Stunde zu Stunde fortzuschreiten.

Und gleichwie der Schlag des menschlichen Herzens weder durch das Sehen noch durch das Hören noch durch irgendein Werk der Hände gehindert wird, ebensowenig kann die Leitung oder Regierung des Himmels, der Erde und des ganzen Weltalls diese beiden Schläge in meinem göttlichen Herzen bis zum Ende der Welt jemals hindern.»

III. 48. Wie der Herr die Schlaflosigkeit annimmt

Hiernach brachte sie eine Nacht fast ganz schlaflos zu, wodurch sie sehr geschwächt wurde. Diesen Mangel an Kräften opferte sie in ihrer gewohnten Weise dem Herrn zur Lobpreisung und zum Heil aller auf.

Der Herr, voll Mitleids, belehrte sie, sie solle ihn mit folgenden Worten anrufen: «Durch jene wonnevollste Ruhe, in der du von Ewigkeit her im Schoß des Vaters geruht, und durch jene liebliche Ruhe, in der du neun Monate im Schoß der Jungfrau geweilt, und durch jene friedselige Ruhe, in der du jemals in einer liebenden Seele geherbergt hast, bitte ich dich, o barmherzigster Gott, du mögest mir nicht zu meiner Bequemlichkeit, sondern zu deiner

Verherrlichung einige Ruhe gönnen, damit die ermüdeten Glieder wieder zur Tätigkeit instand gesetzt werden.»

Als sie diese Worte aussprach, kam es ihr vor, als ob sie wie auf Stufen aufsteigend dem Herrn sich nähere. Der Herr zeigte ihr zu seiner Rechten einen freundlichen Ruhesitz zubereitet mit den Worten: «Komm, meine Erwählte, ruhe aus und erprobe, ob meine nie ruhende Liebe dir zu ruhen gestattet.» Nachdem sie sich nun über das honigfließende Herz des Herrn gelehnt hatte und die Schläge desselben fühlte, sagte sie: «O Herr, was sagen mir diese Schläge jetzt?»

Der Herr erwiderte: «Dies sagen sie: Wenn jemand, durch Wachen erschöpft, mit jenen Worten, die ich dir eben mitgeteilt habe, mich anruft, dass ich ihm zu meiner Ehre und zur Wiederherstellung seiner Kräfte Ruhe gewähre, er jedoch, wenn ich ihn nicht erhöre, die Entkräftung um meinetwillen in Geduld und Demut erträgt, so nimmt meine göttliche Huld und Güte dies noch einmal so gnädig auf, als wenn ein Gesunder, der gut schlaflos bleiben kann, die ganze Nacht im Gebet durchwacht.»

III. 49. Von dem Wohlgefallen des göttlichen Willens

Während einer Krankheit geschah es, dass, wenn sie vom Schweiß troff, das Fieber zuweilen zu-, zuweilen abnahm. Als sie nun in einer Nacht so dalag, dachte sie ängstlich daran, ob jetzt ihre Krankheit schlimmer oder besser werden müsse. Da erschien ihr der Herr Jesus ganz wie eine liebliche Blume, in seiner Rechten Gesundheit und in seiner Linken Krankheit tragend, und reichte ihr beide Hände dar, damit sie sich auswähle, was sie am meisten begehre.

Sie aber, beide abweisend und zwischen ihnen in der Glut des Geistes vorschreitend, näherte sich jenem allersüßesten Herzen, in dem sie die Fülle alles Guten verborgen wusste, um seinen anbetungswürdigsten Willen zu erforschen.

Der Herr nahm sie freundlich auf; sie aber, rücklings ihr Haupt an die Brust des Herrn lehnend, sagte: «Sieh, o Herr, jetzt wende ich mein Angesicht von dir, weil ich von ganzem Herzen verlange, dass du nicht auf meinen Willen sehest, sondern dein preiswürdigstes Wohlgefallen in allem an mir vollziehest.»

Dazu sei bemerkt: Die gläubige Seele soll mit so zuversichtlichem Vertrauen sich und all das Ihrige ganz der göttlichen Verfügung anheim stellen, dass sie sich sogar freut, nicht zu wissen, was der Herr mit ihr tun werde, um sicher zu sein, dass so das Wohlgefallen des göttlichen Willens um so reiner an ihr geschehe.

Hierauf ließ der Herr aus beiden Seiten seines süß strömenden Herzens, wie aus einer vollen Tonne mit Röhren hervorgezogen, zwei Bächlein in ihr Herz fließen mit den Worten: «Weil du dem eigenen Willen gänzlich entsagt hast, ergieße ich alle Süßigkeit und Wonne meines göttlichen Herzens und richte sie auf dich hin.» Sie erwiderte: «Da du, o Herr, dein göttliches Herz mir so oft in verschiedener Weise geschenkt hast, so möchte ich jetzt wissen, welche Frucht ich daraus gewinnen soll, dass du es mir wiederum so freigebig darreichst?» Er antwortete: «Lehrt das nicht der katholische Glaube, dass ich dem, der einmal kommuniziert, mich selbst mitteile zum Heil samt allen Gütern, welche in den Schätzen meiner Gottheit und Menschheit zugleich enthalten sind? Je öfter jedoch der Mensch kommuniziert, desto mehr wird die Fülle seiner Seligkeit vervielfältigt.»

III. 50. Von der Ergötzung der Sinne an Gott

Einst wurde ihr von mehreren geraten, sie möge sich bis zur Wiederherstellung ihrer Gesundheit der Beschauung entziehen; da gab sie gemäß ihrer Gewohnheit, die Meinung anderer der eigenen vorzuziehen, den Aufforderungen derselben insoweit nach, dass sie nur äußere Freude bei der Ausschmückung der Kreuzesbilder Christi zuließ, um, während sie hierdurch gleichsam spielend von der inneren Glut der Beschauung abgezogen wurde, dennoch durch die äußere Vergegenwärtigung des Bildes Christi das beständige Andenken an ihn bewahren zu können.

Als sie so in einer Nacht mit dem Gedanken beschäftigt war, wie sie dem Gekreuzigten ein angenehmes Grab aus der Bettdecke bereiten könne, um ihn am Freitag gegen Abend dorthin zu legen zum Andenken an sein Leiden, sagte der gütige Herr, der mehr auf die Gesinnung als auf das Werk sieht, indem er sich ihrer Beschäftigung zugesellte: «Erfreue dich im Herrn, o Teuerste, und er wird dir die Wünsche deines Herzens erfüllen.»[96]

Durch diese Worte erkannte sie, dass wenn jemand Gottes wegen in ähnlichen Dingen seine Freude sucht, dann der Herr sich in seinem Herzen erfreut, wie ein Hausvater sich an der Geschicklichkeit des Spielers ergötzt, der seine Gäste unterhält, während dieser selbst am Spiel seine Freude findet. Und das ist der Wunsch des Herzens, der dem Menschen erfüllt wird, der also in äußeren Dingen Gottes wegen sich unschuldig freut; denn das Herz des Menschen wünscht naturgemäß, dass Gott sich an ihm erfreue.

«Aber», sagte sie, «o liebreichster Gott, was kannst du von solcher Ergötzung haben, die mehr der Sinnlichkeit als dem Geist entspricht?» Der Herr antwortete: «Wie ein Wucherer es nie gutwillig unterlässt, auch nur einen einzigen Denar zu gewinnen, so würde ich, der ich einmal beschlossen, meine Wonne an dir zu haben, es sehr ungern zulassen, dass mir selbst nur ein Gedanke oder eine Bewegung deines kleinen Fingers, die um meinetwillen geschieht, verloren ginge, ohne dass ich sie zu meiner Verherrlichung und zu deinem Heil hinkehrte.»

Sie erwiderte: «Wenn deine unbegrenzte Güte an solchem schon sich erfreut, um wieviel mehr dann an jenem Gedicht[97], das ich aus Sprüchen der Heiligen über dein ganzes verehrungswürdiges Leiden zu deiner Ehre verfasst habe!»

Der Herr antwortete: «Ebenso wie jemand sich daran ergötzen würde, wenn sein Freund ihn unter liebevoller Umarmung in den lieblichsten Garten führte, wo der angenehmste Wohlgeruch, eine weichere Luft ihm entgegenhaucht, die herrlichste Blumenpracht ihn erfreut, süß schmelzende Töne und reizende Harmonien ihn anlocken und der Wohlgeschmack der besten Früchte ihn erquickt. Diese Freude werde ich dir vergelten und auch den belohnen, der dieses Gedicht mit Andacht hersagt auf jenem engen Weg, der zum ewigen Leben führt.»[98]

III. 51. Von heiliger Liebessehnsucht

Einige Zeit später, da sie zum siebten Mal danieder lag und in einer Nacht sich mit dem Herrn beschäftigte, neigte er sich in seiner huldvollen Güte zu ihr mit den Worten: «Verkünde mir, meine Freundin, dass du vor Liebe zu mir krank bist.»[99] Gertrud: «Wie dürfte ich Unwürdige mich vermessen, dies zu sagen!» Der Herr: «Ein jeder, der seinen Willen zur Ertragung irgendeiner Beschwerde um meinetwillen mir freiwillig aufopfert, der kann in Wahrheit sich rühmen und rühmend verkünden, dass er vor Liebe zu mir krank ist, wenn er in der Beschwerde geduldig und auf mich hingekehrt ausharrt.» Gertrud: «Was kannst du aber, o Liebreichster, durch solche Botschaft gewinnen?»

Der Herr: «Eine solche Botschaft ist eine Wonne für meine Gottheit, eine Ehre für meine Menschheit, der lieblichste Anblick für meine Augen und ein Lobpreis für meine Ohren.» Der Herr fügte hinzu: «Derjenige, von dem solche Botschaft zu mir dringt, wird reichen Trost empfangen. Zudem wird meine erbarmende Liebe so wirksam hierdurch bewegt, dass sie mich gewaltig zwingt zu heilen, die zerschlagenen Herzens sind, das heißt die nach der Gnade verlangen; ferner den Gefangenen zu predigen, das heißt den Sündern Verzeihung und den Verschlossenen Befreiung, das heißt den Seelen im Fegfeuer Erlösung zu verkünden.»[100]

Hiernach sagte sie zum Herrn: «Wirst du, o Vater der Erbarmungen[101], geruhen, nach dieser siebten Krankheit mir endlich die frühere Gesundheit zurückzugeben?» Der Herr antwortete: «Wenn ich bei der ersten Krankheit dir mitgeteilt hätte, du solltest siebenmal daniederliegen, so wärest du vielleicht, aus menschlicher Schwachheit erschreckend, in eine Ungeduld gefallen. Ebenso würdest du, wenn ich dir jetzt verspräche, dass diese Krankheit dein letztes Leiden sein sollte, sicher hoffnungsvoll nach dem Ende derselben verlangen und so dein Verdienst vermindern.

Deshalb fügt die väterliche Vorsehung meiner Weisheit es also, dass dir beides unbekannt bleibt, damit du immer gezwungen bist, von ganzem Herzen nach mir zu verlangen und alle deine inneren wie äußeren Beschwerden mir anzuempfehlen, der ich mit so liebevoller Treue nach dir schaue, dass ich kein Leiden, das über deine Kräfte geht, über dich kommen lasse, zumal ich die Zartheit deiner Geduld sehr wohl kenne.

Dies kannst du hieraus deutlich erschließen, dass du nach der ersten Krankheit eine größere Schwäche empfunden hast als jetzt in dieser siebten. Was die menschliche Vernunft für unmöglich hält, vermag meine göttliche Allmacht.»

III. 52. Wie es ihr gleich war, zu leben oder zu sterben

Während einer Nacht, in der sie mannigfache Liebesakte an den Herrn richtete, fragte sie ihn, woher es käme, dass sie, obgleich sie doch schon lange Zeit krank läge, dennoch nicht zu wissen begehre, ob ihre Krankheit mit dem Tod oder mit der Wiedergenesung enden werde.

Der Herr antwortete: «Wenn der Bräutigam die Braut zu einem Rosenbeet führt, um ihr die Rosen zu pflücken, die sie sich zu einem Kranz winden soll, so empfindet die Braut an der trauten Unterhaltung des Bräutigams eine solche Freude, dass sie niemals fragt, welche Rose er pflücken will; sondern sie fügt jede Rose, die der Bräutigam pflückt und ihr zum Einreihen in den Kranz darreicht, ohne alle Unterscheidung bereitwillig ein.

Ebenso nimmt die gläubige Seele, die an meinem Willen wie an einem Rosenbeet sich ergötzt, es ganz so bereitwillig an, wenn es mir gefällt, ihr die Gesundheit wiederzugeben, als wenn ich ihr gegenwärtiges Leben beenden will. Denn mit vollem Vertrauen überlässt sie sich meiner väterlichen Liebe.»

III. 53. Wie der Teufel die bescheidene Erholung fürchtete

Während einer andern Nacht, da sie sehr schwach war, nahm sie Trauben und erfrischte sich in der Absicht, in sich Jesus selber zu erquicken.

Dies nahm der Herr hochherzig an und sagte: «Jetzt hast du mir jene Bitterkeit vergolten, die ich aus dem Schwamm am Kreuz aus Liebe zu dir gesogen habe. Und mit je lauterer Absicht du deinem Körper zu meiner Ehre erquickst, desto lieblicher werde ich in deiner Seele erfrischt.»

Als sie die Häutchen und Traubenkerne, die sie in ihrer Hand gesammelt hatte, fortwarf, war der Satan, der Feind jedes Guten, zugegen und wollte sie aufsammeln als Zeugnis gegen die Kranke, weil sie vor den Metten gegen die Ordensregel gegessen habe. Kaum hatte er aber eines von den Häutchen angerührt, da sprang er, von unerträglicher Glut gequält, auf und stürzte mit schrecklichem Geheul aus dem Zimmer, wobei er sich sorgfältig in Acht nahm, auch nur noch mit einem Fuß eines jener Häutchen zu berühren.

III. 54. Vom Nutzen der Fehler und einer dem Herrn bereiteten Erquickung

Wiederum in einer Nacht erwog sie, ihr Herz erforschend, den Fehler, dass sie ohne Absicht oder Notwendigkeit, gewohnheitsmäßig zu sagen pflegte: Gott weiß es. Indem sie sich hierüber Vorwürfe machte, verlangte sie vom Herrn, er möge diesen Fehler in ihr austilgen und ihr die Gnade schenken, seinen honigfließenden Namen niemals eitel zu nennen[102].

Der Herr antwortete ihr: «Aber warum wünschest du, dass ich jener Ehre und du einer Belohnung beraubt werdest, die du gewinnst, so oft du bei Erkenntnis dieses oder eines ähnlichen Fehlers dir vornimmst, dich künftig zu hüten? Denn so oft jemand sich bemüht, aus Liebe zu mir seine Fehler zu bekämpfen, erweist er mir so viel Ehre und Treue wie seinem Herrn der Soldat, der im Krieg den Feinden sich entgegenstellt und alle mit starker Hand niederwirft.»

Weil sie krankheitshalber dem Chor nicht beiwohnen konnte, ging sie doch oftmals zur Anhörung der Tagzeiten, um wenigstens so ihren Körper im Dienst Gottes zu üben. Sie klagte aber häufig dem Herrn, dass sie nicht mit so eifriger Andacht auf Gott hingekehrt sei, wie sie begehrte, und sagte mit Geisteszagheit: «Was für Ehre, o liebreichster Herr, hast du denn davon, dass ich Nachlässige und Unnütze hier sitzend kaum bei einem oder zwei Worten oder Noten auf dich Acht gebe?»

Einst erwiderte der Herr also: «Was hättest du denn davon, wenn dein Freund ein- oder zweimal dir einen Trunk des süßesten und frischesten Metes[103] reichte, wodurch du sehr gestärkt zu werden hofftest? Eine noch viel größere Erquickung habe ich an den einzelnen Worten und Zeichen, wobei du je auf mein Lob achtest.»

Als es ihr aber während der Messe wegen Mangels an Kraft schwer fiel, beim Evangelium aufzustehen, machte sie sich dies zum Vorwurf; es nütze ihrem Körper ja doch nichts, wenn sie sich die Mühe erspare, da sie nicht hoffe, die frühere Gesundheit wieder zu erlangen. Deshalb fragte sie den Herrn, was ihm am meisten zum Lob gereiche.

Er antwortete: «Tust du etwas über deine Kräfte zu meiner Ehre, dann nehme ich es so an, als hätte ich es zur Förderung meiner Ehre notwendig bedurft. Wenn du es aber unterlässt und mit einer auf mich gerichteten Absicht dir Erleichterungen gestattest, so nehme ich dies an, als wenn ich selbst krank jene Erleichterung nicht hätte entbehren können. Und so werde ich beides zur Ehre meiner göttlichen Freigebigkeit in dir belohnen.»

III. 55. Von einer geheimnisvollen Erneuerung der Sakramente

Da sie eines Tages ihr Herz erforschte, fand sie einiges, das sie gern gebeichtet hätte. Weil sie aber keinen Beichtvater haben konnte, flüchtete sie zu dem einzigen Tröster[104], dem Herrn Jesus Christus, und klagte ihm diese Schwierigkeit. Der Herr antwortete ihr: «Warum betrübst du dich? So oft du es verlangst, werde ich, der höchste Priester und wahre Bischof, bei dir sein und jedesmal die sieben Sakramente zugleich in deiner Seele wirksamer erneuern, als dies irgendein Priester oder Hoherpriester zu sieben Malen vermöchte.

Denn mit meinem kostbaren Blut werde ich dich taufen, in der Kraft meines Sieges dich firmen, in der Treue meiner Liebe dich mir vermählen, in der Vollkommenheit meines heiligsten Wandels dich weihen, in der Huld meiner Barmherzigkeit von jeder Fessel der Sünde dich lossprechen, in dem Übermaß meiner

Liebe dich mit mir selber speisen und sättigen und in der Süßigkeit meines Geistes dein ganzes Innere mit so wirksamer Salbung durchdringen, dass die Fülle der Andacht durch alle deine Sinne und Bewegungen träufeln wird, so dass du ohne Unterlass befähigt und geheiligt wirst zum ewigen Leben.»

III. 56. Von der Wirkung der Liebe und vom Eifer für die Ordensregel

Ein andermal war sie, obgleich sehr schwach, zu den Metten aufgestanden und hatte bereits eine Nokturn vollendet, als eine andere Kranke dazukam. Aus Liebe las sie mit dieser die Metten noch einmal. Während sie nun bei der Messe ganz auf den Herrn hingekehrt war, sah sie ihre Seele mit kostbaren Edelsteinen geziert. Durch göttliche Eingebung erfuhr sie, dass sie jenen Schmuck verdient habe, weil sie in Liebe mit der jüngeren Schwester die Nokturn noch einmal gebetet hatte, weshalb sie auch in ebenso vielen Zierden strahlte, als sie Worte wiederholt hatte.

Hierauf erinnerte sie sich einiger Nachlässigkeiten, welche sie wegen Abwesenheit des Beichtvaters noch nicht gebeichtet hatte, und klagte dies dem Herrn, worauf er antwortete: «Warum beklagst du dich, da du ja mit dem Gewand der Liebe, ‹welche die Menge der Sünden bedeckt›[105], geschmückt bist?» Sie erwiderte: «Aber wie kann ich mich hierüber trösten, dass die Liebe meine Schulden bedeckt, da ich mich doch von ihnen befleckt erkenne?» Darauf gab der Herr den Bescheid: «Die Liebe bedeckt nicht bloß die Sünden, sondern verzehrt auch in sich gleich der Sonnenglut alle Nachlässigkeiten der lässlichen Sünden und erteilt überdies eine Fülle von Verdiensten.»

Einst sah sie eine Person bei gewissen Übungen der Ordensregel nachlässig handeln und fürchtete, sich vor Gott eine Schuld zuzuziehen, wenn sie eine Ermahnung unterließe. Anderseits aber war sie auch aus menschlicher Gebrechlichkeit besorgt, es möchten minder Strenge sagen, sie beschäftige sich mehr als nötig mit der Verbesserung unbedeutender Dinge. Deshalb opferte sie dies in gewohnter Weise dem Herrn auf. Der gütige Herr sagte: «So oft du dies oder ein ähnliches Wort aus Liebe zu mir erträgst, werde ich dich kräftig schützen und gegen alle Beschäftigungen überall umzäunen, welche dich in irgendeinem Stück von mir abziehen könnten, gleichwie man eine Stadt mit Wällen und Mauern umgibt. Überdies werde ich zur Vermehrung deiner Verdienste all jenes Verdienst hinzufügen, was jeder gewinnen könnte, wenn er deinen Ermahnungen zu meiner Ehre gehorchte.»

III. 57. Von der Treue Gottes gegen die Seele

Nicht selten erträgt jemand die Unbilden von seinem Freund viel schwerer als von einem Feind, gemäß dem Ausspruch: «Hätte mein Feind mir geflucht, so würde ich es ertragen haben.»[106]

Da sie nun sah, dass eine Person, auf deren Seelenheil sie viel Eifer und Fleiß verwandt hatte, ihr nicht mit schuldiger Treue willfahrte, vielmehr einiges, das sie ihr erwiesen, sogar verachtete und verkehrte, nahm sie in ihrer Betrübnis hierüber die Zuflucht zum Herrn.

Er tröstete sie mit den Worten: «Betrübe dich nicht, meine Tochter, ich habe dies zu deinem vollkommenen Heil zugelassen. Gleich wie eine Mutter, die ein zärtlich geliebtes Kind immer bei sich haben möchte, dann, wenn der Knabe zu seinen Genossen zum Spiel fortlaufen will, in einiger Nähe etwas Schreckenerregendes hinstellt, damit er vor Bangen in ihren Schoß eile: So lasse auch ich, weil ich wünsche, dass du niemals von meiner Seite weichest, deine Freunde dir in irgendeinem Stück entgegen sein. Während du so in keinem Geschöpf volle Treue findest, wirst du um so eifriger zu mir hineilen, je mehr du bei mir die Fülle aller Freuden und die beständigere Treue erkennst.»

Und der Herr nahm sie wie ein Kindlein in seinen Schoß, liebkoste sie, und seinen göttlichen Mund an ihr Ohr bringend, sagte er freundlich: «Wie eine liebevolle Mutter ihrem Kindlein jedes Unangenehme durch Küsse lindert, so begehre auch ich, alle deine Beschwerden und Widerwärtigkeiten durch die süßesten Worte der Liebe zu mildern.»

Nachdem sie so eine Weile im Schoß des Herrn der unendlichen Wonnen des göttlichen Trostes sich erfreut hatte, reichte er ihr sein Herz dar mit den Worten: «Durchschaue nun das ganze Innere meines Herzens und erwäge, wie treu ich alles, was du jemals auf mich hingerichtet hast, zum heilsamsten Fortschritt deiner Seele geordnet und geschmückt habe, und erforsche, ob ich auch nur in einem einzigen Stück einer Untreue kann beschuldigt werden.» Als sie dies getan hatte, schien der Herr sie mit der erwähnten Beschwerde wie mit goldenen Blumen auszuschmücken.

Da sie sich nun einiger Personen erinnerte, die sie von andern Widerwärtigkeiten niedergebeugt wusste, sagte sie: «Wie viel erhabenere Belohnungen und wie viel kostbareren Schmuck verdienen von deiner Güte, o barmherziger Vater, diejenigen, welche so schwere Leiden erdulden und nicht durch ähnliche Tröstungen erleichtert werden wie ich, die ganz Unwürdige, sie erfahre, ohne doch alles mir Zustoßende mit würdiger Geduld zu ertragen.»

Der Herr erwiderte: «Hierin, wie in allem, erweise ich die zarteste Sorge der innigsten Liebe gegen dich, gleichwie eine Mutter ihr Kindlein, das sie gerne mit Silber und Gold schmücken möchte, weil sie weiß, dass es die Last solchen Schmuckes nicht tragen kann, mit Blumen ziert, die nicht beschweren und doch Glanz verleihen. Ebenso mildere auch ich deine Beschwerden, damit du ihrer Last nicht erliegst und doch das Verdienst der Geduld nicht entbehrest.»

Indem sie diese Tiefe der göttlichen Liebe und Fürsorge für ihr Heil betrachtete, brach sie in andächtiges Lob aus. Sodann erkannte sie, dass jener Schmuck, der ihr für ihre Beschwerde unter dem Bild zarter, aber glänzender Blumen war gezeigt worden, durch die Dankbarkeit, in der sie Gott für ihre Widerwärtigkeit lobpries, gleichsam dichter wurde.

III. 58. Von der Frucht des guten Willens

Einst war eines Herrn Gesandtschaft in das Kloster gekommen, um einige Schwestern zur Einführung der Ordensregel in einem andern Kloster mitzunehmen. Die Rede hiervon drang auch zu Gertrud. Weil sie zu allem, was Gott gefiel, bereit war, so opferte sie, obgleich ihr die Körperkräfte fehlten, dennoch vom Eifer für die göttliche Ehre angetrieben, vor einem Bild des Gekreuzigten in der Glut des Geistes ihr Herz Gott auf, um all sein Wohlgefallen dem Leib wie der Seele nach zu vollziehen.

Diese Aufopferung schien der Herr so gnädig anzunehmen, dass er mit holdseligster Freundlichkeit von dem Holz des Kreuzes sich zur sanftesten Umarmung herabließ und unaussprechlich jubelnd sie aufnahm, gleichwie ein schon fast verzweifelter Kranker sich freut, wenn ihm das lang ersehnte Heilmittel gereicht wird, wodurch er die Gesundheit wiederzuerlangen hofft. Sodann lehnte er sie sanft an die Wunde seiner allerheiligsten Seite mit den Worten: «Sei mir willkommen, Teuerste, du lindestes Heilmittel meiner Wunden und süßeste Erleichterung aller meiner Schmerzen!»

Durch diese Worte erkannte sie: Wenn jemand seinen Willen zu allem, was Gott wohlgefällt, vollständig hingibt, auch wenn er weiß, dass ihm Leiden bevorstehen, dann nimmt der Herr dies so an, als wenn derselbe zur Zeit des Leidens des Herrn für alle seine Wunden die lindesten Heilmittel angewandt hätte.

Während des Gebetes ordnete sie in ihrem Herzen mehreres an, wodurch sie, wenn es sie träfe abzureisen, die Ehre Gottes und das Wachstum des Ordenslebens nach Kräften befördern wollte. Da sich ihr hierbei verschiedene Gedanken aufdrängten, so machte sie sich, als sie endlich zu sich selbst zurückgekehrt war, Vorwürfe, dass sie damit die Zeit unnütz verlöre. Denn sie sei ja doch so schwach, dass sie dem Tod näher zu sein scheine als einer Reise. Überdies, wenn sie abreisen sollte, so wäre es noch Zeit genug, hierüber Anordnungen zu treffen.

Da erschien der Herr Jesus inmitten ihrer Seele in großer Herrlichkeit, umgeben von Rosen und Lilien, und sprach zu ihr: «Durch deine gutgemeinte Anordnung werde ich so verherrlicht, wie es in der Offenbarung des Johannes heißt, der einen sah, ähnlich einem Menschensohn, inmitten goldener Leuchter und in seiner Rechten sieben Sterne haltend[107]. Aus den übrigen verschiedenartigen Gedanken, die sich deinem Herzen aufdrängen, werde ich erquickt wie von der Lieblichkeit und Süßigkeit lebender Rosen und Lilien.»

Darauf sagte sie: «O Gott meines Herzens, warum verwickelst du meinen Geist in so verschiedenartige Wünsche, die doch keine Wirkung haben? Denn noch vor wenigen Tagen hast du mich angeregt, den baldigen Empfang des Sakramentes der Ölung zu begehren. Als ich hiermit mannigfach beschäftigt war, hast du mich durch viele Tröstungen darüber erfreut. Und nun im Gegenteil erregst du mein Verlangen, den Orden an einem andern Ort einzuführen, während ich doch noch so schwach bin, dass ich kaum den Weg zurücklegen könnte.»

Der Herr antwortete: «Weil ich beschlossen habe, dich zu einem Licht der Völker[108] hinzustellen, das heißt zur Erleuchtung vieler, deshalb müssen die Verschiedenen in deinem Buch Verschiedenes finden, so wie es ihnen zur Unterweisung und zum Trost gereicht. Haben ja Freunde oft ihre Freude daran, über vieles miteinander zu plaudern, woraus doch keine Wirkung erfolgt. Auch schlägt einer dem andern, um gewissermaßen dessen Treue zu erproben, wohl einmal gewisse schwierige Dinge vor, und schon den guten Willen rechnet er ihm sehr hoch an.

«In ähnlicher Weise erfreut es auch mich, mit meinen Auserwählten über Verschiedenes, was niemals eintreffen wird, zu beraten, damit ich ihre Liebe und Treue gegen mich erprobe und für zahllose Verdienste sie belohne, die sie im Werke niemals gewinnen könnten, indem ich jeden ihrer Entschlüsse ansehe wie die Tat. So habe ich in deinem Gemüt das Verlangen nach dem Tod und nach Beschleunigung der Ölung erweckt.

Deshalb habe ich auch alles, was du sowohl im Willen als im Werke zur Vorbereitung hierfür andächtig vollbracht hast, in dem Innersten meines göttlichen Herzens dir zum ewigen Heil aufbewahrt. Heißt es ja doch: ‹Wenn der Gerechte vom Tod überrascht wird, so wird er in Erquickung sein.›[109]

Wenn du nun bei irgendeiner Gelegenheit vom Tod überrascht würdest oder das Sakrament der Ölung ohne Erkenntnis und Gefühl empfingest, was bei sehr Bevorzugten nicht selten eintritt, so wirst du hierdurch keinen Nachteil erleiden, weil alles, wodurch du dich einige Jahre vorher zum Tod vorbereitet hast, in dem unverwelklichen Frühling meiner Ewigkeit durch die Kraft meiner göttlichen Wirksamkeit grünt, blüht und dir die Frucht ewigen Heiles bringt.»

III. 59. Welche Bemühungen Wohltaten erwerben

Von jemandem gebeten, brachte sie dem Herrn alles, was er in seiner unverdienten Liebe in ihr zu wirken sich gewürdigt hatte, zum Heil jener Person dar. Sogleich erschien ihr dieselbe, wie sie vor dem Herrn stand, der auf dem Thron der Glorie saß und auf seinem Schoß ein wunderbar geschmücktes Kleid vor ihr ausbreitete; aber er bekleidete sie nicht damit.

Erstaunt sagte Gertrud zum Herrn: «Vor wenigen Tagen hast du bei einer ähnlichen Aufopferung meinerseits die arme Seele, für die ich damals betete, ohne Verzug zu den Freuden des Himmels befördert; warum, o gütigster Gott, schmückst du jetzt wegen der nämlichen Wohltaten, die du mir Unwürdigsten erteilt hast, nicht diese Seele, die es so sehr verlangt, mit dem Kleid, das du ihr zeigst?»

Der Herr antwortete: «Wenn mir etwas für verstorbene Gläubige in Liebe dargebracht wird, so wende ich es ihnen sogleich zu als ein Mittel der Befreiung oder der Erleichterung oder auch zur Vermehrung der ewigen Seligkeit nach eines jeden Zustand oder Verdienst.

Mir ist es ja eigen, mich allzeit zu erbarmen und zu verschonen[110], und ich habe Mitleid mit ihrer Not, weil sie sich fürder in nichts selbst helfen können. Was mir aber für Lebende dargebracht wird, bewahre ich ihnen zum Heil auf. Denn weil sie selber noch durch gerechte Werke, Sehnsucht und guten Willen ihr Heil vermehren können, so geziemt es sich, dass sie das, was sie durch anderer Verdienste zu erlangen wünschen, durch eigene Anstrengungen zu gewinnen suchen.

«Wenn darum jene Person mit dem Gewand der Wohltaten, die ich dir erteilt habe, geschmückt zu werden verlangt, so bemühe sie sich geistigerweise um drei Dinge. Zuerst beuge sie sich in Demut und Dankbarkeit, um das Kleid zu empfangen, das heißt, sie gestehe demütig ein, dass sie der Verdienste anderer bedürfe, und sage mir herzinnigen Dank dafür, dass ich ihre Armut durch den Überfluss anderer ergänzen will. Sodann erhebe sie das Kleid mit Hoffnung und Vertrauen, nämlich auf meine Güte hoffend, vertraue sie, dass sie hierdurch bei mir einen großen Fortschritt des Heils gewinnen werde. Drittens ziehe sie das Kleid an, indem sie sich in der Liebe und den übrigen Tugenden übt. Ebenso tue jeder, der an den Wohltaten und Tugendverdiensten anderer teilhaben will.»

III. 60. Ein Lobgebet, das der Herr guthieß

Als sie sich einst vor der Fastenzeit zu Ader gelassen hatte, mischten sich in ihr Gebet oftmals folgende Worte: «O erhabenster König der Könige[111], erlauchtester Fürst!» und anderes der Art. Da sie nun eines Morgens an der Stätte des Gebetes sich gesammelt hatte, sagte sie zum Herrn: «O liebevollster Herr, was willst du, dass mit jenen Worten geschehe, die sich so häufig meinem Geiste und Munde aufdrängen?» Er aber zeigte ihr eine goldene Halskette, die er in der Hand hielt und die aus vier Teilen zusammengesetzt war.

Durch den ersten Teil, so deutete er ihr an, werde die Gottheit Christi bezeichnet, durch den zweiten die Seele Christi, durch den dritten die Seele jedes Gläubigen, die er sich mit seinem eigenen Blut vermählt hat, und durch den vierten der unbefleckte Leib Christi. Dadurch aber, dass in dieser Halskette die gläubige Seele zwischen Christi Seele und Leib eingefügt erschien, wurde die unauflösliche Verbindung der Liebe zu verstehen gegeben, durch welche der Herr die gläubige Seele sowohl mit seinem Leib wie mit seiner Seele vereinigte. Und sieh da! Plötzlich wurden ihr durch den Anblick des erwähnten Geschmeides mit heftigem Ungestüm folgende Worte eingegossen:

«O du Leben meiner Seele, dir geeinigt sei meines Herzens Liebe, angefacht durch die Kraft der Liebesglut! In allem, wonach sie ohne dich strebt, ermatte sie! Denn du bist die Pracht aller Farben, die Süßigkeit jedes Wohlgeschmacks, der Würzgeruch alles Wohlduftes, die Harmonie aller Töne, das Gefühl jeder Wonne. In dir wohnt die höchste Freude, aus dir strömt der reichste Überfluss, zu dir hin reizt die lieblichste Lockung, durch dich besteht der wirksamste Einfluss. Du überströmender Abgrund der Gottheit, o würdigster König der Könige, erhabenster Kaiser, erlauchtester Fürst, mildester Herrscher, mächtigster Beschützer!

Du lebenspendender Edelstein der menschlichen Würde, du kunstvollster Werkmeister, sanftester Lehrer, weisester Ratgeber, gütigster Helfer, treuester Freund! Dich erwähle ich vor jeglichem Geschöpf, um deinetwillen entsage ich jeglicher Ergötzung, für dich gehe ich jeglichem Leiden entgegen. In all diesem suche ich dich als einzigen Lobredner; dich bezeuge ich mit Herz und Mund als den Spender dieser und aller Güter. In der Kraft deines Eifers vereinige ich meine Andacht mit der Wirksamkeit deines Gebetes, damit ich durch die Vollkommenheit der göttlichen Vereinigung mit Vernichtung jeder widersetzlichen Regung zum Gipfel der höchsten Heiligkeit geführt werde.»

Diese einzelnen Sprüche glänzten gesondert gleich herrlichen Edelsteinen, dem Gold der Halskette eingefügt.

An dem folgenden Sonntag aber, während sie der Messe beiwohnte und kommunizieren wollte und bei dem andächtigen Beten der genannten Worte sah, dass der Herr sich an ihnen ergötzte, sagte sie zu ihm: «O liebreichster Gott! Da ich sehe, dass du dich an diesen Worten so sehr erfreust, so will ich auch andern, denen ich kann, den Rat geben, dass sie dieselben in ihren Gebeten wie ein Geschmeide dir darbringen.»

Der Herr erwiderte: «Niemand gibt mir, was mir gehört; wer sie aber andächtig hersagt, in dem werde ich die Gnade meiner Erkenntnis vermehren und er wird in sich den Glanz meiner Gottheit aufnehmen, den er durch die Wirksamkeit der genannten Worte auf sich ziehen wird, gleichwie jemand, der reines Gold gegen die strahlende Sonne hält in dem, was dem Gold entgegengesetzt ist, den Widerschein des Lichtes sieht.»

Sogleich empfand sie die Wirkung dieser Worte und als sie das Gebet vollendet hatte, erschien das Angesicht ihrer Seele von den Strahlen des göttlichen Lichtes heller erleuchtet und wie ihr schien, empfing sie einen vollkommeneren Geschmack der göttlichen Erkenntnis.

III. 61. Wie der Herr durch sie vielen die Ströme seiner Gnade eingoss

Einmal erschien ihr der Herr Jesus und verlangte ihr Herz von ihr mit den Worten: «Geliebte, gib mir dein Herz!»[112] Als sie dies sehr freudig tat, kam es ihr vor, als wenn der Herr dasselbe in Weise einer Röhre an sein göttliches Herz anlegte und so bis zur Erde hinabließe.

Durch dieselbe ergoss er dann reichlich seine überströmende Liebe mit den Worten: «Siehe, ich freue mich, deines Herzens mich fürderhin immer wie einer Röhre zu bedienen, wodurch ich allen, die sich zur Aufnahme jener Einströmung tauglich machen, das heißt, die sie mit Demut und Vertrauen bei dir suchen, reichliche Bäche göttlichen Trostes aus der Quelle meines honigfließenden Herzens eingießen werde.» Die Wirkung dieser Worte wird aus dem Folgenden zum Teil erhellen.

III. 62. Von der Demütigung unter die Zuchtrute Gottes

Eines Tages betete sie für solche, welche das Kloster geplündert hatten und es noch schwerer bedrängten. Da zeigte der milde und barmherzige[113] Herr sich ihr in der Gestalt, als wenn ein Arm ihn schmerze, der so sehr rückwärts gekrümmt war, als ob die Sehnen zerrissen wären, und sprach: «Bedenke, wie wehe es mir tun würde, wenn mir jetzt jemand mit Fäusten auf jenen Arm schlüge!

In ähnlicher Weise werde ich von all denen bedrängt, welche ohne Mitleid mit dem Verlust der Seelen, den die Verfolger der Meinigen sich ja zuziehen, deren Fehler und die erlittenen Unbilden oftmals ungerechterweise besprechen, ohne zu beherzigen, dass auch diese meine Glieder sind[114]. Alle hingegen, welche in frommem Mitleid meine Güte anflehen, damit ich jene von ihrer Verirrung zu einem besseren Leben bekehre, bestreichen meinen Arm mit den lindesten Salben.

Die aber sogar durch Ratschläge und Ermahnungen jene freundlich zur Aussöhnung und Besserung bewegen, die bringen in Wahrheit gleich den geschicktesten Ärzten meinen Arm durch zarte

Behandlung wieder an die richtige Stelle.» Diese unaussprechliche Güte des Herrn bewundernd, sagte sie: «Aber wie können, o gütigster Gott, so Unwürdige dein Arm genannt werden?» Der Herr antwortete: «Weil sie zum Leib der Kirche gehören, dessen Haupt ich bin.»[115] Sie wendete ein: «Aber, mein Herr, sie sind ja schon vom Leib der Kirche durch den Bann getrennt, weil sie wegen der unserem Kloster zugefügten Unbilden als Exkommunizierte öffentlich bekannt gemacht werden.»

Der Herr erwiderte: «Weil sie durch die Lossprechung mit der Kirche wieder versöhnt werden können, so wünsche ich, durch die eigene Liebe gedrängt, mit unbeschreiblichem Verlangen, dass sie durch Buße zu mir zurückkehren.»

Sie betete aber, er möge die Genossenschaft vor den Nachstellungen jener durch seinen väterlichen Schutz bewahren, worauf der Herr antwortete: «Wenn ihr euch demütigt unter meine mächtige Hand[116] und in euren Herzen vor mir anerkennt, dass ihr wegen eurer Nachlässigkeiten gezüchtigt zu werden verdient, so wird meine väterliche Barmherzigkeit euch vor jedem Überfall der Feinde unversehrt bewahren. Wenn ihr euch aber im Stolz wider eure Bedränger erhebt, indem ihr für das Böse Böses[117] auf sie herabruft, so werden sie durch Zulassung eines gerechten Gerichtes meiner Gerechtigkeit euch überwältigen und vielfach schädigen.»

III. 63. Von der Annahme der äußeren Arbeiten

In einem Jahr wurde die Genossenschaft durch eine Schuld sehr bedrängt, weshalb Gertrud den Herrn inständigst bat, er möge in seiner Güte die Verwalter des Klosters instand setzen zu zahlen. Der Herr antwortete freundlich: «Was würde ich aber gewinnen, wenn ich sie hierin unterstützte?» Gertrud: «Dass sie eifriger und andächtiger den geistlichen Übungen obliegen.»

Der Herr: «Welche Frucht werde ich denn davon haben, da ich eurer Güter nicht bedarf und es mir gleich ist, ob ihr den geistlichen Übungen obliegt oder unter äußerer Arbeit schwitzt, falls nur der Wille auf mich gerichtet wird? Denn wenn ich mich bloß an den geistlichen Übungen erfreute, so hätte ich die menschliche Natur nach dem Fall so wiederhergestellt, dass sie weder Nahrung noch Kleidung noch sonst etwas bedürfte, zu dessen Erwerbung und Bereitung der Mensch sich jetzt abmüht. Vielmehr wie ein mächtiger Kaiser sich nicht bloß freut, in seinem Palast zarte und geschmückte Mägdlein zu besitzen, sondern auch Fürsten, Feldherren und Soldaten und andere taugliche Diener anstellt, um sie zu den mannigfaltigen Geschäften immer bereit zu haben:

So erfreue auch ich mich nicht bloß an den inneren Wonnen der Beschaulichen, sondern durch die verschiedenen nützlichen Beschäftigungen zu meiner Ehre und mir zulieb werde ich ebenfalls angelockt, um zu wohnen und wonniglich Mahl zu halten mit den Menschenkindern; denn hierdurch werden sie mehr in der Liebe, in der Geduld, in der Demut und in den übrigen Tugenden geübt.»

Indem sah sie jenen Verwalter, dem die meiste Sorge oblag, vor dem Herrn sitzen, gleichsam auf die linke Seite gestützt, dann unbequem sich aufrichten und dem Herrn mit der linken Hand, worauf er sich stützte, eine goldene Münze mit einem eingefassten kostbaren Edelstein darreichen.

Und der Herr sprach zu ihr: «Sieh, wenn ich diesem, für den du bittest, die Beschwerde erleichterte, dann würde ich den so vortrefflichen Edelstein in jener Münze entbehren und er würde bei der Vergeltung darum betrogen, weil er mir dann mit der rechten Hand nur die Münze darreichen würde. Derjenige opfert nämlich gleichsam eine einfache Münze, der, in allen seinen Werken mit dem göttlichen Willen übereinstimmend, auf Gott seine Absicht richtet, aber keine Widerwärtigkeit erduldet; wer jedoch bei den einzelnen Werken von Leiden bedrängt wird und dennoch von dem göttlichen Willen nicht abweicht, der opfert Gott eine goldene Münze mit dem ausgesuchtesten Edelstein.»

Da sie aber nicht nachließ, sondern noch inständiger bat, der Herr möge den Verwaltern die Beschwerde erleichtern, antwortete er: «Warum erscheint es dir hart, wenn jemand um meinetwillen Beschwerden erduldet, da ich allein jener wahre Freund bin, in welchem die Treue niemals altert? Denn wenn der Mensch, aller menschlichen Hilfe und Tröstungen bereits beraubt, dem Ende naht und erinnert sich dann jemand einer ihm von jenem erwiesenen Treue, so tut er dies mit großer Wehmut. Ich aber, der allein wahre Freund, komme in jener beängstigenden Not zu der trostlosen Seele mit der frischen Blüte aller guten Werke, in denen der Mensch jemals in Gedanken, Wort oder Tat sich geübt hat und die alle gleich Rosen und Lilien in meinen Kleidern blühen.

Durch jenen belebenden Duft meiner göttlichen Gegenwart wird die Seele erfrischt zur Hoffnung auf das ewige Leben und empfängt die Befähigung, vom Fleisch befreit, die ewige Seligkeit aufzunehmen, so dass sie in Lobpreisung sprechen kann: ‹Sieh, der Duft meines Geliebten ist wie der Duft eines vollen Feldes.›[118]

Denn wie der Leib aus verschiedenen Gliedern zusammengefügt ist, so umschließt die Seele verschiedene Affekte, als da sind: Furcht, Schmerz, Freude, Liebe, Hoffnung, Hass und Scheu. Wieviel nun der Mensch in diesen einzeln zu meiner Ehre sich übt, ebensoviel Genuss unschätzbarer und unaussprechlicher Wonne und Sicherheit wird er dann in mir finden, so dass er für die ewige Seligkeit befähigt ist. Denn bei der zukünftigen Auferstehung, wo dieser sterbliche Leib die Unverweslichkeit anziehen wird[119], werden die einzelnen menschlichen Glieder besondere Belohnungen für die besonderen Arbeiten empfangen, die sie in meinem Namen und aus Liebe zu mir vollbracht haben.

Die Seele aber empfängt den Adel einer unvergleichlich würdigeren Auszeichnung für die einzelnen Übungen in heiligen Affekten, wodurch sie jemals mir zulieb erregt oder zerknirscht worden ist oder auch den Leib erhalten hat.»

Als sie abermals aus Mitleid mit einem treuen Verwalter des Klosters Gott innig bat, er möge ihm die beschwerlichen Arbeiten gnädig vergelten, antwortete der Herr: «Sein Körper, der so oft durch solche Anstrengungen für mich ermüdet wird, ist mir wie eine Schatzkammer, in die ich ebensooft eine silberne Drachme niederlege, als er irgendein Glied bewegt hat, um den ihm Anvertrauten das Notwendige zu erwerben; sein Herz aber ist mir wie eine Lade, in der ich ebenso viele goldene Drachmen besitze, als er durch Gedanken angereizt wird, zu meiner Ehre für die Untergebenen Sorge zu tragen.»

Hierauf sagte sie voll Bewunderung: «O Herr, jener Mann scheint mir nicht so vollkommen zu sein, dass er alle seine Werke rein zu deiner Ehre unternähme; vielmehr glaube ich, dass oft auch andere Ursachen ihn antreiben, wie zeitlicher Gewinn und körperliche Bequemlichkeit. Wie kannst du, o Gott, du ungemischte Süßigkeit, solche Freude in seinem Herzen und Körper haben?»

Der Herr erwiderte: «Weil sein Wille meinem göttlichen Willen insoweit angepasst ist, dass ich immer die oberste Ursache aller seiner Werke bin, so gewinnt er in seinen einzelnen Gedanken, Worten und Werken eine unschätzbare Frucht. Wenn er sich jedoch einer noch reineren und hingebenderen Absicht ohne Nebenzweck beflisse, so würden alle seine Arbeiten und Werke um so viel edler sein, als Gold gegen Silber.»

III. 64. Vom Verdienst der Geduld

Einst wurde eine Person bei der Arbeit unversehens verletzt und erlitt heftigen Schmerz. Als Gertrud nun für sie zum Herrn betete, er möge doch das durch pflichtmäßige Arbeit verletzte Glied der Genossenschaft nicht in Gefahr kommen lassen, antwortete er freundlich: «Es wird durchaus nicht Gefahr laufen, sondern für jenen Schmerz eine unvergleichliche Belohnung gewinnen. Ebenso alle Glieder, welche bewegt worden sind, um den Schmerz jenes zu lindern und es zu heilen.

Nimm ein Beispiel: Wenn ein Linnen in Safranfarbe getaucht wird und zugleich etwas anderes hineinfällt, so wird auch dies mit jenem gefärbt; ebenso wenn ein Glied leidet[120], werden alle übrigen Glieder, die ihm Dienste leisten, zugleich mit ihm durch ewige Glorie belohnt werden.»

Darauf sagte sie: «Mein Herr, wie können aber die einander dienenden Glieder so viel verdienen, da sie dies nicht deshalb tun, damit das verletzte Glied aus Liebe zu dir geduldiger leide, sondern nur um seinen Schmerz zu erleichtern?» Der Herr gab ihr eine Antwort von unschätzbarem Trost.

«Jedes Leiden», sagte er, «das der Mensch nicht zu lindern vermag und dann aus Liebe zu mir geduldig erträgt, habe ich in jenem Wort, mit dem ich in meiner äußersten Todesangst zum Vater flehte: ‹Vater, wenn es möglich ist, so gehe dieser Kelch an mir vorüber›[121] also geheiligt, dass der Mensch durch dasselbe einen unvergleichlichen Lohn und ein unschätzbares Verdienst erwirbt.» Sie erwiderte: «Aber gefällt es dir nicht mehr, mein Gott, dass jemand alles, was ihn betrifft, geduldig erträgt, als dass er nur dann Geduld übt, wenn er in keiner Weise mehr entrinnen kann?» Der Herr antwortete: «Das ist in dem Abgrund meiner göttlichen Gerichte verborgen und überschreitet jede menschliche Erkenntnis. Soviel man aber menschlich urteilen kann, verhält es sich mit jenen beiden wie mit zwei glänzenden Farben, die den Menschen beide von solcher Schönheit scheinen, dass sie schwer unterscheiden können, welcher der Vorzug gebührt.»

Als sie nun vom Herrn begehrte, er möge jener Person einen wirksamen Trost in diesen Worten geben, wenn sie ihr mitgeteilt würden, sagte der Herr: «Nein, nach einer verborgenen Anordnung meiner göttlichen Weisheit unterlasse ich es, damit die Person besonders in drei Tugenden gefördert werde, in der Geduld, im Glauben und in der Demut.

In der Geduld: denn wenn sie eine solche Wirkung des Trostes empfände, wie du sie schon fühlst, so würde ihr nicht nur die Beschwerde, sondern auch das Verdienst der Geduld gemindert; im Glauben: damit sie mehr einer andern glaube, was sie selber nicht fühlt, denn ein Glaube, dem die menschliche Vernunft den Erfahrungsbeweis darbietet, hat nach Gregorius[122] kein Verdienst; in der Demut: damit sie glaube, ein anderer übertreffe sie, der durch göttliche Eingebung erkennt, was zu erkennen sie nicht verdiene.»

III. 65. Von dem Bekenntnis der Wohltaten Gottes

Eines Tages betete sie für eine Person mit dem Bedauern, dass sie aus deren Mund ein Wort der Ungeduld gehört hatte, warum Gott ihr solche Beschwerden schicke, die nicht für sie geeignet wären. Da sprach der Herr zu ihr: «Frage jene Person, welche Beschwerden ihr denn zusagen, und sage ihr, weil sie ohne irgendein Leiden das Himmelreich nicht gewinnen könne, so solle sie sich die ihr passenden Leiden jetzt auswählen und wenn diese über sie kämen, dann auch die Geduld bewahren.» Aus diesen Worten des Herrn erkannte sie, dass es die gefährlichste Art der Ungeduld sei, wenn jemand glaubt, in andern Leiden wolle er wohl geduldig sein, aber in denen, die Gott ihm schickt, könne er es nicht, während der Mensch im Gegenteil doch immer vertrauen soll, das sei ihm das Nützlichste, was Gott sendet, und sich verdemütigen muss, wenn er hierin die Geduld nicht bewahrt.

Der Herr fügte noch gleichsam liebreich lächelnd hinzu: «Und was glaubst du von dir? Schicke ich auch dir ungeeignete Leiden?» Sie erwiderte: «Nein, mein Herr; vielmehr bekenne ich und werde es bekennen, solang ich atme, dass du sowohl betreffs des Leibes als der Seele und in allem Glück und Unglück so für mich gesorgt hast, wie dies niemals eine andere Weisheit vom Anfang der Welt bis zum Ende vermocht hätte, außer deiner unerschaffenen Weisheit allein, o mein süßester Gott, die von einem Ende bis zum andern reicht und alles mächtig und lieblich ordnet.»[123]

Hierauf führte der Sohn sie freundlich zu Gott dem Vater, gleichsam begierig, was sie ihm sagen werde. Da sagte sie: «Ich danke dir, heiliger Vater, soviel ich vermag, durch denjenigen, der zu deiner Rechten sitzt, dass deine Freigebigkeit mir so hochherrliche Geschenke verliehen hat. Klar erkenne ich auch, dass keine Macht dies jemals vermocht hätte, außer allein deine göttliche Macht, die alles Erschaffene durch ihre Kraft belebt.»

Dann führte er sie zum Heiligen Geist, damit sie auch dessen Güte verherrliche. Sie sagte: «Ich danke dir, milder Geist, Tröster, durch denjenigen, welcher unter deiner Mitwirkung im Schoß der Jungfrau Mensch geworden ist, dass du mit den Segnungen deiner unverdienten Süßigkeit in allem mir Unwürdiger so lieblich zuvorgekommen bist. Des bin ich sicher, niemals hätte irgendeine Güte dies vollbracht, außer deiner unaussprechlichen Süßigkeit allein, in der jegliches Gute verborgen ist, von der es ausgeht und mit der es zugleich empfangen wird.»

Hierauf sprach der Sohn Gottes zu ihr: «Nach diesem Bekenntnis werde ich dich in meine besondere Obsorge aufnehmen, mehr als ich sie jemandem schulde durch das Recht der Erschaffung und durch das Recht der Erlösung und durch das Recht der besonderen Erwählung.» Hieraus erkannte sie, dass wenn jemand vertrauensvoll und dankbar sich der göttlichen Vorsehung überlässt, der Herr ihn dann in besondere Obsorge aufnimmt, ähnlich wie ein

Vorgesetzter für seinen Untergebenen, der die Gelübde abgelegt hat, mehr verpflichtet ist zu sorgen.

III. 66. Von der Wirkung und dem Nutzen des Gebetes

Ein andermal betete sie für solche, die sich ihr empfohlen hatten, und gedachte einer Person mit besonderer Liebe, wobei sie zum Herrn sagte: «Erhöre mich, gütigster Herr, die ich nach der Süßigkeit deiner väterlichen Liebe für sie bete», worauf der Herr erwiderte: «Ich erhöre dich, sooft du für sie betest.»

«Aber», sagte sie, «warum ruft sie mich denn so oft an mit zweifelvollen Worten, als wenn sie niemals eine Tröstung von dir empfinge, und denkt immer an ihre Niedrigkeit?» Der Herr antwortete: «Das ist der zarteste Zug an meiner Braut, wodurch sie am meisten meine Liebe erregt, und der Schmuck, worin sie mir vorzugsweise gefällt, dass sie sich selber missfällt. Und diese Gnade wird ihr um soviel vermehrt, als du für sie betest.»

Als sie ein andermal für sie betete und zugleich für eine andere Person, antwortete der Herr: «Ich habe beide näher an mich gezogen. Deshalb ist es ihnen heilsamer, durch Beschwerden geläutert zu werden. So muss auch eine Tochter, die wegen inniger Liebe mit der Mutter auf demselben Stuhl sitzen will, deshalb unbequemer sitzen als die übrigen Töchter, die neben der Mutter sich besondere Stühle wählen. Auch kann der Blick der mütterlichen Huld sich auf sie nicht so gerade richten wie auf diejenigen, welche ihr gegenübersitzen.»

Im Begriff, für mehrere Personen und verschiedene ihr empfohlene Angelegenheiten zu beten, warf sie sich andächtig zu den Füßen des Herrn Jesus nieder und küsste mit größter Andacht und glühendem Verlangen seine heilbringenden Wunden.

Da sah sie gleichsam ein Bächlein aus dem Herzen des Sohnes Gottes hervorbrechen und den ganzen Ort ringsum überströmen. Sie erkannte hieraus, dass der Herr durch das Bächlein alle Wirkungen der Gebete, die sie zu seinen Füßen niedergelegt hatte, auf sie selbst ergoss, und sagte zu ihm: «Was, o mein Herr, wird es jetzt jenen nützen, für die ich gebetet habe, da sie die Wirkung nicht empfingen und darum nicht daran glauben noch auch einen Trost davon empfangen?» Hierüber belehrte der Herr sie durch ein Gleichnis: «Wenn ein König nach langem Krieg Frieden schließt, so kann dies den Fernweilenden nicht sogleich bekannt sein; erst zur gelegenen Zeit wird es ihnen mitgeteilt. Ebenso können auch diejenigen, welche durch Misstrauen oder andere Fehler mir ferner stehen, nicht empfinden, wann für sie gebetet wird.»

Sie erwiderte: «O Herr, es sind unter jenen, für die ich jetzt gebetet habe, einige, von denen ich durch dein Zeugnis weiß, dass sie dir nicht fern bleiben.» Der Herr: «Es ist wahr; wem aber der König nicht durch einen Boten, sondern persönlich seine Beschlüsse mitteilen will, der muss warten, bis die dem König gelegene Zeit kommt. Ebenso setze ich durch mich selbst die richtige Zeit fest, um jenen die Wirkung deiner Gebete kundzutun.»

Hierauf betete sie besonders für eine Person, von der sie einst belästigt worden war, und empfing folgende Antwort: «Wie es unmöglich ist, dass jemandem die Füße durchbohrt werden, ohne dass er im eigenen Herzen mitleidet, so ist es auch meiner väterlichen Liebe ganz unmöglich, demjenigen die Wirkungen der Barmherzigkeit zu versagen, der, obgleich er wegen der eigenen Fehler das Bedürfnis nach dem Heilmittel der göttlichen Verzeihung fühlt, dennoch, vom Zug der Liebe geführt, nicht aufhört, für das Heil des Nächsten Fürbitte einzulegen.»

Da es Menschenpflicht ist, für Kranke öfters zu beten, so fragte sie einst für einen Kranken den Herrn, was sie ihm zumeist erflehen solle, worauf der Herr antwortete: «Nur zwei Worte sprich mit andächtigem Herzen für ihn; zuerst bete, dass ich ihm die Geduld bewahre; zweitens, dass ich die einzelnen Augenblicke, in denen er zu leiden hat, zu meiner Verherrlichung und zu seinem Fortschritt gereichen lasse, wie die Liebe in meinem väterlichen Herzen zu seinem Heil es von Ewigkeit vorausbestimmt hat.

Sooft du diese Worte wiederholst, wird sowohl dein als auch des Kranken Verdienst vermehrt, ähnlich wie dann, wenn ein Maler ein Gemälde wiederholt überstreicht, die aufgetragene Farbe um so heller glänzt.»

Während sie für einige Vorgesetzte betete, erkannte sie wiederholt, das gefalle dem Herrn an den Vorgesetzten, welche die

Würde der Prälatur haben, am meisten, wenn sie diese Macht wie etwas gebrauchen, das ihnen nur auf einen Tag oder eine Stunde verliehen ist, immer bereit, darauf zu verzichten, und wenn sie dabei doch bedacht sind, die Ehre Gottes durch nützliche Werke nach Kräften zu fördern, immerdar in ihrem Herzen sprechend: «Wohlan, eile, dass du zur Ehre Gottes dies nicht versäumst und dass du dann bereitwillig die Last des Amtes niederlegst, wenn du nach Möglichkeit alles getan hast, was du als für Gott preiswürdig und für den Nächsten nützlich erkennst.»

Als sie für jemanden betete, der sich ihrem Gebet sowohl durch andere als auch persönlich sehr demütig empfohlen hatte, sah sie den Herrn zu ihm sich huldvoll hinneigen, ihn mit dem Glanz eines himmlischen Lichtes umgeben und in jenem Licht ihm alles gnädig eingießen, was er durch das Verdienst ihres Gebetes zu erlangen hoffte.

So wurde sie vom Herrn belehrt, dass, sooft jemand sich dem Gebet eines andern empfiehlt, voll Vertrauen, durch dessen Verdienste die göttliche Gnade erlangen zu können, der gütige Herr nach seinem Verlangen und Glauben ihm wohltut, selbst wenn jener, dem er sich empfiehlt, nicht andächtig genug betet.

III. 67. Offenbarungen über verschiedene Ordenspersonen

Als sie für jemanden betete, der ein großes Verlangen hatte, empfing sie folgende Antwort: «Sage ihm von meiner Seite, wenn er mit mir durch innige Liebe vereinigt zu werden verlangt, so bemühe er sich nach Art eines edlen Vogels, zu meinen Füßen sich ein Nest zu bauen aus den Reisern der eigenen Niedrigkeit und den Schößlingen meiner Würdigkeit, worin er ruhe durch das beständige Gedenken an seine Nichtigkeit, weil er ein sterblicher Mensch, immer zum Bösen geneigt[124] und träge zum Guten ist, wenn ihm die Gnade nicht zuvorkommt.

Sodann erwäge er oftmals meine Barmherzigkeit, in der ich väterlich bereit bin, den aufzunehmen, der nach dem Fall durch Buße zu mir zurückkehrt. Will er vom Nest zur Atzung ausfliegen, so schreite er vor zu meinem Schoß, wo er durch Dankbarkeit die Wohltaten beherzige, die ich ihm aus dem Überfluss meiner Liebe umsonst erteile. Erfreut es ihn aber, noch weiter zu streben und die Flügel seiner Wünsche nach Höherem auszustrecken, so erhebe er sich wie ein schneller Adler über sich selbst durch die Beschauung der himmlischen Dinge, indem er meinem Angesicht entgegenfliege und, durch den Schwung der Liebe auf den Flügeln der Seraphim erhoben, mit klaren Geistesaugen den König in seiner Schönheit anschaue.

«Weil jedoch die gegenwärtige Zeit es nicht gestattet, in der Strenge der Beschauung lange zu verharren, die hier, nach dem hl. Bernhard, kaum zu seltener Stunde und nur auf ein Weilchen gewonnen wird, so drücke er die Flügel wiederum nieder durch die Erinnerung an die eigene Niedrigkeit, senke sich wieder auf sein Nest und verweile dort ruhend, bis es ihn erfreut, abermals durch Danksagung zu lieblicher Atzung auszufliegen und weiterhin, wie in Geistesentrückung, den Gipfel der göttlichen Beschauung zu erreichen. Und so wird er durch diese häufigen Abwechslungen, mag er nun eingehen durch die Erwägung der eigenen Gebrechlichkeit oder ausgehen durch die Beherzigung der Wohltaten oder sich erheben durch die Betrachtung der himmlischen Dinge, allzeit himmlische Freuden finden.»

Ein anderer, der ihr besonders empfohlen worden war, hatte nach Vergeudung der ersten Jugendblüte sich Gott im Ordensstand geweiht. Indem sie sich für ihn an den Herrn wandte, stellte sie ihm ihr Herz vor mit dem Verlangen, in jener Liebe, in der er ihr verheißen hatte, die Wohltaten seiner göttlichen Tröstungen denjenigen, welche sie demütig von ihr begehrten, wie durch eine Röhre zu ergießen[125], möge er dies auch jetzt tun zu seiner eigenen höchsten Verherrlichung und zum Trost und Nutzen der genannten Person.

Sogleich sah sie ihr Herz in Weise einer Röhre an das honigfließende Herz Jesu, des liebreichsten Sohnes Gottes, angelegt werden, der ihr auf seinem königlichen Thron sitzend erschien. Hierauf sah sie jenen herankommen und vor dem Herrn ehrfurchtsvoll die Knie beugen. Der Herr streckte seine linke Hand huldreich über ihn aus mit den Worten: «Ich nehme ihn auf in meine unerfassliche Allmacht, unerforschliche Weisheit und süßeste Güte.»

Zugleich mit diesen Worten schien der Herr ihm drei Finger seiner linken Hand darzureichen, nämlich den Zeige-, den Mittel- und den Ringfinger, denen jener seinerseits dieselben Finger der linken Hand vollkommen anpasste. Darauf wandte der Herr seine gebenedeite Hand um, so dass die Finger jenes Menschen innerhalb und die seinigen oberhalb erschienen. Hierdurch gab er drei Weisen zu erkennen, wie derselbe seinen Lebenswandel sollte einzurichten suchen.

Zuerst sollte er, sooft er ein Werk in Angriff nehmen wollte, immer in Demut des Herzens, der göttlichen Allmacht sich anschmiegend, sich als unnützen Knecht[126] bekennen, der in der Blüte seiner Jugend des Herrn, seines Schöpfers und Liebhabers, zu wenig geachtet habe; zugleich sollte er verlangen und bitten, dass die göttliche Allmacht ihm die Kraft zu gutem Wirken verleihe.

Zweitens sollte er der Weisheit Gottes gegenüber sich zur Aufnahme der Einströmungen der göttlichen Erkenntnis unwürdig bekennen, weil er von Kindheit auf seine Sinne nicht in Erforschung des Göttlichen geübt, sondern oftmals zu menschlicher Eitelkeit oder leerem Ruhm[127] missbraucht habe; in Demut sich versenkend, sollte er mit größtem Eifer dahin streben, von allen irdischen Dingen frei zu werden, um der göttlichen Betrachtung obzuliegen. Woran er dann durch die überströmende göttliche Freigebigkeit Überfluss habe, davon sollte er in Liebe dem Nächsten mit Rücksicht auf Ort und Zeit mitteilen. Drittens sollte er es mit größter Danksagung annehmen, dass der Herr ihm in seiner unverdienten Liebe den guten Willen geschenkt habe, durch den die beiden vorausgehenden Dinge vollendet werden.

Auch schien der Herr an dem Ringfinger seiner linken Hand einen Ring von geringem Stoff zu haben, aber mit einem vortrefflichen Edelstein von gleichsam feuriger Röte. Hierbei erkannte sie, dass der Ring den unnützen Lebenswandel jenes Menschen bezeichne, den er Gott dargebracht hatte, als er der Welt entsagte und dem Herrn sich zum Kriegsdienst weihte; der Edelstein aber bedeutete die Liebe der göttlichen Freigebigkeit, die den Herrn dazu bestimmte, ihm den guten Willen einzugießen, damit alle seine Werke vor Gott vollkommen würden. Deshalb sollte die

Stimme, das heißt die Gesinnung jenes Menschen, nichts anderes sein als Lobpreis und Danksagung für dieses göttliche Geschenk. Auch erkannte sie, sooft derselbe einen guten Entschluss unter Mitwirkung des Herrn ausführte, dass der Herr diesen sogleich als kostbaren Ring seiner rechten Hand anlegte und seiner ganzen himmlischen Heerschar zeigte, sich gleichsam rühmend, dass er dies Geschenk von seiner Braut, das heißt von der Seele jenes Menschen, empfangen habe.

Wiederum für eine Person betend, empfing sie Unterweisung, wie dieselbe ihren Lebenswandel einzurichten habe. Sie sollte in der Felsenhöhle der allerheiligsten Seite des Herrn Jesus ihr Nest bauen, in der Tiefe der Höhlung ruhend Honig vom Felsen[128] saugen, das heißt die Süßigkeit der Gesinnung aus dem göttlichen Herzen Jesu, und so, nach dem Bericht der heiligen Schriften den Lebenswandel Christi beherzigend, sein Beispiel in allem nachzuahmen suchen, besonders in drei Stücken.

Das erste ist, dass der Herr oftmals die Nächte im Gebet zubrachte[129], weshalb auch sie in allen Bedrängnissen zum Gebet ihre Zuflucht nehmen sollte. Zweitens hierin: Gleichwie der Herr predigend in den Städten und Flecken (kleinen Ortschaften) umherging[130], so bemühe auch sie sich, nicht bloß im Reden, sondern in jeglichem Werk, in Gebärden und Bewegungen des Körpers den Nächsten durch gutes Beispiel zu erbauen. Drittens sollte sie, gleichwie Christus der Herr den Bedürftigen mannigfache Wohltaten erwiesen hat[131], ebenso ihrerseits allem Tun und Reden immer die Absicht vorausschicken, es dem Herrn in Vereinigung mit seinen höchst vollkommenen Werken zu empfehlen, damit dieser gemäß seinem anbetungswürdigsten Willen es zum Heil des Nächsten und der Gesamtheit lenke. Und nach der Vollendung solle sie es abermals dem Sohn Gottes aufopfern, damit dieser es ergänze und Gott dem Vater würdig vorstelle.

Sie erkannte auch, dass die Person, wenn sie aus jenem Nest hervorgehen wolle, drei Stäbe anwenden müsse, einen, um darüber zu schreiten, einen zweiten zur Rechten und einen dritten zur Linken, um sich darauf zu stützen. Der erste Stab soll sein die inbrünstige Liebe, damit sie alle Menschen in der Liebe Gottes nach Kräften zu Gott hinziehe und jedem Menschen bereitwilligst helfe zur

Ehre Gottes in Vereinigung mit jener Liebe, in welcher der Herr das Heil des ganzen Menschengeschlechtes gewirkt hat.

Der zweite Stab, zur Rechten, sei die demütige Unterwerfung, in der sie jedem Menschen um Gottes willen freudig sich unterordne und sich sorgfältig hüte, jemandem, sei er über- oder untergeordnet, Ärgernis zu geben. Der dritte Stab endlich, der sie zur Linken stützt, soll die eifrige Wachsamkeit sein, dass sie mit größter Anstrengung sich selbst unversehrt bewahre, damit sie niemals in Gedanken, Worten oder Werken auch nur die geringste Beleidigung Gottes begehe.

Eine andere Person, für die sie betete, schien vor dem Thron Gottes beschäftigt, sich selbst einen erhabenen Thron zu bauen aus geschnittenen Edelsteinen; als Zement bediente sie sich des reinen Goldes, und zuweilen niedersitzend, ruhte sie auf ihrem Thron aus. Nach einer Weile aber erhob sie sich wieder und bemühte sich, ihn noch höher zu bauen. Hierbei erkannte Gertrud, dass die Edelsteine die verschiedenen Beschwerden versinnbildeten, durch welche das Geschenk Gottes in der Seele jenes Menschen bewahrt und veredelt wurde, weil der Herr seinen Auserwählten den Pfad in diesem Leben rauh macht, damit sie nicht über irdischen Freuden das Vaterland vergessen.

Durch das Gold aber, welches die Edelsteine zusamenkittete, ward die geistliche Gnade bezeichnet, die sie besaß und womit sie alle äußeren wie inneren Widerwärtigkeiten und Beschwerden mit sicherem Vertrauen zum Fortschritt des Heils zusammenfügen sollte. Dass sie zuweilen auf dem Thron ruhte, sollte anzeigen, dass der Genuss göttlichen Trostes ihr nicht fehlte. Dadurch endlich, dass sie sich wiederum erhob und fortbaute, wurde die erneuerte fortgesetzte Übung guter Werke angedeutet.

Der Zustand einer andern, für die sie betete, wurde ihr in folgender Weise enthüllt. Sie sah einen Baum vor dem Thron der göttlichen Majestät, dessen Stamm und Äste ringsum in herrlichem Grün prangten, die Blätter aber schimmerten in goldenem Glanz. Auf diesen Baum stieg jene Person, für welche sie betete, und hieb mit einem Instrument einige Zweiglein ab, die schon verdorrten; sofort aber wurde ihr vom Thron Gottes, der mit Zweigen umgeben schien, ein anderer Zweig von derselben Farbe gereicht, um ihn an Stelle der abgehauenen einzusetzen. Alsbald ergrünte er und brachte eine Frucht von rötlicher Farbe, welche jene Person pflückte und dem Herrn opferte, der sich wundersam an ihr ergötzte. Jener Baum aber bezeichnet den Orden, in den diejenige, für welche sie betete, eingetreten war.

Die goldenen Blätter waren die guten Werke, die sie vollbrachte und die durch die Verdienste eines ihrer Verwandten, der sie ins Kloster geführt und mit seinen frommen Wünschen und Gebeten dem Herrn empfohlen hatte, für um so viel wertvoller galten, als das Gold die andern Metalle überragt. Das Instrument ferner, womit sie die verdorrenden Äste abhieb, stellte die Betrachtung ihrer Fehler dar, welche sie erforschte und durch würdige Buße austilgte.

Der Zweig sodann, der ihr vom Thron Gottes gereicht wurde, um ihn an der Stelle der abgeschnittenen einzusetzen, bedeutete die Vollkommenheit des allerheiligsten Wandels Jesu Christi, welcher zugleich mit den Verdiensten jenes erwähnten Verwandten ihre Fehler zu jeder Zeit bereitwillig ersetzt.

Die Frucht endlich, welche sie pflückte und dem Herrn reichte, war ihr eigener guter Wille, die Fehler zu bessern. Hieran erfreut der Herr sich gar sehr, weil er viel lieber den guten Willen eines aufrichtigen Herzens annimmt als große Werke ohne reine Absicht.

Eine Person wurde dadurch beschwert, dass sie in den verschiedenen Sorgen ihres Dienstes ein Hindernis des Gebetes zu haben glaubte. Als Gertrud darum für sie betete, empfing sie folgende Antwort: «Ich habe sie nicht dazu erwählt, dass sie nur eine Stunde des Tages mir diene, sondern sie soll den ganzen Tag ohne Unterbrechung bei mir sein, das heißt alle ihre Werke beständig zu meiner Ehre verrichten, und zwar in der Absicht, mit der sie beten möchte. Auch verlange sie bei allen Werken ihres Dienstes, es möchten alle, die sich ihrer Arbeiten bedienen, nicht bloß körperlich erquickt, sondern auch im Geist zu meiner Liebe angezogen und in jeglichem Guten gestärkt werden. Sooft sie dies tut, würzt sie gleichsam die einzelnen Gerichte ihrer Werke und Arbeiten für mich auf das schmackhafteste.»

III. 68. Wie die Kirche durch die Glieder Christi abgebildet wird

Als sie wiederum für jemanden betete, erschien ihr der König der Herrlichkeit, der Herr Jesus, und zeigte ihr in der Gestalt seines Leibes den geheimnisvollen Leib der Kirche, dessen Bräutigam[132] und Haupt er heißen und sein will[133].

Er erschien nämlich auf der rechten Seite seines Leibes mit königlichen Kleidern in hehrem Festschmuck, auf der linken Seite aber nackt und mit Geschwüren bedeckt. Hierbei erkannte sie, dass durch die rechte Seite des Herrn alle Auserwählten in der Kirche bezeichnet werden, denen der Herr durch ein besonderes Gnadengeschenk zur Erwerbung von Tugenden zuvorgekommen ist, durch die linke Seite aber die noch Unvollkommenen.

Durch den Schmuck der Rechten des Herrn wurden jene Dienste und Wohltaten versinnbildet, welche einige aus besonderer Ergebenheit jenen erweisen, die sie durch vorzügliche Tugenden oder vertrauten Umgang mit Gott die Übrigen überragen sehen. Denn sooft jemand den Auserwählten Gottes wegen der ihnen vom Herrn erteilten Gnade eine Wohltat erweist, versieht er die Rechte des Herrn mit einem neuen Schmuck.

Aber es gibt einige, welche zwar Gottes wegen den guten Menschen bereitwillig wohltun, jedoch die Fehler der Bösen oder Unvollkommenen allzu hart verurteilen und durch ihre Ungeduld solche Menschen mehr verwunden als bessern. Und diese scheinen die Geschwüre des Herrn gleichsam mit Fäusten wütend zu schlagen.

Der Herr fügte noch hinzu: «Möchten doch gewisse Menschen wenigstens lernen, wie sie die Geschwüre meines Leibes, das heißt die Fehler ihrer Nächsten, heilen können, dass sie nämlich dieselben zuerst leise berühren, das heißt durch sanfte Ermahnungen deren Fehler zu bessern suchen. Wenn sie aber finden, dass sie so nicht weiterkommen, dann sollen sie allmählich strenger zurechtweisen und zu heilen suchen. Aber es gibt solche, die um meine Geschwüre keine Sorge haben; das sind diejenigen, welche die Fehler des Nächsten erkennen und ihn selber deshalb verachten.

Nicht einmal mit einem Wort bestreben sie sich, ihn zu bessern, damit sie sich selbst keine Beschwerde zuziehen. Dabei betrügen sie sich durch die leere Entschuldigung, dass sie mit Kain sagen: ‹Bin ich denn etwa der Hüter meines Bruders?›[134] Sie legen meinen Geschwüren ein Pflaster auf, aber nicht eines, was heilt, sondern meine Wunde vielmehr faulen macht und gleichsam Würmer darin erzeugt, da sie durch ihr Schweigen die Fehler des Nächsten wachsen lassen, während sie dieselben vielleicht durch einige Worte hätten bessern können.

Auch gibt es solche, die, wenn sie die Fehler des Nächsten zum Zweck der Besserung anzeigen und nicht sogleich sehen, dass er nach ihrem Gutdünken zurechtgewiesen oder verurteilt wird, sofort mit Unwillen sich vornehmen, künftighin nichts mehr anzuzeigen und auch niemanden mehr zurechtzuweisen; jedoch unterlassen sie es nicht, in ihrem Herzen den Nächsten härter zu beschuldigen und verdunkeln sogar zuweilen seinen Ruf durch Verleumdungen.

Diese legen meinen Geschwüren ein Pflaster auf, was äußerlich die Geschwulst bedeckt, aber innerlich sie wie mit einer feurigen Gabel durchwühlt und martert.

Diejenigen aber, welche das, was sie bessern könnten, wenn auch nicht boshaft, so doch sorglos übergehen, diese zertreten meine Füße. Jene sodann, die, wenn sie selber nur ihre Lust befriedigen, unbesorgt sind, ob einer von meinen Auserwählten sich ärgert, die pressen meine Hände zusammen und durchstechen sie grausam mit feurigen Ahlen.

Andere gibt es, welche zwar die vollkommenen und frommen Vorgesetzten mit aufrichtiger Zuneigung lieben und durch Wort und Tat ehren, die harten und unvollkommenen aber gering schätzen und alle ihre Handlungen streng richten oder verachten. Diese zieren die rechte Seite meines Hauptes würdig mit Edelsteinen und Perlen, die linke und schwärende Seite aber, die ich auf ihnen ausruhen zu lassen begehrte, wehren sie gefühllos ab und behandeln sie sogar mit unsanften Fäusten. Noch andere schmeicheln den bösen Handlungen der Vorgesetzten gegenüber, damit sie deren Freundschaft gewinnen und um so ungehinderter sich ihren eigenen Gelüsten überlassen können. Diese krümmen in Wahrheit mein Haupt schmerzlich zurück und belustigen sich schimpflich über meine Qualen.»

III. 69. Von dem geistigen Fortschritt und der Anteilnahme an geistigen Gütern

Als eine andere Person ihr besonders empfohlen wurde, begab sie sich ihrer Gewohnheit gemäß alsbald ins Gebet und begehrte vom Herrn zu erlangen, er möge dieselbe alles dessen teilhaft machen, was er durch Wachen, Fasten, Beten und die übrigen Werke der Frömmigkeit in ihr Unwürdiger wirke.

Der Herr antwortete: «Ich werde ihr sicher alle Wohltaten mitteilen, welche die Herablassung meiner Gottheit in dir unverdient wirkt und wirken wird bis ans Ende.»

Hierauf sagte sie: «Da aber deine ganze heilige Kirche an allem teilhat, was du sowohl in mir als auch durch mich Unwürdige und in deinen anderen Auserwählten wirkst, was soll dann jene Person Besonderes von deiner Güte deswegen erhalten, weil ich sie mit besonderer Liebe aller mir von dir erwiesenen Wohltaten teilhaft zu sehen wünsche?»

Der Herr erwiderte: «Wenn ein vornehmes Mägdlein aus Perlen und Edelsteinen kunstvolle Schmucksachen zu bereiten versteht, mit denen sie sowohl sich als auch ihre Schwester ziert, so erwirbt sie ihrer ganzen Familie Ruhm und Ehre. Sie jedoch, die sich selber mit den Halsbändern und Armbändern schmückt, gewinnt die höchste Gunst und Ehre des Volkes.

Zugleich hat auch die besonders geliebte Schwester, welche sie mit ähnlichen, wenn auch nicht in allem so ausgesuchten Schmucksachen geziert hat, einen größeren Ruhm als die Übrigen, die nicht in derselben Weise geschmückt sind. Ebenso hat die Kirche Anteil an den einzelnen Wohltaten, die jedem Gläubigen erwiesen werden; jener jedoch, der sie empfängt, hat den größten Nutzen, und folglich zieht auch derjenige, dem er sie in besonderer Liebe mitzuteilen begehrt, hieraus mehr Frucht und Gewinn.»

Hierauf stellte sie dem Herrn vor, dass dieselbe Person, welche der Frau Mechtildis frommen Angedenkens[135] in ihrer Krankheit oftmals auf eigene Kosten Erquickung bereitet hatte, dennoch sich beklage, dass sie ihr zu wenig Dienst erwiesen und auch mit ihr zu selten über das Heil ihrer Seele geredet habe, aus Furcht, sie zu hindern oder anzustrengen.

Der Herr antwortete: «Wegen des guten Willens, womit sie oftmals in freudiger Freigebigkeit meiner Auserwählten wohlgetan und gern noch mehr getan hätte, dient sie mir noch täglich bei Tisch wie ein erlauchter Fürst dem Herrn, seinem Kaiser. Denn ich erfreue mich an allem, wodurch die Vorsängerin Mechtildis mir eifrig diente mit den Kräften, welche sie aus den von ihr mittels Speisung, Tränkung und ähnlicher Werke erwiesenen Wohltaten gezogen hat. Ebenso erfreue ich mich auch an allen Gedanken, Worten und Werken, wodurch sie jemals zu Gunsten meiner Auserwählten sich angestrengt hat.

Jenen Mangel aber, dass sie zu selten mit ihr geredet habe, werde ich selbst ihr ersetzen nach Art eines liebevollen Bräutigams, dessen schüchterne Braut zuweilen etwas sehr Erwünschtes nicht zu fordern wagt, weshalb er ihr das Doppelte schenkt. Überdies wird wegen der Mitfreude, mit der sie sich an allen meinen Auserwählten von mir erwiesenen Wohltaten ergötzt, ihre Seele im Himmel ewig einen Widerschein jener Wohltaten von der Seele meiner Braut in sich empfangen.

Denn der Glanz meiner Wohltaten in den Seelen derjenigen, denen ich auf Erden besondere Gnaden erzeigt habe, wird auch ewiges Licht in jenen verbreiten, welche durch geistige Mitfreude mit ihnen sich ergötzen, gleichwie die ins Wasser scheinende Sonne einen Schimmer auf die benachbarte Wand zurückwirft.»

III. 70. Von dem Nutzen der Versuchung

Für eine versuchte Person zum Herrn betend, empfing sie folgende Antwort: «Ich habe ihr jene Versuchung geschickt, damit sie ihren Fehler erkenne und betrauere, betrauernd ihn zu überwinden strebe, und da sie dies nicht vermag, gedemütigt werde. Hierdurch werden überdies ihre andern Fehler, die sie nicht erkennt, vor meinen Augen zum Teil getilgt werden, gleichwie es den Menschen geschieht, die, wenn sie einen auffallenden Flecken an ihren Händen sehen, die ganze Hand abwaschen und so auch von anderem Schmutz gereinigt werden, den sie nicht abgewischt hätten, wenn sie nicht durch jenen Flecken wären angetrieben worden.»

III. 71. Wie angenehm Gott die oftmalige Kommunion ist

Vom Eifer der Gerechtigkeit getrieben, hielt eine Person andern öffentlich vor, dass sie zuwenig vorbereitet oder andächtig, wie sie bei sich urteilte, und deshalb zu oft zur Kommunion gingen, und machte sie dadurch zaghaft zum Kommunizieren.

Als Gertrud nun für sie betend den Herrn fragte, wie er das ansehe, antwortete derselbe: «Da es meine Wonne ist, bei den Menschenkindern zu sein[136], und ich dieses Sakrament aus großer Liebe zur Erneuerung und oftmaligen Begehung meines Gedächtnisses zurückgelassen, mich überdies verpflichtet habe, bei meinen Gläubigen zu bleiben bis ans Ende der Welt[137], so hindert derjenige, welcher jemanden, der nicht in Todsünde ist, durch Worte oder Rat zurückhält, gewissermaßen meine Wonne oder unterbricht sie, gleich einem allzu strengen Erzieher, der den Sohn des Königs von seinen geringeren Altersgenossen, an deren Umgang er große Freude hat, zurückhält, weil es sich mehr für seinen Zögling gezieme, königliche Ehre zu genießen, als auf der Straße mit dem Ball oder in ähnlicher Weise zu spielen.»

Hierauf sagte sie: «Wenn aber, o Herr, jene Person dies künftig meidet, würdest du ihr dann verzeihen, was sie hierin gefehlt hat?» Der Herr antwortete: «Nicht bloß würde ich es ihr vergeben, sondern es auch so von ihr annehmen wie der Königssohn von seinem Lehrer, wenn dieser ihm seine geliebten Spielgenossen, die er kurz vorher streng zurückgewiesen hatte, heiter und freundlich wieder zuführte.»

III. 72. Vom Nutzen des rechten Eifers

Einstmals betete sie für eine Person, die befürchtete, sich zuweilen eine Schuld vor Gott zuzuziehen, weil sie die Nachlässigkeiten einiger zu hart aufnahm, in der Besorgnis, es möchte durch deren Beispiel der Fortschritt im Ordensleben und in der Zukunft gehindert werden.

Da wurde sie vom besten Lehrer folgendermaßen unterwiesen: «Wenn jemand begehrt, dass sein Eifer mir zu Ehre und seiner Seele zum Fortschritt gereiche, so muss er auf drei Dinge bedacht sein: erstens, dass er jene Person, deren Nachlässigkeiten er rügt, ein freundliches Gesicht zeige, wenn der Anstand oder das Bedürfnis es verlangt, und, je nachdem es notwendig, auch liebevolle Worte und Werke.

Zweitens hüte er sich, irgendwo jene Nachlässigkeiten zu erwähnen, wo er keine Besserung der schuldigen Person, noch auch von andern, die zuhören, hofft, dass sie Vorsicht lernen. Drittens soll er niemals, wenn sein Gewissen ihm sagt, dass er an jemandem etwas rügen müsse, aus menschlicher Rücksicht schweigen, sondern rein zur Ehre Gottes und zum Heil der Seelen suche er Gelegenheit, liebevoll und mit Nutzen auf die Ablegung der Fehler hinzuwirken. Dann wird er sicher belohnt werden, und zwar nach der Arbeit und nicht nach dem Erfolg. Denn gewinnt er auch keine Frucht, so ist das in Wahrheit nicht sein, sondern derer Schaden, die ihm nicht zustimmen oder widersprechen.»

Als sie für zwei Personen betete, welche im Wortwechsel waren und von denen die eine die Gerechtigkeit zu verteidigen, die andere die Nächstenliebe zu fördern glaubte, antwortete der Herr: «Wenn ein guter Vater seine Kinder vor sich spielen und im Scherz miteinander streiten sieht, so übersieht er es zuweilen und lacht. Bemerkt er aber, dass das eine wider das andere sich erhebt, so weist er das Fehlende scharf zurück. So übersehe auch ich, der Vater der Erbarmungen, es zuweilen, wenn ich bemerke, dass sie in guter Absicht ein wenig miteinander streiten, obgleich es mir angenehmer wäre, wenn beide vollen Herzensfrieden genössen. Wenn aber die eine gegen die andere zu rauh verfährt, wird sie der väterlichen Rute nicht entfliehen können.»

III. 73. Vom Nutzen des Gebetes für die Zukunft

Eine Person beklagte sich häufig, dass sie aus den Gebeten anderer für sie keinen Nutzen fühle. Als Gertrud dies dem Herrn vorstellte, antwortete er: «Frage sie, was sie für einen Verwandten, dem sie gern eine kirchliche Pfründe erteilt sähe, für nützlicher halte: dass die Pfründe ihm für die Mannesjahre zugesprochen oder dass der ganze Ertrag ihm jetzt, da er noch Schüler ist, zu beliebiger Verwendung übergeben werde.

Zweifelsohne würde er jetzt nach Knabenart die ganze Summe vergeuden und wäre nachher so arm und bedürftig wie zuvor. Vernünftigerweise kann sie nur wünschen, dass ihm die Pfründe für künftig, nachdem er zu den Unterscheidungsjahren gekommen sein wird, zugesichert werde, denn alsdann vermag er wirklichen Nutzen daraus zu ziehen.

Ebenso soll sie auch, da ich ihr ja Vater und Bruder bin, von meiner göttlichen Güte und Weisheit vertrauensvoll erwarten, dass ich noch eifriger und treuer das Heil ihrer Seele und ihres Leibes wahrnehme als sie den Vorteil eines ihrer Verwandten und dass ich die Frucht aller Gebete und Wünsche, die an mich für ihr Heil gerichtet werden, ihr bis zur vorbestimmten Zeit aufbewahre und ihr dann alles zugleich eingieße, wann es durch kein Ungestüm entwertet oder vermindert werden kann.»

III. 74. Vom Nutzen des Gehorsams und von einer der Vorsängerin erwirkten Gnade

Als die Vorsängerin beim Frühoffizium das Kapitel auswendig hersagte, empfing Gertrud die Mitteilung, dass jene dies aus Gehorsam gegen die Vorschrift ihrer Regel[138] tue und deshalb ein solches Verdienst erlange, wie wenn ebenso viele Personen für sie betend vor dem Angesicht Gottes ständen, als sie sich bemüht hatte, Worte zu singen. Hierbei erkannte sie, dass beim Tod, gemäß dem hl. Bernhard[139], dem angsterfüllten Menschen seine Werke gleichsam sagen: Du hast uns vollbracht, wir sind dein, wir werden dich nicht verlassen, sondern mit dir vor Gericht gehen. Alsdann werden durch Gottes Gnade alle Werke des Gehorsams nach Art ehrwürdiger Personen ihn trösten und bei Gott für ihn Fürsprache einlegen, so dass ein jedes ihm Verzeihung irgendeiner Nachlässigkeit erlangt. Und dies wird für die Menschen im Todeskampf eine große Erleichterung sein.

Eine andere Vorsängerin, der es nach der Vorschrift oblag, die Psalmen für die Genossenschaft zu lesen, hatte sie um ein Gebet für sich angesprochen. Als sie dies verrichtete, sah sie im Geist den Sohn Gottes jene Vorsängerin mit sich vor den Thron Gottes nehmen und seinen himmlischen Vater bitten, er möge die Gesinnung treuer Liebe, in welcher er, der Sohn, die Ehre des Vaters und das Heil des menschlichen Geschlechtes erstrebt habe, jener Person zur Stütze und zur Erlangung ihrer Wünsche geben.

Nachdem der Sohn dies erfleht hatte, erschien jene Person mit ähnlichen Kleidern wie er geschmückt. Und wie es vom Sohn heißt, er stehe vor dem Vater, um ihn für die Kirche gnädig zu stimmen[140], so stand auch jene Person der Königin Esther[141] gleich vor Gott dem Vater, mit seinem Sohn für das Volk, das heißt für ihre Genossenschaft, um Gnade flehend.

Während sie in solcher Stellung die vorgeschriebenen Psalmen betete, nahm der himmlische Vater dieselben in doppelter Weise von ihr an: einmal, wie ein Herr von dem Bürgen die Zahlung für die Schuldner annimmt, und sodann, wie er von seinem Verwalter die Summen empfängt, die er unter seine Freunde verteilen will. Auch schien der Herr jener Person alles zu gewähren, was sie durch ihre Gebete für die Genossenschaft begehrte, und sie auch vor sich hinzustellen, damit sie den Übrigen aus der Genossenschaft es darreiche, sooft eine hinzuträte, um für dieselben zu beten.

III. 75. Vom Nutzen der Unterwerfung

Einst bat sie den Herrn, er möge einen Fehler eines ihrer Vorgesetzten bessern, worauf sie folgende Antwort empfing: «Weißt du denn nicht, dass nicht bloß jene Person, sondern alle, welche dieser mir geliebten Genossenschaft vorstehen, Fehler haben, wie überhaupt alle Menschen in dieser Welt? Denn ich lasse es in meiner göttlichen Huld und Liebe zu, womit ich diese Genossenschaft erwählt habe, damit ihr Verdienst dadurch wachse. Viel größere Tugend gehört ja dazu, sich jemandem zu unterwerfen, dessen Fehler offenkundig ist, als einem andern, dessen Werke in allem tadellos erscheinen.»

Sie sagte hierauf: «Obgleich ich, mein Herr, mich an den Verdiensten der Untergebenen mitfreue, so wünsche ich doch, dass auch die Vorgesetzten von einer Schuld frei sein möchten, die sie, wie ich fürchte, zuweilen aus Nachlässigkeit sich zuziehen.»

Der Herr erwiderte: «Weil ich jeden Fehler an ihnen erkenne, so lasse ich es zu, dass er durch die verschiedenartigen Sorgen zuweilen offenbar werde; denn anders würden sie nicht zu so großer Demut gelangen. Das Verdienst der Untergebenen wächst durch die Fehler wie durch die Fortschritte ihrer Vorgesetzten, und das der letzteren sowohl durch die Fortschritte wie durch die Fehler der ersteren, ähnlich wie an einem Leib die verschiedenen Glieder zu jeglichem Guten sich behilflich sind.» Aus diesen Worten erkannte sie die überströmende Huld der göttlichen Weisheit, die so wohlüberlegt das Heil der Auserwählten anordnet, indem sie selbst Fehler nur zulässt, um zu größeren Fortschritten zu führen.

III. 76. Von der Läuterung durch Versuchungen und von der treuen Mitwirkung mit der Gnade

Wiederum für eine Person betend, welche sich beschwert fühlte, empfing sie folgende Antwort: «Zage nicht; denn in keiner Weise lasse ich meine Auserwählten über ihre Kräfte versucht werden und allzeit bin ich bei ihnen, um das Maß abzuwägen. Gleichwie eine Mutter, wenn sie ihr Kindlein am Feuer erwärmen will, immer die Hand zwischen das Feuer und das Kind hält: Ebenso lasse ich meine Auserwählten durch Trübsal nicht aufreiben, sondern schicke dieselbe nur zu ihrer Erprobung und zu ihrem Heil.»

Als sie hierauf für eine Person betete, die sie in einem Fehler sah, sagte sie unter anderem in ihrem Verlangen: «O Herr, obgleich das Geringste deiner Geschöpfe, bete ich doch zu deiner Ehre für jenen Menschen; warum erhörst du mich denn nicht, da du doch alles vermagst?» Der Herr antwortete: «Gleichwie ich in meiner Allmacht alles kann, so ordne ich auch alles in meiner unerforschlichen Weisheit und tue nichts, was sich nicht geziemt. Wie nun ein irdischer König, der Gewalt über viele Kräfte wie über viele Willen hat, wenn er seinen Stall gerne gereinigt hätte, dies doch keineswegs mit eigenen Händen tut: So bekehre auch ich niemanden von dem Übel, in das er durch seinen eigenen Willen gefallen ist, wenn er nicht sich selber Gewalt antut, seinen Willen ändert und sich mir liebenswürdig und geziemend erweist.»

III. 77. Wie der Herr für den Menschen Ersatz leistet und wie hoch er ein ihm gebrachtes Opfer anschlägt

Da sie einst eine Person während der Metten im Chor umhergehen und andere an die Beobachtung gewisser Dinge mahnen sah, durch deren Übersehen zuweilen Störung beim Gottesdienst entstand, fragte sie den Herrn, wie er einen solchen Eifer aufnehme, worauf der Herr erwiderte: «Wer nur immer zu meiner Ehre solche Nachlässigkeiten zu verhüten sucht, für den ersetze ich alles, was er selbst an schuldiger Andacht und Aufmerksamkeit vernachlässigt.» Für eine wegen todesgefährlicher Krankheit einer Vertrauten bekümmerte Person empfing sie vom Herrn folgende Belehrung: «Wer einen geliebten Freund, in dem er nicht bloß den Trost der Freundschaft, sondern auch eine Aufmunterung zum Fortschritt der Seele besaß, zu verlieren fürchtet oder schon verloren hat, diesen Kummer aber mit aufrichtigem Willen mir aufopfert, so dass er, selbst wenn er jenen Freund wohl zurückerhalten könnte, ihn zu meiner Ehre dennoch gern entbehren wollte, der darf, wenn er sein Herz auch nur eine Stunde lang zu solcher Gesinnung zu stimmen vermag, sicher sein, dass nachher meine Güte jenes Opfer immer in der Würde und Vollkommenheit bewahrt, wie es während jener Stunde in seinem Herzen war.

Und jegliche Beschwerde, die er nachher aus menschlicher Gebrechlichkeit erleidet, wirkt mit zur Förderung seines ewigen Heils. Bedrängen z.B. Gedanken sein Herz, wieviel Trost oder Hilfe er von jenem Menschen jetzt haben könnte, worauf er nun verzichten muss, so haben diese und ähnliche der menschlichen Gebrechlichkeit entspringende Gedanken nach dem erwähnten

Opfer eine solche Wirkung in seiner Seele, dass sie der göttlichen Tröstung eine Stätte bereiten. Denn ich will in Wahrheit jener Seele so viele Tröstungen eingießen, als ich beängstigende Gedanken nach jenem Opfer in ihr Herz kommen ließ. Niemals konnte ein Mensch in diesem Leben etwas so Großes opfern, das mein göttlicher Trost nicht hundertfach in diesem und tausendfach im andern Leben vergalt.»[142]

III. 78. Von dem Flecken an der Jungfräulichkeit

Als sie ein andermal für eine Person betete, welche sehnlichst wünschte, das Verdienst der Jungfräulichkeit vor dem Herrn zu besitzen, jedoch fürchtete, aus menschlicher Schwachheit zuweilen sich irgendeinen Flecken zugezogen zu haben, erschien dieselbe Person in der Umarmung des Herrn mit schneeweißen Kleidern angetan, die in schöne Falten gelegt waren. Hierüber wurde sie vom Herrn durch folgende Worte belehrt: «Wenn durch die menschliche Schwäche die Jungfräulichkeit irgendeinen Makel empfängt, der Mensch aber darüber zu wahrer Buße gelangt, so gibt meine Güte das der Seele gleichsam zum Schmuck, dass jene Flecken an der Jungfräulichkeit in ähnlicher Weise zierlich erscheinen wie die Falten in einem Kleid. Weil jedoch die Schrift sagt: ‹Die Unversehrtheit bringt Gott am nächsten›[143], so würden diese Flecken, wenn sie durch große Sünden zugezogen wären, der barmherzigen Liebe Gottes ein Hindernis bereiten.»

III. 79. Vom Hindernis des Eigensinns und vom Wert des guten Willens

Ein andermal betend für eine Person, welche die Gnade des göttlichen Trostes zu erlangen begehrte, empfing sie vom Herrn folgende Antwort: «Sie hindert sich selbst, meine Gnade zu empfangen. Denn weil ich meine Auserwählten gleichsam durch einen süß duftenden Hauch der Liebe zu mir hinziehe, so schafft der im Eigensinn Verhärtete sich ein solches Hindernis wie jener, der die Nase mit seinem Kleid bedeckt, um den Wohlgeruch der Gewürze nicht zu empfinden. Wer aber aus Liebe zu mir dem eigenen Sinn entsagt, sich selbst verleugnet und fremder Ansicht folgt, dessen Verdienst wird gesteigert.»

Abermals betend für eine Person, die durch eine ihr auferlegte Arbeit sehr gedrückt war, wurde sie vom Herrn also belehrt: «Wenn jemand um meinetwillen eine schwere Arbeit übernehmen will, wobei er fürchtet, dass die Andacht Schaden leide, den Nutzen der eigenen Seele jedoch hintansetzt, um meinen Willen zu erfüllen, dessen fromme Absicht allein rechne ich schon statt des vollendeten Werkes an, wenn er auch vielleicht niemals dazu kommt, es nur anzufangen.»

III. 80. Dass man das Äußere dem Innern nicht vorziehen dürfe

Für eine andere Person betend, die häufig in Besorgung äußerer Angelegenheiten sehr beschwert wurde, empfing sie folgende Antwort: «Durch die Beschwerden tilge ich jene Nachlässigkeit, wodurch sie zu menschlich denkend den äußeren Nutzen dem inneren Fortschritt einigermaßen vorzog.»

Hierauf sagte sie: «Da wir doch ohne die Hilfe der äußeren Güter nicht bestehen können, was hat jene denn durch die Vorsorge für diese Dinge, die ihr ja gerade obliegt, gefehlt?»

Der Herr antwortete: «Einem vornehmen Mägdlein gereicht es zur Ehre und Zier, mannigfache Pelze unter dem Mantel zu haben; wenn sie dieselben aber umwendete, so würde es ihr zur Unehre und Beschämung gereichen. Deshalb würde die Mutter, wenn sie nicht anders könnte, die Tochter wenigstens mit einem Überwurf bedecken, damit sie nicht verspottet würde als eine Törin.

So bedecke auch ich, der ich meine Tochter zärtlich liebe, ihren Fehler durch verschiedene Beschwerden, die ich ohne ihre Schuld über sie kommen lasse. Überdies ziere ich sie auch durch die Geduld mit einem besonderen Schmuck. Denn zuerst – das heißt als die Hauptsache – habe ich im Evangelium befohlen, das Reich Gottes und dessen Gerechtigkeit zu suchen[144], das ist der Fortschritt des inneren Menschen. Das Äußere aber soll nicht an zweiter Stelle gesucht werden, sondern ich habe vielmehr verheißen, dass es zugegeben werde.»

Gertrud von Helfta – Wandbehang in der Benediktinerinnenabtei Tettenweis in Niederbayern

Gertrud die Große von Helfta
Gertrudskapelle im Augsburger Dom

Du Wahrheit, Du Gott,
der Du leuchtender bist als jedes Licht,
tiefer als jedes Geheimnis,
Du hattest beschlossen,
die Nacht meiner Finsternis zu erhellen.

Gertrud die Große

VIERTES BUCH

Einleitung zum vierten Buch

(Nach Johannes Lansperger)

Die in diesem Buch mitgeteilten Offenbarungen beziehen sich auf die Geheimnisse des Herrn und seiner Heiligen, wie sie im Lauf des Kirchenjahres an den einzelnen Festen begangen zu werden pflegen. Es sind Tröstungen, mit denen Christus seine auserwählte Braut heimsuchte, wenn sie, aufs Krankenlager hingestreckt, gehindert war, an der gottesdienstlichen Feier der Klostergemeinde teilzunehmen.

Sie sind in hohem Maß geeignet, uns anzuleiten, in welcher Weise und durch welche Übungen wir Christus und seine Heiligen, besonders an ihren Festtagen, nach der Gewohnheit der heiligen Kirche verehren sollen; ebenso wie wir durch ihn, unseren süßesten Mittler, vermögen, alles, was wir für uns oder andere erbitten, leicht zu erlangen, was uns fehlt, vollkommen zu ersetzen und aus dem Reichtum seines Lebens und Leidens unsere Armut zu bereichern.

Dass hier einiges durch Gleichnisse und Bilder dargestellt wird, kommt daher, dass die heilige Jungfrau, obgleich vom Licht der göttlichen Erkenntnis vollkommen erleuchtet, das geistig Erkannte nicht anders ausdrücken noch auch unserem Verständnis nahe bringen konnte, wie dies ja bekanntlich auch in der Heiligen Schrift geschieht.

Es atmet aber dieses Buch, gleich den übrigen, einen wunderbaren Duft göttlicher Süßigkeit und zeigt uns, wie Gott seine Auserwählten so zärtlich liebt, so weise regiert, so gütig zurückruft und an sich zieht, und wie seine Vorsehung sich den Wünschen der Auserwählten niemals entzieht, vielmehr das ihnen Mangelnde aus dem Schatz seiner Verdienste ersetzt.

IV. 1. Von der Vorbereitung auf die Geburt des Herrn

In der Nacht vor der Vigil der allerheiligsten Geburt des Herrn hatte sie lange Zeit schlaflos zugebracht und erfreute sieh sehr bei Erwägung der Worte jenes Responsoriums[1]: «Von jener verborgenen Ruhe.» Da sah sie in Geistesverzückung den Herrn Jesus im Schoß Gottes des Vaters in süßester, seliger Ruhe. Zu ihm kehrten sich die Wünsche derjenigen, welche das bevorstehende Fest aller drei Personen der Gottheit mit Andacht zu feiern begehrten, nach Art eines Hauches hin.

Der Herr Jesus aber sandte aus seinem göttlichen Herzen auf alle jene Hauche einen wunderbaren Glanz, durch den ihnen der Weg zu ihm bereitet wurde. Als nun die Einzelnen Gott nahten, erkannte sie, dass jene, welche sich den Gebeten anderer demütig empfohlen hatten, an den Händen geführt und von beiden Seiten geschützt, ohne jegliche Abirrung auf dem rechten Pfad zum Herrn im Glanz seines göttlichen Herzens hineilten.

Diejenigen aber, welche, auf ihre eigenen Anstrengungen und Gebete gestützt, das Fest andächtig zu feiern strebten, irrten zuweilen ab, dann jedoch, zum Weg zurückkehrend, nahten sie Gott in dem Licht, das er ihnen gewährte.

Da sie nun zu wissen wünschte, wie die göttliche Güte zu den einzelnen Schwestern sich hinabneigen wolle, sah sie plötzlich alle zu Gott dem Vater in die Ruhe seines Sohnes versetzt und jede nach Verlangen und Fähigkeit an ihm sich erfreuen. Auch wurde keine von der andern gehindert, sondern jede genoss Gott gemäß ihrem Verlangen so vollkommen, als wenn der Herr sich ihr allein gewährte. Einige umfassten ihn als zartes Kindlein, das für uns Mensch geworden; andere betrachteten ihn wie den treuesten Freund, dem sie alle Geheimnisse des Herzens anvertrauten; wiederum andere wie einen aus Tausenden und aber Tausenden erwählten Bräutigam nach der ganzen Freude ihres Herzens[2].

Hierauf warf Gertrud sich demütig zu den Füßen des Herrn nieder mit den Worten: «Was, o mein liebreichster Herr, kann nun meine Vorbereitung sein, oder welchen Dienst vermag ich deiner seligsten Mutter an diesem Fest der hochheiligen Geburt zu erweisen, da ich sogar ihre Tagzeiten, zu denen ich durch das Ordensgelübde verpflichtet bin, nicht bloß wegen körperlicher Krankheit, sondern leider durch eigene Nachlässigkeit unterlassen habe?» Da schien der gütige Herr in Mitleid die einzelnen Worte, welche sie zur Ehre Gottes und zum Heil der Seelen während des Adventes belehrend oder tröstend zu irgendjemandem gesprochen, seiner holdseligsten Mutter, die in der Glorie ihm zur Seite saß, darzubringen zum Ersatz alles dessen, was sie ihr gegenüber unterlassen hatte, zugleich mit der ganzen Frucht, die aus jenen Worten von einer Person auf eine andere bis zum Ende der Welt hervorgehen kann.

Die Mutter des Herrn nahm dies sehr freudig auf und wurde dadurch wunderbar geschmückt. Gertrud trat zu ihr hin und bat andächtig, sie möge ihren Eingeborenen für sie anflehen. Diese aber neigte sich in mütterlicher Güte zu ihr und betete für sie, indem sie ihren Eingeborenen umarmte und küsste, in folgenden Worten: «Deine Liebe, mein Vielgeliebter, in Vereinigung mit meiner Liebe neige dich wirksam zu den Bitten dieser deiner Liebenden.» Hiernach redete Gertrud ihn selbst an mit den Worten: «O Süßigkeit meiner Seele, liebreichster Jesus!»

Nach diesen und vielen ähnlichen Liebesworten sagte sie zum Herrn: «Aber welche Frucht können diese Worte bringen, die meine Niedrigkeit dir nur unschmackhaft machen kann?» Der Herr erwiderte: «Was macht es, von welcher Art das Holz ist, womit die Gewürze oder Salbenbüchsen umgerührt werden, da sie denselben Wohlgeruch ausatmen?

Ebenso wenn jemand zu mir sagt: Süßester Herr u.a. und dabei sich selbst wegen der eigenen Niedrigkeit für unwürdig hält, so haucht dennoch die angeborene Süßigkeit meiner Gottheit, in sich tief innerlich bewegt, mir selbst den Wohlduft unvergleichlicher Wonne zu und ergießt auch auf jenen, der mich durch solche Worte liebevoll erregt, den Wohlgeruch ewigen Heils.»

IV. 2. Von der Vigil der Geburt Jesu

Am folgenden Tag vor den Metten einige Zeit wachend, überdachte sie in der Bitterkeit des Herzens vor dem Herrn den Fehler der Ungeduld, in den sie durch eine Vernachlässigung seitens ihrer Bedienung gefallen war. Als sie nun das erste Zeichen zu den Metten anschlagen hörte, erheiterte sich ihr Geist und sie pries den Herrn beim ersten Glockenton, wodurch ihr das Fest der Geburt ihres Herrn verkündigt wurde.

Und sieh, der himmlische Vater redete sie freundlich an mit den Worten: «Sieh, ich senke in deine Seele jene Gesinnung, welche ich vor dem Angesicht meines Eingeborenen vorausgesandt habe, um die Welt von ihren Sünden zu reinigen, damit auch du zu dem Fest würdig vorbereitet werdest.» Aber auch da noch dachte sie in ihrem Herzen mit Trauer an jenen Fehler der Ungeduld und hielt sich aller Geschenke Gottes für unwürdig. Hierüber unterrichtete die göttliche Barmherzigkeit sie durch folgende Erkenntnis: Alle Gedanken, wodurch der Mensch mit Trauer seinen Fehler widerruft nach würdig vollbrachter Buße, wovon die Schrift sagt: «Zu welcher Stunde der Sünder sich bekehrt und aufseufzt, werde ich aller seiner Sünden fürder nicht mehr gedenken»[3], sind nur eine besondere Vorbereitung zum Empfang der Gnade Gottes.

Als sie sodann auch beim zweiten Glockenzeichen den Herrn zu loben beabsichtigte, sagte Gott der Vater: «Sieh, dieselbe Gesinnung, die ich vor dem Angesicht meines Sohnes vorausandte, um alle Fehler der menschlichen Gebrechlichkeit zu heilen, senke ich wiederum in deine Seele, damit auch alle jene Fehler an dir geheilt werden, bei denen es keinen Fortschritt gibt. Nämlich bei der Erkenntnis gewisser Fehler verdemütigt sich der Mensch und wird zerknirscht und hierbei ist ein Fortschritt des menschlichen Heils. Solche Fehler lasse ich darum zuweilen auch bei meinen Freunden zu, damit sie in Tugenden geübt werden. Es gibt aber auch andere Fehler, die der Mensch wohl erkennt, aber gering achtet und, was noch schlimmer ist, zuweilen sogar als Recht verteidigt, und von denen er nicht gebessert sein will. Durch solche Fehler zieht er sich die größte Gefahr und dauernden Schaden zu: Hiervon aber ist deine Seele jetzt vollständig gereinigt.»

Während sie beim dritten Glockenzeichen den Herrn in ähnlicher Weise zu preisen sich bemühte, schenkte der himmlische Vater ihr alle Tugenden, die er vor der Geburt seines Eingeborenen in die Herzen der Patriarchen, Propheten und seiner andern Gläubigen vorausgeschickt hatte, um seine Ankunft herbeizuwünschen: die Demut, die Sehnsucht, die Erkenntnis, die Liebe, die Hoffnung und ähnliche. Durch diese und andere Tugenden umgab der Herr sie gleichsam mit wunderbar schimmernden Sternen und stellte sie vor sich mit den Worten: «Was ziehst du nun vor, o Tochter, dass ich dir diene oder dass du mir dienst?»

Sie hatte nämlich zwei Arten des Genusses Gottes, eine, wobei sie so vollständig durch Geistesverzückung in Gott versenkt wurde, dass sie von diesem Genuss in Wahrheit nur sehr weniges zum Nutzen des Nächsten mitteilen konnte. Durch die andere genoss der mittels Betrachtung der heiligen Schriften geschärfte Sinn unter Mitwirkung des Herrn solch wunderbaren Geschmack geistiger Erkenntnis, dass sie hierdurch instand gesetzt wurde, andern zu nützen. Dies war es, was der Herr von ihr erfragte, ob sie es nämlich vorzöge, dass er ihr in der ersten Weise diene oder ob sie ihm auf die zweite Art dienen wollte. Sie aber, nicht das Ihrige[4], sondern was ihres Herrn Jesus ist, suchend, zog es vor, zu seiner Verherrlichung mit Anstrengung zu dienen, statt durch die Beschäftigung und den Genuss der Süßigkeit des Herrn ihre eigene Wonne zu suchen. Dies nahm der Herr überaus freundlich auf. Zum Beginn der Metten flehte sie bei den Worten «Gott, merk auf meine Hilfe» Gottes Beistand an und bei dem Verse «Öffne, o Herr, meine Lippen», welcher dreimal gesungen wird, begrüßte sie die unermessliche Allmacht des Vaters und die unerforschliche Weisheit des Sohnes und die huldvollste Güte des Heiligen Geistes und betete von ganzem Herzen, von ganzer Seele und aus allen Kräften[5] den einen Gott in der Dreifaltigkeit und die Dreifaltigkeit in der Einheit demütig an.

Bei den fünf Versen des Psalmes sodann «Herr, wie sind vielfältig geworden»[6] trat sie zu den blühenden Wunden Jesu hinzu und küsste sie zärtlich; beim sechsten Vers desselben Psalmes fiel sie zu den Füßen des Herrn nieder, betete an und dankte für die vollkommene Nachlassung aller ihrer Sünden; beim siebten Vers dankte sie zu den Händen des Herrn für alle von der unverdienten Huld Gottes ihr jemals erwiesenen Wohltaten; beim achten Vers grüßte sie andächtig die Liebeswunde der allerheiligsten Seite des Herrn. Beim «Ehre sei dem Vater» neigte sie sich ehrfurchtsvoll, um mit allen Kreaturen die strahlende und allzeit ruhende Dreieinigkeit zu preisen; und beim «Wie es war im Anfang» trat sie zum Herzen Jesu hinzu, und dasselbe mit inniger Liebe begrüßend, lobte sie den Herrn dafür, dass in demselben in höchster Fülle alle Reichtümer der unbegreiflichen Gottheit ruhen.

Dann warf sie sich beim ersten Vers des Psalmes 94 «Kommt!» wiederum zu der Wunde des linken Fußes des Herrn nieder und erlangte die vollkommene Verzeihung aller durch Gedanken und Worte begangenen Sünden. Durch den zweiten Vers gewann sie bei der Wunde des rechten Fußes die Ergänzung aller an der Vollkommenheit heiliger Gedanken und Worte begangenen Unterlassungen; durch den dritten Vers bei der gebenedeiten Wunde der linken Hand des Herrn die Verzeihung aller sündhaften Werke; durch den vierten Vers bei der Wunde der rechten Hand die Ergänzung aller Unterlassungen in guten Werken.

Beim fünften Vers zuletzt trat sie zur hochheiligen Seitenwunde, die reich und überreich ist an allen Gütern, und dieselbe andächtig küssend, wurde sie in jenem rosigen Wasser, das die Soldatenlanze daraus hervorlockte, von allen Makeln gereinigt und weißer als der Schnee. Aus dem kostbaren Blut aber wurde sie mit allen Arten von Tugenden geschmückt und durch den daraus atmenden Wohlgeruch hineingezogen in die Quelle alles Guten selbst. Hierauf sang sie das «Ehre sei dem Vater» wie vorhin zum Lob und Preis der anbetungswürdigen Dreieinigkeit und schloss bei dem «Wie es war im Anfang» durch das Herz Jesu, das die Fülle der ganzen Gottheit umschließt. Während der übrigen Psalmen aber stand sie vor dem Herrn, geschmückt mit einem Gewand von Tugenden, das wie von glänzenden Sternen strahlte.

Indem sie so ihr Verlangen auf Gott richtete mit der Bitte, es möge zur Ehre der Geburt Jesu alles, was sie mit dem Körper oder mit dem Geist tun würde, vom höchsten Lob der allzeit anbetungswürdigen Dreieinigkeit widerhallen, sagte der Herr zu ihr, da zu den Laudes geläutet wurde: «Wie durch den Ton dieser

Glocken das Fest meiner Geburt angekündigt wird, so verleihe ich dir, dass in allem, was du an diesem Fest tust, sei es durch Singen, Lesen, Beten, Betrachten oder äußerlich durch Abmühen, Essen, Schlafen und ähnliches, der heiligen Dreifaltigkeit Lob erschalle in Vereinigung mit meiner Sehnsucht und Liebe, in der ich niemals von dem Willen Gottes des Vaters abgewichen bin.» Als aber die sieben Leuchter angezündet wurden, gab der Herr ihrer Seele den Schmuck der sieben Gaben des Heiligen Geistes, soweit sie ihn fassen konnte, in jener Vortrefflichkeit, wie der Herr Jesus selber mit ihnen geziert war.

Während sie hiernach den Herrn bat, er möchte in Anbetracht jener Herablassung, in welcher er in der Herberge geboren worden, auch ihr Herz sich wohlgefällig ordnen, winkte er ihr wiederum freundlich zu und legte als Dach und Mauern in sie seine Allmacht, Weisheit und Güte. Innerhalb dieser, wie in einer Herberge, erfreute sie sich himmlisch in ihrem Innersten, da sie zugleich sah, wie von dem Dach und den Mauern überall nach Art niedlicher Glöckchen alle Werke herabhingen, welche durch die Hilfe der Allmacht, der Weisheit und Güte Gottes je in einem Menschen vollbracht wurden. Während sie nun diese Wonne wie himmlische Freuden genoss, erschien der Herr Jesus, neue Geschenke hinzufügend, und ließ sich daselbst mit dem Gefolge der Himmelsfürsten nieder.

Darauf sagte sie zweihundertfünfundzwanzigmal: «Ich preise dich, ich bete dich an», in der Absicht, bei diesen einzelnen Gebetchen die Dienste ihrer einzelnen Glieder zur Lobpreisung Gottes einzuführen. Auch schien es, als ob der Herr durch eine sehr sanfte Umarmung alle ihre inneren wie äußeren Sinne in wunderbarer Weise reinigte, reinigend erneuerte und erneuernd in Vereinigung mit seinen allerheiligsten Sinnen wirksam heiligte.

Als es zum Kapitel läutete, lobte sie bei diesem Glockenton den Herrn wiederum und dankte dafür, dass er die Güte habe, während des Kapitels zugegen zu sein, wie er es auch der Schwester Mechtildis seligen Andenkens geoffenbart hat. Nun sah sie im Geist den Herrn, wie er wegen der Andacht, mit der die meisten aus der Genossenschaft infolge dieser Offenbarung nach dem Kapitel verlangten, die Ankunft unserer Genossenschaft erwartete, indem er an der Stelle und in der Person der Frau Äbtissin die Genossenschaft wunderbar zu regieren schien in der Herrlichkeit seiner göttlichen Majestät, umgeben von allen Chören der seligen Geister und gestützt auf seinem königlichen Thron durch den Dienst des Chors der Throne.

Die Genossenschaft hatte sich kaum gesetzt, da sagte der Herr: «Sieh, meine liebsten Freunde sind gekommen.» Während sodann ein Mägdlein las: «Herr, gib den Segen» (Iube, Domine, benedicere) und die Äbtissin antwortete: «Auf den Weg seiner Gebote ...», streckte der Herr seine ehrwürdige Hand aus und segnete die Versammlung mit den Worten: «Aus der Allmacht Gottes, meines Vaters, stimme ich diesem bei.» Da das Mägdlein aber fortfuhr: «Jesus Christus, der Sohn des lebendigen Gottes, wird in Bethlehem geboren», wurden alle Chöre der Engel, welche die honigfließende Geburt Gottes des Herrn, ihres Königs, verkündigen hörten, von unaussprechlicher Freude erfüllt, fielen aus Ehrfurcht vor ihm auf die Erde nieder und beteten ihn an.

Als nun die Genossenschaft bei dem Psalm: «Erbarme dich meiner, o Gott», in gewohnter Weise sich niederwarf, stellten die einzelnen Engel die Herzen der ihnen anvertrauten Personen mit Freude dem Herrn vor. Von jeder Einzelnen aber schien der Herr bei jedem «Erbarme dich meiner, o Gott» ein zusammengewickeltes Band zu empfangen und in seinen Schoß zu legen.

Bei Darbringung der glühender Liebenden dienten die Engel aus dem Chor der Seraphim dem Herrn, indem sie seine Arme stützten und jene Herzen zubereiteten, bei Vorstellung der in der Erkenntnis Gottes mehr Erleuchteten die Engel aus dem Chor der Cherubim und bei den in den Tugenden sich mehr Übenden jene aus dem Chor der Kräfte; und so dienten die einzelnen Engelchöre dem Herrn, wenn die Herzen der ihnen in den Tugendverdiensten Ähnlichen aufgeopfert wurden.

Die Herzen derjenigen aber, welche wegen der erwähnten Offenbarung zu keiner besonderen Andacht waren angeregt worden, wurden dem Herrn nicht durch Engel dargebracht, sondern erschienen in ihren eigenen Körpern auf die Erde hingestreckt. Hierauf trat sie in Demut des Geistes zum Herrn und opferte ihm das erste «Erbarme dich meiner, o Gott», welches für die eigene

Person gelesen zu werden pflegt, mit den Worten auf: «Sieh, mein Bräutigam, ich verzichte freiwillig auf meinen Anteil und opfere dir diesen Psalm zur ewigen Verherrlichung auf, damit du deshalb deinen und meinen besonderen Freunden nach dem Wohlgefallen deiner göttlichen Güte wohltuest.»

Dies ihm dargebrachte Geschenk nahm der Herr in Gestalt eines leuchtenden Edelsteines an und legte ihn mitten in das Geschmeide, das er vor seiner Brust trug. Dasselbe glänzte aber von Edelsteinen und war von goldenen Blumen in der mannigfaltigsten Pracht durchzogen.

Dabei sagte er zu ihr: «Sieh, diesen Edelstein der Liebe, den du mir eben dargebracht hast, habe ich zu dem Zweck inmitten jenes Halsgeschmeides erhöht, damit alle, welche sich deinem Gebet empfehlen oder wenigstens in Gedanken deine Vermittlung wünschen, dadurch Heil erlangen.»

Als aber am Schluss der Psalmen die Genossenschaft von dem Gebet um Verzeihung sich erhob, kamen zwei bevorzugte Geister, welche eine goldene Tafel trugen, die sie vor dem Herrn ausbreiteten. Hierauf löste der Herr die in seinem Schoß gesammelten Bänder. Und siehe! Plötzlich erschienen auf derselben Tafel alle Worte der Psalmen und Gebete, welche die Genossenschaft gesprochen hatte, in Gestalt mannigfaltiger lebhafter Edelsteine, und jedes Steinchen verbreitete einen Glanz von außerordentlicher Helligkeit und gab einen gar lieblichen Ton, zum Zeichen, dass der Herr alle Frucht, die aus jedem Wort der ganzen Kirche zuteil werden sollte, denjenigen doppelt zurückgebe, die dasselbe gesprochen hatten. Dies alles, wie sie erkannte, wirkte er wegen der besonderen Andacht, welche die Genossenschaft deshalb hatte, weil sie wusste, dass der Herr immer an diesem Tag dem Kapitel vorsitzen werde. Nun wurde die Tafel mit den Namen derjenigen abgelesen, welche bei den Metten singen oder lesen sollten.

Da schien der Herr die Einzelnen, welche sich sorgfältig bestrebten, das, was ihnen vorgeschrieben würde, genau zu hören, freundlich anzuschauen und durch Nicken des Hauptes wieder zu grüßen. Die aber trauernd daran dachten, warum ihnen nicht auch diese und jene Responsorien in ähnlicher Weise vorgeschrieben worden, fasste der Herr liebkosend am Kinn und tröstete sie in der liebreichsten Weise. Bei diesem Anblick sagte Gertrud zum Herrn: «O Herr, wenn die Genossenschaft wüsste, dass du sie mit solcher Huld anschaust, dann würden diejenigen sehr traurig werden, welche ihre Namen nicht ablesen hören!»

Hierauf erwiderte der Herr: «Diejenige, welche gern lesen oder singen möchte, wenn sie könnte, und darüber trauert, dass sie es nicht ausführen kann, werde ich mit ähnlicher Huld trösten und ihren guten Willen als vollendet belohnen. Jene aber, die beim Hören ihres Namens mit dem Haupt zugleich auch ihren Willen in der Absicht neigt, das ihr Zugeteilte zu meiner Verherrlichung auszuführen, und mich bittet, sie zur würdigen Vollbringung desselben zu unterstützen, wird meine Huld, so oft sie dies tut, aufs Wirksamste an sich erfahren.»

Als darauf die Genossenschaft gemäß der Ordensregel unter Vortritt der Priorin ihre Nachlässigkeiten vor der Äbtissin bekannte und durch dieselbe losgesprochen sich verneigte, fügte der Herr freundlich hinzu: «Auch ich spreche euch los kraft meiner Gottheit von allen Vernachlässigungen, die ihr eben mit rechter Absicht in meiner Gegenwart bekannt habt, so dass ihr, wenn ihr aus menschlicher Schwachheit dieselben wiederholt, in betreff ihrer mich immer barmherziger und zum Verzeihen geneigter finden werdet.»

Hiernach wurden in gewohnter Weise die sieben Bußpsalmen für die Sünden und Nachlässigkeiten gelesen, wobei alle jene Worte sofort in Gestalt von Perlen, aber dunklen, auf jener Tafel neben den lebhaften und glänzenden Edelsteinen erschienen. Sie erkannte im Geist, dass die Psalmen deshalb die Gestalt dunkler Perlen hatten, weil die Genossenschaft sie nur aus Gewohnheit und nicht mit besonderer Andacht hersagte. Deshalb ist zu merken: Wenn auch das Pflichtmäßige, das aus Gewohnheit geschieht, dem Herrn zur Vermehrung unserer Verdienste vorgestellt wird, so wird doch dasjenige unendlich höher geadelt und wohlgefälliger, was man mit innerer Andacht vollbringt.

Während bei der Vesper im Hymnus gesungen wurde: «Preis sei dir, o Herr», sah sie eine große Menge Engel über der Genossenschaft schweben, die mit ihr den Vers jubilierend sangen. Da fragte sie den Herrn, welchen Gewinn die Menschen davon hätten, dass die heiligen Engel sich zum Lobpreis mit ihnen vereinigten und zugleich mit ihnen psallierten. Sie empfing hierüber keine Antwort vom Herrn. Darum forschte sie eifriger nach und erkannte endlich durch göttliche Erleuchtung: Wenn die heiligen Engel unsern Festlichkeiten auf Erden beiwohnen, so bitten sie den Herrn, dass er diejenigen, die sich in Andacht bemühen, ihnen ähnlich zu werden, in der wahren Reinheit des Herzens und des Leibes ihnen auch gleichgestalten möge.

Nach der Vesper wurden der Sitte gemäß Reliquien mit dem Bild der seligsten Jungfrau umhergetragen. Da dachte sie mit Trauer daran, dass sie, durch Krankheit gehindert, keinen Dienst noch auch Gebete während des Adventes verrichtet habe, um sie der jungfräulichen Mutter an ihrem so übersüßen Fest darzubringen. Deshalb opferte sie, durch die Salbung des Heiligen Geistes belehrt, der unversehrten Mutter das hochedle und übersüße Herz Jesu Christi zur Ergänzung alles dessen auf, was von ihr war vernachlässigt worden. Dies nahm die gebenedeite Jungfrau mit größter Freude an und empfand bei seinem Anblick eine Wonne, die jeden Dienst und jede Ehre ersetzt. Denn dies einzig würdigste Herz, das alle Güter enthält, gewährte ihr die Summe alles Wünschenswerten, das jemals durch die Andacht oder eifrigen Gebete irgendeines Menschen zu ihrer mütterlichen Ehre dargebracht werden konnte.

IV. 3. Von der honigfließenden Geburt des Herrn

In der heiligen Nacht suchte sie bei den Metten denselben Übungen wie in der vorhergehenden Nacht zu obliegen. Der Herr, der ihren treuen Dienst vergelten wollte, zog sie so gänzlich in sich hinein, dass er sie durch eine überaus beseligende Einströmung seiner Gottheit in ihre Seele und andererseits durch die dankbare Zurückströmung derselben in Gott bei den einzelnen Psalmen und Responsorien in der Erkenntnis einer unaussprechlichen und unschätzbaren Wonne weidete. Währenddessen sah sie die Genossenschaft den König und Herrn der Könige auf dem erhabenen Herrscherthron seiner göttlichen Majestät mit Ehrfurcht im Kreis umstehen und die Metten zu seiner Ehre und Verherrlichung mit großer Andacht halten. Da erinnerte sie sich mehrerer, die sich ihrem Gebet empfohlen hatten, und sagte in Demut des Geistes zum Herrn: «O wie passt es sich für mich Unwürdige, für jene zu beten, welche mit Anstrengung und Andacht psallierend und preisend vor dir stehen, während ich, durch Krankheit zurückgehalten, nicht Ähnliches wie sie zu vollbringen vermag?» Der Herr antwortete ihr: «Sehr gut kannst du für sie beten, weil ich dich von ihnen aufgenommen und in den Schoß meiner väterlichen Güte versetzt habe, damit du alles erflehst und erlangst, was deine Seele begehrt.»

Sie erwiderte: «Wenn es dir gefällt, o Herr, dass ich für sie bete, so wolle mir hierzu eine solche Stunde bestimmen, in der ich es mit Treue zu deiner Ehre und zu ihrem Nutzen tue, ohne an dem Genuss des himmlischen Mahles, womit du mich eben zu weiden geruhest, irgendwie gehindert zu werden. Darauf gab der Herr den Bescheid: «Empfiehl die Einzelnen meiner göttlichen Erkenntnis und Liebe, die mich bewogen hat, zur Rettung des Menschen aus dem Schoß Gottes des Vaters auf die Erde hinabzusteigen.»

Als sie nun die einzelnen ihr empfohlenen Personen nur nannte, wurde der gütige Herr von seiner göttlichen Liebe bewegt und das Bedürfnis einer jeden im Licht seiner göttlichen Erkenntnis schauend, half er ihnen in liebevollem Mitleid. Auch erschien die hehre jungfräuliche Mutter in himmlischer Glorie erhöht, sitzend neben ihrem Sohn. Während des Responsoriums «Er stieg vom Himmel herab» ward der Herr an die liebevollste Herablassung erinnert, in welcher er, aus dem Schoß des Vaters hinabsteigend, durch den Schoß der unversehrten Jungfrau in das Elend unserer Verbannung eintrat, und hierdurch wie vor Liebe schmelzend, schaute er mit der holdseligsten Freundlichkeit und lächelnden Blickes seine jungfräuliche Mutter an. Durch diesen Erweis trauter Liebe wurde ihr ganzes Innere bewegt, er aber drückte ihrem Mund den sanftesten Kuss der Liebe auf, wodurch er ihr alle Freuden, die sie an seiner heiligsten Menschheit auf Erden empfunden hatte, gleichsam verdoppelt erneuerte.

Die glorreiche Jungfrau erschien durchleuchtend wie der reinste Kristall, von den Strahlen der Gottheit innerlich durchdrungen und erfüllt, wie Gold von verschiedenen Farben glänzt, das, in Seide eingehüllt, durch einen Kristall hindurchscheint. Auch schien jenes blühende Kindlein, des höchsten Vaters Eingeborner, an dem Herzen der jungfräulichen Mutter mit gieriger Freude zu trinken. Hieraus erkannte sie, dass, gleichwie die Menschheit Christi von jungfräulicher Milch genährt wurde, so die Gottheit sich an dem Genuss der Reinheit ihres unschuldigsten und liebeglühendsten Herzens erfreute.

Als aber bei dem 12. Responsorium «Das Wort ist Fleisch geworden» die Genossenschaft aus Ehrfurcht vor der Menschwerdung des Herrn sich tief verneigte, da hörte sie den Herrn sagen: «So oft jemand in dankbarer Gesinnung bei diesen Worten sich verneigt, mir dankend, dass ich aus Liebe zu ihm mich herabließ, Mensch zu werden, ebenso oft neige ich mich gnädig zu ihm und opfere mit inniger Zuneigung des Herzens Gott dem Vater alle Frucht meiner seligsten Menschheit doppelt auf zur Vermehrung der ewigen Seligkeit jenes Menschen.»

Am Schluss jenes Responsoriums bei dem Wort «Wahrheit» trat die Jungfrau Maria, in dem doppelten Schmuck der Jungfräulichkeit und der Mutterschaft[7], zu der obersten Schwester des rechten Chors, schlang ihren rechten Arm um deren Schulter, umfasste sie sanft und drückte ihrer Seele das hochedle Kindlein ein, das schön ist vor allen Menschenkindern.

Ein Gleiches tat sie, durch das ganze Chor fortschreitend, den Seelen der Einzelnen. Während aber alle den zartesten Knaben in den Armen ihrer Seele hielten, schienen einige das Haupt desselben sehr vorsichtig und sanft wie mit einem weichen Kissen zu unterstützen, andere hingegen es weniger vorsichtig zu halten und unsanft herabhängen zu lassen.

Hierbei erkannte sie, dass jene Personen, welche Gott ihren Willen freudig zu allem darboten, was ihm gefiel, das Haupt Jesu mit ihrem guten Willen wie mit einen weichen Kissen unterstützten. Jene aber, deren Wille in irgendeinem Stück unbeugsam und unvollkommen war, ließen das Haupt des Kindleins unsanft herabhängen. Reinigen wir darum, Geliebteste, unsere Herzen von jedem Eigensinn und opfern wir sie mit freudigem und ganzem Willen dem Herrn, damit wir niemals als solche erfunden werden, welche die Ruhe des übersüßen, zarten Kindleins, das unserem

Innersten so gnädig zugeneigt und eingedrückt wurde, auch nur auf einen Augenblick stören.

Während unter der Messe beim Gloria gesungen wurde: «Erstgeborener der jungfräulichen Mutter Maria»[8], dachte sie, dass der Herr passender der Eingeborne genannt würde als der Erstgeborene Erstgeborene, weil die unversehrte Jungfrau keinen andern als ihn allein geboren hat, den sie vom Heiligen Geist zu empfangen verdiente. Hierauf antwortete ihr die seligste Jungfrau mit holder Freundlichkeit: «Nein, nicht Eingeborener, sondern am passendsten Erstgeborner wird mein süßester Jesus genannt, den ich zuerst geboren und nach dem oder vielmehr durch den ich euch alle ihm zu Brüdern und mir zu Söhnen im Herzen der mütterlichen Liebe erwählt und geboren habe.»

Beim Offertorium erkannte sie, dass die Einzelnen aus der Genossenschaft dem Herrn als Geschenke die Gebete darbrachten, welche sie während des Advents verrichtet hatten, und zwar opferten einige dieselben in den Schoß des Kindes, das ihren Seelen eingedrückt war. Zu diesen letzteren trat die seligste Jungfrau an ihre besonderen Plätze, einer jeglichen helfend, indem sie den Schoß und die Hände ihres vielgeliebten Sohnes zum Empfang der ihm dargebrachten Gaben liebreich bereitete.

Andere Personen schienen an den Altar inmitten des Chors zu treten und dort ihre Gebete der jungfräulichen Mutter, die den Sohn auf dem Schoß trug, darzubringen. Weil aber zur Annahme dieser Gebete das zarte Kindlein nicht bereitet wurde, so stellte es sich, als könne es wegen seiner Zartheit sie nicht in Empfang nehmen. Hierbei erkannte sie, dass die in den Schoß des Jesuskindes Opfernden jene waren, die in ihrem Herzen andächtig auf den Herrn achteten als den geistig Geborenen, denen die seligste Jungfrau zu dienen und zu helfen schien, indem sie sich an ihrer Andacht und ihrem Heil freute. Jene aber, die nur an den zu seiner Zeit in Bethlehem geborenen Herrn dachten, diese schienen inmitten des Chors an den Altar zu treten und der jungfräulichen Mutter daselbst zu opfern.

Hierauf trat sie zum König der Glorie[9] und brachte ihm, wie sie gebeten worden war, die vor dem Fest verrichteten Gebetchen und den guten Willen einiger Personen dar, die gern Ähnliches vollbracht hätten, wenn sie nicht durch wichtige Ursachen wären gehindert worden. Sie erkannte, dass jene Gebete, welche andächtig waren verrichtet worden, auf der erwähnten Tafel[10] in Gestalt kostbarer Perlen angebracht wurden; der gute Wille derjenigen aber, die gern Ähnliches getan hätten, wenn nichts Nützlicheres sie verhindert hätte, und die überdies ihre Nachlässigkeit betrauerten und sich deshalb verdemütigten, schien jenem prachtvollsten Halsgeschmeide eingefügt zu werden, womit die Brust des Herrn geschmückt erschien; und infolgedessen gewannen sie die Frucht des Zutrittes zum göttlichen Herzen in der Art, wie wenn jemand durch den Schlüssel eine Kiste öffnen und manches, was ihn ergötzt, daraus nehmen kann.

IV. 4. Vom heiligen Apostel und Evangelisten Johannes

Johannes der Apostel und Evangelist erschien ihr im Gebet eines Tages im Advent mit gelben Kleidern angetan, in die überall goldene Adler eingewebt waren. Hierdurch wurde angedeutet, dass der hl. Johannes, obgleich er durch Geistesentrückung in der Beschauung über sich erhoben wurde, solang er noch im Körper lebte, dennoch allzeit durch die Erkenntnis der eigenen Niedrigkeit sich in den Abgrund der Demut zu versenken suchte.

Als sie nun seinen Schmuck sorgfältiger betrachtete, leuchtete unter jenen goldenen Adlern eine rote Farbe hervor, die rings um dieselben von allen Seiten durchschimmerte, sinnbildend, dass der hl. Johannes stets die Reihe seiner Betrachtungen mit der Erinnerung an das Leiden des Herrn begann, das er ja mit seinen Augen angesehen und tief innerlich in seinem Herzen mitempfunden hatte. Und so flog er, allmählich fortschreitend, bis zur Erhabenheit der göttlichen Majestät und schaute mit unverwandtem Blick des Geistes ihn, den Umkreis des wahren Lichtes, durchdringender an.

Auch hatte er zwei goldene Lilien, eine auf der rechten und eine auf der linken Schulter, und auf der rechten stand: «Der Jünger, den Jesus liebte»[11], auf der linken aber: «Dieser war der Beschützer der Jungfrau.»[12]

Außerdem hatte er auf seiner Brust ein Gedenkzeichen wegen jenes Vorzuges, durch den er an der Brust des Herrn Jesus beim Abendmahl ruhte. Hierauf stand in lebhaften goldenen Buchstaben geschrieben: «Im Anfang war das Wort», wodurch die lebendige Kraft der erhabenen Worte dieses Evangeliums bezeichnet wurde. Da sagte sie zum Herrn: «Zu welchem Zweck, o liebreichster Herr, hast du mir Unwürdiger diesen deinen Geliebten jetzt vorgestellt?»

Der Herr erwiderte: «Um ihn dir in besonderer Freundschaft zuzugesellen; und weil du keinen Apostel hast, so weise ich ihn dir zu, damit du ihn allzeit als treuesten Beschützer bei mir im Himmel habest.» Sie aber sagte: «Lehre mich, Herr, welchen Dienst ich ihm erweisen kann.» Er antwortete: «Jeder Mensch kann täglich seinem Apostel zu Ehren ein Vaterunser beten, ihn an jene Liebe erinnernd, die sein Herz empfand, als ich sie dieses Gebet gelehrt habe, und er soll ihn bitten, dass er ihm erlangen möge, bis ans Ende seines Lebens in fester Beharrlichkeit mir anzuhangen.»

Während sie am Fest desselben Apostels bei den Metten in gewohnter Weise andächtig betete, war der Liebesjünger, den Jesus in Wahrheit liebte, weshalb er auch von allen Liebenden mit Recht geliebt werden soll, ihr zugegen, indem er in gütigster Weise mit ihr sich unterhielt.

Als sie ihm nun mehrere aus der Genossenschaft, die ihr empfohlen waren, getreulich anempfahl und er die Wünsche aller freundlich angenommen hatte mit den Worten: «Hierin bin ich meinem Herrn ähnlich, dass ich diejenigen liebe, die mich lieben», sagte sie zu ihm: «Welche Gnade kann ich Geringe an diesem deinem holdseligen Fest erlangen?»

Er antwortete: «Komm mit mir, Erwählte meines Herzens, und lass uns ausruhen an der süß strömenden Brust des Herrn, in welcher die Schätze aller Seligkeit verborgen sind.» Und sie mitnehmend, führte er sie mit sich und stellte sie zur Rechten des Herrn, indes er sich zum Ausruhen zur Linken neigte. Während sie nun beide an der Brust Jesu ruhten, sagte Johannes, indem er die Brust des Herrn in ehrerbietigster Liebe mit dem Finger berührte: «Sieh, dies ist das Heiligtum, welches jegliches Gut des Himmels und der Erde an sich zieht.»

Darauf fragte sie den Apostel, warum er, die linke Seite der Brust des Herrn sich erwählend, sie auf die rechte gestellt habe. Er erwiderte: «Deshalb, weil ich bereits alles besiegt habe und, *ein* Geist mit Gott geworden, tief eindringen kann, wohin das Fleisch nicht reicht. Darum habe ich das Dauernde erwählt; weil du aber, noch im Körper lebend, das Dauernde in gleicher Weise nicht zu durchdringen noch zu erforschen vermagst, habe ich dich an die Öffnung des göttlichen Herzens gestellt, damit du daraus um so freier die Fülle der Süßigkeit und des Trostes schöpfen kannst, welche die aufsprudelnde Gewalt der göttlichen Liebe allen Dürstenden ohne Unterlass in reichlichem Maße spendet.»

Als sie nun aus der Bewegung der hochheiligen Pulsschläge, wovon das göttliche Herz ununterbrochen belebt wurde, eine unaussprechliche Wonne schöpfte, sagte sie zum hl. Johannes: «Hast nicht auch du, Geliebter Gottes, die Wonne dieser heiligsten Pulsschläge empfunden, als du beim Abendmahl an derselben beseligenden Brust ruhtest, von deren Freuden ich jetzt so ergriffen werde?» Er antwortete: «Ja, ich habe sie in Wahrheit empfunden und tief gefühlt, weil ihre Süßigkeit meine Seele so ganz durchdrungen hat, wie jemals der süßeste Met eine Krume frischen Brotes durchdringen und versüßen kann.

Überdies wurde durch sie mein Geist wie mit Feuersglut heftig entzündet.» Hierauf sagte sie: «Warum hast du dies so ganz verschwiegen und auch nicht das Geringste zu unserem Fortschritt davon niedergeschrieben?» Er antwortete: «Meine Aufgabe war es, für die noch junge Kirche von dem unerschaffenen Wort Gottes des Vaters ein Wort niederzuschreiben, woran die Erkenntnis des ganzen Menschengeschlechtes bis ans Ende der Welt sich hinlänglich versuchen kann, obgleich es dennoch von niemandem jemals vollkommen kann erfasst werden. Die Sprache jener beseligenden Pulsschläge aber ist der neueren Zeit aufbewahrt, damit die bereits alternde und in der Liebe Gottes erkaltende Welt durch das Anhören solcher Geheimnisse wieder erwärmt werde.» Während sie die Schönheit des hl. Johannes bewunderte, gab er ihr zur Antwort: «Bis jetzt bin ich dir in der Gestalt erschienen, in der ich auf Erden an der Brust des Herrn, meines Liebhabers und einzigen Freundes, beim Abendmahl geruht habe.

Nun aber will ich dir die Gnade erlangen, dass du mich in der Gestalt erblickest, in der ich die Wonnen der Gottheit im Himmel genieße.» Als sie ihn so zu schauen begehrte, sah sie das unermessliche Meer der Gottheit innerhalb der Brust Jesu und in ihm den hl. Johannes in Gestalt eines zarten Bienchens wie ein Fischlein in unaussprechlicher Wonne und Freiheit einherschwimmen. Auch erkannte sie, dass, wo die Gewalt der Gottheit am wirksamsten auf die Menschheit einströmte, er dort am häufigsten sich aufhielt.

Aus diesen süßesten Strömen begierig trinkend, schien er aus seinem Herzen gleichsam eine Ader zu ergießen und aus ihr durch den ganzen Weltumkreis die Tropfen der göttlichen Süßigkeit reichlich zu sprengen und dies waren die Ermahnungen seiner heilbringenden Lehre und besonders seines Evangeliums: «Im Anfang war das Wort.»

Als sie ein andermal an demselben Fest dadurch sehr erfreut wurde, dass sie so oft die unversehrte Jungfräulichkeit an dem hl. Johannes preisen hörte, wandte sie sich endlich an den besonderen Freund Jesu mit der Bitte, dass auch wir uns einer so sorgfältigen Bewachung der Keuschheit befleißigen, wodurch wir im ewigen Leben an den himmlischen Lobgesängen zugleich mit ihm nach unsern Kräften teilzunehmen vermögen.

Hierauf empfing sie vom hl. Johannes folgende Antwort: «Wer mit mir in der Seligkeit an dem Siegespreis Anteil haben will, der bemühe sich, in ähnlicher Weise wie ich dies Leben zu durchlaufen. Ich habe mein ganzes Leben lang oftmals erwogen, welcher süßen und vertraulichen Freundschaft mein liebevollster Meister und Herr Jesus mich gewürdigt und wie er jene Enthaltsamkeit belohnt hat, in der ich, am Hochzeitstag die Braut verlassend[13], ihm gefolgt bin und nachher immerdar bei allen meinen Worten und Werken es sorgfältig verhütet habe, dass ich weder mir selbst noch auch andern irgendwie Gelegenheit gäbe, wodurch jene meinem Meister so teure Tugend, die Keuschheit, irgendwie verletzt werden konnte. Denn während die übrigen Apostel alles Verdächtige mieden, das Unverdächtige aber frei zuließen, wie es in der Apostelgeschichte heißt, dass sie mit den Frauen und Maria, der Mutter Jesu, zusammen waren[14], habe ich unter ihnen mich allzeit so vorsichtig betragen, dass ich einerseits, wenn eine leibliche Not oder das Seelenheil es erforderte, das andere Geschlecht niemals zu fliehen schien, andererseits aber auch es niemals unterließ, die sorgfältigste Wachsamkeit anzuwenden. Ich hatte nämlich die Gewohnheit, sobald sich eine Gelegenheit zu freundlichem Umgang darbot, allzeit die Hilfe der göttlichen Güte anzurufen; und deshalb singt man von mir: ‹In der Trübsal hast du mich angerufen und ich habe dich erhört.›[15] Denn der Herr ließ niemals zu, dass eine meiner Neigungen irgendwie befleckt wurde. Deshalb habe ich auch von meinem geliebtesten Meister den Lohn empfangen, dass in mir vor allen übrigen Auserwählten die Keuschheit gepriesen wird.

Und nicht bloß dies, sondern ich habe auch im Himmel einen Platz erhalten, welcher durch besondere Würde hervorragt, wo ich in der Herrlichkeit und in überhellem Glanz unmittelbarer die Strahlen jener Liebe auffange, welche ‹ein Spiegel sonder Makel und der Glanz des ewigen Lichtes ist›[16]. Denn sooft in der Kirche mit irgendeinem Wort meine Keuschheit erwähnt wird, ebenso oft grüßt der Herr, mein Liebhaber, mich mit den Zeichen der zärtlichsten Liebe und erfüllt mein ganzes Inneres mit einer unaussprechlichen Süßigkeit, die wie der wirksamste Trank das ganze Wesen meiner Seele durchdringt.»

Hierauf zu einer höheren Erkenntnis geführt, erkannte sie aus dem, was der Herr im Evangelium sagt: «In meines Vaters Hause sind viele Wohnungen»[17], dass es im besonderen drei Wohnungen gibt, in welchen diejenigen in dreifacher Weise beseligt werden, welche nach unversehrter jungfräulicher Keuschheit streben. Die erste Wohnung ist die derjenigen, welche, wie es vorhin von den Aposteln gesagt wurde, das Verdächtige durchaus fliehen und das Unverdächtige aus vernünftigen Gründen zulassen, wenn aber dabei eine Versuchung den Geist angreift, sie mannhaft kämpfend besiegen, oder wenn sie aus menschlicher Schwachheit einigermaßen unterliegen, dies durch würdige Früchte der Buße wieder austilgen. Die zweite Wohnung ist die derjenigen, welche sowohl gegenüber dem Nichtverdächtigen wie dem Verdächtigen mit größerer Vorsicht zu Werke gehen und sich gänzlich von allem fern halten, was zu irgendeiner Versuchung Gelegenheit geben könnte. Sie züchtigen ihr Fleisch und halten es in Unterwürfigkeit[18], so dass es ihm gleichsam unmöglich ist, sich wider den Geist zu empören. Zur Zahl dieser scheint der hl. Johannes der Täufer zu gehören und die übrigen geistig gesinnten Männer, weil einerseits die göttliche Güte sie geheiligt hat und andererseits sie selbst mit der Gnade Gottes vorzüglich mitwirkten.

Die dritte Wohnung gehört denjenigen, denen der Herr in den Segnungen der Süßigkeit zuvorgekommen ist und die deshalb jegliches Böse gleichsam naturgemäß verabscheuen; sie kommen zwar je nach Veranlassung auch zuweilen mit Bösen zusammen, verabscheuen aber allzeit mit unwandelbarem Vorsatz das Böse, hangen dem Guten an und suchen so sich selbst wie auch andere unbefleckt zu bewahren.

Solche ziehen aus den menschlichen Neigungen, die auch ihnen anhaften, in wunderbarer Weise Gewinn; selbst die fromme Zuneigung zu andern im Dienst der Liebe fürchten sie, verdemütigen sich und werden hierdurch zu einer noch sorgfältigeren Wachsamkeit über sich selbst angetrieben, wie Gregorius sagt: «Das ist ein Zeichen guter Gemüter, selbst dort eine Schuld anzuerkennen, wo keine Schuld ist.»

Unter diesen besitzt der hl. Johannes der Evangelist den Vorzug des vollendeten Sieges, weshalb auch an seinem Fest gesungen wird: «Wer siegt, den will ich machen» usw. Wer z.B. eine menschliche Zuneigung überwindet, «den will ich machen zu einer Säule in meinem Tempel»[19], d.h. zu einem festen Träger des Reichtums meiner göttlichen Wonnen, auf dem ich ruhe; «und ich werde auf ihn meinen Namen schreiben», d.h. ganz offenkundig werde ich ihm eindrücken die Süßigkeit meiner göttlichen Freundschaft; «und den Namen der Stadt, des neuen Jerusalem», d.h. sowohl innerlich als äußerlich wird er einen besonderen Lohn empfangen für die einzelnen Personen, deren Heil er auf Erden gesucht hat. Hiermit stimmt Folgendes überein: Als sie ein andermal darüber nachdachte, warum der hl. Johannes der Evangelist so sehr wegen der unversehrten Jungfräulichkeit gepriesen werde, da man doch lese, dass er vom Herrn von der Hochzeit berufen worden, während der hl. Johannes der Täufer, der von jeder irdischen Neigung gänzlich frei geblieben, wegen dieser Tugend weniger verherrlicht werde, zeigte der Herr, der die Gedanken unterscheidet und die Verdienste verteilt, ihr beide in einem Gesicht, nämlich Johannes und den Täufer sitzend auf einem erhabenen Thron, der, von allen entfernt, im Meer errichtet schien, den Evangelisten stehend inmitten eines Ofens, der so schrecklich entzündet schien, dass die Flamme ihn ganz, oben wie unten und von allen Seiten, einhüllte.

Als sie dies sah und anstaunte, belehrte der Herr sie mit den Worten: «Was erscheint dir preiswürdiger, dass der Täufer nicht versinkt oder dass der Evangelist nicht verbrennt?» Hieraus erkannte sie, dass die Belohnung sehr verschieden ist, je nachdem die Tugend durch Kämpfe errungen oder im Frieden bewahrt wird.

Als sie wiederum in einer Nacht dem Gebet oblag und mit besonderer Andacht sich bemühte, dem Herrn zu nahen, sah sie den hl. Johannes in liebreichster Umarmung ihn umfassen und in vertrautester Weise mit ihm reden. Sie warf sich demütig zu den Füßen des Herrn nieder, um die eigenen Fehler abzuwaschen.

Da redete Johannes sie freundlich an: «Lass dich durch meine Unterhaltung mit ihm nicht abschrecken. Sieh, tausend und aber tausend Liebende können seinen Hals zugleich umfangen, seinen süßen Mund mit Küssen bedecken und seinem treuen Ohr ihre Geheimnisse anvertrauen.» Als dann in den Metten gesungen wurde: «Weib, sieh deinen Sohn!»[20] sah sie aus dem Herzen Gottes einen wunderbaren Glanz hervorgehen und über Johannes hinströmen, so dass die Blicke aller Heiligen mit ehrfurchtsvollem Staunen auf ihn gerichtet wurden.

Auch sah sie die seligste Jungfrau ihm freundlich zuwinken, als sie seine Mutter genannt wurde, worauf auch er, der bevorzugte Jünger, von der Süßigkeit der Liebe erfüllt, sie wieder grüßte. Als weiterhin die einzelnen Erweise besonderer Freundschaft erwähnt wurden, wie: «Dies ist Johannes, der beim Abendmahl an der Brust des Herrn ruhte»; «dies ist der Jünger, der würdig war, Zeuge himmlischer Geheimnisse zu sein»; «dies ist der Jünger, den Jesus liebte» und ähnliches, da wurde er jedesmal allen Heiligen in einem neuen Glanz der Herrlichkeit gezeigt und alle wurden zur Lobpreisung Gottes für die Glorie des so geliebten Jüngers und zu seiner Beglückwünschung aufgefordert.

Bei jenem Wort aber: «Es erschien seinem Geliebten»[21] erkannte sie, dass mit dieser Heimsuchung des Herrn für den Liebesjünger alles Glück der gegenseitigen trauten Freundschaft erneuert wurde, das er während seines ganzen Lebens jemals verkostet hatte. Johannes wurde dadurch gleichsam in einen andern Mann umgewandelt und genoss schon einigermaßen die Wonnen des ewigen Gastmahls. Bei den Worten endlich, «dass er auf den Ruf des Herrn sich erhob und zu gehen begann, als wollte er vorwärtsschreitend dem Herrn in den Himmel folgen», erkannte sie, dass er in unbegrenztem Vertrauen auf die Güte und Huld seines Herrn und Meisters gehofft habe, er werde es seiner nicht unwürdig erachten, ihn ohne den Schmerz des Todes aufzunehmen. Und weil er dies in der Kühnheit der Liebe erwartete, verdiente er es auch zu empfangen.

Hierüber verwunderte sie sich, da man doch sage, Johannes sei deshalb ohne Todesschmerz hinübergegangen, weil er neben dem Kreuz Christi der Seele nach gelitten habe, und wegen der Unversehrtheit des Leibes; wie könne es also jetzt heißen, er habe dies wegen des Vertrauens erlangt?

Der Herr antwortete: «Die unversehrte Jungfräulichkeit und das Mitleiden bei meinem Tod habe ich meinem Erwählten im ewigen Leben vergolten; jenes sichere Vertrauen aber, in welchem er von meiner überreichen Güte dachte, ich könnte ihm nichts verweigern, wollte ich im gegenwärtigen Leben dadurch belohnen, dass ich ihn vor jedem Todesschmerz bewahrte, ihn gleichsam im Jubel aus dem Körper entrückte und seinen jungfräulichen Leib unverweslich und gewissermaßen schon verklärt in besonderer Weise verherrlichte.»

IV. 5. Von der Begrüßung des Namens Jesu am Fest der Beschneidung

Am Fest der Beschneidung opferte sie dem Herrn die Begrüßungen des süßesten Namens Jesu auf, die einige Personen zur Ehre des Herrn gelesen hatten. Sogleich schienen dieselben vor dem Herrn wie von einem festen Punkt in Gestalt weißer Rosen herabzuhängen und an jeder Rose hing ein goldenes Glöckchen von wunderbarem Wohlklang, das ohne Unterlass das göttliche Herz durch süße Wonne bewegte; ebenso war es mit den übrigen Namen, wie: «Sei gegrüßt, o liebreichster, o gütigster, begehrenswertester Jesus!»

Sie wünschte nun so traulich-süße Bezeichnungen für den Namen Jesu zu finden, dass sie alle erwähnten Begrüßungen überträfen und sein göttliches Herz innerlich durchdrängen und sanft ergriffen. Während sie hiermit sich eifrig abmühte, so dass ihre Kräfte ermatteten, neigte der Herr, von Liebe gleichsam besiegt, sich freundlich und wie in überwallender göttlicher Huld zu ihr und drückte dem Mund ihrer Seele einen Kuss auf mit den Worten: «Sieh, ich habe deinem Mund meinen würdigsten Namen aufgedrückt, den du öffentlich vor allem tragen sollst; und sooft du deine Lippen bewegen wirst, um ihn auszusprechen, wirst du mir eine Melodie von süßestem Wohlklang hervorbringen.»

Nach diesen Worten fühlte sie den Lippen ihrer Seele mit goldschimmernden Buchstaben beseligend die Worte eingeschrieben: Jesus, der Gerechte. Bei der Inschrift «Jesus», die Erlöser bedeutet, erkannte sie, dass sie allen die es von ihr begehrten, das Heil und die Barmherzigkeit der göttlichen Güte verkündigen sollte. Durch die Inschrift «der Gerechte» aber erkannte sie, dass sie denen, die härteren Gemütes wären, die strenge Vergeltung der göttlichen Gerechtigkeit vorstellen sollte, um jene durch Drohungen zu bessern, welche sie nicht durch sanfte Ermahnung zu Gott zu ziehen vermöchte.

Sie sagte zum Herrn: «Habe die Güte, o süßester Liebhaber, unserer dir allzeit teuren Genossenschaft nach Weise eines liebenden Bräutigams Neujahr zu wünschen.» Der Herr antwortete: «Erneuert euch im Geist eures Gemütes!»[22] Hierauf sagte sie:

«Möge deine Huld, o barmherzigster Vater, nicht vergessen, an diesem Tag deiner hochheiligen Beschneidung alle unsere Fehler zu beschneiden.» Der Herr erwiderte: «Beschneidet euch durch die Beobachtung eurer Regel!» Da sagte sie: «O liebreichster Herr, warum antwortest du mir so streng, als wollest du uns hierzu keine Hilfe deiner Gnade darreichen, sondern uns mit eigener Anstrengung ringen lassen, da wir doch, wie du selbst bezeugst, ohne dich nichts tun können?»[23]

Durch diese Worte besänftigt, zog der Herr ihre Seele ganz zu sich hin und sagte mit liebevoller Zärtlichkeit: «Ohne Zweifel will ich euch hierin meine Mitwirkung so augenscheinlich gewähren, dass, wenn eine mir zu Ehren und mir zulieb an diesem Tag, das ist am Anfang des Jahres, durch wahre Zerknirschung des Herzens alles, was sie gegen irgendeine Regel gefehlt hat, zu bessern sich bestrebt und den Vorsatz erweckt, sich künftig zu hüten, ich ihr zugegen sein will wie der gütigste Lehrer, der seinen zarten Schüler zur Erlernung der Buchstaben auf seinen Schoß nimmt, ihm mit dem Finger alles zeigt, das Unrichtige auslöscht, das Unterlassene hinschreibt und jegliche Nachlässigkeit väterlich ergänzt. Ja, wenn sie, nach Art eines Kindes im Geist umherschweifend, einiges ohne Bedacht überspringt, so werde ich es inzwischen statt ihrer mit der sorgfältigsten Genauigkeit ersetzen.

Wenn jemand nur», fügte der Herr hinzu, «sich bemüht, seinen Willen mannhaft von allem zurückzuziehen, was er als mir missfällig erkennt, und ganz auf mein Wohlgefallen hinzurichten, dem werde ich von dem Glanz meines göttlichen Herzens das Licht der Erkenntnis gewähren. Auch will ich sein ganzes Tun also ordnen, dass es mir als das geziemendste und ihm selber heilsamste Geschenk gelten mag, das er mir jedes Jahr nach Art einer liebenden Braut als würdiges Verlobungspfand darbringen kann.»

Hierauf betete sie besonders für eine Person, die jüngst von einer Trübsal war betroffen worden, wozu sie unversehens die Veranlassung gegeben hatte.

Der Herr antwortete ihr: «Ich habe durch die Bedrängnis ihr Herz erweitert[24] und ihre Hände zubereitet, dass sie meine Geschenke reichlicher und würdiger empfangen kann.»

Da sagte sie: «Ach Herr, dass ich Elende bei der Läuterung

deiner Freundin dir als Geißel gedient habe!» Darauf der Herr: «Warum sagst du ach? Ist ja doch jeder, der meine Auserwählten also reinigt, ohne ihnen weh tun zu wollen, und herzliches Mitleid mit ihnen hat, eine leichte Geißel in meiner Hand und auch sein Verdienst wird durch die Läuterung des andern vermehrt.»

IV. 6. Von der dreifachen Opfergabe am Fest der Erscheinung

Am Fest der Erscheinung brachte sie nach dem Beispiel der königlichen Opfergaben Gott als Myrrhe den Leib Christi dar mit allen seinen Nöten und seinem ganzen Leiden zur Sühne aller Sünden der Menschen von Adam bis zum letzten, als Weihrauch die andachtsvollste Seele Christi zum Ersatz sämtlicher Vernachlässigungen und als Gold die hoch erhabene Gottheit Christi mit der Wonne ihres Genusses zur Ergänzung der Mängel aller Geschöpfe. Darauf erschien ihr der Herr Jesus, indem er ihr Opfer der heiligsten Dreifaltigkeit vorstellte.

Als sodann der Herr mitten durch den Himmel zu gehen schien, sah man die ganze himmlische Heerschar aus Ehrfurcht vor jenem Opfer die Knie beugen und das Haupt tief verneigen, gleichwie wir zu tun pflegen, wenn der Leib des Herrn vorübergetragen wird.

Hiernach erinnerte sie sich, dass einige Personen aus Demut ihr aufgetragen hatten, ihre Gebetchen, die sie vor dem Fest dem Herrn dargebracht hatten, zur Erinnerung an die genannten königlichen Opfergaben für sie Gott aufzuopfern. Als sie dies mit Andacht tat, erschien ihr der Herr Jesus wiederum, indem er auch dieses Opfer, wie um es Gott dem Vater darzubringen, durch den Himmel trug, wobei die ihm begegnende himmlische Heerschar dasselbe als ein sehr geziemendes Geschenk lobpries.

Hierdurch erkannte sie: Wenn jemand Gott seine eigenen Gebete und Bemühungen aufopfert, so preist der ganze himmlische Hof sie als Gott angenehme Geschenke.

Wenn aber jemand den seinigen die vollkommeneren des Sohnes Gottes hinzufügt, so verehren die Heiligen dies also, als wenn zur Würde dieses Opfers niemand aufschauen dürfe außer allein die über alle hocherhabene Dreifaltigkeit. Ein andermal, es war an demselben Fest, als im Evangelium gelesen wurde: «Und sie fielen nieder und beteten es an und taten ihre Schätze auf»[25], erhob sie sich abermals, aufgeopfert durch das Beispiel der seligen Weisen, in der Inbrunst des Geistes, warf sich in demütigster Andacht zu den hochheiligen Füßen des Herrn Jesus nieder und betete ihn an im Namen aller, die im Himmel, auf Erden und unter der Erde sind[26].

Und da sie keine würdige Opfergabe für ihn fand, begann sie mit ängstlichem Verlangen das ganze Weltall zu durcheilen und forschte in jeglicher Kreatur nach etwas, das sie würdig darbringen könnte. Während sie nun so brennend und schmachtend in dem Durst glühender Sehnsucht dahineilte, fand sie einiges Weggeworfene und von jeglichem Geschöpf Verachtete, das nicht zur Verherrlichung des Erlösers zu dienen schien, was sie aber begierig aufsammelte und auf den zu beziehen suchte, dem alles Geschaffene zu dienen verpflichtet ist.

So zog sie nämlich durch ein glühendes Verlangen in ihr Herz zuerst alle Strafen, Schmerzen, Befürchtungen und Beängstigungen, die jemals irgendein Geschöpf nicht zur Ehre des Schöpfers, sondern infolge eigener Armseligkeit erduldet hat, und dies opferte sie dem Herrn gleichsam als erprobte Myrrhe auf.

Zweitens zog sie in sich alle erheuchelte Heiligkeit und prahlerische Frömmigkeit der Heuchler, Pharisäer, Ketzer und Ähnlicher, und dies brachte sie Gott ebenso dar als Opfer des wohlduftendsten Weihrauchs.

Drittens schien sie in ihr Herz zu ziehen jede menschliche Zuneigung und unechte und unreine Liebe aller Geschöpfe und opferte sie dem Herrn als kostbares Gold auf. Dies alles nämlich schien in ihrem Herzen durch die Glut der Liebessehnsucht, wodurch sie alles in den Dienst ihres Liebhabers zu ziehen suchte, wie im Ofen geläutertes Gold[27], von allen Schlacken vollständig gereinigt, wunderbar veredelt, um dem Herrn vorgestellt zu werden[28].

Und der Herr, dem dies allseitig gefiel und der sich darüber wie über die seltensten Geschenke unaussprechlich freute, sammelte dieselben in Gestalt kostbarer Edelsteine und fügte sie seinem königlichen Diadem ein mit den Worten: «Sieh, diese Edelsteine, die du mir eben dargebracht hast, habe ich wegen ihrer großen Seltenheit so gnädig und huldvoll angenommen, dass ich sie als Andenken einer besonderen Liebe in dem Diadem meines Hauptes beständig tragen werde, um mich ihrer als eines Geschenkes von dir, meiner Braut, vor meiner ganzen himmlischen Heerschar zu rühmen, gleichwie ein irdischer Kaiser den kostbaren Stein, den man gewöhnlich Besamt[29] nennt, wegen seiner Seltenheit in der Reichskrone trägt, weil ein gleicher im ganzen Umfang seines Reichs nicht gefunden wird.»

Hierauf einer Person gedenkend, welche sie oft gebeten hatte, an demselben Tag für sie dem Herrn etwas aufzuopfern, fragte sie den Herrn, was er denn für dieselbe wolle dargebracht haben, worauf er antwortete: «Opfere mir auf ihre Füße, ihre Hände und ihr Herz.

Durch die Füße werden die Wünsche bezeichnet: Weil diese Person sehnlichst verlangt, mir mein Leiden zu vergelten, so bemühe sie sich, alle Beschwerden in Vereinigung mit meinem Leiden zur Ehre und Verherrlichung meines Namens und zum Nutzen der ganzen Kirche, meiner Braut, geduldig zu ertragen, dann werde ich dies als auserwähltes Myrrhenopfer annehmen.

Weil ferner die Hände die Wirksamkeit bezeichnen, so bemühe sie sich, alle, sowohl körperlichen als geistigen Werke, in Vereinigung mit den höchst vollkommenen Werken meiner allerheiligsten Menschheit zu vollbringen, wodurch alles wunderbar geadelt und geheiligt wird; und dies werde ich als wohlriechenden Weihrauch ansehen.

Durch das Herz endlich wird der Wille bezeichnet; darum erforsche sie bei allen Handlungen allzeit von irgendeinem Menschen demütig meinen Willen. Und was ihr von diesem dann angeraten wird, das nehme sie vertrauensvoll als mein höchstes Wohlgefallen an; und ich werde dies von ihr als reinstes Gold aufnehmen.»

IV. 7. Von der Verehrung des Angesichtes des Herrn

Während sie später am Sonntag Omnis terra[30] nach Art der Gläubigen zu Rom, welche das Bild des holdseligsten Angesichts des Herrn zu sehen begehren, durch eine geistige Beichte sich vorbereitete und bei der Erinnerung an ihre Sünden sich verunstaltet vorkam, schritt sie zu den Füßen des Herrn Jesus vor, um diese Verunstaltung abzulegen, und erflehte vom Herrn die Verzeihung aller Sünden. Dieser erhob seine ehrwürdige Hand und gab ihr den Segen mit den Worten: «Verzeihung und Nachlassung aller Sünden erteile ich dir aus dem Innersten meiner Liebe.

Zur wahren Sühnung aller deiner Vergehen nimm von mir die dir aufgelegte Genugtuung an, nämlich während dieses ganzen Jahres an jedem einzelnen Tag irgendein gutes Werk zu verrichten in Vereinigung mit jener Liebe, in welcher ich dir alle deine Sünden nachgelassen habe.»

Sie nahm es dankbar an, war jedoch wegen der menschlichen Gebrechlichkeit ein Weilchen zweifelhaft und sagte: «Aber was soll ich tun, o Herr, wenn ich dies bei vorkommender Gelegenheit irgendwie vernachlässige?», worauf der Herr erwiderte: «Warum solltest du vernachlässigen, was du so leicht vollbringen kannst? Denn mir genügt es, wenn du auch nur einen Schritt in solcher Absicht tust oder einen Strohhalm von der Erde aufhebst oder ein einzig Wort redest oder jemandem eine freundliche Miene machst oder das ‹Gib ihnen die ewige Ruhe› für die Verstorbenen oder ein sonstiges Gebetchen für die Sünder oder auch für die Gerechten sprichst.»

Hierüber sehr getröstet, begann sie für ihre besonderen Freunde zu beten, damit auch sie von der göttlichen Barmherzigkeit solchen Trost empfingen. Ihrer Bitte zustimmend, sprach der Herr: «Alle, welche mit dir diese dir auferlegte Genugtuung verrichten wollen, sollen auch zugleich mit dir die Verzeihung aller ihrer Sünden durch diesen meinen Segen empfangen.» Und abermals seine ehrwürdige Hand weithin ausstreckend, gab er den Segen. Darauf fügte er hinzu: «O mit wie reichem Segen möchte ich den empfangen, welcher nach Ablauf eines Jahres zu mir zurückkehrend solche Frucht brächte, dass seine Liebeswerke während des Jahres die Zahl der Sünden, die er in dem Jahr begangen, überträfen!» Mit etwas Misstrauen sagte sie: «Wie kann das geschehen, da der Sinn des Menschen so sehr zum Bösen geneigt ist[31], dass er sogar in den einzelnen Stunden vielfach fehlt?»

Der Herr antwortete: «Aber warum erscheint dir dies so schwer, da ich, der allmächtige Gott, wenn der Mensch auch nur ein wenig Fleiß anwenden will, bereit bin, ihm so sehr zu helfen, dass meine göttliche Weisheit den Sieg gewinnen muss? Als sie hierauf sagte: «Was versprichst du, o Herr, dem zu geben, der dies mit deiner Hilfe vollbringt?», erwiderte er: «Dies kann dir nicht passender beantwortet werden als mit den Worten: Kein Auge hat es gesehen, kein Ohr gehört, und es ist in keines Menschen Herz gedrungen.»[32] O wie glücklich wäre derjenige, der vor seinem Tod auch nur ein Jahr oder wenigstens einen Monat in solchem Streben der Liebe verbracht hätte! Auch er könnte sicher hoffen, von der Hand des gütigsten Herrn Ähnliches zu empfangen.

Am folgenden Tag betete sie für diejenigen, welche auf ihre Aufforderung hin kommunizierten, obgleich sie wegen Abwesenheit des Beichtvaters nicht gebeichtet hatten. Da schien der Herr selbst sie mit seiner Unschuld wie mit einem blendend weißen Kleid zu schmücken, welches von allen Seiten mit kostbaren Edelsteinen geziert war, die sowohl die Gestalt als auch den Wohlgeruch von Veilchen hatten. Durch sie wurde jene Demut versinnbildet, in der sie Gertruds Aufforderung zugestimmt hatten.

Dazu wurde ihnen ein rosenfarbenes Kleid mit golddurchwirkten Blumen gegeben, welches das durch die Liebe vollkommene Leiden des Herrn bedeutete, wodurch jeder Mensch das Verdienst der Würdigkeit empfängt. Zugleich sprach der Herr: «Es sollen Stühle für sie neben mich gestellt werden, damit alle erkennen, dass ihnen nicht durch Zufall, sondern mit Absicht der erste Sitz zugewiesen ist, d.h. dass es ihnen von Ewigkeit her vorausbestimmt ist, heute wegen der Tugend der Demut durch deine Vermittlung vorzüglichere Gnadengaben zu empfangen.» Denjenigen aber, welche nicht auf ihre Aufforderung, sondern aus sich unter Mitwirkung der göttlichen Gnade im Vertrauen auf die Güte Gottes auch ohne Beichte kommunizierten, wurde nur ein rosenfarbenes Kleid mit golddurchwirkten Blumen gegeben und auch sie saßen mit dem Herrn zu Tisch. Jene hingegen, welche mit Demut und Trauer die Kommunion unterließen, schienen vor dem Tisch zu stehen und an dem Überfluss seiner Wonnen sich reichlich zu ergötzen. Hierauf gab der gütigste Herr mit seiner gebenedeiten Hand den Segen mit den Worten: «Alle, welche, vom Verlangen der Liebe angezogen, das Gedächtnis der Anschauung meines Angesichts feiern, denen drücke ich durch die Kraft meiner Menschheit den lebendig machenden Glanz meiner Gottheit ein, deren Klarheit sie innerlich beständig erleuchten wird.»

IV. 8. Von der hl. Jungfrau und Märtyrin Agnes

In der Nacht vor dem Fest der gottgeliebten Jungfrau Agnes erfreute sie sich sehr, den Herrn durch die Liebe und Lobpreisung verherrlicht zu sehen, womit der ganze himmlische Hof die Worte der genannten Jungfrau rühmte, die damals in der Kirche gelesen wurden[33].

Dann aber, mit Trauer ihrer Krankheit gedenkend, sagte sie zum Herrn: «Ach Herr, welch beseligende Wonne hätte meine Seele bei jenen Worten überströmen können, wenn meine Krankheit kein Hindernis gewesen wäre!», worauf der Herr erwiderte: «Sie ist dir in mir aufbewahrt und du wirst sie um so lieblicher verkosten, je weniger sie mit dem Beigeschmack des eigenen Willens untermischt ist.» Hieraus erkannte sie, dass keines Menschen Heil durch ein unverschuldetes Hindernis vermindert wird.

Als sodann in der sechsten Lektion gelesen wurde: «Einer sagte, Agnes sei von Kindheit an Christin und habe sich so sehr mit magischen Künsten befasst, dass sie Christus ihren Bräutigam nenne», fügte sie mit Schmerz hinzu: «Ach, Herr Gott, was erduldet deine höchste Majestät von dem Menschen!»

Der Herr aber antwortete: «Durch die hohe Freude, welche mich und Agnes vereint, wird mir diese Schmach gesühnt.» Hierauf sagte sie: «O gütigster Gott, verleihe allen deinen Auserwählten, dir mit solcher Liebe und Treue anzuhangen, dass du alle von deinen Widersachern dir zugefügten Beleidigungen für nichts erachtest.» Als ihr aber am Fest des hl. Augustinus die Verdienste vieler Heiligen gezeigt wurden, wünschte sie auch einiges von den Verdiensten jenes zarten Mägdleins zu sehen, das sie von Kindheit an so innig liebte. Da erhob der Herr seinen Arm und zeigte ihr die hl. Agnes in einer überaus liebenswürdigen und zarten Gestalt an sein göttliches Herz angeschmiegt, um die ausgezeichnete Unschuld derselben zu erweisen, von der es heißt: «Die Unversehrtheit bringt Gott am nächsten.»[34]

Dieses heilige Kind erschien nämlich Gott so nahe, als wenn kaum jemand im Himmel ihm an Unschuld und inniger Gottesfreundschaft ähnlich sein könnte. Zugleich erkannte sie, dass der Herr all die Frömmigkeit und Freude in sich aufnahm, von der jemals ein Herz ergriffen wurde durch die honigfließenden Worte derselben heiligen Jungfrau, die jetzt noch in der Kirche wiederholt werden. Dies alles träufelte er in Gestalt des süßesten Nektars dem Herzen der hl. Agnes ein und hierdurch wurde diese selige Jungfrau wie mit neuem Schmuck geziert, der zu jeder Stunde auf die Seelen derjenigen überstrahlte, die sie verehrten.

IV. 9. Von der Reinigung der seligsten Jungfrau Maria

Als sie am Fest der Reinigung der seligsten Jungfrau zu den Metten das erste Zeichen geben hörte, sagte sie fröhlichen Geistes zum Herrn: «Sieh, mein Herz und meine Seele grüßen dich, meinen liebenswürdigsten Herrn, beim Ton dieses Zeichens, wodurch das Fest der Reinigung deiner keuschesten Mutter verkündet wird.» Der Herr erwiderte: «Mein liebeglühendes Herz klopft für dich an die Tür meiner göttlichen Barmherzigkeit, dir die volle Verzeihung aller Sünden zu erlangen.»

Bei dem Läuten zu den Metten aber sagte der Herr, die Begrüßung ihr tausendfach vergeltend: «Meine ganze Gottheit grüßt dich, du Wonne meiner Seele, und sendet dir alle Frucht meiner allerheiligsten Menschheit entgegen, um dich mir auf die wohlgefälligste Weise an dem gegenwärtigen Fest zu bereiten.» Sie wünschte dann zu hören, was im Chor gesungen würde, konnte es aber vom Bett aus nicht verstehen und sagte traurig zum

Herrn: «O wenn doch jetzt, mein Herr, die Entfernung mich nicht hinderte, dann könnte mein Herz wenigstens durch einige Worte des Gesanges zur Ergötzung in dir aufgemuntert werden!» Der Herr antwortete: «Wenn du nicht weißt, was jetzt gesungen wird, so wende dich zu mir und betrachte, was in mir vorgeht, der ich alles umschließe, was dich jemals ergötzen kann.»

Und sogleich erkannte sie im Geist Folgendes: Gleichwie jemand vor Müdigkeit den Atem zusammenzieht, ebenso ziehen die einzelnen Glieder des Herrn ohne Unterlass gleichsam Atem schöpfend alle guten Werke in sich, die von irgendjemand in der Kirche verrichtet werden, und er opfert sie in sich gereinigt und veredelt der heiligsten Dreifaltigkeit auf. Die Werke aber, welche mit der Absicht, Gott zu ehren, geschehen, zieht das göttliche Herz in sich selbst und veredelt und vollendet sie auf eine wunderbare und unaussprechliche Weise. Obgleich nun alle guten Werke ein die menschliche Fassungskraft überragendes Heil bewirken, so sind doch jene Werke, welche das göttliche Herz selbst einzieht, um so viel preiswürdiger und heilsamer, wie ein lebendes Wesen höher und wertvoller wird als ein totes.

Als sie hierauf das zweite Responsorium singen hörte und es bedauerte, das erste[35] nicht gehört zu haben, sagte sie zum Herrn: «Lehre mich, o liebreichster Herr, wie ich das Brautgemach meines Herzens dir ausschmücken soll!», worauf der Herr sagte: «Breite dein Herz aus, wie ehemals die vergoldeten Tafeln in den Götzentempeln geöffnet wurden, um das Volk zum Opfern an den heidnischen Festen aufzufordern, und lass mich die gemalten Bilder in ihm sehen, an denen meine Seele sich erfreut.» Aus diesen Worten des Herrn erkannte sie, dass er eine unbeschreibliche Wonne in dem Herzen desjenigen findet, der ihm dasselbe durch die beständige Erinnerung an die eigenen Sünden und an die unverdienten Wohltaten Gottes ausbreitet. Als aber in der zweiten Nokturn gesungen wurde: «Nach der Geburt, o Jungfrau», sah sie bei dem Wort: «Bitt für uns!» die seligste Jungfrau mit ihrem Mantel die Makel der ganzen Genossenschaft abwischen. Und als die Antiphon gesungen wurde: «Glückselige Mutter», wiederum bei dem Wort: «Bitt für uns!», schien die holdselige Jungfrau dem König der Könige, ihrem Sohn, neben dem sie in der Herrlichkeit thront, die Andacht der ganzen Genossenschaft in Vereinigung mit ihrer vollkommensten Andacht aufzuopfern.

Da Gertrud bei diesem Anblick wiederum ihre Hindernisse vorbrachte, sprach der Herr zu ihr: «Wenn Simeon und Anna im Tempel, d.h. die Gebrechen der Krankheit, dich am göttlichen Dienst hindern, so tritt heraus zu mir auf den Kalvarienberg.» Im Geist dort angelangt, erquickte sie sich eine Weile in der beseligenden Erinnerung an das Leiden des Herrn; dann kam es ihr vor, als schritte sie durch ein Tor an der Nordseite Jerusalems und käme in den Tempel, worin sie den heiligen Greis Simeon neben dem Altar stehen sah und diese Worte beten hörte: «Wann wird er kommen? Wann werde ich ihn sehen? Werde ich so lang leben? Wird er mich hier finden?»

Plötzlich sah er, im Geist erfreut und gleichsam im Drang sich umwendend, die seligste Jungfrau vor dem Altar stehen und den Knaben Jesus, schön vor allen Menschenkindern[36], auf ihren Armen tragen. Sobald sein Blick auf ihn fiel, erkannte er, vom Heiligen Geist erleuchtet, sogleich den Erlöser der Welt. Deshalb nahm er ihn mit ungeheurer Freude in seine Arme und rief aus: «Nun, o Herr, entlässest du deinen Diener.»[37] Bei den Worten: «Denn meine Augen haben dein Heil gesehen», küsste er ihn inniglich; und bei den Worten: «das du bereitet hast», erhob er ihn gegen die Lade des Altars und opferte ihn Gott dem Vater zum Heil der Völker auf.

Da erglänzte die Lade wie ein hell leuchtender Spiegel, so dass das Bild des zartesten, liebenswürdigsten Knaben, vom Licht gleichsam verhüllt, gänzlich verschwand, wodurch versinnbildet werden sollte, dass er derjenige sei, durch den jedes Opfer des Alten und Neuen Bundes vollendet worden. Als Simeon dies sah, rief er in glühender Liebe aus: «Licht zur Erleuchtung der Heiden.» Darauf gab er ihn seiner Mutter wieder mit den Worten: «Und deine eigene Seele wird ein Schwert durchdringen.»

Die jungfräuliche Mutter aber legte ihn auf den Altar und brachte für ihn zwei weiße junge Tauben dar, die der königliche Knabe mit zarter Hand gleichsam vorwärts schob. Durch diese Taube wurde die Einfalt und Unschuld der gläubigen Seele bezeichnet, welche beständig nach Taubenart in stiller Betrachtung wider jedes

Übel seufzt und die reinen Körner sammelt, d.h. die vorzüglichen Beispiele der Heiligen nachahmt. Solche Seelen scheinen, wenn man so sagen darf, den Herrn Jesus loszukaufen, indem sie durch ihren heiligen Wandel zum Teil einiges ergänzen, was der Herr absichtlich in seiner höchst vollkommenen Lehre auszuführen unterließ. Als der Vers des achten Responsoriums «Bitt für das Volk» gesungen wurde, trat die Königin der Jungfrauen vor, beugte ehrfurchtsvoll die Knie und betete als Mittlerin zwischen Gott und der Genossenschaft für die Einzelnen.

Der königliche Sohn aber hob sie ehrerbietigst auf, setzte sie neben sich auf den Thron seiner Herrlichkeit und gab ihr freie Gewalt zu befehlen, was sie wolle. Sie aber gebot sogleich dem Chor der Mächte, die Genossenschaft mit starker Hand gegen die tausendfältigen trügerischen Anschläge des alten Feindes zu verteidigen. Diese gehorchten sofort dem Befehl der Himmelskönigin und bildeten, indem sie ihre Schilde einzeln miteinander verbanden, von allen Seiten einen Wall um die Genossenschaft. Hierauf sagte Gertrud zur seligsten Jungfrau: «Werden, o Mutter der Barmherzigkeit, durch diesen sichersten Schutz diejenigen nicht behütet, welche jetzt nicht im Chor sind?»

Die gütige Mutter antwortete: «Durch diese Schutzwehr werden alle jene bewahrt, welche mit voller Sehnsucht des Herzens wünschen, dass das wahre Ordensleben an dieser Stätte oder wo sonst immer beständig bewahrt werde und wachse, und die eifrig dazu mitwirken. Diejenigen aber, welche um die Beobachtung der Regel wenig besorgt sind und auch keinen Fleiß anwenden, sie in andern zu fördern, diese werden freilich durch diesen Schutz der Engel nicht behütet.» Als sodann bei der Prozession in der Kapelle der Vers gesungen wurde: «Bitt für uns, heilige Gottesgebärerin», schien die glorreiche Mutter den zarten Sohn auf den Altar zu legen und sich vor demselben andächtig niederzuwerfen, gleichsam um für die ganze Genossenschaft zu bitten, worauf der königliche Knabe sich zum Zeichen der Gewährung zu ihr hinneigte.

IV. 10. Vom heiligen Papst Gregorius

Am hehren Fest des heiligen und verdienstreichen Papstes Gregorius zeigte sich ihr dieser gotteswürdige Hohepriester unter der Messe von unbeschreiblicher Glorie umstrahlt. Denn es schien, als ob er an Verdiensten allen Heiligen gleichkomme.

Er war nämlich den Patriarchen gleich in der väterlichen Sorge, womit er Tag und Nacht für das Heil der ihm anvertrauten Kirche bekümmert war. Gleich erschien er den Propheten, weil er in seinen Schriften die Kunstgriffe vorausverkündet, womit der böse Feind dem Menschengeschlecht nachstellen würde, und zum Widerstand gegen ihn heilsame Ratschläge und Vorsichtsmaßregeln beifügt. Hierfür erfreute er sich einer größeren Herrlichkeit als irgendeiner der heiligen Propheten für seine Weissagungen. Gleich kam er den heiligen Aposteln, weil er im Glück wie im Unglück dem Herrn standhaft anhing und die Samenkörner des göttlichen Wortes über die ganze Kirche ausstreute. Ähnlich war er den Märtyrern und Bekennern durch die Abtötung des Leibes und seine vollkommene Frömmigkeit. Überdies leuchtete in ihm die Würde der Jungfräulichkeit und für alle Gedanken, Worte und Werke, wodurch er jemals über die Reinbewahrung des Herzens und des Leibes gewacht oder andere zu wachen gelehrt hatte, erfreute er sich einer unbeschreiblich hohen Herrlichkeit.

«Erwäge nun», sagte da der Herr zu Gertrud, «wie schön auf diesen meinen Erwählten das Wort des Psalmisten passt, dass ‹nach der Menge der Trübsale im Herzen des Menschen die göttlichen Tröstungen die gläubige Seele erfreuen›[38], da er für jedes Wort, Werk und sogar für jeden Gedanken, der ihn bedrängte, mit so unschätzbaren Wonnen belohnt ist. Denn als der Tag seines Hinganges bevorstand, empfand er keineswegs körperliche Freude, vielmehr war er als einer, der den Strom des Todes überschreitet[39], von Angst ergriffen. Auch alle Umstehenden, ja die ganze Kirche, eines solchen Vaters und Fürsorgers beraubt, betrauerten jenen Tag mit herbem Schmerz, den sie jetzt in jährlicher Wiederkehr als einen überaus freudenvollen feiert.»

Hierauf sagte sie zum Herrn: «Was hat er, mein Herr, dadurch erlangt, dass er die Kirche durch seine Schriften bereichert und erleuchtet hat?» Der Herr antwortete: «Dies, dass meine ganze Gottheit und alle Sinne meiner Menschheit an ihnen sich ergötzen. Und er genießt diese Freude mit mir, so oft ein Ausspruch von ihm in der Kirche erwähnt oder jemand durch ihre Lesung oder Anhörung zerknirscht oder zur Andacht erweckt und zur Liebe entflammt wird.

Hieraus gewinnt er vor der ganzen himmlischen Heerschar so viel Ansehen und Ehre, wie ein Soldat oder Fürst dadurch, dass er mit einem ähnlichen Kleid wie sein König geschmückt wird oder dass er an der Tafel des Königs täglich mit ihm speist. Dieses besonderen Vorzuges erfreuen sich auch die dir besonders teuren Augustinus und Bernhard und die übrigen Kirchenlehrer, jeder nach dem Reichtum und dem Nutzen seiner Lehre.»

Als aber das zwölfte Responsorium «O apostolischer Hirt»[40] gesungen wurde, erhob sich der hl. Gregor und flehte mit gebeugten Knien und erhobenen Händen den Herrn an für die Kirche. Darauf hielt der Herr ihm mit wunderbarer Huld und Vertraulichkeit sein ganzes göttliches Herz vor, damit er aus demselben alles, was er als der Kirche für notwendig erkennte, frei herausnähme und austeilte.

Als nun der hl. Gregor gleichsam mit beiden Händen die Gnade des Trostes aus dem Herzen des Herrn schöpfte und über die ganze weite Erde ausgießen wollte, umgürtete ihn der Herr mit einem glänzenden Gürtel aus dem reinsten Gold. Dadurch wurde die göttliche Gerechtigkeit bezeichnet, die ihn zurückhielt, damit er sich nicht vollständig bis auf die Erde hinabsenke, sondern gleichsam in der Luft gehalten würde, d.h. damit er die Gnade nicht bis zu den Unwürdigen und Undankbaren ergösse, sondern dass ein jeder, der sie erlangen wollte, mit herzlichem Verlangen nach oben strebend sie zu empfangen verdiente.

IV. 11. Von unserem heiligen Vater Benediktus

*Wie glücklich diejenigen sind,
welche die Regel des Ordenslebens treu halten*

Während sie am hohen Fest unseres heiligen Vaters Benediktus bei den Metten aus schuldiger Ehrfurcht vor einem solchen Vater andächtiger betete, sah sie im Geist den glorreichen Vater selbst vor dem Angesicht der strahlenden und allzeit ruhenden Dreifaltigkeit ehrwürdig stehen, anmutig von Gestalt und lieblich anzuschauen. Aus seinen Gliedern sprossten die schönsten Rosen von seltener Kraft, besonderer Blüte und eigenem Wohlgeruch; und jede Rose brachte aus ihrem Kelch eine andere hervor und diese wiederum eine andere und so entsprossten aus jeder einzelnen sehr viele, von denen jede mit der andern an Kraft, Schönheit und Wohlgeruch wetteiferte.

Auf solche Weise war der ganz blühende und anmutige heilige Vater, nach Gnade und Name ein Benediktus (Gebenedeiter, Gesegneter), der heiligsten Dreifaltigkeit und dem ganzen himmlischen Hof Grund zu unaussprechlicher Freude.

Durch die Rosen aber, die aus seinen einzelnen Gliedern hervorblühten, wurden die einzelnen Übungen bezeichnet, wodurch er sein Fleisch dem Geist unterworfen und alle Tugendwerke, die er während seines ganzen heiligen Lebens vollbracht hatte, und auch die Werke aller seiner Nachahmer, welche, durch sein Beispiel und seine Lehre bewogen, der Welt entsagend, auf dem Pfad der Klosterregel, diesem königlichen Wege, ihm folgend, bereits zum Hafen des himmlischen Vaterlandes gelangt waren und bis zum Ende der Welt gelangen sollten: Durch diese alle gewinnt der ehrwürdige Vater eine besondere Hoheit und alle Heiligen insgesamt beglückwünschen ihn zu seiner Herrlichkeit und Seligkeit und preisen den Herrn ohne Ende.

Als Stab trug der hl. Benediktus ein mit Edelsteinen von beiden Seiten geschmücktes Zepter. Von der ihm zugekehrten Seite strahlte ihm aus diesen Edelsteinen die Seligkeit aller derer entgegen, welche durch seine Ordensregel jemals waren bekehrt und gebessert worden, wodurch er mit unbeschreiblicher Freude an der göttlichen Güte erfüllt wurde. Von der andern, dem Herrn zugewandten Seite aber sprach die Erhabenheit der göttlichen Gerechtigkeit, welche so manche, die sie zur Würde eines solchen Ordens durch unverdiente Huld erhöht hatte, wegen ihrer Sünden zu den ewigen Strafen verdammt hat. Denn zu je höherer Würde jemand vom Herrn erhoben wird, um so gerechter ist es, dass er ihn verwirft, wenn er unwürdig lebt.

Als sie aber dem glückseligen Vater im Namen der Genossenschaft einen zu seiner Ehre gesungenen Psalter aufopferte, erhob er sich freudigen Angesichts und brachte dem Herrn die Bitte aller seiner Glieder dar; denn er schien, wie gesagt, zu blühen für das Heil aller, die seinen Schutz mit andächtigem Herzen anrufen, und auch aller derer, die seinen Fußstapfen durch die Beobachtung seiner heiligen Regel folgen.

Als aber das Responsorium «Mit großem Vertrauen stand der Vater bei seinem kostbaren Tod» gesungen wurde, sagte sie zu ihm: «Welchen Vorzug, heiliger Vater, besitzest du dafür, dass du durch einen so herrlichen Tod von dieser Welt hinübergegangen bist?» Er antwortete: «Weil ich meinen letzten Hauch unter Gebet ausgeatmet habe, darum ist mein Odem vor andern Heiligen so lieblich, dass alle sich an ihm wunderbar erfreuen.»

Hierauf bat sie, er möge wegen der Herrlichkeit seines kostbaren Todes jeder aus der Genossenschaft in der Stunde ihres Todes treu zur Seite stehen. Der ehrwürdige Vater erwiderte: «Wer mich gern an jenen Vorzug erinnert, mit dem der Herr mich durch einen so glorreichen Tod geehrt und beseligt hat, dem will ich in seiner Todesstunde treu zur Seite stehen und mich für ihn überall entgegenstellen, wo ich die Nachstellungen seiner Feinde heftiger gegen ihn wüten sehe, damit er, durch meine Gegenwart beschützt, ihren Fallstricken sicher entrinne und die ewigen Freuden des Himmels erwerbe.»

IV. 12. Von der Verkündigung des Herrn

Als es an der Vigil der Verkündigung des Herrn zum Kapitel läutete, sah sie im Geist den Herrn Jesus mit seiner jungfräulichen Mutter im Kapitel am Platz der Vorsteherin sitzen, die Ankunft der Genossenschaft erwarten und die Ankommenden mit unaussprechlicher Freundlichkeit empfangen.

Als nun im Kalender (Martyrologium) gelesen wurde: «Verkündigung des Herrn», wandte Jesus sich zu seiner Mutter, grüßte sie mit holder Verneigung des Hauptes und erneuerte hierdurch in ihr jene unschätzbare Süßigkeit und Wonne, die sie einst empfand, als die unbegreifliche Gottheit, in ihrem jungfräulichen Schoß Fleisch annehmend, sich mit unserer menschlichen Natur vereinigte.

Als aber die Genossenschaft sich ins Gebet begeben hatte und den Psalm Miserere sprach, legte der Herr alle Worte in Gestalt verschiedenfarbiger Perlen in die Hände seiner jungfräulichen Mutter. Auch schien diese königliche Jungfrau verschiedene Riechfläschchen in ihrem Schoß zu haben, die sie mit Perlen, d.h. mit den von ihrem Sohn ihr dargereichten Gebeten der Genossenschaft, zierte. Gertrud erkannte, dass die Riechfläschchen die Bedrängnis bedeuten, welche die Genossenschaft tags vorher ganz unerwartet und ohne ihre Schuld getroffen und welche sie auch der Mutter der Barmherzigkeit empfohlen hatte.

Staunend fragte sie, warum diese Bedrängnis also vorgestellt würde. Der Herr antwortete: «Gleichwie vornehme Frauen lieber angenehme Riechfläschchen als andern Schmuck bei sich tragen, um sich an ihrem Wohlgeruch zu erquicken: Ebenso erfreue auch ich mich sehr am Herzen derer, welche ihre Beschwerden mit Demut, Geduld und Dankbarkeit vertrauensvoll meiner väterlichen Güte anheim stellen, die denen, die sie lieben, alles zum Guten wendet.»[41]

Als sie sodann darüber nachdachte, warum der Herr diesmal und auch öfter durch so körperliche Anschauung sie belehre, stellte dieser ihr vor, was an demselben Fest von der verschlossenen Pforte gesungen wird, welche der Prophet Ezechiel[42] im Geist vorherschaute, und sprach zu ihr: «Wie die Weise und Ordnung meiner Menschwerdung, meines Leidens und meiner Auferstehung von den Propheten durch geheimnisvolle Bilder und Gleichnisse vorgezeichnet wurde: Ebenso können auch noch jetzt die geistigen und unsichtbaren Dinge nicht anders verständlich gemacht werden. Darum soll jeder dahin streben, dass er unter der Hülle körperlicher Dinge die beseligende Erkenntnis geistiger Wonnen zu verkosten verdiene.»

Während aber in den Metten das Invitatorium «Ave Maria» gesungen wurde, sah sie drei mächtig sprudelnde Bächlein, vom Vater, vom Sohn und vom Heiligen Geist ausgehend, das Herz der jungfräulichen Mutter mit beseligender Gewalt durchdringen und daraus ebenso wieder nach ihrem Ursprung zurückströmen; dadurch wurde der seligsten Jungfrau dies Geschenk zuteil, dass sie die Mächtigste nach dem Vater, die Weiseste nach dem Sohn und die Gütigste nach dem Heiligen Geist ist. Auch erkannte Gertrud, dass, sooft der Englische Gruß von den Gläubigen auf Erden mit Andacht gebetet wird, dieselben Bächlein mit großer Gewalt überfließen und die seligste Jungfrau umströmen, um von der andern Seite sich in ihr heiligstes Herz zu ergießen und von da mit Freude ihre Quelle wieder zu suchen.

Aus diesem Hin- und Herströmen werden Freude und Wonne und ewiges Heil auf alle Engel und Heiligen und auch über diejenigen ergossen, welche auf Erden diesen Gruß beten; und hierdurch wird in ihnen all das Gute erneuert, was sie je durch die heilbringende Menschwerdung des Sohnes erlangt haben. Sooft ferner etwas von der Keuschheit der seligsten Jungfrau erwähnt wurde, wie: «Diese ists, die keinen Mann erkannte», erhoben sich alle Heiligen Gottes, bezeigten der königlichen Jungfrau, ihrer Herrin, Ehrfurcht und sagten Gott innigen Dank für alle der glückseligsten Mutter jemals zum Heil aller erteilten Wohltaten.

Auch der heilige Erzengel Gabriel wurde jedesmal von einem neuen Glanz göttlichen Lichtes bestrahlt, sooft die durch ihn geschehene Verkündigung erwähnt wurde. Ebenso verneigten alle Heiligen, wenn der hl. Joseph erwähnt wurde, wegen seiner erhabenen Ehre ehrfurchtsvoll das Haupt und bezeigten ihre Freude über seine Würde, indem sie mit ihren Augen ihm freundlich zuwinkten. Während der Messe aber, in der sie kommunizieren wollte, sah sie die glorreiche Mutter des Herrn mit der Schönheit aller Tugenden geschmückt, warf sich demütig zu ihren Füßen nieder und bat, sie möchte sie zum Empfang des verehrungswürdigen Sakramentes des Leibes und Blutes ihres Sohnes vorbereiten. Hierauf legte die seligste Jungfrau ihr ein hell glänzendes Geschmeide auf die Brust, welches die Gestalt von sieben Hörnern und in jedem Horn einen kostbaren Edelstein hatte, als Sinnbild der vorzüglichsten Tugenden, durch welche die seligste Jungfrau dem Herrn gefallen hatte.

Der erste Edelstein war die anlockende Reinheit, der zweite die fruchtbringende Demut, der dritte die glühende Sehnsucht, der vierte die klare Erkenntnis, der fünfte die unauslöschliche Liebe, der sechste die außerordentliche Freude an Gott und der siebte die friedliche Ruhe. Als Gertrud nun mit diesem Geschmeide vor dem göttlichen Angesicht erschien, wurde der Herr durch den Schmuck jener Tugenden so sehr erfreut und angezogen, dass er, gleichsam von Liebe gefesselt, mit der ganzen Kraft seiner Gottheit sich zu ihr hinneigte und sie ganz in sich hineinzog.

Während sodann im Evangelium gelesen wurde: «Sieh, ich bin die Magd des Herrn», grüßte sie mit inniger Andacht die Mutter Gottes und erinnerte sie an jene unaussprechliche Freude, welche sie damals empfand, als sie mit diesen Worten sich selber ganz und gar mit vollem Vertrauen dem göttlichen Willen anheim stellte.

Die seligste Jungfrau antwortete ihr: «Wer mich mit Andacht an diese Freude erinnert, dem werde ich, wie in dem Hymnus des heutigen Festes gebetet wird: ‹Dich als Mutter zeige›, mich in Wirklichkeit als Mutter des Königs der Herrlichkeit[43] und des bittenden Menschen erweisen: des Königs der Herrlichkeit durch die Macht und des Bittenden durch die überreiche Barmherzigkeit.»

Als man bei der Vesper in der Antiphon «Das ist der Tag» die Worte sang: «Heute ist Gott Mensch geworden», und die Genossenschaft in Anbetung des hohen Geheimnisses sich auf die Erde warf, stand der Sohn Gottes, als wenn er, durch jenes Wort bewegt, die Liebe sich ins Gedächtnis riefe, die ihn zwang, für uns Mensch zu werden, von seinem königlichen Sitz auf und sprach, ehrerbietig vor dem Vater stehend, zu ihm wie einst Joseph zu Pharao: «Meine Brüder sind zu mir gekommen.»[44] O, von wieviel innigerer Liebe wurde Gott der Vater durch dieses Wort seines vielgeliebten Sohnes bewegt, um den Brüdern seines Eingebornen unendlich wertvollere Güter zu gewähren als Pharao, welcher Joseph wegen seiner Brüder beglückwünschte und ihnen reichliche Wohltaten spendete!

Sie erkannte auch, dass das Ave Maria so zu beten sei, dass man bei den Worten «Gegrüßet seist du» bitte, es möchten alle Leidbeschwerten befreit werden; bei dem Wort «Maria», was bitteres Meer bedeutet, es möchten die Büßer im Guten verharren; bei den Worten «voll der Gnade», es möchte allen, die keinen Geschmack an der Gnade haben, derselbe erteilt werden; bei den Worten «Der Herr ist mit dir», es möchte allen Sündern Verzeihung werden; bei den Worten «Du bist gebenedeit unter den Frauen», es möchten alle Anfänger fortschreiten durch den guten Willen, und bei den Worten «gebenedeit ist die Frucht deines Leibes», es möchte allen Auserwählten die Vollendung werden; bei den Worten «Jesus, Abglanz der Herrlichkeit des Vaters»[45], sollte sie die wahre Erkenntnis, und bei den Worten «Christus» und «Gleichbild seines Wesens» den Kalten die göttliche Liebe begehren. Bei jedem Ave Maria sollen nämlich am Schluss die Worte «Jesus, Abglanz der Herrlichkeit des Vaters und Gleichbild seines Wesens» hinzugefügt werden.

IV. 13. Von den Intentionen, die man für die Kirche aufopfern soll

Am Sonntag Circumdederunt (Septuagesima) verlangte sie sehnlichst, obgleich sie sehr schwach war, das göttliche Sakrament zu empfangen. Sie willigte jedoch auf den Rat ihrer geistlichen Mutter aus Demut in die Unterlassung der Kommunion ein.

Während sie dies nun dem Herrn aufopferte, kam es ihr vor, als stände sie vor ihm. Er aber neigte sich huldvoll zu ihr, nahm sie auf in den Schoß seiner väterlichen Güte gleich einer Mutter, die ihr einziges Kind liebkost, und sprach zu ihr: «Weil du dich entschlossen hast, rein um meinetwillen meinen Empfang zu unterlassen, so werde ich dich auf meinem Schoß hegen, damit du nicht etwa nachher durch eine äußere Beschwerde ermüdest.»

Während sie sich so auf dem Schoß des Herrn erfreute, sagte sie zu ihm: «O süßester Herr, weil die Welt, ‹die ganz im Argen liegt›[46], in dieser Zeit deiner Ehre mehr als sonst durch Völlerei und Trunkenheit entgegenhandelt, so verlange ich aus ganzem Herzen, wenn du mich Unwürdigste zur Botin annimmst, den Mitschwestern eine Übung zu verkündigen, wodurch sie dich während dieser Zeit wegen der mannigfachen Beleidigungen versöhnen und besänftigen können.»

Der Herr antwortete ihr: «Wenn jemand mein Bote ist, so belohne ich ihn derart, dass alles, was er mir erwirbt, ganz seiner Herrschaft anheim fällt.» Hierdurch wurde ihr klar, dass wenn jemand in der Absicht schreibt oder lehrt, um die Ehre Gottes und den Fortschritt der Seelen zu fördern, dann aller Gewinn, der aus jener Schrift oder Lehre auch nach tausend und aber tausend Jahren hervorgeht, ganz zu dessen Heil gereicht.

Hierauf fügte der Herr hinzu: «Wenn jemand beim Essen, Trinken, Schlafen und ähnlichen Bedürfnissen, wozu ihn seine Natur zwingt, in seinem Herzen und mit dem Mund sagt: O Herr, ich nehme diese Speise oder auch jede andere in jener Liebe, in welcher du mir dieselbe von Ewigkeit her zum Heil zu genießen vorausbestimmt, und auch in jener Liebe, in welcher du dieselbe geheiligt hast, als du in deiner hochheiligen Menschheit ähnliches genossest zur Ehre Gottes des Vaters und zum Heil der ganzen Menschheit, bittend, dass dasselbe in Vereinigung mit deiner göttlichen Liebe das Heil aller derer vermehre, die im Himmel, auf Erden und im Fegfeuer sind: Ein solcher hält jedesmal einen festen Schild vor mich, wodurch ich gegen die mannigfachen Beleidigungen der Weltleute geschützt werde.»

Während die Genossenschaft sodann unter der Messe kommunizierte, lehnte der Herr sie mit wunderbarer Huld an die Liebeswunde seiner allerheiligsten Seite mit den Worten: «Weil du heute aus Bescheidenheit es unterlässt, mich leiblich im Sakrament des Altars zu empfangen, so trinke jetzt geistigerweise aus meinem Herzen den beseligenden Strom meiner Gottheit.» Als sie darauf aus dem Strom der göttlichen Wonne getrunken hatte und dem Herrn innig dankte, sah sie im Geist alle, welche an diesem Tag kommunizierten, vor dem Angesicht des Herrn stehen. Dieser schenkte ihnen von jener Vorbereitung, die sie selbst eifrig gemacht hatte, gleichsam Kleider von wunderbarem Schmuck, so dass jede eine besondere Gabe der göttlichen Huld besaß und würdig vorbereitet wurde.

Nachdem so alle von der göttlichen Freigebigkeit mit den Verdiensten Gertruds geschmückt waren, traten sie hinzu und brachten dem Herrn gemeinsam alle ihnen geschenkten Gaben zu seiner ewigen Verherrlichung und zur Vermehrung der Verdienste und der Seligkeit dieser Jungfrau dar. Hieraus erkannte sie, dass jedesmal, wenn jemand sich durch besondere Gebete, Andachtsübungen und ähnliches zur Kommunion vorbereitet, dieselbe aber nachher aus Bescheidenheit, Demut oder Gehorsam unterlässt, der Herr ihn dann aus dem Strom seiner göttlichen Wonne[47] sättigt, und indem er seine Vorbereitung andern mitteilt, doch alles hieraus hervorgehende Gute ihm selber ganz zum Verdienst gereichen lässt.

Hierauf sagte sie: «Wenn aber, o Herr, die Unterlassung der heiligen Kommunion solchen Nutzen gewährt, ist es dann nicht überhaupt besser, sie zu unterlassen?»

«Keineswegs», erwiderte der Herr, «denn wer sie aus Liebe zu meiner Verherrlichung empfängt, hat in Wahrheit die heilsamste Speise meines verklärten Leibes zugleich mit dem balsamischen Nektar der wonnevollsten Gottheit und überdies einen unvergleichlichen Glanz durch den Schmuck der göttlichen Tugenden.»

Darauf sagte sie: «Was erlangen denn aber die, mein Herr, welche wegen ihrer Vernachlässigungen die Kommunion unterlassen und an demselben Tag um so ungebundener den Leichtfertigkeiten sich hingeben?»

Der Herr antwortete: «Wer es unterlässt, sich zur Kommunion vorzubereiten, und sie unterlässt, um seinen Eigenwillen um so freier zu befriedigen, der macht sich nur um so unwürdiger und beraubt sich der Frucht eines Sakramentes, das an diesem Tag durch die ganze Kirche seine Wirkungen verbreitet.»

Wiederum sagte sie: «Aber, mein Herr, woher kommt es denn, dass einige, obgleich sie sich unwürdig erscheinen und auch um die Vorbereitung sich wenig bemühen, dennoch von solchem

Verlangen zu deinem heilbringenden Sakrament hingezogen werden, dass sie sich seiner an den festgesetzten Tagen nur sehr schwer enthalten?»

Der Herr antwortete: «Dies kommt in Wahrheit daher, weil sie, mit einer besonderen Gnade begabt, von meinem süßeren Geist getrieben werden, gleichwie ein Fürst naturgemäß mehr Lust hat, an der gewohnten Ehre sich zu ergötzen, als nach Art eines jungen Menschen durch Straßen und Gassen zu laufen.»

IV. 14. Von der Erbauung der Arche

Am Sonntag Exsurge (Sexagesima) wiederum krank zu Bett liegend, gedachte sie beim Responsorium der Metten «Es segnete Gott den Noe»[48] der Wonne und Andacht, die sie öfter bei demselben empfunden hatte, und sagte zum Herrn: «O Herr, oftmals habe ich dieses und andere Responsorien mit solcher Glut gesungen, dass es mir vorkam, als stände ich schon aufgenommen vor dem Thron deiner Herrlichkeit und stimmte auf deinem Herzen wie auf der süßesten Orgel die einzelnen Worte und Töne an, und jetzt muss ich leider der Krankheit wegen so vieles unterlassen!»

Der Herr antwortete: «Weil du, meine Geliebte, sagst, und ich bezeuge, du habest oftmals auf der Orgel meines göttlichen Herzens lieblich gesungen, so will auch ich dir jetzt zur würdigen Vergeltung lieblich singen.

Gleichwie ich bei mir selber meinem Diener Noe einst geschworen habe, dass ich keine Wasserflut mehr über die Erde zur Vertilgung herbeiführen werde, ebenso schwöre ich dir bei meiner Gottheit, dass niemand von denen, die deine Worte mit Demut anhören und in frommer Gesinnung nach ihnen sich richten, sich jemals verirren kann; vielmehr wird er auf sicherem, geradem Pfad ohne jegliche Abirrung zu mir gelangen, der ich bin der Weg, die Wahrheit und das Leben.»[49]

Hierauf sagte sie: «Du hast, o ewige Weisheit, alles vorausgewusst, wodurch die Welt dich verfolgen würde, sowohl die vergangenen als die gegenwärtigen Übel: Warum wolltest du deinen Bund so gütig noch durch den Eid bekräftigen, dass du die Welt fürder nicht mehr durch Wasser vertilgen würdest?»

Der Herr erwiderte: «Zum heilsamen Beispiel für die Menschen; damit sie nämlich lernten, alles ihnen Nützliche zur Zeit der Ruhe also zu ordnen und durch Verträge zu bekräftigen, dass sie in unruhigen Zeiten gezwungen sind, wenigstens ihrer Ehre wegen ihre Willkür zu zügeln.»

Hierauf sagte sie: «O Herr und Gott, ich würde es sehr gern annehmen, wenn du nun geruhtest, mich, deine Magd, zu unterrichten, wie ich diese Woche durch Erbauung einer Arche dir würdig dienen kann», worauf der Herr antwortete: «Die mir angenehmste Arche wirst du mir in deinem Herzen bauen. Deshalb erwäge besonders, dass die Arche Noes, wie es heißt, drei Räume hatte, in deren oberstem die Vögel, im mittleren die Menschen und im unteren die andern lebenden Wesen wohnten.

Nach diesem Bild teile die einzelnen Tage in der Art ein, dass du zuerst vom Morgen bis zur Non im Namen der ganzen Kirche aus innerstem Herzen mir Lob und Dank darbringst für alle vom Anfang der Welt an bis jetzt irgendeinem Menschen erwiesenen Wohltaten und besonders für jene verehrungswürdige Gnade, wodurch ich täglich von Tagesanbruch bis zur Non ohne Unterlass Gott dem Vater auf dem Altar für das menschliche Heil geopfert werde.

Wie schätzen dies die Menschen doch so gering und ergeben sich, meiner Wohltaten gänzlich vergessend, der Völlerei und Trunkenheit! Wenn du nun für diesen Mangel deine Dankbarkeit gleichsam von ihrer Seite mir recht innig aufzuopfern suchst, so sammelst du mir Vögel in den oberen Teil der Arche.

Weiterhin übe von der neunten Stunde des Tages (Non) an bis zum Abend dich täglich durch gute Werke in jener heiligsten Vereinigung, in der ich alle Werke meiner Menschheit verrichtet habe, zur Ergänzung der Nachlässigkeit, in welcher die ganze Welt den für so große Wohltaten schuldigen Dienst unterlässt.

Wenn du dies tust, so sammelst du mir Menschen in die Mitte der Arche. Am Abend aber erwäge in Bitterkeit des Herzens die Gottlosigkeit der Menschen, die nicht bloß den mir schuldigen Dienst unterlassen, sondern überdies durch unzählige Sünden aller Art mich täglich zum Zorn herausfordern. Zur Sühnung derselben opfere mir die Peinen und Bitterkeiten meines unschuldigsten

Leidens und Todes auf: So wirst du mir Tiere in den untersten Teil der Arche verschließen.»

Hierauf sagte sie zum Herrn: «Weil ich verlangte, diese Belehrung von dir durch die Anstrengung meiner Sinne zu gewinnen, wie kann ich sicher sein, dass du, bester Lehrer, mir dies mitgeteilt habest?» Der Herr antwortete: «Warum soll denn mein Geschenk deshalb gering geachtet werden, wenn ich es mittels deiner Stimme, die ich doch auch zu meinem Dienst erschaffen, durch Anwendung größerer Sorgfalt vollendet habe? Das findet man ja gerade annehmbarer, dass ich bei Erschaffung des Menschen mit mir zu Rate gehend sprach: ‹Lasst uns den Menschen machen nach unserem Bild und Gleichnis›[50], statt wie bei Erschaffung des Übrigen: ‹Es werde Licht! Es werde eine Feste!›» Sie aber sagte: «Wenn ich diese Autorität anführte, so könnten auch andere, die mit eigenem Sinn sich abmühen, verschiedene Erfindungen vorbringen und sie gleichsam durch eine Autorität verteidigen, obgleich sie dieselben nicht durch die wirksame Einströmung deiner Gnade empfangen hätten.»

Der Herr entgegnete: «Merke diesen Unterschied. Wenn jemand das schließlich in seinem Herzen erfährt, dass sein Wille meinem göttlichen Willen in allem so geeinigt ist, dass er auch nicht im Geringsten weder im Glück noch im Unglück von meinem Wohlgefallen jemals abweichen kann und überdies in dem, was er tut oder leidet, so rein meine Ehre oder Verherrlichung allein sucht, dass er in allem auf den eigenen Vorteil oder Lohn gänzlich verzichtet: Der kann sicher behaupten, dass das Gute, was er durch die Übungen seiner Sinne mit innerem Geschmack erfasst vorausgesetzt, dass es auch mit der Heiligen Schrift übereinstimmt und zum Heil des Nächsten gereicht -, von mir gekommen sei.»

Darauf sah sie sich unter der Messe, in der sie kommunizieren wollte, vor dem Herrn stehen und klagen, dass sie wegen der Krankheit die Messe entbehren müsse, worauf der Herr ihr sagte: «Lies das Confiteor.» Als sie dies mit demütiger Andacht vollendet hatte, fügte der Herr hinzu: «Es erbarme sich eurer meine Gottheit und verzeihe euch alle eure Sünden»; darauf streckte er seine ehrwürdige Rechte aus und gab ihr seinen Segen.

Als sie sich hierzu neigte, nahm der Herr sie in seinen Schoß auf, umarmte sie liebreich und sang: «Nach dem Ebenbild Gottes ist der Mensch erschaffen.» Und so ihre Augen und Ohren und Mund und Herz und Hände und Füße küssend und jedesmal dieselben Worte lieblich singend, erneuerte er huldreich in der Seele sein göttliches Bild und Gleichnis.

Am Donnerstag, an welchem die Weltleute mehr als sonst in Völlerei und Trunkenheit zu schwärmen pflegen, als es nach den Metten in der Küche für die Knechte, die zur Arbeit gingen, zum Frühmahl schellte, seufzte sie auf und sagte zum Herrn: «Weh mir, mein Herr, wie früh stehen die Menschen auf, um dich durch Schmausereien zu beleidigen», worauf der Herr freundlich und gleichsam lächelnd sprach: «Seufze nicht, Teuerste, denn diejenigen, für die es jetzt schellt, gehören nicht zu jener Zahl, vielmehr werden sie durch dieses Frühmahl nur zur Arbeit gerufen und angespornt, weshalb ich mich an ihrem Genuss auch erfreue, gleichwie jemand an der Fütterung seines Lasttieres Freude hat.»

IV. 15. Von der Erleichterung der Beschwerde

Am Samstag vor dem Sonntag Esto mihi (Quinquagesima) hatte sie sich mit Abwendung von allen äußeren Dingen innerlich gesammelt und wurde in den Schoß der göttlichen Güte aufgenommen, wo sie in solcher Ruhe des Geistes die Einströmungen der göttlichen Wonnen genoss, als ob sie mit dem Herrn über alle Reiche des Himmels und der Erde verfüge. Nachdem sie nun jenen ganzen Tag in geistiger Freude also festlich zugebracht hatte, wurde sie durch einen Vorfall am Abend sehr verwirrt und beschwert. Obgleich sie ihn als bedeutungslos erkannte, so vermochte sie doch ihr Gemüt nicht ganz zu befreien.

Endlich vor den Metten, nachdem sie beinahe die ganze Nacht in solcher Anstrengung schlaflos zugebracht hatte, bat sie den Herrn, er möge das Hindernis von ihrem Herzen wegnehmen, damit sie sich zur Ehre und Verherrlichung seines Namens des früheren Wonnegenusses erfreuen könne. Der Herr erwiderte: «Wenn du verlangst, mir mein Leid zu erleichtern, dann musst du ein Leid tragen und dich zu meiner Linken stellen.» Hierauf verlangte sie vom Herrn ein Geschenk, wodurch sie jene drei Tage lang, in denen die Weltleute so zügellos sündigen, Gott einen besonders angenehmen Dienst leisten könnte, worauf er zu ihr sagte: «Durch nichts kannst du mir besser dienen, als wenn du zum Andenken an mein Leiden alle äußeren und inneren Beschwerden, welche über dich kommen, erträgst und dich zwingst, das zu tun, was dir am meisten widerstrebt. Dies kannst du aber auf die heilsamste Weise durch Bewachung und Zügelung der äußeren Sinne. Denn wer in der Erinnerung an mein Leiden sich hierin übt, der darf einen reichen Lohn von meiner Güte erhoffen.» «O liebreichster Lehrer», sagte sie sodann, «ich wünschte jetzt auch von deiner Güte belehrt zu werden, durch welche Gebete ich in diesen drei Tagen, in denen die Weltmenschen dich zum Zorn reizen, dich mehr versöhnen und besänftigen kann.»

Der Herr erwiderte «Nicht wenig angenehm wird es mir sein, wenn jemand, dreimal das Vaterunser oder den Psalm ‹Lobet den Herrn, alle Völker!›[51] betend, beim erstenmal Gott dem Vater all die Übungen meines heiligsten Herzens aufopfert, wodurch ich jemals auf Erden für das Heil des Menschengeschlechtes durch Lobpreisung, Danksagung, Klage, Gebet, Sehnsucht und Liebe mich abgemüht habe, zur Sühnung aller irdischen und fleischlichen Genüsse und sündhaften Bestrebungen, worin jetzt irgendein Menschenherz verstrickt wird.

Beim zweiten Abbeten opfere er Gott dem Vater alle Übungen meines unschuldigsten Mundes, worin ich durch Enthaltsamkeit und Mäßigkeit im Genuss, im Reden, durch beständige Predigt und Gebet für das menschliche Heil gewirkt habe, zur Sühnung der Sünden auf, welche in der ganzen Kirche durch Völlerei und Trunkenheit und durch so vielerlei Ärgernis erregende oder unnütze Reden sind begangen worden.

Beim dritten Gebet opfere er meinem himmlischen Vater auf alle Übungen meines allerheiligsten Leibes mit allen Bewegungen der einzelnen Glieder und meinen ganzen Wandel mit all der Bitterkeit meines unschuldigsten Leidens und Todes, zur Sühnung all der Sünden, welche die Welt in dieser Zeit mit den einzelnen Gliedern des Leibes gegen das eigene Heil begeht.»

Zur Zeit der Terz aber erschien ihr der Herr Jesus in jener Gestalt, in welcher er an der Säule gegeißelt worden, gebunden stehend zwischen zwei Schergen, von denen der eine ihn mit Dornen, der andere mit einer knotigen Geißel ins Angesicht zu schlagen schien.

Sein Anblick war so bejammernswürdig, dass ihr Herz bei demselben gleichsam zerging und ihr ganzes Inneres von einem Mitleid ergriffen wurde, das ihr den ganzen Tag, sooft ihr jene Gestalt vor die Seele trat, Tränen auspresste.

Denn sie hätte sich niemals gedacht, dass je auf Erden ein Mensch von so jammerhaftem Aussehen könnte gefunden werden wie der Herr in jener Stunde. Sein Angesicht war von Dornen so zerrissen, dass auch der Augapfel innerlich verwundet und von den Schlägen der knotigen Geißel angeschwollen und mit Blut unterlaufen war. Auch schien es, als wollte er vor übergroßem Schmerz sein Angesicht den Schlägen entziehen; aber während er es dem einen Schergen entzog, hieb der andere um so heftiger darauf los.

Darauf wandte er sich zu ihr und sprach: «Hast du nicht gesehen, dass von mir geschrieben steht: ‹Wir haben ihn gesehen wie einen Aussätzigen›?»[52] «Ja», sagte sie, «ach Herr! Wie könnte aber dieser so bittere Schmerz deines zartesten Angesichtes jetzt gelindert werden?»

Der Herr antwortete: «Wenn jemand, mein Leiden betrachtend, tief im Herzen von Liebe ergriffen würde und in solcher Liebe für die Sünder betete, dann würde sein Herz mir das sanfteste Pflaster sein, wodurch all jener Schmerz gelindert würde.»

Auch erkannte sie, dass der eine der beiden Schergen jene Laien bezeichne, die durch ihren offenkundig sündhaften Wandel den Herrn gleichsam mit Dornen verwunden, der andere aber die Ordensleute, welche durch Missachtung ihrer Regel ihn mit knotigen Geißeln zerschlagen.

Zugleich wurde ihr klar, dass im Evangelium dieses Sonntags auch deshalb das Leiden des Herrn erwähnt wird, damit dasselbe gerade dann von den besonderen Freunden Gottes zur Ehre des Herrn und zur Sühnung für die Kirche um so andächtiger verehrt werde; namentlich wird auch die Geißelung des Herrn zweimal erwähnt, die ihr an diesem Tag so mitleiderregend gezeigt wurde[53]. Ebenso wird in der Epistel des Tages die Liebe empfohlen, damit wir von ganzem Herzen Mitleid mit Gott erwecken wegen der unverdienten Schmach und mit dem Nächsten, weil so viele den strengen Richter gegen sich herausfordern. Um beides zu sühnen, schwebe das Leiden des Herrn uns vor Augen. Lasst uns für dasselbe dem Herrn den innigsten Dank sagen und lasst uns beten, dass er diejenigen gnädig verschone, für die er gelitten hat!

Als sie sodann beim Introitus der Messe den Herrn anrief, sprach er zu ihr: «Sei du, Geliebte, mir eine Schützerin[54], indem du dir vornimmst, falls du es vermöchtest, mich gegen jene Unbilden zu beschützen, wodurch ich besonders in dieser Zeit angefeindet werde. Denn weil ich jetzt vor den Übrigen fliehend auszuruhen begehre, habe ich zu dir meine Zuflucht genommen.»

Hierauf umschlang sie ihn mit aller Kraft, um ihn gleichsam in ihr innerstes Herz zu verbergen. Und sieh da, plötzlich wurde sie den körperlichen Sinnen so sehr entrückt und so innig mit Gott vereinigt, dass sie es vergaß, mit der Genossenschaft aufzustehen und niederzusitzen.

Von einer Schwester hieran erinnert, bat sie den Herrn, mit seiner Hilfe ihren Körper also regieren zu können, dass sie durch nichts Außergewöhnliches mehr auffallen würde, worauf der Herr ihr erwiderte: «Lass diese deine Neigung, welche die Liebe heißt, bei mir, dass sie deine Stelle bei mir vertrete, und habe du Acht auf die Regierung deines Körpers.»

Sie entgegnete: «O liebreichster Gott, wenn eine meiner Neigungen meine Stelle vertreten kann, so wäre mein Wunsch vielmehr der, dass der Vernunft die Regierung des Körpers anvertraut werde, damit ich mich ganz um so ungehinderter mit dir beschäftigen könnte!» Hierauf erlangte sie die besondere Gnade von Gott, niemals innerlich derart in ihn entrückt zu werden, dass sie nicht zugleich nach außen die Gebräuche der Genossenschaft befolgen konnte.

IV. 16. Wie die guten Werke aufgeschrieben werden und wie sie in Vereinigung mit dem Leiden Christi vollbracht werden sollen

In der folgenden Nacht aber erschien ihr der Herr Jesus, sitzend auf dem Thron seiner Herrlichkeit, und der heilige Evangelist Johannes saß zu seinen Füßen und schrieb. Als sie diesen fragte, was er schreibe, antwortete ihr der Herr: «Ich lasse die einzelnen Dienste, welche die Genossenschaft mir am gestrigen Tag erwiesen hat und während der zwei folgenden Tage noch erweisen wird, sorgfältig aufschreiben, damit ich, dem der Vater alles Gericht übertragen hat[55], einer jeden nach ihrem Tod ein gutes Maß zurückgebe für ihre frommen Werke und überdies ein gehäuftes Maß hinzufüge aus den Verdiensten meines heilbringenden Leidens und Sterbens, wodurch jedes menschliche Verdienst wunderbar geadelt wird.

Sodann werde ich sie mit diesem Blatt zum Vater führen, damit auch er in der Allmacht seiner väterlichen Güte ihnen ein gerütteltes und überfließendes Maß für jene Wohltaten dazu schenke, die sie mir in der Verfolgung erwiesen haben, womit die Weltmenschen mich jetzt bedrängen. Denn weil ich der Getreueste von allen bin, so kann ich es nicht unterlassen, meinen Wohltätern zu vergelten, noch weniger als der König David, der während seines ganzen Lebens bemüht war, seinen Wohltätern zu lohnen, zumal aber beim Nahen seines Todes, als er das Reich in die Hand seines Sohnes Salomo übergeben hatte, zu dem er sprach: ‹Den Söhnen Berzellais des Galaaditers erzeige Gnade und lass sie essen an deinem Tisch, weil sie mir hilfreich entgegenkamen, als ich vor dem Angesicht deines Bruders Absalom floh.›[56] Denn gleichwie jeder die in den Tagen des Unglücks ihm erwiesene Guttat höher anschlägt als die in den Tagen des Glücks empfangene, ebenso ist mir auch jene Treue angenehmer, die mir in einer Zeit bezeigt wird, wo die Welt durch zahlreichere Sünden mich verfolgt.»

Der hl. Johannes aber, der dasaß und schrieb, schien die Feder zuweilen in ein Horn zu tauchen, das er in der Hand hielt, und dann schwarze Buchstaben zu schreiben, zuweilen auch in die Liebeswunde der Seite Jesu, die vor ihm offen stand, und dann machte er rosenrote Buchstaben, unterschied aber die rote Schrift wiederum teils durch schwarze teils durch goldene Farbe. Sie erkannte nun, dass die mit schwarzer Farbe geschriebenen Buchstaben die gewohnheitsmäßigen Werke der Ordensleute bezeichnen, wie das Fasten, das gemeinsam an diesem Montag begonnen wird, und Ähnliches; die mit roter Farbe geschriebenen aber die Werke, welche zur Erinnerung an das Leiden Jesu Christi mit besonderer Liebe für die Sühnung der Kirche verrichtet werden.

Die Unterscheidung der roten Schrift durch schwarze und goldene Farbe hatte aber folgende Bedeutung: Die zur Erinnerung an das Leiden des Herrn in der Absicht verrichteten Werke, um dadurch das eigene Heil zu erlangen, werden durch die schwarze Farbe bezeichnet, durch die goldene dagegen, was rein zur Ehre Gottes in Vereinigung mit dem Leiden Christi und zum Heil aller geschieht, so dass derjenige, der es tut, auf Verdienst, Belohnung und Gnade verzichtet, nur um Gott Ehre und Liebe zu erweisen. Denn die letzteren Werke sind viel verdienstlicher und wertvoller und erwerben dem Menschen einen unendlich größeren Zuwachs an ewiger Seligkeit.

Sie sah weiterhin, dass nach den beiden Unterscheidungen der folgende Raum ganz frei blieb. Als sie nun nach dessen Bedeutung fragte, antwortete der Herr: «Weil es bei euch Sitte ist, in dieser Zeit mit andächtigen Wünschen und Gebeten zum Andenken an mein Leiden bei mir zu verweilen, so habe ich die einzelnen Gedanken und Worte, wodurch ihr mir dient, sorgfältig aufschreiben lassen. Der leere Raum aber bedeutet, dass ihr nicht die Gewohnheit habt, die guten Werke, die ihr verrichtet, zum Andenken an mein Leiden zu tun.»

Hierauf fragte sie: «Auf welche Weise, o liebreichster Gott, können wir dies denn zu deinem Wohlgefallen tun?» Der Herr antwortete: «Dadurch dass ihr alle eure Fasten, Nachtwachen und andern Übungen der Ordensregel in Vereinigung mit meinem Leiden haltet, und dadurch, dass ihr jede Abtötung im Sehen, Hören, Reden oder ähnlichen Dingen mir allzeit aufopfert in Vereinigung mit jener Liebe, mit der ich in meinem Leiden alle meine Sinne beherrscht habe.

Denn obgleich ich durch einen einzigen Blick alle meine Widersacher schrecken oder durch ein einziges Wort alle falschen Zeugen widerlegen konnte, so habe ich dennoch ‹gleich einem Lamm, das zur Schlachtung geführt wird›[57], mit demütig gesenktem Haupt und zur Erde gekehrten Augen vor dem Richter ‹meinen Mund nicht aufgetan›, um auch nur ein Wort der Entschuldigung gegen so viele falsche Anklagen vorzubringen.»

Hierauf sagte sie: «Lehre mich, o bester Lehrer, wenigstens ein Werk, das wir besonders zum Andenken an dein Leiden verrichten können.» Der Herr antwortete: «Nehmt denn dies an, dass ihr beim Gebet durch Ausbreitung der Arme das Bild meines Leidens Gott dem Vater darstellt zur Genugtuung für die ganze Kirche in Vereinigung mit jener Liebe, in welcher ich am Kreuz meine Arme ausgespannt habe.» Sie entgegnete: «Wenn jemand dies tun wollte, so müsste er die Winkel aufsuchen, weil diese Gebetsweise nicht üblich ist.» Darauf sagte der Herr: «Gerade dieses Bestreben, die Winkel aufzusuchen, würde mir wohlgefallen. Würde aber jemand diesen Gebrauch einführen, so dass der öffentlich mit ausgespannten Armen Betende deswegen keinen Widerspruch zu befürchten hätte, ein solcher würde mir ebensoviel Ehre erweisen, wie derjenige einem König, der ihn feierlich auf seinen Thron setzt.»

Weiterhin war bei jeder Schrift, welche die guten Meinungen oder Gebete der Genossenschaft verzeichnete, auch jene Person bemerkt, die durch Ermahnungen oder Beispiele dazu angetrieben hatte. Hierdurch wurde die überfließende Güte der göttlichen Freigebigkeit offenbar, die doppelt zu belohnen wünscht, wenn ihr die geringe menschliche Natur auch nur ein einfaches Opfer bringt. Hierauf sagte sie: «Warum, o Herr, hast du, um dies niederzuschreiben, nicht vielmehr den hl. Benediktus, dessen Orden unser Kloster angehört, oder irgendeinen andern als den hl. Johannes erwählt?» Der Herr antwortete: «Weil dieser mein auserwählter Jünger vorzüglich über die Liebe Gottes und des Nächsten geschrieben hat. Von ihm ist zu erwarten, dass er also schreibe, wie es sich für meine göttliche und königliche Freigebigkeit geziemt; und so entspricht es mehr eurem Nutzen.» Als sie hiernach am Mittwoch in der Person der Kirche gleichsam mit ihr und für sie zum Herrn kam, um sich Christus zur Bußübung der vierzigtägigen Fastenzeit darzustellen, wurde sie von ihm mit solcher Freundlichkeit und liebreichen Umarmung aufgenommen, dass sie durch eigene Erfahrung lernte, von welch großer Liebe der Bräutigam zu seiner Braut, der Kirche, erfüllt sei, in deren Person sie damals zu ihm zu kommen schien.

IV. 17. Von einer Aufopferung des Herrn für die Seele Gertruds und den drei Siegen

Am Sonntag Invocavit (erster Fastensonntag) fühlte sie sich zum Genuss des Leibes des Herrn weniger vorbereitet und bat ihn mit andächtigem Herzen, er möge sein hochheiliges Fasten, wodurch er vierzig Tage und Nächte für unser Heil sich kasteite, ihr zum Ersatz gewähren, da sie durch körperliche Krankheit gezwungen sei, das vierzigtägige Fasten zu brechen.

Da erhob sich der Sohn Gottes mit festlich frohem Angesicht, beugte vor Gott dem Vater ehrfurchtsvoll die Knie und sprach: «Weil ich, dein Eingeborner, mit dir gleich ewig und gleich wesentlich, in meiner Weisheit die Schwäche der menschlichen Gebrechlichkeit deutlich durchschaue, opfere ich aus Mitleid mit dieser vielgestaltigen Armseligkeit zur Ergänzung aller ihrer Mängel dir, heiliger Vater, jene wertvollste Enthaltsamkeit meines Mundes zur wahren Sühnung und Ergänzung alles dessen auf, was sie jemals durch unnütze Rede gefehlt oder versäumt hat.

Ich opfere dir auch, gerechter Vater, die Abtötung meines Gehörs für alle Vergehen ihres Gehörs auf; ebenso die Abtötung meiner Augen für jegliche Makel, die sie jemals durch unerlaubtes Sehen sich zugezogen hat; nicht minder die Abtötung meiner Hände und Füße für alle ihre Sünden durch Handlungen und Schritte. Zuletzt opfere ich, o liebreichster Vater, dir mein göttliches Herz auf für alle Fehltritte, welche sie jemals durch Denken, Wünschen oder Wollen begangen hat.»

Hierauf setzte der Sohn Gottes ihr in Gestalt dreier Gerichte seine drei Siege vor, welche an diesem Tag im Evangelium berichtet werden, damit sie hiervon das heilsamste Gegenmittel nähme gegen jene drei Übel, wodurch das ganze Menschengeschlecht am meisten fehlt, das ist die Lust, die Einwilligung und die Begierde. Vom ersten Sieg also, durch den er den Teufel, der ihm Lust an Speise einzuflößen suchte, zurückwies mit den Worten: «Der Mensch lebt nicht vom Brot allein»[58], – aus diesem Sieg sollte sie die Sühnung alles dessen nehmen, was sie jemals durch menschliche Begierde gefehlt habe, und zugleich die Kraft, künftighin jeder Lust zu widerstehen. Denn je mehr jemand dem Ungestüm einer Lust nachgibt, desto kraftloser wird er zum Widerstand. Es kann aber auch jeder diesen Sieg Christi Gott dem Vater aufopfern zur Sühnung alles dessen, wodurch er jemals an einem Geschöpf sinnlich oder fleischlich sich versündigt hat, und zugleich für die Zukunft um Kraft zum Widerstand bitten.

Von dem zweiten Sieg des Herrn wurde ihr vergönnt, die Nachlassung all der Sünden zu nehmen, welche sie jemals durch Einwilligung begangen, und zugleich die Kraft, künftig zu widerstehen. Auch diesen Sieg kann jeder Gott dem Vater aufopfern zur Sühnung aller Gedanken, Worte und Werke, wodurch er jemals sein Gewissen verletzt hat, und zugleich zur Erlangung der Widerstandskraft für die Zukunft. Von dem dritten Sieg des Herrn sollte sie die Sühnung der Fehler entnehmen, welche sie durch die Begierde nach solchen Dingen sich zugezogen, die sie, obgleich sie dieselben nicht besaß, doch begehrt habe zu besitzen, und zugleich die Kraft, jeder Begierde zu widerstehen. Auch dies suche jeder in ähnlicher Weise zu erlangen.

Als sie ferner während der Messe in die Epistel sich vertiefte, um aus den dort genannten Tugenden einige zur Nachahmung und zur Belehrung anderer auszuwählen, hierüber aber keine besondere Erleuchtung empfing, sagte sie zum Herrn: «Lehre mich, o Herr, durch welche dieser Tugenden vorzüglich ich dir wohlgefällig dienen kann, denn ich vermag es leider nicht, jeden Tag in allem mich zu üben.» Der Herr antwortete: «Erinnere dich, dass es mitten in der Aufzählung dieser Tugenden heißt: ‹im Heiligen Geist›[59].

Der Heilige Geist aber ist der *gute Wille* deshalb bemühe dich zumeist um einen guten Willen, dann kannst du auch den Glanz und Fortschritt aller Tugenden haben, weil ein solcher Wille mehr gewinnt, als je ein Mensch im Werk erreichen kann. Denn wer einen so guten Willen hat, dass er gern über alle Geschöpfe mich loben, lieben, mir danken, Mitleid mit mir haben und in jeglicher Tugend auf die vollkommenste Weise sich üben möchte, wenn er könnte, der wird von meiner göttlichen Freigebigkeit einst einen reichlicheren Lohn empfangen, als je ein Mensch durch Werke erlangen kann.»

IV. 18. Von den geistlichen Werken der Barmherzigkeit

Als am Montag nach dem ersten Fastensonntag im Evangelium die Worte gelesen wurden: «Kommt, ihr Gesegneten meines Vaters, denn ich war hungrig» usw.[60], sagte sie zum Herrn: «Aber, mein Herr, weil es sich für uns nicht geziemt, die körperlich Hungernden zu speisen und die Dürstenden zu tränken und die übrigen Werke der Barmherzigkeit auszuüben, da wir nach der Klosterregel kein Eigentum haben dürfen, so lehre mich, wie auch wir jene beseligende Stimme deines Segens hören können, welche du für die Werke der Barmherzigkeit an dieser Stelle des Evangeliums verheißen hast.»

Der Herr erwiderte: «Weil ich, das wahre Heil und Leben der Seele, ohne Unterlass in jedem Menschen nach seinem Heil hungere und dürste, so wird derjenige, der an jedem Tag sich bemüht, einige erbauliche Worte der Heiligen Schrift zu lesen, meinen Hunger durch die lieblichste Erquickung befriedigen. Fügt er dieser Lesung auch noch die Absicht hinzu, dass er die Gnade der Zerknirschung oder der Andacht zu erlangen begehrt, so stillt er auch meinen Durst durch den süßesten Becher.

Wer ferner wenigstens eine Stunde täglich mit voller Aufmerksamkeit des Geistes sich mit mir zu beschäftigen sucht, der bereitet mir eine angenehme Herberge. Wer weiterhin täglich in irgendeiner Tugend sich eifrig übt, der hat mich würdig bekleidet. Wer einem Fehler oder einer Versuchung mannhaft widersteht, der hat mich als Kranken sorgfältig gepflegt. Wer aber für die Sünder und die Seelen im Fegfeuer andächtig betet, dessen Dienst nehme ich so auf, als wenn er mich im Gefängnis besucht und meine Trostlosigkeit behoben hätte. Wenn jemand», fügte der Herr hinzu, «täglich und besonders in der Fastenzeit in diesen Werken aus

Liebe zu mir sich übt, dem werde ich so huldreich vergelten, wie es sich für meine Allmacht und Weisheit und Güte geziemt.»

IV. 19. Von der Aufopferung für die Kirche

Am zweiten Fastensonntag (Reminiscere), da sie, eingeführt in das Gemach des Bräutigams, erhabenere Güter genoss, wovon sie jedoch nichts für das menschliche Verständnis auszudrücken vermochte, bat sie den Herrn, ihr einiges mitzuteilen, worin die Menschen während jener Woche sich mit Nutzen üben könnten. Der Herr antwortete ihr: «Bringe mir zwei vortreffliche Böcklein[61], d.h. den Leib und die Seele des ganzen Menschengeschlechtes.»

Durch diese Worte erkannte sie, dass der Herr von ihr eine Sühnung für die ganze Kirche verlange. Darauf betete sie, vom Heiligen Geist angetrieben, fünf Vaterunser zu Ehren der fünf Wunden des Herrn, um alle Sünden der fünf Sinne zu sühnen, welche das ganze menschliche Geschlecht begangen hat, und drei Vaterunser zur Sühnung aller mit den drei Kräften der Seele, das ist mit der Vernunft, dem Zornes- und Begehrungsvermögen, begangenen Sünden und für das unterlassene Gute, indem sie dieselben dem Herrn aufopferte in Vereinigung mit jener vollkommensten Absicht, in welcher dieses Gebet in seinem süßesten Herzen geheiligt und zu unserem Heil dargebracht wurde.

Da streckte der gütige Herr, über die Maßen versöhnt, seine Hand aus, bezeichnete sie vom Scheitel bis zur Fußsohle mit dem Zeichen des Kreuzes und segnete sie liebreich. So führte er sie zu Gott dem Vater, damit dieser sie noch gnädiger segne.

Dieser schaute sie gütig an und segnete sie unaussprechlich, indem er sie mit ebenso vielen Segnungen beseligte, als der ganzen Welt gebührten, wenn jeder Einzelne der göttlichen Gnade sich würdig erwiese. Deshalb bemühe sich ein jeder während dieser Woche, dem Herrn Genugtuung zu leisten für die Vergehen des ganzen Menschenleibes und für die Sünden der Seelen in der ganzen Kirche Gottes, damit auch er die Wirkung dieses Segens erlange durch Jesus Christus, den Sohn Gottes, der da ist das Haupt und der Bräutigam der Kirche![62]

IV. 20. Von der Erkaufung des Lebenswandels Christi

Am dritten Fastensonntag (Oculi) begehrte sie, damit ihre Andacht mit dem Gottesdienst der Kirche übereinstimme, in gewohnter Weise vom Herrn belehrt zu werden, worin sie während der Woche sich besonders üben solle. Der Herr antwortete ihr: «Weil in der Lesung erwähnt wird, dass Joseph für zwanzig Silberlinge verkauft wurde[63], so bete dreiunddreißig Vaterunser, um meinen hochheiligen Lebenswandel von mir zu kaufen, in dem ich dreiunddreißig Jahre das Heil inmitten der Erde gewirkt habe. Und diese Frucht teile der ganzen Kirche mit zum wahren Heil und zu meiner Verherrlichung.» Als sie dies getan hatte, erkannte sie im Geist, dass die ganze Kirche durch die Frucht des vollkommensten Lebenswandels Christi wie eine Braut geschmückt war.

IV. 21. Von dem Mahl des Herrn

Als sie am vierten Fastensonntag (Laetare) vom Herrn wiederum Belehrung verlangte, worin sie sich während der Woche zu seinem Wohlgefallen üben könnte, antwortete der Herr: «Bringe mir jene herbei, die du vor acht Tagen durch die Ausschmückung mit meinem Lebenswandel vorbereitet hast; denn sie sollen mit mir speisen.»[64] «Aber wie kann ich dies ausführen?», sagte sie. «Könnte ich dir alle Menschen zuführen, an denen du dich würdigst, deine Freude zu haben, so wollte ich sehr gern von heute bis zum jüngsten Tag mit bloßen Füßen in der Welt umhergehen und jeden derselben auf meinen Armen herbeitragen und dir vorstellen, damit ich wenigstens so die unendliche Sehnsucht deiner göttlichen Liebe einigermaßen befriedigen könnte.

Auch wollte ich, wenn dies möglich wäre, mein Herz in so viele Teile zerstücken, als Menschen leben, um davon einem jeden den guten Willen mitteilen zu können, dass er dir nach dem Wohlgefallen deines göttlichen Herzens diene.»

Der Herr sagte hierauf: «Dieser dein vollkommener Wille genügt vollständig.» Sogleich sah sie die ganze Kirche wunderbar geschmückt vor dem Angesicht des Herrn stehen; und der Herr sprach: «Diese Menge wirst du heute bedienen.»

Sogleich fiel sie göttlich erleuchtet zu den Füßen des Herrn nieder und küsste die Wunde des linken Fußes, wobei sie den Herrn bat, er möge jene vollkommenste Genugtuung, durch die er selber die Sünden der ganzen Welt getilgt hat, ihr zur Sühnung aller in der ganzen Kirche jemals durch Gedanken, Wünsche oder Entschlüsse begangenen Sünden schenken.

Und sieh! Sogleich wurde ihr die Wirkung ihres Gebetes zuteil in Gestalt eines Brotes, welches sie mit Dankbarkeit dem Herrn darreichte. Dieser nahm es gnädig an, erhob die Augen, sagte Gott dem Vater Dank, segnete es und gab es ihr zurück, um es unter die ganze Kirche zu verteilen. Hierauf küsste sie die Wunde des rechten Fußes zur Ergänzung alles dessen, was die ganze Kirche in der Übung nützlicher Gedanken, guter Wünsche und heiliger Entschlüsse unterlassen hatte, wobei sie den Herrn bat, er möchte jenen vollkommensten Ersatz, wodurch er die Gesamtschuld des Menschengeschlechtes getilgt hat, der ganzen Kirche zur Sühnung schenken. Sodann küsste sie die Wunde der linken Hand zur Sühnung aller durch Worte und Werke begangenen Sünden der ganzen Welt, wobei sie den Herrn bat, er möge jene vollkommenste Genugtuung, wodurch er sowohl in Worten als in Werken alle unsere Vergehen getilgt hat, der ganzen Kirche schenken.

Hiernach küsste sie die Wunde der rechten Hand zur Ergänzung jener Vernachlässigungen, welche die ganze Kirche durch Unterlassung nützlicher Worte und guter Werke sich zugezogen hatte.

Zuletzt trat sie zur Liebeswunde der Seite Jesu Christi, und diese aus ganzem Herzen küssend, bat sie den Herrn, er möge nach der würdigen Sühnung der Sünden und der genügenden Ergänzung der Vernachlässigungen aus dem Reichtum seiner göttlichen Güte jetzt auch die Verdienste seines heiligsten Lebenswandels, wodurch er vor dem Angesicht des Vaters so herrlich strahlt, zur Vermehrung der ewigen Seligkeit der Kirche, seiner heiligen Braut, hinzufügen.

Bei den einzelnen Wunden aber empfing sie jedesmal ein Brot, das sie dem Herrn darreichte und das dieser ihr gesegnet zurückgab, um es an die Kirche auszuteilen. Hierauf sagte sie zum Herrn: «Aber was willst du, mein Herr, statt der zwei Fische mir zur Darreichung an deine Braut, die Kirche, schenken?» Der

Herr erwiderte: «Ich gebe dir die Übung aller Glieder meines makellosen Leibes, um sie ihr mitzuteilen für jede Nachlässigkeit, wodurch die Glieder der Kirche es unterlassen haben, mir mit allen Kräften und Sinnen ihres Leibes zu dienen; und die Übung meiner Seele für jede Nachlässigkeit, wodurch sie es versäumt haben, mich mit allen Kräften und Gefühlen der Seele unablässig zu loben und mir für die einzelnen Wohltaten zu danken.»

Dass der Herr die Brote in Empfang genommen und Gott dem Vater gedankt habe, wurde ihr also gedeutet: Sooft jemand zur Ehre Gottes irgendein, wenn auch noch so geringes gutes Werk tut oder ein Vaterunser oder Ave Maria oder ein sonstiges Gebet verrichtet oder einen Psalm liest für das Wohl der ganzen Kirche, nimmt der Sohn Gottes dies sogleich als eine Frucht seiner hochheiligen Menschheit gnädig auf, sagt Gott dem Vater dafür Dank, segnet es und teilt es, durch diesen Segen vervielfältigt, der ganzen Kirche zur Vermehrung des ewigen Heiles mit. So kann ein jeder diese Woche hindurch fünf Vaterunser beten zu Ehren der Wunden des Herrn und, jede andächtig küssend, um Genugtuung für die Sünden der ganzen Kirche und Ersatz aller ihrer Vernachlässigungen flehen; dabei vertraue er, dass er durch Gottes Barmherzigkeit eine ähnliche Frucht gewinnen werde.

IV. 22. Von dem Nutzen der Erinnerung an das Leiden des Herrn

Am fünften Fastensonntag (Iudica oder Passionssonntag) bot sie zu Ehren des Leidens des Herrn, das an diesem Tag besonders erwähnt zu werden beginnt, sich ganz dem Herrn an, um mit Körper und Geist alles zu ertragen und zu vollbringen, was seinem göttlichen Willen gefiele.

Diesen ihren Willen schien der Herr mit unaussprechlicher Huld anzunehmen. Sie aber begann in göttlicher Erleuchtung mit inniger Liebe des Herzens die einzelnen Glieder des Herrn zu grüßen, welche für unser Heil von den mannigfachsten Schmerzen sind gemartert worden. Sooft sie nun ein Glied grüßte, ging aus demselben ein göttlicher Glanz hervor, welcher ihre Seele bestrahlte. Und in diesem Glanz wurde ihr jene Unschuld mitgeteilt, welche der Herr durch das Leiden dieses Gliedes für die Kirche erworben hatte. Da sagte sie zum Herrn:

«O mein Herr, lehre mich jetzt, wie ich mit dieser Unschuld, die mir deine unverdiente Huld erteilt hat, dein anbetungswürdiges Leiden geziemend verehren kann.» Er antwortete: «Betrachte häufig mit Dankbarkeit und Mitleid jene Angst, in welcher ich, dein Schöpfer und Herr, in Todesnot ringend gebetet, und wie ich vor übergroßer Heftigkeit der Angst, Sehnsucht und Liebe das Angesicht der Erde mit blutigem Schweiß getränkt habe, und empfiehl mir alle deine Werke und alles, was dich betrifft, in Vereinigung mit jener Unterwerfung, in welcher ich bei demselben Gebet zum Vater sagte: ‹Vater, nicht mein, sondern dein Wille geschehe.›[65] So nimm dann alle Freuden und Leiden in jener Liebe an, in welcher ich dir dieselben zum Heil schicke.

Die Freuden nimm an mit Dankbarkeit und in Vereinigung mit jener Liebe, in welcher ich, dein Bräutigam, aus Mitleid mit deiner Gebrechlichkeit dir dieselben bereite, damit du durch sie an die ewige Seligkeit denken und sie erhoffen lernest. Die Leiden aber nimm an in Vereinigung mit jener Liebe, in der ich sie aus väterlicher Treue über dich verhänge, um dir dafür das höchste und ewige Gut zu bereiten.» Hierauf nahm sie sich vor, jene Woche hindurch ein Gebet zu verrichten, mit welchem sie die einzelnen Glieder des Herrn begrüßte, nämlich: «Seid gegrüßt, o zarte Glieder», was, wie sie fühlte, dem Herrn sehr gefiel. Seien darum auch wir nicht lässig, dasselbe zu tun!

Als darauf in der Messe im Evangelium die Worte gelesen wurden: «Du hast einen Teufel»[66], wurde sie über die Schmähung ihres Herrn innerlich erschüttert, und es nicht ertragend, dass der Geliebte ihrer Seele auf so unverdiente Worte horche, redete sie mit der innigsten Liebe des Herzens ihn also an: «Sei gegrüßt, du lebenspendender Edelstein göttlichen Adels! Sei gegrüßt, du unverwelkliche Blume der menschlichen Würde, liebreichster Jesus, du mein höchstes und einziges Heil!»

Hierfür in gewohnter Weise sie würdig belohnend, neigte der Herr sich freundlich zu ihr und flößte dem Ohr ihrer Seele folgende Worte ein: «Ich, dein Schöpfer und Erlöser, habe dich durch Todesängste mit all meiner Seligkeit erworben.» Da priesen alle

Heiligen den Herrn für diese so wunderbare und huldvolle Herablassung zu jener Seele.

Der Herr aber sprach: «Wer gegenüber den Lästerungen und Schmähungen, die mir auf Erden angetan wurden, mit solcher Liebe wie du mich grüßt, dem werde ich in dem strengen Gericht, bei welchem er in der Todesstunde von den Anklagen der Teufel beschwert wird, mich mit derselben Freundlichkeit zeigen, mit welcher ich mich dir eben vorgestellt habe, und werde die nämlichen Trostesworte zu ihm sprechen; dann werden alle Widersacher seiner Seele staunen und erschreckt entfliehen!»

Bemühen wir uns darum, mit ganzer Zuneigung des Herzens dem Herrn liebe Worte zu sagen, sooft irgendeine Schmähung erwähnt wird, die ihm jemand zugefügt hat!

IV. 23. Von der ehrfurchtsvollen Behandlung und Beherbergung des Herrn

Am heiligen Palmsonntag, an dem sie sich der Wonne des göttlichen Genusses reichlicher erfreute, sagte sie zum Herrn: «Lehre mich, o Liebreichster, wie ich dir, dem Herrn, meinem Gott, der um meines Heiles willen zum Leiden kommt, heute würdig und wohlgefällig entgegengehen kann.»

Der Herr antwortete: «Bereite mir ein Lasttier, auf das ich mich setze, eine Schar, die mir freudig entgegenkommt, eine Schar, die mich dienend begleitet, und eine Schar, die mir lobpreisend folgt. Ein Lasttier bereitest du mir, indem du mit Zerknirschung des Herzens bekennst, dass du es oftmals unterlassen, der Vernunft zu folgen, und gleich einem Lasttier nicht geachtet hast auf das Einzelne, was meine Güte ohne Unterlass zu deinem Heil wirkte.

Durch diese Nachlässigkeit hast du meine heitere Ruhe verloren, da ich zuweilen, anstatt mich geistig in dir zu erfreuen, meiner Gerechtigkeit gemäß dich durch innere oder äußere Leiden reinigen musste und so genötigt war, gleichsam in dir zu leiden. Denn meine göttliche Liebe zwingt mich, in jeder Widerwärtigkeit innerlich mit dir zu leiden. Wenn du auf diese Weise dich mir gleich einem Lasttier zubereitet hast, gewährst du mir einen hinlänglich bequemen Sitz.

Zweitens sollst du mir eine Schar vorführen, die mir mit Freuden entgegenkommt, d.h. mich mit der Liebe aller Menschen aufnimmt in Vereinigung mit jener Liebe, in welcher ich, der Schöpfer und Herr aller[67], für das Heil der ganzen Welt heute nach Jerusalem gekommen bin; und dies zum Ersatz für alle, die jemals hierfür würdige Lobpreisung, Danksagung, Liebe und Gehorsam unterlassen haben.

Drittens stelle mir eine Schar vor, die lobpreisend nachfolgt; bekenne, du habest niemals, wie du solltest, die Beispiele meines heiligsten Lebenswandels nachgeahmt, und bringe mir einen so glühend eifrigen Willen dar, dass du, wenn du könntest, mit allen Kräften alle Menschen bewegen würdest, den Beispielen meines heiligsten Lebenswandels und Leidens zu meiner Verherrlichung auf die beste Weise zu folgen. Bitte auch, dass es dir gegeben werde, durch wahre Demut, Geduld und Liebe, die ich zur Zeit meines Leidens besonders herrlich geübt habe, mit glühendem Verlangen mich nachzuahmen.

Viertens zeige mir eine Schar, die mich dienend begleitet; bekenne, dass du niemals mit der schuldigen Treue für die Verteidigung der Wahrheit und Gerechtigkeit mir beigestanden bist, und nimm dir zugleich vor, in Zukunft in allem, was mir gefällt, die Sache der Wahrheit und Gerechtigkeit durch Wort und Tat zu fördern und diesen Willen zu meiner Verherrlichung auch allzeit zu bewahren. Wenn jemand», fügte der Herr noch hinzu, «im Namen aller in dieser vierfachen Weise sich mir vorstellt, zu dem werde ich sicher so huldvoll kommen, dass er die Frucht des ewigen Heiles erlangt.»

Als sie hierauf, im Begriff zu kommunizieren, dem Herrn ihr Herz aufopferte, schien dieses durch die Macht der Liebe sich also zu erweitern, als ob ganz Jerusalem sich aufgetan hätte, Jesus zu empfangen. Der Herr aber, in Gestalt eines Jünglings eintretend, machte aus drei Stricken eine Geißel, durch welche das Werk unserer Erlösung versinnbildet wurde: durch den ersten Strick die angestrengte Übung seines unschuldigsten Leibes, durch den zweiten die innige Andacht seiner heiligsten Seele und durch den dritten die erhabene Kraft seiner hehren Gottheit, drei Dinge, welche bei jedem Werk Jesu Christi mitwirkten. Indem der Herr mit dieser Geißel ihr Inneres sanft berührte, reinigte er sie von allem Staub der menschlichen Gebrechlichkeit und Nachlässigkeit und legte die Geißel inmitten ihres Herzens nieder.

Beim Hymnus zur Terz «O Kreuz, du einzge Hoffnung, sei gegrüßt!» opferte sie dem Herrn die Andacht aller auf, welche bei diesem Vers an jenem Tag durch die sieben kirchlichen Tagzeiten ihn begrüßen würden. Hierauf nahm der Herr die innige Andacht seiner heiligsten Seele und gab sie allen, deren Andacht Gertrud ihm aufgeopfert hatte; und hieraus empfingen die Einzelnen geistigen Glanz und Erquickung. Darauf sagte sie zum Herrn: «Wenn unsere Schwestern durch diese Andacht schon einen so großen Gewinn erlangen, was wirst du ihnen dann geben, wenn sie nach der Prozession mit um so größerer Liebe sich ganz dir hingeben und mit glühenderem Verlangen dich grüßen?»

Der Herr antwortete: «Ich werde ihnen einen dreifach verschiedenen Genuss gewähren, weil sie mir dann drei Arten von Andacht vorstellen. Einige nämlich, welche Andacht zu haben verlangen, sie aber entbehren, werden mir den Eifer der äußeren Arbeit und Übung darbieten und diese werde ich mit der Frucht erquicken, die aus der angestrengten Übung meines unschuldigsten Leibes hervorsprießt. Andere, von der Süßigkeit der Andacht überströmend, werden mir ihre Gefühle und Wünsche vorstellen und diese werde ich mit dem Genuss der Andacht meiner heiligsten Seele laben. Einige endlich, deren Wille in allem mit meinem göttlichen Willen vereinigt ist, wodurch sie ein Geist mit mir geworden sind[68], werden sich selber mir ganz aufopfern und diesen werde ich den Duft meiner hehren Gottheit zum Heil einhauchen.»

Als sie nach der Palmprozession von einer Schwester gebeten wurde, sich mit Speise zu erquicken, weil sie sehr schwach war, aber zu essen sich scheute, bevor sie die Leidensgeschichte gehört hätte, fragte sie den Herrn, was sie tun sollte. Dieser antwortete: «Erquicke dich, Geliebte, in Vereinigung mit jener Liebe, in welcher ich vor der Kreuzigung den Myrrhenwein mit Galle gemischt verkostet habe, aber nicht trinken wollte.»

Nachdem sie nun ihren Willen mit Danksagung hierzu gebeugt hatte, reichte der Herr ihr sein Herz mit den Worten: «Sieh! In der Erinnerung an jenes Wort: ‹Als er gekostet hatte, wollte er nicht trinken»[69], reiche ich dir wie in einem Gefäß jenes Verlangen, welches mich hinwegzog, dass ich nicht trank, sondern dir den Trank aufbewahrte. Trinke du darum ruhig, denn ich, der erprobteste Arzt, habe ihn vorgekostet und dir dadurch zum heilsamsten Trank bereitet.

Mir wurde der Myrrhenwein mit Galle gemischt gereicht, damit ich schneller sterben sollte; aber das Verlangen, vieles für den Menschen zu leiden, zog mich zurück, dass ich nicht trank. Umgekehrt nimm du in derselben Liebe alles Nötige und Erleichternde, damit du dadurch in meinem Dienst länger erhalten bleibst.

Bei dem Becher aber, der mir gereicht wurde, erwäge dreierlei: Er war mit Myrrhenwein und mit Galle gemischt. So bestrebe du dich auch, bei jeder Erquickung eine dreifache Absicht zu erwecken: zuerst, dass du alles mit Freude des Geistes zu meiner Ehre tust, was durch den Wein angedeutet wird; zweitens, dass du jede Erholung in der Absicht genießest, um aus Liebe zu mir länger leiden zu können, was durch die Myrrhe bezeichnet wird, welche vor Fäulnis und Verwesung bewahrt; drittens, dass du aus Liebe zu mir gern, solange es mir gefällt, die Freude meiner beseligenden Gegenwart, die im Himmel genossen wird, entbehren und in diesem Tal des Elends[70] bleiben willst, was durch die Galle versinnbildet wird.

Sooft du dir in solcher Gesinnung irgendeine Erholung gestattest, werde ich dies ebenso annehmen wie ein Freund von seinem Freund, wenn dieser die ihm angebotene Galle gänzlich austränke und ihm hierfür den süßesten Wein darreichte.»

Hierauf aß sie und sprach bei den einzelnen Bissen innerlich diesen Vers: «Die Kraft deiner göttlichen Liebe verleibe mich ganz dir ein, o liebreichster Jesus», und ebenso bei jedem Trunk: «Die Wirkung jener Liebe, die in deinem Innern so mächtig glühte, dass du den Trank, der vor der Kreuzigung dir dargereicht wurde, um schneller zu sterben, nicht annahmst, sondern unsertwillen aufschobst, um vieles für uns zu leiden, diese Wirkung der Liebe, o liebreichster Jesus, ergieße in mein Herz, damit sie, mein ganzes Wesen durchdringend, beständig tröpfle durch alle Bewegungen, Kräfte und Sinne meines Körpers und meiner Seele zu deiner ewigen Verherrlichung!»

Bei den Worten der Passion «Er hauchte seinen Geist aus»[71] warf sie sich in heftigem Gefühl zur Erde nieder und sprach: «Sieh, o mein Herr, zu Ehren deines kostbaren Todes flehe ich, ganz auf die Erde hingeworfen, durch jene Liebe, welche dich, den Lebendigmacher[72] aller Geschöpfe, zu sterben zwang, du mögest in meiner Seele alles ertöten, was dir an mir missfällt.» Der Herr antwortete: «Hauche jetzt alle Fehler und Mängel aus, die du in dir ertötet sehen willst, und ziehe dir aus meinem Geist alles ein, was du aus meinen Tugenden und meiner Vollkommenheit zu besitzen wünschest, und wisse zweifellos, dass du die Nachlassung dessen, was du aushauchest, und die Wirkung dessen, was du aus meinem Geist in dich einziehest, erlangen wirst. Und sooft du dich künftig um Besiegung der schon ausgehauchten Fehler oder um Erlangung der von mir dir bereits eingehauchten Tugenden bemühest, wirst du stets die zwiefache Frucht, nämlich die meines Leidens und die meines Sieges, gewinnen.»

Während sie sich nach dem Mittagstisch auf das Bett niederlegte, um die ermüdeten Glieder ausruhen zu lassen, jedoch nicht so sehr um zu schlafen, als um sich den allzu häufigen Besuchen zu entziehen, sagte sie zum Herrn: «Sieh, o Herr, zur Erinnerung an die Predigt, womit du heute den ganzen Tag im Tempel dich abgemüht hast, wende ich mich von jeglicher Kreatur ab, und auf dich allein achtend, begehre ich, dass du zu meiner Seele redest.» Der Herr antwortete: «Gleichwie die Gottheit in meiner Menschheit ruhte, so ruht die Wonne meiner Gottheit in deiner Ermattung.»

Da sie nun merkte, dass die Menschen sie verschonten, weil sie glaubten, dass sie schliefe, fragte sie den Herrn, ob sie dieselben verständigen solle, dass sie nicht schliefe, damit sie nicht gehindert würden, zu tun, was sie wollten. Der Herr antwortete: «Nein, sondern lass sie durch Übungen der Liebe den Lohn der Liebe verdienen, den ich mich so sehr freue auszuzahlen. Sieh», fügte der Herr noch hinzu, «ich habe dir eben zweierlei vorgestellt, worüber du betrachten sollst, um Größeres zu erlangen; erwäge, dass der Mensch in diesem Leben nichts Nützlicheres vollbringen kann, als dass er in solchen Arbeiten sich abmühe, in denen meine Gottheit sich erfreut zu ruhen, und so strecke er sich gegen den Nächsten aus in Werken der Liebe.» Als es aber Abend geworden war, wurde sie beim Andenken an den Herrn, von dem es heißt, dass er an diesem Tag spät zu Martha und Maria nach Bethanien ging, von dem Verlangen, ihn zu beherbergen, entzündet, ging zu einem Kruzifix, küsste mit innigster Liebe die Wunde der heiligsten Seite und zog alles Verlangen des liebevollsten Herzens des Sohnes Gottes in sich, indem sie mit der Innigkeit aller Gebete, welche jemals aus diesem süßesten Herzen herausgeflossen sind, flehte, er möge in das Hüttchen ihres unwürdigsten Herzens einkehren.

Darauf gewährte der Herr, der stets allen, die ihn anrufen, nahe ist, ihr die ersehnte Gegenwart und sprach: «Sieh, hier bin ich![73] Was wirst du mir denn nun geben?» Sie antwortete: «Sei mir willkommen, du mein einziges Heil und mein ganzes, mein allein wahres Gut! Ach Herr, ich Unwürdige habe nichts, was deiner göttlichen Erhabenheit geziemen kann, bereitet; aber ich opfere mein ganzes Wesen deiner Güte auf, begehrend und bittend, dass du selber dir in mir bereiten mögest, was deine göttliche Huld erfreuen kann.»

Der Herr sagte: «Ja, wenn du mir diese Freiheit in dir gewähren willst, so gib mir den Schlüssel, womit ich alles nehmen und zurücklegen kann, was mir zur Bequemlichkeit und zur Erquickung gefällt.» Sie entgegnete: «Aber was ist denn der Schlüssel?» Der Herr erwiderte: «Dein eigener Wille.»

Bei diesen Worten erkannte sie, dass, wenn jemand den Herrn beherbergen will, er sich seinem preiswürdigsten Wohlgefallen vollständig anheim stellen muss, in der Zuversicht, seine gütigste Huld werde in allem sein Heil wirken. Dann kehrt der Herr bei ihm ein und vollendet in seinem Herzen und in seiner Seele alles, woran sein göttlicher Wille sich erfreut. Darauf sagte sie auf Antrieb der Gnade dreihundertfünfundsechzigmal die Worte: Nicht mein, sondern dein Wille geschehe[74], o liebreichster Jesus!», was dem Herrn sehr wohl gefiel.

Sodann fragte sie den Herrn, wie er es von jedem Menschen aufnehme, der das gegenwärtige Fest mit der von ihr beschriebenen Andachtsübung[75] feiere, wobei sie den Stoff von der Esther nahm und die Rede also beginnen ließ: «Schreitet hervor, ihr Töchter Jerusalems.»[76]

Der Herr antwortete: «Ich nehme jene Feier so gnädig auf, dass, wenn jemand mit andächtiger Gesinnung sie vollbringt, ich im ewigen Leben ihm außer dem Lohn für seine einzelnen guten Werke auch noch ein eigenes Hochzeitsmahl bereite. Hierdurch wird er ebensoviel Würde, Freude und Wonne vor andern haben, wie eine Braut bei dem Hochzeitsmahl vor den Übrigen hat, denen der König ihr zu Ehren und ihr zulieb reichliche Gaben spendet.»

IV. 24. Von der Annahme der Kniebeugungen

Am Mittwoch nach Palmsonntag, da die Messe mit den Worten begann: «Im Namen Jesu sollen sich beugen»[77], beugte sie aus innigster Liebe zur Ehre jenes allerwürdigsten Namens die Knie zum Ersatz alles dessen, was sie jemals in der Ehrfurchtsbezeigung gegen Gott unterlassen hatte. Als sie erkannte, dass der Herr dies gütig annehme, beugte sie zum zweitenmal die Knie bei den Worten «derer, die im Himmel sind» zur Ergänzung alles dessen, was die Heiligen, die bereits im Himmel mit dem Herrn herrschen, hienieden jemals im Lob Gottes vernachlässigt haben.

Darauf erhoben sich alle Heiligen mit der größten Dankbarkeit, priesen den Herrn, dass er ihr diese Gnade erteilt hatte, und beteten für sie. Zum drittenmal beugte sie die Knie bei den Worten «die auf der Erde sind» zum Ersatz dessen, was alle Glieder der Kirche im göttlichen Lob vernachlässigt haben und noch vernachlässigen. Hierauf gab ihr der Sohn Gottes mit hoher Freude die Frucht der ganzen Andacht zurück, welche ihm von der ganzen Kirche dargebracht wurde. Zum viertenmal endlich beugte sie die Knie bei den Worten «und die unter der Erde sind» zum Ersatz alles dessen, was die Verdammten der Hölle vernachlässigt haben.

Bei den Worten der Passion «Vater, vergib ihnen!»[78] flehte sie zum Herrn, er möge in jener Liebe, in welcher er selbst im Leiden für seine Kreuziger gebetet habe, allen denen verzeihen, welche jemals wider sie gefehlt hätten. Darauf erhoben sich alle Heiligen und baten den Herrn, er möge ihr verzeihen, was sie selbst gegen irgendeinen von ihnen gefehlt habe, sei es durch Mangel an schuldiger Andacht bei der Feier ihrer Feste oder an sonstiger würdiger Verehrung. Auch der Sohn Gottes trat vor den Vater hin und opferte für sie die Frucht seines heiligsten Lebenswandels auf zur würdigsten Sühnung alles dessen, was sie jemals durch Gedanken, Worte und Werke wider ihn gefehlt hatte.

Bei den Worten «Heute wirst du bei mir im Paradiese sein»[79] erkannte sie, dass niemand eine würdige Frucht der Buße an seinem letzten Ende gewinnt, wenn er hierzu nicht mit Gottes Gnade durch das Verdienst einer Tugend im gegenwärtigen Leben befähigt wird. Jener Räuber, der eine so heilsame Frucht der Buße erlangt hat, dass er an demselben Tag sich freute, mit dem Herrn in der Wonne des Paradieses zu sein, wurde hierzu dadurch befähigt, dass er, obgleich ein lasterhafter Mensch, dennoch, wo immer er eine offenbare Ungerechtigkeit erkannte, Widerstand leistete. Dieses tat er auch am Kreuz, indem er seinem Genossen wegen der dem Herrn der Majestät zugefügten Schmähungen Vorwürfe machte und sich als schuldig und mit Recht verurteilt bekannte. Deshalb hat er auch bei Gott Barmherzigkeit erlangt.

IV. 25. Von dem Offizium am Gründonnerstag

Als am Gründonnerstag in den Metten die Lamentationen gesungen wurden, stellte sie sich vor Gott den Vater und beklagte vor ihm in Bitterkeit des Herzens im Namen aller die aus menschlicher Schwachheit gegen seine göttliche Allmacht jemals begangenen Sünden.

Bei der zweiten Lamentation stellte sie sich vor den Sohn Gottes und erhob Klage über alle aus menschlicher Unwissenheit gegen die unerforschliche Weisheit Gottes begangenen Sünden; und bei der dritten klagte sie dem Heiligen Geist alle jemals aus Bosheit wider seine Güte begangenen Sünden. Während darauf die Schwestern zu dem Vers «Jesu Christe» Kyrie eleison sangen, nahte sie sich bei dem ersten dem süßesten Herzen Jesu, küsste es andächtig im Namen der ganzen Kirche und erlangte Verzeihung aller Sünden, welche jemals durch verkehrte Gedanken, Wünsche, Neigungen und Entschlüsse sind begangen worden.

Bei dem «Christe eleison» aber küsste sie den gebenedeiten Mund des Herrn und erbat Verzeihung aller Sünden, die jemals mit dem Mund sind begangen worden. Bei dem folgenden «Kyrie eleison» küsste sie die ehrwürdigen Hände des Herrn und erlangte Verzeihung aller Sünden, die jemals von irgendjemandem in der Kirche durch Werke sind begangen worden.

Darauf folgte ein fünfmaliges Kyrie eleison, welches das Volk zu dem Hymnus «O König Christe» sang, bei dessen einzelnen Versen sie die fünf rosafarbenen Wunden des Herrn küsste zur Nachlassung aller von den Menschen mit den fünf Sinnen begangenen Sünden. Sofort schienen aus den fünf Wunden in mächtigem Drang fünf Bäche heilsamer Gnaden hervorzufließen, welche durch die ganze Kirche sich ergossen und sie von jeglichen Sündenmakeln reinigten. Hierdurch erkannte sie, dass sie die volle Wirkung aller bei den Lamentationen und bei dem Kyrie eleison verrichteten Gebete erlangt hatte. Deshalb kann jeder bei diesen drei Nokturnen dieselben Übungen machen in dem Vertrauen, dass, wenn er sie andächtig verrichtet, er eine ähnliche Wirkung verdienen wird.

Bei der Antiphon in den Laudes: «Er ist hingeopfert worden»[80] sprach der Herr: «Wenn du glaubst, dass ich am Kreuz Gott dem Vater aufgeopfert worden bin, weil ich so wollte, dann glaube auch zweifellos, dass ich noch täglich mit derselben Liebe verlange, für jeden Sünder Gott dem Vater dargebracht zu werden, mit der ich mich am Kreuz für das Heil der ganzen Welt geopfert habe.

Deshalb kann jeder, von wie schwerer Sündenlast er sich auch niedergedrückt fühlen mag, aufatmen zur Hoffnung auf Verzeihung, wenn er Gott dem Vater mein unschuldigstes Leiden und Sterben aufopfert. Er glaube fest, dass er hierdurch die heilsamste Frucht der Verzeihung erlange, weil es auf Erden kein anderes so wirksames Mittel gegen die Sünden geben kann, als die andächtige Erinnerung an mein Leiden mit wahrer Bußgesinnung und dem rechten Glauben.»

Bei den Worten des Evangeliums: «Er begann, seinen Jüngern die Füße zu waschen»[81] sagte sie zum Herrn: «O Herr, weil ich unwürdig bin, von dir gewaschen zu werden, möchte ich es wenigstens verdienen, von einem deiner seligen Apostel, die du, o Schöpfer des Weltalls, abzuwaschen geruhtest, von jeglicher Sündenmakel gereinigt zu werden, damit ich heute zu dem Geheimnis deines allerheiligsten Fleisches und Blutes würdig hinzutrete!»

Der Herr antwortete: «Ich habe heute deine Flecken und auch die aller derjenigen abgewaschen, welche nach deiner Anleitung mich um die Reinigung und Regelung ihrer Neigungen gebeten haben.» Hierauf sagte sie: «Ach, mein Herr, obgleich ich andere dies gelehrt und auch mir vorgenommen habe, es zu tun, so bin ich doch, mit anderem beschäftigt, hierin nachlässig gewesen.» Der Herr erwiderte: «Wenn jemand sich mit aufrichtigem Willen ein gutes Werk vornimmt oder eine Andachtsübung verrichten will, aber aus menschlicher Schwachheit oder wegen eines Notfalles es unterlässt, sehe ich seinen Willen wie das Werk an.»

Als sie kommunizieren wollte, sagte sie zu dem Herrn: «Sieh, o Herr, ich opfere dir die Wünsche aller Personen auf, welche sich meinen unwürdigen Gebeten empfohlen haben»; worauf der Herr erwiderte: «Mit ebenso vielen Fackeln der Liebe hast du mein göttliches Herz entzündet, als es Personen gibt, in deren Namen du vor mir stehst.» Hierauf sagte sie: «Wie kann ich, o Herr, für die ganze Kirche würdig vor dir stehen, damit ich mit ebenso vielen Liebesfackeln dein göttliches Herz entzünde, als Menschen in der ganzen Kirche sind?»

Der Herr antwortete: «Wenn du dies auszuführen begehrst, so kannst du es auf vier Weisen: Erstens lobe mich für die Erschaffung aller nach meinem Bild und Gleichnis. Zweitens danke mir für alle ihnen erwiesenen und noch zu erweisenden Wohltaten. Drittens klage in Reueschmerz über alles, wodurch sie jemals meinen Gnaden einen Riegel vorgeschoben haben. Viertens bitte für alle, damit sie nach meiner göttlichen Anordnung in allem Guten zu meiner Ehre und Verherrlichung vollendet werden.»

Wiederum an einem Gründonnerstag war sie ganz in sich gesammelt, um einzig auf Gott zu achten und sich mit ihm zu beschäftigen. Da stellte sich der Herr ihr in der Gestalt und Weise vor, wie er an diesem Tag auf Erden war, als er im Begriff stand, in den Tod zu gehen. Er schien nämlich jenen ganzen Tag in höchster Todesangst zuzubringen, weil er, der die ewige Weisheit des Vaters ist[82], alles, was über ihn kommen sollte, gleichsam als schon gegenwärtig vor sich sah. Weil er nun der zartfühlendste Sohn der zarten Jungfrau war, so zeigte er zagend und zitternd in den einzelnen Stunden so jammervolle und vielfältige Schauer und

Züge des Todes, als wenn er in jedem Augenblick dessen Bitterkeit selber empfände. Dies im Geist fühlend, wurde sie zu solchem Mitleid erregt, dass sie, wenn sie die Kräfte von tausend Herzen gehabt, sie alle an diesem Tag aus Mitleid mit ihrem so liebenswürdigen und übersüßen göttlichen Bräutigam verzehrt hätte.

Sie empfand deshalb einige sehr heftige Schläge ihres Herzens durch die Sehnsucht, Liebe und Todesangst, welche abwechselnd jenes süß strömende und mit aller Seligkeit erfüllte Herz zerrissen, durch deren übermächtige Gewalt sie in sich selber fast ganz zerging.

Darauf sagte der Herr zu ihr: «In derselben Liebe, in welcher ich zur Zeit meines sterblichen Lebens alle Angst, Bedrängnis und Bitterkeit des Leidens und Todes für das menschliche Heil in meinem Leib erduldete, habe ich auch, obgleich ich bereits unsterblich geworden bin, in deinem Herzen heute gelitten, das durch das Mitleid mit meiner Angst und Bitterkeit so oft innerlich bewegt und durchdrungen wurde zum Heil aller Auserwählten. Wegen dieses Mitleids gebe ich dir alle Frucht meines Leidens und Todes zur Vermehrung deiner ewigen Seligkeit.

Auch diese Ehre füge ich deinem so mitleidigen Herzen hinzu, dass, wo immer das Kreuzesholz, das mir zur Todesstrafe diente, verehrt wird, zugleich mit ihm deine Seele die Frucht des innigen Mitleids empfangen soll, das sie mir an diesem Tag erwiesen hat. Ferner gebe ich dir die Gnade, dass jede Angelegenheit, für die du beten wirst, niemals gegen meinen Willen, sondern durch ein gutes Ende wird erledigt werden.

So oft du nun um etwas bitten willst, halte mein Herz, das ich dir zum Zeichen der gegenseitigen Vertraulichkeit oftmals geschenkt habe, mir vor in Vereinigung mit jener Liebe, in der ich es als Menschenherz für das menschliche Heil angenommen und dir als Bevorzugung der besonderen Freundschaft gegeben habe, damit ich daraus jenen Wohltaten erweise, für welche du bittest, gleichwie man einem Reichen die Geldkiste reicht, damit er daraus seinen Freunden Güter spende.»

Hierauf fragte sie den Herrn: «Mit welchem Namen, o Herr, hast du, in Todesangst betend, den Vater angerufen?» Der Herr antwortete: «Mit diesem Namen habe ich ihn wiederholt angerufen:

‹O Unversehrtheit meines Wesens!›» Während der Messe zur Zeit des Stillgebetes, bevor die Genossenschaft kommunizierte, erschien ihr der Herr Jesus wie in den letzten Zügen liegend, so sehr aller Kräfte beraubt, dass das Herz der Schauenden fast bis zur Auflösung des Geistes bewegt wurde[83].

Während er so wie in der äußersten Not bis zur Stunde, da wo die Genossenschaft kommunizieren sollte, dalag, sah sie durch ein wunderbares Gesicht, dass der Priester ihn, der dem Körpermaß nach viel größer war als er, erhob und ihn trug, von dem er nicht bloß selbst getragen wurde, sondern der auch alles trägt durch das Wort seiner Kraft[84].

Als sie dies mit dem zartesten Mitleid schaute, erkannte sie, dass jene vorher gezeigte Schwäche an dem Sohn des allmächtigen Gottes die übermächtige Kraft der Liebe ausdrückte, durch welche er, unser liebenswürdiger Benjamin, im Übermaß des Verlangens, mit den ihm so teuern Seelen durch die heilige Kommunion vereinigt zu werden, gleichsam von Sinnen kam[85].

Deshalb wird er auch wie ein Lebloser, der seine eigenen Kräfte nicht gebrauchen kann, von den Händen des Priesters behandelt und getragen.

Ein andermal erkannte sie, dass, sooft der Mensch mit Verlangen und Andacht die heilige Hostie anschaut, er ebenso oft sein Verdienst im Himmel vermehrt, weil in der künftigen Anschauung Gottes ihm ebenso viele besondere Freuden zuteil werden, als er auf Erden mit Andacht und Verlangen den Leib Christi angeschaut hat oder anschauen wollte, wenn er nicht daran gehindert würde.

Die hl. Teresa von Avila (1515-1582), die große Lehrerin für Mystik, nannte Gertrud von Helfta «die heilige deutsche Jungfrau» und machte sie und ihre Mystik im ganzen iberischen Raum bekannt.

Anmerkung[86]

Obgleich aus dem Vorhergehenden hinlänglich erhellt, dass die Braut Christi an den Fest- wie an den Werktagen mit zärtlichster Andacht dem Herrn hingegeben war, so glaube ich doch hinzufügen zu müssen, dass sie das Andenken an das beseligende Leiden Christi in ihrer Seele besonders tief eingegraben trug und mit glühendster Liebe beherzigte.

Dies Leiden war ihr Honig im Mund, Gesang im Ohr und Jubel im Herzen. Als sie darum beim Herannahen des heiligen Karfreitags zur Komplet den Ton der Tafel hörte, wurde sie so bewegt, als wenn sie den Todeskampf ihres einzigen, teuersten und treuesten Freundes im Voraus empfände, zu dessen Ausgang sie seufzend hineilte. Sie zog sich deshalb mit aller Anstrengung zur Erwägung des Leidens des Herrn in ihr Innerstes zurück, um durch liebevolles Mitleiden mit dem, der für sie gelitten, seine treueste Liebe irgendwie zu vergelten. Sie hielt jenen ganzen Tag und am folgenden heiligen Karsamstag ihre Seele mit der des Geliebten so innig vereinigt, dass es ihr sehr schwer schien, sich durch die äußeren Sinne zu etwas anderem hinzukehren.

Ausgenommen waren nur die Werke der Nächstenliebe und sie deutete damit offen an, dass sie in der Herberge ihres Innern denjenigen hielt, von welchem Johannes sagt: «Gott ist die Liebe. Wenn wir einander lieben, so bleibt Gott in uns, und seine Liebe ist in uns vollkommen.»[87]

Den größten Teil dieses hochheiligen Tages und auch des folgenden Samstags blieb sie gleichsam ohne menschliche Empfindung und war dabei wiederholt so sehr in Gott verzückt, dass sie durch keinerlei Bilder dem menschlichen Verständnis nahe bringen konnte, was ihr in dieser innigsten Vereinigung mit dem Herrn mitgeteilt worden ist.

Dass dies aber nicht ein Zeichen der Unvollkommenheit, sondern der höchsten Vollkommenheit sei, bezeugt der hl. Bernhard, indem er bei Erklärung des Hohenliedes also sagt: «Wenn dem in Entzückung versetzten Geist wie mit hervorbrechender Schnelligkeit des Lichtes von Gott plötzlich eine Erleuchtung zuteil wird, so sind damit gewöhnlich, sei es zur Milderung des übergroßen

Gertrud von Helfta die Große
(Künstler unbekannt)

Glanzes, sei es, um eine Belehrung zu geben, gewisse bildliche Vorstellungen der unteren Dinge verbunden, die den von Gott eingegossenen Erkenntnissen entsprechen und wodurch jener allerreinste, blendende Strahl der Wahrheit gewissermaßen umschattet und der Seele selbst erträglicher wird, so dass sie fähiger ist, davon Mitteilung zu machen, an wen sie will. Ich glaube jedoch, dass diese Bilder in uns durch die heiligen Engel hervorgebracht werden, denen ein solcher Dienst zukommt.

Denken wir deshalb, dass das Gott angehöre, was durchaus rein und ohne jegliche Vorstellung körperlicher Bilder ist, und dass jedes Gleichnis, wodurch dies würdig umkleidet erscheint, vom Dienst der Engel herkommt.»[88]

Man darf deshalb nicht meinen, das sei von geringerer Würde, was Gott durch sich selber der Seele einzugießen und zwischen ihr und sich allein gleichsam als ein Geheimnis unter dem Siegel der vertrauteren Freundschaft rein und ohne jegliche Vorstellung körperlicher Bilder zu bewahren geruht.

Um aber diesen hehren Festtag nicht zu übergehen, ohne denen, welche sich an diesem Buch zu erwärmen suchen, Gelegenheit zu einer Andachtsübung zu geben, will ich von einigen Fünklein sprechen, welche aus jenem durch die Erinnerung an das Leiden Christi mächtig entzündeten Ofen hervorbrachen.

IV. 26. Vom heiligen Karfreitag

Als sie an einem Karfreitag bei der Prim dem Sohn Gottes innig dankte, dass er vor einem Heiden zu Gericht stehen wollte[89], sah sie ihn in vollkommener Fröhlichkeit neben Gott dem Vater auf dem Thron sitzen und für alle zu unserer Erlösung erduldeten Schmähungen und Lästerungen die Bezeigungen der süßesten Liebe von ihm empfangen. Die einzelnen Heiligen aber lagen auf den Knien, um ihm in größter Dankbarkeit dafür Ehrfurcht zu erweisen, dass sie durch seine Verurteilung von der ewigen Verdammnis waren befreit worden.

Als in der Passion gelesen wurde: «Mich dürstet»[90], schien der Herr einen goldenen Becher hinzureichen, um die Tränen der Andacht aufzunehmen. Sie jedoch, die ihr Herz wie zerschmolzen fühlte und einen Strom von Tränen hätte vergießen können, hielt sie dennoch zurück, teils aus Selbstbeherrschung, teils um ihre Andacht zu verbergen. Sie fragte deshalb den Herrn, wie er dies annähme. Hierauf schien ein überaus reines Bächlein aus dem Innersten ihrer Seele in den Mund des Herrn einzufließen, wobei sie von ihm folgende Antwort empfing: «Also ziehe ich die Tränen in mich ein, welche aus so reiner Absicht um meinetwillen zurückgehalten werden.»

Bei der Terz ward sie durch die Erinnerung, dass der Herr in jener Stunde mit Dornen gekrönt an der Säule grausam gegeißelt worden ist und auf den ermatteten und blutigen Schultern das Kreuz getragen hat, heftiger entzündet und sagte zu ihm: «Sieh, mein süßester Herr, um deiner Liebe für die so unverschuldete Bitterkeit deines unschuldigsten Leidens zu entsprechen, will ich dir mein Herz hingeben mit dem Verlangen, alle Bitterkeit und allen Schmerz deines süßesten Herzens und makellosen Leibes von dieser Stunde an bis zu meinem letzten Atemzug zu ertragen, und ich bitte dich, falls einmal aus menschlicher Gebrechlichkeit die Erinnerung hieran meinem Gedächtnisse entfällt, mich dann einen solchen körperlichen Schmerz im Herzen fühlen zu lassen, welcher der Bitterkeit deines Leidens würdig ist.» Der Herr erwiderte: «Dieser Wille und diese Herzenstreue genügt mir. Damit ich aber eine vollkommene Freude in deinem Herzen haben kann, gib mir die Freiheit, darin zu tun und zurückzuhalten, was ich will, indem du nicht bestimmst, ob ich ihm Süßigkeit oder Bitterkeit eingießen soll.»

Als weiterhin in der Passion gelesen wurde, dass Joseph den Leichnam Jesu abnahm, sagte sie zum Herrn: «Jenem glückseligen Joseph, o Herr, wurde dein heiligster Leib gegeben; was wird aber mir Unwürdiger von deinem Leib gegeben werden?»

Sogleich reichte der Herr ihr sein Herz in Gestalt eines goldenen Weihrauchfasses, von dem ebenso viele Rauchwölkchen aus lieblich duftenden Gewürzen zum Vater aufstiegen, als es Geschlechter der Menschen gibt, für die der Herr den Tod erduldet. Als dann nach der Passion, dem Ritus der Kirche gemäß, die Gebete für die einzelnen Stände der Kirche verrichtet wurden, wobei der Priester unter Kniebeugung spricht: «Lasst uns beten, Geliebteste», schienen die einzelnen Gebete der ganzen Kirche, vermischt mit jenem wohl duftendsten Weihrauch, der aus dem göttlichen Herzen emporstieg, zugleich aufzusteigen; und durch diese Vereinigung nahmen die einzelnen Gebete der Kirche einen wunderbaren Glanz und den lieblichsten Wohlgeruch an. Deshalb bemühe sich ein jeder, an diesem Tag in Vereinigung mit dem Leiden Christi für die Kirche um so andächtiger zu beten, weil dies Leiden unsere Gebete bei Gott dem Vater äußerst wirksam zu unterstützen pflegt.

An einem andern Karfreitag durch die Erinnerung an das Leiden des Herrn innig ergriffen und voll Sehnsucht, dem Geliebten seine Liebe aus ganzem Herzen zu vergelten, sagte sie zum Herrn: «O einzige Hoffnung und Heil meiner Seele, lehre mich, wie ich dein bitterstes und mir so heilsames Leiden dir einigermaßen vergelten kann!» Der Herr antwortete: «Wenn jemand dem Sinn eines andern statt dem seinigen folgt, so vergilt er mir die Gefangenschaft, wodurch ich um die Stunde der Matutin ergriffen, gebunden und mit Schmähungen für das menschliche Heil bin überhäuft worden.

Wer aber in Demut sich schuldig bekennt, der vergilt mir das Gericht, wodurch ich in der Stunde der Prim von vielen falschen Zeugen angeklagt und zum Tod bin verurteilt worden. Wer sich ferner leichter Scherze enthält, der vergilt mir die Geißelstreiche, welche ich um die Stunde der Terz erduldet habe.

Wer sich weiterhin harten Vorgesetzten unterwirft, der erleichtert mir die Dornenkrone. Wer sodann, obgleich beleidigt, sich demütigt und den Anfang zum Frieden macht, der ersetzt mir die Kreuztragung. Wenn jemand, selbst über seine Kräfte, nach den Werken der Nächstenliebe sich ausstreckt, der vergilt mir die Ausspannung, wodurch ich in der Stunde der Sext so qualvoll ans Kreuz bin angeheftet worden.

Wer auch die Beschwerden der Schmach oder Trübsal nicht scheut, um den Nächsten von Sünde zurückzuhalten, der vergilt mir den schmählichsten Tod, den ich um die Stunde der Non für das menschliche Heil erduldet habe. Wer aber auf Beschimpfung demütig antwortet, der nimmt mich gleichsam vom Kreuz herab. Wer endlich den Nächsten sich vorzieht, indem er ihn größerer Ehre oder größeren Vorteils oder jeglichen Gutes für würdiger erachtet, der vergilt mir mein Begräbnis.»

An einem andern Karfreitag, als sie, im Begriff zu kommunizieren[91] den Herrn bat, er möge sie würdig vorbereiten, empfing sie folgende Antwort: «Ich eile mit großem Verlangen zu dir, weil ich bereits in meinem Schoß alles gesammelt habe, was heute durch die ganze Kirche zum Andenken an mein Leiden in Gedanken, Worten und Werken ist vollbracht worden, damit ich alles zugleich im Sakrament meines Leibes zu deinem ewigen Heil dir eingieße.» Sie sagte: «Ich danke dir, o mein gebenedeiter Herr, aber ich wünschte doch, dieses Geschenk so von dir zu empfangen, dass ich es vielen, wie es mir gefällt, weitergeben könnte.»

Darauf sagte der Herr gleichsam lächelnd: «Aber was gibst du mir denn, meine Geliebte, wenn du willst, dass ich ein solches Geschenk dir so freigebig mitteile?» «Ach Herr», sagte sie, «ich habe nichts, was sich für deine Würde geziemte; doch habe ich den Willen, dass, wenn ich alles besäße, was du hast, ich allem entsagen und alles dir so freigebig mitteilen wollte, dass du es geben könntest, wem du wolltest.»

Der Herr antwortete freundlich: «Wenn du das in deinem Herzen findest, dass du also an mir tun wolltest, so darfst du versichert sein, dass ich in ähnlicher Weise an dir handeln will, und dies um so mehr, je mehr meine Güte und Liebe die deine überragt.» Sie erwiderte: «Mit welcher Würdigkeit werde ich dir entgegengehen, da du so freigebig zu mir kommst?» «Nichts anderes», sagte der Herr, «verlange ich von dir, als dass du leer zum Empfang kommst. Denn alles, was mir in dir gefallen soll, wirst du durch mein Geschenk empfangen.» Hieraus erkannte sie, dass jene Leere die Demut sei, in der sie glaube, durchaus nichts von Verdiensten zu besitzen noch auch etwas zu können, außer durch die unverdiente Gnade Gottes, und dass sie alles, was sie tun könnte, für nichts erachten solle.

IV. 27. Von der Auferstehung des Herrn

In der hochherrlichen Nacht der glorreichen Auferstehung, während sie vor den Metten andächtig dem Gebet oblag, erschien ihr der Herr Jesus in der Herrlichkeit der göttlichen Majestät und im Schmuck der Unsterblichkeit.

Zu seinen Füßen niederfallend, betete sie ihn demütig an und sprach: «Da du, o Herr, Zier und Glorie der Engel, mich, das geringste aller Geschöpfe, dir zur Braut zu erküren geruhtest und ich einzig nach deiner Ehre und Verherrlichung aus innerstem Herzen und aus ganzer Seele verlange und dürste, so dass ich deine Freunde für meine nächsten Verwandten halte, so bitte ich dich, o liebreichster Jesus, du mögest in dieser Stunde wegen der Ehrfurcht vor deiner herrlichen Auferstehung die Seelen all der Deinigen befreien. Um dies zu erlangen, opfere ich dir in Vereinigung mit deinem unschuldigsten Leiden all jene Bedrängnis meines Herzens und Leibes auf, welche ich in meinen beständigen Krankheiten erduldet habe.»

Hierauf zeigte der Herr ihr eine Menge Seelen, die von den Strafen befreit waren, mit den Worten: «Sieh, zur Brautgabe weise ich diese alle deiner Liebe zu, weil es ewig im Himmel offenbar sein wird, dass sie durch dein Gebet sind befreit worden; und dies wird dir vor allen meinen Heiligen beständig zur Ehre gereichen.» Sie fragte, wie groß ihre Zahl wäre, worauf der Herr antwortete: «Ihre Zahl wird nur von dem Wissen meiner Gottheit umschlossen.» Als sie aber erkannte, dass jene Seelen, obgleich von den Strafen befreit, dennoch den ewigen Freuden noch nicht zugesellt seien, bot sie sich ganz der göttlichen Güte an, um im Herzen und am

Leib alles zu erdulden, was ihm gefiele, um jenen Seelen die volle Seligkeit zu erteilen. Hierdurch befriedigt, erhob der Herr in derselben Stunde alle zu den Freuden des Himmels. Eine Weile nachher, während sie heftige Seitenschmerzen fühlte und vor einem Kreuz die Knie beugte, gab der Herr ihre Bedrängnis und Leiden den genannten Seelen, um deren Freuden zu vermehren, mit den Worten: «Dies Geschenk der Andacht, das mir von meiner Braut dargebracht wurde, gebe ich euch zur Vermehrung der ewigen Seligkeit; deshalb bemüht euch, sie in würdiger Weise zu ehren, indem ihr die Geschenke eurer Gebete ihr zurückgebt.»

Wiederum stellte sie sich, von der Glut der Liebe getrieben, dem Herrn vor mit den Worten: «Sieh, ich Unwürdigste stehe vor dir, dem Herrn und König der Könige[92], in Liebe das ganze Wesen des Leibes und der Seele dir anbietend, um dir zu dienen, solang ich lebe, zur Ehre deiner preiswürdigen Auferstehung.» Der Herr antwortete: «Und ich werde mich dieses Geschenkes deines guten Willens wie eines königlichen Zepters meiner göttlichen Hoheit vor dem Angesicht der allerheiligsten Dreifaltigkeit und aller Heiligen bedienen.»

Hierauf sagte sie: «Obgleich ich, o mein Herr, durch deine Gnade diesen Entschluss dir geweiht habe, so fürchte ich doch, ich möchte aus menschlicher Unbeständigkeit ihn bald der Vergessenheit überlassen.» Der Herr antwortete: «Was macht es, da ich das mir einmal dargereichte Zepter niemals aus meiner Hand entlasse, vielmehr zur Vorstellung und zum Andenken an deine Liebe gegen mich beständig bewahre?

Und sooft du mir diese Gesinnung erneuerst, wird dies Zepter von den lieblichsten Blumen in meiner Hand erblühen und mit den kostbarsten Edelsteinen geschmückt werden.» Während sie aber in dieser Andachtsübung alle inneren wie äußeren Kräfte und Sinne anstrengte und sich zum Singen der Metten zur Ehre der Auferstehung des Herrn vorbereitete, wurde das Alleluja des Invitatoriums begonnen, und sie sagte zum Herrn: «Lehre mich, o gütigster Lehrer, mit welcher Andacht ich durch das Alleluja dich loben kann, das so oft an diesem Fest wiederholt wird.»

Der Herr antwortete: Preise mich durch das Alleluja in Vereinigung mit den Lobpreisungen der Himmelsbürger, die durch dasselbe im Himmel mich beständig erheben. Merke dir», fügte der Herr hinzu, «dass in dem Wort Alleluja alle Vokale außer **o** sich finden, das den Schmerz bezeichnet, und dass statt seiner der erste Vokal **a** darin verdoppelt ist. Lobe mich darum in Vereinigung mit jenem vortrefflichsten Lob, wodurch alle Heiligen mitjubelnd die übersüße Wonne der göttlichen Einströmung auf meine verklärte Menschheit preisen, die nunmehr durch die Glorie der Unsterblichkeit erhöht ist für die vielfältige Bitterkeit des Leidens und Todes, die sie um des menschlichen Heiles willen erduldet hat.» Als sie hierauf die Metten zu singen begann, empfing sie aus den einzelnen Psalmen, Responsorien und Lektionen die beseligendsten und mit geistiger Freude verbundenen Erleuchtungen, welche sowohl der hehren Feier der Auferstehung als auch der wechselseitigen Liebe und dem Genuss der geistigen Vereinigung Gottes mit der Seele entsprachen.

IV. 28. Von der Prüfung des Ordenslebens

Am Ostermontag bei der Kommunion bat sie den Herrn, er möge durch das hochwürdigste Sakrament alles ergänzen, was sie jemals im Ordensstand vernachlässigt habe. Da nahm der Sohn Gottes sie auf und stellte sie, mit dem Ordenskleid geschmückt, Gott dem Vater vor. Das Kleid aber schien aus so vielen besonderen Teilen zusammengesetzt, als sie Jahre im Orden verlebt hatte; der untere Teil desselben wurde für das erste, der folgende für das zweite Jahr und so fort gerechnet bis zu jenem, worin sie sich damals befand.

Das Kleid erschien so ausgebreitet und ausgespannt, dass auch nicht der Schatten einer einzigen Falte etwas daran bedecken konnte, sondern in jedem Jahr traten besonders angemerkt hervor alle Tage und Stunden und überdies die einzelnen Gedanken, Worte und Werke, sowohl gute wie böse, welche sie in dem Jahr von Tag zu Tag, von Stunde zu Stunde, in Gedanken um Gedanken, in Wort um Wort und Werk um Werk vollbracht hatte, ebenso was sie durch ihre einzelnen Worte und Werke beabsichtigt, ob die Liebe Gottes und der Fortschritt der Seele oder menschliche Gunst oder der Nachteil eines andern, und auch was sie bei jeder

Erholung oder Abtötung oder einem sonstigen Werk aus reinem Gehorsam oder nach eigener Überlegung getan hatte. Wo sie aber bei einem Werk sich selber nachgegeben, als hätte sie es aus Gehorsam verrichtet, während sie doch nach eigenem Gutdünken von den Vorgesetzten es sich hatte gestatten oder durch eine klug benutzte Gelegenheit sich hatte befehlen lassen, solche Werke des Gehorsams erschienen an jenen Kleid gleichsam wie kleine Edelsteinchen, an flüchtigen Staub angeheftet, so dass sie hin- und herschwankten und, wie im Begriff zu fallen, kaum hängen bleiben konnten. Als aber der Sohn Gottes für sie Fürsprache einlegte und seinen unschuldigsten und vollkommensten Lebenswandel Gott dem Vater aufopferte, erschien das Kleid wie mit einer überaus glänzenden und durchsichtigen Goldplatte überdeckt, wodurch alles zuvor Erwähnte, ihre Gedanken, Worte, Werke, Absichten, alles, was sie in vollkommenem Gehorsam oder mit Verstellung, ferner, was sie mit Wissen oder aus Nachlässigkeit, freiwillig oder gezwungen zu irgendeiner Zeit oder Stunde getan hatte, so klar und deutlich wie durch einen reinen Kristall durchschimmerte.

Nicht einmal das geringste Stäubchen oder Fleckchen konnte sich verbergen, sondern erschien in dem Licht der Erkenntnis der untrüglichen Wahrheit sowohl vor Gott als vor allen Himmelsbewohnern aufs Deutlichste. Hierbei erkannte sie durch göttliche Eingebung, dass jedes Menschen Zustand in ähnlicher Weise Gott und allen Heiligen die ganze Ewigkeit hindurch offenbar ist.

Was aber der Herr durch den Propheten sagt: «Zu welcher Stunde nur immer der Sünder sich bekehrt ..., werde ich seiner Sünden nicht mehr gedenken»[93], ist so zu verstehen, dass der Herr derjenigen Sünden, welche durch würdige Buße gesühnt worden sind, nicht mehr gedenkt, um sie zu richten.

Für immer jedoch werden an uns die einzelnen Male unserer Sünden zur Ehre und Verherrlichung seiner Barmherzigkeit erscheinen, wodurch er so huldvoll den Büßern verzeiht und mit so vielfältigen Wohltaten seiner göttlichen Güte uns überhäuft, als hätten wir niemals gegen ihn gefehlt. Auch unsere einzelnen guten Werke, Gedanken, Worte und Entschließungen, die wir jemals aus Liebe und zur Ehre Gottes vollbracht haben, werden in ähnlicher Weise für immer zu seiner Verherrlichung, durch dessen Gnade und Mithilfe wir alles getan, und zur Vermehrung unserer Seligkeit grünen und blühen; und so werden wir allzeit wechselseitig loben und lieben den Gott, der in vollkommener Dreieinigkeit lebend und herrschend alles in uns allen wirkt.

IV. 29. Von der Erneuerung der geistigen Vermählung

Am Osterdienstag begehrte sie bei der Kommunion vom Herrn, er möge durch dies lebenspendende Sakrament in ihrer Seele jene geistige Verbindung erneuern, in der sie ihm durch den Glauben und die Ordensgelübde und die unversehrte jungfräuliche Keuschheit war vermählt worden. Der Herr antwortete mit holder Freundlichkeit: «Dies will ich tun.»

Und indem er sich herablassend zu ihr neigte, zog er sie in liebevollster Umarmung an sich und drückte ihrer Seele den beseligenden Kuss auf, hierdurch in ihr erneuernd den inneren Geist; und durch die Umarmung drückte er ihrer Brust ein hell glänzendes Geschmeide auf, das mit kostbaren Edelsteinen in wunderbarer Farbenpracht strahlte; dadurch erneuerte er in ihr, was sie in geistlichen Übungen vernachlässigt hatte.

IV. 30. Von der geistigen Fruchtbarkeit

Am Mittwoch nach Ostern begehrte sie vom Herrn, er möge durch die Wirkung seines Fronleichnams ihr verleihen, in würdigen Tugenden Frucht zu bringen. Der Herr antwortete: «Gewiss will ich dich in mir Frucht bringen lassen und durch dich sehr viele an mich ziehen.» Sie erwiderte: «Wie wirst du, o Herr, durch mich Unwürdige auch nur Einige an dich ziehen können, da ich die Gabe des Redens und der Belehrung, die ich einst besaß, größtenteils verloren habe?»[94]

«Wenn du», antwortete der Herr, «diese Gaben besäßest, so würdest du vielleicht glauben, durch sie die Menschen an mich ziehen zu können. Deshalb habe ich dir dieselben zum Teil entzogen, damit du erkennst, dass du dies nur durch meine besondere Gnade vermagst.»

Darauf sagte der Herr: «Alle, welche mit Andacht und Liebe um meinetwillen sich zu dir neigen, werde ich in Wahrheit an mich ziehen und ihnen verleihen, von Tag zu Tag zum Vollkommeneren fortzuschreiten.»

IV. 31. Wie nützlich es sei, alle unsere Werke Gott zu empfehlen

Als am Donnerstag nach Ostern im Evangelium gelesen wurde, dass die hl. Maria Magdalena sich in das Grab beugte und zwei Engel sah, sagte sie zum Herrn: «Wo ist das Grab, o Herr, in das ich schauen und den Trost meiner Seele finden kann?» Hierauf zeigte der Herr ihr die Wunde seiner Seite. Als sie sich zu derselben andächtig hinneigte, vernahm sie darin, gleichsam statt der Tröstung durch die zwei Engel, folgende zwei Worte: «Niemals wirst du von meiner Gemeinschaft getrennt werden können», und: «Alle deine Werke gefallen mir aufs Beste.»

Sie staunte hierüber und forschte zweifelnd, wie dies sein könnte, da sie doch in allem so unvollkommen sei, dass nicht einmal einem Menschen auf Erden alle ihre Werke gefallen könnten wegen der geheimen Mängel, die sie zuweilen an ihnen entdeckte, also um so weniger der durchdringenden göttlichen Erkenntnis, die ja dort tausend Fehler entdeckt, wo die menschliche Blindheit kaum einen findet.

Da antwortete der Herr: «Wenn du etwas in der Hand hieltest, das du leicht und gut so verbessern könntest, dass es allen gefiele, würdest du dies bei gutem Willen gewiss nicht unterlassen: Ebenso halte auch ich, weil du die Gewohnheit hast, deine Werke mir wiederholt anzuempfehlen, diese gleichsam in meiner Hand; und da ich nun in meiner Allmacht es vermag und in meiner unerforschlichen Weisheit es aufs Beste verstehe, so habe ich in meiner Güte Freude daran, alle deine Werke so zu verbessern, dass sie sowohl mir als allen Himmelsbewohnern auf das Vollkommenste gefallen können.»

IV. 32. Am Oktavtage der Auferstehung des Herrn Wie sie den Heiligen Geist empfing

Am ersten Sonntag nach Ostern, während im Evangelium gelesen wurde, wie der Herr seinen Jüngern durch Anhauchen den Heiligen Geist erteilte, bat sie ihn mit inniger Andacht, er möge auch ihr seinen lieblich strömenden Geist erteilen.

Der Herr antwortete: «Wenn du verlangst, den Heiligen Geist zu empfangen, so musst du zuvor nach Art meiner Jünger meine Seite und meine Hände berühren.» Dabei erkannte sie, dass «die Seite des Herrn berühren» heißt: mit Dankbarkeit die Liebe seines göttlichen Herzens erwägen, in der er uns von Ewigkeit her zu Kindern und Erben seines Reiches vorausbestimmt hat[95], und uns Unwürdigen mit unendlichen Gütern beständig zuvorkommt und uns Undankbaren folgt.

Auch die Hände des Herrn muss derjenige, der den Heiligen Geist empfangen will, berühren, d.h. er muss mit Dankbarkeit die einzelnen Werke der Erlösung beherzigen, worin der Herr dreiunddreißig Jahre aus Liebe zu uns sich abgemüht hat, und besonders sein Leiden und Sterben.

Ist er durch die Erinnerung hieran und durch die Dankbarkeit erwärmt worden, dann opfere er Gott sein ganzes Herz auf in Vereinigung mit jener Liebe, in welcher er gesprochen hat: «Wie mich der Vater gesandt hat, so sende ich euch»[96], zu jeglichem Wohlgefallen des göttlichen Willens, so dass er in nichts etwas anderes verlangt als das höchste Wohlgefallen Gottes; außerdem biete er sich an, alles zu tun und zu ertragen, was der Herr ihm auferlegt. Wenn jemand das tut, so empfängt er ohne Zweifel den Heiligen Geist, den Tröster[97], in derselben Gesinnung, in welcher die Jünger an diesem Tag ihn durch die Anhauchung des Sohnes Gottes empfingen.

Darauf hauchte der Herr auch sie an, gab ihr den Heiligen Geist und sagte: «Wessen Sache du durch meinen Geist beurteilst und den du unschuldig findest, der wird auch bei mir für unschuldig gelten, und wen du schuldig findest, der wird auch vor mir schuldig erscheinen, weil ich durch deinen Mund reden werde.»[98] Sie sagte: «Da deine Herablassung, o gütigster Herr, mich dieses Geschenkes wiederholt versichert hat, was gewinne ich jetzt dadurch, da du mir es von neuem erteilst?»

Der Herr erwiderte: «Wenn jemand zum Diakon und nachher zum Priester geweiht wird, so verliert er hierdurch nicht das Amt des Diakons, sondern gewinnt durch das Priestertum größere Ehre. So wird auch das Geschenk, das der Seele wiederholt wird, durch die Wiederholung in ihr gefestigt und ihre Seligkeit wird vermehrt.»

IV. 33. Von der größeren Litanei am Markustag

Als die Genossenschaft am Fest des heiligen Evangelisten Markus die Prozession mit der Litanei hielt, erschien ihr der Herr Jesus auf dem Thron seiner Majestät, geziert mit so vielen Geschmeiden, welche die Gestalt leuchtender Spiegel hatten, als Heilige mit ihm bereits im Himmel herrschen[99]. Und sobald in der Litanei der Name eines Heiligen angerufen wurde, erhob sich derselbe ehrfurchtsvoll und mit hoher Freude, beugte andächtig vor dem Herrn die Knie und streckte die Hände nach jenem Geschmeide im Kleid des Herrn aus, wodurch er selber versinnbildet wurde.

Während er dies tat, erschienen unter seinen Händen die Namen aller derjenigen geschrieben, welche seine Hilfe anriefen.

Jene, welche dies mit Aufmerksamkeit und Andacht taten, erschienen in goldenen, jene, die es nur gewohnheitsmäßig taten, in schwarzen Buchstaben; die es aber mit Überdruss und Zerstreutheit des Herzens taten, deren Namen waren so dunkel, dass sie kaum unterschieden werden konnten.

Dass die Namen derer, welche die Hilfe der Heiligen anriefen, auf dem Kleid des Herrn erschienen, deutet an, dass, sooft die von uns angerufenen Heiligen für uns bitten, ihr Gebet sogleich als ein Denkzeichen der uns erlangten Barmherzigkeit für immer in Gott widerstrahlt, ihn beständig mahnend und auffordernd, sich unser zu erbarmen.

IV. 34. Vom hl. Johannes vor der lateinischen Pforte

Am Fest des hl. Johannes vor der lateinischen Pforte[100] (6. Mai) erschien ihr der Heilige und tröstete sie, indem er sagte: «Lass dich nicht niederbeugen, erwählte Braut meines Herrn, durch die Abnahme der körperlichen Kräfte; denn nur wenig ist und nur ein Weilchen[101] dauert alles, was in der gegenwärtigen Zeit erduldet wird, im Vergleich zu jenen ewigen Wonnen[102], die wir Selige im Himmel genießen und die auch du in kurzer Zeit mit uns besitzen wirst als eine der Unsrigen, wenn du nämlich eingegangen bist in das Brautgemach Christi, den du so sehr geliebt, so lange Zeit erwartet, mit so vielen Wünschen und Seufzern herbeigerufen und endlich glücklich gewonnen hast!

Erinnere dich», fügte er hinzu, «dass ich, jener Jünger, den Jesus liebte[103], an körperlichen Kräften und Sinnen viel schwächer geworden war als du, da ich noch auf Erden lebte; und dennoch erscheine ich jetzt den Herzen aller so blühend und zart, dass kaum ein Gläubiger gefunden wird, der durch das Andenken an mich nicht mit besonderer Andacht erfüllt würde. Ebenso wird auch das Andenken an dich nach deinem Tod in vieler Herzen nachblühen und viele Geister zur Freude in Gott anziehen.» Hierauf klagte sie dem hl. Johannes, sie fürchte dadurch sich ein Hindernis zu bereiten, dass sie zuweilen einiges zu beichten unterlasse, weil sie nicht immer Gelegenheit zur Beichte habe und aus Schwäche es nicht behalten könne.

Hierüber tröstete sie der hl. Johannes: «Fürchte nicht, Tochter, denn wenn du den aufrichtigen Willen hast, alle einzelnen Sünden zu beichten, aber keinen Beichtvater haben kannst, so wird alles, was du dann aus Vergessenheit zu beichten unterlässest, vor dem gütigen Herrn in deiner Seele als kostbares Edelgestein in den Augen aller Himmelsbürger erglänzen.»

Als sie darauf während der Messe mit Dankbarkeit einiges las, was von dem niedergeschrieben worden, was sie durch die besondere Vertraulichkeit des Herrn empfangen hatte, und bei der Sequenz: «Gottes Wort von Gott geboren» es niederlegte, um besser auf jene Worte zu achten, welche zu Ehren des hl. Johannes gesungen wurden, erschien derselbe, hielt sie, zu ihrer Rechten sitzend, von der Unterbrechung im Lesen ab und erlangte ihr die Gnade, dass sie trotz der Lesung kein Hindernis fühlte, bei den einzelnen Versen der Sequenz besondere Erleuchtungen zu empfangen.

IV. 35. Von der Vorbereitung vor dem Fest der Himmelfahrt

Während sie einst vor dem Fest der Himmelfahrt des Herrn zur Begrüßung der heilsamsten Wunden des Leibes Jesu unzählige Mal den Lobspruch wiederholte: «Ehre sei dir, o liebreichste, süßeste, gütigste, edelste, strahlende und allzeit ruhende, beseligendste und glorreichste Dreifaltigkeit, für die rosenfarbenen Wunden meines einzig auserwählten Liebhabers», erschien ihr der Herr Jesus, von Angesicht schön[104] vor den Engeln, mit Blumen auf jeder seiner Wunden, die in goldenem Glanz strahlten, fröhlichen Angesichtes und mit den freundlichsten Worten sie wiedergrüßend.

Unter anderem sagte er: «Sieh, in dieser hell glänzenden Gestalt und Herrlichkeit, in der ich mich dir jetzt zeige, werde ich auch in deiner Todesstunde dir erscheinen; und mit dem Schmuck, womit jetzt meine Wunden durch deine Gebetsgrüße sind geziert worden, werde ich alle Makel deiner Sünden und Nachlässigkeiten verdecken und ebenso die aller jener, welche mit Eifer und Andacht meine einzelnen Wunden begrüßen.»

Am Sonntag vor Himmelfahrt stand sie eilig zu den Metten auf, um dieselben abzubeten und nachher längere Muße für die Betrachtung zu haben und um mit dem Herrn, den sie die vier vorhergehenden Tage sehnsüchtig als Gast in ihr Herz geladen hatte, freier und seliger verkehren zu können. Sie hatte die Metten bereits bis zur fünften Lektion vollendet, da sah sie eine andere Kranke, die niemanden hatte, um ihr die Metten vorzubeten.

Von Mitleid bewegt, sagte sie zum Herrn: «Dir ist es bekannt, wie ich mich über meine Kräfte abgemüht habe, um diese Metten allein zu beten; weil ich jedoch dich, den Herrn der Liebe, während dieser Tage als Gast ersehne, aber leider die Woche hindurch zu wenig durch Eifer im Gebet und Tugendübungen mich vorbereitet habe, um dir eine würdige Wohnung zu bieten, so will ich jetzt zu deiner Verherrlichung und zum Ersatz für alles, was ich dir, meinem liebenswürdigsten Gast, hätte zurüsten sollen, in jener Liebe, welche du selber bist[105], die Metten noch einmal beten.» Als sie nun wieder begann, bewahrheitete der Herr jene Aussprüche: «Ich war krank und du hast mich besucht»[106] und: «Was ihr einem aus diesen meinen Geringsten getan, das habt ihr mir getan.» Er zeigte sich ihr mit solcher Güte und Huld, dass es durch keine Worte ausgedrückt noch durch menschliche Sinne erfasst werden kann.

Einiges nur aus dem vielen will ich berühren. Es kam ihr vor, als säße der Herr Jesus in erhabener Glorie an einem köstlichen Tisch und teilte aus den einzelnen Worten, die sie beim Abbeten der Metten aussprach, unschätzbare Geschenke von Gnaden, Freuden und ewigen Belohnungen allen Bewohnern des Himmels, der Erde und des Fegfeuers aus. Auch strahlte aus den einzelnen Worten der Psalmen, Lektionen und Responsorien ein unbeschreibliches Licht göttlicher Erkenntnis auf sie über und in ihre Seele ergoss sich eine beseligende Wonne geistiger Anschauungen, wovon sie wegen der Überfülle kaum einiges zur Mitteilung an andere im Gedächtnis behielt.

Als sie nämlich in dem Psalm «Zu dir, o Herr, will ich rufen» bei dem Vers «Rette dein Volk, o Herr, und segne dein Erbe»[107], vom Herrn begehrte, er möge einen reichlichen Gnadensegen über die ganze Kirche ausgießen, antwortete er: «Was willst du, dass ich tun soll? Denn ich habe mich jetzt so herablassend in deine Gewalt gegeben, wie ich mich am Kreuz durch die Gewalt der Liebe meinem Vater gänzlich übergeben habe. Wie ich darum damals nicht gegen das Wohlgefallen des Vaters vom Kreuz hinabsteigen konnte, so kann ich auch jetzt nichts anderes wollen, als was deiner Liebe gefällt. Was du also begehrst, durch die Kraft meiner Gottheit teile es jeglichem reichlich aus.»

Nachdem sie unter diesen und ähnlichen Wonnegenüssen der göttlichen Huld die Metten endlich geschlossen hatte und zum Ausruhen sich auf das Bett legte, lehnte er sie über seine Brust wie auf die sanfteste Ruhestätte. Hierauf erblühte gleichsam mitten aus dem göttlichen Herzen, dem sie zugekehrt zu ruhen schien, der schöne Baum der Liebe, mit Ästen und Früchten reich geziert und mit Blättern gleich glänzenden Sternen, der, seine Äste hinabsenkend und ausbreitend, ihre Ruhestätte von allen Seiten umschattete und sowohl durch das duftige Grün seiner Zweige als auch durch den Wohlgeschmack seiner Früchte ihre Seele erquickte. Auch schien aus der Wurzel des Baumes ein heller Quell strömenden Wassers hervorzubrechen, der in die Höhe sprang und, sofort seinen Ursprung wieder suchend, ihre Seele ebenfalls wunderbar erlabte.

Durch diese Quelle wurde die Süßigkeit der erhabensten Gottheit versinnbildet, deren Fülle in der Menschheit Jesu Christi leibhaftig wohnt[108] und welche die Seelen der Auserwählten mit unbegreiflicher Wonne erfreut. Während sie darauf während der Messe kommunizieren wollte, setzte sie, wie ein Freund seinem Freund, dem Herrn alle Mängel ihrer Seele auseinander und begehrte, dass er am Tag seiner glorreichen Himmelfahrt ihr bei Gott dem Vater die Verzeihung aller ihrer Nachlässigkeiten und Fehler erlange.

Der Herr gab ihr die huldreichste Antwort: «Bitte, um was du willst, und es wird dir gegeben werden.»[109] Sie betete nun für die ihr Empfohlenen und für alle, die ihr irgendeine Wohltat erwiesen, und der Herr neigte sich freundlich zu ihr und erhörte unter Erweisen zärtlicher Liebe ihre Wünsche. Zugleich aber gab er ihr eine Erleuchtung, dass sie sich tags vorher einen Makel dadurch zugezogen, dass sie mit menschlicher Zuneigung eine von einer Person ihr erwiesene Wohltat angenommen hatte.

Darauf sagte sie zum Herrn: «Warum gestattest du, o Herr, dass irgendjemand mich berücksichtigt oder verehrt, da du, der Herr aller[110], auf Erden der Geringste der Menschen sein wolltest, und da es dir höchst preiswürdig ist, dass deine Auserwählten in dieser Welt verachtet und geringschätzig behandelt werden, weil sie dir in dem Maß in der Herrlichkeit gleichen, in welchem sie auf Erden als verächtlich angesehen wurden?»

Der Herr erwiderte: «Mein Ausspruch durch den Propheten lautet: ‹Es juble vor dem Herrn die ganze Erde› und abermals: ‹Bringet ihm Ehre und Lobpreisung.›[111] Ich gestatte darum, dass einige, im Geiste erhabener über dich denkend, sich zu dir hinneigen und dich liebreich ansehen, damit ich sie hierdurch heilige und für meine Gnade befähige.» Sie sagte: «Was wird aber mit mir geschehen, o Herr, wenn du jene dadurch heiligst, dass ich mir einen Fehler zuziehe?», worauf er antwortete: «Ich habe meine Freude daran, deinen goldenen Schmuck, das ist die Gnade, die ich in dich gelegt habe, mit dunkler und hell glänzender Farbe zu verbrämen.» Das Wort «dunkel» bedeutete, dass der Mensch, wenn er sich eines Fehlers erinnert und darüber trauert, durch solche Verdemütigung Gott um so mehr gefällt, gleichwie die schwarze Farbe das Gold hervorhebt.

Das Wort «hell glänzend» aber bezeichnete, dass die Dankbarkeit, womit jemand die von Gott wie von den Menschen um Gottes willen ihm erzeigten Wohltaten annimmt, seine Seele um so mehr befähigt, jegliches Geschenk Gottes zu empfangen und zu bewahren.

Am Montag vor Himmelfahrt stellte sie dem Herrn mit der erwähnten Andacht die Armseligkeit aller Sünder der Welt vor, ging vor den Metten aus Liebe zu der genannten Kranken, der sie denselben Dienst über ihre Kräfte leistete, und opferte auch diesen dem Herrn zur ewigen Verherrlichung auf und zur Sühnung aller Sünden, welche in der ganzen Welt gegen seinen göttlichen Willen begangen werden.

Unterdessen schien es ihr, als ob sie eine ungeheure Menge Menschen beiderlei Geschlechts mit einem goldenen Strick, der die Liebe sinnbildete, umgürte und zum Herrn führe.

Der barmherzige und gütige Herr[112] aber nahm dies sehr gnädig von ihr an, gleichwie ein König von seinem geliebten Feldherrn, der ihm alle seine Feinde gefangen zuführt, damit sie Frieden schließen und sich ihm unterwerfen.

Am folgenden Dienstag stellte sie in ähnlicher Weise dem Herrn die Mangelhaftigkeit und Unvollkommenheit aller Gerechten vor, mit der Bitte, er möge sie auf die ihm wohlgefälligste Weise in jeglicher Heiligkeit vollenden. Da streckte er seine Hand aus und segnete alle, indem er sie mit dem Zeichen des siegreichen Kreuzes besiegelte. Aus dieser heilbringenden Segnung wurde der süßeste Tau in die Herzen aller Gerechten gesprengt, so dass alle aufzublühen schienen, gleichwie die Rosen und andere Blumen beim Strahl der Sonne sich öffnen.

Am Mittwoch bat sie in derselben Weise bei Aufhebung der Hostie den Herrn für die Seelen aller verstorbenen Gläubigen, er möge ihr Elend durch die Freude seiner glorreichen Himmelfahrt erleichtern. Da schien der Herr mitten in das Fegfeuer eine goldene Rute hinabzusenken, welche so viele Haken hatte, als Affekte für die Seelen zu Gott gerichtet wurden.

Und durch jeden Haken wurden einige Seelen aus dem Fegfeuer zu den lieblichen Stätten der Ruhe emporgezogen. Sie erkannte dabei, dass, so oft ein gemeinschaftliches Gebet in Liebe für die Seelen verrichtet wird, der größte Teil derjenigen befreit wird, welche sich bei Lebzeiten in den Werken der Liebe mehr geübt haben.

IV. 36. Vom hehren Fest der Himmelfahrt des Herrn

Am Festtag der glorreichen Himmelfahrt aber war sie schon vom frühen Morgen an bemüht, dem Herrn zur Stunde seiner Auffahrt, nämlich am Mittag, die zärtlichste Liebe zu beweisen. Er aber unterbrach sie, indem er sagte: «Alles, was du mir Liebes zur Stunde meiner erhabenen Auffahrt erzeigen willst, das erweise mir jetzt schon; denn die beseligenden Freuden meiner Himmelfahrt werden für mich dadurch erneuert, dass ich durch das Sakrament des Altars zu dir kommen werde.»

Hierauf sagte sie: «Lehre mich denn, o Herr, wie ich dir die preiswürdige Prozession halten kann, welche aus Ehrfurcht vor jener hochherrlichen Prozession stattfindet, in der du, zum Vater gehend, deine Jünger nach Bethanien hinausgeführt hast[113].

Der Herr erwiderte: «Da Bethanien ‹Haus des Gehorsams› bedeutet, so feiert derjenige die mir wohlgefälligste und preiswürdigste Prozession, der mich in sein Innerstes einführt, der mir seinen Willen vollständig aufopfert und sorgfältig erwägt, worin er mehr seinen eigenen als meinen göttlichen Willen erfüllt hat, darüber trauert, würdig Buße tut und sich vornimmt, fürderhin in allem meinen Willen zu erforschen, zu begehren und zu vollbringen.»

Als ihr sodann der Leib des Herrn gebracht wurde, sprach der Herr zu ihr: «Sieh, ich komme jetzt nicht bloß, um dir gleichsam Lebewohl zu sagen, sondern auch um dich mit mir zu nehmen und Gott meinem Vater vorzustellen.» Bei diesen Worten erkannte sie, dass der Herr, durch das Sakrament seines Leibes und Blutes zur Seele kommend, ihre Sehnsucht und ihren guten Willen in sich aufnimmt, wodurch sie gleich dem Wachs, dem ein Siegel aufgedrückt worden, sein Bild in sich darstellt.

So nun stellt er das Bild der Seele in sich Gott dem Vater vor und erlangt ihr die Güter der Gnade. Hierauf brachte sie dem Herrn ihre und auch die Gebete einiger anderer Personen dar, die sie dem Sohn Gottes entrichtet hatten, gleichsam als Schmuck für seine Wunden und hochheiligen Glieder, worin er zur Verherrlichung seiner erhabenen Himmelfahrt strahlen sollte. Darauf erschien der Herr Jesus mit allem dem prachtvoll geziert, stehend vor dem Angesicht Gottes des Vaters. Dieser aber nahm mit der allmächtigen Kraft seiner Gottheit all jenen Schmuck seines Eingebornen, der ihm durch den guten Willen der Auserwählten war dargebracht worden, in sich auf und strömte davon einen wunderbaren Glanz auf die Spitze der Herrlichkeit[114] über, die denen, welche die Gebete verrichtet hatten, von Ewigkeit her bereitet waren[115], damit sie hierdurch verherrlicht würden, sobald sie nach dieser Verbannung ins Reich gelangten.

Als sie aber um die Stunde der Non auf den Herrn Jesus achtete, als wenn er zu dieser Stunde mit Herrlichkeit gen Himmel auffahren werde, erschien er ihr wiederum, schön vor allen Menschenkindern[116], angetan mit grünem Gewand und rosenfarbenem Mantel. Das grüne Kleid bezeichnete die Blüte aller Tugenden, deren höchste Vollkommenheit in der allerheiligsten Menschheit Christi aufsprosste, der rosenrote Mantel aber jene überaus starke Liebe, die den Herrn angetrieben, so Grausames für uns zu leiden, als wenn er auf das Reich kein anderes Recht gehabt hätte als jenes, das er sich durch die Geduld im Leiden erwarb.

Mit diesen Gewändern geschmückt schritt der König der Glorie[117], der Herr der Heerscharen[118], begleitet von einer unzähligen Menge von Engeln, durch den Chor, umfasste freundlich jede aus der Genossenschaft, die an diesem Tag die Kommunion empfangen hatte, mit seiner Rechten und sprach: «Seht, ich bin bei euch bis ans Ende der Welt.»[119]

Einigen aber reichte er auch einen goldenen, mit einem kostbaren Edelstein geschmückten Ring dar und sagte: «Ich lasse euch nicht als Waisen zurück, ich werde wiederum zu euch kommen.»[120]

Als Gertrud dies mit Staunen sah, fragte sie: «Was haben denn diese, o liebreichster Gott, vor den Übrigen verdient, denen du als Zeichen besonderer Freundschaft die Ringe zum Pfand gegeben hast?», worauf der Herr erwiderte: «Diese haben während des Mittagstisches die andächtige Erinnerung an jene Herablassung erweckt, in der ich vor meiner Himmelfahrt mit den Jüngern gegessen und getrunken habe[121]. Und so oft beim Genuss der Speisen eine jede an den Vers gedacht: ‹Die Kraft deiner göttlichen Liebe, o gütigster Jesus, möge mich ganz dir einverleiben›, in ebenso vielen Farben leuchtet der Edelstein ihres Ringes.»

Als aber in der Vesper die Antiphon «Mit erhobenen Händen» gesungen wurde, schwang der Herr sich in seiner Gotteskraft unter dem Geleit zahlloser, ihm ehrfurchtsvoll dienender Engel gleichsam in die Luft und segnete unter dem Zeichen des Kreuzes die Genossenschaft mit den Worten: «Meinen Frieden gebe ich euch, meinen Frieden hinterlasse ich euch.»[122]

Hierdurch erkannte sie, der Herr habe durch diesen Segen den Herzen aller, die seine Himmelfahrt mit Andacht feierten, seinen göttlichen Frieden so wirksam eingegossen, dass, wenn sie künftighin noch so sehr von Verwirrungen sollten beunruhigt werden, doch immer die Spur jenes Friedens in ihren Herzen verbliebe, gleichwie der Feuerfunke unter der Asche.

IV. 37. Von der Vorbereitung zum Pfingstfest

Als das hehre Pfingstfest bevorstand, bat sie am Sonntag vorher bei der Kommunion den Herrn, er möge zum Empfang des Heiligen Geistes sie namentlich durch vier Tugenden: Herzensreinheit, Demut, Ruhe und Eintracht, würdig vorbereiten. Bei der Bitte um die Herzensreinheit erkannte sie, dass ihr Herz sofort wie von schneeigem Glanz weiß wurde.

Hiernach flehte sie um die Demut, worauf der Herr in ihrer Seele einen Grund zum Empfang seiner Gaben zu bereiten schien, und bei der Bitte um Ruhe umgab er ihr Herz wie mit einem goldenen Kreis gegen die Nachstellungen der Feinde.

Darauf sagte sie zu ihm: «Ach, mein Herr, ich befürchte, dass ich diese Festung der Ruhe allzuschnell durchbreche, weil ich beim Anblick dessen, was dir zuwider ist, mich nicht enthalten kann, heftig entgegenzureden.» Der Herr antwortete: «Durch eine solche Erregung wird das Gut der Ruhe keineswegs erschüttert, vielmehr mit mannigfachen Schranken wunderbar geziert, wodurch die unauslöschliche Glut des Heiligen Geistes die Seele wirksamer anhaucht und lieblicher erquickt.»

Als sie schließlich um die Eintracht betete, bedeckte der Herr mit dieser Tugend wie mit einer Hülle die übrigen Gaben des Heiligen Geistes, um sie in der Seele zu bewahren, und befestigte sie kräftiglich. Weil sie aber wiederum fürchtete, die Hülle der Eintracht durch die heftigeren Widersprüche einiger, die gegen die Ordensregel gestimmt waren, zu verlieren, sagte der Herr: «Die Tugend der Eintracht leidet nicht, wenn der Mensch der Ungerechtigkeit widersteht. Vielmehr lege ich mich selber auf die Risse des durch den Eifer für mich gespaltenen Herzens und befestige und bewahre um so sicherer in ihm die Innewohnung und die Wirkungen meines göttlichen Geistes.»

Sie erkannte auch, dass jeder, der den Herrn andächtig bittet, durch die genannten Tugenden zum Empfang des Heiligen Geistes von ihm vorbereitet zu werden und sich bemüht, in ihnen Fortschritte zu machen, dieselbe Wirkung erlangen wird.

IV. 38. Vom honigströmenden Pfingstfest

Als sie an der heiligen Vigil bei dem göttlichen Offizium um die Vorbereitung auf die Ankunft des Heiligen Geistes andächtig betete, hörte sie im Geist, wie der Herr mit trauter Freundlichkeit zu ihr sagte: «Ihr werdet in euch die Kraft des über euch kommenden Heiligen Geistes empfangen.»[123] Während sie durch diese Worte des Herrn eine wunderbare Süßigkeit empfand, begann sie zugleich in Demut ihre Unwürdigkeit zu überdenken.

Dabei schien es ihr, dass sie hierdurch gleichsam einen Grund in ihrem Herzen lege, und zwar um so tiefer, je mehr sie sich unwürdig erachtete. Dann träufelte aus dem honigfließenden Herzen des Sohnes Gottes eine überaus helle, honigähnliche Flüssigkeit, die den Grund ihres Herzens allmählich durchdrang und es bis oben hin anfüllte, wodurch die Süßigkeit des Heiligen Geistes bezeichnet wurde, welcher durch das Herz des Sohnes Gottes in die Herzen der Auserwählten lieblich überströmt.

Hierauf segnete der Sohn Gottes mit seiner göttlichen Hand den also angefüllten Grund ihres Herzens nach Art des Taufbrunnens, damit die Seele in ihn eintretend von jeglicher Makel gereinigt und ihm wohlgefällig würde. Indem Gertrud sich dieser Segensgnade freute, sagte sie zum Herrn: «Sieh, o mein Herr, ich unwürdige Sünderin bekenne mit Schmerz, dass ich leider aus menschlicher Schwachheit gegen deine göttliche Allmacht, aus Unwissenheit gegen deine göttliche Weisheit und aus Bosheit gegen deine unschätzbare Güte vielfältig gesündigt habe. Deshalb erbarme dich meiner, o Vater der Barmherzigkeit, und gib mir durch deine Allmacht Kraft, allem zu widerstehen, was dir entgegen ist, durch deine Weisheit die Vorsicht, es zu vermeiden, und durch deine Güte die Gnade, mit so standhafter Treue dir anzuhängen, dass ich niemals auch nur im Geringsten von deinem göttlichen Willen abweiche.»

Durch diese Worte schien sie in jenen Grund wie zur Wiedergeburt versenkt zu werden. Nach einer Weile hieraus zurückkehrend, erschien sie, von jedem Sündenmakel gereinigt, weißer als der Schnee. So nun vor das Angesicht der göttlichen Majestät tretend, empfahl sie sich dem Schutz aller Heiligen, wie die Getauften sich ihren Paten empfehlen, begehrend und bittend, dass alle für sie beten möchten.

Darauf erhoben sich alle Heiligen und brachten dem Herrn ihre Verdienste dar zur Ergänzung aller Nachlässigkeit und Mängel derselben, wodurch ihre Seele wunderbar geschmückt ward.

Als sie sich aber durch besondere Gebete bemühte, die sieben Gaben des Heiligen Geistes[124] zu erlangen, und zuerst um die Gabe der Furcht des Herrn bat, damit sie von allen Übeln zurückgezogen würde, schien der Herr sogleich gleichsam inmitten ihres Herzens einen Baum von herrlichem Wuchs zu pflanzen, der, seine Äste ausbreitend, die ganze Wohnstätte ihres Herzens beschattete.

Derselbe hatte aber auch einige gebogene Stacheln, aus denen die schönsten Blüten nach oben gerichtet hervorsprossten. Durch den Baum wurde, wie sie erkannte, die heilige Furcht des Herrn gesinnbildet, die gleichsam mit Stacheln die Seele durchsticht und von allen Sünden zurückzieht, durch die Blüten aber jener Wille, wodurch der Mensch verlangt, vermittelst der Furcht des Herrn gegen jede Sünde gestärkt zu werden.

Wenn so der Mensch durch die Furcht des Herrn irgendein gutes Werk vollbringt oder Böses unterlässt, dann bringt jener Baum die schönsten Blüten hervor. Auch die andern Gaben erschienen in Gestalt herrlicher Bäume, welche besondere Früchte nach ihren besonderen Kräften hervorbrachten.

So tropfte von den Bäumen der Wissenschaft und der Frömmigkeit ein sanfter Tau herab, woraus sie erkannte, dass diejenigen, welche in diesen Tugenden sich üben, von dem lieblichsten Tau besprengt grünen und blühen. Von den Bäumen des Rates und der Stärke hingen goldene Stricke, was bedeutete, dass durch den Geist des Rates und der Stärke die Seele zur Erfassung geistiger Dinge hingezogen wird.

Von den Bäumen der Weisheit und des Verstandes aber flossen süße Bächlein, um auszudrücken, dass durch den Geist der Weisheit und des Verstandes die Süßigkeit des göttlichen Genusses auf die Seele wirksam einströmt und sie lieblich sättigt.

In der heiligen Pfingstnacht aber fühlte sie bei den Metten eine solche Schwäche, dass sie nicht länger beiwohnen konnte, und sagte zum Herrn: «Was kannst du, mein Herr, davon an Ehre und Lob gewinnen, dass ich Unwürdige dem göttlichen Offizium nur so kurze Zeit beiwohne?» Der Herr antwortete: «Sieh, damit du durch das Bild äußerer Dinge zur geistigen Erkenntnis geführt werdest, erwäge, was der Bräutigam dadurch gewinnt, dass er seiner Braut nur eine Weile zur Ergötzung seines Herzens Liebes erweist. Niemals aber kann ein Bräutigam an den Liebeserweisen seiner Braut eine solche Freude haben wie ich in der, wenn auch noch so kurzen Stunde, in der meine Auserwählten mir reine Herzen darbieten, um mich an ihnen zu ergötzen.»

Als sie aber zur Kommunion ging, schien der Herr aus allen seinen hochheiligen Gliedern durch den süßesten Hauch ihre Seele zu erquicken, wodurch sie eine unaussprechliche Wonne empfand. Diese hatte sie, wie sie erkannte, dadurch verdient, dass sie um die Gaben des Heiligen Geistes so eifrig gebetet hatte. Nach der Kommunion opferte sie Gott dem Vater den ganzen hochheiligen Lebenswandel Jesu Christi auf zum Ersatz dafür, dass sie von der Stunde an, wo sie in der Taufe wiedergeboren, den Heiligen Geist empfing, diesem würdigsten Gast niemals eine entsprechende Wohnung in ihrem Herzen und in ihrer Seele dargeboten habe.

Da flog der Heilige Geist gleichsam mit dem Ungestüm eines Adlers herbei auf das lebenspendende Sakrament in Gestalt einer Taube, suchte das süßeste Herz Jesu, ging in dasselbe ein und gab damit zu verstehen, er sei mit der Herberge in dieser allerheiligsten Brust sehr zufrieden.

Beim Hymnus der Terz: «Komm, Schöpfer Geist!» erschien ihr der Herr Jesus und öffnete mit beiden Händen ihr zugekehrt sein Herz, das mit aller Süßigkeit erfüllt ist. Sie beugte die Knie und fiel auf ihr Angesicht nieder, so dass ihr Haupt inmitten des Herzens des Herrn ruhte. Der Herr aber richtete ihr Haupt auf, schloss um dasselbe sein göttliches Herz und vereinigte dadurch mit sich und heiligte in sich selber ihren Willen, der das Haupt der Seele genannt wird. Beim zweiten Vers sodann: «Der du der Tröster wirst genannt», legte sie, vom Herrn belehrt, beide Hände in das göttliche Herz und gewann die Hilfe des göttlichen Trostes in allen ihren Werken, so dass sie sämtlich dem Herrn künftighin auf das Beste gefallen würden.

Bei dem dritten Vers: «Du siebenfaches Gnadenpfand», legte sie die Füße ebenso in das Herz des Herrn nieder und verdiente die Heiligung aller ihrer Wünsche, welche durch die Füße bezeichnet werden. Weiterhin beim vierten Vers: «Zünd an in uns dein Gnadenlicht!» empfing sie die Verheißung, ihre Sinne sollten so erleuchtet werden, dass durch sie auch andere in der Erkenntnis gefördert und in der Liebe entzündet würden.

Beim fünften Vers: «Den Feind vertreib», neigte der Herr sich huldvoll zur Seele und gab ihr den beseligenden Kuss seiner Liebe, wodurch er wie mit dem festesten Schild alle Nachstellungen des

Feindes von ihr vertrieb. Hierdurch aber empfand sie eine solche Süßigkeit in der Seele, dass sie klar erkannte, das sei es, wovon ihr tags vorher war gesagt worden: «Ihr werdet in euch die Kraft des über euch kommenden Heiligen Geistes empfangen.»

IV. 39. Vom Fest der glorreichen Dreifaltigkeit

An dem hehren Fest der heiligsten Dreifaltigkeit las sie zur Bezeigung ihrer Ehrfurcht den Vers: «Ehre sei dir, königliche, erhabenste, glorreichste, edelste, süßeste, gütigste, strahlende und allzeit ruhende und unaussprechliche Dreieinigkeit, gleich-einige Gottheit, wie vor aller Zeit, so jetzt und in Ewigkeit!»

Während sie dies dem Herrn aufopferte, erschien der Sohn Gottes in seiner Menschheit, in welcher er geringer als der Vater genannt wird, stehend vor dem Angesicht der verehrungswürdigen Dreifaltigkeit im Schmuck der Jugend, auf jedem Glied eine Blume von solcher Schönheit und solchem Glanz, dass kein sichtbarer Gegenstand damit verglichen werden konnte. Hierdurch wurde angedeutet, dass, obgleich unsere menschliche Schwäche die unerreichbare Herrlichkeit der erhabensten Dreifaltigkeit keineswegs entsprechend preisen kann, Christus Jesus dennoch in seiner menschlichen Natur unsere Anstrengungen aufnimmt, in sich veredelt und zu einem würdigen Opfer erhebt für die höchste und unteilbare Dreieinigkeit.

Als aber die Vesper begann, brachte der Sohn Gottes sein würdigstes Herz dar und hielt es in Gestalt einer Zither vor das Angesicht der glorreichen Dreifaltigkeit. Hierdurch gaben alle Andachtsübungen und alle Worte, welche während jenes ganzen Festes gesungen wurden, vor Gott den lieblichsten Klang.

Die Stimmen derjenigen aber, welche nur aus Gewohnheit oder aus menschlichem Wohlgefallen gesungen, erklangen wie dumpfe Saiten in schwerem Ton; die aber mit Andacht die verehrungswürdige Dreieinigkeit priesen, sangen durch das heiligste Herz Jesu in hohen, hell klingenden Tönen die lieblichste Melodie.

Als sodann die Antiphon «Er küsse mich»[125] gesungen wurde, erging eine Stimme vom Thron, welche sprach: «Es trete mein geliebter Sohn herzu, an dem ich mein höchstes Wohlgefallen habe, und gebe mir den süßesten Kuss!» Hierauf trat der Sohn Gottes in menschlicher Gestalt vor und küsste die unbegreifliche Gottheit, mit der seine heiligste Menschheit allein durch das Band einer unzertrennlichen Vereinigung verbunden zu werden verdiente.

Danach sprach der Sohn Gottes zu seiner jungfräulichen Mutter, der zu Ehren dieselbe Antiphon gesungen wurde, überaus huldvoll: «Tritt auch du herzu, meine süßeste Mutter, und empfange von mir den beseligenden Kuss!» Als er nun seine seligste Mutter geküsst hatte, leuchtete die glorreiche Jungfrau in ihren einzelnen Gliedern mit der Schönheit derselben Blume, wodurch der Herr mit den ihm dargebrachten Gebeten geziert erschien.

Diesen Vorzug aber erteilte der Sohn Gottes seiner Mutter deshalb, weil er aus ihr die menschliche Natur angenommen hatte, deren heiligste Glieder durch das Opfer unserer wenn auch geringen Andachtsübungen und Gebete geschmückt waren. Sie erkannte auch, dass, sooft an diesem Fest die Person des Sohnes genannt wurde, ebenso oft Gott der Vater in unaussprechlicher und unbeschreiblicher Weise seinem geliebtesten Sohn Liebe erzeigte, wodurch die Menschheit Jesu Christi eine wunderbare Verherrlichung gewann; und aus dieser empfingen alle Heiligen neue Erkenntnis der unbegreiflichen Dreieinigkeit.

Als aber zu den Laudes die Antiphon gesungen wurde: «Dich preisen mit Recht»[126], pries sie aus allen Kräften die allzeit verehrungswürdige Dreifaltigkeit und hätte, wenn es möglich gewesen, die Antiphon mit solcher Andacht singen wollen, dass sie dabei alle ihre Kräfte und selbst das Leben verzehrt hätte.

Da schien die ganze Dreifaltigkeit zu dem würdigsten Herzen Jesu sich zu neigen, das in Gestalt der Zither vor dem Angesicht der heiligsten Dreieinigkeit geheimnisvoll berührt wurde und einen lieblichen Ton gab, und knüpfte in ihm drei Saiten, welche gemäß der Allmacht des Vaters, der Weisheit des Sohnes und der Güte des Heiligen Geistes jeden ihrer Mängel zum Wohlgefallen der heiligsten Dreifaltigkeit ergänzen sollten.

Nach den andächtig gebeteten Metten begann sie bei sich nachzudenken, ob sie nicht durch eine Nachlässigkeit oder einen Fehler es verschuldet, dass sie so erhabene Geisteserleuchtungen, wie sie gewohnt war, diesmal nicht empfangen habe. Hierüber wurde sie von Gott so belehrt: «Obgleich du nach der Abwägung der Gerechtigkeit die innere Süßigkeit geistiger Erkenntnis entbehrt hast, weil du, deinem eigenen Willen zustimmend, an der Melodie des wohlklingenden Gesanges dich menschlich ergötztest, so wisse dennoch, dass das Verdienst zukünftiger Belohnung dir deshalb vermehrt wurde, weil du in meinem Dienst die Anstrengung der Bequemlichkeit vorgezogen hast.»

Da jedoch die Worte fehlen, um jene Gnaden und geistigen Tröstungen, die sie früher und später an diesem hehren und ihr besonders teuern Fest empfing, dem menschlichen Verständnis nahe zu bringen, so sei für diese und die übrigen Gott allein bekannten dem Geber alle jene Ehre und Danksagung, welche besonders in dem Gottesdienst der Kirche an diesem Tag Gott dargebracht wird!

IV. 40. Vom hl. Johannes dem Täufer

Am Fest des hl. Johannes des Täufers betete sie mit großer Andacht die Metten. Da erschien ihr der Heilige als Jüngling, stehend vor dem Thron der Herrlichkeit und strahlend in der Würde besonderer Vorzüge, namentlich dass er würdig war, der Täufer und Vorläufer Christi zu sein.

Da sie sich nun erinnerte, dass die Malerei ihn als Greis und unansehnlich darstellt, belehrte der hl. Johannes sie, dass gerade dies seine Herrlichkeit ohne Unterlass vermehre. Denn die Malerei deute an, dass er die standhafte Gesinnung hatte, aus Liebe zu Gott bis ins Greisenalter und mit Aufopferung aller seiner Kräfte und Sinne getreu gegen jegliche Ungerechtigkeit zu kämpfen und nach der höchsten Vollkommenheit zu streben. Weil er nun mit solchem Willen und Werk sein Leben beschloss, wird ihm solcher Lohn.

Sie aber fragte, ob sein Verdienst auch dadurch vermehrt worden sei, dass er gerechte und ehrbare Eltern gehabt habe?[127] Er antwortete: «Dass ich gerechte Eltern hatte und deshalb mehr zur Gerechtigkeit erzogen wurde, das erhöht mich gleich einem Thron auf künstlich gefügten Säulen. Dass sie aber ehrbar waren in den Augen der Welt, oder schön, oder reich, oder angesehen, das erhöht mich nur insofern, als ich durch Geringschätzung dieser

Dinge mich zu dem Himmlischen erhoben habe, gleichwie der Soldat, siegreich aus der Schlacht zurückkehrend, sich um so mehr freut, je zahlreicheren Fallstricken er sich entrissen sieht.»

Während der Messe kommunizierte die Genossenschaft, wobei der hl. Johannes der Täufer wiederum erschien, in rosafarbenen Kleidern, die mit ebenso vielen goldenen Lämmchen geziert waren, als Personen in der ganzen Kirche zum Andenken an seine Geburt den Leib des Herrn empfangen hatten. Auch schien derselbe Täufer für alle, welche an seiner Verehrung teilnahmen, zu erbitten, dass ihnen jenes Verdienst gegeben wurde, das er, der Vorläufer, durch die treue Arbeit, die Herzen zu Gott zu bekehren[128] sich erworben hatte.

IV. 41. Vom heiligen Papst Leo

Am Fest des heiligen Papstes Leo, das auf einen Sonntag fiel, oblag sie andächtig dem Gebet und schaute ihn in wunderbarer Herrlichkeit. Sogleich erinnerte sie sich, dass es von ihm heiße, er habe zur Überwindung einer Versuchung die eigene Hand sich abgehauen, und pries deshalb den Herrn für den Sieg der Standhaftigkeit. Zugleich bat sie, er möge durch seine Verdienste einer Person die Gnade geben, in allen Versuchungen zur Ehre Gottes und zu ihrem Heil zu triumphieren.

Hierauf wurde sie vom Heiligen belehrt, sie möge jener Person mitteilen, dass sie jedesmal, wenn sie an einen Ort oder an ein Werk gehen müsse, worin sie eine Gelegenheit zur Sünde vermute, den Vers sprechen solle: «Lass, o Herr, mein Herz und meinen Leib unbefleckt bleiben!»[129] und dass sie nach vollbrachtem Werk den Herrn dafür, insoweit er sie bewahrt habe, preisen solle. Denn kein Mensch fällt so schwer, dass er nicht noch schwerer hätte fallen können, wenn die Barmherzigkeit Gottes ihn nicht beschützt hätte. Sobald sie aber merkt, dass sie sich eine Schuld zugezogen hat, soll sie zur Sühnung derselben Gott dem Vater das unschuldigste Leiden und Sterben Jesu Christi aufopfern. Wenn sie dies tut, fügte er hinzu, so wird sie niemals von Gott so fallen gelassen, dass ihre Seele hierdurch Schaden leidet. Hierauf ging sie zur Kommunion und erkannte, dass der hl. Leo ihr zugegen war und den Herrn andächtig für sie bat, sie durch den Empfang des Sakramentes dieselbe Süßigkeit empfinden zu lassen, die er, der heilige Papst, selbst in jener Messe genoss, da er zuerst, nachdem er durch die jungfräuliche Mutter die abgehauene Hand wieder gewonnen hatte, die göttlichen Geheimnisse feierte[130]. Auf dieses Gebet goss der Herr den Reichtum seiner göttlichen Güte ihr reichlich ein und schenkte ihr auch all das Verdienst, worin dieser selige Papst im Himmel glänzt, der für den Sieg über die Versuchung hoch erhöht worden ist.

Und dies tat der gütige Herr deshalb, weil sie aus Demut, im Bewusstsein, dass die nicht angefeindete Tugend im Himmel weniger glorreich erscheine, immer fürchtete, die Belohnung für die Keuschheit zu entbehren, da sie wegen ihrer Herzensreinheit keinerlei fleischlichen Anfechtungen vom Herrn überlassen wurde. Dies schrieb sie jedoch ihrer Gebrechlichkeit zu, in dem Glauben, der Herr bewahre sie deshalb barmherzig vor fleischlichen Versuchungen, weil er vorauswisse, dass sie schwach und untreu sei und, falls dieselben sie anfeindeten, eher unterliegen als widerstehen werde. Deshalb ergänzte der Herr diesen Mangel, den sie vorbrachte, durch die Verdienste dieses Heiligen.

Außerdem gab er ihr noch alles Verdienst, was jene Person, für die sie gebetet hatte, dann erlangen würde, wenn sie gemäß ihrer Unterweisung die Versuchungen standhaft überwände.

Hierdurch erkannte sie zugleich, dass derjenige, der Gott für einen Sieg oder eine sonstige, irgendjemandem erteilte Wohltat dankt oder einen andern zum Fortschritt unterrichtet, in Wahrheit ihr Verdienst gewinnt.

IV. 42. Von den heiligen Aposteln Petrus und Paulus

Während am hehren Fest der Apostelfürsten Petrus und Paulus bei den Metten das zweite Responsorium «Wenn du mich liebst» gesungen wurde, fragte sie den Herrn, welche Schafe sie weiden könne[131], um ihm dadurch die höchste Liebe im Werk zu erweisen. Er antwortete: «Weide mir fünf Lämmer[132], die ich mir ausgewählt habe[133]; nämlich dein Herz weide in göttlichen Betrachtungen, deinen Mund durch heilsame Reden, deine Augen auf heiligen Lesungen, deine Ohren an nützlichen Ermahnungen und deine Hände durch beständige Übungen.»

Durch die göttlichen Betrachtungen des Herzens wurde alles bezeichnet, was zur Ehre Gottes und zum eigenen und zum Heil des Nächsten gedacht werden kann. Dasselbe gilt von heilsamen Gesprächen. Die heilsamen Lesungen aber bedeuten alles, was heilsam zu sehen ist, wie das Bild Christi des Gekreuzigten, die Not der Armen und die Beispiele der Gerechten.

Unter den nützlichen Ermahnungen verstand sie, dass die Ohren zum Wohlgefallen des Herrn nützlich geweidet werden, wenn sie die Zurechtweisungen geduldig annehmen. Während sie aber über die beständige Übung der Hände nachdachte, die doch nicht zugleich mit der Lesung geschehen könne, erkannte sie, dass der Herr den Eifer oder die Absicht zu lesen für ein Werk annimmt, oder auch, dass das Buch mit den Händen gehalten wird, und ähnliches. Während der Messe pries sie den hl. Petrus wegen seiner besonderen Vorzüge und unter andern auch dafür, dass er vom Herrn hörte: «Was du binden wirst»[134] usw.

Da erschien derselbe Apostel in päpstlicher Herrlichkeit, mit Priesterkleidung angetan, streckte die Hand über sie aus und gab ihr den Segen, um in ihrer Seele alles Heil zu vollenden, das er jemals durch die ihm übertragene Gewalt in einer Seele zu wirken vermochte. Hierauf trat sie zum Empfang des Leibes Christi hervor, zitterte aber im Andenken an ihre Unwürdigkeit, weshalb die Apostelfürsten sich ihr näherten und, der eine zur Rechten, der andere zur Linken, sie mit großer Ehre hinzuführten. Als sie dorthin gekommen war, stand der Sohn Gottes auf, umschlang sie mit beiden Armen und sagte: «Sieh, mit denselben Armen habe ich dich auch herbeigeführt, aber ich wollte dies lieber durch meine Apostel tun, um deine Andacht zu vermehren.»

Hierauf erklärte sie sich schuldig, dass sie nicht daran gedacht habe, den hl. Paulus auch mit besonderer Andacht zu preisen, und bat den Herrn, er selbst möge ihre Nachlässigkeit ersetzen.

IV. 43. Von der hl. Jungfrau Margareta

Am Fest der heiligen Jungfrau Margareta während der Vesper erschien ihr diese glorreiche Heilige ganz grünend und blühend im Frühling der unverwelklichen Ewigkeit, mit Glorienschmuck geziert, vor dem Thron der göttlichen Majestät stehend. Während nun das Responsorium «Preiswürdige Jungfrau» begann, schien der Herr Jesus, der König der Herrlichkeit, aus der unversehrten Reinheit seiner unschuldigen und jungfräulichen Menschheit einen hellen Glanz zu entsenden und damit den Schmuck der hl. Margareta zu durchstrahlen, gleichsam um das Verdienst der Jungfräulichkeit in ihrer Seele zu erneuern und zu verdoppeln, ähnlich wie ein Maler einem schön gemalten Bild durch Firnis noch helleren Glanz verleiht.

Bei jenen Worten: «In großer Standhaftigkeit dastehend», entsandte der Sohn Gottes zur Vermehrung der Herrlichkeit und der Leidensverdienste seiner Braut abermals einen wunderbaren Strahl seines unschuldigen und bittersten Leidens in die Seele dieser Jungfrau, wodurch sie unaussprechlich geschmückt wurde.

Als sodann im Hymnus gesungen wurde: «Den Bräuten teilt er Preise aus», redete der Herr seine Braut, die hl. Margareta, mit folgenden Worten huldreich an: «Nun, meine Tochter, habe ich nicht deshalb, weil ich jetzt an deine Belohnung erinnert wurde, dir den Preis für deine Verdienste reichlich vermehrt?»

Und also freundlich mit ihr redend, zog er die Andacht aller, die auf der ganzen Erde das Fest der hl. Margareta feierten, in sich und erhöhte dadurch diese glorreiche Jungfrau mit unschätzbaren Belohnungen für ihre Verdienste.

Hierauf wandte die hl. Margareta sich zu Gertrud mit den Worten: «Freue dich und frohlocke[135], du Auserkorene meines

Herrn! In dieser Welt wirst du durch mancherlei Krankheiten und Leiden bedrängt, hierfür aber wirst du nach kurzer Frist in ewiger Herrlichkeit dich beständig erfreuen.

Dort werden dir für die einzelnen Augenblicke körperlicher Beschwerden tausendmal tausend Jahre himmlischer Tröstungen von deinem Bräutigam zugemessen. Alles, was du im Herzen oder am Körper erduldest, er sendet es dir aus besonderer Liebe, damit du von Tag zu Tag, von Stunde zu Stunde mehr geheiligt und der ewigen Seligkeit würdiger werdest. Bedenke, dass ich an jenem Tag, da ich diese Herrlichkeit erlangt habe, verachtet und fast von allen für eine Elende angesehen wurde.

Vertraue deshalb, dass auch du nach dem glückseligen Schluss dieses Lebens die beseligenden Umarmungen des unsterblichen Bräutigams ohne Ende genießen wirst in der Herrlichkeit jener übernatürlichen Wonnen, die kein Auge gesehen, kein Ohr gehört hat, die in keines Menschen Herz gedrungen und die denen bereitet sind, welche Gott lieben.»[136]

IV. 44. Von der heiligen Maria Magdalena

Am Fest der glückseligen Maria Magdalena erschien während der ersten Vesper diese Heilige mit ebenso vielen goldenen, unbeschreiblich glänzenden Blumen und kostbaren Edelsteinen geschmückt, als sie einst durch Sündenmakel entstellt war. Und zur Rechten des Sohnes Gottes stehend, schien sie mit dem Glanz ihrer Herrlichkeit das ganze himmlische Vaterland zu durchstrahlen.

Der Herr Jesus aber redete zu ihr in den huldvollsten Worten. Gertrud erkannte, dass durch die goldenen Blumen die Güte und Milde versinnbildet wurden, in welcher der Herr ihr die Sünden so barmherzig verzieh, und durch die Edelsteine die würdige Buße, durch welche sie unter Mitwirkung der göttlichen Gnade die Makel ihrer Sünden abwusch.

Während der Metten aber, da sie auf die Worte und Noten, welche zur Ehre der hl. Maria Magdalena gesungen wurden, zur Verherrlichung Gottes besonders Acht hatte, bat sie diese Glückselige, für sie und die ihr Empfohlenen Fürsprache einzulegen. Hierauf trat Magdalena hervor, fiel zu des Herrn Füßen nieder, küsste sie[137] liebreich, erhob sie mit ihren Händen und bereitete sie gleichsam für alle zu, die durch wahre Buße zu ihnen hinzuzutreten begehren. Sogleich trat auch Gertrud andächtig hinzu und küsste die heiligsten Füße in innigster Liebe mit den Worten: «Sieh, o mein liebreichster Herr, ich opfere dir jetzt die Beschwerden deiner mir anempfohlenen Dienerinnen auf und wasche zugleich mit ihnen deine Füße», worauf der Herr erwiderte: «Auf die beste und würdigste Weise hast du an ihrer Stelle meine Füße gewaschen; nun sage denen, für die du betest, dass sie auch mit ihren Haaren dieselben abtrocknen, küssen und salben.» Durch diese Worte erkannte sie, dass sie sich dreier Stücke befleißigen sollten.

Zuerst nämlich sollten sie, gleichsam mit ihren Haaren die Füße des Herrn abtrocknend, sorgfältig nachdenken, ob sie in ihren Beschwerden etwas fänden, was Gott entgegen wäre oder sie von Gott fern hielte, und zu dem Zweck die Absicht zu Gott richten, zur Sühnung sich der Erduldung jeglicher Widerwärtigkeit bereitwilligst zu unterziehen.

Zweitens sollten sie, die heiligsten Füße küssend, von der Güte Gottes zuversichtlich erwarten, dass er ihnen alles sehr leicht verzeihen werde, was sie aufrichtig bereuten. Drittens sollten sie, wie um ihn zu salben, mit festem Willen sich vornehmen, alles Gott Entgegengesetzte möglichst sorgfältig zu verhüten.

«Wenn es dich erfreut», fügte der Herr noch hinzu, «so wende auch jene Salbe an, welche dasselbe fromme Weib aus einem Alabastergefäß, das sie zerbrach, über mein Haupt goss, so dass ‹das ganze Haus vom Wohlgeruch erfüllt wurde›[138]; und dies wirst du tun aus Liebe zur Wahrheit. Denn wer die Wahrheit liebt und wegen ihrer Verteidigung zuweilen Freunde verliert oder andere Beschwerden erduldet oder Anstrengungen macht, der zerbricht das Alabastergefäß und gießt die kostbare Salbe über mein Haupt, wodurch auch das Haus von Wohlgeruch erfüllt wird. Er wird nämlich die Ursache eines guten Beispiels, weil überhaupt derjenige, der andere zu bessern sucht, selbst eine größere Vorsicht in dem anwendet, was er an andern getadelt hatte.[139]

Und so wird der Wohlgeruch überall verbreitet, da er sowohl sich selber bessert, als auch den Nächsten durch sein Beispiel erbaut. Wenn er aber bei Verteidigung der Wahrheit in einigen

Stücken fehlt, indem er, vom Eifer fortgerissen, manchmal durch zu harte Worte zurechtweist oder sonst zu lässig oder zu streng handelt, so werde ich ihn bei Gott dem Vater und allen Himmelsbürgern getreulich entschuldigen, wie ich auch Maria Magdalena entschuldigt habe, und werde für ihn alles wieder gutmachen.» Hierauf sagte sie: «O Herr, von Maria Magdalena heißt es, dass sie diese kostbarste Salbe gekauft habe; wie könnte ich dir denn einen so angenehmen Dienst leisten, als wenn ich dir eine ähnliche Salbe verschafft hätte?»

Der Herr antwortete: «Ein jeder, der mir seinen guten Willen aufopfert in irgendeiner Sache, die er aus Liebe zu mir vollenden will, wenn er dabei auch noch so sehr sich anstrengen muss, um nur meine Ehre befördern zu können, der bereitet in Wahrheit die mir angenehmste Salbe, weil er meine Ehre seinem Vorteil vorzieht und freiwillig sich allen Beschwerden aussetzt, und dies selbst in dem Fall, wenn er wegen Hindernissen seinen guten Willen niemals verwirklichen könnte.»

IV. 45. Vom heiligen Apostel Jakobus

Am Fest des glorreichen hl. Jakobus des Älteren erschien ihr dieser Apostel, geschmückt mit den Verdiensten aller Wallfahrer, welche die heiligen Reliquien seines Leibes verehren.

Hierüber erstaunt, fragte sie den Herrn, warum er ihn vor den übrigen Aposteln erhöht habe, dass das Volk aus fernen Landen[140] zur Verehrung seiner Reliquien mit größerer Andacht zusammenströmt als zu den Gräbern der Apostelfürsten Petrus und Paulus oder anderer Apostel und Heiligen.

Der Herr antwortete: «Ich habe diesen Apostel unter den übrigen durch jenen Vorzug ausgezeichnet wegen seines glühenden Seeleneifers. Da er nun gemäß meiner ewigen Vorherbestimmung so schnell dem Körper entzogen wurde, dass er es nicht vermochte, eine so große Menge von Völkern zum Glauben zu bekehren, als er zu meiner Ehre begehrte: Deshalb hat sein guter Wille, der vor meinem Angesicht allzeit wirkt und lebt, im Voraus verdient, dass das durch seinen frühzeitigen Tod Unterbliebene bis ans Ende der Welt ergänzt wird.

Denn viele werden durch die zahlreichen Wunder an seinem Grab zur frommen Wallfahrt dorthin bewogen und werden dadurch von ihren Sünden befreit und im katholischen Glauben bestärkt.» Da sie nun auch begehrte, durch die Verdienste dieses Apostels von ihren Sünden losgesprochen zu werden, nahm sie sich vor, statt der Pilgerfahrt zu seiner Ehre an demselben Tag das Sakrament des Herrn zu empfangen.

Nachdem sie dies getan hatte, kam es ihr vor, als ob sie an einem mit verschiedenen Gerichten reichlich ausgestatteten Tisch mit dem Herrn der Majestät sitze. Und als sie den empfangenen Leib Christi dem Herrn zur ewigen Verherrlichung und zur Vermehrung der Glorie des hl. Jakobus aufopferte, kam der Apostel in Gestalt eines herrlichen Fürsten, setzte sich mit Ehrerbietung vor dem Herrn an jenen Tisch und brachte ihm den innigsten Dank für diese Aufopferung. Darauf bat er den Herrn andächtig, er möge alle Heilswirkung, die er, der gütige Herr, durch seine Verdienste je in irgendeinem Menschen vollbringe, auch der Seele derjenigen zuwenden, welche dies hochedle Sakrament zu seiner Ehre aufgeopfert hatte.

IV. 46. Von der Aufnahme der seligsten Jungfrau

Es nahte das Fest der hochherrlichen Aufnahme der unversehrten Jungfrau. Gertrud lag wieder krank und konnte ihr Verlangen, zu Ehren der seligsten Jungfrau das Ave Maria nach der Zahl der Jahre, die sie auf Erden gelebt hatte, zu beten, nicht erfüllen. Dennoch versuchte sie, diese Zahl durch die drei Begrüßungen: «Gegrüßet seist du, Maria, du bist voll der Gnaden, der Herr ist mit dir», andächtig zu ersetzen. Während sie dies nebst verschiedenen Gebeten, die ihr von andern zur Darbringung an die seligste Jungfrau waren empfohlen worden, aufopferte, erschien die gnadenreiche Jungfrau, geschmückt mit einem grünen, von goldenen dreiblätterigen Blumen glänzenden Mantel, und sagte: «Sieh, so viele Worte jede von denen, in deren Namen du mir dies darbringst, gebetet hat, ebenso viele Blumen hat sie zu meinem Schmuck hinzugefügt, wovon die eine mehr, die andere weniger blüht, je nachdem jede mehr oder weniger vollkommen und andächtig gebetet hat. Und ich senke den Widerschein dieser Blumen in die Seelen der Einzelnen, damit sie hierdurch meinem Sohn und der ganzen himmlischen Heerschar gefallen.»

Auch waren den dreiblätterigen Blumen einige sechsblätterige Rosen untermischt; drei der Blätter waren aus Gold und mit verschiedenen Edelsteinen geziert, worin Gertrud die drei Begrüßungen erkannte, die sie wegen der Krankheit mit großer Anstrengung gebetet hatte; von den drei andern aber, die der Herr in unaussprechlich schönen Farben hinzugefügt hatte, war eines für die Liebe bei der Begrüßung und Lobpreisung seiner süßesten Mutter, ein zweites für die Bescheidenheit, womit sie, sich unfähig fühlend, nur drei Begrüßungen gebetet hatte, und ein drittes für das zuversichtliche Vertrauen, dass sowohl der Herr wie seine gütige Mutter das annehmen würden, was sie vermochte.

Während der Prim sodann, nach der die Messe von der Vigil der Aufnahme gesungen werden sollte, bat sie den Herrn, er möge ihr bei seiner süßesten Mutter, der sie niemals den schuldigen Dienst geleistet habe, Gnade und Verzeihung erlangen. Da neigte er sich in die trauteste Umarmung seiner Mutter, erwies ihr alle kindliche Liebe, wovon er jemals gegen sie erfüllt war, und sprach: «Erinnere dich, Herrin, liebreichste Mutter, dass ich um deinetwillen den Sündern gnädig bin, und schaue auf diese meine Erwählte mit solcher Liebe, als wenn sie alle Tage ihres Lebens dir mit der vollkommensten Andacht gedient hätte.» Hierauf schien die jungfräuliche Mutter aus Liebe zum Sohn sich mit ihrer Seligkeit ganz Gertrud zuzuwenden.

Bei der Messkollekte: «O Gott, der du den jungfräulichen Schoß der seligen Maria zur Ruhestätte erwählt hast», stellte dann der Herr Jesus sich seiner seligsten Mutter mit so großer Huld und Zutraulichkeit vor, als ob er zu dieser Stunde ihr alle Wonnen vielfältig erneuerte, welche sie bei seiner Empfängnis, Geburt und andern freudigen Ereignissen seiner Menschheit empfunden hatte. Bei den Worten: «Damit er uns durch ihren Schutz bewahre und selig mache», sah Gertrud, wie die zarte Mutter ihren Mantel freundlich um alle breitete, die sich in ihren besonderen Schutz begeben, und wie darauf die heiligen Engel alle Personen vor sie führten, welche durch besondere Andacht und Gebete zu diesem

Fest sich vorbereitet hatten. Dabei wurden sie von den heiligen Engeln gegen die Nachstellungen der bösen Geister verteidigt und in jeglichem Guten gefördert. Denn auf Marias Befehl werden alle, welche sie anrufen, von der Heerschar der Engel beschützt.

Auch schienen unter ihren Mantel sich wilde Tiere der verschiedensten Art zu flüchten, wodurch die Sünder bezeichnet wurden, welche zu ihr eine besondere Verehrung haben. Alle nahm die Mutter der Barmherzigkeit gütig auf, streichelte und liebkoste sie mit ihrer zarten Hand und redete ihnen treulich zu, gleichwie jemand sein Hündchen liebkost. Hierdurch deutete sie an, mit welch mütterlicher Liebe sie auch die noch der Sünde Ergebenen beschützt, wenn sie auf sie hoffen, bis sie dieselben durch wahre Buße mit ihrem Sohn versöhnt.

Als aber die Genossenschaft nach der Messe gemäß den Ordensstatuten zum Kapitel ging, sah sie den Herrn Jesus mit einer ungeheuren Zahl von Engeln zum Konvent kommen und die Genossenschaft mit großer Freude erwarten. Hierüber staunend, sagte sie zu ihm: «Warum bist du, o Herr, mit solcher Huld und mit so vielen Engeln zu diesem Kapitel gekommen, zu dem wir doch keine so besondere Andacht haben wie zu dem an der Vigil deiner allerheiligsten Geburt und Menschwerdung?» Der Herr antwortete: «Also bin ich gekommen, gleichwie ein Familienvater die Gäste freundlich empfängt, die zu seinem Mahl geladen sind. Heute werde ich aus Ehrfurcht vor meiner süßesten Mutter zur Ankündigung des Festes ihrer hochherrlichen Aufnahme mit besonderer Liebe alle die aufnehmen, welche dies Fest andächtig zu feiern begehren. Außerdem spreche ich kraft meiner Gottheit alle los, welche die Vernachlässigungen der Ordensregel mit Demut und Andacht bekennen. In gleicher Weise wohne ich an allen Festen eurem Kapitel bei und ich nehme alles, was ihr dort tut, so auf, wie ich es dir an der Vigil meiner Geburt gezeigt habe.»

Bei der Non sodann, womit nach unsern Statuten das Fest der Aufnahme begonnen wird, erkannte sie durch göttliche Erleuchtung, dass die seligste Jungfrau Maria am Tag vor ihrer Aufnahme um diese Stunde bereits vollständig in Gott entzückt wurde.

Als habe sie alles Menschliche schon abgelegt, wurde sie im Vorgenuss der himmlischen Wonnen allein vom Geist Gottes erhalten, bis sie um drei Uhr in der Nacht dem ankommenden Herrn, durch alle Vollkommenheit der Tugenden auf das Beste vorbereitet, mit unermesslicher Freude entgegenging, da kein Vorwurf des Gewissens sie drückte. So nun in seine Arme fliegend, wurde sie ein Geist mit ihm und ging ein in den Genuss der unendlich seligen Gottheit.

Während der Vesper aber, da die Psalmen gesungen wurden, schien der Herr alles, was in den Psalmen sich auf seine Lobpreisung bezog, in sein göttliches Herz zu ziehen und aus seinem Herzen auf die seligste Jungfrau hinzukehren in der Gestalt gewaltiger, mächtig wogender Ströme.

Und als die Antiphon «Ganz schön bist du»[141] angestimmt wurde, stürzte Gertrud in die Umarmung des Herrn und stimmte auf der Orgel seines Herzens die einzelnen Worte an, zur Erinnerung an jene zartesten Liebesbeweise, durch welche der Sohn des Allerhöchsten seine glückseligste Mutter einst erfreute.

Und sieh, hierbei ergossen sich die überwallenden Lichtströme jenes göttlichen Herzens mächtig in die Seele der seligsten Jungfrau, von wo sie als zahlreiche Sterne in wunderbarem Licht zurückfluteten und, die Königin des Himmels von allen Seiten umgebend, sie mit unaussprechlicher Schönheit und Freude erfüllten. Einige aber schienen wegen der Überzahl zu Boden zu fallen; diese sammelten alle Heiligen, stellten sie vor den Herrn und wurden durch die Bewunderung derselben unaussprechlich ergötzt. Hierdurch wurde versinnbildet, dass alle Heiligen aus der Überfülle der Vorzüge und Verdienste der seligsten Jungfrau reichliche Freude, Herrlichkeit und unvergängliche Seligkeit schöpfen.

So nun vereinigten sich alle Engel in Jubel und Frohlocken mit der Andacht der Genossenschaft und sangen mit ihr in süßem Ton das Responsorium «Wer ist die?», nach dessen Schluss der Sohn Gottes mit hoher Stimme den Vers anstimmte: «Diese[142] ist die Schöne», wobei die Zither seines göttlichen Herzens vom Heiligen Geist schien geschlagen zu werden, um die gebenedeite Jungfrau-Mutter über alle Kreaturen zu preisen und zu verherrlichen. Während des Hymnus «Den Erde, Meer»[143] lehnte die seligste Jungfrau, gleichsam von überströmenden Wonnen nicht mehr ihrer selber mächtig, sich über die Brust ihres liebreichsten

Sohnes und ruhte im Jubel der himmlischen Freuden bis zu dem Vers «O glorreiche Herrin»[144]. Da nämlich, wie aufgefordert von der Andacht der Gläubigen, richtete sie sich auf und reichte allen die Hand ihres gütigen Schutzes und mütterlichen Trostes.

Bei dem Schlussvers aber «Ehre sei Gott dem Vater»[145] erhob sie sich und machte mit großer Ehrfurcht drei Kniebeugungen zur Ehre der heiligsten Dreieinigkeit. Also stand sie während des Magnificats und betete für die Kirche. Bei der Antiphon aber «O weiseste Jungfrau» senkte sie ein himmlisches Licht auf alle, die sie andächtig anriefen.

Ein andermal an demselben Fest, als Gertrud wegen Kraftlosigkeit kaum zur Stätte des Gebetes geführt werden konnte, um dort die Metten zu hören, und ermüdet sich niedersetzte, suchte der Herr, der Aufgang aus der Höhe, sie heim durch seine liebevollste Barmherzigkeit[146]. Beim sechsten Responsorium schien es ihr, als ob sie im Geist jenem beseligenden Fest beiwohnte, an dem die jungfräuliche Gottesmutter, die Schuld des Fleisches abtragend, in das Himmelreich einging. Von diesem Responsorium bis zum Tedeum, da sie zu sich selbst zurückkehrte, wurde nichts gesungen, wobei sie nicht eine besondere Erleuchtung voll himmlischer Wonne empfing.

Jenes Responsorium schien der ganze Chor der Engel und der Apostel zu singen, gleichsam um ihrer Herrin zu ihren besonderen Vorzügen und Würden Glück zu wünschen. Unterdessen trat die glorreiche Jungfrau, von unbeschreiblicher Süßigkeit angezogen, gleichsam aus dem Kerker des Fleisches hervor und wurde in die beseligendste Umarmung des Sohnes aufgenommen.

Der gütigste Jesus aber, der Vater der Waisen, stellte in seiner Person die Kirche, seine geliebte Braut, dar und stimmte, als ob er ihre Bedürfnisse, die seinem Herzen so tief innehaften, seiner Mutter empfehlen wollte, an Stelle der Kirche das siebte Responsorium an: «Heilige, Gottgeliebte». Da sie sich nun anschickte, vorwärts zu gehen, schien der Sohn, der von zarterer Liebe gegen die Mutter erfüllt war, auch durch zahlreichere Lobpreisungen sie zu erheben. So grüßte er sie mit dem achten Responsorium «Sei gegrüßt, Maria», worauf der Chor der Heiligen fortfuhr: «Sei gegrüßt, o gütige Mutter der Christenheit.» Sodann fügte Jesus in der Person seiner Braut, der Kirche, mit heller Stimme hinzu: «O Jungfrau, Trösterin der Betrübten!»

Hierauf ging die seligste Jungfrau in unbeschreiblichem Entzücken in den Himmel ein, wobei der ganze himmlische Hof unter dem Gesang «Höret mich»[147] von solchem neuem Jubel erfüllt wurde, dass keine menschliche Zunge es auszusprechen vermag. Denn sie schien eine Au zu betreten, über allen menschlichen Begriff ergötzlich und angefüllt mit Blumen jeglicher Art.

Als nun der Vers gesungen wurde: «Und grünet zu Gunsten», entsandten alle Blumen aus den einzelnen Blättern zur Aufnahme der einzigen Königin Glanz und Schönheit und Würzgeruch und lieblichen Wohlklang, als wenn die Musik der ganzen Welt zum süßesten Sang sich vereinigte, so dass die seligste Jungfrau in unvergleichlicher Seligkeit aufjubelnd und Gott preisend sang: «Freuen will ich mich und frohlocken im Herrn.»

Voll Wohlgefallen an der allseitigen Vollkommenheit der herrlichen Jungfrau segnete darauf der himmlische Vater in überströmender Süßigkeit die streitende Kirche mit den Worten: «Nicht sollst du eine Verlassene heißen.»[148] Hiernach wurde sie, während der ganze himmlische Hof bei dem Responsorium «Sei gegrüßt, du edles Reis Jesse» von Jubel und Lobpreis widerhallte, zur Rechten des Sohnes auf den Thron der Herrlichkeit gesetzt.

Sofort versammelten sich alle Himmelsbewohner vor ihr und priesen ihren heiligen Lebenswandel; in unaussprechlichem Jubel sangen sie das Responsorium «Glückselig bist du, o Jungfrau Maria», worauf die ganze Dreifaltigkeit den Vers «Ave Maria» hinzufügte und so jenen beseligenden Englischen Gruß erneuerte, welcher der Anfang alles Heiles gewesen ist.

Der Chor der Heiligen aber fuhr fort mit den Worten: «Siehe, du bist erhöht worden» und bat sie, für die streitende Kirche Fürsprache einzulegen. Zuletzt sang die seligste Jungfrau selbst mit der ganzen himmlischen Heerschar das Tedeum zum Dank für ihre Beseligung und Verherrlichung der allzeit preiswürdigen Dreifaltigkeit. Durch den ersten Vers wurde die ganze heilige Dreifaltigkeit zumal gepriesen, durch den zweiten, «Dich, den ewigen Vater», Gott der Vater besonders, durch den dritten, «Dir rufen alle Engel», Gott der Sohn, und durch den vierten, «Dir die Cherubim», der Heilige Geist. So wurden, wie sie erkannte, durch die einzelnen Verse die einzelnen Personen verherrlicht, mit Ausnahme der sieben bloß auf den Sohn sich beziehenden Verse: «Du, König der Glorie, Christe» usw., wodurch er besonders dafür gepriesen wurde, dass die seligste Jungfrau mit seiner Hilfe ihre einzelnen Neigungen allzeit auf die Ehre Gottes gerichtet und niemals zu vergänglichen Dingen hatte abschweifen lassen.

Durch die folgenden Verse aber, «Lass uns mit deinen Heiligen», wurden wiederum abwechselnd die einzelnen Personen gepriesen. Zugleich erkannte sie bei all dem, dass die dem Vater zugeschriebenen Verse in besonderer Weise nur auf ihn passten, und ebenso bei dem Sohne und dem Heiligsten Geiste. Als sie hierauf von dieser beseligenden Festfeier, der sie im Geist beigewohnt hatte, zu sich selbst zurückkehrte, fühlte sie auch ihren Körper gekräftigt und eilte allen, die neben ihr standen, um sie zu geleiten, mit solcher Schnelligkeit voraus, als wenn sie überhaupt keine Schwäche empfände. Und dieser Zustand dauerte fort, bis sie nach der Feier der heiligen Messe mit körperlicher Speise erquickt wurde.

Es war drei Jahre hiernach, da lag sie wiederum an der Vigil der Aufnahme der seligsten Jungfrau Maria krank zu Bett. Schon in erster Frühe hatte sie sich ganz der Sammlung hingegeben und erblickte im Geist die glorreiche Jungfrau in einem wunderherrlichen Garten, wie sie im ruhigsten Jubel und in die beseligendste Beschauung versenkt sich zum Sterben bereitete, wobei ihr liebenswürdiges Angesicht die erhabenste Heiterkeit und die Fülle der Anmut offenbarte. In dem Garten aber waren die schönsten Rosen ohne Dornen, hell strahlende Lilien, wohlduftende Veilchen und andere Blumen jeglicher Art, ohne Kraut dazwischen.

Dabei erschienen die einzelnen Blumen, je weiter sie von der seligsten Jungfrau standen, in um so größerer Schönheit, Wohlgeruch und Frische. Die hehre Jungfrau zog aus jeder Blume alle Kraft wie einen Hauch mit himmlischer Begierde in sich ein und atmete mit unbeschreiblicher Freude ihn wieder aus in das Herz ihres liebreichsten Sohnes, das ihr zugekehrt war und offen stand. In dem Raum aber zwischen der seligsten Jungfrau und den Blumen, deren Hauch sie einzog, war eine unzählige Menge von

Engeln beschäftigt, unter Lobpreisungen des Herrn ihrer erhabenen Königin Dienste zu leisten.

Den hl. Johannes den Evangelisten sah sie gleichsam zu Häupten der jungfräulichen Mutter andächtig dem Gebet obliegen und auch aus ihm schien die Mutter des Herrn einen wunderbaren Hauch einzuziehen. Gertrud wurde vom Herrn belehrt, dass durch den erwähnten Garten der Leib der unversehrten Jungfrau bezeichnet werde, in dem ihre Seele wie in einen Garten weilte, durch die Blumen ihre verschiedenen Tugenden, im besonderen durch die Rosen, welche entfernter als die Übrigen standen, schöner waren und von den Engeln mit größerer Ehrfurcht gepflegt wurden, die Werke der Liebe gegen Gott und den Nächsten, worin sie, je weiter sie sich darin auszudehnen suchte, Gott um so würdigere Frucht brachte. Durch die Lilien aber, welche einen durchdringenderen Geruch und einen strahlenderen Glanz verbreiteten, wurde die Reinheit ihres heiligen Lebenswandels versinnbildet, den die Auserwählten nachgeahmt haben.

Der Hauch, den die seligste Jungfrau aus dem Herzen des hl. Johannes einzuziehen schien, bedeutete, dass sie durch diesen Heiligen eine besondere Glorie mittels des Guten gewann, dem sie durch seine Fürsorge ihr Leben lang um so ungehinderter obliegen konnte. Als Gertrud weiter fragte, welchen Gewinn denn der hl. Johannes hierdurch habe, antwortete der Herr: «Mit so vielen Graden der Liebe ist mein Herz ihm inniglich zugetan, als der Dienste sind, durch die er meiner Mutter die Übungen von Tugenden erleichterte.»

In solchem Jubel verbrachte Gertrud den ganzen Tag bis zu den Metten. Darauf abermals im Geist entzückt[149], sah sie beim ersten Responsorium die über alle Geschöpfe beseligte Mutter an der Brust ihres geliebten Sohnes in der vollkommensten Ruhe und der Sohn ergoss seinerseits aus seinem süßesten Herzen mit unbeschreiblicher Wonne all jene Frucht der Tugenden wieder zurück, die sie vorher aus Dankbarkeit auf ihn übertragen hatte, und dieselbe war jetzt um so herrlicher, da er sie in seinem göttlichen Herzen geadelt hatte. Diese umgaben sie wie Rosenblüten und Lilien der Täler[150] und schmückten sie mit unaussprechlicher Frühlingsschönheit.

Das erste Responsorium aber schien Gott, der allmächtige Vater, selbst in süßester Weise zu sprechen mit den Worten: «Ich sah die Schöne», wodurch er den Himmelsbewohnern kund tat, dass er sie auf Erden gekannt habe «als eine Taube ohne Makel» durch ihre Unschuld, als «eine über die Wasserbäche Aufsteigende» durch ihre Sehnsucht, als «eine, deren Kleidern ein unschätzbarer Wohlgeruch innewohnte»[151] durch die Heiligkeit ihres Wandels, und als «eine, welche Rosenblüten und Lilien der Täler gleich Frühlingstagen umgaben» durch ihre verschiedenen Tugenden. Hieran reihte die Person des Heiligen Geistes das zweite Responsorium «Wie die Zeder des Libanon», wodurch er in der seligsten Jungfrau die Erhabenheit ihres heiligen Wandels verherrlichte.

Darauf sangen alle Heiligen, durch solche Lobpreisung angetrieben, mit Staunen das dritte Responsorium «Wer ist jene». Obgleich Gertrud das Verständnis aller dieser einzelnen Worte empfing, so vermochte sie doch aus Mangel an Kräften nicht alles zu behalten. Alle Heiligen kamen dann in ehrfurchtsvoller Prozession vor dem Thron der glorreichen jungfräulichen Mutter feierlich zusammen und priesen sie in süß tönender Harmonie durch das vierte Responsorium «Freue dich, o Königin», dass sie nämlich jene mächtige Königin sei, wodurch die Klarheit des ewigen Lichtes ihnen bereits aufgegangen, dass sie alsbald die würdige Herrin nicht bloß der Erde, sondern auch der Himmel sein werde, dass sie in Wahrheit als die schönste aller Jungfrauen in gleichem Tugendschmuck und in der Vollkommenheit der Gnaden erscheine und dass sie aus der Fülle ihrer Barmherzigkeit den Bedürfnissen aller mit mütterlicher Liebe zu Hilfe komme und ihnen zur Vermehrung der ewigen Herrlichkeiten diene, da sie durch ihre Verdienste die Wonnen aller Heiligen steigerte.

Hiernach traten die Chöre der Engel ehrfurchtsvoll hervor und sangen mit heller Stimme den Vers «Gib, dass wir uns erfreuen», als wollten sie hierdurch ihre Auflösung und den Eintritt in die Himmelsglorie beschleunigen.

Alle Heiligen stimmten das «Ehre sei dem Vater» an für die der seligsten Jungfrau an Leib und Seele erwiesenen Gnaden und setzten dann die Antiphonen und Psalmen der zweiten Nokturn zum Lobe Gottes und der jungfräulichen Mutter fort. Beim fünften

Responsorium aber erhob sich die hehre Jungfrau in innigster Dankbarkeit und sang jubelnd die Worte: «Selig preisen werden mich alle Geschlechter!»

Darauf wurde ihre heiligste Seele, die über alle Geschöpfe unvergleichlich beseligt nun aus dem Leib geschieden war, auf die Arme des Sohnes sanft gestützt, in die Quelle aller Seligkeit durch eine unbeschreiblich beglückende Vereinigung auf ewig versenkt. Und der ganze himmlische Hof brach beim Anblick der jungfräulichen Seele, die in der beseligenden Umarmung des Königs über alle Chöre der Engel und Heiligen erhoben und der anbetungswürdigen Dreieinigkeit zunächst gesetzt wurde, in Jubel, Entzücken und Glückwünsche aus und sang zu ihrem Preis das sechste Responsorium «Über das Heil», womit jene Vision entschwand.

Ein andermal an demselben Fest, da sie den Metten andächtig beiwohnte, teilte sie die drei Nokturnen in drei besondere Andachtsübungen und erinnerte in der ersten Nokturn bei den einzelnen Worten und Noten die glorreiche Jungfrau an jene unaussprechlichen Tröstungen, welche sie bei der Erwartung ihres glückseligen Hinüberganges sowohl von ihrem Sohn als auch von allen Heiligen empfangen habe.

Die unversehrte Jungfrau schien bei den einzelnen Worten, wodurch sie von Gertrud oder einem andern Gläubigen in der ganzen Welt an die erwähnten Tröstungen erinnert wurde, mit Rosenblüten und Lilien der Täler umgeben zu werden. In der zweiten Nokturn erinnerte sie dieselbe an jene beseligenden Wonnen, die sie beim Übergang aus dieser Welt zu dem Palast des Himmels genoss. Hierdurch wurde die hehre Jungfrau mit so vielfachem Schmuck geziert, als Worte in der ganzen Welt sie an jene Wonnen erinnerten. In der dritten Nokturn gemahnte sie die Königin des Himmels an jene unaussprechliche und alle menschliche Fassungskraft übersteigende Herrlichkeit, in welche sie aufgenommen wurde beim Eintritt ins Reich und die sie über jede Würde im Himmel erhöhte. Bei diesen Worten überströmte sie unbeschreiblicher Glanz und unvergleichlich süßer Würzgeruch.

Während der Messe aber las Gertrud dreimal den Vers «Lobet den Herrn, alle Völker»[152] und bat beim ersten Mal in ihrer gewohnten Weise alle Heiligen, sie möchten ihre Verdienste und Vorzüge dem Herrn für sie aufopfern, damit sie hierdurch würdig vorbereitet zum Empfang des Sakramentes hinzuträte.

Beim zweiten «Lobet» bat sie die seligste Jungfrau in ähnlicher Weise und beim dritten den Herrn Jesus. Während nun die seligste Jungfrau angerufen wurde, erhob sich dieselbe, stellte sich vor das Angesicht der Dreieinigkeit und opferte für Gertrud jene Verdienste und Vorzüge auf, mit denen sie am Tag ihrer Aufnahme, über jegliche Erhabenheit der Menschen und selbst der Engel bereitet, Gott in der besten Weise gefiel. So mit der größten Huld gleichsam ihren Platz einräumend, winkte sie der Seele mit den Worten: «Komm, du Geliebte[153] und stelle dich an meinen Platz mit der ganzen Vollkommenheit der Tugenden, wodurch ich das Auge der allzeit verehrungswürdigen Dreifaltigkeit zu ihrem Wohlgefallen auf mich gezogen habe, damit auch du, insoweit dies möglich ist, der seligsten Dreieinigkeit wohlgefallest.»

Hierüber staunend, antwortete sie mit Selbstverdemütigung: «Durch welche Verdienste, o Königin der Glorie, vermag ich dies?», worauf diese erwiderte: «Durch drei Stücke wirst du hierzu befähigt. Zuerst bitte durch jene unschuldigste *Reinheit*, womit ich dem Sohn Gottes in meinem jungfräulichen Schoß eine wohlgefällige Wohnung bereitet habe, um Reinigung durch mich von jeglichem Makel. Zweitens bitte durch jene tiefste *Demut*, wodurch ich die Erhöhung über alle Chöre der Engel und Heiligen verdient habe, um die Ergänzung aller deiner Nachlässigkeiten. Drittens bitte durch jene unbeschreibliche *Liebe*, die mich unzertrennlich mit Gott vereinigt hat, dass dir die Fülle der vielfältigen Verdienste gegeben werde.» Als sie dies andächtig tat, wurde sie plötzlich im Geist bis zu der erhabenen Glorie versetzt, die ihr durch die Verdienste der Himmelskönigin so gnädig war erteilt worden. So gleichsam an deren Stelle und mit den Vorzügen und Verdiensten derselben geschmückt, erschien sie vor dem Herrn der Majestät, der an ihr höchstes Wohlgefallen hatte. Auch alle Engel und Heiligen traten herzu und suchten ihr Ehrfurcht zu bezeigen.

Hierauf ging die Genossenschaft zur Kommunion und die Königin der Glorie stand zur Rechten einer jeden, indem sie dieselbe teilweise mit ihrem Mantel, der mit den Blumen ihrer

Gebete geschmückt war, bedeckte und sagte: «Süßester Sohn, um mein Andenken zu ehren, schaue auf sie», auf welche Bitte der Herr freundlich ihr Kinn hielt, bis er ihr die Hostie gereicht hatte. Als nun auch Gertrud in derselben Weise kommunizierte, opferte sie das Sakrament dem Herrn auf zum ewigen Lobpreis, zur Vermehrung der Freude, Glorie und Seligkeit seiner seligsten Mutter und als Dank für die Darreichung ihrer Verdienste, wodurch dieselbe ihrer Armut abgeholfen hatte.

Nach der Prozession sang die Genossenschaft, in das Chor zurücktretend, die Antiphon «Sei gegrüßt, o Herrin der Welt, Maria!» Da schien es ihr, als werde vor der übersüßen Harmonie der himmlischen Heerscharen der ganze Himmel von neuem Frohlocken erfüllt. Und sogleich erschien die glorreiche Jungfrau, stehend vor dem Altar zur Rechten ihres Sohnes, der Genossenschaft zugekehrt. Bei dem Wort aber «Sei gegrüßt, o Königin der Himmel!» beugten alle Heiligen vor ihr die Knie und verehrten sie als die Mutter ihres Herrn. Bei den Worten sodann «Sei gegrüßt, o Jungfrau aller Jungfrauen!» reichte die verehrungswürdige Jungfrau mit ihrer zarten Hand eine hell strahlende Lilie an alle Gegenwärtigen, sie anlockend und stärkend, um das Beispiel ihrer keuschesten Jungfräulichkeit nachzuahmen.

Als ferner gesungen wurde: «Durch dich kam unsere Erlösung», wurde ihr Herz voll mütterlicher Liebe so tief ergriffen, dass sie vor dem Übermaß der Wonne sich nicht mehr halten konnte und in zartester Liebe auf die Brust ihres Sohnes sich stützte.

Bei den folgenden Worten «Wir bitten, bitt für uns» umschlang sie den Hals ihres Sohnes, zeigte ihm die einzelnen anwesenden Schwestern und bat für jede. Schließlich wurde die Antiphon «Heute ist die seligste Jungfrau» angestimmt, wobei dieselbe, umgeben von unermesslicher Herrlichkeit, unter der Umarmung ihres Sohnes zum Himmel erhöht wurde, indem alle Chöre des Himmels sie begleiteten und priesen. Während sie so in die himmlische Glorie einging, ergriff sie die rechte Hand ihres Sohnes und segnete mit dieser die Genossenschaft.

Infolge dieses Segens hing über jede Einzelne ein goldenes, grün umgürtetes Kreuz herab. Hierdurch wurde bedeutet, dass jede die Wirkung dieses Segens durch stets frisch grünenden Glauben und durch festes Vertrauen auf die Mutter der Barmherzigkeit mit größerem Nutzen gewinnen könne.

IV. 47. Vom heiligen Bernhard

Am Tag vor dem Fest des hl. Bernhard während der Messe dachte sie an die Verdienste dieses heiligen Vaters, zu dem sie wegen des Vorzuges seiner honigfließenden Worte eine besondere Verehrung trug. Da erschien dieser hehre Abt in unaussprechlicher Herrlichkeit und der Schauenden wurde eine dreifache Farbe seiner Kleider deutlich erkennbar, nämlich die lilienweiße Helle der unversehrtesten Reinheit und jungfräulichen Unschuld, der veilchenfarbene Glanz des heiligsten Ordenslebens und vollkommensten Wandels und die Rosenglut der glühendsten Liebe.

Diese drei herrlichen Farben, welche auch in der Seele des großen Vaters ineinander spielten, gewährten allen Heiligen die lieblichste Ergötzung. Auch seine heilige Brust, Hals und Hände erschienen mit goldenen Blättern und eingestreuten rötlich schimmernden Edelsteinen ehrenvoll geschmückt. Durch die goldenen Blätter aber wurde die erhabene Lehre bezeichnet, die er zuerst in andächtigem Herzen sorgfältig erwog, dann mit heiligem Mund aussprach und mit heiligen Händen getreu niederschrieb zum Heil aller, die in ihr fortschreiten wollen.

Die Edelsteine sodann sinnbildeten jene Aussprüche, welche besonders die göttliche Liebe atmen. Diese Edelsteine schienen auch überaus helle Strahlen nach dem Innersten des göttlichen Herzens zu entsenden und der Gottheit hohe Freude zu gewähren.

Der Herr aber zog aus den Herzen aller sowohl im Himmel als auf Erden allen Fortschritt und alle Frömmigkeit in sein Herz, welche sie jemals aus den Worten und Schriften dieses Vaters geschöpft haben, und goss dieselben wiederum mit den aus den Edelsteinen des hl. Bernhard in sein göttliches Herz entsandten Strahlen auf ihn selber zurück.

Hierdurch wurde sein Herz wunderbar wie eine Harfe bewegt und von der süßesten Freude durchdrungen. Auf seinem Haupt trug er eine hell strahlende Krone, woraus all der Gewinn hervorleuchtete, den er durch Wort und Schrift zur Ehre Gottes irgendeinem

Menschen zuzuwenden begehrt hatte. Hierauf begann Gertrud 225 Mal den Psalm «Lobet den Herrn, alle Völker» zu Ehren des Heiligen zu beten und Gott zu danken für alle seine Tugenden und die ihm erteilten Gnaden. Sofort erglänzte alles, was sie betete, auf seinen Kleidern in Gestalt kleiner Schilde, worin seine einzelnen Tugenden strahlend eingegraben erschienen, und sie warfen den Widerschein eines ähnlichen Bildes auch auf die Seele derjenigen, welche für ihn dem Herrn dankte.

An seinem Festtag selbst aber, als sie der zu seiner Ehre gesungenen Messe andächtig beiwohnte und besonders für die ihr Empfohlenen betete und auch für einige andere, die sich ihrem Gebet zwar nicht eigens empfohlen, aber gegen den hl. Bernhard eine besondere Verehrung hatten, sah sie denselben Vater wiederum in der himmlischen Glorie strahlen.

Ein wunderbarer Glanz ging von dem Schmuck seiner heiligen Brust auf die Brust aller über, welche Gottes Liebe zu erlangen begehrten, und bildete dort die Gestalt eines Geschmeides, worin all die Übungen der göttlichen Liebe, in denen der hl. Bernhard sich je auf Erden bemüht hatte, erschienen, als wären sie in ähnlicher Weise von jeder Einzelnen vollbracht worden. Hierüber erstaunt, sagte sie zu dem Heiligen: «Was haben, o hehrer Vater, jene Personen dadurch an Heil gewonnen, dass sie mit deinen Verdiensten geschmückt erscheinen, während sie doch selbst keine ähnlichen Werke vollbracht haben?», worauf er erwiderte: «Was hat jenes Mägdlein, das mit fremdem Schmuck geziert wird, weniger an Schönheit als die, welche in ihrem eigenen erscheint, wenn der Schmuck der gleiche ist? So werden auch die Tugenden der Heiligen den Gläubigen, welche Gott dafür preisen, zugewendet.»

Jene Geschmeide aber erscheinen zugleich in verschiedenem Glanz und mannigfaltiger Schönheit, je nach dem Verlangen, der Andacht und der Erkenntnis, womit jede sich bemühte, die Liebe Gottes zu erlangen. In den Geschmeiden derjenigen, die Gertrud demütig um ihr Gebet ersucht hatten, erschien diese Bitte besonders als eine Vermehrung des Schmuckes; obgleich das Geschmeide einiger andern, welche mehr nach der Liebe Gottes verlangten, in hellerem Glanz erschien, so entbehrte es doch dieser Vermehrung. Hierdurch wurde angedeutet, dass der Mensch kein noch so geringes Werk in der rechten Meinung tut, ohne dadurch einen besonderen Gewinn zu erlangen, und ebenso, dass auch das geringste vernachlässigte Werk einen Verlust an Verdiensten nach sich zieht.

IV. 48. Von der Würde des hl. Augustinus, Dominikus und Franziskus

Darauf gedachte sie auch des berühmten Bischofs Augustinus, zu dem sie von Jugend auf eine innige Zuneigung hatte, und dankte Gott andächtig für alle ihm erwiesenen Wohltaten. Da erschien ihr der hehre Bischof neben dem hl. Bernhard, dem er gleich war an himmlischer Glorie und nicht ungleich in Heiligkeit des Wandels und an Reichtum heilsamer Lehre.

Er stand vor dem Thron der göttlichen Majestät, unaussprechlich geschmückt mit himmlischer Schönheit, und entsandte gleich dem hl. Bernhard aus seinem Herzen feurige Strahlen in das Innerste des göttlichen Herzens, die seine glühende Beredsamkeit sinnbildeten, womit er die Herzen der Menschen zur Liebe Gottes entflammte. Aus seinem Mund streute er Sonnenstrahlen aus, welche durch die ganze Weite des Himmels sich ergossen als Sinnbild seiner überreichen heiligen Lehre, die er durch die ganze Kirche verbreitet hat.

Über diesen Strahlen erschienen Bogengewölbe von wunderbarer Helle und einem neuen Licht, welche beim Anschauen die lockendste Freude gewährten. Der hl. Bernhard belehrte sie, dass die Strahlen, die Sinnbilder der Aussprüche des heiligen Bischofs Augustinus, deshalb diese besondere Zier eines Bogengewölbes besäßen, weil der unvergleichliche Lehrer in allen seinen Schriften und Worten den katholischen Glauben auf das Höchste zu erheben beabsichtigte, da er zur Ehre des Herrn, der ihn nach vielen Verirrungen aus der Finsternis der Unwissenheit unverdient zum Licht der höchsten Wahrheit rief, allen Menschen den Weg des Irrtums zu verschließen und den Weg des heilbringenden Glaubens zu zeigen begehrte.

Darauf sagte sie zum hl. Bernhard: «Hast du, heiliger Vater, nicht auch dasselbe in deinen Schriften beabsichtigt?» Der hl.

Bernhard antwortete: «Ich wurde in allen meinen Werken, Worten und Schriften bloß von dem Ungestüm der Liebe Gottes getragen. Dieser Lehrer aber wurde von der wirksamen Liebe Gottes und zugleich durch die Erfahrung eigenen Elendes zum Heil des Nächsten angetrieben.»

Während hierauf der Herr allen Gewinn an Glauben, Trost, Unterweisung, Erleuchtung und Liebe aus den Herzen derer im Himmel und auf Erden, der aus den Worten des hl. Augustinus hervorgegangen ist, in sein göttliches Herz zog, durch diese Vereinigung unaussprechlich adelte und in das Herz desselben wieder zurückgoss, da geschah es, dass dieser süße Strom dessen Herz überflutete und in Weise einer Leier in Bewegung setzte, welche die süßeste Harmonie vor Gott erklingen ließ. Darauf sagte der hl. Bernhard zu ihr: «Das sind die Klänge, von denen es im Hymnus heißt: ‹Jene ganze Gott geweihte und geliebte Stadt ist erfüllt von Klängen des Lobes›[154], weil das Herz jedes Heiligen je nach Verschiedenheit seiner Tugenden dem Herrn beständig ein süß tönendes Loblied singt.»

An demselben Fest erschien der glorreiche Bischof, während in der Vesper die Antiphon «Verwundet hatte die Liebe» gesungen wurde, in großer Herrlichkeit. Mit beiden Händen sein Herz ausbreitend, das die Liebe Gottes wiederholt verwundet hatte, brachte er dasselbe vor den Herrn, um ihn zu ehren, in Gestalt einer überaus schönen Rose, die durch ihren Wohlgeruch alle Himmelsbewohner unaussprechlich erfreute und erquickte. Gertrud begrüßte andächtig den verehrungswürdigen Vater und bat ihn für alle ihre Empfohlenen und auch für diejenigen, welche eine besondere Andacht zu ihm hatten. Darauf flehte er in innigem Gebet den Herrn an, es möchten die Herzen aller, welche seine glühende Gottesliebe zu erlangen begehrten, in derselben Weise wie sein Herz vor Gottes Angesicht beständig grünen und duften zur Ehre und Verherrlichung der strahlenden und allzeit anbetungswürdigen Dreifaltigkeit.

Bei den Metten, die sie zu Ehren des hl. Augustinus besonders andächtig betete, sprach der Herr zu ihr: «Erwäge nun, wie dieser mein Geliebter erleuchtet und durchleuchtet ist von blendender Reinheit, holdseliger Demut und glühender Liebe», worauf sie mit

Bewunderung sagte: «O Herr, wie sagst du, dass er von blendender Reinheit erleuchtet sei, da er doch, obgleich er wegen seines sehr heiligen Wandels aller Verehrung würdig ist, so lange Zeit vom Glauben abirrend ohne Zweifel einige Makel sich zugezogen hat?»

Der Herr antwortete: «Dadurch, dass ich ihn so lange Zeit abirren ließ, erstrahlt in ihm meine göttliche Vorsehung, in der ich seine aufgeschobene Bekehrung so geduldig und langmütig erwartet, ebenso meine gütige Erbarmung, in der ich ihn so gnädig zurückgerufen, und meine unverdicnte Huld, in der ich ihn so ausgezeichnet begnadet habe.»

Da sagte sie zum Herrn: «Hat denn, o mein Herr, dein süßester Liebhaber Bernhard sich nicht ebenso bemüht, an dir sich zu erfreuen, wie der hl. Augustinus? Und doch sah ich neulich bei der Betrachtung seiner Herrlichkeit nicht, dass er ähnliche Wonnen genoss.»

Der Herr antwortete: «Mein auserwählter Bernhard hat für seine einzelnen Verdienste einen überreichen Lohn empfangen; aber deine geringe Fassungskraft lässt dich nicht einmal die Glorie des Geringsten meiner Heiligen vollständig verstehen, um wieviel weniger die so großer Heiliger!

Um jedoch deinem Verlangen einigermaßen zu entsprechen, habe ich dir die verschiedenen Verdienste einzelner Heiligen gezeigt, damit du durch die Freude an ihnen in meiner Liebe mehr entzündet werdest. Auch sollst du hierdurch augenscheinlicher erfahren, ‹dass in meines Vaters Haus viele Wohnungen sind›[155], und sollst erkennen, was das heißt, wenn zur Ehre jedes heiligen Bekenners und Bischofs gesungen wird: ‹Nicht ward einer ihm ähnlich erfunden in Beobachtung des Gesetzes des Allerhöchsten.›[156] Denn in der Tat ist jeder Heilige von dem andern in der Glorie durch ein besonderes Verdienst unterschieden.»

«Weil dies so ist», sagte sie, «o Herr, du Gott der Wahrheit, so wolle auch mir Unwürdiger einiges von den Verdiensten der mir von Kindheit auf so teuern Jungfrauen, nämlich der zarten Agnes und der glorreichen Katharina, offenbaren.»

Als sie dies erlangt hatte, wie es an den betreffenden Festen beschrieben ist[157], begehrte sie auch einiges zu erkennen von den

Verdiensten der heiligen Väter Dominikus und Franziskus, welche die Gründer zweier Orden waren, durch deren Bemühungen die Kirche Gottes neu aufzublühen begann. Darauf erschienen diese heiligen Väter in strahlender Glorie, ähnlich in Verdiensten dem glorreichen Vater Benediktus, geschmückt mit blühenden Rosen und glänzendem Zepter.

Wegen ihrer Bemühungen in der Lehre und durch Predigten zur Ehre Gottes und zum Heil so vieler Seelen erschienen sie ähnlich den seligen Vätern Augustinus und Bernhard. Unter sich jedoch waren sie darin verschieden, dass des heiligen Vaters Franziskus Verdienste durch eine außerordentliche Demut geschmückt waren, während die des glorreichen Vaters Dominikus besonders durch glühende Wünsche glänzten.

Während der Messe wurde sie bei der Sequenz wiederum im Geist vor den Thron der göttlichen Majestät entrückt. Darauf sangen alle Heiligen zur Erinnerung und aus Ehrfurcht vor jenen Wonnen, durch die sie in der vorhergehenden Nacht bei der Betrachtung der Glorie des großen Bischofs Augustinus und der andern waren erfreut worden, in süßem Schall die sechs ersten Verse der Sequenz, die beginnt: «Des himmlischen Festes Freuden besingt unser Lied.» Bei den einzelnen Worten empfing Gertruds Seele eine wunderbare Erkenntnis und Freude.

IV. 49. Von der Geburt der seligsten Jungfrau

Am hehren Fest der Geburt der glorreichen Jungfrau schien während der Antiphon zur Vesper «Sei gegrüßt, o Zier!» der Himmel geöffnet. Durch den Dienst der heiligen Engel senkte sich ein erhabener Thron mitten in das Chor herab, auf dem in höchster Ehre und Herrlichkeit die Himmelskönigin Platz nahm, welche in wunderbarer Huld sich anbot, während jenes Festes die Gebete der Genossenschaft aufzunehmen.

Die heiligen Engel aber, jenen Thron ehrfurchtsvoll umgebend und stützend, leisteten der würdigsten Mutter des Herrn, ihres Gottes, mit Freuden Festesdienst. Es schloss sich auch das Heer der seligen Geister den beiden Psalmen singenden Chören an und pries mit ihnen die Königin der Herrlichkeit durch die einzelnen Worte, die gesungen wurden.

Zugleich stand vor jeder der Chorfrauen ein Engel, einen grünenden, prachtvollen Zweig in den Händen. Diese Zweige brachten Blumen und Früchte von verschiedenen Farben, je nach der besonderen Andacht einer jeden, hervor. Am Schluss aber nahm jeder Engel seinen Zweig und flocht ihn ehrfurchtsvoll um den Thron der jungfräulichen Mutter zur Vermehrung ihrer Glorie. Hierauf sagte Gertrud zu ihr: «O Mutter, ach, dass ich Unwürdige nicht verdiene, unter diesen seligen, Psalmen singenden Chören zu sein!», worauf die gütige Jungfrau erwiderte: «Dein guter Wille ersetzt alles.

Und jene fromme Gesinnung, womit du durch die lieblich tönende Orgel des süßesten Herzens meines Sohnes in deiner gewohnten Weise diese Vesper zu meiner Ehre begleitet hast, überragt weit jede körperliche Übung. Zum Beweis hierfür stelle ich mit eigener Hand den für dich bestimmten Zweig mit den schönsten Blumen und süßesten Früchten deines guten Willens vor das Angesicht der allzeit verehrungswürdigen Dreieinigkeit!»

Während der Metten erkannte sie, wie die ankommenden heiligen Engel die gesammelten Blumen und Früchte frommer Absichten und Andachtsübungen der Genossenschaft trugen und der jungfräulichen Mutter darbrachten. Dieselben erschienen um so schöner und anmutiger, je größer die Anstrengung einer jeden und wurden um so süßer, je reiner die Absicht gewesen. Als sie darauf beim «Ehre sei dem Vater» des vierten Responsoriums die Allmacht des Vaters, die Weisheit des Sohnes und die Güte des Heiligen Geistes pries, der wir eine so gnadenvolle Jungfrau und Mittlerin verdanken, da erhob sich die holdselige Mutter und ehrerbietig vor dem Angesicht der seligsten Dreieinigkeit stehend, schien sie demütig zu bitten, sie möge Gertrud von der göttlichen Allmacht, Weisheit und Güte so viel Gnaden mitteilen, als es in diesem Leben einem Menschen möglich wäre zu empfangen.

Auf dieses Gebet neigte die ganze Dreifaltigkeit sich gnädig zu ihr und besprengte ihre Seele mit dem süßesten Tau überhimmlischen Segens. Es folgte nun die Antiphon «Wie schön bist du», welche Gertrud in der Person des Sohnes Gottes zum Lob seiner erhabenen Mutter sang, wofür der liebreichste Eingeborene Gottes durch Neigen des Hauptes ihr dankte, indem er sprach: «Jene Ehre, welche du in meiner Person meiner süßesten Mutter erwiesen hast, werde ich mit königlicher Großmut und göttlicher Freigebigkeit zur rechten Zeit dir zurückgeben.»

Während der Antiphon «Das Fest ist da» hielt die Mutter des Herrn bei den Worten «Sie lege Fürsprache ein für unsere Sünden» ein weißes, von Engeln ihr überreichtes Blatt, auf dem letztere Worte mit goldenen Buchstaben eingeschrieben waren, ehrerbietig ihrem Sohn vor, worauf dieser freundlich sagte: «Aus meiner Allmacht, ehrwürdige Mutter, habe ich dir Gewalt gegeben, die Sünden aller, die deine Hilfe andächtig anrufen, in der Weise zu sühnen, in welcher es dir gefällt.»

Als aber während der Messe in der Sequenz die Worte «Bitte, o Jungfrau, dass wir jenes Himmelsbrotes würdig werden!» gesungen wurden, wandte sich Maria mit gefalteten Händen und heiterem Blick an den Sohn und bat ihn für die, welche sie anriefen. Deshalb stärkte der Herr alle mit dem Zeichen des heilbringenden Kreuzes und bereitete sie durch seinen göttlichen Segen zum würdigen Empfang des Sakramentes seines Leibes und Blutes.

Bei jenem Vers «Höre uns, denn der Sohn ehrt dich und verweigert dir nichts» erschien die glorreiche Jungfrau, neben ihrem Sohn auf dem Thron sitzend, und Gertrud redete sie also an: «Warum, o Mutter der Barmherzigkeit, bittest du nicht für uns?» Die seligste Jungfrau antwortete: «Ich rede für euch mit dem Herzen zu dem Herzen meines geliebten Sohnes.» Als darauf derselbe Vers wiederholt wurde, streckte die königliche Jungfrau ihre zarte Hand nach der Genossenschaft aus, erhob sich, gleichsam angezogen von ihren Wünschen, und stellte sich zugleich mit ihr vor den Sohn, um ihn anzuflehen. Und er neigte sich huldvoll gegen die Genossenschaft und sprach: «Ich bin bereit, allen euern Wünschen zu willfahren!»

Während der Komplet klagte sie beim Salve Regina dem Herrn, dass sie seiner Mutter niemals mit der schuldigen Ehrfurcht gedient habe, und bat, er möge ihr dies ersetzen. Sie suchte dann durch das Herz Jesu Christi dieselbe Antiphon seiner Mutter aufzuopfern. Sofort ließ der Herr ebenso viele goldene Röhrchen aus seinem Herzen in das Herz der jungfräulichen Mutter ausgehen, als sie wünschte, seiner Mutter Dienste geleistet zu haben.

Durch diese Röhrchen erklang derselben jene innige kindliche Liebe, von welcher der Herr Jesus beständig gegen seine süßeste Mutter erfüllt ist, und hierdurch wurde alle Vernachlässigung Gertruds ergänzt.

Diesen Ersatz können auch wir von unserem gütigsten Erlöser erhalten durch folgendes oder ein ähnliches Gebet: «O süßester Jesus, durch jene Liebe, in der du für uns aus der reinsten Jungfrau Fleisch annehmen und geboren werden wolltest, um die Mängel deiner Armen zu ersetzen, bitte ich dich, ersetze deiner jungfräulichen Mutter durch dein süßestes Herz alle Mängel, welche ich vielfach durch Nachlässigkeit und Undankbarkeit in dem Dienst und in der Verehrung einer so gütigen Mutter begangen habe. Zur würdigen Danksagung opfere, ich bitte dich, o gütigster Jesus, ihr dein süßestes Herz auf, das von aller Seligkeit überströmt, und zeige ihr in ihm jene Liebe, in der du sie von Ewigkeit her vor jeglichem Geschöpf zur Mutter erwählt, bewahrt, erschaffen und mit allen Tugenden und Gnaden unvergleichlich geschmückt hast.

Opfere ihr auch auf all jene Güte, wodurch du sie jemals auf Erden erfreut hast, da sie dich als Kind an ihrer Brust nährte, und all jene Treue, die du ihr danach die ganze Zeit hindurch, während du unter den Menschen wandeltest, in kindlicher Liebe erwiesen hast, indem du ihr in allem gehorsam warst wie ein Sohn seiner Mutter, du, der Regierer des Himmels, und besonders in deiner Todesstunde, indem du, deine eigene Kreuzesqual gleichsam vergessend und voll tiefen Mitleids mit ihrer Trostlosigkeit, ihr einen Schützer und Sohn gabst[158].

Überdies opfere ihr auf jene unschätzbare Huld und Liebe, in der du sie am Tag ihrer fröhlichen Aufnahme über alle Chöre der Engel erhöht und zur Königin des Himmels und der Erde eingesetzt hast. Und so, o guter Jesus, gib sie mir zur gnädigen Mutter und zur gütigen Verteidigerin und Beschützerin im Leben und im Tod!» Hiernach rief sie durch die Worte «O du unsere Beschützerin!» die gütigste Mutter um ihre Hilfe an.

Da schien die hehre Mutter, wie von starken Stricken gezogen, sich zu ihr zu neigen, woraus sie erkannte, dass jedesmal, wenn jemand sie als seine Beschützern anruft, ihre mütterliche Güte durch diesen Namen so gerührt wird, dass sie gar nicht anders kann, als seinen Bitten gnädig zu willfahren.

Bei jenen Worten ferner «wende deine barmherzigen Augen uns zu» berührte die seligste Jungfrau huldreich das Kinn ihres Sohnes und neigte ihn gegen die Erde zu uns mit den Worten: «Dies sind meine barmherzigen Augen, die ich allen, die mich anrufen, zuwenden kann, so dass sie die reichlichste Frucht ewigen Heiles gewinnen.»

Hierauf wurde sie vom Herrn belehrt, wenigstens jeden Tag seine heiligste Mutter mit den Worten «O du unsere Beschützerin!» und «Wende deine barmherzigen Augen uns zu» anzurufen; dann werde sie ganz gewiss in ihrer Todesstunde Trost erfahren. Ferner opferte sie der seligsten Jungfrau 150 Ave Maria auf mit der Bitte, ihr in der Todesstunde mit mütterlicher Liebe zur Seite stehen zu wollen. Und sieh, alle Worte wurden vor den Richter gebracht und von diesem seiner Mutter anvertraut, welche sie als treue Verwalterin zum Trost Gertruds in liebreichster Sorge bewahrte, um ihr beim Austritt aus dieser Welt für ihre einzelnen Aufopferungen besondere Tröstungen und sicheren Schutz bei dem strengen Richter zu erlangen. Sie erkannte auch, dass Gebete, wodurch jemand das Ende seines Lebens der besonderen Fürsprache irgendeines Heiligen anempfiehlt, sogleich vor den Thron des Richters gebracht werden und dass jener Heilige, dem sie anvertraut werden, von Gott zum Sachwalter darüber bestellt wird, um aus ihnen seinen Verehrern Gnadengüter zuzuwenden.

IV. 50. Von der Würde des heiligen Kreuzes

Während sie am Fest der Erhöhung des heiligen Kreuzes sich in Ehrfurcht vor dem Holz des Herrn verneigte, sprach dieser zu ihr: «Bedenke, dass ich nicht länger als von der sechsten Stunde bis zur Vesper am Kreuz gehangen und dies deshalb durch große Ehre erhöht habe. Danach beurteile, durch welche Wohltaten ich jene Herzen zu belohnen beschlossen habe, in denen ich jahrelang ruhe.» Sie erwiderte: «Ach, Herr, dass ich dir so wenig Freude in meinem Herzen zu genießen gestattet habe!» Der Herr antwortete: «Welche Freude hatte ich an jenem Holz? Wahrlich, nur meine unverdiente Huld, in der ich dasselbe vor anderem erwählte, bestimmt mich, es zu ehren. Ebenso werde ich auch den von mir Erwählten in völlig freier Güte lohnen.»

In der Messe sodann wurde sie vom Herrn durch folgende Worte belehrt: «Betrachte, welches Beispiel ich meinen Auserwählten durch diese Verherrlichung des Kreuzes gebe.

Denn den Gegenständen, welche mir zu körperlichen Erquickungen dienten, wie z.B. dem Gefäß, worin ich in meiner Kindheit gebadet wurde, und Ähnlichem, habe ich keine so hohe Ehre erteilt wie meinem Kreuz, der Dornenkrone, der Lanze und den Nägeln, welche dazu dienten, mir Leiden zu bereiten.

Deshalb wünsche ich, dass auch meine Freunde mich hierin nachahmen, und zwar dadurch, dass sie meiner Ehre und ihres eigenen Heiles wegen eine größere Liebe ihren Feinden als ihren Wohltätern erweisen, weil sie hieraus einen unvergleichlich größeren Gewinn ziehen können. Unterlassen sie es aber aus menschlicher Schwachheit, die erlittenen Unbilden sogleich durch Wohltaten zu vergelten, so würde es mir hierbei doch ein angenehmes Opfer sein, wenn sie wenigstens eine Weile nachher sich bemühten, den Unbilden durch Wohltaten zu entsprechen, gleich wie das Kreuz meines Leidens eine Zeitlang in der Erde verborgen lag und nachher erhöht wurde.

Auch aus Liebe zum menschlichen Heil», fügte der Herr hinzu, «liebe ich besonders das Kreuz, weil ich durch dasselbe die mit allen Kräften ersehnte Erlösung des Menschengeschlechtes erlangt habe, gleichwie fromme Menschen zuweilen mit größerer Zuneigung der Orte und Tage gedenken, an denen sie größere Gnadengüter zu empfangen verdienten.»

Hierauf begehrte sie sehnsüchtig, eine Partikel von jenem dem Herrn so teuren Holz zu erwerben, um durch die Verehrung für dieselbe vom Herrn um so gnädiger angesehen zu werden. Er antwortete ihr: «Willst du Reliquien haben, die mein Herz zu dem Besitzer wirksam hinziehen können, dann lies den Text meiner Leidensgeschichte und erwäge dabei sorgfältig, welche Worte ich mit größerer Liebe gesprochen habe. Diese schreibe ab, bewahre sie, überdenke sie oftmals und sei versichert, dass du hierdurch meine Gnade mehr als durch andere Reliquien verdienen wirst.

Hiervon könnte, auch wenn du nicht durch meine Eingebung belehrt worden wärest, schon die Vernunft dich überzeugen. Denn wenn ein Freund den andern an frühere Freundschaft erinnern will, so sagt er viel wirksamer: Erinnere dich jener Liebe, welche du scheidend in deinem Herzen empfandest, da du dieses oder jenes Wort sprachst, als wenn er sagte: Erinnere dich der Liebe, die du empfandest, als du an dieser Stätte saßest oder jenes Kleid trugst. Deshalb kannst du auch glauben, dass meine würdigsten Reliquien, die man auf Erden haben kann, die süßen Liebesworte meines gütigsten Herzens sind.» Danach rief sie die Hilfe des Herrn an, um an jenem Tag die Ordensfasten zu beginnen, die während der Hälfte des Jahres von den Ordensleuten gehalten werden. Der Herr antwortete huldreich. «Wer, vom Eifer für die Ordensregel angetrieben, aus Liebe zu mir sich freiwillig zur Beobachtung der Ordensfasten anbietet und hierdurch nicht seine, sondern meine Ehre sucht, dem rechne ich dies, obgleich ich eurer Güter nicht bedarf, so hoch an, wie ein Kaiser es von seinem treuen Fürsten annehmen würde, wenn dieser sich erböte, ihn jeden Tag an seinem Tisch auf das Reichlichste zu bedienen.

Muss aber jemand im Laufe der Zeit die Strenge des Fastens aus Gehorsam und wegen des Bedürfnisses mildern, jedoch mit widerstrebendem Herzen, indem er mir zulieb sehr gern fasten würde, aber um meinetwillen dem Willen seines Vorgesetzten sich freundlich unterwirft in Vereinigung mit jener Demut, in der ich auf Erden den Menschen untertan war, dann schätze ich dies ebenso wie ein Freund von seinem besten Freunde es annähme, wenn dieser ihn an seinem Tisch neben sich setzte und sagte, er werde keinen Bissen verkosten, wenn jener nicht den ersten genösse. Wenn aber jemand aus Eifer für strenges Fasten seinem Vorgesetzten widerspricht, nachher aber, in sich selber einkehrend, es bereut und entschlossen ist, sich zu bessern, so verzeihe ich ihm dies ebenso gnädig, wie ein Kaiser im Krieg es seinem treuen Feldherrn verzeihen würde, wenn dieser in tapferem Kampf gegen die Feinde ihn selbst unversehens ein wenig, aber ohne Schaden verletzen würde.

Ebenfalls am Fest Kreuzerhöhung war es, als sie in der Messe bei Aufhebung des Kelches dem Herrn eine der Genossenschaft zugestoßene Trübsal aufopferte; sie empfing darauf folgende Antwort: «Dieser Kelch hat mir die Glut eurer Andacht und eure Wünsche so sehr versüßt, dass, so oft ihr mir ihn darreicht, ich fortfahren muss, aus ihm zu trinken!»

Als sie hierauf sagte: «Wie können wir, o Herr, dir ihn darreichen?» wurde sie folgendermaßen belehrt: Wenn jemand beim Andenken an sein Elend es dem Herrn zu ewigem Lobpreis aufopfert, seinen Mangel an Sehnsucht nach Gott bereut und sich vornimmt, zur Ehre Gottes in seinem Herzen all die Qual, die jemals ein nach dem Leib des Herrn dürstendes menschliches Herz empfinden konnte, sogar bis zum Tod freudig zu ertragen: Dann reicht er dem Herrn, seinem Gott, den allersüßesten Kelch dar.

Ist jemand an der Kommunion oder an einem Dienst Gottes gehindert, so kann er in ähnlicher Weise sprechen «O Quell und Strom des Lebens, o Würzgeruch und Wohlgeschmack göttlicher Süßigkeit, o höchste Wonne und Seligkeit, sieh, ich biete dir in deiner Fülle den Tropfen meiner Armut an, in der ich es viel zu wenig beklage und immer beklagen werde, dass ich meine Seele von deinem stets lockenden Mahl enthalte und so leider freiwillig und durch eigene Schuld den Weg deiner Gnade verschließe.

O du Schöpfer und Wiederhersteller meines Wesens, der du allein auch das Unmöglichste zu deiner Ehre vermagst, verleihe jetzt meinem Herzen, mit dir in folgendem Wunsch vollkommen übereinzustimmen: Alle Sehnsuchtspein, die von Anfang der Welt bis zum Ende ein Menschenherz in deiner Liebe jemals empfunden hat, möchte ich bis zu meinem Todestag gern in mich fassen, um dir in meiner Seele eine um so würdigere Stätte darzubieten und das zu sühnen, dass deine so unschätzbare und erhabene Gnade so oft an Undankbare und Unwürdige erteilt wird.»

IV. 51. Von den Engeln

Es nahte das Fest des Erzengels Michael, weshalb sie an einem Kommuniontag den herablassenden Dienst der seligen Geister betrachtete, den die göttliche Güte ihr gewährte. Voll Verlangen, denselben zu vergelten, opferte sie dem Herrn das Sakrament seines Leibes und Blutes auf mit den Worten: «Um deine erhabenen Fürsten zu ehren, opfere ich dir, liebreichster Herr, dies hehre Sakrament auf zur ewigen Verherrlichung und zur Vermehrung ihrer Freude, Glorie und Seligkeit.» Hierauf nahm der Herr das aufgeopferte Sakrament in wunderbarer Weise in seine Gottheit auf und erteilte daraus den seligen Engeln unaussprechliche Wonnen, so dass sie, wenn sie vorher keine Seligkeit genossen hätten, hierdurch an allen Freuden Überfluss zu haben schienen.

Sogleich beugten sie ihren Chören nach mit größter Ehrfurcht die Knie und sagten vor ihr: «Du hast uns mit Recht durch diese Aufopferung geehrt, weil wir mit besonderer Liebe um dich besorgt sind.» Es sprach der Chor der Engel: «Mit großer Freude stehen wir deinetwillen Tag und Nacht auf der Wache und sorgen, dass dir nichts verloren gehe, wodurch du für deinen Bräutigam würdig bereitet wirst.» Für diesen Dienst dankte sie andächtig sowohl dem Herrn als den seligen Geistern. Da verlangte sie auch, unter denselben ihren Schutzengel zu erkennen.

Und sieh! Ein erlauchter Fürst in einem so wunderbaren Schmuck, dass nichts Sichtbares sich damit vergleichen lässt, stand zwischen Gott und ihr und erfasste gleichsam voll tiefster Ehrfurcht und inniger Liebe mit dem einen Arm den Herrn und mit dem andern sie selbst und sprach: «Vermöge jener Vertraulichkeit, in der ich Gott, den Bräutigam, oftmals zu dieser Seele hinneige und sie im Jubel des Geistes zu ihm erhebe, wage ich hier näher zu treten.» Darauf brachte sie ihm besondere Gebetchen dar, die sie zu seiner Ehre verrichten würde; er nahm sie freudig an und opferte sie in Gestalt lieblicher Rosen der allzeit verehrungswürdigen Dreieinigkeit auf. Hiernach begrüßten die Erzengel sie mit den Worten: «Alle göttlichen Geheimnisse[159], welche wir deiner Fassungskraft entsprechend und als heilsam für dich in dem Spiegel der göttlichen Erkenntnis unterscheiden, hehre Braut Christi, suchen wir dir in liebevoller Vertraulichkeit mitzuteilen.»

Sodann sprach der Chor der Kräfte: «Zu allem, wodurch du in Schrift oder Wort die Ehre deines und unseres Herrn gewinnst, leisten wir dir Dienste, indem wir dich beständig antreiben und treu unterstützen.» Hieran reihte sich der Chor der Herrschaften mit den Worten: «Die Ehre des Königs liebt das Gericht[160]; aber so oft der Herr, der König der Herrlichkeit, seine Freude daran findet, in dir zu weilen, und du von den Affekten der Liebe zu ihm emporgetragen wirst, erweisen wir ihm inzwischen statt deiner die seiner Hoheit gebührende Ehrfurcht, damit nichts unterbleibe, was seiner königlichen Herrlichkeit geziemt.»

In ähnlicher Weise sprach der Chor der Fürstentümer: «Wir sind allzeit bemüht, dich für den König der Könige mit einem würdigen, ja königlichen Tugendschmuck zu zieren, damit sein ganzes Herz sich an dir erfreuen könne.» Der Chor der Mächte endlich sprach: «Wenn wir den Geliebten mit dir vereinigt sehen, so suchen wir unablässig alle äußeren wie inneren Hindernisse zu bannen, welche jenen trauten Verkehr stören könnten, durch den der gesamte himmlische Hof erfreut und die ganze Kirche beseligt wird. Denn mehr vermag bei Gott eine einzige liebende Seele zu erlangen als viele Tausende, die der Liebe entbehren.» Hierauf dankte sie allen den heiligen Geistern und auch Gott dem Herrn sowohl hierfür als auch für viele andere Gnaden, welche die menschliche Fassungskraft übersteigen.

IV. 52. Am Fest der hl. Ursula und ihrer Gefährtinnen

Als in den Metten des Festes dieser heiligen Jungfrauen wiederholt gesungen wurde: «Sieh, der Bräutigam kommt»[161], sagte sie zum Herrn: «O begehrenswerter Herr, da ich schon so oft gehört habe: Sieh, der Bräutigam kommt, so verkünde mir, wie wirst du kommen und was wirst du uns bringen?»

Der Herr antwortete: «Ich bin bereits mit dir und in dir tätig. Wo ist deine Lampe?» «Sieh, mein Herr», sagte sie, «ich biete dir mein Herz zur Lampe dar.» «Gut», sprach der Herr, «so will ich es reichlich mit dem Öl meines göttlichen Herzens füllen.»

«Woher aber», fragte sie, «soll ich den Docht zum Brennen nehmen?» «Der mir wohlgefällig leuchtende Docht», antwortete der Herr, «wird die fromme Absicht sein, welche du in deinen Werken auf mich richtest.» Während sie sodann bei den Worten des Responsoriums «Ewige Krone der Jungfrau» für die Verdienste und Gnaden jener Jungfrauen Gott dankte, sah sie dieselben alle vor dem Thron stehen[162] und für die einzelnen von Gott empfangenen Gnaden glänzende Strahlen nach dem hinsenden, der auf dem Thron saß[163]. Diese Strahlen nahm der Herr in sich auf und ergoss sie auf deren Seele, die ihm für jene Jungfrauen dankte. Hieraus erkannte sie, dass Gott demjenigen, der ihm für einen Heiligen Danksagung darbringt, von dessen Verdienst die Gnade vermehrt.

Bei dem Responsorium «Das Reich der Welt» erinnerten sie die Worte «Den ich gesehen, den ich geliebt habe» an eine Person, die durch das Verlangen, Gott zu schauen, beunruhigt wurde. Deshalb sagte sie zum Herrn: «Wann wirst du, gütiger Gott, jene Seele also trösten, dass sie dies Responsorium mit Freuden singen kann?» Der Herr antwortete: «Mich sehen und lieben und an mich glauben ist ein so großes Gut, dass niemand ohne Frucht hiernach verlangt. Sobald darum eine Seele dies begehrt, aber durch die menschliche Schwachheit gehindert wird, schreitet meine menschliche Natur gleichsam als ihre Schwester zur Gottheit vor und nimmt dies Gut kraft des Erbrechtes so lange in Besitz, bis jene Seele, vom Fleisch befreit, selber es empfangen und in ewiger Freude genießen kann.» Als ein andermal in den Metten das nämliche Responsorium gesungen wurde, ward sie bei den Worten «Wegen der Liebe meines Herrn» inne, wie das göttliche Herz infolge der Andacht derer, die das Responsorium sangen, von solcher Süße durchdrungen ward, dass der Sohn Gottes vor dem Vater und allen Heiligen in die Worte ausbrach: «Heute macht der treue Dienst dieser Genossenschaft mich zu ihrem Schuldner.»

Bei dem Wort «Jesus», was so viel bedeutet als Heil[164], gestand der Herr seine Verpflichtung, alles Heil in ihnen zu wirken, was sie von Kindheit an begehrt hatten, jedoch zu der durch seine väterliche Vorsehung bestimmten Zeit.

Und bei dem Wort «Christus», das ist Gesalbter, bekannte der Herr seine Verpflichtung, ihnen alle Andacht zu verleihen, die sie bisher von ihm begehrt und noch nicht erlangt hatten.

Bei den Worten sodann «Den ich gesehen, den ich geliebt habe» bezeugte er vor Gott dem Vater und allen Heiligen, dass sie ihrer Liebe entsprechend den katholischen Glauben durch Werke der Gerechtigkeit besiegelt hätten. Bei den Worten: «An den ich geglaubt, den ich geliebt habe» bezeugte er die zuversichtliche Hoffnung und die vollkommene Liebe der Genossenschaft. Hierauf sagte sie: «Ach, mein Herr, was wirst du dann jenen tun, die jetzt nicht im Chor sind?»

Der Herr erwiderte: «Die Andacht aller, die jemals an diesem Responsorium sich erfreuten, habe ich jetzt an mich gezogen zugleich mit der anwesenden Genossenschaft und habe jene mit diesen in ähnlicher Weise beseligt.» Sie erwiderte: «Wenn man aber mit so wenig Andacht ein so großes Gut erwerben kann, was schadet dann die Nachlässigkeit, da man das Vernachlässigte so leicht wieder ersetzen kann?»

Der Herr: «Wenn ein Kaiser in seiner Freigebigkeit einem seiner Fürsten Landgüter und Besitzungen schenkt und ihn überdies mit kostbaren Kleidern ausstattet, so wird derselbe bei seiner Rückkehr vom Kaiser allerseits als ein hoch Geehrter angesehen; vernachlässigt er es nun, die Güter gut zu verwalten, so setzt er sich selbst der Verarmung aus. Der gütige König jedoch nimmt ihm deshalb die Kleider nicht ab, die er ihm aus freien Stücken geschenkt hatte.

Ebenso sind die Menschen, wenn ich ihnen für eine geringe Andacht so große Güter schenke, verpflichtet, sich nachher um so eifriger hierin zu üben; vernachlässigen sie dies nun, so verlieren sie ganz sicher die Frucht jener Güter; die Schönheit meiner unverdienten Güte jedoch, in der ich ihnen die Wohltat erwiesen habe, wird zur Ehre und Verherrlichung beständig an ihnen erscheinen.» Gertrud: «Wie sollen aber diejenigen sich üben, zu deren Kenntnis diese und ähnliche Offenbarungen vielleicht niemals gelangen werden?»

Der Herr: «Ich lasse etwas hiervon zu aller Kenntnis kommen und jeder soll zweifellos wissen, dass er nach dem Maß der Kenntnis zur Dankbarkeit und zu eifriger Nachahmung verpflichtet ist. Vernachlässigt er nun aus Trägheit die ihm erwiesenen Wohltaten im Allgemeinen oder im Besonderen oder unterlässt er es, durch innige Dankbarkeit und nacheiferndes Streben sie zu vermehren, so soll er wissen, dass er hierdurch einen ewigen Schaden erleiden kann.»

Abermals unter demselben Responsorium «Das Reich der Welt» erschien eine Schar höllischer Geister vor dem ganzen Chor und zeigte alle Pracht der Welt und Reizmittel der Eitelkeit. Als jedoch der Konvent von Herzen sang: «Das Reich der Welt und all ihre Herrlichkeit habe ich verachtet», stob der höllische Schwarm augenblicklich in Verwirrung schneller auseinander als bissige Hunde, die man mit heißem Wasser übergießt.

Hieraus erkannte sie die Wahrheit: So oft jemand andächtigen Herzens seine Verachtung der Welt und alles dessen, womit der Teufel ihn versuchen will, ausspricht, wird die Macht des Teufels derart geschwächt und gebrochen, dass er ihn fürder nicht mehr darin zu versuchen wagt, worin der Mensch ihm einmal mannhaft widerstanden und durch Widerstand ihn besiegt hat.

IV. 53. Vom Fest Allerheiligen

Am Fest Allerheiligen erkannte sie im Geist die unaussprechlichen Geheimnisse der Glorie der heiligsten Dreieinigkeit und schaute, wie sie, in sich selbst ohne Anfang und Ende, von aller Süßigkeit, Wonne und Glückseligkeit überströmt und auch allen Heiligen ewige Freude und Herrlichkeit und Seligkeit gewährt.

Aber aus menschlicher Gebrechlichkeit konnte sie von allem, was sie im Spiegel der göttlichen Herrlichkeit so klar erkannt hatte, nur weniges in Bildern und Gleichnissen dem menschlichen Verständnis vermitteln. Der Herr der Kräfte[165], der König der Glorie[166], erschien ihr wie ein viel vermögender Herrscher, der allen seinen Fürsten und Vornehmen ein großes Gastmahl bereitet[167] und dazu Freunde und Nachbarn einlädt.

Er selbst, der Quell des Lebens und Ursprung des ewigen Lichtes[168] und Urheber aller Güte, der die Engel sättigt[169], vereinigte wegen der Ehrfurcht und Andacht, womit an demselben Tag das gemeinsame Fest aller Heiligen von der Kirche begangen wurde, die Gläubigen der streitenden Kirche auf Erden je nach ihren Verdiensten mit den heiligen Chören der triumphierenden Kirche im Himmel.

So z.B. wurden diejenigen, welche gottesfürchtig in der Ehe lebten und guten Werken oblagen, den heiligen Patriarchen zugesellt. Diejenigen sodann, welche die verborgenen Geheimnisse Gottes zu erkennen verdienten, zählten zu den Propheten. Die aber in Predigt und Christenlehre tätig waren, kamen zu den heiligen Aposteln und ebenso in Betreff der andern.

Die Klosterleute, die unter der Ordensregel Gott dienen, wurden dem Chor der Märtyrer eingereiht. Denn gleichwie diese an dem Glied, an welchem sie für den Herrn gelitten haben, besonderer Verherrlichung und Freude teilhaftig werden, so werden auch die Ordensleute wegen der Verzichtleistung auf die Genüsse, die den andern Gesicht, Geschmack, Gehör, freie Bewegung und Unterhaltung bieten, in dieser Hinsicht den Märtyrern gleich erachtet und empfangen gleiche Belohnungen im Himmel.

Denn wenn auch kein Verfolger ihr Blut vergießt, so ertöten sie doch, was noch viel mehr wert ist, durch stete Selbstüberwindungen den eigenen Willen und bringen so Gott täglich das Opfer der Bekenner zum lieblichen Wohlgeruch[170] dar.

Als sie hierauf bei der Kommunion für die Kirche beten wollte, aber keine besondere Andacht fühlte, bat sie den Herrn, er möge ihr, wenn ihm ein Gebet für die Kirche wohlgefalle, auch die Gnade der Andacht verleihen. Sofort erschienen ihr die Farben verschiedener Blumen, das Lilienweiß der jungfräulichen Feinheit, das Hyazinthenblau der Bekenner und Ordensleute und das Rosenrot der Märtyrer; und so wurden auch die Verdienste der übrigen Heiligen durch verschiedene Farben versinnbildet.

Da nun auch sie mit jenen vor den Herrn treten wollte, aber bedachte, dass sie noch keinen Farbenschmuck trage, begann sie auf Antrieb des Heiligen Geistes, «der den Menschen Weisheit lehrt»[171], aus innerstem Herzen Gott zu danken für alle, die seine Gnade jemals zur Würde der Jungfräulichkeit erhoben hat. Bei der Liebe, in der er sich herabließ, unsertwegen der Sohn der Jungfrau zu werden, bat sie ihn, alle jene Glieder der Kirche, die er zu dieser Würde berufen habe, in vollkommener Reinheit des Herzens und Leibes zu seiner Ehre zu bewahren.

Und augenblicklich sah sie ihre Seele in jungfräulichem Glanz erstrahlen. Hiernach dankte sie dem Herrn für die Heiligkeit und Vollkommenheit aller heiligen Bekenner und Ordensleute, an denen der Herr jemals sein Wohlgefallen gehabt und bat ihn, auch alle diejenigen, die jetzt noch auf Erden das Ordenskleid trügen, bis zu ihrem seligen Ende darin zu erhalten und in allem Guten zu stärken.

Sogleich wurde ihrer Seele der Hyazinthenschmuck verliehen. In gleicher Weise dankte sie für jede andere Klasse der Heiligen und betete für das Wachstum und die Vervollkommnung der Kirche, worauf ihre eigene Seele mit der jedem Stand entsprechenden Farbe geschmückt wurde.

Zuletzt aber, als sie bei der Danksagung für alle gottliebenden Seelen inbrünstiger betete, schien ihre eigene Seele mit goldenem Gewand bekleidet zu werden. Also geschmückt stand sie nun vor dem Angesicht des Allerhöchsten, der sich daran erfreute und zu allen Heiligen sprach: «Seht diese hier, im goldverbrämten Kleid mit jeglicher Farbenpracht geziert!»[172] Und hiermit streckte er seinen Arm aus und nahm sie an seine Brust, als vermöchte sie das Übermaß von Wonne sonst nicht zu ertragen.

Unterdessen war die Stunde der Kommunion gekommen und da sie große Ermattung fühlte, sagte sie zum Herrn: «Wie kann ich nun, o Liebreichster, vor dir, dem Herrn und Gott, meinem wahren Heil[173], der du im Sakrament zu mir kommst, mich erheben, da mir die Kraft gebricht und ich niemanden habe, der mich stützt?»

Der Herr antwortete ihr: «Was bedarfst du der Stütze der Menschen, die du, auf deinen Geliebten gestützt, von den Armen meiner göttlichen Allmacht getragen wirst? Ich werde dir die Kraft geben, durch dich selbst dich zu erheben und zu stehen.» So durch die Gnade unterstützt, vermochte sie, die seit langer Zeit ohne fremde Hilfe weder stehen noch gehen konnte, aus sich in der Kraft des Geistes[174] vor dem hochheiligsten Sakrament sich zu erheben, durch dessen Genuss sie gesättigt und mit dem Herrn ein Geist wurde[175].

IV. 54. Von der hl. Elisabeth

Während am Fest der hl. Elisabeth in der Sequenz gesungen wurde: «O Mutter, erkenne uns an!», grüßte Gertrud die Selige andächtig und bat sie, ihrer, der Unwürdigen eingedenk zu sein. Diese erwiderte: «Ich erkenne dich im Spiegel der ewigen Klarheit, worin jede Absicht bei deinen Werken hell leuchtend erglänzt.»

Darauf sagte Gertrud: «Hältst du es, Herrin, nicht für eine Beeinträchtigung deiner Lobpreisung, dass ich beim Gesang an deinem Fest nur auf den achte, vor dem du alle Güter empfangen hast, derentwegen du gepriesen wirst, und dass ich dabei auf dich fast keine Rücksicht nehme?»

Jene antwortete: «Keineswegs! Vielmehr ist mir dies unendlich lieber und du erfreust mich hierdurch in höherem Grade, wie ja auch jedermann durch ein Musikinstrument mehr ergötzt wird als durch das Geblöke der Schafe oder durch das Brüllen der Rinder.»

IV. 55. Von der hl. Jungfrau und Märtyrin Katharina

Am Fest des hl. Augustinus hatte der Herr unter anderem bei Erklärung der Worte: «Nicht ward eine ihm ähnlich erfunden»[176] ihr die Verdienste mehrerer Heiliger gezeigt. Deshalb verlangte sie auch etwas von der Herrlichkeit und den Verdiensten der glorreichen Jungfrau Katharina zu erkennen, welche sie von Kindheit an besonders liebte.

Diesem Verlangen entsprechend, zeigte der Herr ihr jene glückselige Jungfrau auf einem so erhabenen Thron, dass der Himmel, wenn es keine höhere Königin in ihm gäbe, durch ihre Herrlichkeit allein genugsam geziert wäre. In ihrer Nähe, jedoch unter ihr, erschienen jene fünfzig Redner, welche sie durch den Geist der göttlichen Weisheit besiegt und zum Himmel hingekehrt hatte. Dieselben trugen sämtlich goldene Zepter, deren Spitzen sie über das Gewand der Jungfrau neigten, wodurch sie dieselbe gleichsam mit herrlichen Blumen schmückten.

Aus diesen Blumen erstrahlte ganz besonders jene Anstrengung, mit der diese Philosophen sich dem Studium der Weisheit gewidmet hatten. Hierdurch wurde angedeutet, dass jene Anstrengungen die herrliche Jungfrau deshalb schmückten, weil die Philosophen sie einzig aus eitler Ruhmsucht gemacht hatten, dann aber durch den Eifer der heiligen Jungfrau, mitsamt ihrer Weisheit zur Gnade des Glaubens geführt, dieselben der Ehre ihres Schöpfers dienstbar machten.

Auch schien der Herr der hehren Jungfrau, was oben auch von der hl. Agnes erwähnt wurde, wie durch einen Anhauch all die Wonne einzuflößen, die er selbst aus den Herzen der Erwählten in sich zog, welche das Andenken dieser Jungfrau auf Erden feierten. Hierdurch aber schien die Krone auf ihrem Haupt in wunderbarer Blütenpracht zu erglänzen und diesen Glanz allen ihren Verehrern mitzuteilen.

IV. 56. Vom Fest der Kirchweihe

Als in den Metten der Kirchweihe die Worte gelesen wurden: «Die Königin von Saba kam zum König Salomon»[177] und: «Mit den Edelsteinen der Tugenden», sagte sie voll Zerknirschung[178] zum Herrn: «O gütigster Gott, wie vermag ich Geringe zu dir zu kommen, da ich auch nicht eine Spur irgendeiner Tugend an mir sehe!»

Der Herr antwortete: «Erinnerst du dich denn nicht, dass du zuweilen durch Verleumdungen belästigt wirst?» Sie erwiderte: «Ja, Herr, ich weiß, dass ich leider durch meine Fehler dem Nächsten oft Anstoß gegeben habe.»

«So nimm denn», sagte der Herr, «die einzelnen Worte der Verleumder als Tugenden an, um, mit ihnen geschmückt, zu mir zu kommen; und je mehr dein Lebenswandel ohne Grund angefochten wird, mit um so größerer Liebe neigt sich mein Herz zu dir, weil du mir hierdurch ähnlich wirst, der ich in meinen Werken allzeit Widersacher fand.»

Beim Responsorium «Preise» sah sie sich im Geist an eine mehr als wunderbare Stätte, nämlich in das Herz Jesu Christi geführt, das wie ein Haus zubereitet erschien, worin das Fest der Tempelweihe sollte gefeiert werden. Beim Eintritt wurde sie so sehr entzückt, dass sie zum Herrn sagte: «Wenn du mich an einen Ort geführt hättest, wo deine Füße gestanden haben, so wäre dies für mich mehr als genug; was soll ich dir aber nun für eine so staunenswerte Herablassung erwidern?»

Der Herr antwortete: «Weil du dich bemühst, den besten Teil deines Wesens, dein Herz, mir öfter darzubieten[179], so gewähre ich auch meinerseits statt aller Wonne dir mein Herz, weil ich dir Gott bin, alles in allem[180], Kraft, Leben, Wissenschaft, Nahrung und Kleidung und was immer die fromme Seele wünschen kann.»[181] Hierauf sagte sie: «Dass mein Herz jemals in irgendeinem Stück mit dir übereinzustimmen vermochte, das war dein Geschenk.»

«Mir ist es naturgemäß», versetzte der Herr, «demjenigen, dem ich durch die Segnungen meiner Süßigkeit zuvorgekommen bin, auch den nachfolgenden Lohn der Seligkeit zu erteilen. Und wenn jemand mit mir mitwirkt, damit ich ihn nach dem Wohlgefallen meines Herzens mir zurüste, so muss ich mich auch ihm nach dem Wunsch seines Herzens gleich gestalten.»

Während sie sich an diesen Wonnen erfreute, erschien jene göttliche Schatzkammer aus kostbaren Edelsteinen von verschiedener Farbe ringsum aufgebaut, und zwar wurden die Edelsteine wie mit goldenem Kitt aneinander gefügt.

Da sie nun näher hinschaute, sah sie in den einzelnen einen rötlich schimmernden Glanz. Hieraus erkannte sie, wie in jedem Auserwählten sein besonderer Gnadenschmuck allen Seligen künftig eine hohe Wonne gewähren wird. Denn die Aneinanderfügung der Edelsteine in dem göttlichen Herzen bedeutete die Vorherbestimmung aller Auserwählten und deren Verpflichtung, gleichwie an einer Mauer ein Stein den andern stützt, so sich gegenseitig zu ertragen. Der goldene Kitt aber sinnbildete, dass dies aus Liebe und reiner Absicht Gottes wegen geschehen muss.

Ein andermal trat sie an der Vigil der Kirchweihe, gleich der Königin Esther durch die Huld des Herrn mit königlichen Gewändern geistiger Übungen geschmückt, vor ihn, um für ihr Volk, das heißt für die Kirche, Fürsprache einzulegen[182].

Da nahm der wahre König Ahasverus sie freundlich auf, führte sie in das Heiligtum seines Herzens und ließ sie folgende huldreiche Worte vernehmen: «Sieh, ich übergebe dir den ganzen Reichtum der Süßigkeit meines göttlichen Herzens, damit du allen, so viel du willst, freigebig davon austeilst.» Hierauf schöpfte sie gleichsam mit der Hand aus dem Herzen des Herrn und sprengte davon auf die Menge jener Feinde, welche damals durch ihre Drohungen das Kloster in Verwirrung setzten. Sogleich erkannte sie, dass jeder, den ein Tropfen besprengt hatte, zerknirscht in sich ging und wahre Buße zum Heil wirkte. Hiernach betete sie besonders für eine Person, wobei es schien, dass sie ein gutes Maß aus dem Herzen des Herrn schöpfte und dem Herzen jener eingoss, was aber sogleich nach dem Empfang in Bitterkeit verwandelt wurde.

Da sie hierüber staunte, empfing sie vom Herrn folgende Belehrung: «Wenn jemand einem Freund Geld gibt, so steht es diesem frei, sich dafür anzuschaffen, was er will. Obgleich man nun für denselben Preis sowohl süße als saure Früchte kaufen kann, so ziehen einige die sauren Früchte doch vor, weil sie ihnen haltbarer erscheinen. Ähnlich wirkt auch die Gnade, die ich auf die Bitten meiner Auserwählten jemandem erteile, in dessen Herzen so, wie es seinem Heil am meisten entspricht. Einigen ist es aber viel besser, wenn sie in diesem Leben durch Bedrängnisse geprüft, als wenn sie durch süße Tröstungen erfreut werden. Gieße ich ihnen nun meine Gnade ein, so verwandelt sich dieselbe in bittere Leiden und Trübsale, wodurch sie aber für die Gnade mehr und mehr zubereitet werden. Bleibt ihnen dies gegenwärtig auch verborgen, so werden sie es doch künftig um so beseligter erfahren, je treuer sie sich bemüht haben, aus Liebe zu mir die Widerwärtigkeiten geduldig zu ertragen.»

Während darauf in den Metten das Responsorium gesungen wurde: «Ich sah die heilige Stadt», erinnerte der Herr sie an ein Wort, welches sie öfters den Leuten zur Erweckung des Vertrauens auf Gott sagte, und sprach zu ihr: «Damit du größere Gewissheit erlangst, will ich dir zeigen, wie huldvoll ich die Seele aufnehme, die nach einer Übertretung zu mir durch Reue und guten Vorsatz zurückkehrt.

Unter diesen Worten trat der Sohn des höchsten Königs, mit den Zeichen der erhabensten Würde geschmückt, vor den Thron Gottes des Vaters und sang mit dem Ausdruck hoher Freude dasselbe Responsorium «Ich sah die heilige Stadt», in welchem die Worte vorkommen: «Siehe, das Zelt Gottes unter den Menschen!»[183] Hieraus erkannte sie die unaussprechliche Süßigkeit, von der das göttliche Herz ergriffen wird, so oft jemand trauernd überdenkt, dass er durch Abschweifung des Herzens, Gehenlassen im Reden oder unnütze Beschäftigungen von dem Herrn seinem Gott zurückgewichen ist, der fortwährend durch Wohltaten ihm zuvorkommt und ihn begleitet.

So oft er dies tut und zugleich sehnsüchtig begehrt, die Abschweifung künftig zu verhüten, ebenso oft wird der Sohn Gottes von neuer, beseligender Wonne erfüllt. Zugleich wurde ihr zu verstehen gegeben, dass die aufrichtige Zerknirschung, verbunden mit dem Vorsatz der Besserung und dem Eifer in guten Werken, den Menschen in ein Zelt Gottes umwandelt, in dem wie in seinem eigenen Haus zu wohnen sich herablässt der Herr der Majestät, der Bräutigam der liebenden Seele, hochgelobt in Ewigkeit!

Sodann gab Gott der Vater mit seiner ehrwürdigen Hand den Segen und sprach: «Sieh, ich mache alles neu!»[184], wodurch er andeutete, dass durch die Zerknirschung, den göttlichen Segen und den heiligsten Lebenswandel des Sohnes Gottes in der gläubigen Seele alles Vernachlässigte ersetzt und erneuert wird. Und deshalb sagt er auch, dass «im Himmel mehr Freude sei über einen Sünder, der Buße tut, als über neunundneunzig Gerechte, die der Buße nicht bedürfen»[185].

Der Herr fügte noch hinzu: «Wenn ich eine gläubige Seele durch den Abschluss des gegenwärtigen Lebens in den Palast des Himmels einführe, so gewähre ich ihr unter andern Freuden auch diese, dass ich ihr beim Eintritt das Lied singe: «Ich sah die heilige Stadt Jerusalem von der Erde aufsteigen.»[186] Und bei den Worten «Ich mache alles neu» gieße ich ihr in einem Augenblick alle die Wonnen ein, welche sowohl ich als auch der ganze himmlische Hof jemals in den verschiedenen Stunden über die Akte ihrer Zerknirschung empfunden habe.»

IV. 57. Bei Einweihung einer Kapelle[187]

Zu den Metten wurde das Responsorium gesungen: «Ich sah die heilige Stadt». Da erschien der Herr in hohepriesterlicher Gestalt auf dem Thron an der Wand gegen den Altar und ordnete seine Kleider um sich, als habe er den Ort sich zur Wohnung erwählt. Da sie nun gewahrte, dass ihre Gebetsstätte hiervon weit entfernt war, begehrte sie inständig, ihn näher zu sich heranzuziehen. Darauf sagte der Herr: «Ich erfülle Himmel und Erde[188], um wieviel mehr dieses Haus![189]

Weißt du nicht, dass man viel aufmerksamer den Punkt beachtet, den der Pfeil durchbohrt, als den Ort, wo der Bogen gespannt wird? So wisse, dass auch ich nicht so wirksam da zugegen bin, wo ich körperlich erscheine, als wo mein Schatz ist[190] und wo das lautere Auge meiner Gottheit sich erfreut.» Hierbei streckte er seine Hand aus und berührte den heiligen Altar, als ob er neben demselben wäre, indem er sagte: «Und *hier* ist *dort*!»[191]

Dann fügte er bei: «Wer immer heilsbegierig meine Gnade sucht, wird in den Wohltaten mich augenscheinlicher finden[192], und wer meine Liebe treulich sucht, wird im Innersten beseligter mich empfinden.» Hieraus erkannte sie, dass ein großer Unterschied zwischen denen ist, die das Heil nicht nur des Körpers, sondern auch der Seele ganz nach dem Ermessen ihres Eigenwillens suchen, und jenen, die sich vertrauensvoll der Fürsorge der göttlichen Liebe anheim geben.

Als sodann in der Messe gesungen wurde: «Mein Haus ist ein Bethaus»[193], schien der Herr, die Rechte auf sein Herz legend, aus innerster Seele folgende Worte auszusprechen: «Dies sage ich von ganzem Herzen: Ein jeder, der hier bittet, empfängt.»[194] Und indem er seinen Arm ausstreckte, senkte er die Hand gleichsam von oben in die Mitte des Tempels hinab und verharrte so, als wollte er sie dort beständig halten, um Wohltaten auszuspenden. Innerhalb derselben Woche, als zum Benedictus die Antiphon

«Die Fundamente des Tempels» gesungen wurde, erschienen hoch oben auf den Mauern himmlische Geister mit liebreizendem Angesicht und in ernster Haltung, welche zum Schutz des Tempels abgesandt waren, um die Nachstellungen der Feinde abzuwehren. Indem sie mit ihren goldenen Flügeln einander berührten, gaben sie eine süße Melodie zum Lob der Gottheit. Zugleich stiegen sie abwechselnd von oben nach unten, zum Zeichen, dass sie in beständigem Wohlwollen an dieser Stätte ihre Mitbürger besuchten und vor allem Unheil bewahrten.

Am Fest der Einweihung jener Kapelle lag sie zu Bett und dachte während der Metten an das, was sie einige Jahre vorher vom Herrn durch ein besonderes Geschenk empfangen hatte, wie nämlich die neun Chöre der Engel an ihrer Statt Gott jene Lobpreisung und Danksagung darbrachten, welche sie wegen menschlicher Gebrechlichkeit nicht darzubringen vermochte, und empfing hierdurch eine wunderbare geistige Erquickung.

Sie sah einen Strom von überaus heller Reinheit, dessen kräuselnde Wellen sich durch den ganzen weiten Himmel ergossen. Und gleichwie die Sonne im Wasser dem Beschauer lieblich widerstrahlt, so schimmerte jede Welle also herrlich, als wenn tausend Sonnen am Himmel glänzten. Durch den Fluss wurde, wie sie erkannte, die Gnade der Andacht versinnbildet, die sie damals durch die Huld des Herrn genoss, durch die gekräuselten Wellen aber jene Gedanken, welche sie mit Eifer und Anstrengung auf Gott hingekehrt hatte. Hierauf neigte der König der Glorie sich hinab, senkte einen goldenen Kelch in die Tiefe des Flusses, zog ihn bis oben gefüllt heraus und reichte ihn allen Heiligen dar, worauf dieselben, neue Wonne schöpfend, in Lobpreisung und Danksagung für alle jene Gnaden ausbrachen, welche dieser Seele von dem Spender aller Güter jemals waren erteilt worden.

Auch schienen aus dem unteren Teil des Kelches einzelne goldene Röhrchen hervorzutreten und gegen jene Personen sich hinzukehren, welche ihr damals behilflich gewesen, dass sie sich freier mit Gott beschäftigen konnte, und auch gegen diejenigen, welche sich ihrem Gebet empfohlen hatten; alle empfingen durch jene Röhrchen göttlichen Trost.

Hierauf sagte sie zum Herrn: «Was kann es ihnen nützen, dass ich dies sehe und erkenne, da sie es ja nicht empfinden?» Der Herr erwiderte: «Nützt es denn dem Hausvater nichts, wenn er seine Keller mit Wein anfüllt, obgleich er die Lieblichkeit desselben nicht zu jeder Stunde verkostet? Kann er ja doch, so oft es ihm gefällt, Wein hervorholen und trinken. Ebenso verhält es sich, wenn ich auf die Bitten meiner Auserwählten andern Gnade eingieße.

Obgleich diese den Geschmack der Andacht nicht sogleich haben, so erfahren sie doch meine Huld in um so reichlicherem Maß, wenn die passende Zeit kommt.»

Augustinus (354-430), Bischof und Kirchenvater, war neben Bernhard von Clairvaux der einflussreichste Lehrer der Gertrud von Helfta. – Italienische Schule, 15. Jahrhundert

ANHANG

Von einer Messe, welche der Herr Jesus persönlich im Himmel einer noch im Körper weilenden Jungfrau namens Gertrud sang

Am Sonntag Gaudete[195] wollte diese Jungfrau kommunizieren und klagte während der ersten Rorate-Messe voll Betrübnis dem Herrn, dass sie die Messe nicht hören könne. Da erbarmte der allmächtige Herr sich seiner Armen und tröstete sie freundlich mit den Worten: «Willst du nicht, dass ich selbst dir eine Messe singe?» Sie erwiderte: «Gewiss begehre ich dies demütig und von ganzen Herzen.» «Aber welche Messe», fragte der Herr, «willst du denn hören?» Sie antwortete: «Welche du zu singen beliebst.» Der Herr: «Etwa die: In medio Ecclesiae?»[196] Gertrud: «Nein.»

Als ihr der Herr hierauf mehrere Messen vorgeschlagen, sie aber keine davon begehrt hatte, fragte er sie zuletzt, ob sie nicht die Messe Dominus dixit[197] hören wolle. Als sie auch dies nicht begehrte, sprach der Herr: «In den einzelnen Worten des Einganges dieser Messe könnte ich dir eine Erleuchtung geben, durch welche du inniglich getröstet würdest.»

Während sie nun bei sich nachdachte, wie das geschehen könne, weil die Worte jenes Introitus nur auf den Eingeborenen Gottes des Vaters zu passen schienen, begann der Herr samt allen Heiligen mit lauter Stimme den Introitus jenes Sonntags mit den Worten: Gaudete in Domino semper – «Freuet euch allzeit im Herrn»[198], wodurch er sie aufforderte, an ihm sich zu erfreuen und zu erquicken. Der Herr aber saß auf dem Thron seiner königlichen Majestät und die Seele fiel vor ihm nieder und küsste seine Füße.

Hierauf begann er mit hell tönender Stimme: Kyrie eleison, und sieh! Zwei hehre Fürsten aus dem Chor der Throne kamen und führten die Seele vor das Angesicht Gottes des Vaters, vor dem sie niederfiel und hingestreckt anbetete. Gott der Vater erteilte ihr durch das erste Kyrie eleison vollkommene Nachlassung aller jener Sünden, welche sie aus menschlicher Schwachheit begangen hatte. Hierauf richteten jene Engel sie auf und kniend empfing sie durch das zweite Kyrie eleison die Verzeihung all der Sünden, welche sie durch menschliche Unwissenheit sich zugezogen hatte. Sodann wurde sie von den Engeln abermals emporgerichtet, und gebeugt dastehend, als wenn sie die Fußstapfen des Herrn küsse, empfing sie die Verzeihung aller durch Bosheit begangenen Sünden.

Danach kamen zwei erlauchte Führer aus dem Chor der Cherubim und führten sie zum Sohn Gottes. Dieser nahm sie freundlich auf und lehnte sie an sein göttliches Herz, wodurch sie übermenschliche Wonne in sich sog. Und beim ersten Christe eleison ergoss sie dieselbe zurück in das göttliche Herz als in ihre Urquelle, aus der alle Wonne jeglicher Kreatur hervorgeströmt ist.

Und zwar geschah dies durch eine wunderbare Einströmung Gottes in die Seele und Zurückströmung der Seele in Gott, so dass bei den einzelnen absteigenden Noten das göttliche Herz mit unaussprechlicher Wonne in die Seele sich ergoss und sie durch die aufsteigenden Noten mit der höchsten Freude in Gott zurückströmte. Beim zweiten Christe eleison genoss die Seele alle Freude, die jemals aus der Süßigkeit heiliger Liebe gewonnen wird, und opferte sie ihrem Einziggeliebten durch einen ehrerbietigen Kuss, den sie seinem honigfließenden Mund aufdrückte.

Beim dritten Christe eleison breitete der Sohn Gottes seine Hände aus und vereinigte die ganze Frucht seines hochheiligen Lebenswandels mit ihren Werken. Zuletzt traten zwei erhabene Fürsten aus dem Chor der Seraphim vor, nahmen sie und stellten sie ehrfurchtsvoll vor den Heiligen Geist, welcher ihre drei Seelenkräfte durchdrang und durch das erste Kyrie eleison ihre Denkkraft mit dem Glanz seiner Gottheit durchleuchtete, um seinen in allem preiswürdigsten Willen zu erkennen. Durch das zweite Kyrie eleison stärkte er das Zornvermögen der Seele, um allen Nachstellungen des Feindes zu widerstehen und jegliches Übel zu überwinden. Durch das letzte Kyrie eleison entflammte er das Begehrungsvermögen der Seele, damit sie Gott inbrünstig von ganzem Herzen, aus ganzer Seele und aus allen Kräften liebe.

Dass aber die Höchsten unter den Engelchören, nämlich seraphische Geister, sie in die Gegenwart des Heiligen Geistes, der dritten Person in der heiligsten Dreifaltigkeit, führten, während Throne sie Gott dem Vater vorstellten und Cherubim dem Sohne, deutete darauf hin, dass es nur eine Gottheit des Vaters und des Sohnes und des Heiligen Geistes gibt, dieselbe Herrlichkeit, die gleichewige Majestät, die in vollkommener Dreieinigkeit lebt und regiert in alle Ewigkeit.

Hierauf erhob sich der Sohn Gottes von seinem königlichen Thron, wandte sich zu Gott dem Vater und stimmte mit süß tönender Stimme das Gloria an. Bei dem Wort Gloria pries er die unermessliche und unerfassliche Allmacht Gottes des Vaters.

Die Worte in excelsis zogen in ihn selber und feierten seine unerforschliche Weisheit; und bei dem Wort Deo ehrte er die unschätzbare und unaussprechliche Güte und Süßigkeit des Heiligen Geistes, worauf der ganze himmlische Hof fortfuhr in lieblichen Tönen zu singen: Et in terra pax hominibus bonae voluntatis. Währenddessen nahm der Sohn Gottes wiederum Platz auf seinem Thron; sie aber saß zu seinen Füßen in Betrachtung und Wegwerfung ihres eigenen Nichts.

Darauf neigte der Herr sich huldvoll zu ihr hinab und zog sie mit ehrwürdiger Hand an sich und sogleich erhob sie sich, stand vor dem Herrn und wurde von dem Glanz seines Lichtes ganz durchleuchtet. Zwei hehre Fürsten aus dem Chor der Throne kamen und brachten einen herrlich gezierten Thron, den sie vor dem Herrn niederließen und ehrfurchtsvoll hielten.

Zwei andere Himmelsfürsten aus dem Chor der Seraphim aber setzten sie auf den Thron und stützten sie freundlich von der Rechten und von der Linken her. Zugleich kamen zwei Cherubim mit hell strahlenden Lichtern und stellten sich vor die Seele hin. Während diese nun so vor ihrem Geliebten in Glorie thronte, schien sie mit ihm in derselben königlichen Herrlichkeit zu glänzen.

So oft aber die himmlische Heerschar während des Gesanges an Worte kam, die sich auf Gott den Vater bezogen, wie z.B. Domine Deus, rex coelestis – «Herr Gott, himmlischer König», schwieg sie zumal und der Sohn Gottes sang dieselben allein mit höchster Ehrfurcht zum Preis und zur Verherrlichung Gottes.

Nach Beendigung des Gloria erhob sich der Herr Jesus, der wahre Hohepriester[199], grüßte die Seele huldreich und sang: Dominus vobiscum, dilecta – «Der Herr sei mit euch, Geliebte», worauf sie fröhlich antwortete: «Und mein Geist mit dir, Geliebter!» Dafür neigte der Herr sich mit Dank zu ihr, da sie sich seiner Gnade ganz gefangen gegeben und es ihm ermöglicht habe, ihren Geist mit seiner Gottheit zu vereinigen, deren Wonne es ist, unter den Menschenkindern zu sein[200].

Er fuhr fort und las die Kollekte «O Gott, der du diese hochheilige Nacht durch das Aufleuchten des wahren Lichtes erhellt hast»[201] und schloss dieselbe mit den Worten: «Durch Jesum Christum deinen Sohn», Gott dem Vater zugleich für die Erleuchtung jener Seele dankend. Hierauf erhob sich der heilige Evangelist Johannes, der sich rühmt, an der Brust des Herrn geruht zu haben, und zwischen Bräutigam und Braut, d.h. zwischen Gott und jener Seele stehend, sang er mit heller Stimme die Epistel «Diese ist die Braut», worauf der ganze Chor der Heiligen mit den Worten schloss: «Ihm sei Ehre in Ewigkeit»; und alle zusammen sangen das Graduale «Durch deine Anmut und Schönheit»[202] mit dem Vers «Höre, Tochter, und sieh»[203] und dem «Alleluja».

Währenddessen wies der erhabene Lehrer Paulus mit dem Zeigefinger der rechten Hand auf jene Seele mit den Worten: «Ich eifere um euch»[204], welche Worte der ganze Chor fortsetzte, indem er die Sequenz «Es jauchzen Sions Töchter» zur Ehre jener Seele hinzufügte, welche durch dies alles wunderbare und unbeschreibliche geistige Wonnen verkostete.

Ein anderer Evangelist trat hinzu und stimmte das Evangelium an «Es frohlockte der Herr Jesus im Geiste und sprach»[205]. Bei diesen Worten gleichsam von unbezwingbarer Liebe getrieben und von der Süßigkeit der Gottheit tief innerlich durchdrungen stand der Sohn Gottes auf, erhob die Hände und sang in der süßesten Melodie die Worte des Evangeliums: «Ich preise dich, Vater des Himmels und der Erde!»

Damit erinnerte er den Vater, mit welcher Liebesglut und Danksagung er jene Worte einst auf Erden gesprochen hatte, und dankte ihm zugleich besonders für alle der anwesenden Seele jemals erwiesenen und fürder noch zu erweisenden Wohltaten.

Nach dem Schluss des Evangeliums winkte ihr der Herr, damit sie in der Person der Kirche den katholischen Glauben öffentlich bekenne durch Absingen des Credo. Als sie dies getan hatte, fuhr der Chor der Heiligen fort mit dem Offertorium «Herr Gott, in Einfalt meines Herzens»[206] und «Moses heiligte»[207].

Während dieses Gesanges schien das einzig würdigste Herz Jesu auf seiner Brust hervorzuragen in Gestalt eines goldenen Altars, der in feuerfarbenem Glanz wunderbar strahlte. Und alle zum Dienste der Menschen bestimmten Engel flogen herbei und opferten mit großer Freude auf dem Altar des göttlichen Herzens sämtliche von ihren Schützlingen verrichteten guten Werke und Gebete. Es traten auch alle Heiligen hinzu und brachten einzeln ihre Verdienste auf demselben Altar ihrem Herrn zur ewigen Verherrlichung und zum Heil der anwesenden Seelen dar. Zuletzt kam ein hehrer Fürst, der Schutzengel dieser Jungfrau, und brachte einen goldenen Kelch, den er ebenfalls auf dem Altar des göttlichen Herzens aufopferte. An demselben waren alle Trübsale, Widerwärtigkeiten und Beschwerden, welche diese Selige an Geist und Leib von ihrer Kindheit an bis jetzt erduldet hatte.

Sogleich segnete der Herr den Kelch durch das heilige Kreuzzeichen nach Weise des Priesters, der die Hostie konsekriert, und sang mit lieblicher Stimme: Sursum corda! Hierdurch aufgefordert, traten alle Heiligen hinzu und richteten ihre Herzen in Gestalt von goldenen Röhren nach dem Altar des göttlichen Herzens, um aus dem Überfluss jenes Kelches, den der Herr so sorgfältig gesegnet und geheiligt hatte, Zuwachs an Verdienst, Freude und Glorie zu gewinnen.

Der Sohn Gottes fuhr fort: Gratias agamus und Vere dignum, indem er mit innigster Andacht in der Kraft seiner Gottheit lieblich sang zur Ehre und Verherrlichung Gottes des Vaters und zur Danksagung für alle dieser Auserwählten erwiesenen und noch zu erweisenden Wohltaten.

Als er aber die Worte per Iesum Christum gesungen hatte, schwieg er und die ganze himmlische Heerschar fuhr in ehrfurchtsvollstem Jubel fort: Dominum nostrum, als wollte sie freudig bekennen, dass er allein sei der Herr, Gott, Schöpfer und Erlöser und der freigebigste Spender aller seiner Güter, dem allein gebührt Ehre und Herrlichkeit, Lobpreisung und Jubel, Macht und Herrschaft und der Dienst jeglicher Kreatur. Bei den Worten «durch den deine Majestät die Engel loben» flogen alle Engel in unbeschreiblichem Entzücken herbei und forderten den ganzen himmlischen Hof zum Lobpreis des Herrn auf.

Bei den Worten «die Herrschaften anbeten» sank dieser Chor anbetend auf die Knie und bekannte, dass dem Herrn allein mit Recht sich beugen die Knie aller, die im Himmel, auf Erden und unter der Erde sind[208]. Bei den Worten «die Mächte erzittern» warf der ganze Chor der Mächte sich auf das Angesicht, bezeugend, dass Gott allein von jeder Kreatur Verehrung verdiene. Bei den Worten «die Himmel und die Kräfte der Himmel und die seligen Seraphim» lobten und priesen diese samt den übrigen Engelchören den Herrn in überaus wohlklingendem Gesang und die ganze Schar der Heiligen stimmte jubelnd ein mit den Worten: «Mit ihnen lass, wir bitten dich, auch unsere Stimmen sich vereinigen.»

Nun aber trat die strahlende Rose der himmlischen Anmut, die über alle Geschöpfe gebenedeite Jungfrau Maria, hervor und sang mit der süßesten Stimme Sanctus, sanctus, sanctus!, indem sie durch diese drei Worte mit inniger Dankbarkeit die unbegreifliche Allmacht und die unerforschliche Weisheit und die gütigste Liebe der höchsten und unteilbaren Dreieinigkeit pries und zugleich die ganze himmlische Heerschar zur Mitfreude darüber aufforderte, dass sie, die Jungfrau Maria, das ausgeprägteste Bild Gottes, die Mächtigste nach Gott dem Vater, die Weiseste nach dem Sohn und die Gütigste nach dem Heiligen Geist geworden sei, worauf alle Heiligen fortfuhren mit den Worten: «Herr Gott Sabaoth.»

Am Schluss erhob sich der Herr Jesus, der wahre Hohepriester, von seinem königlichen Thron, brachte sein heiligstes Herz, mit eigenen Händen es emporhaltend, Gott dem Vater dar und opferte sich selbst auf eine so erhabene Weise, wie kein Geschöpf dies auch nur einigermaßen zu erfassen vermag. Zur selben Stunde erklang in der Kirche das Glöcklein bei Aufhebung der Hostie.

So geschah es, dass der Herr im selben Augenblick das im Himmel vollbrachte, was auf Erden durch den Dienst des Priesters geschah. Gertrud aber war es gänzlich unbekannt, welche Zeit es sei oder was in der Messe gesungen wurde. Während sie nun in Bewunderung dieser so unbegreiflichen göttlichen Handlung sich selig erfreute, winkte ihr der Herr, dass sie das Pater noster bete in Vereinigung mit jener Liebe, in welcher dieses Gebet in seinem göttlichen Herzen lange Zeit bis zur vollen Süße gezeitigt und aus innigstem Verlangen zum Heil aller Gläubigen war hervorgebracht worden. Als sie es zu Ende gesprochen hatte, nahm der Herr es sehr gnädig auf und schenkte um ihrer Liebe willen allen Engeln und Heiligen die Gnade, dass sie mit jenem Pater noster alles erreichten, was sie jemals durch irgendein Gebet zum Heil der ganzen Kirche und auch der abgestorbenen Gläubigen hätten erlangen können.

Abermals winkte der Herr ihr, dass sie für die Kirche beten solle. Und da sie dies für alle im Allgemeinen wie auch für Einzelne sehr andächtig tat, teilte der Herr dieses Gebet in Vereinigung mit allen Gebeten und Werken seiner heiligsten Menschheit der gesamten Kirche zu großer Frucht der Heiligung mit.

Danach sagte sie: «Was, o mein Herr, soll denn nun das Gastmahl sein?» Und sie an sich ziehend, umarmte er sie sanft, strömte die Kraft seiner Gottheit in sie über, wandelte sie in sich um, machte sie eins mit sich und beseligte sie so sehr, wie dessen überhaupt ein Mensch in diesem Leben fähig ist. In dieser Vereinigung verband er sie sich dann auch sakramentalerweise durch den Genuss seines Leibes und Blutes.

Nach der Kommunion aber stimmte der Sänger aller Sänger, der glühende Eiferer seiner Geliebten, mit durchdringender, wohlklingender Stimme die Worte an: «Sieh, was ich begehrte, schaue ich; was ich hoffte, halte ich umfasst; ihr bin ich vereinigt im Geist, die ich auf Erden mit aller Treue geliebt habe.»[209]

Durch die Worte «auf Erden» bezeugte er, dass er alle Arbeiten, Trübsale und Widerwärtigkeiten, die er auf Erden ertrug, ebensosehr für das Heil dieser Seele besonders erduldete.

Hätte er darum durch seinen allerheiligsten Lebenswandel, sein unschuldigstes Leiden und seinen bittersten Tod keine andere Frucht erlangen können, so würde er sich dennoch durch die wonnevolle Vereinigung für vollkommen befriedigt erachten, die er zu dieser Stunde in jener Seele vollbracht hatte. O unschätzbare Süßigkeit der göttlichen Huld, die so sehnlichst begehrt, in der Menschenseele sich zu erfreuen, dass sie allen Schmerz ihres erhabenen Leidens und Todes für belohnt hält durch die Vereinigung mit *einer*, während doch ein einziger Tropfen des kostbaren

Blutes die ganze Welt hätte gewinnen können! Hierauf sang der Herr, wiederum: «Freuet euch, ihr Gerechten», worauf das ganze Heer des Himmels fortfuhr, jene Seele gleichsam beglückwünschend. Sodann sang der Herr in der Person der streitenden Kirche das Schlussgebet: «Durch himmlische Speise und Trank erquickt, bitten wir dich demütig, o unser Gott, durch dessen Gebete beschützt zu werden, zu dessen Gedächtnis wir dies genossen haben, durch Jesum Christum.»

Hiernach grüßte der Herr alle Heiligen mit den Worten Dominus vobiscum und verdoppelte und vermehrte hierbei ihre Verdienste, Freude und Glorie aus Ehrfurcht vor jener Vereinigung, die er so herablassend in jener Seele bewirkt hatte. Und alle Chöre der heiligen Engel sangen als Ite missa est zur Ehre und Verherrlichung der strahlenden und allzeit ruhenden Dreifaltigkeit mit lauter Stimme: «Dir ziemt Lobpreis und Ehre, o Herr!»

Der Sohn Gottes aber streckte seine königliche Hand aus und segnete die Seele mit den Worten: «Ich segne dich, Tochter des ewigen Lichtes, mit solcher Wirkung, dass jeder, dem du fürderhin mit besonderer Liebe ein Gut begehrst, dadurch so sehr von andern beseligt wird, wie Jakob einst vor seinen Brüdern[210] Glück erlangte durch den Segen seines Vaters Isaak.» Hierauf kam sie wieder zu sich und fühlte, dass ihr Geliebter mit ihr durch eine unauflösliche Vereinigung inniglich verbunden war.

Auf dem höchst gelegenen Punkt in Jerusalem begegnet der Tourist dem Bild der hl. Gertrud. Wie kam das? Anno 1895 besuchte der deutsche Kaiser Wilhelm II. das Heilige Land, um die evangelische Erlöserkirche in der Nähe der Grabeskirche einzuweihen.Da er auch seinen zahlreichen katholischen Untertanen eine Freude machen wollte, kaufte er vom türkischen Sultan einen Acker zu oberst auf dem Berg Sion, den er den deutschen Katholiken als Geschenk vermachte. Diese übergaben das Grundstück den Benediktinern von Beuron, die darauf die große Marienkirche Hagia-Maria-Sion (die ehemalige Dormitio) samt Kloster erbauten. In dieser Kirche ist am Altar des hl. Benedikt die hl. Gertrud von Helfta dargestellt.

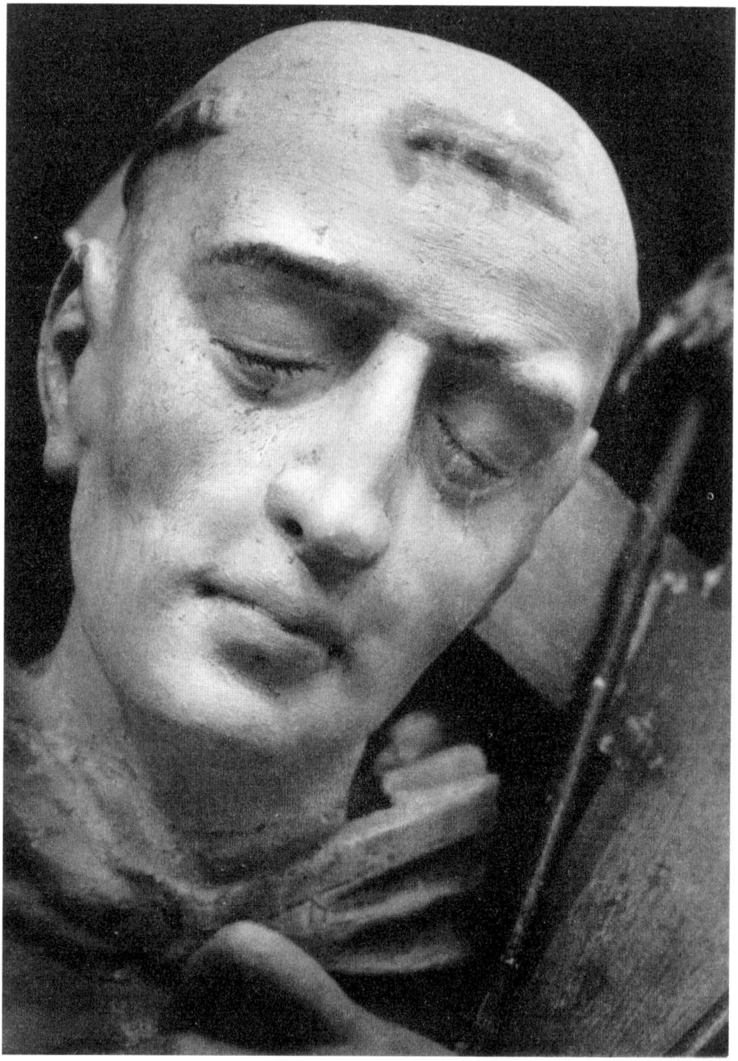

Der hl. Bernhard von Clairvaux, Abt und Kirchenlehrer (1090-1153), der geistige Führer seiner Zeit, der ungekrönte Papst und Kaiser seines Jahrhunderts, wegen seiner hinreißenden Predigergabe «Doctor mellifluus – honigfließender Lehrer» genannt. Als eigentlicher Gründer der Zisterzienser stand er Gertrud von Helfta besonders nahe.

FÜNFTES BUCH

Einleitung zum fünften Buch

(Nach Johannes Lansperger)

Dieses Buch enthält heilsame Offenbarungen darüber, wie jeder zu einem seligen Tod sich vorbereiten, mit Freude und Ergebung ihn annehmen und die Hilfe Gottes und der Heiligen anflehen soll. Zugleich belehrt es, wie des Herrn Gerechtigkeit nach dem Tod einem jeden seinen Werken gemäß vergilt, wie hingegen seine Barmherzigkeit dafür sorgt, dass denen, welche in der Gnade sterben, die Lebenden durch Gebete und andere Werke der Frömmigkeit zu Hilfe kommen.

Einige solcher Übungen, die den Verstorbenen besonderen Trost bringen können, sind in diesem Buch verzeichnet, jene zumal, die aus dem unerschöpflichen Schatz der Verdienste Christi genommen und ihm für die Seelen aufgeopfert werden. Lob und Dank daher jener Barmherzigkeit und überreichen Güte Gottes, die allen elenden und trostberaubten Sündern ein Mittel gewährt, wodurch sie, wenn sie nur wollen, sich und andere von Schuld und Strafe befreien können!

V. 1. Von dem glorreichen Hingang der ehrwürdigen Frau und Äbtissin G. süßen Angedenkens

Die wahrhaftig würdige, vom Heiligen Geist erfüllte und mit den Armen aufrichtiger Liebe zu umfassende Frau Gertrud[1], die liebreiche, aller Lobpreisung und Ehre würdige Äbtissin, hat vierzig Jahre und elf Tage ihr Amt mit Weisheit, Sanftmut und Klugheit und wunderbarer Überlegung zum Lob Gottes und zum Heil der Menschen verwaltet.

In glühender Liebe und Andacht wandelte sie vor Gott, gegen den Nächsten war sie von höchster Güte und Fürsorge und in Bezug auf sich selbst die Erste in der Demut und Selbstverleugnung. Überaus eifrig war sie im Besuch der Kranken und in Besorgung ihrer Bedürfnisse. Mit eigenen Händen pflegte sie dieselben und sorgte für ihre Erquickung und Ruhe und alles Nötige, wenn nicht die Liebe ihrer Untergebenen sie davon abhielt.

Sogar in andern Dingen, wie im Reinigen und Aufräumen des Klosters, war sie zuweilen zuerst, noch öfter ganz allein tätig, bis sie ihre Untergebenen bewog oder vielmehr durch ihr Beispiel oder ihre sanften Worte anregte, ihr zu helfen. In allen Tugenden blühte sie ihr ganzes Leben lang gleich einer Rose vor Gott und den Menschen wunderbar lieblich und anmutig. Endlich nach vierzig Jahren und elf Tagen fiel sie, ach! in eine Krankheit, welche man Schlagfluss nennt.

Dies Geschoss[2] entsandte die Hand des Allmächtigen, um jene hochedle Seele, so reich an Tugendfrüchten, für sich hinwegzuziehen und aus dem Gebiet des leiblichen Elendes herauszuführen. Wie tief dies Geschoss das Innerste ihrer Untergebenen durchdrang, das können alle wissen, welche sie kannten. Denn wir glauben nicht, dass in der weiten Welt jemand gefunden wird, dem Gott mit so reicher Segnung zuvorkam, sowohl an natürlichen als auch an Gnaden- und Glücksgütern, insofern sie sich auf Gott beziehen, wie ihr.

Ging auch die Zahl jener Personen, die sie in ihrer mütterlichen Sorge aufnahm und im Ordensleben erzog, weit über hundert, so haben wir doch niemals von einer gehört, dass sie zu irgendeinem Menschen eine so große Zuneigung wie zu ihr getragen oder dass sie ihr jemand in irgendeinem Stück hätte vorziehen können. Selbst Kinder unter sieben Jahren, die zuweilen, obwohl sie noch keine natürliche Fassungskraft für die göttlichen Dinge hatten, in das Kloster aufgenommen wurden, fühlten sich von dem Zeitpunkt an, wo sie dieselbe als ihre geistliche Mutter erkennen konnten, von ihrer Güte und Milde so angezogen, dass sie Vater oder Mutter nicht mehr liebten als sie. Es würde zu weit führen, die Urteile Auswärtiger über sie zu erwähnen, welche das Glück hatten, sie zu sehen und ihre weisheitsvollen Worte zu hören. Ergießen wir vielmehr alles zumal mit Lobpreisung und Danksagung in jenen Abgrund göttlicher Güte zurück, aus dessen Überfluss jegliches Gute hervorströmt.

Als sie nun schwer erkrankte, da fürchteten die Töchter, wenn der Glanz ihres Beispieles erlösche und die Führung einer so guten Mutter ihnen fehle, von dem Weg des Ordenslebens allmählich abzuirren, und nahmen deshalb mit aller Inbrunst ihre Zuflucht zum Vater der Erbarmungen, den sie mit allen ihnen möglichen Gebeten um ihre Wiederherstellung anflehten.

Der Allergütigste verachtete nicht das Gebet seiner Armen[3]. Weil er sie jedoch nicht gegen seine göttliche Anordnung erhören konnte, so tat er dies in einer Weise, wie es ihrem Heil am meisten entsprach. Er tröstete sie nämlich derart, dass sie begannen, an der Seligkeit ihrer Mutter sich zu erfreuen.

Einstmals betete Gertrud, die Urheberin dieses Buches, für sie und wünschte ihren Zustand zu erkennen, worauf der Herr antwortete: «Mit großer Freude habe ich diese Zeit erwartet, um meine Erwählte in die Einsamkeit zu führen und dort zu ihrem Herzen zu reden[4]. In diesem Verlangen bin ich nicht getäuscht worden[5], denn sie entspricht in allem meinem Wohlgefallen und gehorcht mir zu meiner Freude.»

Leser, verstehe: Die Einsamkeit ist die Krankheit, wo der Herr zum Herzen seiner Geliebten redete und nicht zu ihrem Ohr. Denn seine Reden sind derart, dass sie in menschlicher Weise nicht können verstanden werden, da ja das zum Herzen Gesagte mehr empfunden als gehört wird. Die Worte des Herrn an seine Erwählte sind aber Trübsale und Bedrängnisse des Herzens, so z.B. wenn sie denkt, sie sei unnütz, verliere selbst die Zeit, andere müssten um ihretwillen arbeiten und auch die Zeit verbringen, ohne dass deren Anstrengung für die Gesundheit einen Nutzen bringe. Hierauf antwortet sie nach dem höchsten Wohlgefallen Gottes, indem sie im Herzen die Geduld bewahrt und begehrt, dass der ganze Wille Gottes an ihr sich vollziehe.

Eine solche Antwort wird im Himmel nicht auf menschliche Weise gehört, sondern sie ertönt gleichsam durch die süßeste göttliche Orgel, nämlich das Herz Jesu, zur höchsten Freude der heiligsten Dreifaltigkeit und des ganzen himmlischen Hofes. Denn kein menschliches Herz könnte, solange es Bedrängnis fühlt, aufrichtig sagen, es wolle dieselbe freudig nach Gottes Willen erdulden, wenn dies nicht aus jenem vollkommensten Herzen Jesu Christi ihm eingeströmt würde; deshalb tönt es durch dasselbe Herz Jesu Christi auch im Himmel wider.

«Meine Erwählte», fügte der Herr hinzu, «gewinnt mein höchstes Wohlgefallen, weil sie die Beschwerden der Krankheit nicht gering achtet, wie die Königin Waschti den Befehl des Königs Ahasverus verachtete[6], als dieser sie eintreten hieß mit dem Diadem auf dem Haupt, um seinen Fürsten ihre Schönheit zu zeigen. Vielmehr wenn ich die Schönheit dieser meiner Erwählten in Gegenwart der allzeit anbetungswürdigen Dreifaltigkeit und des himmlischen Hofes offenbaren will und deshalb ihre Krankheit steigere und den Überdruss vermehre: Dann erfüllt sie hierin ganz das Wohlgefallen meines Herzens, wenn sie mit Geduld mehr Erleichterungen und Bequemlichkeiten des Körpers in verständiger Weise annimmt. Auch dies wird ihr zu einem Schmuck in der Krone, dass sie solches zuweilen mit Beschwerde tut. Aber es ist durchaus geziemend, dass sie sich Erleichterung gönnt, und sie soll hierbei bedenken, dass durch meine übergroße Güte denen, die Gott lieben, alles zum Besten gereicht.»[7]

Als Gertrud ein andermal wieder für sie betete, gab der Herr den Bescheid: «Zuweilen freut es mich, wenn meine Erwählte mir Geschenke bereitet; und dazu gebe ich ihr Perlen und Blumen von Gold. Die Perlen sind ihre Kräfte und die Blumen die Muße; möge sie also, die Muße benützend, wenn sie einigermaßen bei Kräften ist, soviel sie kann, mit ihrem Amt sich beschäftigen und die einzelnen Dinge ordnen, die den Ordensgeist vermehren und bewahren, damit ihre Anordnungen und Beispiele nach ihrem Tod gleichsam eine feste Säule seien, um das Ordensleben mir zu ewigem Ruhm zu stützen[8]. Fühlt sie aber, während sie sich hiermit abmüht, dass ihre Krankheit zunimmt, so höre sie sogleich auf und empfehle mir vertrauensvoll die Vollendung an. Denn das ist die Treue, die mein göttliches Herz bewegt, dass sie, wenn sie sich besser fühlt, versucht, was sie in betreff ihres Amtes tun kann, wenn es ihr aber schlimmer geht, sogleich ablässt und mir alles anheim stellt.»

Einmal wurde die Kranke dadurch beunruhigt, dass sie mit ihren Händen nichts tun konnte; sie fürchtete deshalb, die Zeit unnütz zu verbringen. In gewohnter Demut suchte sie bei Gertrud, deren Urteil sie bevorzugte, Erleichterung und trug ihr auf, den Herrn deswillen anzurufen. Als diese es andächtig tat, empfing sie vom Herrn folgenden Bescheid: «Ein gütiger König wird es seiner Auserwählten niemals verargen, wenn sie für ihren Schmuck nicht gerade zu jener Zeit tätig ist, wo er selbst ihr freundlich die Hände fasst; vielmehr ist es ihm angenehmer, wenn sie in allem stets bereit ist, seinem Willen zu dienen.

Ebenso nimmt auch mein Herz es sehr wohlgefällig auf, dass diese meine Auserwählte die Behinderung durch die Krankheit geduldig erträgt. Fühlt sie, dass dieselbe nachlässt, so beschäftigt sie sich wiederum mit den Ordensgeschäften, insoweit sie dies ohne Schaden für die Gesundheit tun kann.» Ebenso wurde sie, als sie der Krankheit wegen das Amt niederzulegen begehrte und deshalb den göttlichen Willen durch Gertrud erforschen ließ, vom Herrn in folgenden Worten belehrt: «Durch diese Krankheit heilige ich meine Erwählte mir selber zur Wohnung gleichwie durch die Weihe des Bischofs eine Kirche. Und wie man die Kirche mit Schlössern versieht, damit keine Unwürdigen eintreten, so verschließe ich auch sie durch die Krankheit, damit ihre Sinne die mannigfaltigen äußeren Dinge nicht erfassen können, worin zuweilen kein Nutzen ist, die vielmehr das Herz beunruhigen und nicht selten es hindern, sich mit mir zu beschäftigen.

Deshalb habe ich, der ich sage: ‹Meine Freude ist es, bei den Menschenkindern zu sein›[9], sie mir also zubereitet, dass ich wegen der Beschwerde der Krankheit mit Recht in ihr wohnen darf, gemäß den Worten: ‹Nahe ist der Herr denen, die bedrängten Herzens sind.›[10] Überdies habe ich sie durch gute Absichten und guten Willen so geschmückt, dass ich eine Zeitlang meine Freude und mein Wohlgefallen schon auf Erden an ihr haben kann, bevor ich sie zu den ewigen Wonnen im Himmel führe. Die äußeren Sinne aber habe ich ihr deshalb zum Teil gesünder gelassen, damit ich durch sie meinen Willen der Genossenschaft kundtue, gleichwie ich einst die Bundesarche den Kindern Israels gegeben hatte, damit sie mich in ihr verehren sollten.

Jener Arche gleich[11] soll auch sie in sich enthalten das Manna, d.h. die Süßigkeit des Trostes in liebevoller Gesinnung und auch in den Worten gegen alle ihre Untergebenen; ebenso die Gesetztafeln, d.h. sie soll vorschreiben, was zu tun und zu unterlassen ist nach meinem Wohlgefallen, insoweit sie es unterscheiden kann; nicht minder auch die Rute Aarons, d.h. Zurechtweisung und Auferlegung von Bußen, indem sie sich vorstellt, dass ich selber alles Unordentliche durch Eingebung oder Trübsal bessern könnte, mich ihrer aber als Werkzeug bediene, um ihr Verdienst zu vermehren. Werden jedoch die Zurechtgewiesenen nicht gebessert, so wird das ihr nicht schaden, vorausgesetzt, dass sie die nötige Sorgfalt angewendet hat. Denn der Mensch kann wohl bewässern und pflanzen; ich allein aber kann das Gedeihen geben.»[12]

Ein andermal fürchtete sie dadurch nachlässig zu handeln, dass sie die heilige Kommunion, das Gebet und die übrigen geistlichen Übungen unterließ, und umgekehrt fürchtete sie auch unwürdig zu kommunizieren, da sie wegen der Krankheit durch keine Übungen sich vorbereiten konnte.

Da wurde sie durch Gertrud vom Herrn also belehrt und getröstet: «Wenn sie rein um meinetwillen die Kommunion unterlässt oder anderes, was sie gerne täte, wovon sie aber fühlt, dass es ihr schadet, dann will ihr meine freigebige Güte statt des Anteils, den sie mir entzieht, ihren Anteil geben; denn mir gehört alles, was in der Kirche Gutes geschieht.»

Einmal wurde sie auch, wie denn gute Seelen selbst dort eine Schuld fürchten, wo keine ist[13], durch den Gedanken beschwert, dass diejenigen, welche sie bedienten, ihre Zeit verbrächten, ohne dass ihrer Gesundheit dadurch genützt werde. Hierüber nun tröstete sie der getreue Gott durch Gertrud mit folgenden Worten: «Mir zu Ehren und mir zulieb diene man ihr mit Ehrfurcht und Güte; mit Sorge und Freudigkeit, weil ich, Gott, in ihr wohne und sie zum Haupt der Genossenschaft gesetzt habe.

Deshalb sind die Einzelnen verpflichtet, ihr zu Hilfe zu kommen wie die Glieder ihrem Haupt. Sie nehme es darum auch zu meiner Ehre freudig an, dass ich durch sie wie durch eine treue Freundin die Verdienste meiner Auserwählten vermehre. Denn die einzelnen ihr nicht bloß durch Werke, sondern auch durch Gefühle oder Worte erwiesenen Wohltaten werde ich so belohnen als wären sie mir selber zuteil geworden.»

Am Tag des hl. Lebuinus[14] verrichtete die Genossenschaft ein gemeinsames Gebet, damit die geliebte Mutter durch die Verdienste dieses Heiligen wieder genese; auch Gertrud rief inbrünstig den heiliger Märtyrer an und erhielt folgende Antwort: «Wenn der König mit seiner Erwählten im Brautgemach reden will, glaubst du wohl, dass der Soldat ihn dann unterbrechen darf, damit er sie entlasse und sie ihre Familie durch ihre Gegenwart tröste? So darf auch niemand deren Gesundheit begehren, deren Krankheit wegen der Geduld und des guten Willens mit Gott vereinigt und dem König des Himmels ein Liebeserweis ist.» Hieraus ersieht man, dass jene, bei denen Krankheit Gott wohlgefälliger ist als Gesundheit, durch Anrufung der Heiligen das verdienen, dass die Gnade Gottes sie geduldiger macht und sie eine umso reichlichere Frucht aus der Krankheit gewinnen.

Die Wahrheit der erwähnten Zeugnisse müssen alle zugestehen, welche in ihrer Krankheit die besondere Gnade Gottes zu erkennen und ihr Leben zu beobachten Gelegenheit hatten. Während 22 Wochen nämlich konnte sie nichts mehr sprechen, außer die beiden Worte: «Mein Geist.»

Da die Umstehenden den Sinn derselben nicht verstanden und anderes taten, als sie wollte, und die selige Mutter sich längere Zeit abmühte, indem sie wiederholte: «Mein Geist», was aber nichts nützte, so verstummte sie endlich wie ein sanftmütiges Lamm, sah wie mit dem Blick einer Taube auf das, was gegen ihren Willen geschah, und lächelte zuweilen, gab aber niemals das geringste Zeichen von Ungeduld.

Aus der Wurzel der Gottes- und Nächstenliebe, die ihrem Herzen ihr ganzes Leben lang tief eingepflanzt war, sprosste in ihrer Krankheit auch das Gute hervor, dass sie jedesmal, mochte sie sich auch noch so schlimm befinden, fröhlich wurde, sobald sie eine Rede oder auch nur ein Wort von Gott hörte.

Sie vergoss zahlreiche Tränen der Andacht, wenn sie kommunizieren sollte. Zur Messe wollte sie immer geführt werden, obgleich ein Bein ihr gänzlich erstorben war und das andere, worauf sie sich stützte, ohne große Qual für sie auch nicht einmal leise berührt werden konnte.

Dennoch trat sie auf dasselbe, ohne jemals die geringste Gebärde des Schmerzes zu zeigen, damit sie nicht gehindert würde, die Messe ferner zu hören. Obgleich sie aus Schwäche zuweilen einschlief, während sie den Bissen noch im Munde oder den Becher zum Trinken noch an den Lippen hatte, tat sie sich dennoch beim Stundengebet immer Gewalt an und erhielt sich wie durch ein Wunder wach.

Mit dem Wort «Mein Geist» empfing sie die Eintretenden, indem sie die eine Hand, die sie aber auch kaum bewegen konnte, ihnen freundlich entgegen streckte; hiermit unterhielt sie die Anwesenden und antwortete auf alle ihre Fragen, wobei sie deren Kinn oder Hände sanft ergriff. Und dies machte solchen Eindruck, dass selbst ältere Personen gestanden, sie hätten niemals Langeweile an ihrer Gesellschaft finden können, vielmehr an ihr sich mehr erfreut als an jedem andern Umgang. Mit diesem Wort verabschiedete sie sich auch von den Weggehenden, indem sie ihre schwache Hand so liebreich zum Segen erhob, dass es eine große Wonne gewährte, sie anzusehen. Ein letztes Mal sprach sie das Wort «Mein Geist», um daran zu mahnen, dass es Zeit zur Komplet sei; danach trat der Todeskampf ein!

Als sie einst erfuhr, dass eine von ihren Töchtern schwer erkrankt sei, so zeigte sie, obgleich sie keinen Schritt tun noch auch ein Wort außer dem erwähnten sprechen konnte, dennoch durch Winken ein so heftiges Verlangen, die Kranke zu besuchen, dass die Anwesenden nicht umhin konnten, sie dorthin zu bringen. Nachdem sie nun angekommen war, bewies sie durch Gebärden und Winke ein inniges Mitleid, das jedes Herz zum Weinen bewegte. Doch keine Schilderung vermag alle ihre Tugenden und Züge von Herzensgüte genügend darzustellen, deshalb wollen wir für alle dem Spender aller Güter das Opfer des Lobes[15] darbringen.

Da sie nun das eine Wort so wunderbar leicht hervorbrachte und beständig wiederholte, ohne etwas zum Verständnis desselben hinzuzufügen, frug jene ihr näher stehende Tochter Gertrud den Herrn, was das bedeute, worauf sie folgende Belehrung empfing: «Weil ich, der in ihr wohnende Gott, ihren Geist so in mich hineingezogen und mit mir vereinigt habe, dass sie in allem nur mich allein begehrt, so tut sie beim Reden, Antworten, beim Fordern des Notwendigen nur meiner, in welchem ihr Geist lebt, Erwähnung. So oft sie dies aber tut, gebe ich dem ganzen himmlischen Hof ein Zeichen, dass sie nur nach mir allein strebt: wofür sie auch eine ewige Glorie haben wird.»

Einen Monat ungefähr nach dem Verlust der Sprache befand sie sich eines Morgens so schlimm, dass man glaubte, ihr Todeskampf beginne, weshalb man die Genossenschaft zusammenrief und die Erteilung der heiligen Ölung beschleunigte. Da aber erschien der Herr in der Gestalt und im Schmuck eines Bräutigams, streckte wie zur Umarmung seine Arme aus, schaute sie liebreich an und stellte sich vor das Angesicht der Kranken, wohin sie dasselbe auch wenden mochte. Hierdurch wurde ihr zu verstehen gegeben, von wie großer Liebe der Herr gegen sie erfüllt sei, da er gleichsam vor Verlangen, sie zu sich zu nehmen, mit ausgebreiteten Armen in Sehnsucht ihre Auflösung erwartete, obgleich sie hiernach doch noch mehr als vier Monate lebte.

Als Gertrud den Herrn fragte, inwiefern unsere verehrungswürdige Mutter den seligen Jungfrauen, die bereits heilig gesprochen seien und für den Glauben ihr Blut vergossen hätten, gleichkommen könne, empfing sie die Antwort: «Im ersten Jahr ihres Amtes hat sie ihren Willen also mit mir vereinigt und wurde durch meine Mitwirkung in allen Werken so erprobt, dass sie den Jungfrauen, die am herrlichsten gekrönt sind, gleichgestellt werden konnte. Jetzt aber habe ich, gleichwie sie mit den Jahren an Tugenden zunahm, so auch ihre Verdienste vermehrt.» Hieraus kann jeder schließen, mit wie hell strahlender Glorie unsere Mutter ist gekrönt worden.

Endlich nahte der Tag, der von dieser Gotterwählten so heiß ersehnt und mit so andächtigen Gebeten war vorbereitet worden, der Tag, da ihr Todeskampf begann.

Da nun schien der Herr ganz im festlichen Schmuck ihr entgegenzukommen, begleitet zur Rechten von seiner seligsten Mutter und zur Linken von seinem geliebten Jünger Johannes dem Evangelisten. An diese schloss sich eine unzählige Schar beiderlei Geschlechts vom ganzen himmlischen Hof und besonders ein Heer weiß glänzender Jungfrauen, welche das Haus anfüllten und sich unter unsere Genossenschaft mischten, die an diesem Tag ebenfalls dablieb und unter Weinen und Seufzen den Übergang der geliebten Mutter durch andächtiges Gebet Gott empfahl. Als der Herr Jesus aber an das Bett seiner Geliebten gekommen war, winkte er ihr so freundlich und liebreich zu, dass ihr die Bitterkeit des Todes hierdurch gelindert wurde. Während man nun vor der Kranken in der Leidensgeschichte die Worte las «Er neigte sein Haupt und gab den Geist auf»[16], neigte der Herr Jesus gleichsam im Übermaß seiner Liebe sich über die Sterbende, öffnete mit beiden Händen sein Herz und breitete es über sie aus.

Gertrud aber sagte, während die Genossenschaft betete, wiederum vom Zug der Liebe geführt, zum Herrn: «O gütigster Jesus, um jener nie nachlassenden Liebe willen, in der du uns eine so liebenswürdige Mutter gegeben hast, bitten wir dich, du mögest, da du sie jetzt zurückzunehmen beschlossen hast, sie jetzt insoweit dies möglich ist, deiner Mutter gleichhalten, indem du ihr etwas von jener Liebe gewährst, welche du deiner seligsten Mutter erwiesest, als sie aus dem Körper schied.» Hierauf schien der Herr voll Mitleid zu seiner Mutter zu sagen: «Sage mir, Herrin und Mutter, was war dir unter dem, das ich dir beim Scheiden aus dem Körper erwies, besonders angenehm? Denn diese bittet mich, auch ihrer Mutter Ähnliches zu geben.» Die gütigste und barmherzigste Jungfrau antwortete: «Das, mein Sohn, erfreute mich zumeist, dass ich eine so sichere Zuflucht in deinen Armen hatte»; worauf der Herr erwiderte: «Dies, meine Mutter, hast du dafür empfangen, dass du so oft unter schmerzlichen Seufzern mein Leiden auf Erden verehrt hast. Diese meine Erwählte nun soll das dadurch ersetzen, dass sie diesen Tag sich abmühte, ebensooft mit Beschwerde Atem schöpfend, als du auf Erden in der Erinnerung an mein Leiden Seufzer entsandtest.»

So geschah es, dass sie jenen Tag im Todeskampf lag. Während desselben wurde ihr aber aus dem vor ihr gleichsam geöffneten Herzen des Herrn ein Genuss der göttlichen Liebe zuteil wie aus einem Garten der lieblichsten Blumen und Wohlgerüche. Zugleich erschienen in den einzelnen Augenblicken himmlische Geister, welche vom Himmel auf die Erde stiegen, auf sie hinblickten und zu ihrer Einladung in der süßesten Melodie das Lied sangen: «Komm, komm, komm, o Herrin, denn deiner harren des Himmels Freuden. Alleluja, alleluja!»

Gekommen war die hochselige Stunde, da der himmlische Bräutigam, des höchsten Vaters königlicher Sohn, seine Geliebte, die nach langem Sehnen aus dem Gefängnis der Welt heraustrat, zur Ruhe zu sich in das Brautgemach der Liebe aufnehmen wollte. Da hörte Gertrud, wie er, hinzutretend, folgende Worte von honigfließender Süßigkeit sprach: «Nun endlich gewinne ich dich mir durch den Kuss der wirksamsten Liebe, umfasse dich aufs Innigste in meinem göttlichen Herzen und stelle dich Gott dem Herrn, meinem himmlischen Vater, vor.» Er wollte sagen: Obgleich meine Allmacht dich bis zu dieser Stunde hier zurückgehalten hat, damit du um so größere Verdienste sammeltest, so erträgt es meine glühende und innige Liebe doch nicht länger, sondern befreit dich aus dem Fleisch und vereinigt dich mir.

Nach diesen Worten wurde die glückliche, ja tausendmal glückliche Seele vom Körper befreit und in jenes einzige, hoch erhabene Heiligtum, das süßeste Herz Jesu, auf genommen. Was sie, die also verdiente aufzufahren, hier nun empfand, was sie schaute, was sie hörte, welche Seligkeit sie aus der Überfülle der göttlichen Liebe in sich zog, welcher Sterbliche vermöchte es zu ermessen! Welcher Strom der Wonne vom holdseligsten Bräutigam, der sie in seine innerste Seligkeit einführte, sich auf sie ergoss, mit welch neuem Entzücken und vermehrtem Jubel die sie begleitenden Engel und Heiligen sie aufnahmen, und unter welchen Fest- und Preisgesängen des ganzen Himmels die Verherrlichung der überglücklichen Seele vollendet wurde: Darüber vermag die menschliche Schwachheit nichts zu stammeln und es ziemt sich für uns, in Gemeinschaft mit den Himmelsbürgern ein Lied frohlockender Danksagung Gott dem Urheber von allem zu singen.

Nachdem nun jene hell glänzende Sonne, die ihre Strahlen so weit ergossen hatte, der Erde entzogen und das Tröpflein die Quelle, der es entströmt war, glücklich wieder erreicht hatte, da erhoben die in der Finsternis der Trostlosigkeit zurückgelassenen Töchter auf dem Weg der Hoffnung gleichsam wie durch enge Spalten die Augen des Glaubens zur seligen Glorie ihrer Mutter und vergossen reichliche Tränen über den herben Verlust, weil sie eine ihr ähnliche Mutter nicht gesehen hatten, noch in Zukunft erwarteten.

Ihr Schmerz ward jedoch gemildert durch die Mitfreude an den himmlischen Wonnen derselben, wofür sie lautes Lob zum Himmel emporsandten. Auch empfahlen sie ihre Trostlosigkeit dem Mitleid ihrer gütigen Mutter, indem Gertrud, die ihrer Beseligung näher zugegen zu sein verdiente, das Responsorium anstimmte: «Steh auf, o Jungfrau!»

Unter diesem Gesang wurde der jungfräuliche Leib, der ehrwürdige Tempel Christi Jesu, von jungfräulichen Händen in die Kapelle getragen und vor den Altar gestellt. Während die Genossenschaft sich um die Leiche zum Gebet niederwarf, erschien ihre Seele, in Herrlichkeit stehend, vor der anbetungswürdigen Dreifaltigkeit und betend für alle ihr ehemals anvertrauten Schäflein. Als aber die Messe für sie gesungen wurde und Gertrud ihre Trostlosigkeit vor dem Herrn im Gebet ausschüttete, tröstete der Herr sie durch folgenden Bescheid: «Vermag ich denn nicht vollständig das zu ersetzen, was ich euch entzogen habe? Einem rechtschaffenen Herrn in der Welt vertraut man, dass er die Kinder seiner verstorbenen Soldaten nicht zugrunde gehen lässt; um so mehr also vertrauet mir, der ich die Güte selber bin, dass ich, wenn ihr von ganzem Herzen euch zu mir hinkehret[17], euch das ganz sein will, was jedes aus euch in ihr verloren hat.»

Zu jener Stunde aber, da der Herr die glückliche Seele zu sich nahm, strömte das Herz Jesu von honigfließender Güte über weithin ob der ganzen Welt, so dass, wie Gertrud durch Offenbarung erkannte, auf der ganzen Erde keine gerechte Bitte damals an den Herrn gerichtet wurde, die nicht Erhörung fand.

Am folgenden Tag, da die Beerdigung stattfinden sollte, opferte jene Dienerin Gottes während der ersten Messe beim Offertorium für die Abgeschiedene zur Ergänzung ihres Verdienstes das liebevollste Herz Jesu Christi auf.

Währenddessen erschien der Herr und nahm es an in Gestalt eines nach der Form eines menschlichen Herzens gebildeten Gefäßes, das angefüllt war mit verschiedenen kostbaren Gaben. Nachdem er dies in seinen Schoß genommen, rief er die Seele unserer guten Mutter zu sich mit den Worten: «Komm, Mägdlein, zu mir und verteile deine Güter, welche von deinen Töchtern dir übersandt worden sind.»

Hierauf schien sie sich gegen das Angesicht ihres Geliebten zu setzen, ihre Hand nach dem Schoße des Herrn auszustrecken und sorgfältig zu betrachten, was darin verborgen war. Als sie nun in dem Herzen Jesu die Vollkommenheit aller Tugenden und aller Güter fand, nahm sie die einzelnen in jener Liebe, die sie von Natur aus von Gott empfangen hatte, gleichsam mit der Hand auf und sagte: «Dies, mein liebreichster Herr, wäre gut für die Priorin, dies für diese, dies für jene Schwester», wie sie eben auf Erden die Bedürfnisse der Einzelnen gekannt hatte, die sie jetzt aus der Tugendfülle des göttlichen Herzens zu befriedigen begehrte.

Hierauf sah der Herr sie liebreich an und sprach zu ihr: «Tritt näher zu mir, meine Erwählte.» Schnell sich erhebend, trat sie zur linken Seite des Herrn, der seinen Arm erhob und sie sanft an sein Herz drückte mit den Worten: «Sieh jetzt, wie ich sehe.» Hierdurch wurde zu verstehen gegeben, dass ihr Verlangen, ihren Freudinnen Tugendgüter auszuteilen nach dem Bedürfnis, wie sie es auf Erden erkannt hatte, menschlicher Art war. Durch jene Umarmung aber vereinigte der Herr sie also mit sich, dass sie jetzt nicht anders wollen konnte als Gott, der, wiewohl er jeden Menschen über alle menschlichen Begriffe liebt, ihnen dennoch manche Mängel anhaften lässt.

Bei Aufhebung der hochheiligen Hostie opferte Gertrud mit derselben zum Verdienst ihrer geliebten Mutter jene kindliche Liebe auf, welche das Herz Jesu Christi allzeit hegte für seine süßeste Mutter, die Jungfrau Maria, worauf der Sohn Gottes zu der Seele sagte: «Mägdlein, tritt herzu, denn ich will dir die kindliche

Liebe meines süßesten Herzens erweisen.» Da nahm die seligste Jungfrau und Mutter Maria die Seele in ihre Arme und führte sie zum Herrn. Der Herr Jesus aber neigte sich zu ihr, küsste sie herzinniglich und gab ihr so einigermaßen seine kindliche Liebe zu verkosten. Dies geschah bei mehreren Messen, deren wohl zwanzig oder noch mehr waren gesungen worden.

Die Tochter wünschte aber ihrer geliebten Mutter ein noch größeres Verdienst zuzuwenden und opferte deshalb jene kindliche Liebe auf, welche Jesus Christus zu Gott dem Vater in der Gottheit und zur Mutter Maria in seiner Menschheit hatte. Darauf erhob sich der Sohn Gottes, stand vor den Vater und rief die Seele der Verstorbenen zu sich mit den Worten: «Komm hierher, Herrin und Königin, denn jetzt ist dir ein noch höherer Vorzug erteilt worden.» Und während sie nun, wiederum von der Mutter des Herrn geleitet, in die Höhe erhoben wurde, sagte die Tochter, die dies sah, zu ihr: «Jetzt vermag ich, o Herrin und Mutter, dich nicht ferner mehr zu sehen, noch auch etwas von deinen Verdiensten zu erkennen.» Diese erwiderte: «Doch kannst du mich wohl darüber fragen, worüber du belehrt zu werden begehrst.»

Da sagte jene: «Gute Mutter, warum erlangst du uns nicht durch dein Gebet bei Gott, dass wir uns der Tränen enthalten können? Denn wir schaden uns selbst sehr, indem wir so häufig über deinen Verlust weinen. Sonst konntest du es ja auch nicht ertragen, wenn wir uns übermäßigen Kummer machten.» Sie antwortete: «Mein Herr, der mich zärtlich liebt, gibt mir dies zur Glorie und Vollendung, wovon die übrigen wenig Nutzen haben. Denn für den Eifer, womit ich mich bemühte, euch vorzustehen, hat er mir jetzt die Gnade geschenkt, dass ich alle eure Tränen wie in einem goldenen Kelch ihm darreiche, und aus seinem Überfluss gießt er statt der Tränen mir den Strom seiner honigsüßen Gottheit ein. Hierdurch lieblich getränkt, singe ich meinem Geliebten ein Danklied für meine Töchter und die übrigen, welche Tränen vergießen.»

Als Gertrud nun weiter forschte, ob das bloß von jenen Tränen gelte, welche zur Ehre Gottes vergossen würden, weil man nämlich aus ihrem Abscheiden Nachteile für das Klosterleben fürchte, antwortete sie: «Es gilt von allen Tränen, auch von denen, die aus kindlicher Liebe fließen; für jene zur Ehre Gottes vergossenen aber singt der Sohn Gottes selbst mit mir ein Danklied. Und dies gewährt mir um so größere Wonne, je weiter der Schöpfer vom Geschöpf absteht.»

Hiernach rief sie Gertrud mit Namen und sagte: «Deinetwegen, meine Tochter, habe ich ein besonderes Geschenk von Gott dafür empfangen, dass ich dich treu und eifrig zur Ehre Gottes in jener Angelegenheit geleitet habe, die dir bekannt ist. Denn in dem Herzen meines geliebten Herrn Jesus erklingt mir in lieblichen Tönen ohne Unterlass ein Lied der Liebe, wofür der ganze himmlische Hof mich preist. Auch werden alle meine Sinne wundersam erquickt; nur das Gefühl entbehrt jenes besonderen Lohnes, weil ich in jener Sache ein wenig nachlässig war, wenn auch in guter Absicht und um des Friedens willen.» Gertrud opferte deshalb, als es zur Aufhebung der Hostie schellte, den hochheiligen Leib des Herrn zur Ergänzung des erwähnten Mangels auf.

Doch gewann die Verstorbene daraus keinen vollkommenen Ersatz; denn was hier vernachlässigt wird, kann im andern Leben nie ganz wiedergewonnen werden. Aus Dankbarkeit aber betete die Verewigte für alle, die zur Feier ihrer Exequien gekommen waren, so dass einem jeden durch ihr Verdienst die Verzeihung vieler Sünden gewährt und durch die göttliche Gnade die Kraft zum Guten vermehrt wurde.

Vor dem Schlusssegen einer Messe schien unsere glückselige Mutter vor dem Thron der heiligsten Dreifaltigkeit zu stehen und also zu beten: «O Spender der Gaben, gewähre in deiner Huld meinen abgestorbenen Gliedern die Gunst, dass, so oft meine Töchter zu meinem Grab kommen, um mir ihre Trostlosigkeit oder Mängel zu klagen, sie durch den Trost, den sie erfahren, erkennen, dass ich einigermaßen noch ihre Mutter sei.» Diesen Worten winkte der Herr gnädig zu und erteilte aus seiner göttlichen Allmacht, Weisheit und Güte jeder Person einen besonderen Segen. Als man aber die Leiche ins Grab gelegt hatte, streckte der Herr zur Bestätigung dieses Segens jedesmal, so oft Erde auf den Sarg geworfen wurde, die Hand aus und machte das Kreuzzeichen über die Leiche. Nachdem zuletzt der Erdhügel aufgehäuft war, machte Maria, die jungfräuliche Mutter des Herrn, auch mit ihrer zarten Hand das Kreuzzeichen über das Grab, gleichsam, das

Siegel aufdrückend, zum Zeugnis, dass der Herr der Verstorbenen jenes Geschenk gegeben habe.

Als nach der Bestattung das Responsorium begonnen wurde: «Das Reich der Welt», erhob sich im Himmel eine freudige Bewegung und großer Jubel. Es erschien ein Chor strahlender Jungfrauen, an deren Spitze sie ging, deren Exequien gefeiert wurden, gleichsam als Königin in erhabener Haltung, in der einen Hand eine Lilie vortragend, die den Wohlgeruch verschiedener Blumen ausströmte, während sie mit der andern Hand jene Jungfrauen hinter sich führte, welche aus der ihr anvertrauten Genossenschaft bereits verherrlicht waren. Nach ihnen folgten die übrigen Jungfrauen des Himmels. Als sie nun so unter Ehre und Frohlocken bis vor den Thron Gottes gekommen waren, schien Gott der Vater bei den Worten «den ich gesehen» der Führerin des Zuges neue Geschenke zu gewähren; ebenso taten dies der Sohn bei den Worten «den ich geliebt» und der Heilige Geist bei den Worten «an den ich geglaubt habe».

Bei den Worten aber «den ich erkoren habe» schien sie selber ihre Arme auszustrecken und Jesus, den liebreichsten Bräutigam, zu umfassen. Hierauf wurde das Libera gesungen. Da erschien ein anderer jubelnder Chor im Himmel, nämlich jene Seelen, welche an diesem Tag durch die Messen und Gebete für die Verstorbenen und durch deren Verdienste in den Himmel eingegangen waren. Unter ihnen war besonders die Seele eines Verstorbenen kenntlich, der, ins Kloster gekommen, eine Zeitlang in geistlichen Dingen nachlässig gewesen war, aber durch die Verdienste unserer glorreichen Mutter reichen Trost empfangen hatte.

Wiederum erschien die glückselige Mutter am dreißigsten Tag nach ihrem Tod vor Gertrud, und zwar in noch viel reicherem Schmuck als vorher. Jedes Verdienst erglänzte nämlich an ihr, das sie von Gottes Huld dafür empfangen, dass sie in diesem Leben körperliche Beschwerden erduldet hatte.

Auch erschien ein herrlich geschmücktes goldenes Buch vor dem Thron, worin jede Unterweisung verzeichnet war, welche sie auf Erden ihren Untergebenen erteilt hatte; und fortwährend noch wird zu ihrem Verdienst in dasselbe geschrieben, so oft jemand durch ihre Worte oder Beispiele einen Fortschritt macht.

Zugleich fragte Gertrud, welches besondere Verdienst ihre Mutter durch die rechte Hand, an der sie so viel gelitten, gewonnen habe, worauf dieselbe ihr antwortete: «Mit ihr umfasse ich den liebreichsten Herrn Jesus; und das gewährt meinem Herzen eine unaussprechliche Wonne, dass er sich herablässt, sie gleichsam als eine Halskette zu nehmen und an ihr sich erfreut.»

Auch erschien die ganze rechte Seite vom Scheitel bis zur Fußsohle mit Edelsteinen geziert und verlieh auch der linken Seite denselben Schmuck. Der Schmuck auf der Rechten sinnbildete das Verdienst für ihre Krankheit und der auf der Linken das Verdienst dafür, dass ihr Wille mit dem göttlichen immer übereinstimmte. Deshalb schossen von der einen Seite Strahlen auf die andere, gleichsam ineinander spielend wie die Sonne im Wasser.

Für den Verlust der Sprache aber empfing sie sogleich nach dem Tod den Kuss des Herrn und bewahrt nun in Ewigkeit einen aus ihrem Mund hervorgehenden wundersamen Glanz, aus dem der ganze himmlische Hof besondere Freude schöpft.

Während Gertrud sodann unter der Messe den Herrn inständigst bat, er möge der Seele unserer Mutter die ihr erwiesenen Wohltaten besonders vergelten, sagte der Herr: «Jede von euch fleht mich also an, dass ich fast kein Gut mehr behalten kann, ohne es ihrer Seele ganz eingießen zu müssen.» Und indem er die Seele liebreich anschaute, sprach er: «Wahrhaft gut war ausgeteilt, was mit solcher Dankbarkeit zurückgezahlt wird.»

Hierauf fiel dieselbe vor dem Thron der Herrlichkeit nieder und dankte Gott für die Treue ihrer Untergebenen mit den Worten: «Ewiger, unermesslicher und unwandelbarer Lobpreis sei dir, o Gott, für alle deine Wohltaten; und gepriesen sei jene Zeit, in der du mich zum Empfang dieser so heilsamen Frucht bereitet hast! O Gott meines Lebens, gib du ihnen für mich Antwort.» Darauf erwiderte der Herr: «Ich werde die Augen meiner Barmherzigkeit über ihnen befestigen.»[18] Bei diesen Worten machte der Herr mit seiner heiligsten Hand zwei Kreuze, wodurch er jeder aus der Genossenschaft die Gnade des guten Beispiels nach außen im Werk und die Absicht der göttlichen Liebe im Herzen verlieh.

V. 2. Von der Seele E., die der Herr mit einer Lilie verglich

Am zwölften Tag nach dem Tod der Frau Äbtissin Gertrud, seligen Angedenkens, starb auch eine ihrer geistlichen Töchter, deren Abscheiden der Genossenschaft Schmerz auf Schmerz häufte[19]. Denn sie war vor Gott und den Menschen überaus liebenswürdig, sowohl wegen ihrer Unschuld, Reinheit und großen Frömmigkeit als auch wegen ihres Liebreizes im Umgang und ihrer Sanftmut gegen ihre Genossinnen. Nach ihrem Tod sagte Gertrud voll Trauer zum Herrn: «Warum, o liebreichster Herr, hast du sie so schnell von uns genommen?»

Der Herr erwiderte: «Als die Exequien für meine Geliebte, die Äbtissin Gertrud, gefeiert wurden, erfreute ich mich an der innigen Andacht der Genossenschaft, als wenn ich hinabgestiegen wäre, um unter Lilien zu weiden[20]. Da nun diese Lilie meinen Augen überaus wohlgefiel, nahm ich sie in meine Hand; und während ich sie elf Tage lang zwischen meinen Fingern hielt, um sie abzubrechen, erstarkte sie durch die Krankheit zu wunderbarer Schönheit und lieblichem Wohlgeruch. Deshalb nahm ich sie jetzt zu mir auf und habe an ihr meine Freude. Begehrt nun eine von euch, weil sie eine so traute Genossin war, sie wieder zu haben, opfert sie aber dennoch meinem Willen auf, so reicht sie mir eine Lilie voll süßesten Duftes dar, was ich ihr dann in meiner Güte hundertfältig vergelten werde.»

Als jene hierauf bei der Aufhebung der Hostie in schwesterlicher Liebe all die Treue des Herzens Jesu Christi für sie aufopferte, sah sie dieselbe auf eine höhere Stufe erhoben, als würde sie in eine erhabenere Würde eingesetzt, mit glänzenderen Gewändern geschmückt und von vorzüglicheren Dienern geehrt. Und dies wiederholte sich jedesmal, so oft sie die gleiche Aufopferung machte. Hiernach fragte sie den Herrn, warum doch wohl die Verstorbene in ihren letzten Zügen durch Aussehen und Stimme Furcht an den Tag gelegt habe, worauf sie folgende Antwort empfing:

«Meine übergroße Liebe hat ihr dies angetan. Denn weil sie in ihrer Krankheit einige Tage vor dem Tod durch dein Gebet begehrte, sogleich nach ihrem Absterben ohne Hindernis von mir aufgenommen zu werden, und an meine durch dich ihr gegebene Zusicherung hierüber fest glaubte, so freute ich mich, ihr wegen ihres Vertrauens eine um so größere Wohltat erteilen zu können.

Nun ist aber das jugendliche Alter selten vollständig rein von leichteren Vernachlässigungen, wie z.B. von der Freude an nicht sehr notwendigen Dingen und ähnlichem; hiervon musste auch sie durch den Schmerz der Krankheit gereinigt werden, als ich sie bereits zur ewigen Herrlichkeit rief. Weil sie den Schmerz aber so geduldig ertrug, litt ich nicht, dass er nicht vollständig zur ewigen Herrlichkeit gereichen sollte.

Deshalb ließ ich sie durch den Anblick des Teufels erschreckt werden, damit ihr dies zur vollständigen Läuterung diene und alles andere, wodurch sie gereinigt worden, ihr zum Verdienst der ewigen Seligkeit gereiche.» Jene erwiderte: «Wo warst du inzwischen, du Hoffnung der Verzagten?» «Ich hatte mich», antwortete der Herr, «zu ihrer Linken verborgen; sobald sie aber geläutert war, stellte ich mich ihr vor und nahm sie zu mir in die ewige Ruhe und Herrlichkeit.»

V. 3. Von der Seele Gertruds, die der seligsten Jungfrau geweiht war

Hiernach ging ein anderes Mägdlein hinüber, das von Kindheit auf der Mutter unseres Erlösers besonders geweiht war. Als dasselbe nun am Ziel seines Ringens zur ewigen Vergeltung gerufen wurde und nach andächtigem Empfang aller heiligen Sakramente im Todeskampf lag, ergriff es mit den fast schon erstorbenen Händen das Bild des Gekreuzigten, begrüßte die hochheiligen Wunden mit so honigfließenden Worten, dankte, betete an und küsste sie einzeln so inniglich, dass alle Umstehenden davon tief gerührt wurden.

Nachdem sie dann noch durch verschiedene Gebete zu den heiligen Wunden Verzeihung ihrer Sünden, Ergänzung ihrer Fehler und Schutz beim Tod vom Herrn, von der seligsten Jungfrau Maria, von den heiligen Engeln und von allen Heiligen begehrt hatte, schien sie wie ermüdet ein Weilchen zu ruhen und entschlief friedlich im Herrn. Als nun die Genossenschaft sich für sie ins Gebet begeben hatte, erschien der Herr Jesus Gertrud, indem er die Seele der Verstorbenen in seinen Armen hielt, sie liebkoste und also anredete: «Erkennst du mich, meine Tochter?» Gertrud, die dies sah, bat darauf den Herrn, er möge jener einen besonderen Lohn für die Demut erteilen, mit der sie ihr und auch andern, von denen sie glaubte, dass sie Gott wohlgefällig seien, so bereitwillig gedient hatte, um an ihren Gnaden Anteil zu gewinnen. Da reichte der Herr der Verstorbenen sein göttliches Herz mit den Worten: «Trinke das nun in vollen Zügen aus mir, wonach du auf Erden durch meine Auserwählten gedürstet hast.»

Am folgenden Tag während der Messe erschien die Verstorbene wie auf dem Schoß des Herrn sitzend; zugleich war auch die Königin des Himmels, die Mutter des Herrn, zugegen und schenkte ihr ihre Freuden und Verdienste.

Als aber die Genossenschaft für sie einen Psalter mit Ave Maria betete, sah Gertrud, wie die Mutter des Herrn bei den einzelnen Worten ihre Geschenke darreichte, die sie wie ein Verdienst annahm. Gertrud wünschte nun vom Herrn zu erfahren, von welchem Fehler menschlicher Gebrechlichkeit die Verstorbene vor ihrem Ausscheiden aus dem Körper besonders geläutert werden musste, worauf er antwortete: «Es war das, dass sie eine Weile sich in ihrem besonderen Sinn gefiel. Darum habe ich sie sterben lassen, bevor die Genossenschaft das gemeinsame Gebet für sie verrichtet hatte.

Denn gerade die Befürchtung ängstigte sie sehr, es möchte ihr großen Nachteil bereiten, dass sie sich der Gebetshilfe des Konvents beraubt sah. Hierdurch aber wurde sie von jenem Fehler gereinigt.» «Aber, o Herr», fragte Gertrud weiter, «konnte dies denn nicht durch die Zerknirschung des Herzens geschehen, womit sie dich bei ihrem Tod um Verzeihung aller Sünden bat?» Der Herr erwiderte: «Durch eine solche allgemeine Reue konnte sie deshalb nicht geläutert werden, weil sie gerade auf ihrem besonderen Sinn eine Zeitlang verharrt und denen, die sie belehrten, nicht zugestimmt hatte.

Deshalb musste sie durch besonderes Leiden gereinigt werden. Außerdem hatte sie auch noch zu sühnen, dass sie die Gnade der

Beichte hie und da einmal vernachlässigt hatte. Meine Güte jedoch verzieh ihr dies wegen der Anwesenheit meiner und ihrer um sie besorgten Freunde; und durch die Beschwerde, womit sie an ihrem Todestag beichten musste, habe ich ihr alle Schuld, die sie hierin sich zugezogen hatte, erlassen.»

Während des Offertoriums der Messe schien der Herr seine Rechte zu erheben; dadurch entstand eine wunderbare Helle, die den ganzen Himmel erleuchtete und jene Seele besonders durchstrahlte. Auch traten alle Heiligen ihrer Rangordnung gemäß hinzu und opferten ihre Verdienste in den Schoß Jesu Christi zur Ergänzung der Verdienste jener Seele. Dies geschah deshalb, weil sie selbst während ihres Lebens gerade hierum für die Verstorbenen zu beten pflegte. Unter allen Heiligen aber, welche sich ihr so freundlich erwiesen, waren es die Jungfrauen, die als Genossinnen ihr eine ganz besondere Huld und Liebe erzeigten.

Bei der Aufhebung der Hostie aber schien der Sohn Gottes ihr seinen Leib in Gestalt eines unbefleckten Lämmleins[21] darzureichen, und indem sie dasselbe inniglich küsste, wurde sie hierdurch innerlich so verwandelt, als wenn sie eine neue Wonne aus der Erkenntnis der Gottheit schöpfe.

Hierauf erinnerte jene die Verstorbene an das Gebet für die ihr Empfohlenen und erhielt die Antwort: «Ich bete für sie, aber ich kann nur wollen, was ich meinen liebreichsten Herrn wollen sehe.» «Nützt es denn», fragte jene weiter, «ihnen nichts, dass sie auf dein Gebet Vertrauen setzen?» «Sehr viel», erwiderte sie, «denn der Herr, der ihr Verlangen sieht, gibt es uns ein, für sie zu beten.» «Kannst du denn aber», fuhr jene fort, «für deine besonderen Freundinnen nicht auch etwas Besonderes erflehen, ohne dass sie dich darum gebeten haben?»

«Unser Herr», antwortete sie, «erweist ihnen in seiner natürlichen Güte um unsertwillen größere Wohltaten.» Darauf jene: «So bitte jetzt besonders für jenen Priester, der gegenwärtig das Opfer für dich darbringt.»

«Dieser», versetzte sie, «wird einen doppelten Gewinn davontragen. Denn gleichwie der Herr die heilbringende Handlung von ihm aufnimmt und auf mich überleitet, so wird dasselbe Heil, durch das meinige vermehrt, von mir auf ihn zurückergossen, ähnlich wie Gold um so herrlicher erscheint, wenn es durch verschiedene Farben schimmert.»

«Deine Worte», sagte jene darauf, «scheinen mir zu bestätigen, dass es heilsamer sei, die Messe für die Verstorbenen als eine andere zu feiern.»

«Allerdings», antwortete sie, «ist es heilsamer wegen der Liebe, wodurch der Priester zugleich mit dem Opfer den Seelen zu Hilfe kommt, als wenn er eine andere Messe bloß wegen der Verpflichtung des Priestertums feiert. Tut er es auch noch mit inniger Hingebung an Gott, so ist dies das Allerheilsamste.»

«Woher aber», fragte jene zuletzt, «weißt du dies alles, da du doch auf Erden nur sehr wenig unterrichtet warst?» «Daher», war die Antwort, «wovon Augustinus sagt: ‹Gott einmal angeschaut, heißt alles gelernt haben.›»

Ein andermal sah jene die Verstorbene in großer Herrlichkeit mit roten Kleidern geschmückt und fragte den Herrn, warum ihr dies zuteil geworden, worauf der Herr erwiderte: «Ich habe sie, wie ich ihr durch dich versprach, mit meinem Leiden bekleidet, weil sie, obgleich sie an großer Herzensschwäche litt, der gemeinsamen Arbeiten des Klosters sich dennoch nicht entzog, und während sie über ihre Kräfte sich anstrengte, dennoch nicht mit Ungeduld sich beklagte.

Dafür ferner, dass sie in ihrer Krankheit einige Entbehrungen ertrug, habe ich ihr Diener aus meinen höher stehenden Fürsten gegeben, welche ihr ebensoviele besondere Wonnen gewähren, als sie Entbehrungen erlitt. Und für jenen heftigen Schmerz, den sie an einem Arm erduldete, umarmt sie mich jetzt mit solcher Seligkeit, dass sie noch hundertmal Härteres ertragen möchte.»

Außerdem schienen vor ihr einige Seelen zu knien, welche durch die für sie dargebrachten, ihr aber nicht mehr nötigen Gebete waren befreit worden. Deshalb fragte jene, ob der Genossenschaft dadurch, dass schon mehrere aus ihr in den Himmel aufgenommen worden, eine besondere Hilfe zuteil werde. Sie antwortete: «Eine große Unterstützung genießt ihr dadurch, weil der Herr wegen einer jeden aus uns seine Wohltaten gegen euch vervielfältigt.»

In einer andern Messe, die nicht für die Verstorbenen gesungen wurde, sah jene sie bei ihrem Gebet in der Herrlichkeit strahlen und fragte, welchen Gewinn sie von dieser nicht für die Verstorbenen gesungenen Messe haben könne.

Darauf erwiderte sie: «Was hat die Königin von den Gütern des Königs, ihres Herrn? Ich bin jetzt mit dem König, meinem Herrn und Bräutigam, also vereinigt, dass ich in Wahrheit an allen Gütern teilnehme wie eine Königin an dem Tisch des Königs. Hierfür sei ihm, dem König und Herrn der Könige, Lobpreis und Ehre in Ewigkeit!»

V. 4. Von dem seligen Tod der Sängerin M., frommen Angedenkens

Die Frau M.[22], seligen Angedenkens, unsere fromme Vorsängerin, aller guten Werke und Gottes selber voll, erkrankte zum Tode. Einen Monat vor ihrem Heimgang, da sie schon zu Bett lag, bemühte sie sich, mit gewohnter Andacht und freudigem Willen das Andenken des Todes nach Gertruds Anleitung[23] sich zu vergegenwärtigen.

An einem Sonntag nun, da sie nach dem Empfang des allerheiligsten Leibes und Blutes Christi ihre letzte Stunde der göttlichen Barmherzigkeit anempfahl, sah Gertrud im Geist während des Gebetes für sie, wie der Herr ihre ganze Seele durch die Kraft seiner Gottheit in sich zog und nach einer Weile sie dem Körper wieder zurückgab, damit sie noch eine Zeitlang in ihm verweile. Hierbei sagte jene zum Herrn: «Wozu, o Herr, willst du sie noch länger auf Erden verweilen lassen?» Er antwortete: «Um in ihr das Werk zu vollenden, das ich nach meiner göttlichen Anordnung in diesen Tagen zu vollbringen habe.

Zu diesem Zweck wird sie mir einen dreifachen Dienst erweisen, indem sie mir das Ruhebett der Demut, den Tisch der Geduld und das Spiel der Tugenden bereitet. Bei allem nämlich, was sie von andern sieht oder hört, demütigt sie sich und erachtet sich für die Unwürdigste und Geringste von allen und hierdurch gewährt sie mir in ihrem Herzen eine erquickende Ruhe. Sodann umfasst sie mit Freude die Geduld in allen ihren Krankheiten und Trübsalen und erträgt bereitwillig alle ihre Beschwerden aus Liebe zu mir: Auf diese Weise bereitet sie mir einen reichlichen Tisch.

Zuletzt bietet sie meiner göttlichen Lust ein schönes Spiel durch die Übung der mannigfaltigsten Tugenden.» Ein andermal fragte Gertrud bei der Kommunion den Herrn, was er bei jener wirke, worauf dieser antwortete:

«Ich ruhe im Brautgemach inniglicher Umarmung.» Hierbei erkannte sie, das Brautgemach, worin sie bei dem Herrn und der Herr bei ihr ruhe, bestehe darin, dass sie bei noch so vielfältigen Beschwerden und fortgesetzten Schmerzen dennoch im Vertrauen auf die Güte des Herrn fest überzeugt sei, dass alles aus der göttlichen Barmherzigkeit und nur zu ihrem Heil hervorgehe, weshalb sie auch beständig Gott Dank sage und all das Ihrige seiner väterlichen Vorsehung vertrauensvoll überlasse.

Je näher sie aber ihrem Ende kam, desto mehr steigerte sich täglich gegen Abend ihr Herzleiden, so dass die umstehenden Schwestern von innigstem Mitleid ergriffen wurden.

Sie aber tröstete sie mit den Worten: «Weinet nicht und betrübt euch nicht um meinetwillen, meine Teuersten, denn eure Trostlosigkeit geht mir so nahe, dass ich, wenn es der Wille unseres süßesten Liebhabers zuließe, allzeit in diesen Schmerzen leben möchte, um in allem eure Trösterin sein zu können.» Durch die Bitten einiger gedrängt, zur Linderung des Schmerzes Arznei zu nehmen, ging sie in ihrer Güte, wenn auch ungern, darauf ein. Kaum jedoch hatte sie die Arznei genommen, als ihr Schmerz sofort viel heftiger wurde.

Deswegen fragte jene am folgenden Tag den Herrn, wie er der Kranken diese Willfährigkeit belohnen werde.

Der Herr antwortete: «Aus jenem Schmerz, den meine Geliebte durch ihre liebevolle Nachgiebigkeit gegen die Bitten anderer sich zugezogen, habe ich allen Sündern der Welt und den Seelen im Fegfeuer ein vortreffliches Heilmittel bereitet.»

Als sie am Sonntag Si iniquitates[24] – es war das letzte Mal vor ihrem Tod – kommunizierte, wurde Gertrud in ihrem Gebet für sie vom Herrn angetrieben, sie daran zu erinnern, dass sie sich zum Empfang des Sakramentes der heiligen Ölung bereiten möge. Denn nach dem Empfang dieses heilsamen Sakramentes wolle er selbst, der sorgfältigste Hüter seiner Freunde, sie in seinem Schoß vor jeglicher Makel rein bewahren, gleichwie ein Maler sein eben vollendetes Bild sorgsam schützt, damit es durch kein Stäubchen verdunkelt werde.

Als nun Gertrud der Kranken dies mitteilte, überließ dieselbe, wie sie denn immer ihren Vorgesetzten in allem unterwürfig gewesen, dies ihrem Gutdünken und der göttlichen Vorsehung, welche diejenigen ja nie verlässt, die auf sie vertrauen. Die Vorgesetzten aber hatten solche Ehrfurcht vor ihr, dass sie nicht zweifelten, sie wisse selber am besten die Zeit voraus, wann sie das Sakrament der Ölung nach dem Willen des Herrn empfangen sollte. Und da sie es nun auch nicht ernstlich forderte, so verschoben sie es an diesem Tag.

Der Herr aber, der im Evangelium gesprochen: «Himmel und Erde werden vergehen, meine Worte aber werden nicht vergehen»[25], bewahrheitete auch das Wort, das er zu seiner Auserwählten gesprochen hatte. Denn vor den Metten des Montags wurden die Schmerzen der Kranken plötzlich so beängstigend, dass man sicher glaubte, ihr Todeskampf beginne. Deshalb wurden sogleich die Priester gerufen und sie empfing das Sakrament der Ölung noch vor Sonnenaufgang des folgenden Tages.

Während der Priester aber die Augen der Kranken salbte, sah Gertrud im Gebet den liebreichsten Herrn all seine göttliche Liebe, von der jemals sein honigfließendes Herz bewegt worden, mit einem Strahl göttlichen Glanzes auf sie hinkehren und ihr damit das Verdienst seiner allerheiligsten Blicke schenken. Deshalb schienen auch ihre Augen aus der Fülle der göttlichen Liebe ein überaus süßes Öl hervorzuströmen zum Zeichen, dass der Herr durch ihre Verdienste allen, die sie vertrauensvoll anrufen, einen reichlichen Trost gewähren werde, und zwar hat sie dies dadurch verdient, dass sie gegen alle Menschen immer so mild und gütig gewesen ist.

Bei der Salbung der übrigen Glieder sodann schenkte der Herr ihr das ganze Verdienst seiner heiligsten Glieder; aber bei der Salbung des Mundes ließ der liebeglühendste Eiferer der Seelen sich herab, dem Mund seiner Braut einen Kuss «süßer denn Honigbecher»[26] aufzudrücken, wodurch er ihr die volle Verdienstfrucht seines allerheiligsten Mundes mitteilte. Während nun in der Litanei gebetet wurde: «Alle heiligen Seraphim und Cherubim, bittet für sie», sah Gertrud, wie diese Chöre mit Ehrfurcht und Entzücken sich teilten, um der Auserwählten Gottes zwischen sich den passendsten Platz darzubieten. Hatte diese ja doch auf Erden ein engelgleiches Leben geführt in der Heiligkeit jungfräulichen Wandels, hatte, über die Engel erhoben, mit den Cherubim die Ströme geistiger Erkenntnis aus der Quelle aller Weisheit selbst in reichlichem Maß geschöpft und hatte mit den flammenden Seraphim den, der selber «ein verzehrendes Feuer ist»[27], mit den Armen der Liebe umfasst:

Deshalb erachteten diese sie würdig, gleichwie sie vor allen verdient hatten, der göttlichen Majestät nahe zu treten, so auch ihr in ihren Reihen einen erhabenen Platz einzuräumen. Auch die einzelnen Heiligen, die in der Litanei genannt werden, erhoben sich mit großer Freude und Ehrfurcht, bogen die Knie und opferten ihre Verdienste in Gestalt kostbarer Geschenke in den Schoß des Herrn, damit er sie seiner Geliebten gebe, um deren Glorie und Seligkeit zu mehren.

Als die Salbung zu Ende war, schloss der Herr sie liebreich in seine Arme und hielt sie also zwei Tage lang, dass die süß strömende Wunde seines Herzens nach ihrem Mund hin geöffnet war und sie aus demselben jeden Atemzug schöpfte und in dasselbe auch jeden zurückergoss.

Endlich nahte die selige Stunde ihres Heimganges, da der Herr seiner Erwählten nach der Mühsal vielfältiger Krankheit jene beständige Ruhe geben wollte, die nie mehr gestört wird. Es war an einem Mittwoch, der Vigil der hl. Elisabeth, vor der Non, als ihr Todeskampf begann.

Sogleich kam die Genossenschaft mit aufrichtiger Teilnahme zusammen und unterstützte ihre geliebte Mitschwester in Christo mit den Sterbegebeten.

Da nun sah Gertrud, die eine innigere Liebe zur Kranken hatte, deren Seele in Gestalt eines überaus anmutigen Mägdleins vor dem Herrn stehen und jeden Atemzug durch die allerheiligste Seitenwunde in sein honigströmendes Herz aushauchen. Dieses wurde von seiner eigenen übergroßen Güte und Süßigkeit also bewegt, dass es jedesmal, sooft es ihren Atem in sich zog, aus der Überfülle seiner Liebe den reichsten Gnadenregen über die ganze

Kirche und besonders über die anwesenden Personen ergoss. Und dies kam daher, weil die glückselige Kranke durch Gottes Gnade damals ganz besonders von der lautersten Absicht und innigsten Liebe für alle Lebenden und Verstorbenen erfüllt war.

Als nun das Salve Regina gebetet wurde, da redete die gotterwählte Kranke bei den Worten: «O du unsere Fürsprecherin» die jungfräuliche Mutter zärtlich an, empfahl ihr ihre Mitschwestern, die sie nun bald verlassen sollte, und bat sie, um ihretwillen ihnen eine noch größere Liebe zu schenken.

Gleichwie sie selbst während ihres Lebens sich allen als wohlwollende und bereitwillige Beschützerin erwiesen hatte, so möge sie, die Mutter der Barmherzigkeit, nach ihrem Tod sich herablassen, zugleich mit ihr der Genossenschaft eine Fürsprecherin und Beschirmerin bei ihrem Sohn zu sein. Hierzu zeigte die unversehrte Jungfrau sich sogleich bereit, streckte ihre zarten Hände nach den Händen der Kranken aus und übernahm daraus gleichsam die Sorge für die Genossenschaft, die ihr anvertraut gewesen.

Während hierauf das Gebetchen «Sei gegrüßt, Christe Jesu» gebetet wurde, schien der Herr Jesus bei den Worten «süßer Weg» aus der Fülle seiner Gottheit seiner Braut den Weg zu salben, damit er sie um so sanfter und zarter an sich zöge.

Also lag sie jenen ganzen Tag im Todeskampf, nichts anderes sprechend als: «O Jesus gut, o guter Jesus!» So tief haftete er ihr im Herzen, dessen Namen sie unter bittern Todesschmerzen mit solcher Süßigkeit beständig im Munde führte. Und als die einzelnen Schwestern sich und ihre Seelenbedürfnisse ihrem Gebet andächtig empfahlen, lispelte sie, weil sie nicht mehr sprechen konnte, die Worte: «Gern, gewiss!», wodurch sie zeigte, mit welcher Liebe sie alles ihr Anvertraute dem Herrn empfahl. Unsere Gertrud sah auch aus allen Gliedern, an denen die Kranke besonders litt, einen lieblich duftenden Hauch ausgehen, der sich über ihre Seele verbreitete, dieselbe von allen Makeln wunderbar läuterte und zur ewigen Seligkeit befähigte. Aber sie suchte alle diese Erkenntnisse in ihrem Herzen zu verschließen.

Dies war jedoch dem Willen Gottes durchaus zuwider, da «die Offenbarung seines Wortes ihm zur Ehre gereicht»[28] und er gesprochen hat: «Was ihr ins Ohr hört, das predigt auf den

Dächern.»[29] Nachfolgendes wird dies bestätigen. Während der Vesper von der hl. Elisabeth schien die Kranke in den letzten Zügen zu liegen, weshalb die Genossenschaft sogleich aus dem Chor gerufen wurde und bei ihr die Gebete wiederholte. Da aber konnte Gertrud trotz der Anstrengung aller ihrer Kräfte und inneren Sinne auch nicht ein Wort von dem verstehen, was um die Kranke vorging, bis sie ihre Schuld anerkannte, durch Reue sühnte und dem Herrn gelobte, allein zu seiner Ehre und zum Trost des Nächsten das bereitwillig mitzuteilen, was er ihr offenbarte.

Bei der Komplet hatte es bereits zum drittenmal den Anschein, als ob die Kranke den letzten Atemzug tue. Gertrud wurde wiederum im Geist entzückt und sah die Seele derselben abermals in Gestalt eines zarten, liebenswürdigen Mägdleins, durch das andauernde Leiden zugleich mit neuem Schmuck geziert, dem holdseligen Bräutigam Jesus Christus mit Ungestüm um den Hals fallen, ihn inniglich umschlingen und aus seinen einzelnen Wunden nach Art einer Biene, welche begierig aus den verschiedenen Blumen saugt, besondere Wonnen in sich ziehen.

Unterdessen wurde das Responsorium gelesen: «Sei gegrüßt, o Braut, der Jungfraun Königin, Rose sonder Dorn!», wobei die glorreiche Jungfrau die Seele der Kranken noch mehr vollendete und zum Genuss der Seligkeit befähigte. Der Herr Jesus aber nahm aus den Verdiensten seiner Mutter und aus jener Würde, wodurch sie allein verdiente, Jungfrau und Mutter zu heißen und zu sein, ein Geschmeide von prachtvoll schimmernden Edelsteinen und legte es auf die Brust der Kranken. Hierdurch beschenkte er sie mit dem Vorzug, dass sie, seiner jungfräulichen Mutter in etwas ähnlich, gleichsam Mutter und Jungfrau war, weil sie durch ihren lautern Liebeseifer das Andenken an ihn in vieler Herzen ins Leben gerufen hatte.

In der Nacht vor dem Fest der hl. Elisabeth, als die Metten schon begonnen hatten, wurde die Gotterwählte abermals so verändert, dass sie auszuatmen schien. Deshalb wurden die Metten unterbrochen und die Genossenschaft versammelte sich wieder um sie. Da nun sah Gertrud den Herrn, strahlend in seiner Gottheit, mit Ehre und Herrlichkeit gekrönt[30], hervortreten und hörte, wie er die Seele der Kranken mit der zärtlichsten Liebe also anredete: «Jetzt, meine

Geliebte, werde ich dich erhöhen bei deinen Gefährtinnen[31], das ist vor dieser mir teuern Genossenschaft.» Hierbei grüßte er die Seele in unbeschreiblicher Weise durch seine heiligen fünf Wunden, und zwar so, dass jede Wunde eine beseligende Einwirkung in vierfacher Weise auf sie ausübte, nämlich durch einen lieblichen Ton, einen wohltuenden Hauch, einen reichlichen Tau und einen herrlichen Glanz. Durch den lieblichen Ton wurden alle Worte bezeichnet, welche sie in ihrem Leben in Andacht zu Gott oder Gottes wegen zum Heil des Nächsten geredet hatte.

Der wunderbare Hauch sinnbildete alle Wünsche, welche sie zur Ehre Gottes nach Gott hin oder um Gottes willen für das Heil anderer gehegt hatte. Durch den reichlich strömenden Tau wurde jegliche Neigung gesinnbildet, welche sie jemals gegen Gott oder um Gottes willen gegen ein Geschöpf gehegt hatte.

Endlich bezeichnete der überaus helle Glanz die verschiedenen Leiden, welche sie von Kindheit an bis zur Stunde an Leib und Seele erduldet hatte. Alles dies wurde durch die Vereinigung mit dem Leiden Christi über alle menschliche Fassungskraft geadelt und verlieh ihrer Seele Heiligkeit und Gleichgestaltung mit der göttlichen Herrlichkeit[32].

Im Genuss solcher himmlischen Freuden ruhend, hörte sie auch diesmal noch nicht auf zu atmen, sondern strebte noch nach vorzüglicheren Gütern, die ihr von ihrem Geliebten sollten bereitet werden. Der Herr aber besprengte alle Anwesenden mit dem Tau seines göttlichen Segens, indem er sprach: «Gar sehr ergötze ich mich an der Süßigkeit der Liebe, womit alle Glieder der mir teuern Genossenschaft dieser meiner Verklärung beiwohnen!

Dadurch sollen sie im Himmel in Gegenwart aller Heiligen eine ähnliche Ehre empfangen, wie sie jene drei Jünger, Petrus, Jakobus und Johannes, die bei meiner Verklärung auf dem Berg zugegen zu sein[33] verdienten, vor den andern Aposteln besitzen!»

Gertrud fragte: «Was können, o Herr, dein Segen und deine Gnadeneingießung denen nützen, die dies nicht durch inneren Geschmack empfinden?»

Der Herr antwortete: «Wenn jemand vor seinem Herrn mit einem fruchttragenden Obstgarten beschenkt wird, so kann er nicht auch schon sogleich den Geschmack der einzelnen Früchte haben, sondern er muss warten, bis sie reifen. Ebenso empfängt auch derjenige, dem ich Gnadengaben eingieße, den Geschmack der inneren Wonne erst dann, wenn er durch die Übung äußerer Tugenden die Schale irdischer Ergötzung gänzlich zerbrochen hat und dadurch den Kern innerer Süßigkeit zu verkosten verdient.»

Nach dem Empfang jenes heilsamsten Segens nun ging die Genossenschaft wiederum ins Chor, um die Metten zu vollenden.

Während aber das zwölfte Responsorium «O Lampe» gesungen wurde, erschien die Seele der Kranken, vor dem Angesicht der heiligen Dreifaltigkeit stehend, versunken in andächtiges Gebet für die Kirche.

Da begrüßte Gott der Vater sie mit den nämlichen Worten: «Sei gegrüßt, meine Erwählte! Denn wegen des Beispiels deines heiligen Wandels bist du in Wahrheit eine Lampe der Kirche, welche Bäche von Öl, d.h. von Gebeten, über die weite Welt ergießt.» Der Sohn Gottes aber fügte hinzu: «Freue dich, meine Braut, du Arznei der Gnade; denn durch dein Gebet wird manchem Sünder die Gnade reichlicher zurückerstattet.»

Und der Heilige Geist hieß sie willkommen: «Sei gegrüßt, meine Unbefleckte, du Nahrung des Glaubens; denn in den Herzen aller, welche an meine göttliche, in geistiger Weise in dir geübte Tätigkeit glauben, wird die Glaubenskraft genährt und gestärkt werden.» Hierauf verlieh ihr Gott der Vater aus seiner Allmacht, allen, die aus menschlicher Schwachheit zagen und auf die göttliche Güte noch nicht vollkommen vertrauen, Sicherheit zu gewähren. Der Heilige Geist befähigte sie, den Lauen aus den Flammen seiner Liebe eine verzehrende Glut mitzuteilen. Und der Sohn Gottes setzte sie instand, in Vereinigung mit seinem Leiden und Sterben allen in der Sünde Dahinschmachtenden Heilung zu bringen. Sodann pries die Schar der Engel und Heiligen sie vor dem Herrn und sang mit heller Stimme:

«O du reiche Gottesweide,
Ölbaum in der Früchte Fülle,
In der Keuschheit Glanzgeschmeide,
In der Werke Strahlenhülle!»[34]

Endlich kam der heiß ersehnte Augenblick, da die auserkorene Braut Jesu Christi, vollkommen vorbereitet, das himmlische Brautgemach betreten sollte. Der Herr der Majestät, überströmend von Wonne, umstrahlte sie mit dem Licht seiner Gottheit und stimmte die Worte an: «Kommet, ihr Gesegneten meines Vaters, empfanget das Reich, das ich euch bereitet habe!»[35] und: «Steh auf, eile, meine Freundin, und komm!»[36]

Hierdurch erinnerte er sie an jenes hochherrliche Geschenk, das sie einige Jahre zuvor mit diesen Worten von ihm empfangen hatte; er hatte ihr nämlich sein Herz gegeben als Unterpfand der Liebe und aller Wonnen und Tröstungen, die sie von jenem Tag an ununterbrochen genoss. Hierauf grüßte er sie huldvoll und sprach: «Wo ist mein Geschenk?»

Als Antwort hierauf öffnete sie mit beiden Händen ihr Herz gegen das des Herrn, das ihr offen stand, und er nahm sie ganz durch die Kraft seiner Gottheit in sich auf und gab ihr Anteil an seiner Herrlichkeit. Möge sie dort, wir bitten darum, der Ihrigen, die ihrer gedenken, eingedenk bleiben und uns die Gnade der göttlichen Liebe erlangen!

Während hiernach die übliche Commendatio für die Verstorbenen gebetet wurde, erschien der Herr in seiner Herrlichkeit thronend und die Seele der soeben Verschiedenen ruhte in seinem Schoß. Bei den Worten «Kommt zu Hilfe, ihr Heiligen Gottes, kommt entgegen, ihr Engel, und nehmt ihre Seele auf» beugten die Engel vor dem Herrn die Knie, ähnlich den Fürsten, die vom Kaiser Landgüter empfangen, und erhielten ihre Verdienste, die sie vorher bei der Erteilung der Letzten Ölung dargebracht hatten, durch die Verdienste derselben gleichsam verdoppelt und geadelt zurück. Ebenso taten die Heiligen während der Litanei, ein jeder bei der Anrufung seines Namens.

Als darauf Gertrud sie erinnerte, für die Mängel ihrer besonderen Freundinnen zu beten, antwortete sie: «Bereits erkenne ich deutlich im Licht der Wahrheit, dass alle meine Liebe, die ich auf Erden gegen jemanden hegen konnte, kaum wie ein Tropfen im Vergleich zum Meer ist gegenüber jener Liebe, von welcher das göttliche Herz gegen dieselben ergriffen ist. Auch erkenne ich die heilsame Anordnung, wodurch der Herr dem Menschen einige

Fehler anhaften lässt, damit er gedemütigt und oftmals geübt werde und von Tag zu Tag fortschreite zum Heil.

Deshalb kann ich auch nicht mit einem einzigen Wunsch etwas anderes wollen, als was die allmächtige Weisheit meines Herrn in betreff der Einzelnen zu deren höchster Seligkeit beschlossen hat. Und für diese so weise Anordnung der göttlichen Liebe ergieße ich mich ganz in Lobpreisung und Danksagung.»

Am folgenden Tag während der ersten Totenmesse schien die Auserkorene Gottes aus dem Herzen des Herrn goldene Röhren auf diejenigen hinzukehren, die eine besondere Andacht zu ihr hatten, damit sie dadurch aus dem göttlichen Herzen alles an sich zögen, was sie begehrten, indem sie sich folgender oder ähnlicher Worte bedienten: «Durch die Liebe, wodurch du deiner Auserwählten M. oder einem andern deiner Heiligen jemals Gnade erwiesen hast oder, wenn du eine taugliche Stätte gefunden, den Menschen erwiesen hättest und noch erweisen wirst, sei es im Himmel oder auf Erden, erhöre mich, o gütigster Jesus, vermittelst der Verdienste und Gebete dieser und aller deiner Auserwählten.»

Bei der Aufhebung der heiligen Hostie schien es, dass jene glückliche Seele zugleich mit ihr sich selbst Gott dem Vater zu seiner Lobpreisung für das Heil aller aufzuopfern begehrte. Deshalb zog der Sohn Gottes, der den Wünschen seiner Auserwählten nichts versagen kann, sie ganz in sich hinein, brachte sie mit sich Gott dem Vater dar und gewährte durch diese Vereinigung allen im Himmel, auf Erden und im Fegfeuer reichlichere Huld.

Ein andermal, da diese Seele ihr wiederum in der Glorie erschien, fragte Gertrud sie, was sie dadurch gewonnen habe, dass ihre Freundinnen für sie dem Herrn so oft die Antiphon «Aus dem alles, durch den alles, in dem alles, ihm sei Ehre in Ewigkeit»[37] gesungen, als sie Tage auf Erden verlebt hatte und nach der Zahl ihrer Jahre Messen von der heiligen Dreifaltigkeit zur Lobpreisung, Verherrlichung und Danksagung für alle ihr erwiesenen Wohltaten hätten singen lassen.

Sie antwortete: «So oftmal ihr jene Antiphon gesungen, mit ebenso vielen herrlichen Blumen hat der Herr mich geschmückt, durch die ich Wohlgeruch aus seinem honigfließenden Herzen einziehe; und durch die Messen gab er mir das Geschenk, dass bei jeder Lobpreisung, womit ich ihn verherrliche, ein würziger Duft alle Sinne meiner Seele wonniglich durchdringt.»

V. 5. Von den Seelen M. und E., die Schwestern waren

Zwei Mägdlein von edler Herkunft, aber noch viel edlerer Gesinnung, dem Leibe nach Schwestern, aber noch inniger verwandt durch Geist und Tugenden, wurden, nachdem sie ihre Kindheit in heiliger Unschuld verlebt hatten, im Noviziat aus dieser Welt in das Brautgemach des unsterblichen Bräutigams abgerufen.

Die erste nun, welche am Fest Mariä Himmelfahrt von dannen schied, erschien Gertrud, als diese für sie betete, in großem Licht und mannigfach geziert vor dem Thron des Königs Jesus Christus.

Jedoch stand sie vor ihm wie eine verschämte Braut, die ihr Angesicht abzuwenden sucht, und wagte nicht, die Augen zu öffnen, noch auch zur Glorie der so erhabenen Majestät zu erheben. Gertrud, dies bemerkend, sagte im Eifer der Liebe zum Herrn: «Warum, o gütigster Gott, lässt du diese deine Tochter wie eine Fremde vor dir stehen und nimmst sie nicht auf in deine beseligende Umarmung?»

Hierauf schien der Herr in der huldvollsten Herablassung seine Rechte zu ihrer Umarmung auszustrecken. Die Seele aber entzog sich derselben mit zarter Ehrfurcht, so dass Gertrud noch mehr staunte und zu ihr sagte: «Warum entziehst du dich den Armen eines so liebenswürdigen Bräutigams?» Diese aber erwiderte: «Weil ich noch nicht vollkommen gereinigt bin und einige Makel mich noch entstellen. Darum würde ich, wenn mir der Zutritt zu Gott allseitig offen stände, dennoch dem Bräutigam mich entziehen, weil ich weiß, dass ich für einen so erhabenen Herrn noch nicht passe.» Gertrud entgegnete: «Wie kann dies aber sein, da du doch bereits wie eine Verherrlichte in der Gegenwart des Herrn zu stehen scheinst?» Jene antwortete: «Obgleich jedes Geschöpf Gott gegenwärtig ist, so tritt doch jede Seele ihm in dem Maße näher, als sie in der Liebe fortschreitet. Jene Seligkeit aber, welche die Seele durch die Anschauung und den Genuss der Gottheit als vollkommene Vergeltung erfreut, verdient niemand zu empfangen, bis er ganz von jeglicher Makel geläutert und würdig geworden ist, einzugehen in die Freude seines Herrn.»

Einen Monat hiernach kam die Schwester der vorigen ans Sterben, und nachdem Gertrud länger für sie gebetet hatte, sah sie ihre Seele eine Weile nach ihrem Abscheiden an einem erleuchteten Ort als Mägdlein, das, mit roten Kleidern geschmückt, dem Bräutigam vorgestellt werden soll. Auch erschien neben ihr der Herr in Gestalt eines zarten Jünglings, erquickte aus seinen fünf Wunden die fünf Sinne ihrer Seele mit wunderbarer Süßigkeit und tröstete sie durch seine Huld und Herablassung.

Darauf sagte Gertrud zum Herrn: «Du, o Gott allen Trostes[38], bist ihr so gnädig zugegen; was bedeutet es denn, dass ihr trauriger Blick inneren Gram verkündet?» Der Herr erwiderte: «Durch diese meine Gegenwart kann sie, weil ich ihr nur die Wonne meiner Menschheit gewähre, nicht vollkommen getröstet werden. Denn hierdurch habe ich ihr bloß jene Liebe und Andacht vergolten, welche sie auf dem Sterbebett zu meinem Leiden getragen hat.

Nachher aber, wenn sie von den Nachlässigkeiten des Lebens geläutert ist, werde ich sie durch die Gegenwart meiner beseligenden Gottheit vollkommen erfreuen.»

Da sagte Gertrud: «Wurden denn nicht alle Vernachlässigungen ihres Wandels gesühnt durch die Frömmigkeit bei ihrem Ende, da ja eine Schrift sagt, dass der Mensch danach gerichtet werde, wie er am Ende seines Lebens befunden wird?» Der Herr gab zur Antwort: «Wenn die Kräfte des Menschen beim Ende ermatten, dann ist auch sein Wandel schon zu Ende, weil er dann mit seinen Kräften nichts mehr vermag, sondern nur durch seinen Willen. Wem ich dann aus unverdienter Güte guten Willen und frommes Streben schenke, der macht noch einen Fortschritt: Dieser kann jedoch niemals alle Schulden früherer Unterlassungen in dem Maß vollkommen sühnen, wie wenn der Mensch noch gesund und bei guten Kräften sein Leben zu bessern sucht.»

«Aber, o Herr», versetzte Gertrud, «vermöchte denn deine mildreichste Erbarmung nicht, diese Seele, der du von Kindheit an ein liebreiches Herz und einen guten Willen gegen jeden Menschen gegeben hattest, jetzt von dem Hindernis ihrer Vernachlässigungen zu befreien?» Der Herr erwiderte: «Die Milde ihres Herzens und ihren guten Willen werde ich überreichlich belohnen; meine Gerechtigkeit jedoch verlangt, dass sie zuerst von jeglicher Makel gereinigt werde.»

Hierbei berührte er gleichsam das Kinn des Mägdleins und sagte: «Meine Braut stimmt meiner Gerechtigkeit zu. Denn nach der Läuterung wird sie durch die Herrlichkeit meiner Gottheit vollkommen getröstet werden.» Als jene diesen Worten freudig zuwinkte, zog der Herr sich gleichsam in den Himmel zurück, während sie an demselben Ort zurückblieb und mit aller Kraftanstrengung sich nach oben ausstreckend in die Höhe strebte.

Durch das Alleinbleiben wurde sie von jenem jugendlichen Leichtsinn gereinigt, worin sie manchmal zu gern unter den Menschen verweilt, und durch das mühsame Emporsteigen von jener Trägheit, der sie dann und wann wegen körperlicher Beschwerden nachgegeben hatte.

Ein andermal sagte Gertrud, während sie unter der Messe für sie betete, bei Aufhebung der Hostie: «Herr, heiliger Vater, ich opfere dir diese Hostie für sie auf von seiten aller, die im Himmel, auf Erden und im Fegfeuer sind.» Da erschien die Seele ein wenig höher in die Luft erhoben und unzählige Personen, die vor ihr knieten, hoben die Gestalt der Hostie mit beiden Händen in die Höhe. Hierdurch wurde ihr eine wunderbare Förderung zuteil und sie sprach: «Jetzt erfahre ich in Wirklichkeit, wie wahr es ist, was die Schrift sagt, dass es nämlich nichts Gutes, wäre es auch noch so gering, im Menschen gibt, das nicht belohnt[39], und keine Schuld, die nicht gesühnt wird, sei es nun vor oder nach dem Tod[40]. Denn dafür, dass ich die heilige Kommunion gern empfing, gewinne ich jetzt einen großen Trost aus dem für mich aufgeopferten Sakrament des Altars.

Und weil ich herzliches Wohlwollen gegen alle Menschen hatte, nützt mir jetzt das Gebet um so schneller, das für mich verrichtet wird. Überdies erwarte ich für alles im Besonderen eine ewige Vergeltung im Himmel.» Bei diesen Worten schien sie noch höher in die Luft erhoben zu werden, getragen vom Gebet der Kirche. Und endlich an dem ihr bestimmten Ziel anlangend, erkannte sie, dass nunmehr der Herr in der Fülle seiner Erbarmungen[41] mit der Krone der Herrlichkeit ihr entgegenkommen und sie in die ewige Freude einführen werde.

V. 6. Von der Seele S., deren Ruhe im Schoß des Herrn im Voraus gezeigt wurde

Frau S., die Ältere[42], seligen Angedenkens, hatte bereits die letzte Ölung empfangen. Da betete Gertrud für sie fünf Vaterunser und flehte bei der Seitenwunde Jesu Christi, er möge sie in dem aus ihr hervorquellenden gebenedeiten Wasser von jeglicher Makel reinigen und durch sein kostbares Blut mit mannigfachen Tugenden zieren. Darauf erschien dieselbe wie ein zartes Mägdlein, mit einer Glorienkrone geschmückt, der Herr umschlang sie mit der Linken und bewirkte in ihrer Seele, was jene ihr erfleht hatte.

Gertrud aber erkannte, dass sie noch eine Weile zurückbleiben müsste, bis sie durch Krankheit eine Schuld des Ungehorsams gesühnt hätte, indem sie mit einer Kranken mehr, als erlaubt war, verkehrt hatte. Und so geschah es. Denn sie lebte hiernach noch fünf Monate und hatte zuweilen so sehr von der Krankheit zu leiden, dass allen offenkundig wurde, für welche Schuld sie büßen musste. An jenem Tag jedoch offenbarte sie eine so himmlische Fröhlichkeit, dass man sah, der Herr habe sie mit seiner Gnade heimgesucht.

Denn wiederholt bemühte sie sich, das empfangene Geschenk Gottes zu verkündigen, vermochte es aber nicht, da ihr die Sinne gebrachen. Als nun auch Gertrud, der es im Geist geoffenbart worden war, sich unter den Anwesenden befand, redete sie diese mit Namen an und rief, die Hände ihr entgegenstreckend, aus: «Sag du es für mich, denn du weißt es!» Da aber Gertrud in gleichsam scherzender Rede damit begann, fuhr die Kranke von freien Stükken fort und als die andern noch manches mutmaßend hinzufügten, verneinte sie dies beharrlich, hielt jedoch daran fest, dass der Herr ihre Sünden vergeben und sie mit Tugenden geschmückt habe.

Nach fünf Monaten, tags vor dem Hinscheiden der Kranken, erschien der Herr, damit beschäftigt, in seinem Schoß einen Ruhesitz zu bereiten, welcher durch seine Reinheit und Weichheit den Beschwerden der Kranken entsprach. Diese selbst aber lag zur Linken des Herrn gleichsam danieder und war in ein Wölkchen eingehüllt. Da sagte Gertrud zum Herrn: «Keineswegs passt die noch in Dunkel Eingehüllte für einen so herrlichen Sitz.»

Der Herr erwiderte: «Deshalb lasse ich sie noch ein Weilchen hier zurück, bis sie, vollkommen gereinigt, meiner Gegenwart würdig ist.» Und so lag die Kranke jenen Tag und die Nacht im Todeskampf. Am folgenden Tag in der Frühe sah sie den Herrn mit heiterem Antlitz sich der Kranken zuneigen und diese ihm entgegen sich aufrichten, worauf sie sagte: «Kommst du jetzt, o Herr, als barmherziger Vater zu der trostlosen Seele?»

Da winkte er mit sanfter Bewegung des Hauptes ihr zu und gab ihr Gewissheit. Kurz hiernach starb die Kranke und Gertrud sah deren Seele in der blühenden Gestalt wie vorher, mit schneeigen und rosigen Gewändern geschmückt, zu dem ihr bereiteten Ruhesitz freudig auffliegen.

Schwestern im Geiste

Die beiden größten Förderinnen der Herz Jesu-Verehrung sind die hl. Gertrud von Helfta und die hl. Margareta Maria Alacoque (1647-1690). Hier erscheint Christus der hl. Margareta in Paray-le-Monial. Herz Jesu-Kapelle im Petersdom in Rom

V. 7. Vom seligen Tod der Schwester M.

Die Schwester M.[43], seligen Angedenkens, nahte ihrem Ende. Gertrud, welche mit den Übrigen für sie betete, sagte unter anderem zum Herrn: «Warum, o liebreichster Gott, erhörst du nicht unser Gebet für sie?» Der Herr antwortete: «Ihr Geist ist so von menschlichen Dingen abgeschieden, dass sie in menschlicher Weise nicht von euch getröstet werden kann.» Gertrud fragte weiter: «Woher dies, o Herr?» «Ich habe jetzt», erwiderte der Herr, «mein Geheimnis in ihr, wie ich es vormals mit ihr hatte.»

Da jene nach der Weise ihrer Auflösung forschte, erwiderte der Herr: «Meine Majestät wird sie in sich hineinziehen.» «Wie wird sie denn sterben?», sagte jene. «Durch meine göttliche Kraft», war die Antwort, «werde ich sie aufnehmen, gleichwie die glühende Sonne den Tautropfen auftrocknet.» Darauf Gertrud: «Warum lässt du sie aber in den äußeren Sinnen irren?» «Damit ihr erkennt», sprach der Herr, «dass ich mehr im Innern als an der Oberfläche wirke.» Gertrud: «Aber hierdurch würde deine Gnade die Herzen der Einzelnen leichter gewinnen.» Der Herr: «Wie werden diejenigen die Gnade aufnehmen, welche selten oder niemals ins Innere kommen, wo die Gnade eingegossen zu werden pflegt?»

Hiernach bat sie den Herrn, er möge die selige Schwester M. wenigstens nach dem Tod durch die Gabe der Wunder auszeichnen zu seiner Verherrlichung, zum Beweis für seine Offenbarungen und zur Widerlegung der Ungläubigen. Da nahm der Herr das von M. verfasste Buch zwischen zwei Finger und sprach: «Werde ich etwa ohne Waffen den Sieg nicht wahren können? Wenn es nötig war, habe ich mir Völker und Reiche durch Zeichen und Wunder unterworfen. Gegenwärtig aber ist es denen, welche den Einfluss einer Gnade an sich selbst erfahren, leicht gemacht zu glauben; die Widersacher dieser Schrift sind jedoch nicht die einzigen, die ich ertrage; denn über sie wie über alle werde ich siegen.»

Hierbei empfand sie die wunderbare Süßigkeit jener Huld, mit welcher der Herr es aufnimmt, wenn man bereitwillig glaubt, dass der Reichtum der göttlichen Gnade den Auserwählten nicht nach menschlichem Verdienst, sondern nach dem Übermaß der Liebe des göttlichen Herzens erteilt wird.

Als die Schwester M. darauf die letzte Ölung empfing, sah Gertrud den Herrn Jesus mit seiner Hand deren Herz berühren unter den Worten: «Wenn diese Seele, vom Fleisch befreit, in ihren Ursprung versenkt wird, werde ich die schwellenden Fluten meiner Seligkeit über alle ergießen, die hier mit frommer Gesinnung zugegen sind.»

Während nun die Kranke im Todeskampf lag und Gertrud mit den andern eine Zeitlang betete, erkannte letztere, wie der Herr alle Umstehenden mit einer dreifachen Wohltat beschenkte. Die erste bestand darin, dass er die gerechten Wünsche aller erfülle; die zweite, dass er den in der Besserung ihrer Fehler sich Abmühenden ein unermüdlicher Beistand sein werde.

Diese beiden Güter sollten durch die Verdienste der seligen Schwester M. fortan an diesem Ort um so leichter gewonnen werden. Die dritte Wohltat war, dass er mit ausgestreckter Hand reichlichen Segen spendete. Während Gertrud dies dankbar betrachtete, erschien nach einer Weile der Herr der Kräfte, der König der Herrlichkeit[44] schön vor den Menschenkindern[45], ja schön ob dem Antlitz der Engel, der Kranken zu Häupten sitzend.

Den Odem der Kranken aber, der wie ein Bogen von goldenem Glanz von ihrem Mund nach dem göttlichen Herzen sich spannte, nahm er von der linken Seite auf. Während nun Gertrud bei dieser wonnigen Vision länger verweilte, wurden die Psalmen «Gott, mein Gott, schau auf mich»[46] und «Zu dir, o Herr, habe ich meine Seele erhoben»[47] gebetet.

Am Schluss des letzteren neigte der Herr sich wie zum Kuss mit herzlicher Liebe über die Kranke, richtete sich ein Weilchen danach wieder auf und tat noch ein zweites Mal ebenso.

Unterdessen wurden die Bittgebete unter der Antiphon «Damit wir dich schauen» gesprochen, da erschien die Jungfrau-Mutter in Purpurgewändern, über die Braut des Sohnes huldvoll herabgeneigt, und hielt in ihren zarten Händen das Haupt der Kranken, damit ihr Hauch in geraderer Richtung in das göttliche Herz übergehen könnte. Während des Gebetchens «Sei gegrüßt, Christe Jesu, des Vaters Wort» erschien sodann der Herr, von wunderbarer Helle verklärt und mit dem ganzen Antlitz strahlend gleich der Sonne in ihrer Kraft[48]. Hiernach wurde Gertrud in Entzückung versetzt. Nach einer Weile wieder zu sich kommend, sah sie die Himmelsrose, die jungfräuliche Mutter, dem Bräutigam, ihrem Sohn, jubelnd Glück wünschen zu der erfolgten seligen Vereinigung mit der Braut, die sie sanft umarmte und zärtlich küsste.

V. 8. Von der Seele der Schwester M. B., der das Gebet der Freunde nützte

Eine andere Schwester, M. B., nahte ihrem Ende. Gertrud sammelte alle ihre Affekte in sich und suchte durch Gottes Gnade zu erforschen, was mit der Sterbenden vorginge. Aber eine lange Stunde hindurch konnte sie nichts anderes von Gott erfahren, als dass jene dadurch ein kleines Hindernis habe, dass sie zuweilen an äußeren Dingen sich erfreut hatte, z.B. an einer bunten Decke ihres Bettes, an vergoldeten Bildern und Ähnlichem.

Als nun nach ihrem Tod noch am selben Tag die Messe für sie gefeiert wurde und Gertrud bei der Wandlung die Hostie zum Heil ihrer Seele aufopferte, erkannte sie, dass die Seele der Verstorbenen zugegen sei, obgleich sie dieselbe nicht sah. Deshalb fragte sie den Herrn: «O Herr, wo ist jene?» Er antwortete: «Sie ist weiß und rein zu mir gekommen.» Hieraus ward ihr klar, dass die Gebete, welche in der Liebe Gottes für sie vor ihrem Tod verrichtet worden waren, ihr so viel genützt hatten, dass sie ohne Hindernis aufgeflogen war. Die Gebetshilfe bestand aber darin, dass einige Personen ihre Fehler auf sich genommen, um sie aus Liebe zu sühnen, und all ihr Gutes durch die Gnade Gottes ihr zum Verdienst geschenkt hatten.

Beim Begräbnis sodann betete Gertrud unter der Messe wieder für sie und sah sie zur Linken des Herrn beim Mahl sitzen. Alles, was durch Gebete, Andachtsübungen und Ähnliches für sie aufgeopfert wurde, ward ihr in Gestalt verschiedener Gerichte vorgestellt. Bei der Wandlung aber wurde die für sie aufgeopferte Hostie ihr vom Herrn in Gestalt eines Trinkgefäßes dargereicht. Hiervon kostete sie kaum, als sie sogleich von der natürlichen göttlichen Süßigkeit innerlich durchdrungen und in solche Liebe umgewandelt wurde, dass sie die gefalteten Hände zum Gebet für alle erhob, welche ihr im Leben in Gedanken, Worten oder

Werken jemals Widersacher waren. Denn sie erfreute sich bereits des hierdurch gewonnenen Verdienstes. Als Gertrud verwundert forschte, warum sie nicht auch für ihre Freunde bete, antwortete sie: «Ich bete um so wirksamer für meine Freunde, weil ich um so inniger aus dem Herzen zum Herzen des Geliebten bete.»

An einem andern Tag dachte Gertrud daran, dass sie alle Verdienste, die sie durch Gottes Barmherzigkeit in der Übung guter Werke gewinnen könnte, der Verstorbenen zum Verdienst geschenkt habe, und sagte deshalb voll Betrübnis zum Herrn: «Ich hoffe, o Herr, dass deine liebreiche Barmherzigkeit mich Nackte und Arme häufig berücksichtigen wird.»

Der Herr erwiderte: «Was kann ich jenem, der durch die Liebe also ist entblößt worden, anderes tun, als ihn mit einem eigenen Gewand bedecken und angestrengter mit ihm wirken, damit er das Hingeopferte um so schneller wiedererlange?» Gertrud entgegnete: «Wie viel du auch mitwirkst, so muss ich doch nackt zu dir kommen, weil ich auch auf das noch zu Erwerbende verzichtet habe.» Darauf sagte der Herr: «Wenn eine Mutter ihre bekleideten Töchter zu ihren Füßen sitzen lässt, so erwärmt sie das nackte Kindlein auf dem Schoß mit ihren eigenen Kleidern und umschließt es mit den Armen. Und hast denn du, am Abgrund des Meeres sitzend, weniger als andere, die am Ausfluss der Bäche sitzen? Am Ausfluss der Bäche sitzen beispielsweise diejenigen, welche an den eigenen Werken einigermaßen hängen. Wer aber aus Liebe und Demut all das Seinige darangibt, der hat Gott, den Abgrund aller Seligkeit!»

V. 9. Von den Seelen der Schwestern G. und S., denen der Herr in ähnlicher Weise wohltat

Nach dem Zeugnis der Heiligen Schrift wird jeder durch das, wodurch er gesündigt hat, auch gestraft[49] und durch das, worin er Gutes getan und gelitten hat, auch belohnt. Deshalb wollen wir Folgendes zum Nutzen der Leser mitteilen. Es waren bei uns zwei Personen, welche zu gleicher Zeit erkrankten und von denen die eine der Auflösung entgegenzugehen schien. Deshalb wurde sie auch, wie es recht war, von ihrer Bedienung mit größerer Sorgfalt gepflegt, während die andere, deren Krankheit man nicht erkannte, als weniger bedürftig nicht dieselbe Pflege genoss.

Aber die Urteile der Menschen trügen; denn die letztere, an deren Wiedergenesung man glaubte, starb über einen Monat vor jener. Als sie nun, durch große Geduld und Frömmigkeit geheiligt, ihrem Ende nahte, befreite die göttliche Güte unseres Liebhabers, die an der Braut selbst nicht das kleinste Stäubchen einer Makel duldet, sie auch von dem Fehler, dass sie einigemal keinen Eifer zur Beichte gehabt hatte.

Denn statt die Reinigung wenigstens von den kleineren Stäubchen, ohne die das Leben nun einmal nicht verläuft, durch die Lossprechung des Priesters zu suchen, wenn sie sich keiner erheblicheren Sünde bewusst war, hatte sie zuweilen, wenn der Beichtvater da war, getan, als ob sie schliefe, um nicht mit ihm sprechen zu müssen. Diese Makel nun löschte der getreue Liebhaber an ihr aus, als die Stunde nahte, in der sie mit Freude und Frohlocken in das himmlische Brautgemach eintreten sollte.

Sie bat nämlich ängstlich, man möge ihr den Beichtvater holen, und verlor sogleich darauf die Sprache. Da ergriff sie die Furcht, sie müsste nach dem Tod für die Vernachlässigung der Beichte noch büßen, und durch eben diese Furcht wurde sie geläutert. So ganz schön, weil sonder Makel, ward sie aus dem Kerker des Fleisches herausgeführt und kam mit unbeschreiblicher Glorie ins himmlische Brautgemach.

Von dem, was der Herr hierüber offenbarte, will ich dies eine zur Erbauung der Leser anführen. Nachdem sie vor den Thron des Königs der Herrlichkeit geführt worden, beschenkte dieser sie mit dem Vorzug, dass er sie zum Empfang der einzelnen Himmelsgüter mit inniger Zärtlichkeit zubereitete, wie eine Mutter ihr einziges Kind, wenn es erkrankt ist, zu liebkosen pflegt, damit es die Arznei nehme, die ihm die Gesundheit wieder geben soll. Und dies deshalb, weil sie zuweilen von Trauer erfüllt wurde, wenn sie hörte, dass ihre Mitschwester in ihrer Krankheit sorgfältig gepflegt wurde, während man sie ernster anredete. Hierauf sagte der Herr zu jener glücklichen Seele: «Wie willst du, meine Tochter, dass ich mit deiner Mitschwester verfahre, und welchen Trost soll ich ihr erteilen? Denn gleichwie diese auf Erden die Speise bestimmen konnte, wodurch sie erquickt werden wollte, und du deshalb solche zuweilen mit ihr genießen musstest, wenn dir auch eine andere lieber gewesen wäre: So hängt es jetzt von deinem Willen ab, welchen Trost oder welche Wohltat ich ihr erweisen soll.» Jene erwiderte: «O süßester Herr, tue ihr in allem Gutes, wie du es mir getan hast; denn eine andere Weise, die mir besser gefiele, kann ich mir nicht ersinnen.» Dieser Bitte nickte der Herr freundlich Gewährung zu.

Einen Monat später ging auch die andere hinüber und erschien am Tag nach ihrem Tod ebenfalls in herrlichem Schmuck, weil sie ihr ganzes Leben lang in Unschuld und Einfalt gewandelt, sehr fromm und eifrig in Beobachtung der Ordensregel gewesen war. Weil sie aber in ihrer Krankheit einiges Überflüssige hatte, woran sie sich erfreute, nämlich kleine Geschenke und Tröstungen seitens der Freundinnen, wurde sie von diesem Makel in folgender Weise gereinigt: Sie stand in der Tür gegenüber dem Thron des Königs der Herrlichkeit, der über alle menschliche Fassungskraft liebenswürdig und begehrenswert erschien und sie also mächtig anlockte, dass sie vor Sehnsucht, zu ihm zu kommen, hätte vergehen mögen; aber sie konnte in keiner Weise näher hinzutreten, gleich als wenn ihre Kleider mit Nägeln an der Tür festhingen. Dies sinnbildete die Ergötzung, der sie in ihrer Krankheit sich hingegeben hatte. Als Gertrud dies sah, bemitleidete sie dieselbe von Herzen und befreite sie durch ihr Gebet von jenem Hindernis.

Dann sagte sie zum Herrn: «Diese Seele hat ja doch unter uns Freundinnen, welche dir sehr nahe stehen; darum wundere ich mich, wie du nur auf mein Gebet sie befreit hast. Denn ich zweifle nicht, dass auch ihre Freundinnen andächtig für sie gebetet haben und von deiner Güte erwarten, dass du sie erhört habest.»

Der Herr erwiderte: «Gewiss habe ich die Gebete meiner Vertrauten für sie gehört und gnädig erhört und ihrer Seele mehr Gutes erwiesen, als sie selbst glauben könnten, auch wenn sie mit ihren Augen gesehen hätten, wie ich auf ihr Gebet diese Seele aus dem Fegfeuer in den Himmel versetzt habe.

Das Hindernis jedoch, das ich durch deine Bitten heben wollte, habe ich ihnen nicht geoffenbart; darum haben sie auch nicht in derselben Weise wie du für sie gebetet.» «Wie aber», versetzte

Gertrud, «ist dein Wort, dieser Seele ebensoviel Gutes erweisen zu wollen wie jener vor ihr abgeschiedenen, erfüllt worden? Letztere hat ja doch länger im Ordensstand gedient, durch einige Tugenden sich vor ihr ausgezeichnet und ist auch mit großer Herrlichkeit und ohne Hindernis dir vorgestellt worden.»

Der Herr antwortete: «Meine Gerechtigkeit bleibt darin unveränderlich, dass ein jeder seinen Lohn nach dem Maß seiner Arbeit empfängt, und es ist unmöglich, dass derjenige, der weniger verdient hat, mehr empfange als jener, der ein größeres Verdienst besitzt, ausgenommen den Fall, dass eine bessere Absicht, ein schwierigerer Kampf, eine glühendere Liebe und Ähnliches den Werken selbst einen höheren Wert verliehen hat.

Meine unverdiente Güte jedoch vermehrt zuweilen den gebührenden Lohn wegen der Gebete der Gläubigen und anderer verdienstlicher Umstände. So nun habe ich dieser ebensoviel Gutes erteilt wie jener, indem ich beiden ihrem Verdienst gemäß zugelegt habe.»

Weil jedoch die Anhänglichkeit an irdische Freuden ein Hindernis bildet, das sehr zu meiden ist, darum erschien diese glückliche Seele abermals, ohne noch vollkommen davon befreit zu sein. Sie stand nämlich vor dem Thron des Herrn und mit einer ähnlichen Sehnsucht, womit sie vorher, als sie noch in der Tür zurückgehalten wurde, zum Herrn zu kommen verlangte, begehrte sie auch jetzt, in seine Arme zu stürzen und den Kuss des Bräutigams zu empfangen, der schön ist vor den Menschenkindern und «in dessen Antlitz die Engel zu schauen gelüstet»[50].

Aber es war, als wenn sie sich nicht beugen könnte. Als sie dann auch hiervon nach einer Weile befreit wurde, schien sie doch die volle Glorie immer noch nicht erlangt zu haben. Vielmehr hielt der Herr in seinen Händen eine herrlich geschmückte Krone, mit der sie, nachdem der Herr sie ihr aufgesetzt haben würde, die volle Freude empfangen sollte. Gertrud, welche dies sah, fragte den Herrn: «Kann denn das in deinem Reich noch geschehen, dass eine Seele von solcher Sehnsucht gemartert wird?» Der Herr antwortete: «Nicht gemartert wird sie, sondern mit Freude erwartet sie die Vollendung, gleichwie das Mägdlein, das in den Händen der Mutter den Schmuck sieht, womit es am folgenden

Festtag geziert werden soll.» Hierauf sah jene Seele nach Gertrud, die für sie gebetet hatte, und sagte ihr inniglich Dank. Diese aber sprach: «Obgleich du mir immer näher standest, so schienst du es in deiner Krankheit doch nicht gütig aufzunehmen, wenn ich dich zuweilen ermahnte.» «Deshalb», erwiderte jene, «hat dein Gebet mir jetzt mehr genützt, weil es um so reiner aus Liebe zu Gott verrichtet wurde.»

V. 10. Von einer Schwester, die mit glühender Sehnsucht von hinnen schied

Hierauf entschlief ein anderes Mägdlein, das von Kindheit an und die ganze Jugendzeit hindurch bis zur Stunde des Todes die lockende Welt mit geistiger Verachtung unter die Füße getreten hatte. Als ihr Todeskampf begann, sagte sie in herzinniger Weise allen Anwesenden Lebewohl und versprach, für sie zu beten, wenn sie zu Gott, dem überströmenden Abgrund aller Güter, gelangt wäre.

Da aber der bevorstehende Tod sie schwer drückte, sagte sie mit aufrichtigem Herzen zum Herrn: «O Herr, der du meine Geheimnisse kennst, du weißt, mit welcher Sehnsucht ich allzeit begehrt habe, bis ins höchste Greisenalter alle meine Kräfte in deinem Dienst getreu zu verzehren. Weil es aber, wie ich erkenne, dein Wille ist, dass ich zu dir komme, so ist jene Sehnsucht nunmehr umgewandelt in das Verlangen, dich anzuschauen, und zwar so sehr, dass selbst die Bitterkeit des Todes mir zur Süßigkeit geworden ist.

Wenn es dir jedoch gefiele, dass ich in dieser Not liegen bliebe, so bin ich dazu bereit bis zum Jüngsten Tag, auch wenn heute der erste Tag der Welt erst begänne. Ich weiß aber, dass du mich heute in die Ruhe einführen willst; darum bitte ich dich bei deiner Güte, du mögest dies zu deiner Verherrlichung verschieben, bis ich durch mein Leiden die Strafen aller Seelen im Fegfeuer, die du besonders befreien möchtest, gesühnt habe.

Hierbei schätze ich, du weißt es, o Herr, meine Verdienste gänzlich gering und suche nur deine Ehre.» Hiernach bat die Krankenpflegerin sie um die Erlaubnis, ihr, die schon halb tot war, die Füße zu strecken. Da aber sagte sie: «Ich selbst will dies Opfer meinem gekreuzigten Herrn darbringen.» Und gleichsam mit Ungestüm spannte sie die Glieder nach dem Bild des Gekreuzigten hin mit den Worten: «In der Glut jener Liebe, worin du dem Vater deinen Geist mit lauter Stimme[51] empfohlen hast[52], empfehle ich dir alle Bewegungen meiner Füße.»

Ebenso empfahl sie Gott mit ähnlichen Worten höchst andächtig ihre Augen, Hände, Ohren, Mund, Herz und den ganzen Leib. Dann bat sie, man möge ihr die Leidensgeschichte des Herrn vorlesen, und bezeichnete mit den Händen, man solle anfangen bei den Worten «Jesus erhob seine Augen gen Himmel»[53], indem sie sagte, wenn man mit den Worten «Vor den Festtagen»[54] begänne, würde die Zeit nicht ausreichen. Dies bewies sich auch. Denn als sie die Leidensgeschichte andächtig bis zu der Stelle gehört hatte: «Er neigte sein Haupt und gab den Geist auf»[55], verlangte sie das Kruzifix, neigte sich über die fünf Wunden, begrüßte dieselben mit den Worten so voll göttlicher Weisheit und dankte und empfahl ihre Seele, dass es wunderbar und herzerfreuend war, es zu hören. Gleichsam ermüdet fiel sie dann auf das Kissen zurück und entschlief nach einer Weile glückselig im Herrn.

Von diesem in die beseligendste Umarmung aufgenommen, empfing sie einen besonders herrlichen Schmuck dafür, dass sie, so mannhaft kämpfend, die Welt für Christus mit Füßen getreten hatte. Auch hörte man die Chöre der Engel, welche sie mit Entzücken von dannen führten, singen: «Wer ist jene, die aufsteigt aus der Wüste, überströmend von Wonnen und gestützt auf ihren Geliebten?»[56] Als sie aber vor den Thron der Herrlichkeit gekommen war, stellte Jesus, der Bräutigam der Jungfrauen, sie vor sich mit den holdseligen Worten: «Du bist meine Zierde.» Darauf erhob er sich, setzte ihr die Krone des Reiches auf und setzte sie auf den Thron der Herrlichkeit[57].

Am folgenden Tag, da sie begraben werden sollte, sah Gertrud während des Gebetes sie in solcher Freude und Herrlichkeit, wie die menschliche Schwachheit sie sich nicht vorstellen kann. Indem sie dieselbe nun befragte, welchen Lohn sie für die einzelnen Tugenden empfangen habe, gewann sie selbst durch die Verdienste derselben die Gnade, dass sie jedesmal etwas von der Seligkeit ihres Lohnes im Geist verkostete. «Was willst du ferner», fügte die Verstorbene hinzu, «von meiner Vergeltung wissen?

Jene ganze himmlische Arche, worin alle Fülle der Gottheit leibhaftig wohnt[58], das süßeste Herz Jesu Christi, ist mir erschlossen mit Ausnahme einer Zelle, die mir nicht offen steht, weil ich dies in meinem Leben nicht verdient habe. Denn was darin verborgen ist, wird nur denen eröffnet, welche Gott mit solcher Liebe auf Erden lieben, dass sie alles Gute, was sie wissen, der ganzen Welt freudig kundtun möchten, damit Gott um so mehr verherrlicht werde. Diese Liebe habe ich nicht gehabt, sondern meine Freude war es, allein mit ihm zu wissen, was ich durch seine Gnade empfangen habe; darum werde ich zu jener hocherfreuenden Schatzkammer nicht zugelassen.»

Da sagte Gertrud zu ihr: «Wenn deine und meine Vertrauten mich nun fragen, was ich von deinen Verdiensten erfahren hätte, was soll ich antworten, da ich das, was ich empfinde, mit keinen Worten auszudrücken vermag?» Jene erwiderte: «Wenn du von dem Duft mannigfaltiger Blumen wärst erquickt worden, was könntest du schließlich anderes sagen, als dass der Duft jeder einzelnen dir gar sehr, ja am meisten gefallen habe? Ebenso wirst du auch jetzt, da du mehr geistig die Erkenntnis meines Lohnes gewonnen hast, nichts anderes sagen können, als dass mein getreuester Liebhaber Jesus mich wahrhaft vollkommen, auf die beste Weise und weit über Verdienst für die einzelnen Gedanken, Worte und Werke belohnt hat.»

V. 11. Von der Seele des Bruders S., der für seine Güte im Tod getröstet wurde

Als der Bruder S.[59] zu sterben kam und Gertrud, mit anderem beschäftigt, es unterließ, für ihn zu beten, bis ihr sein Tod gemeldet wurde, dachte sie voll Betrübnis hieran, weil er das Gebet der Genossenschaft doch sehr wohl verdient habe, da er sich derselben in seinem Dienst allzeit vor andern wohlgesinnt und treu erwiesen hatte. Deshalb begann sie, den Herrn um so inständiger anzuflehen, er möge in seiner Huld nach der Fülle seiner Barmherzigkeit[60] dessen Seele die dem Kloster erzeigte Treue vergelten. Hierauf empfing sie folgende Antwort: «Ich habe seine Treue bereits wegen des Gebetes der Genossenschaft in drei Stücken belohnt.

Aus natürlichem Wohlwollen nämlich war es seinem Herzen oftmals eine Freude, andern wohlzutun. Nun sind jene einzelnen Freuden, die sein Herz nach einer Wohltat beseligten, in eins gesammelt. Außerdem genießt er die Freuden der einzelnen Herzen, die er jemals durch eine Wohltat beglückt hat, indem er z.B. einem Armen einen Zehner, einem Kind ein Spielzeug, einem Kranken Obst oder eine andere Erquickung spendete. Überdies habe ich ihm die Freude jener Sicherheit vermehrt, durch die er weiß, dass alles dies mir angenehm war. Und wenn ihm noch etwas zum vollen Heil nützen kann, so wird dies sehr bald ergänzt werden.»

V. 12. Von der Seele des Bruders H., der für seine Treue belohnt wurde

Als Gertrud einmal für die Seele eines vor kurzem verstorbenen Bruders betete und den Herrn fragte, wo derselbe sei, empfing sie die Antwort: «Er ist hier. Denn wegen der Gebete, die eben besonders andächtig für ihn dargebracht werden, habe ich ihn herbeigerufen, damit er an unserem Mahl einen Anteil habe.»

Darauf erschien der Herr, wie ein Familienvater zu Tisch sitzend, und alles, was für jene Seele durch Aufopferung, Gebete, Wünsche und Ähnliches geschah, wurde aufgetragen. Der Bruder selbst aber saß am Ende des Tisches traurigen Gemüts und mit gesenktem Angesicht, weil er noch nicht gereinigt und noch nicht würdig war, durch die beseligende Anschauung des liebenswürdigen Angesichtes Gottes getröstet zu werden. Jedoch schien er durch etwas erheitert zu werden, das aus den Aufopferungen gleichsam ein Duft wie von warmen Speisen ausging und ihn erquickte.

Ein großer Mangel aber bestand, wie Gertrud erkannte, darin, dass die Seele die Wirkung der für sie gemachten Aufopferungen unmittelbar vom Tisch empfing und nicht in der Weise, wie der Herr sie den vollends Beseligten mitteilt, für die er sie zuerst in sich sammelt und dann aus sich selbst mit der vollsten Freude darreicht. Durch die eigene Güte jedoch und durch die Liebe der Fürsprecher angelockt, fügte der Herr jedesmal von dem Seinigen etwas hinzu, durch dessen Kraft jene Seele sehr erfreut wurde.

Ebenso legte auch die seligste Jungfrau, die ihrem Sohn in der königlichen Herrlichkeit zur Seite saß, von dem Ihrigen etwas auf den Tisch, damit jene Seele um so mehr getröstet werde; denn dieselbe hatte während des irdischen Lebens Maria mit inniger Andacht verehrt. In gleicher Weise verfuhren auch die einzelnen Heiligen, die sie besonders angerufen hatte, und zwar jeder nach dem Maß der ihm erwiesenen Verehrung.

Durch dies alles, am meisten aber durch die Liebe der Fürsprecher, wurde die Seele des Bruders von Stunde zu Stunde heiterer und begann mehr und mehr sich hinzukehren und die Augen zu erheben zu dem wonnigen Licht der beseligenden Gottheit, deren einmaliger, unverwandter Anblick sogar die Erinnerung an alle Beschwerden verscheucht. Als die Seele in solchem Zustand ruhte, fragte Gertrud sie: «Für welche Schuld musst du jetzt am meisten leiden?» Die Seele: «Wegen des Eigenwillens und Eigensinnes; denn wenn ich Gutes tat, freute ich mich mehr, den eigenen Willen zu befriedigen, als dem Rat anderer zu folgen.

Hierfür erdulde ich jetzt eine so große Gewissensbeschwerde, dass die Leiden aller sterblichen Herzen, in eins vereinigt, dem nicht zu vergleichen wären, was ich empfinde.» Gertrud: «Wodurch könnte man dir zu Hilfe kommen?» Die Seele: «Wenn jemand daran dächte, dass ich hierfür leide, und sich vor Ähnlichem hütete, so würde er mein Leiden sehr erleichtern.» Gertrud:

«Wodurch wirst du inzwischen am meisten getröstet?» Die Seele: «Durch die Treue, deren ich mich auf Erden besonders beflissen habe; denn das Gebet, das meine Freunde für mich darbringen, erleichtert von Stunde zu Stunde meine Beschwerden, wie wenn jemand durch eine höchst erfreuliche Botschaft getröstet wird. Und die einzelnen Noten, welche in den Messen oder Vigilien für mich gesungen werden, sind mir eine liebliche Erquickung.

Überdies hat die göttliche Güte durch die Verdienste meiner Fürsprecher es mir verliehen, dass alles, was sie tun und durch eine gute Meinung auf die Verherrlichung Gottes hinkehren, wie arbeiten und selbst essen, schlafen und Ähnliches, auch mir zur Erleichterung und zu beständigem Fortschritt dient, weil ich in aufrichtiger Treue auf ihren Nutzen stets eifrig bedacht war.» Gertrud: «Was nützt dir unsere Bitte, dass der Herr dir alles Gute geben möge, was er in uns vollbringt?»

Die Seele: «Sehr viel nützt es mir; denn in Ermangelung eigener Verdienste werde ich aus den eurigen geschmückt.» Gertrud: «Da du begehrst, durch die schuldigen Gebete schneller unterstützt zu werden, wird es dir denn nicht hinderlich sein, wenn jemand, der jetzt krank ist, damit wartet, bis er wieder besser ist?» Die Seele: «Was verständlicherweise verschoben wird, daraus atmet mir ein so lieblicher Duft entgegen, dass ich mich über die Verzögerung freue, vorausgesetzt, dass nicht Lauheit oder Nachlässigkeit eintritt.» Gertrud: «Schadet es dir etwas, dass wir bei deiner Erkrankung mehr deine Wiedergenesung begehrt und erfleht haben, als dass du zum Tod bereitet würdest?»

Die Seele: «Es hat mir durchaus nichts geschadet, sondern darin genützt, dass die unermessliche Güte Gottes, ‹dessen Erbarmungen über alle seine Werke gehen›[61], mir um so mehr wohl tat, je mehr sie euch aus menschlicher Schwachheit, jedoch aus Liebe zu mir handeln sah.»

Gertrud: «Schaden dir denn etwa die aus menschlicher Zuneigung für dich vergossenen Tränen?» Die Seele: «Nicht anders als wie dem Freund, der von Mitleid gegen seine Freunde ergriffen würde, wenn er sie um seinetwillen trauern sähe. Wenn ich aber die volle Seligkeit erlangt habe, so werde ich mich darüber freuen, gleichwie ein Jüngling sich freut, wenn viele aus freundschaftlicher Zuneigung ihm Beifall spenden. Und dies alles habe ich verdient, weil bei der Treue, wodurch ich eure Liebe erwarb, meine Absicht ganz auf Gott gerichtet war.»

Wiederum betete Gertrud für jene Seele und sah bei den Worten des Vaterunsers «Vergib uns unsere Schuld, wie auch wir vergeben unsern Schuldigern», dass dieselbe eine gewisse Angst offenbarte.

Auf ihre Frage, woher dies käme, empfing sie die Antwort: «Solange ich noch in der Welt war, habe ich vielfach dadurch gefehlt, dass ich meinen Widersachern nicht leicht verzieh, vielmehr längere Zeit hindurch mich ihnen unfreundlich zeigte. Zur Sühnung dessen muss ich es nun ertragen, dass ich bei jenen Worten von einer schmerzlichen Beschämung und Angst bedrängt werde.»

«Aber wie lange wirst du dies zu ertragen haben?», fragte Gertrud weiter. Die Antwort lautete ausweichend: «Wenn meine Schuld gesühnt sein wird, wird die göttliche Liebe wegen der innigen Andacht, womit ihr jene Worte für mich betet, mir das Gute gewähren, dass ich künftighin bei jenen Worten größere Dankbarkeit dafür hegen werde, dass Gottes Barmherzigkeit mir jene Schuld verziehen hat.» Als hierauf das Sakrament des Leibes Christi in der Messe für die Seele aufgeopfert wurde, erschien sie wunderbar verklärt und zugleich beseligt.

Da sagte Gertrud zum Herrn: «Hat jene Seele jetzt alles, was sie zu leiden hatte, überwunden?» Der Herr erwiderte: «Sie hat mehr überwunden, als du oder irgendein Mensch sich vorstellen kann, auch wenn er sie aus den Flammen der Hölle zum Himmel aufschweben sähe.

Dennoch ist sie noch nicht so vollkommen geläutert, dass sie des Trostes meiner beseligenden Gegenwart würdig wäre; aber durch die einzelnen für sie dargebrachten Gebete wird sie von Stunde zu Stunde mehr und mehr erfreut und erleichtert. Eure Gebete würden ihr nämlich schneller helfen, wenn sie nicht noch eine Schuld auf sich hätte; sie hat sich in der Welt hart und unerbittlich gezeigt, wenn es galt, ihren Willen nach dem Willen derer zu beugen, die sie um etwas baten, was sie nicht wollte.»

V. 13. Von der Seele des Bruders Johannes, der für seine treuen Arbeiten getröstet wurde

Als der Bruder Johannes, der die Güter des Klosters lange und mit großer Anstrengung verwaltet hatte, gestorben war, erschienen alle seine mühevollen Arbeiten in Gestalt von Stufen, auf denen seine wegen einiger Nachlässigkeiten noch der Läuterung bedürftige Seele nach ihrem Ausscheiden aus dem Körper leichter emporstieg und die noch abzubüßende Strafe weniger schmerzlich empfand. Bei vielen Sorgen nämlich ist es schwer, jede Vernachlässigung zu vermeiden. Die göttliche Gerechtigkeit aber lässt keine, wäre sie auch noch so gering, ungestraft. Deshalb blieb er, wenn er einige Stufen erstiegen hatte, starrend und zitternd stehen, als wenn die Stufe unter ihm wanke und einzustürzen drohe. Und dies waren, wie Gertrud erkannte, solche Werke, worin er eine Art von Betrug begangen hatte, welche Schuld durch jenes Erstarren gesühnt wurde.

Sobald aber jemand aus der Genossenschaft mit einem Wort oder auch nur in Gedanken für ihn betete, so schien es, als würde ihm von oben her eine Hand zur Unterstützung gereicht, die ihm das Aufsteigen sehr erleichterte.

Hiernach erkannte Gertrud, dass der Herr in seiner Güte dieser Genossenschaft eine besondere Vergünstigung erteilt habe. Diejenigen, welche ihr auch nur in einem ihrer Glieder durch ihre Arbeit eine Wohltat erwiesen haben, gewinnen hierfür sogleich nach ihrem Tod während der Läuterung ihrer Fehler einen besonderen Trost. Und dies Geschenk wird der Genossenschaft verbleiben, solange sie in ihrem jetzigen Stand beharrt.

V. 14. Von der Seele des Bruders Th., der für Wohltaten dankte

Der Tod des Bruders Th., welcher dem Kloster viele Jahre in aller Treue gedient hatte, wurde Gertrud gemeldet, während sie krank daniederlag.

Sogleich wandte sie sich zum Herrn und betete andächtig für ihn. Da sah sie im Geist seine Seele sehr beschmutzt und schwarz und durch unbeschreibliche Gewissensbisse schmerzlich gemartert. Aus Mitleid mit ihr betete sie in inniglicher Liebe fünf Vaterunser zu Ehren der fünf Wunden des Herrn und küsste dieselben zu ihrem Trost.

Als sie dies nun nach dem fünften Vaterunser an der allerheiligsten Seitenwunde Christi tat, schien aus derselben sogleich Blut und Wasser mit einem gewissen Dunst hervorzuquellen. Von diesem belebenden Hauch wurde jene Seele, für die sie betete, heilsam berührt, so dass sie innerlich genas; aber der brennende Schmerz einiger äußeren Wunden blieb ihr noch zurück. Jedoch wurde sie durch die Kraft des Blutes und Wassers in einen Garten grüner Kräuter versetzt, durch welchen alle in diesem Leben von ihr vollbrachten Werke versinnbildet wurden.

Diesen Pflanzen hatte der Herr durch die Gebete Gertruds und der ganzen Genossenschaft die Kraft verliehen, dass mit jeder ein gutes Werk bezeichnenden Pflanze irgendeine Wunde wie mit einem heilsamen Kraut eingerieben und geheilt wurde.

Solcherweise sollten alle einzelnen Wunden jener Seele allmählich geheilt und sie von der Pein ihrer Strafen um so schneller befreit werden, je wirksamer das Gebet der Genossenschaft ihr zu Hilfe käme. Nahte aber den Wunden eine Pflanze, die ein verkehrtes Werk sinnbildete, so empfand sie hiervon Vermehrung der Qual.

Nach dem Begräbnis sodann wurde in gewohnter Weise das Lied gesungen: «Mitten im Leben sind wir vom Tod umfangen.»[62] Bei den Worten «Heiliger Gott, Heiliger, Starker, Heiliger und Unsterblicher» warf die Genossenschaft sich zu Boden, um Verzeihung flehend:

Da wurde jene Seele wiederum gesehen, wie sie mit größter Dankbarkeit Augen und Hände zum Himmel erhob, zugleich mit der Genossenschaft die Knie beugte und den Herrn pries, dass er sie zu diesem Kloster geführt habe.

Sie habe erkannt, sagte sie, dass sie auch an jedem andern Ort der Welt ihrem Stand nach die notwendige Nahrung durch ihrer Hände Arbeit hätte erwerben müssen, aber nirgendwo würde sie eine solche Frucht des Heiles erlangt haben wie nun durch die Verdienste dieser Genossenschaft!

V. 15. Von der Seele des Bruders F., dem das andächtige Gebet nützte

Im Gebet für die Seele des kurz vorher verstorbenen Klosterbruders F. sah Gertrud dessen Seele in Gestalt einer hässlichen Kröte in sich selber schauderhaft brennend und gemartert von der Pein für seine Vergehen. Er schien nämlich unter dem einen Arm etwas verborgen zu haben, wodurch er unaussprechlich gequält wurde.

Außerdem wurde er von einer sehr schweren Last zur Erde gedrückt und vermochte sich nicht im Geringsten zu erheben. Gertrud erkannte, dass er deshalb in der Gestalt einer hässlichen Kröte erschien, weil er im Ordenskleid es vernachlässigt hatte, seine Erkenntnis auf die göttlichen Dinge zu richten; die Glut und die verschiedenen inneren Martern waren die Strafe für mannigfache Verschuldungen.

Die Pein, die er unter dem einen Arm geheim erlitt, hatte er sich dadurch zugezogen, dass er ohne Erlaubnis seines Vorgesetzten in der Erwerbung irdischen Gutes sich übermäßig angestrengt und zuweilen auch einiges verborgen hatte. Die Niederbeugung zur Erde aber, die ihn am schwersten bedrängte, musste er ertragen, weil er seinem Vorgesetzten sich widersetzt hatte.

Als nun Gertrud ein andermal die Psalmen und Vigilien für ihn betete, fragte sie den Herrn, welchen Trost seine Seele hieraus empfange. Der Herr antwortete: «Obgleich alles, was durch die Vigilien und andere Gebete zur Läuterung der Seelen dargebracht wird, ihnen sehr heilsam ist, so nützt es ihnen doch viel mehr, wenn man aus Liebe mit wenigen Worten für sie betet.»

Hat z.B. jemand schmutzige Hände, gießt aber oftmals Wasser darüber, so werden sie zuletzt rein, indem der Schmutz sich auflöst und das Wasser abfließt. Wäscht er sie aber mit Anstrengung, wenn auch nur mit wenigem Wasser, so werden sie um so schneller rein. Ebenso hat auch ein einziges aus glühender Liebe gebetetes Wort eine größere Wirkung als viele Vigilien und andere abgelesene Gebete.

V. 16. Von einer Seele, die auf Gertruds Fürsprache Anteil am Gebet der Kirche gewann

Einst hörte Gertrud, wie einer Person der Tod eines Verwandten gemeldet wurde. Diese, hierüber sehr betrübt, erregte derart ihr Mitleid, dass sie sich sogleich mit Inbrunst ins Gebet für die Seele des Verstorbenen begab. Da wurde sie vom Herrn belehrt, durch göttliche Anordnung sei der Tod jener Person in ihrer Gegenwart gemeldet worden. Hierauf sagte sie zum Herrn: «Auch ohne jenes Mitleid konntest du, o Herr, mir die Gnade des Gebetes für jene Seele schenken.»

Der Herr erwiderte: «Es gewährt mir hierbei eine besondere Freude, wenn der Mensch das natürliche Gefühl mit gutem Willen auf mich hinkehrt und so ein gutes Werk vollbringt.» Während sie nun längere Zeit für jene Seele betete, erschien dieselbe in Gestalt einer Kröte, schwarz wie eine Kohle und durch ein Übermaß von Peinen wie in sich selbst verzerrt.

Es war jedoch nicht etwa ein Henker zu sehen, sondern in sich selbst wurde sie an jedem Glied durch jene Verbrechen gemartert, die sie damit begangen hatte. Da wandte Gertrud sich in innigster Liebe, ihr Werk fortsetzend, zum Herrn und sagte: «Wolltest du nicht, o mein Herr, um meinetwillen dich jener Seele erbarmen?»

Der Herr antwortete ihr huldreich: «Nicht bloß dieser, sondern auch tausendmal tausend Seelen aus Liebe zu dir. Wie willst du aber, dass ich jener Seele Barmherzigkeit erweise? Etwa dadurch, dass ich, ihre ganze Schuld tilgend, sie von jeder Qual befreie?» Sie erwiderte: «Das möchte vielleicht deiner Gerechtigkeit nicht entsprechen.» Der Herr: «Doch, wenn du dies nur mit Vertrauen von mir begehrtest. Denn ich, der ich als Gott alles Zukünftige voraus weiß, habe jene Seele während ihres Pilgerlaufes durch einige ihr mitgeteilte gute Absichten hierzu vorbereitet.»

Gertrud: «Wohlan denn, du Heil meiner Seele, vollende das in dem Maße, wie es deine Barmherzigkeit von deiner Gerechtigkeit zu erlangen vermag; denn durch deine Gnade vertraue ich fest auf deine Güte.»

Nach diesen Worten erhob sich die Seele des Verstorbenen sogleich, stand da in Gestalt eines menschlichen Körpers, hatte alle schwarze Farbe abgelegt und zeigte eine weiße, aber noch schmutzige Haut, indem sie zugleich eine übergroße Freude und Dankbarkeit offenbarte, als wäre sie schon von allen Strafen befreit. Gertrud erkannte jedoch, dass die schmutzige Haut noch bis zu schneeweißer Farbe gereinigt werden müsse, bevor die Seele würdig werde, die Gegenwart Gottes zu genießen.

Die Reinigung geschah aber in der Weise, als würde die Seele durch eherne Schläge vom Rost geläutert. Infolge der Gewohnheit zu sündigen nämlich, die sie durch ein langes Leben in der Sünde sich zugezogen, nahm sie die weiße Farbe ebenso schwer an, wie ein menschliches Herz es würde ertragen können, dass der Leib ein ganzes Jahr lang in der Sonne zum Bleichen ausgespannt würde.

Da nun Gertrud staunte, wie die Seele bei so großen Leiden dennoch so fröhlich sein könnte, wurde sie folgendermaßen belehrt: Eine Seele, welche nach so großen und vielfältigen Sünden abscheidet, kann durch das allgemeine Gebet der Kirche nicht unterstützt werden, bis sie, durch Gottes Erbarmung ein wenig geläutert, jene Schuldenlast ablegt, welche ein Hindernis bildet für die Anteilnahme am Gebet der Kirche, das zu jeder Zeit wie ein heilsamer Tau und eine wohlduftende Salbe oder vielmehr wie die lieblichste Erfrischung auf die zu Läuternden hinabsteigt.

Darauf dankte Gertrud dem Herrn und sagte zu ihm: «Verkünde mir, liebreichster Herr, durch welche Anstrengungen oder Gebete der Mensch von deiner Barmherzigkeit erlangen kann, dass die Seele irgendeines Verstorbenen von dieser schrecklichen Last, die das Gebet der Kirche hindert, befreit wird? Denn ich sehe diese Seele nach Abwälzung der Last so fröhlich, als wäre sie aus der Tiefe der Hölle zum Thron der Herrlichkeit in höchster Freude versetzt worden, und ich sehe, dass sie sich jetzt gleichsam wohlbefindet durch das Gebet der Kirche, wodurch sie ohne Unterlass erfreut wird.» Der Herr antwortete: «Du vermagst keinerlei Anstrengungen zu machen oder Gebete zu sprechen, wodurch einer Seele diese so große Hilfe könnte zuteil werden. Denn es ist nur möglich durch einen solchen Affekt der Liebe, wie du ihn in dieser Stunde empfunden hast. Wie nun kein Mensch einen solchen haben kann außer durch mein Geschenk, so kann auch eine solche Hilfe keiner Seele nach dem Tod gewährt werden, wenn sie diese nicht durch eine besondere Gnade in ihrem Leben verdient hat. Wisse jedoch, dass diese unerträgliche Last im Verlauf der Zeit allmählich vermindert wird durch die Gebete und Anstrengungen, welche von Freunden in lauterer Absicht gemacht werden. So werden die Seelen dann schneller oder langsamer befreit, je nachdem die Gläubigen sich mehr oder weniger um sie bemühen und auch je nachdem sie selbst in ihrem Leben es verdient haben.»

Als jene Seele nun durch das Gebet eine Erleichterung fühlte, breitete sie die Hände zu Gott aus und bat, er möge diese Erleichterung kraft jener Liebe annehmen, worin er selbst aus sich vom Himmel hinabgestiegen sei und den Tod erlitten habe, und möge ihren Fürbittern daraus vergelten, wenn sie es am meisten bedürften. Der Herr schien zum Zeichen der Erhörung aus ihren Händen eine Drachme anzunehmen und den Fürsprechern zur Belohnung zurückzulegen.

V. 17. Von der Befreiung der Seelen der Eltern und Verwandten derer, die der Genossenschaft angehören

An dem Sonntag, da von den Gliedern der Genossenschaft das Gedächtnis der Eltern und Verwandten gemeinsam begangen wurde, opferte Gertrud, nachdem sie kommuniziert hatte, die heilige Hostie zum Trost der erwähnten Seelen auf, worauf sie eine große Schar aus dichter Finsternis aufsteigen sah, ähnlich wie das Feuer Funken aussprüht, die einen in Gestalt von Sternen, die andern in anderer Form.

Auf ihre Frage, ob diese alle aus unserer Verwandtschaft seien, erhielt sie die Antwort: «Ich bin euer nächster Verwandter, bin euch Vater und Bruder und Bräutigam[63], deshalb sind auch für euch die nächsten Angehörigen meine besonderen Freunde, die ich von dem gemeinsamen Gedächtnis eurer Eltern und Verwandten nicht will ausgeschlossen wissen; darum sind diese mit jenen untermischt.» Deshalb beschloss Gertrud, allzeit mehr für die besonderen Freunde des Herrn zu beten. Am folgenden Tag hörte sie unter der Messe nach Aufopferung der Hostie den Herrn sagen: «Wir haben mit denen Mahl gehalten, die bereit waren und hierher gekommen sind. Senden wir nun auch denen ihren Anteil, die noch nicht zugegen sein konnten.»

Ebenso sah sie in einem andern Jahr, als es zu den Vigilien läutete, ein Lamm von schneeweißem Glanz, so wie man das Osterlamm abbildet, aus seinem verwundeten Herzen rosenfarbene Bäche Blutes in einen goldenen Kelch ergießen unter den Worten: «Ich selbst werde all den Seelen zur Versöhnung sein, denen heute an dieser Stätte das Mahl bereitet wird.»

V. 18. Von der Wirkung des großen Psalters

Einst betete der Konvent für die Verstorbenen den großen Psalter, und da Gertrud bei der Kommunion inbrünstig für sie zum Herrn flehte, fragte sie ihn, woher es käme, dass er das Psalterium so gnädig für die Seelen annehme. Ihr scheine es doch, als ob durch die große Anzahl von Psalmen und die vielen den einzelnen Versen hinzugefügten Gebete eher Überdruss als Andacht hervorgerufen werde. Der Herr antwortete: «Meine übergroße Liebe zu ihrer Befreiung drängt mich. Denke dir, ein König halte einige seiner Freunde in Gefangenschaft. Er möchte sie zwar gern entlassen, aber der Urteilsspruch seiner Gerechtigkeit hindert ihn.

Endlich, von übermächtigem Verlangen nach ihrer Befreiung angetrieben, nimmt er, da die Gefangenen selber nichts haben, um sich loszukaufen, von einem seiner Soldaten statt des Goldes und Silbers irgendetwas anderes an, das dieser zu ihrer Befreiung nach dem Maß ihrer Schuld darbringt, bloß um so eine Gelegenheit zu haben, sie zu entlassen. Ebenso nehme ich auch alles an, was mir für die Seelen, die ich durch mein kostbares Blut und meinen Tod erkauft habe, dargebracht wird.»

Hierauf fragte Gertrud: «Wie angenehm ist dir die Bemühung derer, welche dir diesen Psalter aufopfern?» Der Herr: «Wahrlich so angenehm, als wenn sie mich selbst auf ihre Kosten ebenso oft aus der Gefangenschaft befreit hätten, wie durch ihre Gebete eine Seele erlöst wird. Und ich werde ihnen dies ganz gewiss nach der

Allmacht meiner freigebigsten Liebe zur rechten Zeit zurückerstatten.» Gertrud: «Wie vielen Seelen will deine Güte auf das Gebet jeder Einzelnen die Befreiung schenken?» Der Herr: «Nach dem Maß der Liebe einer jeden; doch drängt mich die Liebe meiner eingeborenen Güte, auf die Bitten einer jeden eine noch größere Zahl zu erlösen.

Überdies will ich für jeden Vers des Psalters drei zu erlösende Seelen bezeichnen.» Weil nun Gertrud, durch Krankheit gehindert, den ihr zuerteilten Psalter noch nicht begonnen hatte, hub sie jetzt, durch das Übermaß der göttlichen Liebe herausgefordert, sogleich an, mit aller Inbrunst des Geistes ihn zu beten. So oft sie aber einen Vers vollendet hatte, fragte sie den Herrn, wie viele Seelen seine überströmende Barmherzigkeit auf ihr Gebet zu befreien sich würdige. Der Herr antwortete: «So sehr werde ich durch das Gebet einer liebenden Seele besiegt, dass ich ebenso oftmal eine Seele bezeichne, als du die Zunge bewegst, um ein Wort dieses Psalters auszusprechen.» Hierfür, o gütigster Jesus, seist du gepriesen in alle Ewigkeit!

V. 19. Von einer Seele, der durch den großen Psalter geholfen wurde

Als sie ein andermal für die Verstorbenen betete, sah sie die Seele eines Soldaten, der, wie ich schätze, wenigstens vierzehn Jahre zuvor gestorben war, in der Gestalt eines entsetzlichen Tieres, das ebenso viele ungeheure Hörner hatte, als andere Tiere Haare haben. Er befand sich über dem Rand der Hölle, nur durch einen Pfahl unter der linken Seite gehalten, worauf er ganz ruhte. Der Rauch aller Peinen und Strafen der Hölle dampfte gegen ihn auf und marterte ihn durch eine unaussprechliche Qual. Auch empfing er keinerlei Heilmittel aus dem Gebet der Kirche.

Während Gertrud nun dieses Tier staunend betrachtete, erkannte sie durch göttliche Erleuchtung, dass jener Mann in seinem Leben durch Stolz und Selbstüberhebung sehr gefehlt hatte. Deshalb waren seine Sünden in Gestalt von Hörnern über ihn emporgewachsen und hatten ihn so verhärtet, dass seine Seele eine Zeitlang durchaus keine Erleichterung empfangen konnte.

Der Pfahl aber, auf den allein er sich stützte und der ihn hielt, damit er nicht in die Hölle stürzte, sinnbildete den guten Willen, den er zuweilen in seinem Leben, wenn auch nur selten, gehabt; dieser hielt ihn durch Wirkung der göttlichen Barmherzigkeit zurück, so dass die Hölle ihn nicht verschlang.

Durch Gottes Gnade von Mitleid bewegt, betete Gertrud den großen Psalter und opferte ihn dem göttlichen Herzen zum Trost jenes Sünders auf. Und sieh! Sogleich löste das Tierfell sich auseinander, und seine Seele trat in Gestalt eines kleinen, aber noch sehr befleckten Kindes hervor. Als sie hierauf wieder für ihn betete, wurde er in ein Haus versetzt, wo noch viele andere Seelen versammelt waren. Da begann er sogleich mit solcher Freude zu jubeln, als wenn er aus der tiefen Hölle bereits zu den Wonnen des Paradieses emporgeflogen wäre. Und dies deshalb, weil er erkannte, dass an diesem Ort das Gebet der Kirche ihm nützen könne, dessen Trost er von seinem Tod an bis zu jener Stunde entbehrt hatte.

Die Seelen aber, welche dort verweilten, nahmen seine Seele sehr freundlich auf, als wollten sie ihr in ihrer Mitte einen Platz bereiten. Bei diesem Anblick flehte Gertrud in inniglicher Liebe zum Herrn, er möge diesen Seelen ihre Liebe belohnen, was der Herr sogleich bewilligte, indem er dieselben an Orte versetzte, wo sie die erfrischendsten Erquickungen genossen.

Abermals fragte Gertrud den Herrn: «Welche Frucht gewinnt unsere Genossenschaft davon, dass sie den großen Psalter betet?» Der Herr: «Jene, von der es heißt: ‹Dein Gebet kehrt in deinen Busen zurück.›[64] Überdies füge ich in der Fülle meiner Güte wegen der Liebe, womit ihr meinen Gläubigen zu meiner Ehre zu Hilfe kommt, noch diese Frucht hinzu: Wo immer in der ganzen Welt hiernach dieser Psalter gebetet wird, dort wird eine jede aus euch einen solchen Anteil daran haben, als wenn er zu ihrem Trost allein wäre gelesen worden.»

Ein andermal sagte sie zum Herrn: «O Vater der Erbarmungen[65], wenn jemand aus Liebe zu dir diesen Psalter zu deiner Verherrlichung und zum Trost deiner verstorbenen Gläubigen zu beten wünscht, aber so viele Messen und Almosen, als damit verbunden zu werden pflegen, nicht leisten kann, welchen Dienst könnte er dir dann erweisen, den du ebenso wohlgefällig annähmst?» Der Herr antwortete: «Ein solcher empfange nach der Zahl der Messen ebensooft das Sakrament meines Leibes zum Trost der Seelen, bete statt jedes Almosens noch einmal ein Vaterunser mit der Kollekte ‹O Gott, dem es eigen ist, sich allzeit zu erbarmen und zu verschonen› zur Bekehrung aller Sünder und verrichte statt der einzelnen Almosen ein Werk der Liebe.»

Gertrud: «Noch einmal will ich zu dir, meinem Herrn, reden[66], da ich wissen möchte, ob du ein etwas kürzeres Gebet ebenso gnädig wie diesen Psalter zum Trost und zur Erlösung der verstorbenen Gläubigen annehmen willst.» Der Herr: «Ja, in folgender Weise: Bei den einzelnen Versen des Psalters spreche er das Gebet ‹Sei gegrüßt, o Jesus Christus, Abglanz des Vaters!› Beim Beginn erflehe er Verzeihung mit dem Versikel ‹In Vereinigung mit jener himmlischen Lobpreisung ...› Und in jener Liebe, in der ich zur Erlösung des Menschengeschlechtes die menschliche Natur angenommen habe, spreche er die Worte des vorerwähnten Gebetes, das sich auf meinen Lebenswandel bezieht.

Hierauf knie er nieder in Vereinigung mit jener Liebe, in der ich, der Schöpfer des Alls, zur Erlösung der Menschen durch die Menschen verurteilt werden und leiden wollte, und spreche die mein Leiden betreffenden Worte. Zuletzt bete er stehend die, welche meine Auferstehung und Himmelfahrt begrüßen, und preise mich in Vereinigung mit jener Zuversicht, mit der ich die Herrschaft des Todes zerstört[67] und, siegreich auferstehend und gen Himmel fahrend, die menschliche Natur zur Rechten des Vaters[68] erhöht habe. Dann bete er, wiederum um Verzeihung bittend, die Antiphon ‹Erlöser der Welt› in Vereinigung mit jener Dankbarkeit, in der alle Heiligen sich Glück wünschen, durch meine Menschwerdung, mein Leiden und meine Auferstehung beseligt worden zu sein. Hierzu füge er, wie schon erwähnt, nach der Zahl der zu jenem Psalter gehörenden Messen den Empfang meines Leibes und Blutes, bete statt der Almosen ein Vaterunser nebst der Kollekte und verrichte je ein Werk der Liebe. Diese ganze Übung werde ich dann ebenso wie den großen Psalter annehmen.»

Was dieser große Psalter sei oder wie er verrichtet werden solle, wird vielleicht mancher Leser nicht wissen. Deshalb folgt hier die

Anleitung dazu, so wie sie aus den Büchern und Übungen dieser Jungfrau sich ergibt.

Zuerst bete man mit gebeugten Knien: «In Vereinigung mit jener himmlischen Lobpreisung, wodurch die glorreiche Dreifaltigkeit allein sich selber die vollkommene Lobpreisung ist, und welche sodann auf deine gebenedeite Menschheit, o süßester Herr Jesus Christus, auf deine glorreiche Mutter und auf alle Engel und Heiligen überströmt und von ihnen wiederum in den Abgrund deiner Gottheit, woraus sie geflossen, zurückströmt, opfere ich dir diesen Psalter auf zu deiner Ehre und Verherrlichung.

Und aus dem Herzen der ganzen Schöpfung bete ich dich an, grüße dich, preise dich und danke dir für die Liebe, in der du um unsertwillen dich erniedrigt hast, Mensch zu werden, geboren zu werden, dreiunddreißig Jahre Hunger und Durst, Mühsal und Schmerz zu erdulden und dich selber uns im Sakrament zurückzulassen. Und ich beschwöre dich, du mögest diesen Psalter, den ich für jene Seele oder Seelen, für Lebende oder Verstorbene aufopfere, für die du willst, dass ich beten soll, mit dem Verdienst deines hochheiligen Lebens und Wandels vereinigen und hieraus ersetzen und vollkommen wiederherstellen, was sie vernachlässigt oder unterlassen haben in deiner Lobpreisung, Danksagung und Liebe, in Gebeten, Tugenden, andern guten Werken und in den dir gebührenden Diensten, welche sie durch deine Gnade leisten konnten, aber nicht oder nur unlauter und unvollkommen geleistet haben.»

Zweitens spreche man abermals mit gebeugten Knien: «Ich bete dich an, ich grüße und preise dich, o süßester Herr Jesus Christus, und sage dir Dank für die Liebe, in der du, Schöpfer des Weltalls, zu unserer Erlösung von den Menschen wolltest gefangen genommen, gebunden, verraten, mit Füßen getreten, geschlagen, angespien, gegeißelt, mit Dornen gekrönt, verurteilt, mit dem Kreuz beladen, entblößt, gekreuzigt, durch den bittersten Tod getötet und mit der Lanze durchbohrt werden.

Und in Vereinigung mit derselben Liebe opfere ich dir dies mein unwürdiges Gebet auf, indem ich dich beschwöre, du wollest durch das Verdienst deines allerheiligsten Leidens und Sterbens alles austilgen und vollständig abwischen, was die Seelen, für die ich bete, jemals gegen deinen Willen durch böse Gedanken, Worte und Werke gesündigt haben, und du wollest Gott dem Vater alle Pein und Marter deines verwundeten Leibes und deiner schmerzerfüllten Seele und ihre Verdienste und Übungen für alle jene Strafen aufopfern, die sie bei deiner Gerechtigkeit verschuldet haben.»

Drittens bete man stehend mit Andacht: «Ich bete dich an, ich grüße und preise dich, o süßester Herr Jesus Christus, und danke dir für die Liebe und Zuversicht, womit du unser Fleisch nach Besiegung des Todes auferstehend verherrlicht und gen Himmel fahrend zur Rechten des Vaters gesetzt hast, indem ich dich beschwöre, du wollest die Seelen, für die ich bete, deiner Glorie und deines Sieges teilhaftig machen.»

Viertens spreche man: «Erlöser der Welt, erlöse uns alle! Heilige Gottesgebärerin und allzeit jungfräuliche Maria, bitt für uns! Durch das Gebet der heiligen Apostel, Märtyrer, Bekenner und Jungfrauen flehen wir zu dir, du mögest uns allen Übeln entreißen und alle Güter jetzt und immerdar genießen lassen. Ich bete dich an, ich grüße und preise dich, o süßester Herr Jesus Christus, und danke dir für alle deiner glorreichen Mutter und allen deinen Auserwählten jemals erwiesenen Gnaden in Vereinigung mit jener Dankbarkeit, in der alle Heiligen sich der Beseligung durch deine Menschwerdung, dein Leiden und deine Auferstehung freuen. Ich beschwöre dich, du mögest durch die Verdienste und Fürbitten derselben glorreichen Jungfrau und der Heiligen jenen Seelen ersetzen, was ihnen an eigenem Verdienst fehlt.»

Fünftens bete man der Reihe nach die 150 Psalmen, wobei man hinter jedem Psalmvers das Gebet einschaltet: «Sei gegrüßt, Jesus Christus, Abglanz des Vaters[69], Fürst des Friedens[70], Pforte des Himmels[71], lebendiges Brot[72], Sohn der Jungfrau[73], Gefäß der Gottheit!»[74]

Und am Schluss jedes Psalms bete man mit gebeugten Knien: «O Herr, gib ihnen die ewige Ruhe und das ewige Licht leuchte ihnen.» Außerdem lies oder lass lesen 150 oder 50 oder zum wenigsten 30 heilige Messen oder kommuniziere statt dessen so oftmal. Gib 150 Almosen oder bete statt eines jeden ein Vaterunser mit der Kollekte «O Gott, dem es eigen ist, sich allzeit zu erbarmen und zu schonen, erhöre unser Flehen, damit deine erbarmungsvolle

Liebe uns und alle deine Diener, welche die Fessel der Sünde noch gefangen hält, gnädig befreie» für die Bekehrung aller Sünder.

Zuletzt füge noch 150 Liebeswerke hinzu. Als Liebeswerk aber gilt alles, was aus Liebe zu Gott dem Nächsten erwiesen wird, wie z.B. einen Dienst leisten, ein gutes Wort geben, eine Arbeit oder ein Gebet für andere verrichten. Wenn du dies für andere tust, so wird dein Gebet in der Todesstunde mit vervielfältigter Frucht in dein Herz zurückkehren[75].

Wenn du es aber für dich tust, solange du lebst, so ist dies weit besser, als es nach dem Tod von andern zu erwarten. Der getreue Herr[76], der nur Gelegenheit sucht, um Wohltaten spenden zu können, wird es dir bewahren und zur rechten Zeit zurückerstatten «vermöge jenes herzlichen Erbarmens, worin uns heimgesucht hat der Aufgang aus der Höhe»[77].

V. 20. Von der Vermehrung des aufgeopferten Verdienstes

Einstmals opferte Gertrud für die Seele eines Verstorbenen Gott all die guten Werke auf, die er in seiner Güte jemals in ihr und durch sie vollbrachte; da sah sie dieselben in Gestalt mannigfacher herrlicher Geschenke vor den Thron der göttlichen Majestät gestellt werden und den Herrn und alle seine Heiligen sich daran ergötzen.

So gütig nahm der Herr dieselben auf, als wenn er sich freue, etwas zu haben, womit er den Bedürftigen, die seine Güter durch eigene Werke nicht verdient hatten, wohltun könne. Zugleich sah sie, wie der gütige Herr jedem aufgeopferten Werk aus seiner Freigebigkeit etwas hinzufügte und es ihr dann zurückgab, damit sie es wegen ihres guten Willens nun verdoppelt besitze und zur ewigen Belohnung aufbewahre. So verliert also der Mensch nichts, sondern gewinnt sehr viel, wenn er andern aus Liebe zu Hilfe kommt.

V. 21. Vom Verdienst des guten Willens

Während eines Tages die Messe für eine Arme gefeiert wurde, die an dem Tag beerdigt werden sollte, betete Gertrud aus Mitleid zum Trost ihrer Seele fünf Vaterunser zu Ehren der fünf Wunden des Herrn. Von Gott angetrieben, opferte sie sodann in Liebe dem Herrn alles auf, was seine göttliche Güte jemals in ihr und durch sie gewirkt hatte, um die Seligkeit jener Verstorbenen zu vermehren. Sogleich sah sie die Seele derselben an die ihr im Himmel vom Herrn bereitete Stätte ehrenvoll erhoben und dann ihren Sitz noch um vieles höher verlegt werden.

Als sie nun den Herrn befragte, wodurch jene Seele auf ihr Gebet und die für sie gemachte Aufopferung eine so große Wohltat verdient habe, antwortete der Herr: «Durch drei Dinge. Erstens hatte sie beständig den guten Willen und das Verlangen, mir im Ordensstand zu dienen, wenn es ihr möglich geworden wäre. Zweitens trug sie eine besondere Liebe gegen die Ordensleute und alle guten Menschen. Drittens hat sie ihnen zu meiner Ehre gern gedient und Wohltaten erwiesen. Aus ihrer Erhöhung erkenne darum, wie wohlgefällig ich diese drei Stücke von jedem Menschen annehme.»

V. 22. Von der Strafe der aus Ungehorsam Murrenden

Eine andere Verstorbene, welche ihr ganzes Leben lang die Gewohnheit hatte, viele Gebete zum Trost der Seelen zu verrichten, aber aus menschlicher Schwachheit in der Vollkommenheit des Gehorsams etwas zurückgeblieben war, indem sie zuweilen strenges Fasten, Nachtwachen und Ähnliches der Tugend des Gehorsams vorgezogen hatte, erschien nach ihrem Tod im Schmuck vielfältigen Geschmeides.

Unter dem Schmuck aber trug sie eine schwere Last von Steinen, welche es selbst mehreren Personen unmöglich machte, sie zum Herrn zu führen. Hierüber staunend, wurde Gertrud belehrt, dass die Führerinnen jene Seelen seien, welche die Verstorbene durch ihr Gebet befreit hatte.

Der Schmuck aber bedeutete ihre Gebete und die Steine die Schuld ihres Ungehorsams. «Sieh», sagte dann der Herr, «wie jene Seelen, von Dankbarkeit getrieben, mich hindern, in gewohnter Ordnung zuerst die Schuld abbüßen zu lassen und dann den Schmuck zu zeigen; denn für ihren Ungehorsam und Eigensinn muss sie noch geläutert werden.»

Gertrud entgegnete: «Hat sie denn nicht, o Herr, am Ende auf die Ermahnung hin dies erkannt und, so viel sie konnte, gesühnt? Eine Schrift sagt ja doch: ‹Wenn der Mensch sich anschuldigt, so entschuldigt ihn Gott.›» Der Herr: «Hätte sie nicht diese Erkenntnis noch gewonnen, so hätte die Last sie so tief hinabgedrückt, dass sie kaum jemals zu mir gekommen wäre.»

Hiernach zeigte der Herr ihr den Weg der Seelen zum Himmel in Gestalt eines engen und zu wenig geglätteten Balkens, den man nur sehr schwer ersteigen konnte, und die Aufsteigenden mussten sich mit beiden Händen stützen, indem sie den Balken von dieser und von jener Seite vorsichtig hielten. Dies bedeutete, dass die Seelen durch gute Werke unterstützt werden müssen. Die nun zugleich die Hilfe der Engel verdienen, genießen hierdurch großen Vorteil; denn auf beiden Seiten drängen sich Teufel herzu, um die Seelen zu hindern.

Da offenbarte sich, welchen besonderen Trost die Ordensleute haben, die unter dem Gehorsam leben. Für sie nämlich zeigte der Balken von beiden Seiten Zapfen, an denen sie sich halten konnten, um nicht herabzufallen. Für diejenigen Untergebenen aber, deren Vorgesetzte es unterlassen, sie durch den Gehorsam zu regieren, fehlten die Zapfen, so dass sie voll Angst fürchteten herabzufallen: Dagegen hielten sich die Seelen, die sich freiwillig zum Gehorsam angeboten hatten, mit eigenen Händen an den Zapfen fest und stiegen sicher hinauf, indem die Engel sie unterstützten und alle Hindernisse von ihnen entfernten.

Eine andere Verstorbene erschien in der Gestalt, als wenn aus ihren Ohren etwas Hartes wie eine Verknorpelung herausgewachsen wäre, die unter großer Schwierigkeit mit Krallen abgekratzt werden musste, bis sie verschwunden war. Dies war die Strafe dafür, dass sie Murren und Verleumdungen angehört hatte.

Ihr Mund schien innerlich mit einem Fell überzogen, damit die göttliche Süßigkeit ihr keinen Wohlgeschmack bereite, und zwar deshalb, weil sie zuweilen verleumdet hatte. Hierbei wurde Gertrud also vom Herrn belehrt: Wenn die Person, die dies ohne erschwerende Umstände getan und oftmals bereut hatte, solches verdiente, dann werden jene, welche hartnäckig Ähnliches tun, zugleich bei dem Fell auch noch Stacheln haben, die von der Zunge aus den Gaumen, vom Gaumen aus die Zunge stechen, sie schmerzlich zerreißen und ihnen einen abscheulichen Eiter entpressen.

In solchem Zustand wären sie aber der göttlichen Gegenwart gänzlich unwürdig, weil ein Greuel vor allen Himmelsbürgern. Darauf sagte sie seufzend zum Herrn: «Ach, Herr, vormals pflegtest du mir die Verdienste der Seelen zu zeigen, jetzt stellst du mir mehr die Strafen für ihre Versündigungen vor Augen!» Der Herr erwiderte: «Damals wurden die Menschen mehr durch die Gnadengeschenke angelockt; jetzt aber werden sie kaum durch die Strafen von den Sünden abgeschreckt.»

Wir wollen nun noch einiges Tröstliche anreihen, das der Herr ihr über ihren eigenen Hingang mitteilte.

V. 23. Gesteigertes Verlangen nach dem Tod

Am Fest des hl. Martinus sagte sie während des Responsoriums «Der hl. Martinus erwartete seinen Hingang» voll Sehnsuchtsglut zum Herrn: «O Herr, wann wirst du auch an mir so handeln?» Der Herr antwortete: «Sehr schnell will ich dich aus diesem Leben nehmen.»

Durch diese Worte wurde sie von großem Verlangen entzündet und wünschte aufgelöst zu werden und bei Christus zu sein[78], während sie doch vorher hierum nicht besorgt war.

Am Mittwoch nach Ostern sodann, während sie die empfangene heilige Kommunion noch im Mund hielt, wurde sie durch göttliche Ansprache also begrüßt: «Komm, meine Auserkorene, und ich will meinen Thron in dich setzen!»[79] Durch diese Worte fühlte sie, dass die Stunde gekommen sei, in betreff deren sie am Fest des hl. Martinus die Worte gehört hatte: «Schnell will ich dich aus diesem Leben nehmen.» Diesmal fügte der Herr noch hinzu: «All die Zeit, die du noch länger als heute lebst, wirst du suchen, nicht dir zu leben[80], sondern wirst deinem Verlangen gemäß meine Verherrlichung in allem erzielen.»

Dass nun hiernach ihr Hingang noch eine Zeitlang verschoben wurde, geschah deshalb, weil der Herr ihr noch das Verdienst der Sehnsucht und jener Vorbereitung erteilen wollte, wozu er sie durch die genannten Worte aufgefordert hatte; denn weil die Sehnsucht durch die Verzögerung wächst, so wächst damit auch der Reichtum der Verdienste.

Als sie ein andermal an einem Sonntag ebenfalls das Verlangen nach Auflösung in sich erweckte, sagte der Herr: «Wenn ich alles, was du von der ersten Kindheit an bis jetzt zu denken vermochtest, bei deinem Hingang vollendete, so wäre dies doch wenig im Vergleich zu jener Gnade, die ich dir ohne dein Verlangen allein durch meine unverdiente Güte erteilt habe. Wähle dir, was du willst, ob jetzt aus dem Körper scheiden oder durch längere Krankheit geschmückt werden, in der du, wie ich weiß, auch den Staub der Nachlässigkeiten verabscheuen wirst.» Mit Unterwerfung unter solche Herablassung Gottes antwortete sie: «Mein Herr, es geschehe dein Wille!»

Der Herr: «Mit Recht steht mir diese Wahl zu. Wenn du darum einwilligst, aus Liebe zu mir noch im Körper zu pilgern, so werde ich, in dir weilend wie eine Taube im Nest, in meinem Schoß dich pflegen, bis ich dich endlich nach dem Tod zu der ewig grünen Weide[81] führe.» Hierdurch wurde ihre Sehnsucht für eine Zeitlang gemäßigt. So oft sie aber hiernach zu sich selbst zurückkehrte, hörte sie innerlich diesen Vers wiederholen: «Meine Taube weilt in Felsenhöhlen.»[82] Bald jedoch wuchs ihre Sehnsucht wieder, und da sie die Beschleunigung ihrer Auflösung begehrte, antwortete der Herr: «Welche Braut hat denn jemals mit solchem Verlangen geeilt, an jenen Ort zu kommen, wo sie wusste, dass der Bräutigam aufhören müsse, ihren Schmuck zu vermehren, und sie selber ihm keine Geschenke mehr bereiten könne?» Denn nach dem Tod wächst weder das Verdienst der Seele, noch auch kann sie fürder etwas für den Herrn erdulden.

V. 24. Zurüstung zum Hingang

Während sie einmal bei der Kommunion an übergroßer Schwäche litt, fragte sie den Herrn, ob dies das Anzeichen des Todes sei. Hierauf empfing sie den Bescheid: «Wenn die Maid die Boten des Bräutigams wiederholt kommen und über das, was die Hochzeit betrifft, verhandeln sieht, so geziemt es sich, dass auch sie selbst ihre notwendige Vorbereitung macht. Ebenso sollst auch du, da du die Schwäche fühlst, nichts von dem vernachlässigen, wodurch du dich vorbereiten willst.»

Gertrud: «Wie kann ich aber jene ersehnte Stunde deiner Ankunft wissen, wann du mich aus dem Kerker dieses Leibes herausführen wirst?» Der Herr: «Ich werde zwei Engel aus den Fürsten des himmlischen Hofes durch goldene Posaunen dir in jedes Ohr die Worte lieblich singen lassen: ‹Seht, der Bräutigam kommt, geht ihm entgegen!›»[83] Gertrud: «Welches wird denn aber mein Wagen sein, wenn ich auf jenen königlichen Weg geführt werde, um dir, meinem Einzigerkorenen, vorgestellt zu werden?»

Der Herr: «Der übermächtige Zug des göttlichen Verlangens und meiner innigsten Liebe wird sich auf dich hinkehren und dich in mein Reich führen.» Gertrud: «Aber was wird mir zum Sessel dienen?» Der Herr: «Das vollkommene Vertrauen, womit du von meiner freigebigsten Güte jegliches Gut erwartest.»

Gertrud: «Von welchen Zügeln werde ich denn gelenkt werden?» Der Herr: «Von glühendster Liebe, worin du aus ganzem Herzen nach mir sehnlichst schmachtest.»

Gertrud: «Da ich nicht weiß, was noch ferner zur Fahrt gehört, so kann ich auch nicht weiter erfragen, womit ich die Reise auf jenem begehrenswerten Weg machen werde.»

Der Herr: «Könntest du jetzt auch noch so viel erforschen, du wirst dich freuen, dass du dennoch unendlich mehr findest. Und daran habe ich meine Freude, dass die menschlichen Sinne niemals so viel ergründen können, als ich meinen Auserwählten zu bereiten pflege.»

V. 25. Vom Pfeil der Liebe

Einst sagte ein Bruder, der in der Kapelle predigte, unter anderem: «Die Liebe ist ein goldener Pfeil; was der Mensch mit ihm durchbohrt, das eignet er sich selber gewissermaßen an. Deshalb ist ein Tor, wer seine Liebe auf das Irdische richtet und darüber das Himmlische vernachlässigt.»

Bei diesen Worten aufflammend, sagte sie zum Herrn: «O hätte ich doch diesen Pfeil! Ohne Verzug wollte ich dich, den einzigen Geliebten meiner Seele, durchbohren, um dich immerdar zurückzubehalten.» Als sie dies sagte, sah sie den Herrn einen goldenen Pfeil gegen sie halten und hörte ihn also antworten: «Du hast vor, mich zu verwunden, wenn du einen goldenen Pfeil hättest; ich habe ihn, und darum will ich dich so tief durchbohren, dass du nie mehr zur früheren Gesundheit zurückkehrst.»[84]

Der erwähnte Pfeil aber erschien dreifach zurückgebogen, nämlich an der Spitze, in der Mitte und neben dem Ende. Hierdurch wurde die dreifache Kraft der Liebe gesinnbildet, die er in der Seele, welche er verwundet, hervorruft. Zuerst nämlich, wenn er die Seele durchbohrt, verwundet er sie dergestalt, dass er ihr alles Vergängliche wie einer Hinsterbenden ganz unschmackhaft macht, und dies so sehr, dass sie fürder an nichts derart mehr sich zu ergötzen oder zu trösten vermag. Zum zweitenmal die Seele durchdringend, verwandelt er sie gleichsam in eine Fieberkranke, die wegen der Bitterkeit des Schmerzes mit größter Ungeduld nach Arznei verlangt, so dass sie über das Maß und mit ungestümer Sehnsucht entbrennt, Gott anzuhangen, weil es ihr geradezu unmöglich erscheint, außer in ihm noch irgendwie atmen zu können. Zum drittenmal durch die Seele gehend, führte er ein so unschätzbares Gut in sie, dass man hierfür kein anderes Bild gebrauchen kann, als dass er die Seele gleichsam vom Körper scheide und in die Ströme der Gottheit beseligend untertauche.

Nach dieser Offenbarung begehrte sie, von menschlichem Sinn geleitet, in ihren Gebeten wiederholt mit Ungestüm nach dem Tod, und zwar dort in der Kapelle, als wenn der körperliche Raum das Geistige fördere. Aber bald empfing sie vom Herrn folgende Antwort: «Am Tag deines Abscheidens werde ich dich unter dem

Schatten meiner Vaterschaft beschützen wie eine Mutter ihr geliebtes Kind während der Fahrt über das grausige Meer mit ihrem Kleid bedeckt und in ihrem Schoß ruhen lässt. Nach dem Tod aber werde ich dir auf der grünenden und lachenden himmlischen Weide Anteil geben an meinen Wonnen, wie ja die Mutter auch will, dass ihr Kind das Glück der Landung im Hafen mitverkoste.» Hiernach dankte sie Gott und abstehend von jenem kindlichen Verlangen, überließ sie sich ganz der göttlichen Vorsehung.

V. 26. Wie getreu Gott die einmal gemachte Vorbereitung der Seele aufbewahrt

Einstmals flehte sie in ihrem Gebet um die Barmherzigkeit Gottes für ihre Todesstunde. Da ward ihr die Antwort: «Wie ziemte es sich denn für mich, das gut angefangene Werk mit dir nicht auch auf die beste Weise zu vollenden?» Gertrud: «Wenn du, o Herr, meinen Übergang damals vollendet hättest, als ich auf dein Wort den Tod nahe glaubte, so würde deine Gnade, wie mir dünkt, mich besser vorbereitet gefunden haben; durch die Verzögerung aber fürchte ich wegen meiner Lauheit nachlässiger erfunden zu werden.» Der Herr: «Alles hat seine Zeit[85] in der Vorsehung meiner Weisheit. Was du darum zu irgendeiner Zeit getan hast, das bewahrt dir meine Güte; und was du noch hinzufügst, geht dir nicht verloren.»

Durch diese Worte des Herrn ward ihr seine Handlungsweise mit ihr klar. Wenn nämlich in der Welt ein vornehmer Herr beschließt, Hochzeit zu halten, dann fliegt vorher zur Erntezeit, wenn man das Getreide zu dem künftigen Fest sammelt, das Gerücht von der Hochzeitsfeier durch aller Mund, und ebenso zur Zeit der Weinlese, wenn man den Wein einherbstet. Während nun das Getreide und der Wein in den Scheunen und in den Kellern liegen, nehmen sie, obgleich das allgemeine Gerücht jetzt verstummt ist, deshalb doch nicht ab, sondern werden zur Zeit der Hochzeit reichlich dargeboten. In ähnlicher Weise handelt Gott, wenn er den Auserwählten eingibt, sich zum Tod vorzubereiten, den er nachher doch noch auf längere Zeit verschiebt.

V. 27. Von einer besonderen Vorbereitung zum Tod

Gertrud hatte eine sehr nützliche Unterweisung niedergeschrieben, wie jeder Mensch wenigstens einmal im Jahr das Andenken an seinen Tod andächtig begehen und jener unsichern Stunde zuvorkommen soll. Den ersten Tag bestimme er für seine letzte Krankheit, den zweiten für die Beichte, den dritten für die letzte Ölung, den vierten für die Kommunion und den fünften für den Tod. Um nun das, was sie andere gelehrt hatte, auch selber zu tun, rief sie zunächst am Sonntag von diesen Tagen durch die heilige Kommunion den Beistand der göttlichen Gnade an und betete den Psalm «Wie der Hirsch»[86] nebst dem Hymnus «Jesus, unser Heil»[87] in jener Vereinigung, wodurch die liebende Seele *ein* Geist mit Gott wird[88].

Da sprach der Herr zu ihr: «Lege dich über mich wie der Prophet Elisäus über den Kranken, den er vom Tod auferweckte.»[89] Gertrud erwiderte: «Wie kann ich das ausführen?» Der Herr: «Lege deine Hände in meine Hände, d.h. empfiehl mir alle Werke deiner Hände. Ebenso lege deine Augen auf meine Augen und deine einzelnen Glieder auf meine Glieder, d.h. in Vereinigung mit meinen unschuldigsten Gliedern empfiehl mir die einzelnen Glieder deines Körpers mit allen ihren Bewegungen, damit sie fernerhin nur mehr zu meiner Ehre und Verherrlichung und aus Liebe zu mir bewegt werden.»

Als sie dies tat, schien ein goldener Gürtel aus dem Herzen Gottes hervorzugehen, der ihre Seele umschlang und sie durch ein unauflösliches Band der Liebe mit dem Herrn vereinigte. Bei der Kommunion gedachte sie auch, wie gerne sie tags vorher, wenn sie Gelegenheit gehabt, gebeichtet hätte, und begehrte vom Herrn von allen Sünden und Vernachlässigungen losgesprochen zu werden. Da schien der Herr aus seinen einzelnen Gliedern goldene Haken zu entsenden und ihre glückliche Seele durch die Kraft seiner unerfassbaren Gottheit in sich zu schließen, wie man einen Edelstein in Gold einfasst.

Am folgenden Tag nun, am *Montag*, las sie, um die beginnende Todeskrankheit anzudeuten, zweimal den erwähnten Psalm

«Gleich wie der Hirsch» nebst dem Hymnus «Jesus, unser Heil» zum Andenken an jene Vereinigung, wodurch die Gottheit um des menschlichen Heiles willen mit der Menschheit sich verband. Da schienen jene Haken, aus den Gliedern des Herrn hervorgehend, um die Seele in sich zu schließen, verdoppelt zu werden.

Am *Dienstag* las sie denselben Psalm dreimal aus Ehrfurcht vor jener Vereinigung, wodurch Christus, die Ursache unserer Verherrlichung, mit der allzeit verehrungswürdigen Dreifaltigkeit verbunden ist; da schienen die Haken verdreifacht zu werden.

Am *Mittwoch* beging sie andächtig mit den hierzu bestimmten Gebeten das Andenken ihres Todeskampfes; da erschien ihre Seele mit dem Gekreuzigten vereinigt gleich einem in Gold eingeschlossenen Edelstein. Zugleich sprossten aus dem Gold Blumen wie Blätter des Weinstocks, die über den Edelstein sich bogen und ihn herrlich zierten. Dies bedeutete, dass das Leiden Jesu Christi, mit dem vereinigt sie ihre Krankheit dem Herrn aufopferte, ihre Seele der heiligsten Dreieinigkeit wohlgefällig machte.

Am *Donnerstag*, da sie in Bitterkeit des Herzens ihre Sünden in Weise der Beichte dem Herrn vorbrachte, erschienen sie durch die Huld des Herrn nachgelassen und in glänzende Edelsteine umgewandelt, welche die erwähnten goldenen Blumen wunderbar schmückten.

Am *Freitag*, da sie der letzten Ölung gedachte, war der Herr ihr überaus gnadenvoll zugegen, indem er aus seinem innersten Herzen eine Flüssigkeit ergoss, womit er ihre Augen, Ohren, ihren Mund und die übrigen Glieder sühnend salbte, und indem er ihr gleichsam zum Schmuck die Verdienste der allerheiligsten Glieder seiner verklärten Menschheit mitteilte. Hierauf sagte er zu ihr: «Empfiehl mir diesen Schmuck, damit ich wie die getreueste Mutter ihn dir in meinem Herzen wie im sichersten Schrein aufbewahre bis zur passenden Zeit, wo du ihn durch keine Sünden noch Nachlässigkeiten mehr verdunkeln kannst.» Dies tat sie andächtig.

Am *Samstag*, da sie sich zur Kommunion vorbereitete, erschienen während der Wandlung vor dem Thron der göttlichen Majestät vier hehre Engelfürsten, von denen zwei den Herrn Jesus geleiteten, während die beiden andern die Seele dem Herrn entgegenbrachten und vorstellten. Er nahm sie freundlich auf, lehnte sie an seine Brust, und indem er das lebenspendende Sakrament des Altars wie einen Schleier in seinen Händen hielt, bedeckte er sich und sie damit und nahm sie durch dasselbe in seine beseligende Gemeinschaft auf.

Am *Sonntag* endlich gedachte sie ihres letzten Atemzuges, indem sie mit aller möglichen Andacht die hierfür bestimmten Gebete verrichtete; da war der Herr ihr wiederum überaus huldvoll zugegen. Ihre einzelnen Glieder, die sie ihm aufopferte als eine, die der Welt und sich selber abstirbt, um nur mehr ihm allein zur ewigen Lobpreisung und Liebe zu leben, segnete er mit seiner ehrwürdigen Hand, besiegelte sie und drückte jedem Glied das Zeichen eines goldenen Kreuzes so wirksam ein, dass es von beiden Seiten des Gliedes deutlich hervorstrahlte. Dass das Kreuz golden war, bedeutete, alle Werke und Bewegungen ihrer einzelnen Glieder sollten fürderhin durch die Kraft der göttlichen Vereinigung geadelt werden. Das Kreuz selbst aber verkündete, dass alle Makel, die sie aus menschlicher Schwachheit sich noch zuziehen würde, durch die Kraft des Leidens Christi ohne Verzug getilgt werden sollten.

Bei der Aufhebung der Hostie opferte sie dem Herrn ihr der Welt absterbendes Herz auf und bat ihn, er möge ihre Seele durch seine unschuldigste Menschheit rein und sündenlos wiederherstellen, durch seine erhabene Gottheit sie mit jeder Art von Tugenden bereichern und schmücken, endlich durch die Kraft jener Liebe, welche die höchste Gottheit mit der unbefleckten Menschheit vereinte, sie mit allen Gnadengaben auf das Herrlichste zubereiten. Da schien der Herr sein göttliches Herz wie mit beiden Händen auszubreiten und mit ihrem ebenfalls nach ihm ausgebreiteten Herzen in unaussprechlicher Liebe zu vereinigen.

Nun brach die Flamme der göttlichen Liebe aus dem Glutofen des göttlichen Herzens hervor und durchlohte ihre Seele, so dass sie ganz flüssig wurde und wie aufgelöst zu Gott zurückfloss.

Hiernach war sie sehr ermüdet, und indem sie sich zur Ruhe etwas aufs Bett lehnte, sagte sie: «Jede Erleichterung, o Herr, die ich mir fernerhin gestatte, opfere ich dir auf zur ewigen Verherrlichung und wünsche, du mögest alles so aufnehmen, als wäre es den Gliedern deiner hochheiligen Menschheit erwiesen worden.» Der Herr: «Und was du ferner noch aus menschlicher Gebrechlichkeit fehlst, das soll durch die Kraft meiner Gottheit gesühnt sein.» Abermals fragte sie den Herrn, ob er sie durch die Krankheit, an der sie damals litt, aus dieser Verbannung herauszuführen geruhe. Der Herr: «Durch diese Krankheit werde ich dich an einen Ort führen, der mir gleichsam schon näher liegt.

So ruft der Bräutigam seine Braut, die in entfernterer Gegend verweilt, weil er vor Liebe zu ihr erglüht, herbei, umgibt sie mit seinem eigenen Gefolge von zahlreichen Fürsten und Soldaten, die alle den Auftrag haben, durch mannigfaltige Geschenke sie zu ehren, durch Pauken, Zithern und andere Musikinstrumente sie zu erquicken und mit allem möglichen Aufwand und Kosten ihr zu dienen, und geleitet sie ehrenvoll in das Schloss, das in der Nähe seines Palastes liegt. Ist sie hier angekommen, so stellt er sich ihr vor allen seinen Fürsten und Großen in huldvollster Herablassung vor und gibt ihr den Ring der Treue.

Hier lässt er sie dann ehrenvoll zurück bis zum Hochzeitstag, wo er sie mit aller Auszeichnung und Herrlichkeit in sein königliches Reich führt. So bin auch ich, der Herr, dein Gott und Liebhaber und mächtiger Eiferer[90], bei dir und ertrage in Wahrheit in dir alle Leiden und Beschwerden deines Herzens und Körpers; alle meine Heiligen dienen dir, während du auf diesem königlichen Weg einherschreitest, und freuen sich mit dir über deine Seligkeit.

Die Pauken, Zithern und andern lieblich tönenden Instrumente und die Geschenke, wodurch du auf dem Weg geehrt wirst, sind die verschiedenen Beschwerden und Leiden deiner Krankheit, die ohne Unterlass gar lieblich vor mir erklingen, meine Güte zum Mitleid mit dir bewegen und die Liebe meines göttlichen Herzens auf dich hinkehren, um dir wohlzutun, mehr und mehr dich an mich zu ziehen und mit mir zu vereinigen.

Bist du aber an der von Ewigkeit her dir vorausbestimmten Stätte angelangt, d.h. haben deine Kräfte so abgenommen, dass du dem Tod nahe erscheinst: Dann werde ich vor allen Heiligen dir den Ring der bräutlichen Treue geben, das ist das Sakrament der letzten Ölung. Und hierdurch werde ich dir aus der Süßigkeit meines göttlichen Geistes eine so wirksame Salbung eingießen und durch ihre Fülle dich also läutern, dass kein Staub von Sünden oder Nachlässigkeiten, der meinen beseligenden Anblick auch nur auf einen Augenblick von dir abwenden könnte, dir ferner wird anhaften können. Je mehr du darum die Salbung mit dem heiligen Öl beschleunigst, desto mehr wirst du deine Seligkeit steigern.

In solchem Zustand wirst du so nahe bei mir verweilen, dass du sogleich, wenn ich mich anschicke, dich in mein ewiges Reich hinüberzuführen, dies wegen des nahen Zusammenwohnens mit mir in deinem Geist fühlen wirst. Aufjubeln wird dann dein innerstes Wesen, das sich bereitet, mir entgegenzugehen. Von Wonnen überfließend, werde ich dich in meinen Armen durch den Strom[91] des zeitlichen Todes geleiten, und hineinziehen und gänzlich untertauchen und versenken werde ich dich in das Meer meiner erhabensten Gottheit, wodurch du, *ein* Geist mit mir geworden[92], mit mir herrschen wirst[93] in alle Ewigkeit. Für die Pauken und andern Musikinstrumente, nämlich deine Leiden und Beschwerden, womit du mich auf dem Weg ergötzt hast, wird dich dann umtönen die wohlklingende Musik der unaussprechlichen Wonnen, welche jetzt meine verklärte Menschheit beseligen für alle um des menschlichen Heiles willen auf Erden erduldeten Leiden.»

Noch fügte der Herr hinzu: «Wenn jemand begehrt, bei seinem Tod in ähnlicher Weise durch meine Ankunft getröstet zu werden, der muss täglich sich bemühen, die ausgesuchtesten Kleider, das sind die Werke meines vollkommensten Lebenswandels, durch Nachahmung anzuziehen; er muss aufsteigen auf den Wagen seines Körpers, d.h. in allem dem Geist folgen, seinen Leib unterjochen und den Zügel des Lasttieres, das ist seinen eigenen Willen, in meine Hände versiegeln, indem er von meiner Güte zuversichtlich erwartet, dass ich ihm in allem treu zur Seite stehen und seinen Geist in jeglichem Gut väterlich fördern werde.

Alle seine Beschwernisse und Widerwärtigkeiten opfere er mir zur ewigen Lobpreisung auf: Dann werde ich ihn durch Jegliches, was er erduldet, wie mit kostbaren Edelsteinen und reichem Schmuck zieren. Entzieht er mir aber aus menschlicher Schwachheit einmal den mir anvertrauten Zügel, indem er seinen Eigenwillen in irgendeinem Stück befriedigt, so sühne er das sogleich durch Buße und übergebe mir seinen Willen aufs Neue. Dann wird die Rechte meiner Barmherzigkeit ihn aufnehmen und ihn mit unbeschreiblicher Ehre und Herrlichkeit in das Reich der ewigen Klarheit führen.»

Am folgenden Sonntag gedachte sie des fröhlichen Festtages, an dem sie, aus dieser Verbannung heraustretend, den Augen der seligsten Dreieinigkeit zum erstenmal vorgestellt werden sollte, und durchging gleichsam in Verzückung mit dem Blick der Beschauung alle Verdienste und Freuden der einzelnen Chöre der Engel und Heiligen, ergötzte sich inniglich an den überfließenden Gütern, womit sie so reichlich gesegnet sind, und begann aus innerstem Herzensgrund dafür zu danken.

Ebenso pries sie den Herrn für all die Würde, Gnade und Glorie, die der allerseligsten Jungfrau Maria zuteil geworden, und bat diese jungfräuliche Mutter selbst, sie möge aus Liebe zu ihrem Sohn als Ersatz für ihre Mängel dem Herrn jene Tugenden aufopfern, durch welche sie, wie sie selber wisse, ihm am meisten gefalle. Durch diese Bitte ihrer Verehrerin bewogen, brachte die Königin des Himmels ihrem Sohn als blendendes Linnen ihre jungfräuliche Keuschheit, als grünes Gewand ihre sanfteste Demut und als Purpurmantel ihre unverwelkliche Liebe dar.

V. 28. Von der Tröstung seitens des Herrn und der Heiligen

Ein andermal, da sie in sich gesammelt ihrer Todesstunde gedachte, sagte sie zum Herrn: «Wie glücklich sind doch jene, die während ihres Lebens es verdient haben, am Ende von deinen Heiligen getröstet und beschützt zu werden! Diesen Trost muss ich Unwürdige entbehren, da ich keinem deiner Heiligen einen entsprechenden Dienst erwiesen habe, und auch nicht einmal, um die Wahrheit zu gestehen, nach dem Trost durch einen Heiligen zu verlangen weiß, sondern nur deinen allein begehre, der du der Heiligmacher aller Heiligen bist.»

Der Herr erwiderte: «Keineswegs wirst du deshalb, weil du mich allein, wie es sich geziemt, allen Heiligen vorziehst, der Ehre und des Trostes von ihrer Seite entbehren; vielmehr sind sie deshalb um so wohlwollender gegen dich gesinnt und freuen sich, dir zu dienen. Ihre Tröstungen werden dir darum auch zur Zeit des Todes, wann die übrigen Menschen am meisten geängstigt zu werden pflegen, nahe sein. Und ich selbst werde in dieser seligen Stunde, wo andere durch die Fürbitte der Heiligen unterstützt werden, mich voll der Wonnen, mit der ganzen Seligkeit meiner Gottheit und Menschheit dir zeigen.»

Gertrud: «Wann aber, o getreuester Gott, wirst du dich herablassen, mich aus dem Kerker der Verbannung in die selige Ruhe zu führen?» Der Herr: «Welcher Braut wurde denn jemals ein so anziehender Empfang seitens des Volkes bereitet, dass sie deshalb über die Verzögerung sich beklagt hätte, die durch die Umarmungen des Bräutigams verursacht wird?» Gertrud: «Was kannst du aber in mir, dem Abschaum aller Kreaturen, finden, dass du die Freude an mir mit bräutlicher Zärtlichkeit vergleichst?»

Der Herr: «Es ist dies, dass ich mich dir so oft mitteile im Sakrament des Altars, was nach diesem Leben nicht mehr geschehen kann. Hieran erfreue ich mich unendlich mehr, als alle insgesamt jemals erfahren konnten, die an menschlicher Liebe sich ergötzten; denn diese ist nichtig und geht vorüber mit der Zeit, aber die Süßigkeit der Vereinigung durch das Sakrament des Altars nimmt niemals ab, noch ermattet sie; vielmehr je öfter sie erneuert wird, desto wirksamer grünt und blüht sie.»

V. 29. Von den treuen Verheißungen des Herrn

Nachdem sie so vom Herrn selbst in mannigfacher Weise angetrieben worden, nach der Auflösung zu verlangen, befiel sie eine Zeitlang ein Leberleiden und sie erfuhr von den Ärzten, dass die Wiedererlangung der früheren Gesundheit unmöglich erschien.

Da dankte sie Gott mit Frohlocken des Geistes und brach in diese Worte aus: «O mein Herr, vor allen Freuden wäre mir die erwünschteste, aus dem Kerker des Fleisches befreit, mit dir vereinigt zu werden; wenn es dir jedoch gefiele, so würde ich bis zum Jüngsten Tag hier bleiben und zu deiner Verherrlichung im äußersten Elend leben wollen.» Der Herr: «Dieser Wille hat bei meiner göttlichen Güte eine solche Wirkung, als wenn du alles, wozu du bereit bist, auf die vollkommenste Weise im Werk vollbracht hättest.»

Bei diesen Worten schien der Herr von Wonne also überzufließen, dass sich aus allen Sinnen seiner verklärten Menschheit ein erquickender Strom ergoss, woraus alle Heiligen neue Glorie, Freude und Beseligung schöpften. Und er sprach: «An jenem Tag (wann ich nämlich dich ganz in mich ziehe) werden die Berge, das sind die Heiligen, von dieser Süßigkeit träufeln[94], weil dann zur Vermehrung deiner Seligkeit die Himmel durch das ganze Weltall hin honigfließend werden.

Und die Hügel, das sind die Erdbewohner, werden von Milch und Honig strömen, d.h. wegen deines Verdienstes mit dem Trost einer geistigen Gnade beschenkt werden.» Diese huldreichste Antwort der göttlichen Güte nahm sie mit größter Dankbarkeit auf, und um diese Dankbarkeit noch zu steigern, dachte sie zugleich an die übrigen derartigen Verheißungen, welche der Herr ihr teils selbst, teils durch andere Personen gegeben hatte, und brachte ihm für die einzelnen den innigsten Dank dar.

Sie hatte nämlich auch die Verheißung empfangen, dass in Wahrheit die göttliche Liebe in ihr alle Kräfte verzehren werde; ferner dass kein Tod über sie obsiegen solle, außer jener erhabensten Macht der Liebe, welche auch in dem Sohn Gottes obsiegte und seine kostbare Seele von seinem zarten Leib trennte.

Drittens sei es durch einen Ratschluss der allzeit verehrungswürdigen Dreieinigkeit dem Heiligen Geist übertragen, in derselben Liebe, wodurch er die erhabene Menschwerdung des liebreichsten Sohnes Gottes auf unaussprechliche Weise im Schoß der Jungfrau bewirkte, alles, was ihre ganze Krankheit und ihren Tod betreffe, durch seine göttliche Kraft und Wirksamkeit glücklich zu vollenden. Viertens sollte die Liebe ihr dienen und alle, die ihr während ihrer Krankheit durch Wort oder Werk in Liebe einen Dienst erweisen würden, sollten von der göttlichen Freigebigkeit den Lohn empfangen, dass auch ihnen die Liebe Gottes in ihrer letzten Krankheit dienen müsse.

Fünftens werde der Herr ihr eine so große Gnade eingießen, wie sie nur irgendein damals lebender Mensch empfangen könne.

Sechstens solle in der Stunde ihres seligen Entschlafens eine große Menge von Sündern vermittelst wahrer Buße durch die Güte Gottes bekehrt und überdies alle, die jemals zur Gnade Gottes kommen sollten, in dieser Stunde hierzu einigermaßen zubereitet werden. Siebtens sollten zahllose Seelen in derselben Stunde von ihren Strafen befreit und deren Verdienst und Freude gemehrt werden, welche zugleich mit ihr als Familie der Braut in das Reich der himmlischen Glorie eingehen würden.

Achtens war ihr versichert, dass jeder, der für sie beten würde, die heilsame Wirkung dessen, was er für sie von Gott erflehe, an sich selber erfahren werde. Neuntens wolle Gott denjenigen, der ihn preise für die ihr erteilten Gnaden, so oft er dies tue, mit ebenso vielen Tugenden oder geistigen Gnaden bereichern und wenn auch nicht im selben Augenblick, dann doch sicher zur rechten Zeit.

Zehntens, wenn jemand für sie den Herrn preise, ihm danke und in irgendeinem Anliegen ihn bitte um jener Liebe willen, wodurch er sie von Ewigkeit her zu besonderen Gnaden auserwählt, sie huldvoll an sich gezogen, vertraulich sich geeinigt habe und zuletzt sie selig vollenden wolle: Dessen Gebet werde er zweifellos erhören, wenn das Erbetene ihm heilsam wäre.

Elftens schwor der Herr ihr bei der Wahrhaftigkeit seines Leidens unter dem Siegel seines kostbaren Todes: Wenn jemand ihr in Liebe zur Stunde ihres Todes, sei es kurz vor- oder nachher, mit all dem geistig vorausgehe oder sie begleite, wodurch er seinen eigenen Tod erleichtert sehen möchte, und dies so, dass er auch alle diejenigen dabei einschließe, für welche der Herr gebetet haben wolle; und wenn er zu Anfang des Gebetes dem Herrn seine Bemühung aufopfere in Vereinigung mit jener Liebe, worin er selbst vom Himmel zur Erde hinabgestiegen ist und das ganze Werk der Menschenerlösung vollbracht hat, am Schluss des Gebetes aber dieselbe Aufopferung mache in Vereinigung mit jener Liebe, in welcher der Herr den Tod erduldet und denselben mit aller Frucht der hochheiligen Menschheit am Tag seiner Himmelfahrt Gott dem Vater vorgestellt hat:

Der solle bei seinem eigenen Tod alles das finden, was irgendjemand in der Welt für sie täte, und zwar so reichlich, als wenn er allein alles mit großer Andacht für sie getan hätte.

V. 30. Von der lieblichen Ruhe

Hiernach erschien ihr der Herr Jesus, unaussprechlich schön von Gestalt vor allen Menschenkindern[95], nahm sie in seine beseligenden Arme und bereitete ihr die erquickendste Ruhe auf seinem linken Arm an seinem süßesten und aller Seligkeit vollen Herzen.

Als Lagerstätte breitete er nämlich für sie aus all den Schmerz seines allerheiligsten Leibes, den er am Kreuz für das Heil der Welt erduldet hatte, damit ihre Seele dessen heilsamste Frucht in sich ziehe zu ihrem ewigen Heil.

Als Kissen unter ihr Haupt legte er all den Schmerz seines süßesten Herzens, den er am Kreuz empfand durch das Voraus-wissen, dass sein bitterstes, schmachvollstes und unschuldigstes Leiden und Sterben an so vielen unfruchtbar sein würde.

Als blendend weißes Linnen spannte er aus jene jammervolle Verlassenheit, worin er, der treueste Freund, von allen Freunden verlassen, wie ein Dieb oder Räuber grausam ergriffen, unbarmherzig gebunden, zum Tod fortgetrieben und von seinen Feinden verhöhnt und mit Schmähungen überhäuft wurde.

Zuletzt bedeckte er sie mit der ganzen Frucht seines kostbarsten Todes, damit sie dadurch nach dem ganzen Wohlgefallen der göttlichen Güte geheiligt würde.

Während sie so, gegen das liebreichste Herz Gottes gekehrt, auf seinem linken Arm sänftiglich ruhte, sah sie dasselbe göttliche Herz, worin jegliches Gut verborgen ist, nach ihr sich auftun in Gestalt eines paradiesischen Gartens, der mit allen Wonnen und geistigen Erquickungen sie anlachte. Alle Seufzer der hochheiligen Menschheit Christi sprossten hier als frisch grünendes Gras; es dufteten alle Gedanken seines heiligsten Herzens in Gestalt von Rosen, Lilien, Veilchen und andern lieblichen Blumen. Seine einzelnen Tugenden wuchsen schlank und anmutig in Gestalt von Bäumen und üppigen Weinstöcken wie in den Weinbergen Engaddis[96], deren Trauben die süßesten sind.

Die Bäume der göttlichen Tugenden aber und die Weinreben seiner süßen Worte breiteten ihre Äste und Zweige rings um die Seele aus und erfreuten sich durch eine unbeschreibliche Wonne.

Der Herr erquickte mit den einzelnen Früchten der Bäume, das ist seiner mannigfaltigen Tugenden, ihre Seele und tränkte sie mit der Süßigkeit der Trauben. Überdies gingen durch die Mitte des göttlichen Herzens drei hellreine Bächlein, welche ineinander flossen und ergötzlich dahinrannen. Und der Herr sprach: «Aus diesen Bächlein wirst du in deiner Todesstunde so wirksam getränkt werden und deine Seele wird hierdurch zu so hoher Vollkommenheit genesen, dass sie nicht länger im Körper zu bleiben vermag. Bis dahin aber erfreue dich an diesem Anblick, um dein Verdienst für ewig zu mehren.»

Sie bat nun Gott den Vater andächtig, er möge durch die unschuldigste Menschheit Christi sie als rein und frei von allen Sündenmakeln und durch seine erhabenste Gottheit als mit der ganzen Tugendfülle, in der diese Gottheit durch seine heiligste Menschheit blühte, bereichert und geschmückt ansehen, und verdiente die gnädige Erhörung dieses Gebetes.

Hiernach betete sie: «Gib mir, o liebreichster Vater, den liebeerfüllten Segen deiner göttlichen Güte», worauf der Herr seine allmächtige Hand ausstreckte und sie mit dem Zeichen des heiligen Kreuzes besiegelte. Also ruhte sie in diesen Freuden.

Während aber der sanftere West der göttlichen Herablassung sie also anwehte, dachte sie, nicht in Bitterkeit der Seele, sondern frohlockend über die Güte ihres Herrn, an die Unfruchtbarkeit ihrer früheren Bemühungen und suchte aus der Fülle der heilduftenden Weide, auf der sie sich befand, das Einzelne so reichlich zu würzen, dass sie nicht bloß das Vernachlässigte ersetzte, sondern auch ihren vollkommenen Werken einen noch herrlicheren Schmuck verlieh. Deshalb sammelte sie die innigeren Stoßgebetchen und verfasste auch selber sogleich einige sehr andächtige, um dadurch zuerst jene Schulden zu sühnen oder zu tilgen, wodurch sie ihre Pflichten glaubte vernachlässigt zu haben, wie das kanonische Stundengebet, die Tagzeiten der seligsten Jungfrau, die Vigilien für die Verstorbenen und Ähnliches.

Ebenso suchte sie das in der Übung der Tugenden, wie der Gottes- und Nächstenliebe, der Demut, des Gehorsams, der Keuschheit, der Verträglichkeit, der Dankbarkeit, der Mitfreude und der Mittrauer, weniger Vollkommene zu ersetzen, nicht minder jede

Lässigkeit in den geistlichen Übungen, in Lobpreisung Gottes, Danksagung, Sühnungsakten und Gebeten, nicht bloß für sich, sondern auch für die ganze Kirche.

Auch bemühte sie sich, für die einzelnen oben erwähnten Verheißungen eine Gegenleistung zu bieten; denn war sie derselben auch durchaus sicher durch die Festigkeit des Vertrauens, so blieb sie ihrer Unwürdigkeit doch allzeit eingedenk und suchte sich zu dem, was sie von der göttlichen Güte zu erlangen hoffte, durch besondere Gebete tauglicher zu machen. Auch ihre Regel las sie mit aller Aufmerksamkeit wieder durch und überdachte die einzelnen Worte unter so andächtigen Gebeten und schweren Seufzern, dass sie nicht allein das nachlässig Verrichtete, sondern auch das Vollendete durch Gottes Gnade mit dem erhabensten Schmuck zierte.

Nach dieser Übung spannte sie alle Kräfte und Sinne des Leibes und der Seele nach Höherem aus, indem sie unter anderem tausendmal in solche Versikel ausbrach, die ihre glühende Sehnsucht nach Gott ausdrückten und ihn, in dessen Liebe sie hinschmachtete[97], wirksamer in sie hineinzogen und ihr inniglich vereinigten. Hierbei erstreckte sie ihre Absicht, soviel sie vermochte, auf die Vereinigung mit der wechselseitigen Liebe und Lobpreisung der allzeit verehrungswürdigen Dreifaltigkeit und mit der Liebe der ganzen Schöpfung, so dass sie in vollster Wahrheit jenen Vers sprechen konnte, der ihrem Gedächtnis beständig innewohnte: «O tausendfach Ersehnter!»

Diesen nebst dem andern: «Komm und eile und säume nicht! Es dürstet meine Seele!», begleitete sie mit den Worten: «O liebreichster Vater.» Diese Anrufung, die ihr von Gott eingegeben worden war und die der Herr, wie sie erkannte, auch von allen, die sie aussprechen, wohlgefällig annimmt, wiederholte sie während jener ganzen Krankheit so unablässig und beständig, dass sie sich selbst durch noch so große Erschöpfung nicht hindern ließ, dieselbe jeden Tag im Namen aller ihrer Glieder zu sprechen, ausgenommen wenn sie mit heftigerer Liebe zu Höherem geführt wurde. Oftmals auch brachte sie aus der Fülle der Süßigkeit, womit ihr Geist geweidet wurde, vor solchen, die sie besuchten, also liebliche Gebetchen und Belehrungen hervor, dass dieselben wegen des geistigen Trostes, den sie hieraus empfingen, sie gern bedient hätten, um die Tröstungen und Belehrungen länger zu genießen.

Deshalb verrichteten einige Personen wiederholt besondere Gebete für sie mit so großem Verlangen, der Herr möge sie wiederherstellen oder als Kranke zu ihrem Trost noch auf Erden lassen, dass der Herr, der die Bitten der Demütigen niemals verschmäht[98], sie ohne Zweifel gerade deswegen länger im Körper zurückhielt, indem er sowohl ihre Verdienste vermehrte als auch an der Liebe jener Bittenden sich erfreute.

Vorerwähnte Anrufungen können so wiedergegeben werden:

«O tausendfach begehrtes Gut,
Wann stillst du meiner Sehnsucht Glut!
Wann bringst du mir mein einzig Heil,
Wann wirst du, Jesus, mir zuteil!

Komm, Vater, bester Fürst, sogleich,
An Glorie unermesslich reich,
Brich voll hervor und säume nicht,
O längst ersehntes selig Licht!

Besiegt von deiner Lieb und Huld,
Tilg unsre Übel, jede Schuld,
Und lass uns, gnädig unserm Flehn,
Dein wonnelabend Antlitz sehn!»[99]

Hiernach sprich «Es dürstet meine Seele» mit den Worten des 41. Psalms und bete dazu das Gebet «O liebreichster Vater, ich opfere dir», wie es im 22. Kapitel des zweiten Buches steht[100].

Der hl. Gregor der Große (540-604), Papst und Kirchenlehrer, gehörte neben Augustinus und Bernhard von Clairvaux zu den führenden Lehrern der Gertrud von Helfta.

Miniatur, 10. Jahrhundert

V. 31. Eine der seligsten Jungfrau wohlgefällige Ergänzung

Auch ihre Vernachlässigungen im Dienste der seligsten Jungfrau suchte sie durch besondere Gebete zu ergänzen und stellte einiges davon dem Sohn Gottes mit der Bitte vor, er möge es an ihrer Statt seiner seligsten Mutter zum Ersatz darbieten.

Da erhob sich der König der Glorie und brachte sein göttliches Herz dar mit den Worten: «Sieh, o liebreichste Mutter, ich biete dir mein Herz, wie es überströmt von aller Seligkeit, und in ihm stelle ich dir vor all jene göttliche Liebe, mit der ich dich von Ewigkeit her vor jeglichem Geschöpf aus freien Stücken vorherbestimmt, erschaffen, geheiligt und mir zur Mutter besonders bereitet habe, nicht minder all jene süße Huld, womit ich dich jemals auf Erden liebkoste, als du mich als Kind auf deinem Schoß trugst und ernährtest, und all die Treue, die ich später die ganze Zeit hindurch, da ich unter den Menschen wandelte, aus kindlicher Liebe dir erwiesen habe, indem ich in allem dir untertan war wie ein Sohn seiner Mutter, ich, der Regierer des Weltalls, und die ich besonders in meiner Todesstunde dir bezeugte, da ich, der eigenen Qual gleichsam vergessend und vom innigsten Mitleid mit deiner Verlassenheit und Trauer ergriffen, dir an meiner Statt einen Beschützer und Sohn bestellte.

Auch stelle ich dir jene unschätzbare Liebe und Güte vor, in der ich am Tag deiner hochherrlichen Aufnahme dich über alle Chöre der Engel und Heiligen erhöht und als Herrin und Königin des Himmels und der Erde eingesetzt habe. Dies alles biete ich dir gleichsam von neuem und verdoppelt aus Liebe zu dieser meiner Braut zum Ersatz dessen, was sie jemals in deinem Dienst, o gütige Mutter, vernachlässigt hat, damit du so, gleichsam mit doppelter Seligkeit hervortretend, ihr in ihrer Todesstunde entgegengehest und mit mütterlicher Liebe sie aufnehmest.»

Dies nahm die gnädige Mutter sehr freudig an und sagte, indem sie sich zu allem bereit erklärte: «Gewähre mir nun auch, liebevollster Sohn, bei der Aufnahme dieser deiner Auserkorenen, wenn ich ihr nach deinem Wohlgefallen entgegengehe, dass alsdann die mir von dir erteilten Güter ihr eine göttliche Süßigkeit eingießen, vortrefflicher denn jeglicher Balsam, und sie durch dieselben den Reichtum aller Wonnen empfange.»

Von solcher Herablassung und Güte tief ergriffen, sprach Gertrud zum Herrn: «Ach, gütigster Gott, hätte ich es doch nicht unterlassen, dir auch jenen kleinen Ersatz, den ich dir für die Vernachlässigungen in meinen Tagzeiten und andern Übungen deines Dienstes dargebracht habe, mit ähnlicher Andacht anzuempfehlen, da deine überschwengliche Erbarmung meine so ganz unbedeutende Bemühung schon so hoch geadelt hat.»

Darauf erwiderte der Herr: «Sei nicht bekümmert hierüber, meine Teuerste! Denn ich habe dies alles angenommen in Vereinigung mit jener Liebe, womit ich es in meinem göttlichen Herzen auf ewig geadelt, verherrlicht und dir eingegossen habe. Auch habe ich damit alle jene Andacht und lautere Absicht vereinigt, die jemals ein menschliches Herz durch meine Einwirkung empfunden hat; und so, aufs Vollkommenste geheiligt, habe ich es Gott, meinem Vater, zur wohlgefälligsten Sühnung und zum liebreichsten Brandopfer[101] für alle deine Vernachlässigungen dargebracht. Deshalb hat auch er selbst, vollkommen versöhnt, seine ganze väterliche, ja göttliche Liebe auf dich hingekehrt.»

V. 32. Wie ihr Tod ihr im Voraus gezeigt wurde

Sie hatte die Gewohnheit, an den Freitagen zur Zeit der Non allen äußeren Dingen sich zu entziehen, um gleichsam zu ruhen und, in Betrachtung auf Gott allein hingekehrt, mit sich selber wie mit einer Sterbenden alles, was man solchen zu tun pflegt, und sogar mehr, als man begehren kann, durch andächtige Gebete und heilsame Erwägungen vorzunehmen.

Als sie nun wiederum an einem Freitag sich also gesammelt hatte und in seligem Geistesfrieden ruhte, versetzte der gütige Herr, der zu großen Wohltaten die größten hinzuzufügen pflegt, sie in Verzückung[102] und zeigte ihr im Bild die glückliche Heimkehr, durch die er sie aus dieser Welt abberufen wollte. Es kam ihr nämlich vor, als ob sie an der Brust des Herrn, auf seinen linken Arm gestützt und seinem göttlichen Herzen zugekehrt, ruhe, aber in den letzten Zügen in Gestalt eines zarten und herrlich geschmückten

Mägdleins. Sogleich flog mit großer Freude eine unzählige Schar von Engeln und Heiligen herbei, mit Rauchfässern[103] in den Händen, worin sie die gesammelten Gebete und Andachtsübungen der ganzen Kirche darbrachten, um sie anzuzünden zur Verherrlichung des Königs und Bräutigams der Glorie und zum Heil dieser glücklichen Seele, seiner Braut. Während diese nun mit der Antiphon «Sei gegrüßt, Maria» die seligste Jungfrau anflehte, rief der Herr seine Mutter hinzu, damit sie seine Auserkorene tröste.

Und die Königin der Jungfrauen, in neuem Glanz strahlend, neigte sich zur Kranken hinab und unterstützte sanft mit ihren zarten Händen deren Haupt. Auch der Schutzengel war zugegen in Gestalt eines erlauchten Fürsten und freute sich über die Seligkeit seines Schützlings.

Als sie dann den heiligen Erzengel Michael anrief, stellte auch dieser erhabene Fürst sich vor, begleitet von einer großen Engelschar, um ihr zu dienen, und setzte sich ihr gegenüber, um die Nachstellungen der bösen Geister[104] zu bekämpfen, welche dort, gleichsam in einem Winkel des Hauses, zugegen waren, jedoch so ohnmächtig, dass sie, so oft sie ihre Häupter gegen die Seele erheben wollten, durch die Herrlichkeit so erhabener Majestät besiegt und verwirrt, alsbald wie sinnlos niederstürzten, woraus die Kranke nicht geringen Trost schöpfte. Aus ihrem Mund aber stieg die im Herzen verborgene Andacht in Gestalt einer glühenden Säule bis zum Glorienthron der göttlichen Majestät mit solcher Kraft auf, dass sie gegen die Nachstellungen der Teufel des Schutzes der Engel schon nicht mehr bedurfte. Durch das ihren Lippen entsteigende Gebet erschreckt, ergriffen sie allzumal die Flucht und suchten sich zu verbergen.

Während die Kranke ferner die einzelnen Klassen der Heiligen um Hilfe anrief, wie es bei Sterbenden geschieht, stellte sich jeder Chor derselben mit der größten Ehrerbietung ihr zu Diensten. So kamen die Patriarchen, brachten in ihren Händen in Gestalt grünender Zweige die Früchte aller ihrer guten Werke und ordneten sie um die Stätte der Kranken. Die heiligen Propheten trugen ihre Verdienste göttlicher Gesichte in Gestalt von goldenen Spiegeln, die sie an jenen Zweigen der Kranken gegenüber aufhingen, und diese schöpfte aus ihrem Anblick eine unbeschreibliche Wonne.

Sodann trat der Apostel und Evangelist Johannes hervor, den Jesus durch eine besondere Vorliebe auszeichnete und dem er vom Kreuz herab seine Mutter empfahl[105], und steckte an ihren Ringfinger zwei goldene Ringe. Ehrerbietig folgten ihm alle Apostel und schmückten auch die übrigen Finger, jeder mit einem besonderen goldenen Ring, dem Sinnbild jener Treue, womit jeder aus ihnen dem Herrn auf Erden angehangen hatte.

Danach zierten die heiligen Märtyrer sie mit goldenen Armspangen, aus denen all die Leiden hervorstrahlten, die sie jemals auf Erden Gott zuliebe erduldet hatten. Es folgten die heiligen Bekenner und brachten ihr liebliche goldene Blumen als Sinnbild ihres vortrefflichen Willens, der zum Dienst Gottes allzeit bereit war; Blumen, aus denen alles, wodurch sie Gott jemals gefallen hatten, in herrlichem Glanz leuchtete.

Die seligen Jungfrauen brachten ihr Rosen mit goldenen Häkchen. Hierdurch wurde die besondere Seligkeit bezeichnet, worin die Unversehrtheit sie Gott am nächsten bringt[106] und mit einem festeren Band innigen Schauens vereinigt; denn der Herr Jesus, der König und Bräutigam der Jungfräulichkeit, erschien geschmückt mit einem Gewand von ähnlichen Blumen nach der Zahl der Jungfrauen, welche ihr ihre Verdienste mitteilten.

Die Häkchen aber waren mit den einzelnen Tugendblumen verbunden, weil die Jungfrauen wegen des Vorzuges der besonderen Unschuld an Gott den Herrn, ihren Liebhaber, sich vertraulicher anschmiegten. Auch die Kranke, mit den Blumen der einzelnen Jungfrauen geschmückt, schöpfte aus dem Herrn, der sich zu ihr geneigt hatte, ebenso viele Ströme göttlicher Süßigkeit, als sie durch Häkchen an ihn gekettet erschien.

Die Witwen und übrigen Heiligen endlich widmeten in Gestalt goldener Balsamfläschchen die Frucht aller ihrer guten Werke. Selbst die unschuldigen Kindlein, die wenig eigenes Verdienst zu besitzen schienen, unterließen es nicht, ihr aus Ehrfurcht vor ihrem Herrn, durch dessen kostbares Blut sie erlöst sind und sich des Besitzes des ewigen Reiches erfreuen, auch ihre Gunst zu bezeigen, indem sie mit dem blendendsten Glanz ihrer makellosen Unschuld, die durch die Vereinigung mit der erhabensten Unschuld Jesu Christi geadelt worden, ihre Seele durchstrahlten. Hiernach neigte der Sohn des Allerheiligsten, der König der Glorie, mit unaussprechlicher Huld sich zu der an seiner Brust ruhenden Braut herab und zog ihre ganze Seele in seiner göttlichen Kraft in sich, gleichwie die Glut der Mittagssonne das Tautröpfchen aufsaugt und in sich verzehrt[107], zugleich mit allen jenen Tugenden und guten Werken der Heiligen. So sie ganz umgebend und durchdringend, gestaltete er sie sich ähnlich, wie das Eisen, vom Feuer durchglüht, selbst Feuer wird[108].

V. 33. Empfehlung und Aufnahme dieses Buches

Als dies Buch geschrieben war, erschien ihr der Herr Jesus, nahm dasselbe und drückte es an seine Brust mit den Worten: «Dies Buch habe ich deshalb tief in meine Brust gedrückt, damit ich seine einzelnen Buchstaben mit der Süßigkeit meiner Gottheit durchdringe, gleichwie süßer Met eine Krume frischen Brotes durchsättigt. Deshalb wird jeder, der zu meiner Ehre mit Demut und Andacht darin liest, die Frucht des ewigen Heiles daraus schöpfen.»

Hierauf bat sie den Herrn, er möge dies Buch zu seiner Lobpreisung und Verherrlichung vor jeglichem Irrtum bewahren. Da streckte der Herr seine ehrwürdige Hand über dasselbe und besiegelte es durch das Zeichen des heiligen Kreuzes mit den Worten: «Alles in diesem Buch Geschriebene habe ich durch meinen himmlischen Segen jetzt geheiligt für alle, welche mit Demut und Andacht darin lesen wollen, zum wahren Heil.

Es erquickt mich in ihm die unaussprechliche Süßigkeit meiner göttlichen Liebe, aus der alles in ihm Geschriebene hervorgeflossen ist, und der liebliche Wohlgeruch des guten Willens der Verfasserin. In derselben Liebe aber, womit ich ihr alles in diesem Buch gnädig eingeflößt, habe ich es auch dem Gedächtnis ihrer Zuhörerin anvertraut, indem ich es zusammenstellte und ordnete und durch ihre Hand zu meinem Wohlgefallen niederschreiben ließ.

Ich werde darum auch dies Buch mit meinem hochheiligen Lebenswandel bedecken, mit dem rosenfarbenen Geschmeide meiner fünf Wunden zieren und mit den sieben Gaben des

Heiligen Geistes wie mit sieben Siegeln[109] durch meine göttliche Huld besiegeln, so dass niemand es meiner Hand wird entreißen können.» Einmal trug die Verfasserin das Buch bei der Kommunion im Ärmel unter dem Mantel, um es dem Herrn zur ewigen Lobpreisung aufzuopfern, was aber kein Mensch wusste.

Als sie nun in gewohnter Weise niederkniete und beim Hinzutreten zu dem Leib des Herrn sich tief verneigte, sah eine andere Person den Herrn gleichsam im Übermaß seiner Liebe mit großer Freude auf sie zugehen und sie, die Kniende, sanft umarmen mit den Worten: «In der Süßigkeit meiner göttlichen Liebe werde ich alle Worte des mir eben aufgeopferten, auf den Antrieb meines Geistes geschriebenen Buches durchdringen und durchdringend befruchten.

Und ein jeder, der, mit demütigem Sinn zu mir kommend, um meiner Liebe willen in ihm lesen will, dem werde ich wahrhaftig wie in meinem Schoß mit eigenem Finger alles ihm Heilsame zeigen. Wer hingegen, von neugierigem Hochmut gestachelt, vom Rücken her zu mir kommt und sich über mich lehnt, um hinzuschauen und zu grübeln und den Inhalt dieses meines Buches zu verfälschen, den werde ich, weil ich seine Last nicht länger ertragen will, mit meiner göttlichen Kraft zuschanden machen und von mir stoßen.»

V. 34. Aufopferung dieses Buches

O Jesus Christus, Urquell der ewigen Lichter[110], diesen Ausfluss deiner unverdienten Güte, den die durchdringende Süßigkeit deiner unergründlichen Gottheit aus dem Innersten deines liebeglühenden Herzens hervorgebracht hat, um Herz und Seele deiner Auserkorenen zu überströmen, zu befruchten, zu beseligen, in dich hineinzuziehen und unauflöslich mit dir zu verschmelzen, ihn opfere ich dir auf mit der Liebe der ganzen Schöpfung und in Vereinigung mit jener erhabensten Liebe, in der du, des höchsten Vaters Eingeborener, allen Ausfluss der Gottheit, der deine verklärte Menschheit überströmte, mit vollkommenster Dankbarkeit aufgeopfert und in den Abgrund seines Ursprungs zurückergossen hast.

Zugleich flehe ich mit der Liebe und Sehnsucht aller Geschöpfe, du mögest ihn durch die Kraft deines süßen Geistes in dich hineinziehen zur ewigen, unermesslichen und unveränderlichen Verherrlichung, wie sie nach der Erkenntnis deiner unerforschlichen Weisheit der hocherhabenen Allmacht Gottes des Vaters geziemt, die wonnevolle Güte des Heiligen Geistes erfreut und eine genügende Danksagung für all die Seligkeit ist, welche du durch diesen Ausfluss deiner Liebe gewirkt hast, noch wirkst und in Ewigkeit wirken wirst in dem Herzen und in der Seele dessen, der ihn aufnimmt, und aller derer, welche bis zum Ende der Welt gemäß dem Worte deiner Wahrheit aus ihm Erleuchtung, Trost und Belehrung empfangen oder empfangen würden, wenn deine Güte, o mein Gott, sie dafür tauglich fände.

Ich opfere dies Buch dir ferner auf zur würdigen Sühnung alles dessen, worin meine zu schwache Erkenntnis, mein zu geringer Eifer und zu unerfahrener Geist gefehlt hat, um deine mir zur Austeilung anvertrauten Gnaden hinlänglich würdig und heilsam auseinander zu setzen und ans Licht zu stellen, und zugleich zur Sühnung für alle, welche aus menschlicher Gebrechlichkeit oder teuflischer Eingebung deine gnadenströmende Liebe, die aus ihm so hell hervorleuchtet, so lieblich duftet und so süß schmeckt, geringschätzig mit Füßen treten.

Möge dies, ich bitte, deine Barmherzigkeit verhüten! Auch opfere ich es dir auf zur Erlangung jeglicher Gnade, welche durch die Liebe und Huld deines göttlichen Herzens allen zuteil werden kann, die es mit demütiger Andacht und inniger Dankbarkeit um deiner Liebe willen lesen und seine heilsamen Unterweisungen aus Ehrfurcht vor dir, von dem sie ausgegangen sind, zu befolgen streben. Zuletzt opfere ich es dir auf zur Danksagung dafür, dass deine unbegreifliche Güte, o du Gott meines Herzens, mich, das Geschöpf von äußerster Niedrigkeit, ja den Auswurf deiner gesamten Schöpfung, zur Ausführung ihrer so erhabenen Anordnung auszuerwählen geruhte.

Da aber mein Unvermögen dir in nichts genügen kann, so opfere ich dir dein süßestes und einzig würdiges Herz auf in jener Hoheit, in der es von göttlicher Dankbarkeit und von dem Reichtum aller Seligkeit überströmt und hervorragt in Ewigkeit.

V. 35. Schluss dieses Buches

Zur Lobpreisung und Verherrlichung Gottes, des Liebhabers des menschlichen Heiles, wurde dieses Buch verfasst und mit Auslassung vieler, der Kürze wegen, übergangener Dinge unter einer so augenscheinlichen, ich möchte fast sagen, wunderbaren Hilfe der göttlichen Barmherzigkeit vollendet, dass man schon hieraus allein schließen kann, welch reichlichen Seelengewinn der Urheber und Vollender der besten Gaben aus ihm verlangt.

Indes wurde der Strom göttlicher Eingebungen, den er auf seine Auserkorene hingekehrt hatte, hierdurch ganz und gar nicht erschöpft. Vielmehr sollte uns das für uns geziemende Geschenk geboten werden, während der Herr sie auf höheren Stufen zu den verborgeneren, reineren und erhabeneren Genüssen der Weisheit führte, die durch keinerlei körperliche Bilder oder Vergleiche für das Verständnis der Unerfahrenen können erklärt werden.

Möge die überschwängliche Güte Gottes dies alles samt dem hier Geschriebenen so reichlich zum Heil der Leser gereichen lassen, dass sie hundertfache Frucht[111] davontragen und würdig erfunden werden, im Buch des Lebens[112] geschrieben zu stehen.

Und die weniger erfahrenen Leser, die aus sich selbst nicht im Strom der göttlichen Liebe zu schwimmen verstehen, mögen wenigstens durch dies Mittel den Weg ergreifen und sich freuen, durch die andern verliehenen Gnadengaben gleichsam an der Hand geleitet zu werden, bis sie durch Lesung, Betrachtung und Beschauung auch endlich zu kosten verdienen, wie süß der Herr[113] und wie wahrhaft selig derjenige ist, der auf ihn hofft und alle Sorgen auf ihn wirft[114].

Dies möge in seiner Güte uns gewähren, der in vollkommener Dreieinigkeit lebt und regiert, Gott von Ewigkeit in Ewigkeit. Amen.

Gertruds größter Lehrer war der Apostel Johannes, der Theologe unter den Evangelisten, der Lieblingsjünger Jesu, der an dessen Seite ruhen durfte.

Mechtild von Hackeborn (1241-1299), die Mitschwester Gertruds, die zum heiligen Dreigestirn von Helfta gehört.

Lebensabriss der hl. Gertrud und Kommentar

Von P. Anselm Manser OSB, Beuron

Gertruds Leben im Abriss

Die Jahrbücher der christlichen Geschichte nennen uns verschiedene Trägerinnen des altdeutschen Namens Gertrudis, die Ansehen und Verehrung genießen. Alle überragt nach allgemeinem Urteil die hl. Gertrud von Helfta, der die Nachwelt den Ehrennamen «die Große» beigelegt hat. Die geschichtlichen Quellen sind allerdings sehr spärlich, so dass wir über ihr Leben nur wenig wissen.[1]

Namen und Stand ihrer Eltern sind unbekannt; unbekannt der Ort, wo sie zur Welt kam. Den Tag aber kennen wir, es war der 6. Januar des Jahres 1256. Es war am Hochfest der Erscheinung des Herrn, einem Fest, ausgezeichnet durch eine altehrwürdige Liturgie, in der Licht und Alleluja walten, einem Fest, das unsere Altvordern als Sternentag grüßten; ein Tag, bedeutsam selbst unserer heidnischen Vorzeit, weil er den sonnenärmsten Teil des Jahres abschloss und den neuen Siegesgang des Lichtes mit den sich fühlbar länger werdenden Tagen eröffnet.

Das Fest feiert neben der Berufung der Heiden in Gottes wunderbares Licht und neben der so menschenfreundlichen ersten Wundertat des Heilandes in Kana die Gnadenvermählung der Kirche mit Christus durch seine Taufe im Jordan – eine Gnadenvermählung, die sich bei jeder Seele im Taufsakrament vollzieht. Sie bildet die Grundlage des christlichen übernatürlichen Seelenlebens, wie wir es z.B. bei Gertrud in der zweiten Hälfte ihres Lebens wahrnehmen. Zu ihrem Tauftag schaute Gertrud auf wie zu einem Fixstern ihres Lebens und der Feier der Erneuerung der Taufgnade an den liturgischen Taufzeiten widmet sie die erste ihrer prachtvollen «Geistlichen Übungen».

Sinnvoll fügen sich Epiphanie und Gertruds Wesen und Aufgabe zueinander. Wie ein milder Stern ging die Heilige über unseren

Landen auf, einer der lieblichsten am geistigen Firmament des Abendlandes. Aus der verborgenen Zelle Gertruds kamen neues Licht, Wärme und Kraft, neuer Trost für so viele um sie und für viele in räumlicher und zeitlicher Ferne. Und fast alles, was ihr und andern durch sie gegeben wurde, erhielt sie im innigsten Zusammenhang mit der Liturgie.

Mit fünf Jahren kam Gertrud in die Klosterschule von Helfta bei Eisleben in der Provinz Sachsen. Helfta, oder nach alter urkundlicher Schreibart Helpede, war damals noch eine sehr junge Stiftung. Graf Burkart von Mansfeld und seine Gemahlin Elisabeth hatten 1229 in der Nähe ihres Stammschlosses ein Frauenkloster gegründet. Die Klostergemeinde war ein Ableger des Zisterzienserinnenkonvents vom nahen Halberstadt und befolgte die Regel des hl. Benedikt. Nach fünf Jahren wurden die Nonnen durch Unruhen aus der Umgebung der Burg Mansfeld nach Rodersdorf vertrieben. Von hier übersiedelten sie anno 1258 wegen Wassermangels nach Helfta.

Helfta war einladend. Hier fanden sie Rast in einem fruchtbaren Talgrund, durch den ein klarer Bach floss. Hier konnte man bequem einen günstigen Platz für das Kloster auswählen und einen Garten mit Weiher einfrieden. Dem Tal entlang ziehen sanft gewölbte Hügelkuppen und leiten das Auge in breites Flachland hinaus. Helfta mit den abwechselnden Reizen der Jahreszeiten war eine Siedlung, die dem benediktinische Gelöbnis der Ortsbeständigkeit entgegenkam und zum feierlichen Lobpreis des Schöpfers ermunterte. Der «Gesandte» verrät uns, wie Gertrud diese Schönheiten der Umgegend empfand. Der Sinn für die Natur war dem germanischen Gemüt und dem alten Mönchtum gemeinsam.

Neben der anmutigen Lage fand Gertrud in Helfta treffliche Lehrerinnen und Vorbilder. Das sehr begabte Kind wuchs in die Klosterfamilie hinein und wurde in ihr ein Glied und eine Zierde. An der Spitze des Konvents stand damals seit 1251 bis zu ihrem Tod im Jahr 1292 die Äbtissin Gertrud aus dem edlen Geschlecht derer von Hackeborn.

Sie war sehr gebildet und hielt ihre Genossenschaft nachdrücklich zum Studium an. Gertrud, die jüngere genannt zum Unterschied von der Äbtissin, bedurfte der Ermunterung nicht. Sie lernte mit Eifer, beinahe mit Ungestüm, und mit seltenem Erfolg die freien Künste. Besonders wichtig für Nonnen waren die beiden Fächer Latein und Musik.

Die Fülle und Gewandtheit, die Gertrud im Lateinischen nach Ausweis ihrer lateinisch geschriebenen «Geistlichen Übungen» gewann, erregt Staunen und erinnert an eine berühmte benediktinische Vorgängerin: an Roswitha von Gandersheim.

Seit dem hl. Bonifatius und den ihm aus England nachgefolgten gelehrten Nonnen hat die deutsche Frauenbildung in und außerhalb der Klöster eine neue Blüte erlebt. Die Kenntnis des lateinischen Psalters und anderer Kirchenbücher war auch unter den frommen Frauen außerhalb der Klöster weit verbreitet, was dem allgemeinen Verständnis für Liturgie großen Auftrieb gab.

Im Lauf der Jahre widmete sich Gertrud immer mehr den rein geistlichen Studien; sie vertauschte Grammatik und weltliche Literatur, in die sie sich nach eigener Anschauung zu stark verloren hatte, mit der Theologie. Das geschah nicht plötzlich, auf einen erschreckenden Traum hin, wie etwa beim hl. Hieronymus und beim hl. Odo von Cluny, sondern auf Grund ihrer inneren Entwicklung. Von den früheren Studien blieb ihr aber ein geläuterter Geschmack, Sinn für Maß und Ordnung, geschulte Ausdrucksfähigkeit: Diese Eigenschaften verhalfen Gertrud zu einem Stil, der sich von demjenigen anderer Mystikerinnen vorteilhaft abhob. Sie widmete sich nun ganz dem Studium der Heiligen Schrift, der Kirchenväter, besonders des hl. Augustinus und des hl. Gregor des Großen, der Lehrer aus jüngerer Zeit, vorab des hl. Bernhard und des Meisters Hugo von St. Viktor in Paris.

Diesen Studien folgten himmlische Erleuchtungen und Erscheinungen. Am 27. Januar 1281 erschien ihr Christus zum ersten Mal. Das war der Wendepunkt zum außerordentlichen geheimnisvollen Leben, das bis zum Tod anhielt. Dauernde Leiden überschatteten den Verkehr mit der Überwelt. Die Erdenbande lockerten sich zusehends und das Leben näherte sich ständig einer Art und Weise, wie sie erst im Jenseits möglich ist. Es war ein teilweises Vorauserleben himmlischer Zustände.

Gertrud stand in Helfta mit solchen Gnaden nicht allein. Wenn sich ihr Fragen über so Ungewöhnliches aufdrängten, konnte sie sich an ihre einstige Gesangslehrerin Mechtild von Hackeborn wenden, die bedeutend älter war und ihr ähnliche Erfahrungen voraus hatte. Später kam noch Mechtild von Magdeburg hinzu, die vordem als Begine unter dominikanischer Leitung gelebt hatte und nun in vorgerückten Jahren Schwester in Helfta wurde. Hier waren auch Predigermönche aus Halle in der Seelsorge tätig.

Von Mechtild von Magdeburg – sie starb um 1285 – stammt «Das fließende Licht der Gottheit».

Von der hl. Mechtild († 19. November 1299), der leiblichen Schwester der Äbtissin Gertrud, stammt das «Buch besonderer Gnade», an dessen Werden und lateinischer Fassung die hl. Gertrud augenscheinlich reichen Anteil hatte. Durch diese drei Schwestern, die beiden Mechtilden und die hl. Gertrud von Hackeborn, erreichte Helfta den Höhepunkt seiner Geschichte und den angesehensten Namen unter den mystisch begnadeten Frauenabteien an der Wende des 13. Jahrhunderts.

Über Gertruds mystischem Leben liegt die ganze Zeit wohltuende Schlichtheit, Ruhe, Gleichmäßigkeit, Seelenstärke und Milde. Gedanken- und Willenskraft drängen bei ihr immer weiter nach Vollkommenheit.

Das Gefühl der Unzulänglichkeit begleitet die strebende Seele treu und ebenso ein stets wacher Bußeifer, der in seinem Feuer Regungen, z.B. von Ungeduld und Eitelkeit, ausschmilzt. Demut, Offenherzigkeit, Geduld und allumfassende Liebe treten bei Gertrud leuchtend hervor. Sie dürstet nach seelischer Vollendung; sie ruht nie in selbstzufriedenem Genuss der Gnadenerweise; ja diese nehmen ihr nicht einmal die Überzeugung, es nicht wert zu sein, dass der Erdenboden sie trage.

Sie betrachtet ihre Begnadung nicht als persönliche Auszeichnung oder gar als eine Belohnung; sie glaubt nur ein Beispiel geben zu müssen, aus dem man lernen möge, wie huldreich sich die Menschenfreundlichkeit Gottes auch zum unwürdigsten Geschöpf herabneige. Aus solchem Glauben fließt ihre Hochachtung und reine, starke Liebe für den Mitmenschen, Mitgefühl ohne Weichheit. Sie ist voll Mitleid, selbst für leidende Tiere, die sie neben ihrer erhabensten Beschauung nicht vergisst. Die Zusammenschau der einzelnen Züge von Gertruds innerem Leben, die der «Gesandte» vorab im ersten Buch schildert oder andeutet, lässt bei ihr einen Wandel in vollem Licht des heiligen Evangeliums erkennen.

Die geistvolle, willensstarke Heilige entspricht so recht dem, was ihre Ordensregel im 72. Kapitel vom guten Eifer verlangt. Wie sie in diesen Spiegel hineinschaute, so schaut sie auch aus ihm heraus. Der heilige Vater Benedikt ermahnt dort seine geistlichen Kinder so: «Wie es einen bösen Eifer der Bitterkeit gibt, der von Gott scheidet und zur Hölle führt, so gibt es einen guten Eifer, der von der Sünde trennt und zu Gott und zum ewigen Leben führt. Diesen Eifer also sollen die Mönche mit glühender Liebe pflegen, d.h. sie sollen einander mit Ehrbezeigung zuvorkommen; die Gebrechen des Leibes und Charakters mit Geduld ertragen; im Wetteifer einander Gehorsam leisten. Niemand soll dem nachstreben, was er für sich selber, sondern mehr dem, was er für andere förderlich hält. Das brüderliche Wohlwollen sollen sie in lauterer Liebe betätigen. Sie sollen Gott fürchten und ihren Abt mit aufrichtiger und demütiger Zuneigung lieben. Christus sollen sie gar nichts vorziehen, der uns allzumal ins ewige Leben führe. Amen.»[2]

Jahr und Tag des Heimgangs der hl. Gertrud sind unbekannt. Wohl gegen Ende des Jahres 1302 kam an ihr Schmerzenslager laut der Festliturgie eine letzte Himmelsbotschaft. «Himmlische Geister erschienen, die vom Himmel auf die Erde niederstiegen, und sie luden Gertrud ein, indem sie sangen: Komm, komm, Herrin, denn des Himmels Wonnen erwarten dich! Alleluja, Alleluja!» (2. Magnificat-Antiphon im benediktinischen Festoffizium.)

Gertrud wurde im eigenen Kloster beigesetzt. Grab und Reliquien sind unbekannt. Ihre Schriften trugen zu Gertruds Verehrung bei. Sie konnten weite Kreise ziehen, da sie in Latein, der Sprache der Weltkirche, zu lesen waren. Seit der Drucklegung des «Gesandten» im 16. Jahrhundert – vor allem durch die Bemühung des berühmten Kölner Kartäusers Johannes Lansperger, der die Offenbarungen der hl. Gertrud veröffentlichte unter dem Titel «Insinuationes divinae pietatis» (Köln 1536) – wurde Gertrud auch im Ausland verehrt, besonders in Spanien. Die weithin maßgebende hl. Teresa hatte eine innige Verehrung für die heilige Jungfrau von Helfta. Seit 1677 steht Gertruds Name auch im Römischen

Martyrologium, dem Heldenbuch der abendländischen Kirche und Liturgie. Das Weltpriesterbrevier feiert die Heilige am 15. November, das benediktinische am 17., und zwar mit demselben hohen Rang wie z.B. den hl. Maurus, die hl. Scholastika und den hl. Gregor den Großen.

Gertruds Leben von rund fünfzig Jahren hat sich am Ende einer großen Zeit abgespielt. Sie ist gekennzeichnet durch die Blüte der mittelalterlichen Machtstellung des Papsttums und umfasst zwei Jahrhunderte, ungefähr 1100 bis 1300. In der Morgendämmerung dieser Zeit stehen Gestalten wie der hl. Gregor VII. und der hl. Anselm von Canterbury († 1109), die in gewaltigen Kämpfen für die Unabhängigkeit der Kirche viele gebundene Kräfte frei machten. Nachher erscheint als überragender Führer der christlichen Gesellschaft der hl. Bernhard von Clairvaux († 1153), der auch von größter Bedeutung war für die Erneuerung des Mönchtums und für die Mystik. Bernhard betont vor allem den lebendigen Verkehr der Einzelseele mit Jesus im Anschluss an das Hohelied und dieser Richtung ist auch Gertrud mit dem überall wurzelschlagenden Zisterzienserorden ergeben gewesen. Die große Zeit erreicht unter Innozenz III. (1198-1216) den Zenit.

Durch die Kreuzzüge entstand ein lebhafter Austausch neuer Anregungen mit dem Ausland. Der Gesichtskreis hatte sich erweitert. Neue große Orden entstanden: die Dominikaner und Franziskaner, und mit ihnen kam ein seltener Aufschwung des religiösen Denkens und Lebens auch in den unteren Volksschichten. Neben vielem Licht zeigt sich als tiefer Schatten der Kampf zwischen päpstlicher und kaiserlicher Staatsauffassung, zwischen päpstlichen und kaiserlichen Herrschaftsansprüchen. Er entzweite weiteste Kreise. Empfänglichen Gemütern half über diesen Hader am besten Frömmigkeit und Mystik hinweg. Unter Friedrich II., dem Hohenstaufer, erlag das Kaisertum dem Riesenkampf (1245).

Es kam die «kaiserlose, die schreckliche Zeit» in Bezug auf staatliche Ordnung und öffentliche Sicherheit: in dieser Hinsicht ein umwölkter Abend, der seine Schatten auch bis in das friedliche Marienkloster von Helfta warf. In diesem Kloster fanden die Not der Zeit, die getrübte Lage von Land und Reich nach Ausweis des «Gesandten» fromme und warme Teilnahme. Auf geistigem

Gebiet hingegen war diese Endzeit ungemein licht. Es finden sich da als Zeitgenossen beisammen Männer wie der hl. Thomas von Aquin, der führende Theologe; der hl. Bonaventura, der Lehrer der franziskanischen Mystik; Albert der Große und Berthold von Regensburg; Roger Baco, Dante usw. Durch eine besondere Fügung sollte die wissenschaftliche Theologie gerade in dieser Zeit den Frauenklöstern Deutschlands, zunächst den Dominikanerinnen, zugute kommen.

Gegen Ende des 13. Jahrhunderts wurde die Seelsorge in einer großen Anzahl deutscher Nonnenkonvente den Dominikanern anvertraut, und zwar jeweils nur wissenschaftlich vollausgebildeten und bewährten Predigerbrüdern. So entstand eine Predigtweise, die Gottesgelehrsamkeit und klösterliche Mystik verband.

Helfta wurde gleichfalls von Dominikanermönchen betreut und ihren Unterweisungen mag manches Treffliche auch im «Gesandten» der hl. Gertrud zu danken sein. Vgl. H. Denifle, Anfänge der Predigtweise der deutschen Mystiker, im Archiv für Literatur- und Kirchengeschichte des Mittelalters II (1886) 641 ff.

Kommentar

Gertrud schrieb viel. Für andere schreiben galt ihr als bevorzugtes Liebeswerk. Sie konnte Schlaf und Erholung, ja die Freuden der Beschauung opfern. Leuten, die Mangel an frommer Lesung leiden mussten, leistete sie zunächst solche Dienste. Breite Darlegungen beliebter Lehrer zog sie in kurze, bequeme Übersichten zusammen, um kostbares geistliches Gold in weiteren und leichteren Umlauf zu bringen. Die Schriften Gertruds sind aus dem Geist des Seeleneifers heraus zu beurteilen: Es sind vor allem Werke der geistlichen Barmherzigkeit, nicht Proben schriftstellerischen Könnens (vgl. besonders Kapitel I,4 des «Gesandten»).

Von den Schriften Gertruds sind uns erhalten «Die geistlichen Übungen», ein schönes Gebetbuch, von dem der erste Erzabt und Gründer Beurons, Maurus Wolter, dem deutschen Volk eine wohllautende Übersetzung mit einer kostbaren Einführung geschenkt hat. Dieses Andachtsbuch scheint in seiner Tiefe, Kraft und erhabenen Stimmung, in seinem liturgischen Aufbau und Stil kaum ein Gegenstück zu besitzen, wenn man von den liturgischen Büchern absieht.

Erhalten ist uns sodann der «Gesandte der göttlichen Liebe». Er stammt nicht in allen Teilen auf gleiche Weise von der hl. Gertrud. Das zweite seiner fünf Bücher ist von der Heiligen eigenhändig geschrieben, im Jahr 1289 vom Gründonnerstag ab mit manchen Unterbrechungen. Das dritte, vierte und fünfte Buch beruhen auf späteren Mitteilungen der Heiligen, die schriftlich aufgenommen und veröffentlicht wurden. Die letzten Kapitel und das ganze erste Buch kamen nach Gertruds Hinscheiden hinzu. Das erste Buch gibt in etwa ein Seelengemälde Gertruds; sie ist die Urheberin dieses ersten Buches, insofern sie es gelebt, nicht insofern sie es geschrieben hat. Es gehört zum Schönsten wie zum allgemein Verständlichsten des «Gesandten».

Er zählt nach dem Urteil der Kenner[3] aus verschiedenen Jahrhunderten unstreitig unter die geistlichen Schriften ersten Ranges. Er hat ein Merkmal, das ihn aus dem Gebiet der rein lehrhaften aszetischen Schriften ausscheidet; er hat den Vorzug jener mystischen Bücher, in denen höheres Leben und fromme Lehre harmonisch vereint sind. Neben der Mitteilung von Gedanken und Forderungen begegnen wir zugleich dem Handeln, Wachsen und Leiden einer Persönlichkeit.

Alle Bücher des «Gesandten» sind von dem Geist Gertruds durchweht und führen uns in ihr begnadetes Innenleben ein. Viele Teile des Werkes haben das Gepräge von Selbstbekenntnissen. Da Gertrud eine sehr begabte, feinfühlige und trefflich ausgebildete, mit gewöhnlichen und außerordentlichen Gnaden reich bedachte Frau war, besitzen gerade jene Abschnitte einen eigenartigen Reiz und Wert für Seelenkunde und Erbauung.

Der «Gesandte» kündet unermüdlich von der zarten und starken Menschenliebe Gottes, deren höchstes Sinnbild das Herz des Heilandes war: Das ist Kern und Hauptinhalt des Buches; Gottesliebe zu wecken und zu steigern, mit Gott zu einigen: Das ist seine Sendung und Absicht. Geschichtliche Nachrichten der vergangenen Jahrhunderte lassen ahnen, wie belebend es gewirkt hat und wirken kann. Inhalt und Absicht treten aber nicht im Gewand der lehrhaften Abhandlung und Ansprache auf: Gertrud ist mehr eine singende und besingende als eine predigende Natur. Darum so viel Unmittelbarkeit und dichterische Stimmung und Farbe in ihrem Leben, in ihrem Gebet und in den Offenbarungen über die himmlischen Gunsterweise.

Trotz tiefer Bescheidenheit, Demut und Zurückhaltung kündet sie, ihrer Sendung und höherer Weisung treu, den Zeitgenossen und der Nachwelt diese Gnaden in unumwundenen Eröffnungen über das eigene Innenleben.

So wunderbar es ist, so wenig auffällig ist es nach außen hin; nicht bloß alles Prunk- und Scheinwesen, auch das rätselhaft Seltsame bleibt da fern. Hier herrschen Geist, Freiheit und Ebenmaß. Wir finden eine leutselige Frömmigkeit, die einen wahrhaft verbindenden und verbindlichen Grundton aufweist. Gertrud denkt und betet nicht nur für sich; sie interessiert sich für die Gesamtkirche, für die Heimat, für die Bauersleute, die bei schlechtem Wetter ums tägliche Brot besorgt sind, kümmert sich um frierende, hungernde Vöglein usw.; sie erquickt sich an himmlischer Beschauung, findet aber daneben die ehrbaren Fastnachtsfreuden des Volkes ganz in Ordnung. Es ist eine Frömmigkeit im Geist wahrer christlicher Freiheit und weitherziger Einfachheit.

Die Gedankenwelt des «Gesandten» ist hoch und tief, dabei aber doch verständlich und klar. Gertrud steht auf dem Goldgrund kirchlichen Glaubens und Lebens. Das verleiht ihr Bestimmtheit und Ruhe sowie einen gemeinsamen Boden mit allen Schichten der katholischen Welt. Gertrud fand denn auch in besonderem Maß die Anerkennung der heiligen Kirche. Die treueste Anhänglichkeit an sie, das Leben in und mit ihr, bedeutete für Gertrud eine grundlegende Gnade, die, wie alle Gnade, die freie Menschennatur nicht zerstört und beengt, sondern erhebt und adelt. Die besondere Eigenart, der persönliche Einschlag zeigt sich bei Gertrud unverkümmert.

Der Mystik ist das «Vergängliche ein Gleichnis» und darum liebt sie die Bildersprache. Die hl. Gertrud hatte entwickelten Natur- und Kunstsinn. Ihre Bilder sind nämlich nicht allein sinnig, sondern auch deutlich, edel, maßvoll. Wie in den «Geistlichen Übungen» lesen wir auch im «Gesandten» manche, auch schriftstellerisch betrachtet, meisterhafte Seiten. Gertrud wusste aus guten Quellen zu schöpfen und mit großen Vorbildern umzugehen. Sie hat viel von der Heiligen Schrift in sich aufgenommen, aus der sie nach Inhalt und Ausdruck reife Gediegenheit gewann.

Eine andere Quelle für Leben und Schreiben war ihr die Liturgie, in der sie lebte, dachte und fühlte. Ein reiches Maß der großen Gedanken, der Weihe, Schönheit und Fruchtbarkeit der Liturgie ging auf ihre Seele und ihre Schriften über. Das bildet wohl deren Eigenart und gibt ihnen einen unvergänglichen Vorzug. Hierin zeigt sich ein fühlbarer Abstand von den Schriften einer hl. Katharina von Siena, einer hl. Teresa von Avila usw.

Die Liturgie war für Gertrud eine Schule der Heiligkeit und eine Form des inneren Lebens geworden. Gertrud und ihre Schriften haben manches von feierlich gottesdienstlichem Gepräge an sich, und solche Feierlichkeit hebt sie z.B. deutlich ab von den Fiori («Blümchen») eines hl. Franz von Assisi u.ä. Man möchte den «Gesandten» eine mystische Auslegung vieler Teile der lateinischen Liturgie und einen beschaulichen Führer durchs Kirchenjahr nennen. Er lehrt auch, aber nicht schulmeisterlich, wie man die heilige Liturgie für das Seelenleben fruchtbar machen kann. Das Buch kann darum in Zeiten liturgischen Aufschwungs eine besondere Aufgabe erfüllen helfen.

Der «Gesandte» ist auch ein ernstes, gründliches Trostbuch. Gertrud war oft und sehr lange schwer krank. Sie verstand aber, christlich zu leiden und andere im Leid wunderbar zu trösten. Die Trostworte, die im «Gesandten» aufbewahrt sind, haben die Kraft noch nicht verloren. Was am Leiden oft so schwer fällt, ist seine scheinbare Unfruchtbarkeit und Sinnlosigkeit.

Unsere Heilige sah Tiefes über Sinn und Ziel des Leidens, das nach ihren Mitteilungen zu erhabenem Tun und Können wird, wenn man es richtig erträgt. Überhaupt lässt sich bei ihr lernen, dass ein reiches Leben möglich ist, selbst wenn alle Kräfte für äußere Werke unterbunden sind:

Es ist das Leben der Seele in Glauben, Hoffen und Lieben. Dass die beiden Bücher Gertruds gerade das Leben und Bewegen in den eingegossenen göttlichen Tugenden beständig nahelegen, ist gewiss einer der wichtigsten Vorzüge. Damit hängt innig zusammen die tiefe geistige Sehnsucht, die bei Gertrud so stark hervortritt und in beiden Schriften ergreifenden Ausdruck findet. Das spricht sehr für das Durchdrungensein der Seele Gertruds vom vollen christlichen Gedanken. «Heilige Sehnsucht ist das ganze Leben eines guten Christen»; so der hl. Augustinus im 6. Abschnitt seiner 4. Rede über den 1. Johannesbrief: Tota vita christiani boni sanctum desiderium est.

Unvorbereitet soll man an die Lesung des «Gesandten» nicht herantreten, so wenig wie an ein Kunstwerk, das beim Beschauer Kunstsinn verlangt. Dann wird man Fehler zwar nicht übersehen, aber angemessen beurteilen. Gertrud ist ein Kind ihrer reichen, aber nicht fehlerlosen Zeit. Das merkt man mitunter.

Die Wahrnehmung wirkt aber nicht sehr störend, besonders dann nicht, wenn man die Ansicht des vielbewanderten großen Leibniz teilt, der in Bezug auf mystische Schriftstellerinnen am 10. Dezember 1696 schrieb: «Ich halte diesen Leuten Fälle von Leichtgläubigkeit, denen man in ihren Werken begegnet, zugute und bescheide mich, darin Ausgezeichnetes über die Hauptsache zu finden»[4]. Tiefer führt der Abt und Geisteslehrer Ludwig Blosius.

Dieser erfahrene Kenner von Gertruds «Gesandtem» urteilt über ihn im Schreiben vom 13. September 1551 an Florentius: «Die Bücher der sel. Jungfrau Gertrudis empfiehlst du mit Recht, da sie wirklich einen außerordentlichen Schatz enthalten. Stolze und sinnliche Menschen ohne Empfänglichkeit und Verständnis für die Dinge des Gottesgeistes verwerfen jene sehr heiligen Bücher aus Unkenntnis der hohen Vertraulichkeit, in der sich Gott mit einer demütigen, reinen, liebenden und ganz offenen Seele vereinigt» (Ludovici Blosii Opera, Ingolstadii 1726, 235).

Chronik der Auflagen und Kürzungen

1876 erschien der «Gesandte der göttlichen Liebe»[5] vollständig in zwei Bänden bei Herder, Freiburg. Das geistliche Geschenk entstammte der feinen Hand von Pfarrer und Ehrendomherr Johannes Weißbrodt an St. Castor in Koblenz († 1893) ...

Durch theologische Bildung, durch Vertrautheit mit dem Geist und Ton des deutschen Mittelalters, durch Geschmack und dichterisches Sprachvermögen war er wohl in seltenem Maß zu einer solchen Übersetzung befähigt und berufen.

Nach 24 Jahren erschien sie 1900 in zweiter Auflage. Sie bezeichnete sich selbst als gekürzt und trat nur mehr in *einem* Band auf. Ihre beiden inzwischen heimgegangenen Bearbeiter, Hochschullehrer Wilhelm Weißbrodt von Braunsberg und P. Johannes Chrysostomus Stelzer O.S.B., Prior von Beuron, verfolgten damit eine bestimmte Absicht. Das damalige Vorwort erklärt: «Wenn wir uns mehrfache Kürzungen und Auslassungen erlaubt haben, so geschah es, wie wir hoffen, unbeschadet der Vollständigkeit und lediglich zu dem Zweck, dem umfangreichen Werk mit seinem herrlichen, eminent praktischen Inhalt einen möglichst großen Leserkreis zu gewinnen. Möge es denn unter dem Segen Gottes in der meisterhaften Übersetzung des Domherrn Johannes Weißbrodt zum zweitenmal seine Wanderung antreten und recht vielen in Wahrheit ein ‹Gesandter der göttlichen Liebe› werden!»

Die seither einander rascher gefolgten Auflagen haben jener Absicht und Erwartung Recht gegeben. Gewiss hat das Um-sich-Greifen und die Steigerung des Sinnes für Liturgie und Mystik, das Anwachsen der Verehrung des gottmenschlichen Herzens, der mitunter spürbare Zug zum Benediktinischen manches dazu beigetragen. Andererseits mag das Buch der hl. Gertrud auch auf alle diese liturgischen Strömungen fördernd zurückgewirkt haben. ... Über die seit der zweiten Auflage beibehaltene maßvolle Kürzung sei wenigstens in etwa nähere Auskunft erteilt.

Im ersten der fünf Bücher des Gesandten, das eine fremde, aber Gertrud wohlvertraute Hand niederschrieb, stimmt die Zahl der Kapitel in der vollen und in der gekürzten Fassung des Gesandten überein.

Im zweiten, frühesten Buch, das mit Gertruds selbstaufgezeichneten Selbstbekenntnissen nicht unwürdig zwischen den Bekenntnissen des hl. Augustinus († 430) und dem «Leben der hl. Teresa» († 1582) liegt, ist nur das kurze 22. Kapitel ausgelassen. ...

Im dritten Buch zählt die volle Fassung 90, die gekürzte 80 Kapitel. Es sind indessen nur vier Kapitel ausgeschieden, nämlich das 6., 20., 33. und 39. Dagegen sind in sechs Fällen je zwei unmittelbar aufeinander folgende Kapitel in eines zusammengezogen. So erwächst Kapitel 54 der vorliegenden gekürzten Ausgabe aus Kapitel 58 und 59 der vollen; ebenso Kapitel 56 aus Kapitel 61 und 62, Kapitel 66 aus Kapitel 72 und 73, Kapitel 74 aus Kapitel 81 und 82, Kapitel 77 aus Kapitel 85 und 86, endlich Kapitel 79 aus Kapitel 88 und 89.

Im vierten, sich eng ans liturgische Jahr anschließenden Buch fehlen lediglich Kapitel 39 und 40. Sie beziehen sich auf Gnadenerweise an Pfingsten.

Statt 36 zählt das fünfte Buch hier nur 35 Kapitel, weil das 33. und 34. in eines verbunden sind. Wenn Gertruds Geist in den vorausgehenden Büchern häufig gleichsam im himmlischen Paradies sich aufhalten und ergehen darf, offenbart sie im letzten vorab heilige Gemeinschaft mit den Armen Seelen im jenseitigen Läuterungsreich des Gottesstaates.

Beuron, am Tag Bedas des Kirchenlehrers, 1939.

P. Anselm Manser OSB († 27. November 1951)

Seit der 2. Auflage vom Jahr 1900 wurden keine weiteren Kürzungen vorgenommen.

Literatur

Josef Hochenauer: Kloster Helfta – Ein Abenteuer Gottes. Die Geschichte des Wiederaufbaus 1990-2000. Bildband. Kunstverlag Josef Fink, Lindenberg

Michael Bangert/Hildegund Keul: Vor dir steht die leere Schale meiner Sehnsucht. Die Mystik der Frauen von Helfta. St. Bennoverlag, Leipzig

Berchthold von Bombach: Das Leben der hl. Luitgard von Wittichen. Die Heilige des Mutterschoßes (1291-1348). Christiana-Verlag, Stein am Rhein

Guy Demonchy: Der heilige Johannes vom Kreuz (1542-1591). Bildband. Christiana-Verlag, Stein am Rhein

Mechtild von Hackeborn: Das Buch vom strömenden Lob. Auswahl, Übersetzung und Einführung von Hans Urs von Balthasar. Johannes-Verlag, Einsiedeln

Joachim Herrmann: Kloster Helfta, ehemalige Zisterziensersinnen-Abtei. Schnell Kunstführer Nr. 2219, Verlag Schnell und Steiner, Regensburg

Josef Hochenauer: Kloster Helfta – Pilgerwege. St. Otto-Verlag, Bamberg

Johannes Maria Höcht: Träger der Wundmale Christi. Eine Geschichte der Stigmatisierten. Christiana-Verlag, Stein am Rhein

Ferdinand Holböck: Aufblick zum Durchbohrten. Große Herz Jesu-Verehrer aus allen Jahrhunderten. Christiana-Verlag, Stein am Rhein

Lobpreis der göttlichen Gnade. Aus den Schriften der hl. Gertrud v. Helfta. St. Bennoverlag, Leipzig

Mechthild von Magdeburg: Meine irdischen Freunde liebe ich wie Gefährten der Ewigkeit. Bildband. Herausgeber: Josef Hochenauer. Kunstverlag Josef Fink, Lindenberg 2001

Walter Repges: Den Himmel muss man sich schenken lassen. Die Mystikerinnen von Helfta. St. Bennoverlag, Leipzig 2001

Wilhelm Schamoni/Karl Besler: Charismatische Heilige – nach Zeugenaussagen aus Heiligsprechungsakten. Christiana-Verlag, Stein am Rhein

Johanna Schwalbe OSB: Durst nach Leben. Betrachtungen im Kirchenjahr zu den Texten der hl. Gertrud von Helfta. St. Bennoverlag, Leipzig

Heinrich Seuse OP: Das Büchlein der Ewigen Weisheit. Christiana-Verlag, Stein am Rhein

Benedikt Stolz/Franz Weiss: Johannes auf Patmos. Die heilige Insel der Christenheit. Christiana-Verlag, Stein am Rhein

Max Thürkauf: Christuswärts. Glaubenshilfe gegen den naturwissenschaftlichen Atheismus. Christiana-Verlag, Stein am Rhein

Anmerkungen

1. Buch (S. 17-56)

1 Röm 11,33

2 Der Eintritt ins Kloster fällt ins Jahr 1261.

3 Vgl. Gal 1,15

4 Siehe Buch II,1

5 Ps 47,3

6 Eph 4,24

7 Vgl. Ps 118,103

8 Sir 50,1 und 3

9 Hebr 4,12

10 Est 13,10

11 Sir 1,2 und öfter

12 Mt 18,16

13 Rudolf von Habsburg starb im Juli 1291. Zu seinem Nachfolger wurde Adolf von Nassau in Frankfurt am 5. oder 7. Mai 1292 erwählt, aber von der Hand seines Mitbewerbers und Nachfolgers Albrecht von Österreich (in der Schlacht bei Göllheim unweit Worms am 2. Juli 1298) getötet.

14 Joh 14,12

15 Mt 9,20

16 Die hl. Mechtildis, die das «Buch besonderer Gnade» verfasste.

17 Die Ausdrucksweise knüpft an die Meinung an, die sich seit dem christlichen Altertum bis in die neuere Zeit erhalten hat, die Taube sei ohne Galle, und zwar sie allein unter allen Tieren, was ihrer höheren Bedeutung in der Hl. Schrift entspreche. Daher wurden auch Verstorbene, um sie als tugendhaft zu bezeichnen, in Grabinschriften mitunter «Taube ohne Galle» genannt.

18 Joh 7,18

19 Spr 28,1

20 Vgl. Spr 12,23 nach der Übersetzung der Siebzig (Septuaginta), als Schriftwort angeführt vom hl. Augustinus (z.B. Erklärung zum Psalm 46, n.10 und öfters), desgleichen von den hl. Gregor und Bernhard.

21 Jes 66,1

22 Joh 14,23

23 Ps 21,4

24 Eph 3,17

25 2 Kor 6,16

26 Ps 131,14

27 Beda, Homilie auf die Vigilie des hl. Johannes des Täufers.

28 Unter den Werken Bernhards. Von der Liebe 8,34.

29 Gregor, 12. Homilie über Ezechiel 30.

30 Ps 44,3

31 Religio bedeutet in der Sprache des Mittelalters vorzugsweise das Ordensleben.

32 Mt 25,21

33 Ps 1,3

34 Dem Sinne nach Gregor öfters; wörtlich Bernhard III. Brief, n.3.

35 125. Brief an den Mönch Rustikus, n.11.

36 Mt 5,8

37 Über die Bergpredigt, Buch 1, Kap. 2, n.8. und dem Sinne nach auch anderswo.

38 Vgl. Buch III,17

39 Ps 44,10

40 Tob 13,6 und 1 Tim 1,17

41 Jes 40,17

42 Vgl. Jes 40,15

43 Lk 14,11

44 Mt 25,40

45 Regel des hl. Benedikt, Kap. 64

46 Spr 25,5

47 Aus der Sequenz: «Die Himmel erzählen», die sich in deutschen Messbüchern am Fest der Aussendung der Apostel findet.

48 Koh 12,11

49 Ps 23,10 und öfter in den Psalmen

50 Mt 16,19

51 Vgl. Dtn 18,18

52 Ein solcher galt als unter Gottes Schutz stehend und war dadurch der menschlichen Verfolgung entzogen. Vgl. 3 Kön 1,50.

53 Ez 3,20

54 Hugo von Sankt Viktor, Von der geistlichen Arche, Buch 4, Kap. 3.

55 1 Joh 5,7

56 3 Kön 19,12

57 Im lateinischen Text: mansuetudo a manendo.

58 Die hl. Gertrud wird uns hier so losgetrennt von Eltern und Freunden vorgestellt, dass wir hieraus schließen, sie sei ihrer Eltern durch einen frühen Tod beraubt worden und habe weder Geschwister noch Blutsverwandte, wenigstens nicht nährere, noch auch Freunde gehabt.

59 Bernhard über das Hohe Lied 24. R., Nr. 8.

2. Buch (S. 57-98)

1 Gemeint ist die Gnade der Offenbarung, die sie zuerst im Jahr 1281 empfing; vgl. in diesem 2. Buch Kap. 1 und 23. Diese ihre eigenhändige Aufzeichnung fällt also in das Jahr 1289.

2 Vgl. Ps 41,8

3 Nämlich im Advent, vgl. Kap. 23

4 Vgl. Ps 49,23

5 Vgl. Jes 56,1

6 Responsorium des 2. Adventssonntags; vgl. Mich 4,9.

7 Vgl. Ps 7,2

8 Ps 71,9

9 Ps 35,9

10 Kol 2,14

11 Hl 1,3

12 Mt 11,30

13 Vgl. Ps 26,1

14 Est 13,10

15 Sir 1,2; 23,28

16 Vgl. Regel des hl. Benedikt, Prolog 4; Jes 58,9

17 Lk 1,78

18 Vgl. Ps 35,9

19 Vgl. Ps 54,7

20 Joh 14,23

21 Ps 102

22 Hl 2,14

23 Am 3. Adventssonntag

24 Phil 4,4

25 Gen 2,23

26 Dan 13,42

27 Röm 11,33

28 1 Kor 6,17

29 Ri 6,37

30 1 Kor 15,28

31 Hebr 1,3

32 Ps 76,11

33 1 Tim 2,5

34 Kol 2,9

35 Ps 119,4

36 Hebr 12,29

37 Gen 1,26 und Kol 3,10

38 Vgl. Offb 1,15 und Jes 1,25

39 Sonntag Quinquagesima

40 Gen 26,3; 12,7

41 Vgl. Titus 3,4-5

42 Röm 1,20

43 Ps 23,4

44 Jes 6,57

45 Ps 90,15

46 Mt 5,26

47 Ijob 9,3

48 Offb 12,9 und 20,2

49 1 Kor 10,13

50 Lk 2,16

51 Lk 2,8

52 «Sei mir ... ein Zufluchtsort» (Ps 30). Introitus der Messe am Sonntag Quinquagesima.

53 Vgl. Buch 4, Kap. 15

54 Röm 9,3

55 Hl 1,12

56 Die erste der drei Messen an Weihnachten.

57 Das Gebet für die verstorbenen Eltern ist auch jetzt noch im Messbuch, das andere aber, schon längst ausgefallen, lautet in alten Gebetssammlungen so: «Allmächtiger, ewiger Gott, der niemals ohne Hoffnung auf Erbarmen angerufen wird, sei gnädig den Seelen deiner Gläubigen und lass diejenigen, welche im Bekenntnis deines Namens aus diesem Leben abgeschieden sind, der Zahl deiner Heiligen zugesellt werden.»

58 Mt 3,17

59 Petr 4,8

60 Lk 2,7

61 Ps 102,1

62 Diese Worte wie die Buch II,16 «Die Quelle ...» sind dem Hymnus auf den Namen Jesu u.a. bei Migne, Patr. lat. t. 184, S. 1517 entnommen.

63 Vgl. Offb 1,16

64 Offizium der hl. Agnes

65 Dtn 4,24; Hebr 12,29

66 Phil 2,10

67 Mt 12,38

68 Der hl. Bernardus, zum Hohen Lied Rede 31 n.6.

69 Ps 102,1.2

70 Mt 27,50; Mk 15,37; Lk 23,46; Hebr 5,7

71 So ein dem hl. Ambrosius zugeschriebener Hymnus

72 2 Kor 1,3

73 Jer 29,11

74 siehe oben Buch I,1

75 1 Joh 2,8

76 Joh 1,5

77 Vgl. Phil 2,10

78 Ps 37,9

79 Phil 2,10; Offb 5,13

80 Spr 24,12

81 Mt 25,27

82 2 Kor 3,18

83 Offb 8,3-4

3. Buch (S. 99-222)

1 Mt 25,27

2 Spr 25,2, wo es heißt: «Gottes Ehre ist es, das Wort zu verhüllen, und Ehre der Könige, den Ausspruch zu erforschen»; und Tob 12,7: «Es ist gut, das Geheimnis des Königs zu verbergen, aber ehrenvoll, die Werke Gottes zu offenbaren und zu preisen.»

3 Aus dem Offizium der hl. Agnes Antiphon zur Vesper

4 Ijob 17,3

5 1 Petr 4,8

6 Jes 64,8

7 Hl 6,8

8 Hl 5,10

9 Hebr 2,17

10 Ijob 13,15

11 Mt 28,18

12 Lk 2,52

13 Ps 8,6

14 Ps 116

15 Dtn 4,24; Hebr 12,29

16 Ex 1, 14; Jud 5,10

17 Est 5,3

18 Antiphon für die Jungfrauen, bestehend aus den vier ersten Versen des 3. Kapitels des Hohen Liedes.

19 Gen 43,30; 3. Kön 3,26

20 Mt 3,17

21 Mt 25,40

22 Jes 38,15

23 2 Kor 1,3

24 Lk 1,78

25 Wegen des Interdiktes, das durch die Domherren von Halberstadt, die sich während der Vakanz des bischöflichen Stuhles das Recht auf die Temporalien anmaßten, verhängt worden war.

26 Vgl. 1 Kor 6,15

27 1 Kor 5,7

28 Es ist die an die Klosterkirche angebaute Kapelle des hl. Johannes gemeint.

29 1 Kön 18,18

30 Röm 5,10; 2 Kor 5,18

31 Hebr 1,3; 2 Kor 4,4; Kol 1,15

32 1 Petr 1,19

33 Hebr 9,14

34 Spr 8,31

35 Im nachklassischen Altertum glaubte man, der Pelikan durchbohre sich die Brust, um seine Jungen mit seinem Blut zu nähren. Daher wurde er in der kirchlichen Literatur und in der Kunst Sinnbild des Heilandes. Vgl. Pie pelicane Iesu domine im Kreuzigungsbild Fiesoles und sonst oft über dem Kreuz, auch am Tabernakel.

36 Ps 18,11; Sir 24,27

37 Eph 4,25

38 Ps 144,9

39 Eph 4,13

40 Sir 24,7

41 2 Kor 11,31

42 2 Kön 22,2 und 1 Kor 10,4

43 Ez 47,1

44 Der selige Jordanus erzählt im Leben des hl. Dominikus, Kap. 4: «Er übernachtete so häufig in der Kirche, dass er kaum ein bestimmtes Bett zur Ruhe zu haben schien. Drängte sich ihm aber vor Ermüdung und Ermattung des Geistes das Bedürfnis des Schlafes auf, so lehnte er das Haupt entweder vor dem Altar oder anderswo oder wie der Patriarch Jakob auf einen Stein an, ruhte eine Weile und wachte wieder auf.»

45 Ps 72,28

46 Joh 21,7

47 Am Quatembersamstag in der Adventszeit: «Komm und zeige uns dein Angesicht, o Herr, der du thronest über den Cherubim.»

48 Jes 51,17

49 Ebenda

50 Responsorium an der Vigilie der Geburt des Herrn.

51 Mt 8,3

52 Jes 42,10

53 Jes 61,1; Lk 4,18

54 Ps 109,3

55 Lk 9,23

56 Ps 64,4

57 Ez 14,4-5

58 Im Ambrosianischen Lobgesang: Dignare, Domine, die isto sine peccato nos custodire.

59 Ps 22,4

60 Am Sonntag Sexagesima Gen 9,1

61 Gen 4,9

62 Gen 4,9

63 Es scheint eine freiere Übersetzung der Stelle im Römerbrief 1,32 zu sein: «Des Todes würdig sind nicht nur die, so es tun, sondern auch diejenigen, welche den Tätern zustimmen.»

64 Religio bedeutet hier wie öfter vorzugsweise das Ordensleben.

65 Jud 16,9

66 Jes 28,5

67 Am Sonntag Quinquagesima Gen 22,15

68 Phil 1,23

69 Ps 129,1

70 Röm 7,24

71 Lk 15,31

72 Röm 5,10 und anderwärts

73 Gen 9,13

[74] Aus der Liturgie des Karsamstags während des Mittelalters und bis in die neuere Zeit in den Messen für Verstorbene hier und da üblich. Ps 41,2

[75] Spr 8,31

[76] Ps 33,19

[77] Ps 90,15

[78] Röm 11,33

[79] Ps 118;129 Anfangsworte der Sext am Montag im monastischen Brevier.

[80] Ps 50,2 und öfters

[81] Ps 31,8

[82] Der hl. Bernhard sagt das in der 15. Rede über das Hohe Lied Nr. 6 (Migne, Patr. lat. CLXXXIII 847) vom Namen Jesu und hat vielleicht bei den Worten «Honig im Munde» an Psalm 118, 103 erinnern wollen.

[83] Hl 1,12

[84] Jes 53,7

[85] Lk 23,34

[86] Dn 13,42

[87] Der Hymnus wurde nach den Laudes u. A. der drei Tage vor Ostern gesungen.

[88] Vgl. den Hymnus Iesu dulcis memoria; siehe oben Buch II,16

[89] «O Leben der Lebendigen, Hoffnung der Sterbenden, Heil aller an dich Glaubenden» wird der Heiland in mittelalterlichen liturgischen Gebeten angerufen.

[90] Dies scheint auf den König Adolf zu gehen, der im Jahr 1294 ein Heer gegen die Söhne Albrechts von Thüringen führte und die Gegend von Eisleben besetzte.

[91] Ps 102

[92] Ps 117,14

[93] Joh 4,14; 7,37

[94] Hl 4,10

[95] Lk 2,13

[96] Ps 36,4

[97] Dies Gedicht der hl. Gertrud ist, wie es scheint, durch Ungunst der Zeiten oder Menschen verloren gegangen.

[98] Mt 17,4

[99] Hl 5,8

[100] Lk 4,18; Jes 61,1; oben Buch III,28

[101] 2 Kor 1,3

[102] Vgl. Ex 20,7

[103] Ein Getränk aus warmem Wasser, mit gegorenem Honig bereitet, Honigwasser.

[104] Röm 15,5

[105] 1 Petr 4,8

[106] Ps 54,13

[107] Offb 1,13 ff.

[108] Diese Worte besagen, dass der Herr selbst als Urheber des Buches gelten will (vgl. Jes 49,6, eine Verheißung, die von einem Jahrhundert zum anderen in Erfüllung zu gehen scheint).

[109] Weish 4,7

[110] Noch jetzt wird in den Begräbnismessen gebetet «Gott, dem es eigen ist, sich allzeit zu erbarmen und zu verschonen ...».

[111] Offb 17,14; 19,16

[112] Spr 23,26

[113] Sir 2,13

[114] Eph 5,30

[115] Eph 1,22-23; 5,23; Kol 1,18

[116] Petr 5,6

[117] Röm 12,17; 1 Thess 5,15; 1 Petr 3,9

[118] Gen 27,27

[119] 1 Kor 15,53

[120] 1 Kor 12,26

[121] Mt 26,39

[122] Hom. 26 über die Evangelien, n. 1.

[123] Weish 8,1

[124] Gen 8,21

[125] Vgl. Buch III, 61

[126] Mt 25,30

[127] Gal 5,26; Phil 2,3

[128] Ps 80,17

[129] Lk 6,12; Mt 14,23

[130] Mt 9,35

[131] Apg 10,38

[132] Mt 9,15

[133] Eph 5,23; Kol 1,18

[134] Gen 4,9

[135] Die hl. Mechtildis war kurz zuvor gestorben.

[136] Spr 8,31

[137] Mt 28,20

[138] Regel des hl. Benediktus, Kap. 12

[139] Fromme Betrachtungen Kap. 2,5 unter den unechten Werken.

[140] Röm 8,34; Hebr 7,25

[141] Est 7,3; vgl. 5,1-2

[142] Mk 10,30

[143] Weish 6,20

[144] Mt 6,33

4. Buch (S. 223-384)

1 Aus einem alten Offizium der Weihnachtsvigil.

2 Nach Hl 5,10

3 Dem Sinne nach aus Ez 18,21-22

4 1 Kor 10,24

5 Dtn 6,5; Mk 12,30

6 Ps 3; womit im benediktinischen Brevier die Metten eröffnet werden.

7 Ps 44,3

8 Ein Zusatzgesang (Tropus) nach der Sitte der damaligen Zeit nach Lk 2,7.

9 Ps 23,7-10

10 Vgl. Buch IV,2

11 Joh 13,23

12 Aus der Sequenz: «Wort Gottes».

13 Nach einer sehr alten Überlieferung hat Johannes bei der Hochzeit selbst auf den Ruf des Herrn die Braut verlassen. Einige meinen, er sei der Bräutigam bei der Hochzeit zu Kana gewesen.

14 Apg 1,14

15 Ps 80,8

16 Weish 7,26

17 Joh 14,2

18 1 Kor 9,27

19 Offb 3,12

20 Joh 19,26

21 Diese Antiphon findet sich noch jetzt im Trierischen Brevier in den Worten: «Es erschien seinem teuren Johannes der Herr Jesus Christus mit seinen Jüngern und sprach zu ihm: ‹Komm, mein Geliebter, zu mir, denn es ist Zeit, dass du mit meinen Brüdern an meinem Gastmahl teilnehmest.›»

22 Eph 4,23

23 Joh 15,5

24 Ps 118,32

25 Mt 2,11

26 Phil 2,10

27 Spr 17,3

28 Der hl. Augustin in der Vorrede zum 31. Psalm (Erkl. II, n.5): «Läutere deine Liebe; leite das in eine Kloake fließende Wasser in einen Garten und mit demselben Ungestüm, womit du die Welt liebtest, liebe den Werkmeister der Welt.»

29 So heißt eine Münze aus Byzanz (Konstantinopel), wovon der Edelstein in der Reichskrone Namen und Gestalt empfangen zu haben scheint.

30 2. Sonntag nach Epiphanie; Ps 65,4

31 Gen 8,21

32 1 Kor 2,9

33 Vgl. die Antiphonen des Breviers am 21. Januar; sie sind ausgezogen aus den Akten über das Martyrium der hl. Agnes, die lange dem hl. Ambrosius zugeschrieben wurden.

34 Weish 6,20

35 Es beginnt mit den Worten: «Schmücke dein Brautgemach, Sion!»

36 Ps 44,3

37 Lk 2,29

38 Ps 93,19

39 Ps 123,5

40 «O apostolischer Hirt, hl. Gregorius, erflehe durch dein Fürbittwort das Wachstum der Kirche, die du durch deine Lehre befruchtet, durch dein Wirken verteidigt hast. Sei eingedenk der katholischen Gemeinschaft des Weinbergs, den des Herrn Hand gepflanzt.»

41 Röm 8,28

42 Röm 46,1 ff.

43 Ps 23,7

44 Gen 46,31

45 Hebr 1,3

46 Joh 5,19

47 Ps 35,9

48 Gen 9,1

49 Joh 14,6

50 Gen 1,26

51 Ps 116

52 Jes 53,24. Noch ein Hinweis: Gertruds Schau über die Verletzung des Augapfels von Jesus Christus passt zu der Tatsache, dass die Römer ihre Toten mit je einer Münze auf beiden Augen begraben haben. Diese Aussparung des Auges sieht man auf dem Turiner Grabtuch noch heute. Vgl. Wolfgang Waldstein, Neueste Erkenntnisse über das Turiner Grabtuch, Christiana-Verlag, Stein am Rhein 2000^2.

53 Das Evangelium am Sonntag Quinquagesima enthält die Vorhersagung Christi über sein Leiden, Lk 18,31 ff. In der Epistel wird das begeisterte Lob des Apostels von der Liebe 1 Kor 13 gelesen.

54 Buch II, 14

55 Joh 5,22

56 3 Kön 2,7

57 Jes 53,7

58 Mt 4,4

59 2 Kor 6,6

60 Mt 25,35

61 Gen 27,9

62 Vgl. Buch III, 62 und Buch III, 68

63 Gen 37,28

64 An diesem Sonntag wird das Evangelium von der Speisung der Fünftausend gelesen.

65 Lk 22,42 ff.

66 Joh 7,20

67 Sir 24,12

68 1 Kor 6,17

[69] Mt 27,34

[70] Vgl. das bekannte dem hl. Bernhard zugeschriebene Gebet und Psalm 83,7.

[71] Mt 27,50

[72] Vgl. 1 Tim 6,13

[73] Vgl. Ps 144,18; Jes 58,9

[74] Lk 22,42

[75] In einem von ihr verfassten, nicht erhaltenen Gedicht.

[76] Hl 3,11

[77] Phil 2,10

[78] Lk 23,34

[79] Lk 23,43

[80] Jes 53,7

[81] Joh 13,5

[82] Vgl. 1 Kor 1,24

[83] Gen 43,30

[84] Hebr 1,3

[85] Ps 67,28

[86] Diese Anmerkung ist von der Schreiberin nicht nach dem Diktat Gertruds hinzugefügt.

[87] 1 Joh 4,8.12

[88] St. Bernhard, 41. Rede über das Hohe Lied, n.3.

[89] Mt 27,2

[90] Joh 19,28

[91] Was damals noch üblich war.

[92] Offb 17,14; 19,16

[93] Ez 18,21-22

[94] Vgl. Buch I, 1

[95] Eph 1,5; Jak 2,7

[96] Joh 20,21

[97] Joh 14,16 ff.

[98] Vgl. Buch I, 16

[99] Vgl. 2 Tim 2,12

[100] Name eines Tores in Rom, vor dem der hl. Johannes nach uralter Überlieferung in einen Kessel siedenden Öles geworfen wurde und wo zur Erinnerung hieran eine Kirche erbaut ist.

[101] 2 Kor 4,17

[102] Röm 8,18

[103] Joh 13,23; 19,26; 21,7.20

[104] Ps 44,3

[105] 1 Joh 4,8

[106] Mt 25,36

[107] Ps 27,9

[108] Kol 2,9

[109] Est 5,3

[110] Röm 10,12

[111] Ps 65

[112] Sir 2,13

[113] Lk 24,50

[114] Sir 47,13

[115] Mt 25,34

[116] Ps 44,3

[117] Ps 23,7 ff.

[118] Die am häufigsten bei den Propheten vorkommende Bezeichnung Gottes.

[119] Mt 28,20

[120] Joh 14,18

[121] Mk 16; Lk 24; Joh 21

[122] Joh 14,27 – auch einige Väter haben diese Folge: «Geb ich ... hinterlasse ich», statt der meistverbreiteten.

[123] Apg 1,8

[124] Jes 11,2-3

[125] Hl 1,1

[126] In alten Brevieren die 5. Antiphon zu den Laudes: «Dich preisen mit Recht, dich beten an, dich verherrlichen alle deine Geschöpfe, o glückselige Dreieinigkeit!»

[127] Lk 1,6

[128] Lk 1,16

[129] Ps 118,80

[130] Eine legendarische Einkleidung der Wahrheit, dass, wer gemäß dem Gebot des Herrn (Mt 5,30; 18,8; Mk 9,42) sich der Gelegenheit zur Sünde entzieht, dafür belohnt werde. Das Nämliche wird auch aus dem Leben des hl. Johannes Damascenus erzählt, an dessen Fest 1 Kön 25,26; Ps 143,1 und Lk 6,6 ff gesungen wird.

[131] Joh 21,15 ff.

[132] Nm 7,17 ff.

[133] Nm 18,29

[134] Mt 16,19

[135] Mt 5,12

[136] 1 Kor 2.9

[137] Lk 7,38

[138] Joh 12,3

[139] Vgl. Regel des hl. Benedikt, Kp. 2 «Wie der Abt sein soll».

[140] Nach Compostela in Spanien, wo nach einer im Mittelalter vielfach verbreiteten Annahme seine Reliquien aufbewahrt werden; vgl. von Hefele in: Wetzer und Weltes Kirchenlexikon, Art. «Compostela».

[141] Hl 4,7

[142] Hl 3,6 nebst Antwort im Responsorium

[143-145] Zu Helfta wie in vielen namentlich deutschen Kirchen wurden in der Vesper dieses Festes zwei mit diesen Worten anfangende Hymnen gesungen, zum Schluss des zweiten die Doxologie.

[146] Lk 1,78

[147] Sir 39,17-21; in der dritten Nokturn der Muttergottesfeste im monastischen Brevier.

[148] Dieser und der vorher angeführte Vers ist dem Lobgesang des Propheten Jesaias Kap 61 und 62 entnommen, der an den Muttergottesfesten in der 3. Nokturn nach dem monastischen Brevier gesungen wird.

149 Apg 11
150 Hl 2,1
151 Hl 4,10
152 Ps 116
153 Hl 7,11
154 Hymnus am Kirchweihfest.
155 Joh 14,2
156 Nachgebildet Sir 44,20, wo es von Abraham gesagt wird.
157 Siehe Buch IV, 8 und Buch IV, 55
158 Joh 19,26
159 Jes 45,3
160 Ps 98,4
161 Mt 25,6
162 Offb 7,9
163 Offb 4,9 ff.
164 Mt 1,21
165 Ps 23,10 und öfter in den Psalmen
166 Ps 23,7 ff
167 Est 1,3 und Dn 5,1
168 Ps 35,10
169 Sir 42,26
170 Gen 8,21
171 Ps 93,10
172 Ps 44,10
173 Ps 26,9
174 Jes 11,15
175 1 Kor 6,17
176 Sir 44,20
177 3 Kön 10,1
178 Ps 108,17
179 Spr 23,26
180 1 Kor 15,28
181 Dtn 14,26
182 Est 7
183 Offb 21,3
184 Offb 21,5
185 Lk 15,10
186 Offb 21,2
187 Wahrscheinlich die oben Buch III, 16 erwähnte Kapelle.
188 Jr 23,24
189 2 Chr 6,18
190 Mt 6,21
191 Mt 6,21: «Dort ist auch mein Herz.»
192 Mt 7,8
193 Lk 19,46
194 Mt 7,8
195 3. Adventssonntag
196 Messe vom hl. Evangelisten Johannes, Sir 15,5.
197 1. Messe von Weihnachten, Ps 109,1.
198 Phil 4,4
199 Vgl. Hebräer, insbesondere Kap. 5,7 und 8
200 Spr 8,31
201 Kollekte der Festmesse in der hl. Nacht
202 Ps 44,5
203 Ps 44,11
204 2 Kor 11,2
205 Lk 10,21
206 Offertorium der Kirchweihmesse. Vgl. Gen 20,5.
207 Offertorium am 18. Sonntag nach Pfingsten.
208 Phil 2,10
209 Antiphon zum Benediktus am Fest der hl. Agnes.
210 Gen 27,29

5. Buch (S. 385-480)

1 D. i. der Äbtissin Gertrud von Hackeborn.
2 Ijob 6,4; Ps 37,3
3 Ps 21,25
4 Os 2,14
5 Ps 77,30
6 Est 1,11-12
7 Röm 8,28
8 Vgl. Buch I, 1
9 Spr 8,31
10 Ps 33,19
11 Hebr 9,4
12 1 Kor 3,7
13 St. Gregors Brief (64.) an den hl. Bischof Augustinus in England, Antwort auf die 10. Frage.
14 Das Fest des hl. Bischofs und Märtyrers Lebuinus fällt auf den 12. Nov.
15 Ps 49,14
16 Joh 19,30
17 Vgl. Joel 2,12
18 Ps 31,8
19 Jer 45,3
20 Hl 2,16; 6,2
21 Vgl. 1 Petr 1,19
22 Mechthildis
23 Vgl. Buch V, 27.
24 22. Sonntag nach Pfingsten. Ps 129,3
25 Mt 24,35
26 Vgl. oben Buch II,16; Anmerk. 62
27 Dtn 4,24; Hebr 12,29
28 Dem ungefähren Sinn nach Tob 12,7.
29 Mt 10,27
30 Ps 8,6
31 Sir 15,4
32 Phil 3,21
33 Mt 17,1 ff.
34 Aus d. Offizium der hl. Elisabeth.
35 Mt 25,34
36 Hl 2,10
37 Röm 11,36
38 2 Kor 1,3
39 Mt 10,42
40 Mt 5,46
41 Ps 50,3; 68,7
42 Wahrscheinlich Sophia, die Tochter Hermanns von Mansfeld. Sie heißt die «Ältere» zur Unterscheidung von der Äbtissin Sophie, der Nachfolgerin Gertruds von Hackeborn.
43 Sr. Mechthildis, die als Beguine in Magdeburg lebte, dann (1278) Nonne im Kloster Helpede wurde und nach zwölf Jahren fromm verschied (1290). Von ihr stammt das Buch «Strömendes Licht der Gottheit». Es lebten also gleichzeitig drei Mechtildis zu Helfta: Die hl. Mechtild, Verfasserin des «Buches besonderer Gnadenerweise», † 1298; die hier erwähnte Mechtildis und endlich die Sängerin Mechthild von Wippra, † 1299 (oben Buch V, 4).
44 Ps 23,10
45 Ps 44,3
46 Ps 21
47 Ps 24
48 Offb 1,16
49 Weish 11,17
50 1 Petr 1,12
51 Hebr 5,7
52 Lk 23,46
53 Joh 17,1
54 Joh 13,1
55 Joh 19,30
56 Hl 8,5
57 Jes 22,23 ff.
58 Kol 2,9
59 Hiermit beginnen die Mitteilungen über einzelne im Kloster dienende Brüder, die unter der Äbtissin standen.
60 Ps 105,45
61 Ps 144,9
62 Dasselbe, dem seligen Notker von St. Gallen zugeschriebene, lautet: «Mitten im Leben sind wir vom Tod umfangen.

Wen suchen wir als Helfer, wenn nicht dich, o Herr, der gerecht du zürnst ob unsern Sünden. V. Auf dich hofften unsere Väter, sie hofften und du befreitest sie, heiliger Gott!

V. Zu dir riefen unsere Väter, sie riefen und wurden nicht zuschanden. Heiliger, Starker! Verschmäh uns nicht im Greisenalter, wenn unsere Kraft gebricht, verlass uns nicht! Heiliger und barmherziger Erlöser, überlass uns nicht dem bittern Tode.»
63 Mt 12,50
64 Ps 34,13
65 2 Kor 1,3
66 Nach den Worten Abrahams, Gen 18,27 ff.
67 2 Tim 1,10; Hebr 3,14
68 Mk 16,19
69 Vgl. Hebr 1,3
70 Jes 9,6
71 Joh 10,9
72 Joh 6,51
73 Jes 7,14
74 Kol 2,9
75 Ps 34,13
76 Ps 144,13
77 Lk 1,78
78 Phil 1,23
79 Vgl. 1 Buch, Kap. 5

80 Vgl. Gal 2,20
81 Ps 22,1 f.
82 Hl 2,14
83 Mt 25,6
84 Ähnlich wie bei der hl. Theresia.
85 Koh 3,1
86 Ps 41
87 Hymnus am Fest Christi Himmelfahrt.
88 1 Kor 6,17
89 4 Kön 4,34
90 Ex 20,5
91 Ps 123,5
92 1 Kor 6,17
93 2 Tim 2,12
94 Joel 3,18
95 Ps 44,3
96 Hl 1,13
97 Hl 2,5; 5,8
98 Ps 101,18
99 Die beiden ersten Strophen sind dem Hymnus des obigen Buches II,16 entnommen, die dritte einem über Christi Himmelfahrt von einem Ungenannten mitgeteilt bei Daniel, Thessaurus Hymnologicus I 63; dieser ist in etwas anderer Fassung ins römische Brevier aufgenommen: Salutis humanae sator.
100 Buch II,22
101 Vgl. Lv 1,3-4 und 23,11
102 2 Kor 2,12
103 Offb 8,3
104 Eph 6,11
105 Joh 13,23; 19,26; 21,7.20
106 Weish 6,20
107 Vgl. Buch V,27 und 28
108 Dieses Vorgesicht hatte Gertrud wahrscheinlich nicht lange vor ihrem Tod; es scheint um das Jahr 1302 niedergeschrieben zu sein.
109 Offb 5,1 ff.
110 Vgl. Jak 1,17
111 Lk 8,8
112 Offb 21,27 und öfter.
113 1 Petr 2,3
114 1 Petr 5,7

Lebensabriss, Kommentar (S. 481-491)

1 Vgl. E. Michael, Geschichte des deutschen Volkes III (Freiburg 1903, Herder) S. 183-87.

2 Übersetzt nach dem Zisterziensertext der Regel des hl. Benediktus bei Ph. Guignard, Monuments primitifs de la règle Cistercienne, Dijon 1878, S. 56.

3 Vgl. z.B. den Text des verstorbenen Leiters des gelehrten St.-Bonaventura-Kollegs zu Quaracchi, P. Jeiler O.S.Fr., in Hülskamps Literarischem Handweiser Nr. 187, Münster 1876, Sp. 131.

4 Siehe den erstmals veröffentlichten französischen Urtext in: J. Baruzi, Leibniz, Paris 1909, S. 338.

5 Nach der lateinischen Ausgabe der Benediktinerabtei Solesmes (Sanctae Gertrudis Magnae ... Legatus divinae pietatis ...; Poitiers et Paris, H. Oudin, 1875).